北京农村研究报告
（2016）

Research Report on
Beijing Rural Area（2016）

吴宝新　主编

中国言实出版社

图书在版编目（CIP）数据

北京农村研究报告 . 2016 / 吴宝新主编 . -- 北京：
中国言实出版社 , 2017.12
　　ISBN 978-7-5171-2646-1

　　Ⅰ . ①北… Ⅱ . ①吴… Ⅲ . ①农村经济—研究报告—
北京— 2016 Ⅳ . ① F327.1

中国版本图书馆 CIP 数据核字（2017）第 320742 号

出 版 人：王昕朋
总 监 制：朱艳华
责 任 编 辑：严　实
文 字 编 辑：张　强
出 版 统 筹：冯素丽
责 任 印 制：佟贵兆
封 面 设 计：徐　晴

出版发行　中国言实出版社
　　　　　地　　址：北京市朝阳区北苑路 180 号加利大厦 5 号楼 105 室
　　　　　邮　　编：100101
　　　　　编辑部：北京市海淀区北太平庄路甲 1 号
　　　　　邮　　编：100088
　　　　　电　　话：64924853（总编室）64924716（发行部）
　　　　　网　　址：www.zgyscbs.cn
　　　　　E—mail：zgyscbs@263.net
经　　销　新华书店
印　　刷　北京九州迅驰传媒文化有限公司
版　　次　2017 年 12 月第 1 版　　2017 年 12 月第 1 次印刷
规　　格　787 毫米 ×1092 毫米　　1/16　　32.5 印张
字　　数　738 千字
定　　价　148.00 元　　ISBN 978-7-5171-2646-1

编辑委员会

前　言

北京市农村经济研究中心是1989年11月经市委、市政府批准，1990年7月正式挂牌成立，按照加强农村改革和政策研究、加强农村经管工作要求，专门设立的承担一定行政职能，参照《公务员法》管理的市政府直属事业单位。2012年10月经北京市机构编制委员会办公室研究并报中央机构编制委员会办公室批准，北京市农村经济研究中心加挂"北京市农村合作经济经营管理办公室"的牌子，简称"市农经办"。北京市农村经济研究中心的主要职责是：为市委、市政府领导农村改革与发展进行决策研究，统一规划和组织市农口各区县局及有关单位开展农村战略研究和政策研究；承担郊区农村合作经济的指导工作，推动其改善经营管理；承担农业资源调查、动态监测以及农业区划的规划工作，组织农村经济改革试验区和农村区划成果应用试点、基地的建设工作；负责北京市农口经济信息的采集、储存、统计、规划、开发、建设、应用，为领导机关和郊区农民开展信息服务；开展农业农村发展史、改革史研究及相关地方志和文献资料的编纂工作，组织开展各种学术交流与农村基层培训工作。

自成立以来，北京市农村经济研究中心立足"为农村经济发展服务，为维护和发展农民经济权益服务，为领导决策管理服务"，站在农村经济发展和决策咨询的前沿，围绕北京郊区农村改革与发展的一系列重大问题，开展调查研究，不断取得一些新的研究成果。自2010年起，北京市农村经济研究中心开始公开出版年度研究报告，主要收录上一年度的重要研究成果。2010年出版的调研成果定名为《北京城乡一体化发展的研究与思考2009》，2011年出版的调研成果定名为《城与乡：在博弈中共享繁荣——北京市农村经济研究中心2010年研究报告》，2012年出版的调研成果定名为《城乡统筹发展的改革思维——北京市农村经济研究中心2011年研究报告》，2013年出版的调研成果定名为《城乡发展一体化：探索与创新——北京市农村经济研究中心2012年研究报告》。为了进一步规范年度调研成果的出版，提高调研成果质量和水平，自2014年起，我们将年度研究报告统一定名为《北京农村研究报告》，收录上一年度北京市农村经济研究中心完成的主要调查研究报告成果，并标明上年年度。2014年出版的调研成果名为《北京农村研究报告（2013）》，2015年出版的调研成果名为《北京农村研究报告（2014）》，2016年出版的调研成果名为《北京农村研究报告（2015）》，摆在我们面前的《北京农村研究报告（2016）》，是北京市农村经济研究中心2016年度完成的、可以公开发表的主要调查研究报告。

2016年，北京市委、市政府深入贯彻落实习近平总书记视察北京重要讲话精神，认真落实《京津冀协同发展规划纲要》，牢固树立创新、协调、绿色、开放、共享的发展理念，坚持稳中求进工作总基调，坚持首都城市战略定位，着力推进供给侧结构性改革，加快疏功能、转方式、治环境、补短板、促协同，实现了"十三五"良好开局。

北京市农村经济研究中心在北京市委、市政府的领导下，主动认识、适应、引领首都发展新常态，紧紧把握首都城市战略定位和建设国际一流和谐宜居之都战略目标，紧紧围绕以疏解非首都功能为重点的京津冀协同发展战略，把坚持农民主体地位、增进农民福祉作为农村调研工作的出发点和落脚点，认真落实党中央国务院、市委市政府有关"三权分置"、保护产权、农村集体产权制度改革、农业供给侧结构性改革、加强乡镇政府服务能力建设等各项决策部署，结合北京市农村工作精神和京郊农村改革发展实际，以改革精神和法治思维，深入推进城乡一体化和农村综合改革，不断健全新型智库治理机制和决策咨询制度，创新思路，加强调研，勇于实践，取得了一批重要的调查研究成果，为市委、市政府领导农村改革发展提供有力的智力支撑。

《北京农村研究报告（2016）》共分六篇，第一篇为新型城镇化与城乡一体化，第二篇为农村集体经济发展，第三篇为都市现代农业，第四篇为生态文明建设，第五篇为农业农村信息化，第六篇为农民增收与乡村治理。本研究报告基本涵盖了北京郊区农村改革发展研究的主要内容。

我们希望本研究成果能为农村工作的决策者、实践者、研究者提供一些思考与启示，为深化农村改革、加快推进城乡发展一体化做出共同努力。

当然，由于我们水平有限，本研究成果难免存在一些不足之处，恳请读者批评指正。

编　者
2017 年 4 月

目 录
CONTENTS

第四篇　生态文明建设

第五篇　农业农村信息化

第六篇　农民增收与乡村治理

第一篇

新型城镇化与城乡一体化

北京市城乡结合部地区城乡一体化发展研究
——以朝阳、海淀为例

"十二五"期间，北京城乡经济社会发展一体化新格局已经基本形成。主要体现在三个方面：一是城乡一体化的制度设计已经基本实现，二是制度的覆盖程度较高，三是城乡之间的收入水平、基础设施、公共服务等差距进一步缩小。在此基础上，到2020年，北京面临实现高水平城乡发展一体化的新要求。实现高水平的城乡发展一体化，需要加快建立健全城乡融合发展的体制机制，让广大农民平等参与改革发展进程，共享改革发展成果。这其中，城乡结合部地区作为推进城乡一体化的前沿阵地，对典型地区做法进行剖析，对具有推广价值的方式进行提炼和总结，显得十分必要。

一、研究背景

（一）北京市城乡结合部范围。城乡结合部是乡村城市化和城市郊区化的产物。历史上，"乡村"先于"城市"而存在，在一些村庄人口聚集地，随着商品交换集市的出现，形成了"城市"的雏形，而后随着经济发展和人口增长，社会分工趋于细化，城市功能也逐渐完备，城市与乡村的区别逐渐明显。在城市与乡村之间的缓冲地带，则构成了城乡结合部，其具有过渡性、动态性和模糊性的特点。北京市城乡结合部地区也是随着城市发展而产生，其中1983年重新编制北京市总体规划时，为了控制城市规模划定了260平方公里绿化隔离带，成为北京市城乡结合部的重要特征。北京市城乡结合部的形成与发展在地域空间和经济形态上改变了传统的城乡二元结构，基于此也逐渐形成了关于城乡一体化的相关研究。

随着时间的推移，城乡结合部的范围也在不断发生改变。目前，根据北京市委农工委和市城乡办等职能部门的研究，北京市四环至六环之间城市集中建设地区以外的农村地区，就是通常所说的"城乡结合部"地区，共涉及面积1500平方公里，村庄800余座。按照2005年北京市《关于区县功能定位及评价指标的指导意见》及2012年《北京市主体功能区规划》的精神，城乡结合部在功能定位上与城市功能拓展区及城市发展新区的平原地带具有相似的特征。根据北京市针对农村社区的规划管理分类，城乡结合部地区所属村庄可以大致分为绿化隔离地区村庄、城乡接合部专项整治重点村庄以及第三类未有系统整治措施的村庄，这三类村庄所占比例分别为22%、6%和72%。

（二）北京市城乡结合部地区城乡一体化发展基本情况。"十二五"时期，北京市城乡结合部地区抓住了绿隔建设、土地储备和重点村改造等重大机遇，推动了城乡一体化发展。与此同时，由于城乡二元体制的限制，绿隔地区农民上楼转居、土地储备地区产业发展和重点村集体经济内生发展动力等方面均受到城乡二元体制的限制，呈现出集体建设用地利用效率不高、产业项目审批较慢、产业升级压力较大、社区治理困难较多等问题。在"十三五"时期，尤其是京津冀协同发展和有序疏解非首都功能的大背景下，城乡结合部地区各种问题的解决，需要市、区、乡多级统筹，以试点带动发展，以发展促进改革，以改革完善制度。为此，我们选取朝阳、海淀等典型地区为主要研究对象，对"一绿"试点乡各自的发展特点进行剖析，并对区域统筹、审批下放和投融资机制进行了总结，以期对北京市城乡结合部地区的城乡一体化发展提供参考。

二、北京市城乡结合部典型地区城乡一体化发展的实践探索

（一）朝阳区"一绿"试点乡工作进展。2014年7月29日，市政府专题会审议通过《北京市第一道绿化隔离地区城市化建设朝阳区试点实施方案》，朝阳区常营、来广营、豆各庄、将台、南磨房和太阳宫6个乡纳入第一批试点。两年多来，6个试点乡坚持拆迁安置、产业发展、整建制转居、绿化实施、产权制度改革和社会管理六位一体，各项工作陆续完成或进入收尾阶段，并探索出各具特点的城市化道路。

1.常营乡探索区域统筹，有效实现转居资金平衡。常营乡目前已实现"拆迁建设全部完成、农民身份全部转变、规划绿地全部实现"三大目标，下一阶段重点从产业发展、产权制度改革和社会管理等方面巩固城乡一体化成果。

在开展试点工作过程中，常营乡积极探索统筹机制的有效实现途径，通过区域统筹，使得整建制转居过程中遇到的资金紧张问题得以解决。一方面通过乡级统筹，自行解决转居经费10.5亿元；另一方面通过区级统筹，将转居资金纳入相关地块的土地上市成本，解决转居经费13亿元，实现了转居资金平衡。

2.来广营乡坚持乡镇统筹，积极推进产业转型升级。目前来广营乡已经完成"拆迁建设全部完成、农民身份全部转变、规划绿地基本完成"的重要任务，村级产权制度改革也已经全面完成，下一步的工作重点将围绕产业升级、乡级产权制度改革和社会综合治理进行。

来广营乡最大的特点是通过乡镇统筹的方式推动产业升级。在发展思路上，来广营乡提出"党委领导、政府统筹、乡村联手、以强带弱、共同发展、自主投资、自主建设、自主经营"，通过乡集体立项、村集体投资，乡村两级经济组织入股，建设3%—5%绿隔产业项目，同时结合一村一项目扶持计划，打造强村带弱村的发展格局，促进各村经济均衡发展。在产业升级方面，通过强化规划引领、转变发展方式、优化产业布局，逐步建成科技、绿色、商业三大产业集群，推进产业结构优化与升级。

3.豆各庄乡紧跟试点政策，实现转居成本极大压缩。豆各庄乡已经基本实现"拆迁建设全部完成、农民身份全部转变"两大目标，绿化实施任务也已基本完成。下一步将重点从产业发展、产权制度改革和社会管理等方面入手，完善城市化进程。

豆各庄乡亮点在于基层干部在工作中原则性与灵活性相结合。例如，早在试点之前，该乡就已经开始整建制转居工作，并上报区政府和市政府，并于2012年9月份获得批复，并据此缴纳整建制转居所需的费用，大大降低了转居成本。

4.将台乡依托区级统筹，破解土地指标平衡难题。将台乡已基本完成民宅的拆迁腾退工作，非宅的拆迁也完成了任务量的九成；整建制转居工作已经获得批准，经费也筹措到位，于2016年7月7日启动了全乡转非安置工作。绿化实施、产权制度改革正按计划开展，产业发展和社会管理也在稳步推进。

在推动城乡一体化进程中，将台乡依托区级统筹解决用地指标不足的做法颇具研究价值。由于在乡域范围内建设用地和安置房用地指标严重不足，已经无法实现自我平衡，将台乡通过朝阳区政府的统筹安排，从东坝边缘集团北部核减20公顷建设用地指标，置换将台乡绿化用地指标，20公顷建设用地指标用于将台乡的产业发展和安置房建设。在全区建设用地指标不增加、规划绿地不减少的前提下，实现了不同乡域之间的灵活调整和城市空间的优化配置，建立了更加公平的利益分配机制。

5.南磨房乡壮大集体经济，创新城市管理体制机制。作为北京市较早没有农业用地、组建成立社区、实现农民搬迁上楼的乡镇之一，南磨房乡很早便开始了城市化建设。但同时，拆迁安置、整建制转居等目标任务也需要加快进度。

南磨房乡整体经济实力较强，集体产业呈现出集群化、高端化的特点，南磨房乡领导适时推动了农村专业化管理。在全村或全乡范围内，对所属企业实行专业联合，按照行业特点进行归口管理；组织公司或专业办公室，达到节省人力物力、提高工作效率的效果，实现了对生产要素的合理配置。南磨房乡从1992年开始实现农村专业化管理以来，集体经济持续壮大，各项经济指标均居朝阳区乃至北京市农村地区前列，为该乡的城市化发展打下了良好的物质基础。其管理方式也随着时代发展逐步走向精细化，构建起城市管理纵到底、横到边的"条专块统"工作体系。

6.太阳宫乡成立领导小组，优先解决转居转工问题。太阳宫乡开始城市化进程比较早，各项任务已经进入到攻坚克难的阶段，目前已经完成整建制转居工作，但由于历史原因，部分拆迁扫尾任务和升级转型目标压力较大。

在推进城市化的进程中，太阳宫乡在资金平衡困难的情况下积极运作，成立转非安置工作领导小组，坚持完成转居转工任务。特别是在转工方面，坚持自愿原则，对于不愿自谋职业的转居居民，由太阳宫乡农工商总公司统一安置就业，签订无固定期限劳动合同，享受相应岗位的工资及福利待遇，有效地维护了转居居民的利益。

（二）海淀区城乡一体化工作进展。

1.三资管理逐步制度化。近年来，海淀区农村集体资产规模大、增速快，资产利用多样化、资源开发产业化形势逐渐显现，对加强该区"三资"管理提出了更高要求。海淀区未雨绸缪，及时制定相关法规制度，摆脱三资管理的"人治"难题，为北京市农村地区的三资管理提供了非常好的借鉴经验。

一方面，海淀区成立了全国首家农资委，构建了一整套政策体系，建立健全了民主管理制度、经营管理制度、合同管理制度、财务与会计制度、资产报告制度、流转评估制度、审计制度、资产登记及年检制度、档案管理制度和责任追究制度；另一方面，组建了区、镇两级农资委组织架构，印发实施区农资委工作规则等文件，农资委体制机制进一步理顺，并统一部署开展了集体土地资源情况清查、经济合同清理规范、征地补偿费专项检查、新一轮集体经济审计等工作，努力摸清底数、查找隐患、及时预警。

2．"四化建设"推进城市化。海淀区城市化的主要工作可以概括为大力推进农业现代化、农民市民化、村庄社区化和农村建设管理城市化，让农民成为城市化的主体，拓展农村地区改造和建设模式。

一是农业现代化，通过推进新一轮农业结构调整，实施沃土工程、设施农业补贴、菜田补贴等惠农政策，大力发展都市型现代农业，促进农业与二、三产业相结合、全面融入城市经济。二是农民市民化，通过转居将农民的身份转为居民，促进农业转移人口市民化，通过职业培训、就业培训等手段促进农民就业，真正融入城市。三是村庄社区化，通过开展村庄腾退改造，打赢了北坞村试点、8个重点村城市化改造等一批攻坚战，全区共计36个行政村顺利推广北坞村试点模式，创新冠租农民富余安置房作为公租房，并以七王坟村为试点探索保留村庄就地改造路径，努力将传统村庄从形态上转变为新型现代社区。四是农村建设管理城市化，通过完善农村基础设施和配套设施，建设东升科技园、一镇一园等集体产业园区，创新农村公共服务供给方式，补齐农村发展"短板"，实现农村建设管理城市化，使得农村群众有更多更直接的获得感。

3．转居工作实现统筹化。海淀区整建制转居的工作压力较大，待转非农民数量多，资金压力较大。基于此，海淀区以四季青镇为试点开展整建制转居相关工作安排，于2015年1月12日正式启动，历时6个月将2.6万余名农民整建制转居，为其他乡镇的转居工作提供了可行路径。

在工作模式上，四季青镇突破了征地指标农转非政策藩篱，破解了旧村拆迁、资金平衡、资产经营、就业安置、社保接轨等系列难题，实现政策、资金、规划"三统筹"。特别是在现有规划未实施的产业用地指标内开展"社保基金产业项目"，以"社保基金产业项目"收益分期支付超转人员转非费用，实现可持续发展。

三、北京市城乡结合部典型地区城乡一体化发展的创新成果

城乡结合部地区是北京市"十三五"时期进一步提升城乡一体化发展水平的重点地区，需要综合考虑城市化任务收尾和新时期发展思路调整等诸多因素。朝阳、海淀等典型地区坚持区域统筹，加强审批下放、产业融资和整建制转居等工作机制创新，充分发挥政府引导、集体主导、社会参与的协同效应，在按计划推进拆迁安置、绿化实施、转工转居等工作的同时，逐步探索出自主优化开发、内涵集约的城乡一体化发展道路，并取得了一些创新成果。

（一）以区域统筹促协同发展。

第一，变项目带动为区域统筹。朝阳区"一绿"试点乡以规划统筹作为区域统筹突破口，增强规划实施的可操作性。改变以往项目带动的做法，把项目建设纳入到区域建设总体当中，

在更大的范围内考虑城市化问题，让项目建设匹配地区城市化任务。

第二，以乡域作为基本实施单元。打破行政村界限，试点乡由全乡统筹安排区域内住宅、商服、产业和基础设施用地配比和建设标准，防止碎片化开发建设。乡域建设资源不足时由区级统筹，跨乡调配规划资源，实现"人、房、地、业"等要素的协同平衡。

第三，城乡统筹推进融合发展。通过完善城乡结合部地区城乡统筹发展政策和组织机制、约束机制，实现集体土地集约利用，促进集体产业转型升级，使地区发展规划能够更好地指导城乡统筹发展。

（二）以审批下放促效率提升。在"一绿"试点乡建设中，朝阳区积极创新机制，建立了"1+2+N+1"的行政审批下放工作机制。其中"1"是指市政府审议批准的试点实施方案；"2"是指市规划委、市发改委两个部门打包下放审批；"N"是指根据实际情况，其他部门行政审批权限能下放的全部下放；最后一个"1"是指朝阳区建立区级统筹、责权相应的行政审批工作机制。在具体工作中，由市发改委对试点乡的实施方案统一批复，具体项目的审批权限则下放到朝阳区发改委，所有建设项目都纳入绿色审批通道，重要事项简环节、一般事项改备案、相关事项同步办、串联事项并联办、简单事项不再办。创新了服务形式，优化了服务链条，提高了办事效率，精简了业务流程。

与此同时，北京市城乡办搭建市、区联动工作平台，对行政审批的复杂事项，通过开调度会的形式进行协调，形成工作意见并组织落实。最大限度上减少了办事环节，特别是避免手续互为前置和相互制约，项目办理的时间比正常压缩了至少一半以上，有效提升了工作效率。

（三）以产业融资促结构转型。"十三五"时期，北京市城乡结合部地区仍然面临着功能疏解、产业转型、农业人口市民化等重要任务，这个过程有很大的投融资需求，仅靠政府财政资金投入、银行间接融资和土地批租收入难以为继。为了推进产业转型发展，支持城乡结合部地区产业疏解、产业培育和产业转型，朝阳区设立了城乡结合部产业引导基金，以"政府引导、市场运作，科学决策、防范风险，突出重点、注重实效"为运行原则，创新政府资金扶持方式，发挥政府资金的杠杆放大效应，引导社会资金投入城乡结合部地区产业发展，逐步打造"高精尖"产业结构，推进区域城乡一体化发展。

（四）以整建制转居促市民化进程。海淀区四季青镇的整建制农转非试点工作，突破征地指标农转非的政策制约，通过实施政策、资金、规划"三统筹"，通盘考虑人口、土地、产业、资金等要素，统筹规划，整合资源，协调兼顾就业安置、经济发展、绿化建设等多项目标，探索出"政府支持、政策集成；上下联动、农民主体；资源统筹、内部平衡；依托产业、滚动发展"的转非模式。通过分批分期转居进社保（利用原有政策带走一批、土地开发加快一批、整建制转居解决一批），分解工作压力，并出台整建制转居的条件、办理程序和审批途径政策，圆满完成了整建制转居工作任务，并加快推进全区范围内农转非工作，使农民真正成为"有房屋、有资本、有社保、有工作"的新市民，为城乡结合部其他乡镇的整建制转居工作提供了参考路径。

四、北京市城乡结合部典型地区城乡一体化发展的主要问题

城乡结合部地区的主要问题，集中体现在集体土地利用方面，城乡二元土地制度的限制使得集体土地利用效率不高，影响到集体产业的发展，进而影响到经济、环境、人口、管理等各个方面，这几个问题又相互影响、相互制约，需要系统性地分析其有效破题的思路。

（一）集体土地利用效率不高，产业项目审批较慢。一是集体建设用地利用的政策限制较多，土地利用效率不高。由于国家政策对集体建设用地权能的限制，其价值无法得到充分体现，外来资本不能合法进入，使得许多集体建设用地得不到充分利用，部分甚至闲置。二是产业项目审批程序尚待改进。部分地区产业受以往工作习惯影响，项目先开工建设、再办理审批手续或者边建设边审批，但是近几年政策收紧，导致项目已经开工但手续不齐，无法产生实际收益。例如，豆各庄乡规划产业用地分别为金丰置业项目用地和金田影视项目用地，总面积约32公顷（480亩），但由于如土地规划调整手续办理等原因，只有金田影视项目一期开始招商，其他大多数项目仍处于拆迁或建设状态，迟迟无法产生收益。因此，如何创新集体建设用地利用方式，引导集体经济组织科学利用自有土地，摆脱原有以租赁为主的单一模式，自主发展适合区域功能定位的产业，满足集体经济组织成员就业需求，同时能够促进和改善城市环境，是下一步工作需要思考的问题。

（二）产业升级压力较大，集体经济发展受限。整体来说，城乡结合部地区的产业层级仍然不高，通过对典型地区的调研发现，除了南磨房、来广营等乡集体产业有一定基础，其他各乡的产业仍处于拆迁建设阶段，基础薄弱且未形成集聚效应。在疏解非首都功能、传统产业转型升级的大背景下，各乡纷纷拆除腾退原有的低端产业，给本乡的集体经济发展带来不小的影响和损失。而产业升级并非一蹴而就，新的产业项目的批复立项和投入运营尚需时间，在原有低端产业腾退的情况下，集体经济组织收入下降，推进产业升级的压力进一步加大。

（三）产权制度改革问题遗留，集体资产处置"两头难"。

一是历史遗留问题较多，这是个普遍问题。例如，在统计劳龄问题上，可以一直追溯到1956年合作化运动，有的地方连已经去世的人也不能遗漏，实际情况十分复杂。

二是集体资产处置"两头难"，穷乡和富乡在处置集体资产方面都会有顾虑。例如，部分乡挂账资产在拆迁时无法得到补偿，导致现在基本没有集体资产，反而欠了外债，集体净资产为负值，如果按照"分家底"的思路，产权制度改革不好推进；而对于集体经济较强的乡，需要解决好乡内和村内各种历史与现实交织的矛盾，导致产权制度改革推进缓慢。

三是乡级产权制度改革推进困难。目前，部分乡如来广营、将台已经完成村级产权制度改革，豆各庄按照计划2016年底能完成，但乡级产权制度改革却存在诸多问题，包括改革的标准需要进一步明确、已经撤销建制村的股权如何设置、市区还没有足够的政策和细则来支撑乡级改革等问题。

（四）公共服务需求多元化，传统管理模式难以为继。

一是原有规划难以满足城市化需求。北京的城市化进程飞速发展，不断将原来的城市近

郊、农村地带纳入城市圈，城乡结合部区域越来越大、人口不断增加，公共服务需求也呈现出多元化趋势，这些特点使得城乡结合部公共服务的有效供给面临很大的压力。尤其是部分社区规模越来越大，超出原有规划的承载范围，例如，南磨房乡的双龙社区目前已有6000多户，南新园社区将近1万户，管理压力非常大，公共服务资源和配套设施都严重不足，其两委一站的人力、物力和财力配置明显无法满足需求。

二是传统的组织治理和公共服务供给模式难以为继。从某种意义上，本地居民认为外来人口挤占了他们在公共服务和基础设施消费或使用方面的福利，而部分城乡结合部地区尤其是挂账村较高的人口倒挂比也验证了这一点；同时外来人口则希望在文化教育、医疗卫生等方面享受当地居民同样待遇。传统的以街道管城市、镇村管农村的"一刀切"的组织模式，越来越难以适应推进城乡统筹发展和提高城乡结合部地区综合管理水平的需要，街道、镇政府和村集体经济组织为单一主体的公共服务供给模式也难以覆盖不同社会阶层群体在公共服务方面的多元化需求。而随着拆迁安置、整建制转居等工作的进一步开展，原来的城乡结合部地区进行社区化管理是大势所趋。不仅要解决城乡二元体制所衍生的问题，还要关注户籍人口与外来人口市民化差异问题。

五、对北京市城乡结合部地区城乡一体化发展的几点建议

从短期来看，"十三五"时期，北京市要紧紧围绕京津冀协同发展与有序疏解非首都功能的战略目标，在城乡经济社会发展一体化新格局基本建立的基础上，进一步提升发展水平，解决好农民市民化、农村基层社会治理转型和基本公共服务均等化等问题。城乡结合部地区发展更快，要求也更高，困难也相对复杂，总体而言，"一绿"地区要以城市化为目标，全面完成拆建、农民身份转变和规划绿地的实现；"二绿"地区开展集体经营性建设用地乡镇统筹试点工作，加快推进城乡规划、产业发展、基础设施、公共服务和社会治理。从长期来看，城乡一体化的最终目标，是要推动体制机制的变革，为城乡要素自由流动创造条件，逐步实现城乡居民基本权益平等化、城乡公共服务均等化、城乡居民收入均衡化、城乡要素配置合理化和城乡产业发展融合化。

（一）建立统筹机制，实现城乡居民基本权益平等化。

1.市级层面强化制度统筹。由发改、规划、国土、财政、农委、城乡办等相关部门牵头组织，参照一绿、二绿试点乡镇的工作思路，因地制宜编制每个乡镇和行政村的改造方案，统筹城乡结合部地区不同乡镇的功能定位、规划调整、基础设施建设、公共服务配套、土地收益返还、财政资金投入等问题，认真分析所需的政策支持事项，量化评估各级主体在改造过程中所需投入的资金规模，有计划、按步骤、逐年分批实现改造。有效推动相关审批权力下放，市区两级部门做好监督机制的设计，建立工作台账，定期检查工作执行情况，提高工作效率，减少基层"拱政策""走偏门"的精力投入和寻租风险。

2.区级层面强化事项统筹。对于缺少启动资金、土地指标和其他发展资源的乡镇，由区级层面建立协调机制，通过产业引导基金、土地指标调整、飞地经济、绿隔项目审批通道等方式，统筹不同乡镇之间的土地置换、资金筹集、项目建设、收益分配等事宜。一方面可以

缓解部分乡镇的资金困境，推进项目建设；另一方面，由区政府出面协调不同乡之间的产业、住宅等用地配置，可以在不增加全区建设用地指标的前提下，在不同乡之间灵活调整和配置土地资源，建立相对公平的利益分配机制。

3. 乡镇层面强化利益统筹。由乡镇政府统筹各村的产业发展、产权制度改革、股权设置与利益分配等问题，实现集体经济的整体利益最大化和各村之间的平衡发展。统筹利用各村集体建设用地资源，盘活存量集体资产。将台、豆各庄等试点乡的实践表明，制度设计做好了，乡镇干部的积极性也会被极大地带动起来。

（二）明确功能定位，推进城乡产业发展融合化。

1. 解决区域规划与产业发展的问题。城乡结合部地区应以"四个中心"功能提升为产业发展导向，推动该地区从城乡一体化发展目标向城乡产业融合目标迈进，打造文化创意、科技集聚、国际交往等功能的承载区、配套区和服务区，确立具有明显地域识别特征的特色功能组团，实现产业差异化和纵深化发展。例如，杭州市滨江区白马湖SOHO农居创意园①的运行模式为盘活农村闲置农宅、发展文化创意产业提供了很好借鉴，其实践经验表明，越是高新科技产业聚集的地方，对文化创意产业的需求也越旺盛。北京作为文化中心，在疏解非首都功能、推进新型城镇化建设和城乡一体化进程中，如何将发展首都文化产业与盘活农村集体资产相融合亟需破题。一是加强顶层规划设计，因地制宜制定发展文化产业的规划和方案；二是强化政策引领，积极发挥政府主导作用，出台配套政策，引导社会资本大力发展文化创意产业；三是推动融合发展，积极发展与地区功能定位相适宜的产业，实现融合发展，最终达到产、城、人三者融合。

2. 处理好产业发展与生态文明建设的问题。城乡结合部定位于城市空间绿色隔离区域，与城市扩张需求之间存在冲突。在城市强烈的扩张需求背景下，区域"绿隔地带"的功能定位过于片面，忽视了地区自身发展需要，以至于区域发展规划无法执行。应当有效平衡好发展与绿化的功能定位问题，避免这些问题在城市发展新区的城镇化建设过程中重复出现，产生新的城乡结合部地区。

（三）强化市场机制，加快城乡要素配置合理化。

1. 发展城乡一体的要素市场。建立城乡一体的要素市场，就是要消除人为设置的各种障碍，发挥市场对资源配置的决定性作用，促进各类生产要素在城乡之间双向自由流动。在城乡结合部地区，土地的重要性毋庸置疑，集体建设用地也是一种生产要素，与其他要素不同的是，其存在用途管制问题，当前土地制度严重滞后于城乡一体化发展，基层干部一方面要加强政策学习，用改革理论引导实践工作；另一方面也要开拓创新，通过农村产权交易平台、土地信托、产权颁证抵押贷款、土地股份合作社、联营资产管理公司等多种方式，实现城乡要素的交流和集体资产增值，推动相关市场机制的建立和完善。

2. 构建新型城镇化投融资机制。在城乡结合部产业引导基金基础上，继续探索与城乡结合部地区发展相适应的投融资机制。充分发挥社会资本特别是民间资本的积极作用，引导社会资

---

① 具体案例参考分报告《"撤村建居、政经分离"推动城乡一体化发展——杭州市滨江区城乡一体化进展考察报告》。

本加大对城乡结合部地区环境治理、缓解交通拥堵、城市管理等方面的投入力度，切实提升城市建设和管理水平。有条件的地区可以探索PPP、特许经营、城镇私募基金和产业发展基金等多种融资方式，发挥政策性金融供给规模大、期限长、利息低的优势，积极稳妥引进社会资本，解决发展资金不足问题。

3.优先实现基本公共服务均等化。城乡结合部地区的整建制转居工作已经步入正轨，相关社保、医疗、教育问题一方面需要硬件设施的投入，另一方面需要市场化引导资源的优化配置。关于就业问题，在相关产业疏解之后，要及时做好本地区集体经济组织成员的就业引导工作，在做好技能培训的同时，出台政策鼓励相关单位招用就业困难人员，并给予相应补贴。

（四）树立大资管理念，推动基层治理体系现代化。

1.以大资管理念创新集体资产管理方式。随着国民财富的增长，传统资产管理业务步入更加多元化、大众化的大资管时代，也为集体资产管理提供了难得的机遇。一方面，金融机构的市场竞争使得他们愿意为农民提供以前不向农民开放的资管服务，另一方面，信息技术的发展和农民合作组织的加入使得集体资产管理可以争取更高的预期收益和更完善的服务保障。目前门头沟区已经在集体资产信托化管理方面取得了成果，城乡结合部地区涵盖了北京市最优质的集体资产，也具备进入大资管领域的物质基础。

2.建立集体资产委托代理结构。以集体经济组织为主体，将集体资产托管给专业金融机构管理，借助市场化机制建立委托代理结构，实现资产所有权和经营权的分离，推动集体资产管理的信托化，借助专业机构的市场能力弥补集体经济组织专业能力的不足，从而全面提升集体资产管理水平。城乡结合部地区地理位置相对优越，区域内金融机构较多，开展相关合作具有先天优势，下一步主要是针对集体资产进行标准化改造，使之符合政策与市场的要求。

3.逐步实现基层治理体系现代化。"十三五"期间，要站在全面深化改革的大背景下，积极推进基层治理体系现代化。例如，杭州市滨江区探索股社分离、政经分离的模式，在现行董事长负责制的基础上，探索实行董事会领导下的总经理负责制，让专业的人做专业的事，同时完善责任考核机制和奖惩激励机制，进一步优化股社管理机制，促进村组经济优化转型为股份经济。在北京城乡结合部集体经济实力比较雄厚的地区，也应加快实现村级"政经分离"和"政社分离"，通过制度化的形式将党支部、村委会和集体经济组织的职责界定清楚：党支部发挥基层领导核心作用；村委会落实社会管理和公共服务职能；集体经济组织构建现代法人治理结构，明确市场主体地位，集中精力发展集体经济。同时，着力加强基层干部治理能力的培养，不但要培养干部党务、政务管理能力，而且要培养干部搞活经济、创新经营的能力，通过集体经济的发展壮大，为逐步实现基层治理体系现代化提供坚实的组织保障。

课题负责人：张秋锦

课题组组长：季　虹

课题组成员：周　颖　李　萌　赵雪婷　赵术帆　柴浩放　张　磊　苑　云

执笔人：周　颖

北京市农民住宅财产性收益实现路径研究

2014年9月29日，习近平总书记在中央全面深化改革领导小组第五次会议上强调"要探索赋予农民更多财产权利，明晰产权归属，完善各项权能，激活农村各类生产要素潜能，建立符合市场经济要求的农村集体经济运营新机制"。2016年11月，国务院办公厅《关于支持返乡下乡人员创业创新促进农村一二三产业融合发展的意见》明确提出："各省（区、市）可以根据本地实际，制定管理办法，支持返乡下乡人员依托自有和闲置农宅院落发展农家乐。在符合农村宅基地管理规定和相关规划的前提下，允许返乡下乡人员和当地农民合作改建自住房。"12月，国务院办公厅《关于完善支持政策促进农民持续增收的若干意见》中明确提出"鼓励农村集体经济组织与工商资本合作，整合集体土地等资源性资产和闲置农宅等，发展民宿经济等新型商业模式，积极探索盘活农村资产资源的方式方法。"近年，国务院多个文件中都提及鼓励集体经济组织与工商资本合作，利用农宅开展民宿等商业模式，积极促进农民增收，可见农村宅基地的使用权及地上农宅的所有权作为农民最重要的财产权之一，其财产性收益的实现作为提升农民收入的重要途径，越来越受到重视。

近年来北京市郊区农民探索出了多种利用农宅实现其财产性收益的路径。本研究在依托北京市城乡经济信息中心搭建的大学生村官农村观察员平台的问卷调查和多次实地调研基础上，系统展现了京郊农宅财产性收益实现的现状，总结出京郊农宅利用的四种模式，分别就其实现路径、收益情况、主要特点、发展瓶颈和具体案例进行剖析，认为当前京郊农民通过农宅利用获得财产性收益整体水平偏低，主要因为缺乏农宅利用的总体规划和顶层设计，集体经济组织发挥作用有限，对参与各方权益保护不到位和农宅利用模式趋同等方面问题。建议未来农宅利用过程中要更加注重规划，强化集体经济组织的组织、引导、服务和监督作用，充分保护各方的权益，发展差异化的农宅利用方向，来促进农民财产性收益的提高。

一、农民住宅财产性收益研究意义

（一）农宅财产性收益是实现农民持续增收的有力支撑。随着北京非首都功能疏解，一些低端的业态加快退出，农民转移就业的难度不断增加。2013年以来占北京市农民收入75%左右的工资性收入增速持续下降，农民增收的动能疲软，如何继续保持农民人均纯收入增速快于城镇居民，低收入农户的人均纯收入快于农民整体，成为亟待破解的难题。通过农宅利用，盘活农民的闲置资源，结合乡村休闲农业和乡村旅游的发展，将成为京郊农民增收的新动能。农宅利用带来的财产性收益的增加必将成为农民持续增收的有力支撑。

（二）农宅利用将成为培育农村发展新动能的主要抓手。 2016年底中央农村工作会议明确强调，以推进农业供给侧结构性改革为主线，加快培育农业农村发展新动能，开创农业现代化建设新局面。中央的多份文件中也都提到要盘活农村资源，闲置农宅盘活利用试点稳步扩大。北京越来越多的城市居民对到乡村休闲、旅游、养老等需求日益强烈，农宅利用同休闲农业和乡村旅游相结合，将成为农村发展新动能。

（三）农民住宅财产性收益提高是扶贫攻坚的重要渠道。 2016年是我国打赢脱贫攻坚战的首战之年，精准扶贫、精准脱贫力度空前加大，全年1000万人的脱贫任务有望超额完成。然而，我们要清醒地认识到，当前北京城乡居民收入差距仍然比较大，仍然有142个贫困村，村内农民财产性收益普遍较低。究其主要原因在于农村资源资产特别是农宅资产的利用效率偏低。因此，农宅财产性收益的提高是促进城乡一体化发展的重要渠道。

二、农民住宅财产性收益研究的理论基础

在我国现有的法律体系和政策规定中，没有针对农民住宅法定的概念界定。当前我国农宅制度呈现"房随地走"的特征，农宅流转因宅基地使用权流转限制而受限。近年来多个国家级政策文件都提及保护农民的财产权利，更有文件明确提出，鼓励农村集体经济组织、返乡下乡创业人员、农民自身等主体利用农宅发展民宿经济，促进农民增收。

（一）课题研究概念界定。

1.农民住宅的概念界定。一直以来，我国没有专门的行政部门或机构对农民住宅进行管理，主要是通过国土部门对宅基地的审批管理和规划部门对房屋建设审批来实现约束。现有的法律体系和政策规定中，没有针对农民住宅法定的概念界定。2010年3月国土资源部在《关于进一步完善农村宅基地制度切实维护农民权益的通知》中，首次将宅基地作出定义："宅基地是指农民依法取得的用于建造住宅及其生活附属设施的建设用地。"据此，本研究中将农民住宅定义为建造在宅基地上，满足农村居民居住功能的建筑物。广义上还包括建造在宅基地上的农业生产用房，如农机具存放、家禽家畜饲养场所和其他副业生产设施等。农民住宅兼具生活功能和生产功能，是农民居住、生活消费和生产的场所，也是家庭经济的有机组成部分，是农民重要的财产之一。

2.农民财产性收益的概念界定。财产性收入来源主要是指家庭拥有的动产（如银行存款、有价证券等）和不动产（如房屋、车辆、收藏品等）通过交易、出租财产权或进行财产营运所获得的利息、股息、红利、租金、专利收入、财产增值收益、出让纯收益等。财产性收入是居民已有的财产通过投资和管理而带来的增值收入，是居民收入增长、财富不断积累的重要渠道。

农民的财产性收益是指农民通过对自己所拥有的财产行使占有权、使用权、收益权、处置权等权能而获得的相应收益。具体包括农村住户的私有资金以储蓄、信贷、入股等方式取得的利息、股金、红利收入，以及农村住户的私有财产（如房屋）以出租方式取得的租金收入，还包括从集体得到的集体公共财产的财产性收入和土地征用补偿等。

3.农民住宅财产性收益的概念界定。农民对农宅拥有所有权，依法享有占有、使用、收益、处分的权利，是法律赋予农民的财产权利，也是农民权益的重要保障。农民住宅财产性收益是指农民对其所属房屋通过交易、出租或进行营运所获得的出让纯收益、租金、财产增值收益等。

本次研究对象涵盖京郊建造在符合土地利用规划及用途管制的宅基地之上的所有农宅，违规用地住房和违章建筑不在本次研究范围之内。

（二）相关法律政策基础。

1.宅基地使用权限制流转。法律规定农民依法享有宅基地的使用权。根据《中华人民共和国宪法》（1982年12月4日五届全国人大五次会议通过）中第十条、《北京市农村建房用地管理暂行办法》中第四条以及《中华人民共和国物权法》第五十九条、六十条，宅基地属于农村集体所有，由村集体经济组织或者村民委员会代表集体行使所有权。宅基地使用权人依法对集体所有的土地享有占有和使用的权利，有权依法利用该土地建造住宅及其附属设施。

现行法律限制宅基地使用权的流转。1998年颁布的《中华人民共和国土地管理法》第六十三条明确规定农民集体所有的土地的使用权不得出让、转让或者出租用于非农业建设；但是符合土地利用总体规划并依法取得建设用地的企业，因破产、兼并等情形致使土地使用权依法发生转移的除外。2007年国务院办公厅《关于严格执行有关农村集体建设用地法律和政策的通知》也强调严格控制农民集体所有建设用地使用权流转范围。

2."房随地走"限制农宅流转。农民房屋所有权实现受宅基地使用权流转限制的约束。《中华人民共和国物权法》第三十九条规定：所有权人对自己的不动产或者动产，依法享有占有、使用、收益和处分的权利。第一百一十七条：用益物权人对他所有的不动产或者动产，依法享有占有、使用和收益的权利。第一百五十二条：宅基地使用权人依法对集体所有的土地享有占有和使用的权利，有权依法利用该土地建造住宅及其附属设施。农民对其房屋享有占有、使用、收益和处分的权利，而对宅基地只享有占有和使用的权利。

1999年《国务院办公厅关于加强土地转让管理严禁炒卖土地的通知》明确规定农民的住宅不得向城市居民出售，也不得批准城市居民占用农民集体土地建宅，有关部门不得为违法建造和购买的住宅发放土地证和房产证。这也就形成了我国农村农宅所有权受宅基地使用权约束，即"房随地走"的制度特征。也就事实意义上限制农宅的自由流转。

3.政策鼓励开展农宅利用。近年来，多个国家层面的文件提及保护农民宅基地使用权的用益物权，更有文件明确提出鼓励集体经济组织、返乡下乡人员开展农宅利用，促进农民增收。2016年11月，国务院办公厅《关于支持返乡下乡人员创业创新促进农村一二三产业融合发展的意见》明确提出"各省（区、市）可以根据本地实际，制定管理办法，支持返乡下乡人员依托自有和闲置农宅院落发展农家乐。在符合农村宅基地管理规定和相关规划的前提下，允许返乡下乡人员和当地农民合作改建自住房。"12月，国务院办公厅《关于完善支持政策促进农民持续增收的若干意见》中明确提出"鼓励农村集体经济组织与工商资本合作，整合集体土地等资源性资产和闲置农宅等，发展民宿经济等新型商业模式，积极探索盘活农村资产资源的方式方法。"

三、北京市农民住宅财产性收益现状分析

本次研究依托北京市城乡经济信息中心搭建的大学生村官农村观察员平台和房山区农委及各村镇工作人员,对北京市各区县农民住宅财产性收益状况采取抽样调查的方式开展问卷调研。通过对回收问卷的数据分析发现,京郊10%的农户拥有两套以上住房,18%的农宅用于商业经营活动,集体经济组织统一开发利用模式下农民住宅财产性收益最高。

（一）抽样村庄基本情况。

1.抽样村庄占全市村庄的2%。本次调查问卷涵盖昌平、大兴、丰台、海淀、怀柔、门头沟、密云、平谷、顺义、通州11个区,76个村（2015年底北京市有3937个村,抽样调查比例为2%）。回收有效问卷450份,其中村干部调研问卷76份,农户调研问卷374份。

本次调研涉及的村域总面积547453亩,其中村庄占地面积96035亩,宅基地面积33872亩,农用地面积13492亩。调研涉及的村域常住人口40729户、113374人,外来人口9092户、37048人。村域户籍人口32190户、79754人,其中农业户籍人口17618户、41518人,城镇户籍人口14572户、38000人。

2.农宅租赁已成为三成调研村庄的支柱产业。据调研,有30.3%的村庄房屋租赁已成为支柱产业。更多的是以粮食作物（42.1%的村庄选择）和果品产业（36.8%的村庄选择）为主,房屋租赁、养殖业和乡村旅游成为重要的辅助产业。

3.调研村庄居民财产性收入高于全市平均水平。2015年北京市农村居民家庭人均可支配收入为2.06万元,人均工资性收入为1.55万元,人均经营净收入为0.20万元,人均财产净收入为0.12万元,人均转移净收入为0.20万元。

抽样调查村域居民2015年人均可支配收入平均2.13万元,略高于全市平均水平,但其组成结构与全市情况不同。其中工资性收入1.07万元,经营性收入0.62万元,财产性收入0.20万元,转移性收入0.24万元。财产性收入占比为9.4%,明显高于全市5.8%的水平。

（二）农宅收益情况分析。

1.农宅半数以上来源于自建,10%的农户拥有两套以上住房。调研村子包含23212处宅基地,25903处农宅,共涉及23473户农民。自建仍然是获取农宅最主要的方式,共13212处,占51%,其次是继承遗产。其中不同的获取方式涉及的农宅数量见表1:

表1　农宅的获取方式及数量

	自建	分家处分	继承遗产	接受赠与	统建分配	购买	合计
数量	13212	3626	4688	207	3730	440	25903
占比	51.0%	14.0%	18.1%	0.8%	14.4%	1.7%	

调研村子中共有2332户农民（占调研总数的10%）拥有2套及以上住房。造成一户多宅的主要原因在于农户通过传统继承、购买以及分家处分的方式获得多处住宅,而部分农户可同时采取多种方式获取房屋。

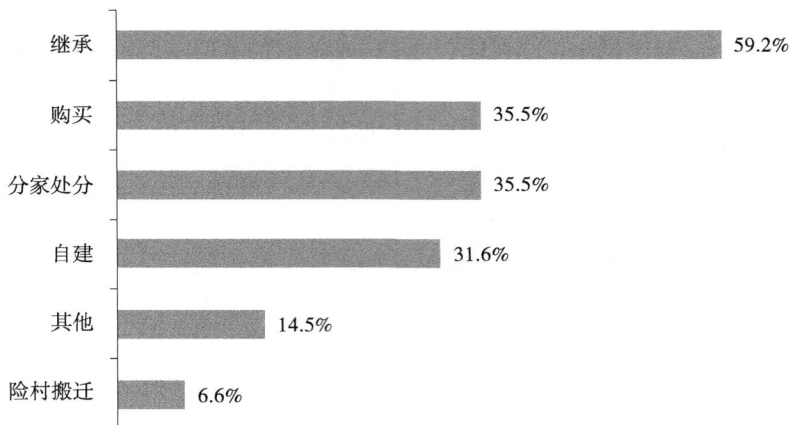

图1　一户多宅的原因

2.农宅利用情况。

（1）已有17.6%的农宅用于经营。调研的村子中，完全用于自住的农宅共19890处，占调研总数的76.8%；部分居住，部分经营/出租的农宅共3469处，占13.4%；全部用于户经营/出租的农宅共1084处，占4.2%；闲置的农宅共911处，占3.5%。

（2）经营方式以个人经营和出租给他人居住为主。从整体经营方式来看，目前农户利用农宅开展的经营以自己经营，开展餐饮、住宿、仓储、种养业、商店、生产加工、民俗旅游接待等经营和出租给个人/企业用来居住为主，其他方式为辅。

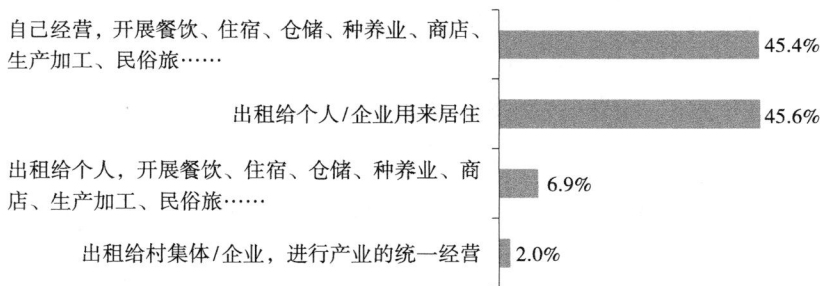

图2　利用农宅开展经营的方式

（3）集体统一开发利用农宅收益明显较高，但未形成规模。从收入状况来看，出租给村集体或者社会资本用于统一开发经营的经营状况和经济收益最好，但目前尚未形成规模。

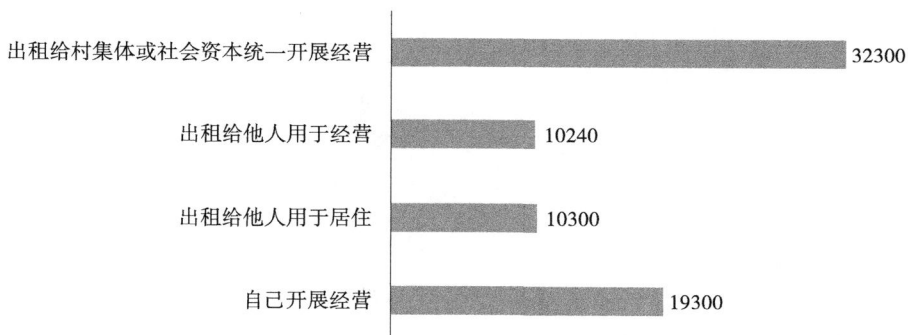

图3　农房经营年均收入（元/年）

3.农宅财产性收益实现模式。

（1）独立经营占比超八成。调研户中用于经营/出租的农宅财产性收益实现的模式仍以独立分散经营为主。农户自己开展经营和租户个人开展经营这两种模式所占比重超过八成，而相对来讲收益较好的统一开发运营模式所占比重较小。

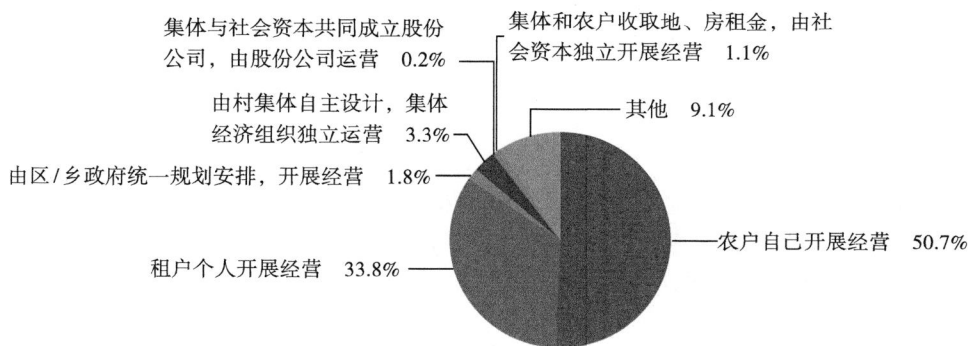

图4　农房财产性收益实现模式

（2）经营效果未达到主观预期。从整体经营状况来看，经营状况一般的占到近半数，说明经营尚未达到经营者的预期。

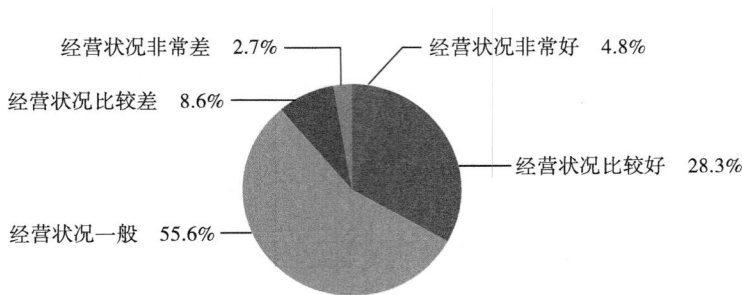

图5　农房经营状况

（3）经营中的困难。站在农户的角度，他们面临的困难相对具体，认为提升农宅财产性收益面临的困难主要体现在管理水平低、缺乏先进的经营理念、租户更换频率高、不稳定、缺乏资金支持等方面。

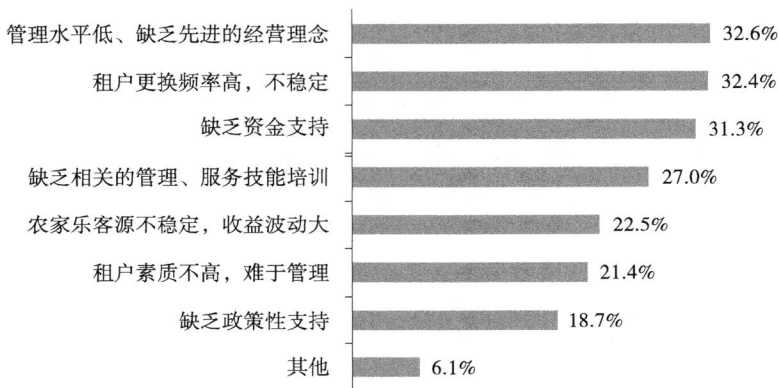

图6　农户在农房经营中面临的困难

站在村干部的角度，他们从整体经营效果分析，认为农宅在经营中面临的困难主要体现在经营方式单一、经济收益较低和经营理念落后等方面。因此引入先进的管理理念成为村干部和农户对于提升农宅财产性收益的共同诉求。

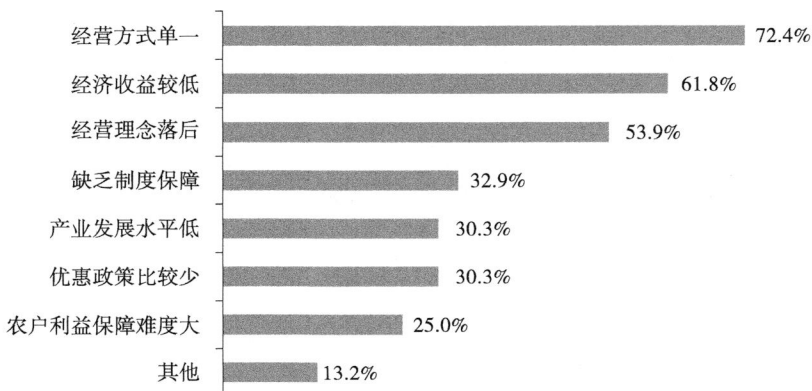

图7　村干部认为农房经营中面临的困难

4.引入社会资本的情况。

（1）有15.8%的村落引入社会资本参与农宅经营。调查显示，当前开展农宅经营的村落中八成以上没有引入企业开展农宅经营，引入企业的村子以私营民营企业为主。

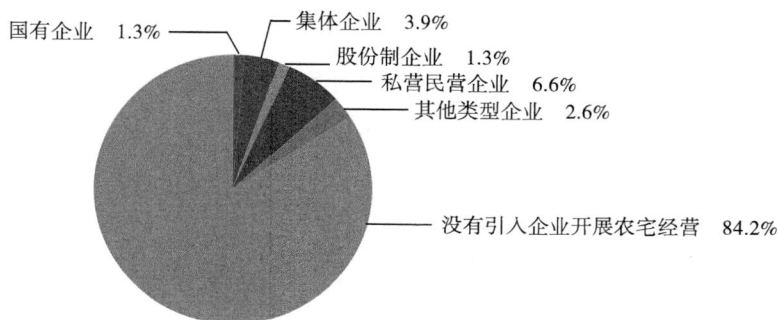

国有企业 1.3%　集体企业 3.9%　股份制企业 1.3%　私营民营企业 6.6%　其他类型企业 2.6%　没有引入企业开展农宅经营 84.2%

图8　引入企业的性质

（2）社会资本参与农宅经营时间尚短。多数村子引入企业参与农宅经营尚处于初级阶段，引入的时间以1—3年为主。

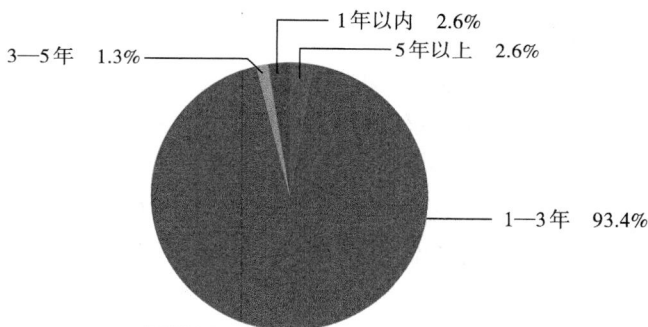

3—5年 1.3%　1年以内 2.6%　5年以上 2.6%　1—3年 93.4%

图9　引入企业参与农宅经营的时间

（3）社会资本经营效果较好。尽管整体上引入时间较短，但从实际经营效果来看，多数村子的经营状况较好，这也进一步印证了将农宅出租给村集体/企业，进行产业统一经营的效果较好的观点。

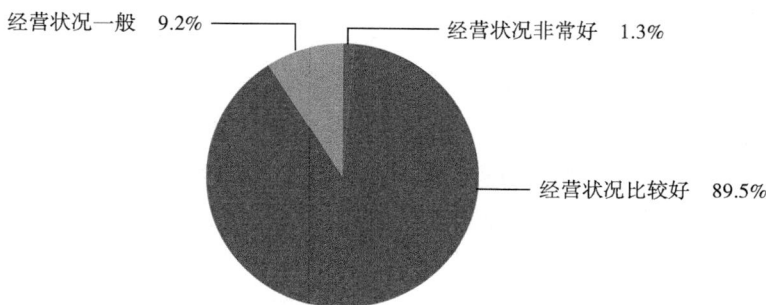

经营状况一般 9.2%　经营状况非常好 1.3%　经营状况比较好 89.5%

图10　引入企业参与农宅经营的状况

（4）村干部开展农宅经营方式的意愿。站在村干部的角度，由区/乡政府统一规划安排，开展经营是比较适合本村的经营方式，其次才是房主自己开展经营。

四、农民住宅财产性收益实现的主要形态

通过对农民住宅财产性收益实现模式的分析看出，目前北京市发展较为成熟的利用模式主要以四种形态呈现：特色民宿、文化产业聚落、养老院以及集体内部流转。不同的呈现形态一方面体现了当地农村产业发展方向和资源利用模式，另一方面体现了农民住宅财产性收益实现的水平。

（一）特色民宿服务，地方特色名片。闲置农宅的开发利用更多是从低端农家乐的发展开始起步，随着众多农家乐发展的日益饱和、同质化，经营管理水平低、无序化发展等问题接踵而至。如何有效避免同质化问题造成的恶性竞争，提升闲置农宅经营品质和效益，其中对农家乐的升级改造，发展特色民宿是发展较为成熟的一种模式。

民宿产业在我国台湾、厦门、浙江等发展较好，北京郊区的农家乐也正经历提档升级的阶段。民宿具体是指利用农宅，结合当地人文、自然景观、生态、环境资源及农林牧渔生产活动，提供旅客乡野生活之住宿处所。而精品民宿则更注重提供高端特色住宿体验。发展精品民宿要在坚持因地制宜的基础上，充分挖掘农宅周边的人文、历史、自然景观、生态等资源，利用一系列农村要素提供乡野住宿及休闲活动。开发农业、林业、牧业、渔业、矿业、工艺、自然、民俗、运动、文史等多种体验方式的休闲活动，夯实基础设施、环境景观等硬件服务，不断提升经营理念、游客互动、拓展服务等软实力，打造特色民宿品牌，发展特色民宿服务，形成地方特色名片。

以房山的黄山店村为例，其利用自身资源优势，打造了坡峰岭红叶、快活林戏水、醉石林观景、观光采摘等自然景观和旅游休闲活动。黄山店村特色餐饮，特色田园民宿，使得山区闲置农宅利用价值发挥最大化，并形成了吸引力。同时，黄山店村抓准产业转型时机，关注产业链的延伸，初步规划拖鞋、牙刷等民宿配套产品供应的产业链打造。通过先行先试为农村发展带来了新的生机，增加农民的财产性收入。

（二）文创产业聚落，居住创业结合。将农宅改造后租给文创类企业或者是艺术家个人，通过群体聚类，逐渐产生产业集聚的规模效应，最终形成特色的文化创意产业聚集村。政府通过这种乡村文创孵化器，支持鼓励微小企业成长；对于村集体而言则是顺应形势提供相关物业服务，壮大集体经济；农户一方面获得房屋租金和提供物业安保、保洁服务等工资收入，另一方面近距离同文化产业之间相互影响，提升文明意识，有机融入城市化进程。

目前北京典型的代表有宋庄画家村，但从运营模式、规范化运营等角度横向对比来看，杭州的白马湖农居SOHO更具有典型性。白马湖以农居村落为基础，采取"保留+改造""拆除+重建""新建+加建""开发+融合"等方式进行统一规划，将四个自然村共计500余幢农居改建成居住创业两相宜的文化创意工作室，形成具有城市美学特征和独特文化内涵的创意建筑。白马湖农居SOHO避免了大拆、大建、大搬，减少了开发建设对环境的干预和破坏，形成了具有时代特色、杭州地域特点的新风尚。在不改变产权性质的前提下，通过农居SOHO

空间的租赁、招商引入文创团队创业办公，实现了农宅的高效运作，土地的产能提升，开辟了农宅开发利用的新天地。

（三）养老养生结合，保障农宅收益。 利用农宅开展养老服务是时下较为流行的休闲养老服务模式之一。农家休闲养老是一种候鸟型、旅游休闲型相结合的农家寄养式异地养老模式，也是一种特殊的乡村旅游形式。田园养老社区主要吸引的是城市的银龄阶层。目前城市养老压力增加，而农村空气纯净、食材新鲜、环境安宁，且生活成本低，已经成为不少市区老年人向往的养老去处。

以怀柔区田仙峪村为例，2014年6月田仙峪村被新型城镇化体制改革专项小组确定为"盘活农村闲置房屋发展乡村休闲养老社区试点"。将闲置农宅统一承租给合作社管理，由国奥集团投资对老宅院统一改造。目前该试点的实施效果逐步显现，一期35处院落已改造完毕投入运营，二期计划改造的17处院落即将启动。基于农村闲置房屋所有权、使用权、经营权"三权分离"的原则，提出"农户+合作社+企业"三位一体的经营模式，建立"农民出房、合作社入股、企业经营、政府管理服务"四位一体的闲置农宅运行机制。由国奥（北京）文化产业投资有限公司主导闲置农宅的开发和建设，村集体成立休闲养老农宅专业合作社，农民将所有的闲置房屋流转到农民专业合作社，成为社员后取得房屋租金收入并参与收益分配。

（四）集体内部流转，农户自主经营。 作为农民最重要的财产之一，农宅的租赁收益是其主要的收益方式，但仍不能忽视其通过出售实现其财产性收益的方式。在我国，"一宅两制、房随地走"的制度特点，限制了农宅的自由流转。但农宅在集体经济内部之间的流转于法有据。

农宅在集体经济内部的流转主要包括两种模式，一种是在集体经济内部成员之间的流转，另一种是流转到集体经济组织，类似于村集体统一回收住房的模式。相较于采取租赁获取财产性收益的不同模式，内部流转获取的是一次性收益，这种收益取决于出售当时的市场行情及房屋评估。

五、农民住宅财产性收益实现的主要模式

本研究结合各村镇的整体规划、资源分布、农宅利用发展现状以及已有的农宅利用模式，依据政府、集体经济组织、社会资本、农户等不同利益体在农民住宅财产性收益实现过程中的作用和收益状况，总结梳理了北京市各村镇农宅财产性收益实现的四种模式。分别为以政府主导规划，引入社会资本运营；集体统一改造农宅，引入企业开展运营；商业资本自主租赁农宅，自主开展运营；农户或租户自主投入开展运营。

本报告主要从各模式的实现路径、收益情况、主要特点、优势分析、影响因素和案例六个角度分别展开分析。

（一）政府主导规划，引入社会资本运营。

1.实现路径：政府主导、农民主体、集体组织、企业融入的"四位一体"的整合式发展路径。这种发展模式主要是从京郊农宅利用试点村总结而来。整个过程，首先，由市级或区

县级政府结合当地资源禀赋、农宅分布状况以及区域产业发展要求，对试点村农宅运营进行整体规划、引导农宅利用发展方向、并积极通过政策集成对试点村的基础设施进行改造提升。其次，由村集体将自愿参与农宅利用的农民组织起来，成立农宅利用专业合作社。最后，引入社会资本，农民通过专业合作社以农宅入股，集体经济组织以其资产入股，社会资本以资金入股，三方商定股权份额，共同成立股份有限公司，并由社会资本负责开展市场化运营。

2.主要特点。

（1）政策集成使用，成果见效快。北京市在试点开展农宅利用过程中，为了保证试点具有可推广性，并没有专门出台特殊政策进行支持，只是把市发改委、市农委的支农政策集成使用。主要包括煤改电政策、农宅节能保温改造、医疗卫生、基础设施提升、养老设施运营补贴等。政策集成使用，在最短的时间内，有效地提升了试点村的基础设施水平，节省了农宅改造的成本，为农宅利用提供了良好的外部环境，成果见效较快。

（2）社会资本投资数额较大。农宅开发利用与一般的商业地产开发不同，由于宅基地的抵押限制，当前的农宅开发利用资金主要来源于社会资本直接投入，而不能借力金融支持（2015年《国务院关于开展农村承包土地的经营权和农民住宅财产权抵押贷款试点的指导意见》（国发〔2015〕45号）在59个试点地区放开农民住宅财产权抵押贷款，为未来农宅利用借力金融手段进行试水）。试点村落开展农宅利用，一般先期改造30套农宅，按照每套农宅改造成本30万元计算，需要900万元。加上先期支付给股东的房租成本、市场运营成本等，社会资本投资以千万元起步。

（3）集体权益保障到位。在闲置农宅开发利用过程中，大部分村庄能够注意保护农民的农宅所有权权益，但往往忽略了集体经济组织对宅基地所有权权益的保护。在政府主导模式下，股权设置更加合理，通过集体占股分红的方式体现了村集体经济组织宅基地所有权的权益。

（4）收益较高。整合式发展路径能够有效发挥各方资源优势，利用市场机制，快速形成规模化效应，并依据各利益体的投入进行收益分配。从调研结果看，这种模式农民住宅的财产性收益年均36250元，远高于其他模式的收益状况。

3.整体收益状况。

（1）集体经济组织享受租金和运营收益。一方面，集体经济组织将资产租赁给股份公司进行运行，享受租金。另一方面，集体经济组织是股份公司的股东，享受农宅利用运营带来的收益分红。实现了保底收入和集体经济组织发展壮大的预期。

（2）加入农宅利用专业合作社的村民享受租金＋分红＋集体经济组织成员待遇。首先，农民将自有的农宅租赁给农宅利用专业合作社，享受租金。其次，作为农宅利用专业合作社的社员，因合作社用农宅的使用权入股经营，还享受收益分红。第三，作为集体经济组织成员，同其他成员一样享受集体经济组织的分红。

（3）集体经济组织成员获得集体分红＋工资＋其他带动收益。首先，农宅开发利用壮大了集体经济，其成员享受集体经济增值带来的红利。其次，农宅开发利用实现了村民的就近就业，增加了工作岗位，村民享受工资收入。第三，由于农宅开发利用项目的带动，村内游客明显增多,直接提高了村内开展农家乐经营的农民收入。第四,通过项目带动,试点村的山货、果品销售量增多,提高了村民的经营性收入。

4.优势分析。

(1)有助于农宅经营快速形成规模化和产业化发展。四位一体的农宅利用模式以统一规划为基础,结合当地产业发展规划对农民房屋进行整体改造和利用,易于形成规模化经营。依据当地产业发展定位,不断开发和拓展相关产业路径,能够快速引导农宅利用走产业化发展道路。加上相关产业发展政策的扶持,能够进一步降低农宅改造费用,降低农宅运营成本,提升农民住宅财产性收益。

(2)有效契合区域文化和资源禀赋,有助于形成多重集聚效应。四位一体的农宅利用模式是以整体规划为先导,以政策扶持为抓手,以当地特色产业发展为依托,以集体经济组织和社会企业合作经营为保障,以产业发展为指引,通过规模化运营,不断开发区域特质和资源优势,拓宽资源利用渠道,提高资源利用效率,有效带动当地特色产业的发展,有助于形成经济、社会、文化、品牌等多重集聚效应。

(3)充分发挥集体经济组织的作用,能够有效保障农民的收益权。四位一体的农宅利用模式充分发挥集体经济组织的组织协调作用。首先,集体经济组织有效地将农民组织起来,在与社会资本对话时形成合力,更具话语权,有效保护各方权益。其次,避免了社会资本同一家一户农民直接交涉,节省其时间成本。第三,在农宅开发利用运营过程中,近距离地对社会资本进行监督,降低风险。

5.模式推广影响因素。

(1)政策集成的普适性。在开展农宅利用试点工作过程中,虽然没有专门出台特殊优惠政策,但将各部门的政策集成,也对试点村农宅利用项目的开展起到了极大的促进作用。在推广阶段,如果对所有开展农宅利用的村落都进行政策集成使用,那是否有失公允值得商榷。

(2)自上而下的产业定位是否符合市场的需求。政府主导的农宅开发利用,更多地考虑社会需要层面,其产业定位是否符合市场需要有待检验。例如有的试点村规划的是利用农宅开展养老产业,而在实际经营过程中,虽然按照设计配备了医疗设施和医护力量,但是所吸引的客户群中老人的消费比例很低。如果严格按照养老产业要求来发展,那么资本将没有任何利润可支撑其继续发展下去。但是,按照周末度假休闲的发展方式经营下去,势必会带来村庄承载力的问题。

(3)优质社会资本的投入愿望。此模式的农宅开发利用有着前期资金投入大,资本回收期长,且存在一定市场风险的特点。这些都直接影响优质社会资本的投入愿望。可以通过积极做好规划,保证政策支持和着力提升乡村基础设施来打造农宅开发利用的良好外部环境,以吸引更多优质社会资本将资金投入到农宅开发利用上来。

6.典型案例分析:怀柔区田仙峪村四位一体开发利用闲置农宅实现多重效益。怀柔区田仙峪村从2014年开始探索闲置农宅的利用模式。经过前期规划设计、分步实施,逐步探索出了农户、村集体、社会资本、政府四位一体的闲置农宅开发利用路径,实现了社会效益、经济效益、文化效应多重丰收的局面。

（1）以乡村休闲养老社区的开展带动四位一体闲置农宅运行机制的建立。2014年6月，田仙峪村被新型城镇化体制改革专项小组确定为"盘活农村闲置房屋发展乡村休闲养老社区试点"。2014年8月中旬，北京田仙峪休闲养老农宅专业合作社成立，成为北京市首家养老农宅专业合作社。养老农宅专业合作社统一租赁村内农民闲置的农宅进行管理，并引入社会资本对闲置农宅进行投资开发，基于农村闲置房屋所有权、使用权、经营权"三权分离"的原则，提出"农户＋合作社＋企业"三位一体的经营模式，建立"农民出房、合作社入股、企业经营、政府管理服务"四位一体的闲置农宅运行机制。

（2）有效实现经济收益、文化收益和社会收益，推进农宅经营可持续发展。经济效益层面实现了农民收入的大幅提高、村集体经济的发展壮大和社会资本盈利可期；社会效应层面实现了全社会对闲置农宅的利用关注度日益升温，为后续社会资本进入农村投资，盘活利用农村的闲置资源，探索了路径，打下了坚实的基础；文化效应层面实现了市民农民之间的沟通联系加强、村民素质提高和生活质量改善、民族文化的发展与保护。

（二）集体统一改造，引入企业开展运营。

1.实现路径：集体回收农宅、农民变股东、社会资本辅助运营的三位一体的共享式发展路径。这种模式中，有的集体经济组织将农户组织起来，成立农宅利用专业合作社，农民将农宅的使用权流转给合作社，由合作社统一进行开发利用，农民享受使用权流转租金和分红。有的集体经济组织借新农村建设的契机，将原宅基地上的农宅回收为集体资产进行统一开发利用，农民作为集体经济组织成员，享受农宅开发利用带来的集体经济组织收益的分红。

在农宅开发利用过程中，资金实力雄厚的集体经济组织自己对农宅进行现代化改造，引入社会资本进行市场化运营。实力较弱的集体经济组织则直接引入社会资本进行改造和运营。

2.主要特点：集体主导，村民配合，利益共享。

（1）集体经济组织主动性强，发挥作用明显。此模式中，集体经济组织处于主导地位，充分发挥其组织、协调、服务、监督等方面的作用。集体经济组织首先需要结合自身的资源禀赋进行发展规划，其次需要大量的耐心细致工作动员村民，将自愿参与农宅利用的村民组织起来，第三需要主动引入社会资本，同社会资本协商股份配置和利益分享机制，并对社会资本的市场化运营进行监督。

（2）受集体经济组织领头人的发展理念影响较大。集体经济组织能够有效地将村民组织起来，一定是有一位有威信的领头人。因此在农宅开发利用的过程中，领头人的发展理念势必影响大多数村民，其个人的发展眼光和规划能力都对农宅利用产生巨大影响。例如，有的集体经济组织被短期的利益所吸引，将大好的资源通过长租的形式全权交给社会资本开发，一方面不利于古村落、村庄生态的保护，另一方面集体和村民失去享受项目成长收益的机会。而有的集体经济组织待价而沽，一方面股权设置时确保集体在农宅利用过程中的决策权，另一方面利益分配机制设计时享受保底和分红两项收益。

（3）股权设置和利益分配机制是关键。如何让集体经济组织和村民在农宅开发利用过程中，既能长久地享受到成长性的收益，又能够有力地保护村庄的生态环境尤其是古村落等资源，集体经济组织与社会资本之间的股权设置和利益分配机制是关键。具体需要加强宣传和培训，更需要政府对社会资本的监督作用。

3.**整体收益状况**：以股份分红收益为主，工资性收益为辅，农民住宅财产性收益水平较高。从收益情况看，农民的收益主要来自于分红。另外，农民可以实现就近就业，获得工资性收入，或通过开展农副特色产品制作和销售，借助农宅开发利用带来的丰富旅游资源获得经营收入。定量调研结果也显示，这种模式农民住宅的整体财产性收益年均3万元，受益于其规模化效应，整体收益高于自主开展经营的模式。

4.**优势分析**。

（1）村为单位，农民主体，实施效率较高。这种模式的开发，以村为单位，充分实现农民的主体地位。农宅开发利用由集体经济组织成员大会或者代表大会进行决策，集体经济组织负责实施，其站在村集体和农户利益的角度上，通盘考虑农宅的开发利用，综合评估村内的资源状况，并依托对政策、旅游资源以及产业发展方向的分析，准确对农宅的开发经营进行定位，集中利用资金和资源优势，系统制定农宅开发运营计划。村集体经济组织，能够有效落实计划，保证农宅开发的落地实施，避免了因为农宅开发的多头管理出现的拖沓、推诿、延迟等情形，保障农宅的统一运营管理，实现资源的高效利用，提升开发效率。

（2）规模化推进，易形成集聚效应。村集体经济组织将村民组织起来，实行农宅的统一改造开发利用，实现了量化开发。这种规模化的农宅开发利用，能够与村域资源及产业定位形成规模化集群效应，通过产业间的联动作用带动农宅的运营发展，避免了因数量少或者开发不同步造成的风格不一致以及效益低等问题。比如房山区黄山店村通过村民的整体搬迁，村集体将340多个原农宅包括约5套古宅院落全数收回，目前已完成30余套农宅的改造，并投入运营，其乡村休闲旅游产业提供200多个就业岗位。

（3）集约式发展，有助于降低成本，提高收益。从实际的运营开发效果看，集约式开发和规模化运营有助于降低开发和运营成本，集中资源办大事，提高资源利用效率，快速响应市场需求，实现短期收益见效，为农户带来较高的收益。而且农户还可以在享受农宅股份收益分红的同时，获取农宅经营带来的旅游资源收益，从而提升自身的财产性收益。

（4）政策和资源支撑，降低了开发运营风险。村集体经济组织在农宅回收开发利用过程中，一方面能够积极争取有利政策支持，获取最大程度的政策扶持，如黄山店村借助"7.21"特大自然灾害之后房山区对山区农村改造的契机，采取整村搬迁安置，建设黄山店新村，原有农宅全部收归集体所有。另一方面能够综合评估村内已有的优势资源，形成村内乡村休闲、体验游和民宿产业发展的合力。黄山店村利用村内已有的旅游资源，开发了坡峰岭红叶、快活林戏水、醉石林观景、观光采摘等自然和农业资源，为农宅的经营提供了天然的旅游资源支持，为黄山店农宅经营奠定了客源基础，也实现了多种资源的协同利用，共同为村内创收。

5.**模式推广的影响因素**。

（1）对村集体带头人的素质要求高。集体经济组织主导农宅开发利用的模式，对村集体经济组织带头人的素质要求较高。首先，带头人要在村内有较高威信，能够将村民组织起来，减少村内的矛盾和纠纷。其次，带头人要对本村利用农宅发展何种类型的产业有个大致的规划。第三，需要带头人对引入的社会资本有一定的鉴别能力。第四，需要带头人能够和社会资本谈判，制定合理的股权配置结构和利益分配机制。最后，需要带头人能够对市场运营有一定的了解，有效监督社会资本开展市场活动。

（2）村集体的经济实力。村集体经济实力越强，在农宅开发利用过程中，其自身投入就越多，在同社会资本谈判的过程中，话语权就更有力。如果村集体经济实力较弱，开发运营全都依赖社会资本进行，村集体经济组织在整个农宅开发利用过程中的把控力也相对较弱。

（3）政府的支持。农宅的开发利用需要以村内的基础设施完备为前提，这离不开政府的大力支持。政府应大力支持村集体修建道路、停车场、公厕等硬件，积极促进有线电视信号、网络等软服务进村。扶持村内开展配套的农事体验、休闲旅游等综合性乡村旅游项目。

6.典型案例分析：房山区黄山店村借农宅利用实现产业发展二次繁荣。2010年，黄山店村内所有矿山全部关停，开始实施生态修复，村集体经济发展陷入泥潭。该村两委领导和村集体经济带头人秉承"敞开大门、引进能人、让利于人"的理念，在房山区委区政府特别是区农委的大力支持下，通过克服困难打造景区、加大投入改善基础设施和农宅利用、拓宽休闲产业链条三步走，成功完成村内支柱产业转型，实现了村集体经济发展的二次腾飞。

（1）农宅利用方式。2012年，黄山店村借房山区对自然灾害易发点民居搬迁的契机，异地选址重建新村，村集体有偿将340余处农宅院落回收为集体资产。2014年开始，在房山区农委的资金支持下，村集体自主改造农宅，并引入社会资本进行市场运营，双方以5∶5的比例进行收益分成。

（2）农宅利用效果。农宅的改造利用极大地增加了村集体经济组织的收入，仅2016年国庆节期间，实现盈利18.1万元。村集体通过打造坡峰岭景区、云上石屋、桃叶谷和姥姥家餐饮住宿品牌，为村民提供了200余个就业岗位，实现村民的就近就业，并获得2000—4000元不等的月工资。另外，村集体经济通过资产运营的收益也会给村民进行分红。

（3）经验启示。

首先是有力的组织保障。黄山店村成立了村股份经济合作社，并在合作社之下成立了旅游管理公司和开发公司两个经营实体，村书记当选为合作社社长。这种组织管理模式，在黄山店村统一回收闲置农宅方面发挥了巨大作用，为闲置农宅开发提供了组织保障和强有力的资金支持，同时，还充分调动了农民参与的积极性。

其次是合理的利益保障机制。村集体在与社会资本合作开发运营过程中，充分考虑村集体和村民的权益保护，制订了合理的利益保障机制。一是确保村集体资产所有权不变，不管农宅开发利用的方式和产业发展方向如何调整，其始终是村集体经济组织所有的资产。二是保底收益合理规避市场风险。不管农宅开发利用项目实际运营效果如何，远方网都必须首先保证村集体经济组织按照运营院落的市场定价，每年至少获得100天收益的五成。三是分红比例让利激发市场宣传积极性。在村集体出资改造农宅、远方网负责一切市场运营成本的合作方式下，双方商定按照5∶5进行收益分成，实际上是村集体经济组织对社会资本的一种让利，有效激发了社会资本进行大范围市场宣传的积极性，从而促进了农宅利用产业的发展。

第三是统筹资源，配套发展。闲置农宅如何贴合市场需求，保证持续收益是一项重要课题，只有深度挖掘资源条件，让游客来了有的看、有的玩，饿了有的吃，累了有地方休息，才能对游客形成持续的吸引力。黄山店村统筹各项资源，实行配套发展，现已开发了坡峰岭红叶、快活林戏水、醉石林观景、观光采摘、农事体验等自然和农业资源，同时，还将继续开发奇石山景区，打造特色餐饮，以别有特色的田园高端民宿为配套，形成可持续的吸引力，保证农宅开发利用的现实可能性。

（三）社会资本投入，租赁农宅开展运营。

1.实现路径。农民与社会资本直接对接，农民获取买断式农宅财产性收益。这种模式下，社会资本经由市场化的选择，在京郊农村直接从农户手中租赁农宅开展民宿、休闲农场、酒吧、餐饮等多业态的经营。社会资本通常在农宅闲置率较高的村落，一起租赁多套农宅（少则6—7套，多则30余套），租期多在20—30年，甚至有的预约租赁50年。农户仅获得房租（而且年均租金明显低于前两种模式），不参与农宅改造，更不关心社会资本的产业运营状况。社会资本开发运营成本大大降低，但也受困于农户履行合同意识不强，随时反悔的牢笼，需要大量的精力处理村内矛盾纠纷，不利于产业经营。

2.主要特点。

（1）农户与社会资本间的不对称性。首先，农户受个人认知和信息获取能力的限制，在房屋租赁过程中，其谈判能力较弱，往往更加处于被动的地位，单纯接受社会资本提供的租金定价，个人力量薄弱，无法利用农宅资产获取更高的收益。其次，农户的市场化意识不强。在签订租赁协议的时候，往往只看到一次性给付租金的诱惑，草草决定。而在租赁合同履行期间，往往从个人获得角度判断是否执行合同协议。这样社会资本常常陷入过多的矛盾纠纷当中，社会资本为了保障项目运行的顺利开展，常常是以增加资金来满足农户要求，形成了"闹一闹，加点钱"的恶性循环，十分不利于农宅利用的开展。

（2）运营方式灵活多变。这种模式的特点在于灵活、多变。社会化企业可根据自我认知和个人喜好对租赁农宅进行风格设定、规划设计、开发改造等，将其打造成生态休闲、商务旅游或轻奢度假等不同定位的场所，运营方式和经营产业灵活多变。

（3）不利于资源保护。资本的逐利性本质，使得社会资本在对农宅开发利用的过程中，更加注重快速回收成本，实现经济效益的最大化。而忽略生态资源、古村落资源和相应的基础设施承载力的状况，不利于京郊资源的有效保护。即便村集体后期对其进行干预管理，也一时难以扭转其已经形成的经营习惯。

3.收益状况分析。

（1）农户获得租金较低。这种模式下，农户获得的农宅年租金集中在4000—6000元的区间，远远低于上两种模式。

（2）村集体经济组织权益缺乏保护。社会资本绕过村集体经济组织，直接同农户对接，也完全忽略掉村集体经济组织对宅基地的所有权。村集体经济组织没有任何收益。

（3）社会资本投入资金成本小，收益较高。由于给付的租金较低，社会资本节约了许多资金投入。有部分社会资本与农户商定，租金3年一付而非一次趸付，更降低了社会资本的启动投入。经过市场化选择进行的产业发展，成本回收期短，社会资本收益较高。

4.优势分析。

（1）市场化程度较高。这种模式，从最初的选址、农宅租赁到产业选择和投入运营的全过程都是市场在起作用。社会资本还通过众筹等新型金融手段来进行启动资金的筹措。能够充分发挥其把握市场化需求脉搏的能力，依据市场需求来进行农宅的开发，能够快速找准消费群体，实现精准营销。

（2）社会资本注重品牌打造，提升农产品销售。社会资本在农宅开发利用过程中，一方面为了更好地融入村内生产生活环境，另一方面为农宅利用产业发展提供多元化消费支撑，往往会通过网络营销的手段，对当地的特色农产品进行品牌包装，有效地带动了村内特色农产品的销售。

5.模式推广的影响因素。

（1）缺乏统一引导和规划，集体利益未得到保障。这种模式以企业和村民的自主合作为主，乡镇政府、村集体经济组织在其中发挥的作用较小，缺乏对村民闲置农宅利用的统一规划和引导，对闲置农宅利用过程中的风险缺乏有效防范，村集体经济组织的利益未能得到有效保护。

（2）农民住宅财产性收益较低。村民在整个农宅的开发运营过程中，主要的收益为房屋租赁的租金，数额有限，而且很多农宅是一次性签订常年租期，租期分为10—20年不等，部分农宅甚至预约租期为50年，租金集中在年均4000—6000元之间。短期来看农民能够快速拿到租金，但从长远来看，其农宅财产性收益则是相对较低的。

（3）社会资本容易陷入与农户的矛盾纠纷泥潭。

受农户自身的市场化意识程度不够的限制，在农宅租赁合同履行期间，个别农户会因为获悉更多农宅租赁的租金信息而违约，或者通过在村内利用多种手段来干预农宅开发利用项目运营的顺利开展，来实现获取更高租金的目的。社会资本作为外来者，在村内的生产生活融入程度尚浅，更倾向于用资金解决困境。易形成个别村民"闹一闹，加点钱"的恶性影响，不利于农宅开发利用的整体推进。

6.典型案例分析：张泉村利用闲置农宅打造主题度假空间，提升当地农副产品品牌影响力。密云区张泉村大地乡居项目，艺术化地对闲置农宅进行设计改造，创造性地孵化出了集一个乡创社交中心、四个乡土度假院落和一处风物餐饮集于一体的时尚乡土度假空间。作为北京第一个乡村社交度假项目，大地乡居·张泉不仅为乡村旅游产品的创意化升级拓展了崭新的想象空间，而且就后乡土时代背景下如何盘活乡村资源、重塑乡村价值与复兴乡村社区等问题做出了积极探索。

（1）社会资本直接对接农户。北京大地乡居旅游发展有限公司是张泉村大地乡居项目的投资开发与运营主体，以每处5000元/年的价格租赁村民闲置农宅，通过对6处闲置农宅的艺术化设计改造，创造性地孵化出了集一个乡创社交中心、四个乡土度假院落和一处风物餐饮市集于一体的时尚乡土度假空间。

在大地乡居的建设过程中，农户采取自愿的方式，与企业签订农宅租赁协议。由社会资本对农宅进行改造并投入市场运营，农户获取租金收益。

（2）众筹模式缓解启动资金压力。大地乡居·张泉采取"股权众筹"的筹建模式，出让项目公司40%股份面向社会融资，共募集资金200万，形成了良好的示范效应，同时在项目初期就积累了良好的客户基础，扩大了大地乡居的影响范围，利用众筹人群的影响圈子带动大地乡居客源的原始积累，也为后期大地乡居的运营推广降低了投入，起到了低成本高投入的效果，同时也为后期项目运营资金来源提供了更多可能。

（3）社会资本依托网络营销，促进村内果品销售。张泉村的支柱经济是林果产品，2016年全村共有专业林果种植30多户，整体上林果产品的发展依然处于低水平。张泉村的林果产品发展面临品牌影响力低、劳动力不足、专业技术缺乏等问题。同时，大部分果农品牌意识淡薄，市场销路不好，市场竞争力弱。

大地乡居项目带动张泉村乡村旅游经济的快速发展，在提升游客旅游收入来源的同时，也提供了推广林果产品的机会，能够让更多游客品味张泉村的林果产品，提升张泉村林果产品的受众面和影响力，进一步带动林果产品销量，提升当地村民的经济收入。社会资本进入后，通过市场化运营，将当地农户所产的一款蜂蜜打造为"秘蜜"品牌，打造了电商平台，扩大了当地农产品的影响力，提升了村民的收入。接下来该企业计划继续打造山楂、核桃等产品的品牌，为农户带来收益。

（四）个体利用农宅，独立开展经营收益。

1.实现路径：自主投入，自主运营，自负盈亏。此模式主要有农户利用自己的农宅开展农家乐，提供地段餐饮、住宿服务，获得经营性收益和农户将农宅外租给个人，由承租人开展经营活动，农户获得租金两种方式。这种经营模式在京郊已经出现十余年，主要集中在提供低端的餐饮、住宿和简易的休闲体验等业态。近年来，受市场需求的影响，个体经营者加大投入对农宅进行现代化改造，提供高端、个性化的乡村旅游服务，有逐渐增多的趋势。

随着农宅利用发展进程的推进，各地出现了市场无序化、村民争抢客源矛盾多发、服务质量参差不齐、服务意识不强和重视个人利益忽视整村自然、生态、人文环境的保护等问题。集体经济组织也积极地通过制定统一接待、定价的标准等来进行服务管理，但短期内难以扭转一直以来形成的经营习惯。

2.主要特点。

（1）准入门槛低、经营方式灵活。个体投入开展运营是目前农宅利用的主要模式。该模式主要集中在京郊成熟景区周边的村落，个体经营者利用农宅所处地理位置的优势，借助景区带来的游客资源，通过提供住宿、餐饮和简易的休闲体验服务来获取经营性收益。常见的形式就是农户自主开展的农家乐、采摘园、垂钓园、小型家庭农场等。

（2）低成本、低收益。由农户自主开展经营，投入成本相对较低，能够快速投入运营，但该模式容易受市场、气候等客观因素的影响，且缺少政府、集体和社会资本（农户/租户有可能采用社会闲散资金或金融贷款等方式）的大力支持，抗风险能力较弱，整体收益相对较低且波动较大。

3.整体收益状况：收入来源单一，收入波动较大，收益相对较低。结合定量调查数据统计分析，超过八成用户采用这种模式，平均收益在29298元/年（未扣除人工成本），农民获得的收入虽然与前两种模式相差不大，还显著高于第三种模式，但这种模式利用农宅所形成的顾客消费远远低于前三种模式的顾客消费，长远看来，其成长性不佳。

这种模式的收益来源单一，就是单纯的营业收入，而且收益随着季节变化和市场行情变化波动较大。但相对来讲个体经营者投入成本较低，尤其是以农户为主体展开的经营，属于低成本投入，相较于单纯依靠农业收入来讲有一定提升，是作为其农业收入的重要补充。

4.门槛低、投入低、经营灵活是其主要优势。这种模式的主要优势在于经营主体单一，经营形式灵活，投入成本相对较低，经营主体规模小，经营成本和启动投入较低，且个人经营者可以根据自己的经营实际状况以及市场需求灵活调整经营内容，对市场需求的敏感度相对较高。

5.收益低、抗风险能力差是其面临的主要问题。

（1）农宅的整体收益相对较低。这种农宅利用模式下，个体经营者整体经营规模相对较小，而且主要依赖于旅游客源，受季节和市场影响较大，收益不稳定。如果农宅是租户租赁用来开展个体经营，那相对来讲农户的租金收入相对稳定，但对租户来讲，其收益的影响直接决定了其是否继续经营，所以存在租户不稳定的问题，这间接影响了农户的租金收益。所以总体来讲不管是直接经营还是租给租户经营，其整体收益相对较低。

（2）经营者的抗风险能力较弱。这种模式多以个体经营为主，经营者管理能力和经营水平参差不齐，而且经营规模较小，受市场环境影响较大，一旦资金或者市场出现波动，其经营容易受到影响，如果出现资金链断裂或者经营不善，就会出现倒闭的现象。

（3）同质化严重。据调查，个人利用农宅开展经营的，以农家乐为主，主要提供农家特色餐饮和住宿服务。同质化情况严重，同一地区内的菜品没有差异，住宿条件也千篇一律，无法形成品牌，难以提高竞争力。

（4）服务质量难以满足城市消费群体需求。京郊乡村游越来越成为更多市民的周末短途度假选择，然而，当前个人经营的农家乐所提供的服务质量和其基本的住宿条件，已经不能满足城市消费人群的需求，亟待提档升级。

六、北京市农宅利用目前存在的主要问题

北京市不同地区农民住宅财产性收益实现的路径、模式、呈现业态存在较大的差异，但究其根本，都是政府、村集体经济组织、社会资本、农户等不同利益主体利用政策支持和本地资源挖潜实现农民住宅财产性收益的过程。不同的收益实现模式亦存在其共性的问题，主要体现在政策缺乏针对性、农宅管理缺失、不同利益主体的利益未能得到保障、农户住房财产权缺乏保障、收益水平较低以及农宅利用模式趋同化。

（一）政策缺乏针对性，开发利用无章可循。农民住宅财产性收益的实现需要充分发挥农宅的财产性功能，要积极盘活，充分开发和利用农民住宅。坚持以政府为引导，村集体为主体，在农民自愿参与的基础上，积极贯彻落实相关政策，利用市场化运作模式，切实增加农宅的财产性收益。但目前北京市政府和各级区县政府尚未就农宅开发利用和农宅财产性收益等制定有针对性的政策措施，需要进一步加快制定和完善相关政策措施，为农宅财产性收

益的实现提供制度保障。

2016年11月8日，国务院办公厅印发《关于支持返乡下乡人员创业创新促进农村一二三产业融合发展的意见》（以下简称《意见》），对农民工、中高等院校毕业生、退役士兵、科技人员等返乡下乡人员到农村开展创业创新给予政策支持。《意见》中提出，鼓励返乡、下乡人员依法以入股、合作、租赁等形式使用农村集体土地发展农村产业，依托自有及闲置农宅院落发展农家乐等乡村民俗；在符合农村宅基地管理规定和相关规划的前提下，允许返乡、下乡人员和当地农民合作改建自住房。顶层设计的带动效应会促使各级政府更加重视农宅的开发利用，相关政策出台指日可待。

（二）多数集体经济组织未能有效发挥作用。实际调研过程中发现，农宅开发利用产业发展较好的村庄，其集体经济组织发挥组织、协调、管理、服务和监督的作用明显。而现实情况却是多数的集体经济组织没有很好地发挥作用，导致有些村内的农宅利用产业发展无序、同质化，村民间矛盾纠纷多发，有些村内集体经济组织和村民的财产性收益直接受损。这就需要政府积极引导，培养集体经济组织带头人，促使集体经济组织发挥更大的作用。

（三）农民收益较低，利益分配机制有待完善。农民住宅的开发利用需要政府、村集体经济组织、农户和社会资本等多重利益主体共同参与完成。其中各利益主体的收益分配会依据其在农宅开发利用过程中扮演角色的不同而有所差异。从实际情况看，在农宅开发利用过程中，仍然存在利益分配不公问题，集体经济组织和农户利益受损的情况时有发生。主要原因：一是农民住宅的财产性收益尚未得到充分挖掘；二是社会资本对利用农宅开发获取收益的敏感度远远高于农民，资本逐利性的本性导致其蚕食农民的利益。以张泉村为例，目前北京大地乡居旅游发展有限公司支付给农民的租金为每院每年5000元，租期分为10—20年不等，租金实行3年一缴的方式，目前村集体经济组织没有参与。该项目2016年8月8日开始运营，截至当年10月，现金收入已达到7万元。其中农民直接获利较少，仅有2名村民参与保洁服务，每人每月工资2000元。其他村民没有参与大地乡居的运营服务。整体上大地乡居的经营给当地农民带来的收益有限，尚未形成规模效应，导致农民利益在一定程度上受损。

（四）农宅利用模式趋同，未能形成差异化。本次调研结果显示，目前北京市农民住宅的开发利用模式仍以农户自己开展经营和租户个人开展经营为主，即以个体化经营为主，其中五成以上为农户自己开展经营，而收益较好的集体经济组织运营模式所占比重却较小。开发利用模式趋同，经营方式较为单一。

一方面，农民的自主经营意识不断提升，能结合自身的资源特点开展各类经营，但农户自主经营容易受市场资源配置的影响，跟风经营；另一方面，目前对农民住宅的开发利用尚未纳入地方政府整体规划，缺乏相关政策引导和整体布局。需要进一步挖掘区域优势资源和特色产业，结合新农村建设要求，对农民住宅进行整体规划和合理布局，结合区域特色，差异化改造经营农村公共文化空间、老年活动中心、养老中心、村图书室、文化展览馆等，完善配套基础设施建设，提升农村居民的精神面貌、文化素养和生活水平，为农村经济发展和文化生活增添新的活力。

七、合理开发利用闲置农宅相关政策建议

为了更好地帮助农民实现住宅财产性收益，提高农民收入，无论从政策支持角度还是集体经济的组织保障方面，在农民住宅财产性收益实现过程中，政府都应该加强规划指导，切实保障各利益主体的权益，引导不同地区依据其资源特征和产业发展方向，选择适合当地农民住宅财产性收益实现的路径和模式，积极出台规范农民住宅的相关政策，实现农民住宅财产性收益的可持续发展。

（一）**完善相关配套政策，加强制度保障**。市区两级政府应尽早出台规范农宅开发利用的政策措施，让农宅开发利用有法可依，有章可循，在制度层面积极做好引导。

党的十八届三中全会《决定》提出："保障农户宅基地用益物权，改革完善农村宅基地制度，选择若干试点，慎重稳妥推进农民住宅财产权抵押、担保、转让，探索农民增加财产性收入渠道。"12月，国务院办公厅《关于完善支持政策促进农民持续增收的若干意见》中明确提出"鼓励农村集体经济组织与工商资本合作，整合集体土地等资源性资产和闲置农宅等，发展民宿经济等新型商业模式，积极探索盘活农村资产资源的方式方法"。我国台湾已经有针对民宿管理较为完善的体制机制，作为首都的北京，一向重视对农民财产权的保护。当前京郊农宅利用发展势头迅猛，出台相关政策对其进行引导和规范势在必行。

（二）**强化集体经济组织作用，维护农民利益**。进一步强化集体经济组织的组织、协调、管理、服务和监督的作用。首先，集体经济组织是将有农宅利用意愿的村民组织起来的组织者，有效的组织能够形成发展合力，个体进行农宅开发利用不能形成规模效应，而将农民组织起来，一方面更容易形成产业规模集聚效应，另一方面也方便进行管理；其次，集体经济组织是代表村民与社会资本进行谈判的"当家人"，集体经济组织的法律地位有效增加了其在利益分配上的谈判能力和自身权益保护上的话语权，有利于维护农民主体地位；第三，集体经济组织还充当着政府、社会资本和村民之间的沟通纽带，是各方关系的"斡旋者"，集体经济组织一定程度上承担着基层社会管理服务职能；第四，集体经济组织还在农宅开发利用过程中对社会资本的市场经营活动进行监督，确保集体和村民利益不受损。

（三）**加强政府监管管理，保障各方权益**。农宅开发利用事关集体经济组织宅基地所有权、农民的宅基地使用权和农宅所有权、社会资本的经营权、部分新居民的居住权等多方权益。如何在农宅开发利用过程中确保各方利益不受损，制定合理的股权配置和利益分配机制显得尤其重要。这就需要政府在积极为农宅开发利用提供必要的基础设施等硬件条件的基础上加强监管，进一步规范农宅开发利用的程序，明确各方责任和义务，对股权设置尤其是利益分配机制进行审查。

（四）**因地制宜创新模式，加快开发利用**。大多的农宅经营，是由农民自发组织，依赖区域自然资源，将农村闲置房屋改建租赁，用于企业生产加工、城镇打工人员居住、发展农家乐等，没有真正属于自己的特色，形成差异化，同时因为建设项目的资金缺乏，导致产品单一，深层次开发不够。各地区的自然资源各具千秋、人文历史丰富，根据自身不同的特色，针对不同消费群体，多元化开发，寻找差异化、特色化来打造农宅开发利用的亮点，充分发

挥区域协同发展形成的集群效应，抱团经营，取得经济效益的同时推动农村第三产业，共同发展。

　　总体来讲，农民住宅财产性收益的实现需要结合各村镇和农户的特点，统一规划，统一进行开发利用。在此基础上结合市场资源配置，采取灵活多样的经营方式，最大程度地激发农民住宅作为农户重要财产的收益价值，稳步提升农民住宅的财产性收益水平。

课题负责人：张秋锦

课题责任人：季　虹

课题组成员：赵雪婷　赵术帆　周　颖　倪　娜　李红艳　王宏娟

沈立军　刘　靓　代聪鸽

课题执笔人：赵雪婷　沈立军

城市化地区乡村集体经济改革与转型研究
——以石景山区整建制农转居为例

在城乡二元户籍制度条件下，农民完成农业户籍向城市户籍转变通常被认为是城市化的基本标志。但是，城市化是一个复杂的区域性社会结构转型过程，需要户籍、集体土地、集体经济等领域改革相互配合推进。集体经济组织是以集体土地为纽带的社区性合作经济组织，在20世纪50年代农业合作化运动基础上形成，最初是为了组织开展农业生产和服务国家工业化。进入城市化阶段，集体经济组织发挥着促进农民增收，推动农民顺利实现市民化以及进行都市更新，解决"大城市病"难题的新功能和作用。北京市石景山区2002年完成整建制农转居，成为当时全市第五个无农业户籍人口的区。但由于没有同步实现全征全转、土地后续政策不配套等原因，集体土地利用粗放、集体经济发展地区差异大等现象日益突出，集体经济改革与转型的问题亟待破解。

一、难点：尚未完成的社会结构转型

在2004版北京城市规划中，石景山区已经属于北京市的城区。自2002年以来，按照"整体农转居，权益不改变，资产变股权，社员做股东"的总体思路，石景山区重点围绕农民转居、集体产权制度改革与集体土地资源集约高效利用，扎实推进城市化转型进程。

（一）整建制农转居后社保未完全接轨。石景山区的整建制一次性农转居工作，主要包括三项：农转居户口变更、农转居人员纳入城市社会管理、农转居人员参加社会保险，并在两年内完成。2002年12月，石景山区完成了农转居户籍整建制变更，撤销村委会，并将社区管理职能移交给街道。2003年2月，完成全区15435名农转居人员的户口变更和发放工作。2004年底，按照《北京市农转居人员参加社会保险试点办法》（京劳社养发〔2002〕151号），全区8936名农转居的劳动力参加了社会保险，共缴纳社保费用1.83亿元。参照北京市企业退休人员基本养老金标准，2015年大部分人员每月领取3000元左右的养老金，一部分人员按全市最低养老标准每月领取1609元。

2002年转居时，约有1800名超转人员未能纳入城市社会保障体系，主要按照"老人老办法"的原则，由各农工商公司负责，根据各公司制定的退休办法发放退休费。2008年起，为保障社会稳定和农民生活，超转人员退休费参照北京市最低养老金标准执行，并形成随全市养老金标准一年一调整的机制。2015年，每名超转人员退休费中，各公司承担650元，北京市居民老年保障福利养老金待遇300元，其余由财政转移支付。

（二）**集体经济产权制度改革仍在推进中。**石景山区现有1个乡级集体经济组织和12个村级集体经济组织，即石景山农工商总公司和12个下属农工商公司。目前，已基本完成村级集体经济组织改制工作，乡级集体经济组织改制工作已经启动。

2003年起，石景山区以刘娘府和八角农工商公司为试点，着手开展农工商公司集体经济产权制度改革工作。2015年底，已完成12个村级单位资产处置。除八大处公司外，其余11个村集体经济组织已经完成股份合作制企业的建立和运行。八大处公司2004年征地转工1700多人，留下90多人，走的人多、留的人少，与市、区改制政策存在出入。八大处公司创新了改制方式方法，允许原领取自谋职业综合补贴（3万元）的人员交6万元后回公司参股，公司成员增加到567人。目前，已基本完成股权量化、原成员兑现、成立股东代表大会等工作。2016年年初，召开了第一届股东代表大会，正在组织全员签字进行工商注册。

石景山农工商总公司于2015年启动改制工作。按照"先村后社"的原则，计划分"三步走"实现总公司改制，将现有农工商总公司改制成为乡级、村级结合的"1+12"的新型集体经济组织。首先，2016年实现社办人员回村，将在总公司工作（含在岗和已退休）并在各村有股份的人员，按照劳龄回到村集体经济组织配股，先由总公司根据劳龄股多少兑现给村公司。其次，2017年开展总公司资产评估，兑现原成员劳龄值，完成资产处置。通过现金兑现的方式，处理已经脱离集体经济组织人员的遗留问题，将这些人员从集体经济组织彻底剥离。第三，2018年成立"1+12"股份合作制公司，包括1个农工商总公司和12个农工商公司，总公司变成由13个成员公司持股的集团公司。目前，针对乡办企业人员"回村"，已召开多次征求意见会，各村公司董事长参与讨论，统一思想，计划先在古城、景阳、黑石头进行试点，三村股东代表大会基本通过乡镇企业接收社办企业人员回村办法。

（三）**集体建设用地开发路径还在继续探索。**一是在征地过程中探索留资产或留地安置的征地多元化补偿思路和模式。重点通过实物返还，解决集体经济组织可持续发展问题。在金融产业基地等经营性项目上市过程中，通过二级开发商返还一定公建物业，或留出一定比例的产业用地给农村集体经济组织，按照统一规划、统一开发、统一管理的模式运作。二是对原集体经济组织进行二次补偿。先按征地相关规定给予土地补偿费，待储备项目上市成功后，将项目增值收益返还区政府的15%给原集体经济组织。三是积极鼓励农工商公司参与当地的土地一级开发工作。2012年开始，以古城创业大厦项目为试点，探索集体土地自征自用的方式开发建设经济项目，实现集体经济向高端转型的新路径。在规划、土地、发改等部门多方努力协调下，历时3年多，已取得规划条件并通过市发改委立项审批。四是为解决部分农工商公司难以缴纳社保金的困难，利用土地储备的相关政策，提出土地换社保的运作模式。

二、分析：整建制农转居以来集体经济发展现状及问题

（一）**集体经济发展现状。**10多年来，石景山区创新改制方式，深化乡村集体产权制度改革，积极探索集体建设用地开发利用新路径，集体经济不断发展壮大，有力支撑了城市化进程。

2015年，石景山区农村经济总收入10.5亿元，同比增长2.1%。劳动力人数5076人。乡村集体经济组织利润总额约0.6亿元，参加分配人口6627人，农民人均所得4.3万元，一、二、三产比重约为0.5∶14.5∶84.9。

1.集体资产规模不断发展壮大。2015年，集体资产总额达到了86.5亿元，同比增长2.5%，占全市集体资产总额的1.5%，约为2004年的2.2倍；净资产达到了35.5亿元，同比增长1.0%，占全市集体净资产的1.7%，约为2004年的2.6倍。其中，乡级集体总资产2.5亿元，乡级集体净资产0.7亿元；村级集体总资产84.0亿元，村级集体净资产34.8亿元。人均集体净资产从2004年的14.4万元增加到2015年的53.5万元，约为全市人均集体净资产的8倍，且总体增速明显高于全市平均水平。

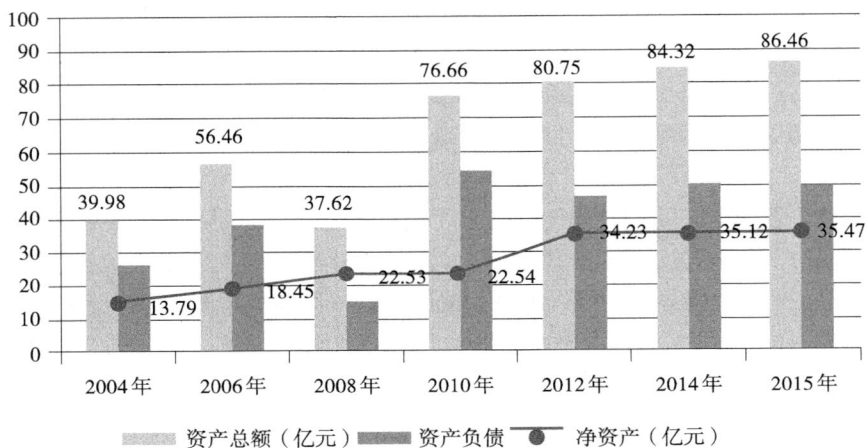

图1　2004—2015年石景山区集体资产变动走势图

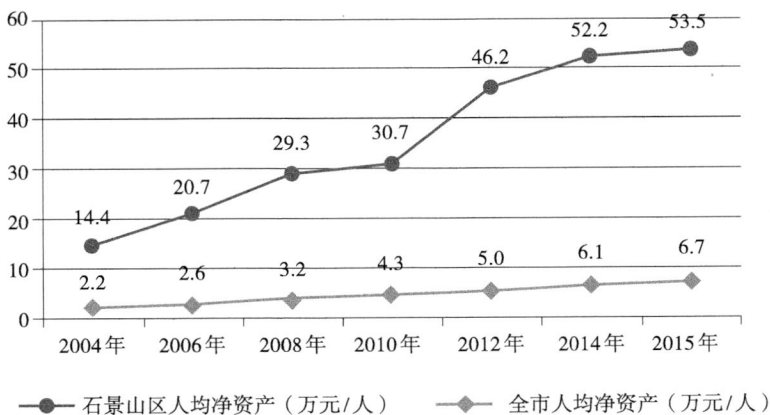

图2　2004—2015年石景山区人均净资产走势图

集体总资产乡村两级比例

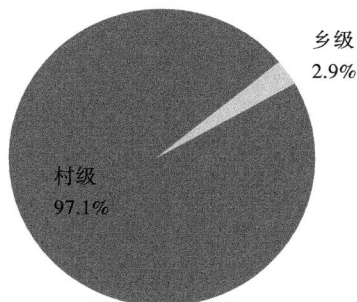

乡级
2.9%

村级
97.1%

集体净资产乡村两级比例

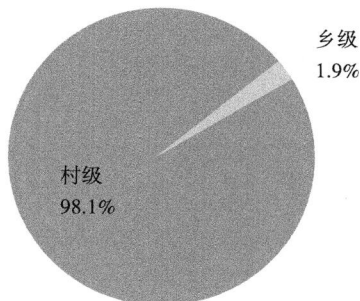

乡级
1.9%

村级
98.1%

图3　2015年石景山区乡村两级集体资产比例

2.集体产业结构不断优化。2015年，石景山区公有经济主营业务收入7.8亿元，其中乡级0.6亿元，占比为7.2%，村级7.2亿元，占比为92.8%；主营业务利润约1亿元。从产业结构来看，2015年服务业（含运输、商饮、服务及其他）占比达到84.9%，其中服务（主要为金融、信息、房地产等生产性服务业）占67.7%、商饮占17.2%，已经成为公有经济收入主要来源。如表1所示，2008年以来，农业和工业的比重不断下降，服务业比重逐渐提升。随着非首都功能疏解的推进，石景山区低端租赁产业将进一步减少，集体产业向高端绿色发展转型。

表1　石景山区公有经济主营业务收入及其构成　　　　　单位：亿元

年份	主营业务收入	其中：农业		工业及建筑		服务业	
		收入	占比	收入	占比	收入	占比
2008年	5.4	0.06	1.2%	2.1	38.5%	3.2	60.4%
2010年	5.8	0.05	0.8%	2.0	34.2%	3.7	65.0%
2012年	6.2	0.03	0.5%	1.4	21.9%	4.8	77.6%
2014年	7.3	0.04	0.5%	1.4	19.0%	5.9	80.5%
2015年	7.8	0.04	0.5%	1.1	14.5%	6.6	84.9%

注：农业包括种植业、林业和畜牧业；服务业包括运输、商饮、服务及其他。

3.集体经济对农民增收的带动作用不断增强。2015年，石景山区农民（即集体经济组织成员，下同）人均收入为4.9万元，虽与全市城镇居民人均可支配收入5.3万元仍有一定差距，但达到全市农村居民人均可支配收入2.1万元的2.3倍的水平；农民人均所得全部来自公有经济所得。人均公有经济所得增加显著，但近年同比增幅出现下降趋势。

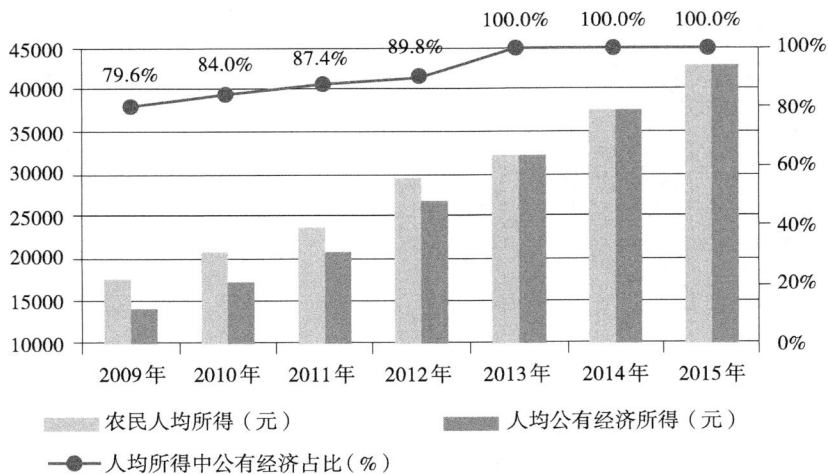

图4 2009—2015年北京市石景山区农民人均所得走势

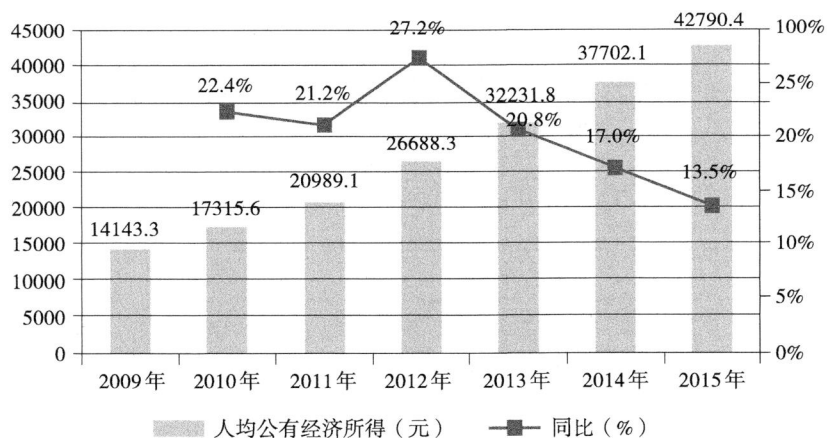

图5 2009—2015年北京市石景山区农民人均公有经济所得变化趋势

人均分红水平处于全市前列。2015年实现股金分红的村共7个，比上年增加1个；股金分红总额5623万元，同比增长16.4%；4629名股东参与分红，同比增长12.4%；人均分红总额为1.2万元，同比增长4.5%，在全市14个涉农区县中排名第二。

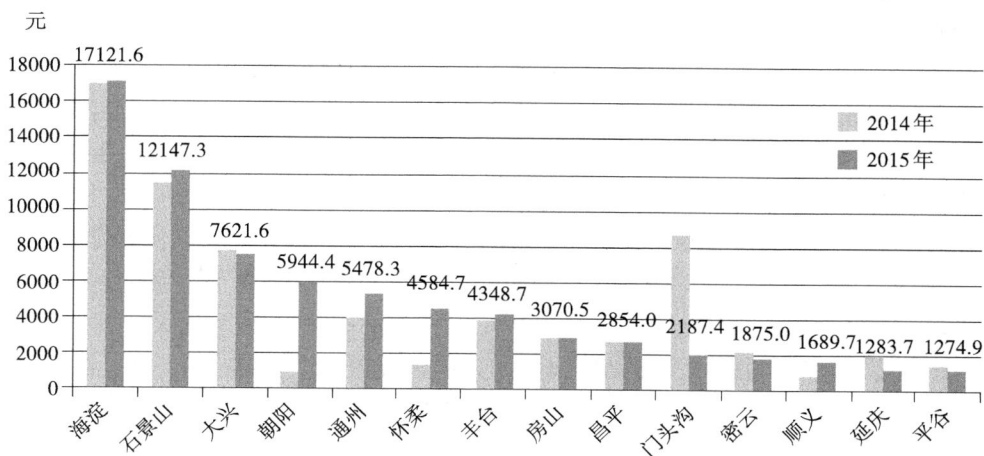

图6　北京市石景山区人均分红在全市排名情况

（二）集体经济发展面临的主要问题。 石景山区的整建制农转居事实上并没有完全实现农民的城市化，反而遗留了大量的灰色空间，集中反映在以下几个方面。

1.集体经济发展增速较慢，效益偏低且不均衡。经济效益低。2015年，全区集体经济总收入完成10.5亿，同比增长2.1%，远低于全市经济总量6.9%的增长速度。86.5亿的集体资产规模，仅创造了0.6亿元的利润，总资产利润率0.7%。但是，缴纳税金就达到了0.8亿元。集体经济组织成员中劳动力人均收入分配4.94万元，远低于北京市城镇职工7.76万元（2014年）的平均收入水平。

发展不均衡。改制后12家村农工商公司经济发展参差不齐。2004年收不抵支的村有2个，2015年增加到5个。如图7所示，集体资产规模在村与村之间差距显著。2004年，石景山区

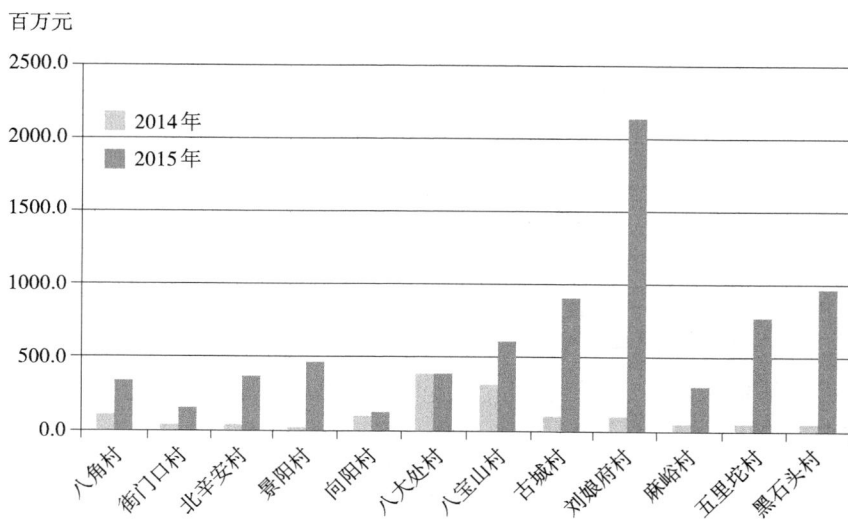

图7　北京市石景山区村级集体资产规模变化情况

12个公司的资产极差值为37550.3万元，2015年达到201710.6万元。多数公司没有形成实体产业，经济来源主要靠低端租赁和土地补偿金维持，个别公司已濒临破产。如果这一状况不能得到有效扭转，很可能出现集体返贫。如衙门口农工商公司，生产经营每年都靠借款，负债经营，前年向总公司借款700万元。2016年有2万元的物业返还到位，2015年清理出100亩地由政府趸租，租金500多万元，暂时缓解了经济压力。

2.**集体建设用地利用受限。**石景山区已没有农业户籍人口，但仍保留大量的集体土地，分布在50多个自然村里。在2003年土地利用规划修编过程中，北京市国土局就取消了石景山区的耕地保有量指标。2001—2006年石景山区集体土地共减少323.16公顷，年均减少集体土地64.63公顷。2015年，全区集体土地约1000公顷，占全区土地面积的12%，其中，集体建设用地6.15平方公里。在这些集体土地上存在着大量外来流动人口和低端经营业态，消防安全和社会治安问题严重。

一是集体土地开发缺乏审批通道。按照《城乡规划法》，集体土地建设应依据乡域规划进行审批、实施，但石景山区已经城市化，有城市规划没有乡域规划，集体土地出现"两不靠、两不管"现象，导致集体自己有地，但无法使用自有土地。一旦涉及用地就要走招拍挂程序，将集体土地征为国有，使出让主体变为政府，集体经济组织利益无法得到有效保障。2002年至今，石景山区集体经济组织基本没有审批建立过任何正规合法建设项目，导致集体经济发展缺少产业项目支撑，主要发展土地出租和"瓦片"等低端经济，难以激活集体经济组织活力。2012年开始的古城创业大厦项目试点尽管取得一定进展，但耗时太长，且后续再规划、土地、环保、消防等手续办理上还将面临一系列冗长的审批环节。背后的原因在于，石景山区现有的建筑物大多产权零散、功能混杂，在再开发利用中，从规划功能和空间利用合理的角度出发，往往涉及更新地区功能的综合利用、原有土地的整合和功能置换，而目前的土地利用政策主要是针对新增用地，尚缺乏针对存量土地开发的相关政策，大量再开发利用项目难以实施。

二是预留集体产业用地缺乏共享机制。基于传统理想城市规划模式下，城市土地空间利用存在客观差异性，按照人均50平方米标准预留的规划集体产业用地指标的配置基本不考虑土地权属因素，集体经济组织之间的苦乐不均且缺乏利益统筹。资源条件好的村可以加快社会转型；资源条件差的村，容易陷入发展的恶性循环。衙门口地区因绿地面积大且分散、平衡开发建设资金难等方面原因，一直未能启动整治和开发。麻峪地区所在地为永定渠泄洪区，整体村落实现就地改造政策上不允许，异地无处可迁。

三是集体土地及地上物权属不健全。由于政策原因，石景山区集体土地及集体经济组织在转居前多年以来积累形成的集体房产均无产权手续，形成大量的无证存量资产，转居后经区政府部门同意发展了部分产业，又形成了部分增量，仍属无证房产。在升级改造、招商引资等环节都受到限制，大部分只能从事"瓦片"出租等低端业态的经营，影响了集体经济的收益和所有者权益。

3.**集体经济税收合理性存在争议。**集体经济组织属于社区性合作经济组织，并承担了大量的社会性负担，功能性质不同于一般社会企业，但是，对集体经济专门的税收规定至今缺位，只能遵从一般社会企业。

一是分红缴纳个人所得税。目前完成改制的村农工商公司按照股份制公司性质进行工商登记，属于城镇企业。有的公司没有分红能力，为了稳定将土地补偿款用于分红，按照相关规定，要缴20%所得税。而土地补偿款实际是劳动积累的股权化，属于劳动的二次分配，而非资产运营所得。

二是土地补偿款所得税。按照《关于企业政策性搬迁或处置收入有关企业所得税处理问题的通知》（京地税企〔2009〕110号）精神，各集体经济组织因城市规划调整、土地开发利用、基础设施建设等地上物补偿款项，5年内如未用于企业异地重置，就要征收补偿款25%的所得税。石景山区由于集体经济产业项目用地无法审批、回购公建返还面积不能落实到位等问题，拆迁补偿款未能有效使用，多家集体经济组织即将面临缴纳土地补偿款所得税问题。

4.农工商公司工商注册问题。按照《中华人民共和国企业法人登记管理条例施行细则（2014）》相关规定，在工商部门登记农工商公司，公司章程等需要所有股东签字。现有集体经济的性质和股东人员结构，实际操作中难以实现全体股东签字确认，对于股东代表大会的决议，工商局不予认可，导致农工商公司无法完成工商注册，阻碍了集体企业的发展。八大处公司注册中已经遇到这个问题，总公司注册也将面临同样的问题。

依据《中共北京市委、北京市人民政府关于进一步深化乡村集体经济体制改革加强集体资产管理的通知》（京发〔2003〕13号）、《北京市委农村工作委员会、北京市农村工作委员会关于积极推进乡村集体经济产权制度改革的意见》（京农发〔2004〕28号）精神，涉及集体经济经营管理的重大问题"须经集体经济组织成员大会或成员代表大会讨论决定"、股东大会或股东代表大会是集体经济组织的决策机构，即只要获得股东代表大会或成员代表大会决议通过，就可进行农工商公司的登记注册。但是，石景山区与相关部门多次沟通，仍未解决农工商公司注册问题。

三、建议：整建制农转居综合性改革试点方案

（一）深化集体经济体制改革工作。一是研究制定股份转让继承等股权管理办法，保障改制后各企业在股份构成和人员构成上的稳定。石景山区政府出台规范集体经济管理相关政策文件。二是剥离集体经济组织的社会职能。减少或免除社保、医保等项目支出，使集体经济组织成为真正的市场主体。三是健全改制工作组织体系，研究探索将区集体经济办公室监督管理职能内化到改制后的总公司里面。区农工商总公司和12个村级公司分别按比例推举法人代表，加上经管部门、公司管理人员等组成改制工作主席团，形成相关决议。四是研究混合所有制试点，引入战略投资者。五是要继续发挥农村集体经济办公室的监督指导服务职能。在条件成熟的情况下，可以研究组建城镇集体经济办公室，推动农村型集体经济组织向城镇型集体经济组织的顺利转变。

（二）统筹集约高效利用集体建设用地。一是推广和完善古城创业大厦自征自用的经验模式。简化审批流程，加大审批权限下放，保障集体经济组织的土地开发权，发挥好目前阶段集体土地的产业发展与生存保障的双重功能。预留合理规模的集体产业用地。二是借鉴大兴区西红门模式，加强区级统筹，改善地区环境，促进集体经济均衡发展。通过区农工商总

公司统筹土地资源、统筹土地开发、统筹经营管理、统筹监督管理、统筹利益分配，促进集体土地的集中优化配置。为集体经济发展提供产业用房，将土地使用权证和房屋所有权证分开。三是加快集体土地及地上物权属确权登记工作。促进集体产业结构高端化，提高集体经济的收益和所有者权益。

（三）**推进重点领域的制度政策创新**。首先，由北京市人大研究出台《农村集体经济组织登记条例》。为集体经济组织登记提供充分的法理依据，夯实市场主体地位，作为一类特殊的经济组织，登记环节不完全按照一般社会企业登记注册的要求。明确"只要经过成员与股东代表大会决议通过或超过三分之二股东签字，可以在工商部门注册公司企业"。集体经济组织下属企业一般注册成有限责任公司。其次，降低集体经济组织的税收负担。在营业税、个人所得税、分红税等方面降低总体税负水平。充分考虑农转居与集体经济组织的特殊情况，研究暂缓"五年内如未用于企业异地重置，缴纳地上物补偿款所得税25%"条款执行。正确定位分红税的性质。在转型期间，股东分红应按照社会转型期劳动力二次分配来理解，即集体经济组织承担了大量的社会性负担，而不再主要按照资产性收入来缴纳分红税。不可以拿征地款进行分红。第三，申请专项资金支持石景山区农转居后续问题解决。"十三五"时期每年拨款5亿元，连续五年。

（四）**申请石景山区整建制农转居综合性改革试点，研究制订一揽子改革方案**。制订石景山区整建制农转居综合性改革试点方案，将石景山区整建制农转居综合性改革试点统一纳入北京市新型城镇化改革试点工作。建立市、区定期会商的试点工作机制。重点是依托现有土地等资源的重新优化配置，彻底实现城市多个阶层和社会群体的一次利益调整，并探讨通过区级统筹手段，统筹区级土地资源利用与社会公共服务、社会保障，彻底解决目前困扰石景山区的社会问题。同时，在乡、村两级公司组织架构、税收制度、工商登记制度、组建区集体经济联合会、加强经管部门监管职能等方面制订一揽子配套改革方案。

北京市农经办（农研中心）经济体制处

石景山区经管站

执笔人：陈雪原 翟广哲 李 尧 王洪雨

以农民市民化为抓手着力推进农村城市化
——北京市朝阳区常营乡"一绿"试点调研报告

常营乡是北京市朝阳区"一绿"城市化试点乡之一，承担着以实现城市化为方向，推进拆迁安置、产业发展、整建制转居、绿化实施、产权制度改革和社会管理等"六位一体"工作任务。目前常营乡已经完成拆迁安置、整建制转居和绿化实施任务，产业发展、产权制度改革和社会管理工作正在积极推进。试点任务推进较快，尤其是通过区域统筹、审批下放等机制顺利完成整建制转居工作，逐步实现农民市民化转型，对于推进城乡结合部地区农村城市化具有重要参考价值。与此同时，城市化过程中也出现了一些问题，值得关注。

一、基本情况

常营乡位于朝阳区最东部，东邻通州区永顺镇邓家窑村，西与平房乡黄渠村接壤，南邻管庄乡，北与金盏乡和东坝乡相接，属于定福庄边缘集团，辖区面积9.6平方公里（14384.85亩），下辖10个行政村和1个农村居委会。截至2016年6月底，全乡总人口172377人，其中户籍人口30134人，流动人口24562人，其余大部分为六片保障性住房项目入住人口。根据《北京市绿化隔离地区建设总指挥部关于将朝阳区常营回族乡整体纳入绿化隔离地区范围有关问题的批复》（京总指发〔2001〕1号）文件精神，常营乡整体纳入北京市绿化隔离地区建设范围，执行《关于加快本市绿化隔离地区建设暂行办法》（京政办发〔2000〕20号）文件。

二、农村城市化进展：拆迁、转居和绿化任务全部完成

常营乡作为"一绿"城市化试点乡，其目标是全面实现城市化。从目标任务来看，"拆迁建设全部完成、农民身份全部转变、规划绿地全部实现"这三项重要任务已经完成，进入城市化收尾阶段，重点从产业发展、产权制度改革和社会管理等方面巩固成果，推进农村城市化进程。

（一）2004年完成绿化实施任务。常营乡从2000年开始启动绿化隔离地区建设，2004年基本完成建设任务，共实现规划绿化面积326公顷（4890亩），其中包括平原造林555亩、一道绿隔绿地931.93亩、郊野公园1114亩和其他绿地2289.07亩。绿化实施过程中，通过核减规划集体产业用地、提高规划集体产业用地容积率、打包纳入上市土地一级

开发成本等途径解决规划指标和拆迁资金问题。

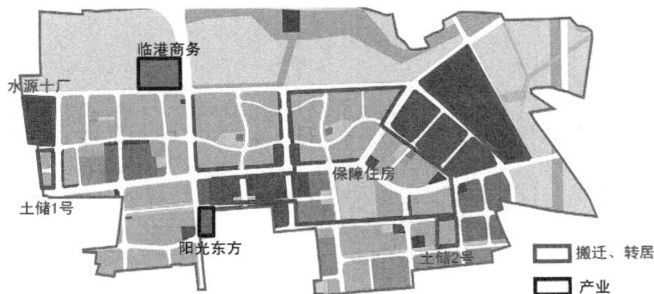

图1　常营乡区划图

（二）2009年完成全部拆迁安置任务。常营乡从2000年前后开始启动旧村拆迁和新村建设工作。旧村拆迁方面，2008年完成全部拆迁腾退任务，累计拆迁旧村3800个院，6692户，总建筑面积115万平方米；拆迁乡村办企业180家，总建筑面积46.2万平方米。新村建设方面，2009年完成全部83万平方米建设任务，包括安置回族群众的常营民族家园小区（总建筑面积约55.5万平方米）和安置汉族群众的连心园小区（总建筑面积约27万平方米），共安置全乡村（居）民13942人。

（三）2015年完成全部整建制转居工作。常营乡依据《北京市建设征地补偿安置办法》（北京市人民政府令〔2004〕第148号）、《北京市人民政府办公厅转发市民政局关于征地超转人员生活和医疗补助若干问题意见的通知》（京政办发〔2004〕41号）等文件，结合常营乡实际，制定了《常营乡农民整建制转居转工实施方案》。该方案以市政府批准整建制转居时点为准，对全乡剩余农民6909人实施整建制转居。在工作推进过程中，常营乡高度重视，专门成立了乡、村两级转居转工工作领导小组，并建立例会制度，对工作进行周密部署，加强情况沟通，普及相关政策，严格工作纪律，确保政策落实，顺利推进了全乡整建制转居任务的完成，转居人员按照城市职工社会养老保险标准发放补贴，实现了城乡保障体系的顺利接轨。

（四）产业发展面临转型升级。城乡结合部地区是疏解非首都功能的关键地区，绿隔建设也相应承担了这一功能。常营乡原有低端产业随着绿隔建设的推进而逐步拆除腾退，但是新的产业项目尚未落地，集体经济组织失去收入来源，推进产业升级压力较大。

1.在建设用地指标不足的情况下，仍需要保证规划绿地总量不变，产业发展受到一定制约。

2.低端产业向外疏解，新的产业项目的批复立项和运营尚需时间，如国际商务产业园建设、阳光东方文化广场、又来顺清真饭庄升级改造等产业项目仅有一个在2015年底刚获得批复，建成盈利还需要一段时间。在这个时期内，集体经济实力受到一定影响，转居人员的就业和增收问题也出现了断档。

（五）产权制度改革要解决历史遗留问题。常营乡的产权制度改革坚持乡村联动，整体推进。按照先村后乡的顺序，在处置村级集体资产的基础上，推进乡级集体经济股份合作制改革，提高集体资产管理水平。

但目前来看，常营乡的产权制度改革任务较为艰巨，村级产权制度改革进展并不顺利，主要问题是涉及产改人员结构复杂、历史遗留问题较多、集体资产量化标准不统一等等。特别是由于历史遗留问题，常营乡部分村集体负债较多，净资产甚至为负，且乡级和村级利益纠葛较大，产权不明晰，为产权制度改革设下了重重障碍。

下一步常营乡将围绕以下几点做好工作：一是健全乡村集体经济组织成员代表大会，理顺集体资产管理的体制机制。二是在尊重历史，明晰产权的基础上，依法依规，妥善处置农村集体资产，切实保护农民的集体资产权益。三是在整合资源的基础上，尊重农民意愿，着力构建符合现代企业制度要求的新型集体经济组织，促进集体经济持续协调发展。

（六）社会管理面临新的挑战。常营乡在社会管理方面，完成农村管理向城市管理的顺利过渡，健全城市服务管理工作机制，实现地区社区管理全覆盖，并不断完善社区服务配套设施，推进社区规范化建设和社会服务管理创新，加大城市管理力度，改善本地区的人居环境。

与此同时，常营乡的社会管理还面临诸多挑战。一是社区管理人员编制不足，警力配备和属地力量远远不能满足本地治安防控和服务管理的需要；二是常营乡是北京市保障性住房集中的区域，有大量迁入的城市居民，且配比了2552套廉租房，涉及7000多人，均属于低收入家庭，呈现"四多"特点，即廉租户多（全市最集中）、残疾人多、下岗人员多、"两劳"释放和重点人多，给管理带来了多种困难；三是配套设施有待完善，公共服务资源明显不足，公安派出所、残疾人康复托养所、街道办事处等区域公共服务设施，欠配面积约9350平方米。

三、农村城市化机制创新

（一）探索统筹机制，有效实现转居资金平衡。整建制转居工作是常营乡纳入"一绿"城市化试点之后首先要完成的任务。按照朝阳区农民转居转工工作领导小组会同有关部门的测算，常营乡农民整建制转居涉及6909人，其中劳动力3840人，超转2116人，病残人员122人，学生831人。

为实现和城市保障体系的接轨，所需经费共23.5亿元（2013年标准）。为完成整建制转居任务，首先要解决的是资金平衡问题。常营乡通过区级和乡级两个层次的统筹工作，实现资金平衡。

1.通过乡级统筹，自行解决转居经费10.5亿元，涉及人员3575人。这批人包括已于2006年取得转居批文的土储征地转居人员，及辖区内正在办理征地转居手续的水源十厂、地铁6号线两个市重点工程涉及转居人员。常营乡统筹安排集体资金，解决经费问题。

2.通过区级统筹，将转居资金纳入土地上市成本，解决转居经费13亿元，涉及剩余人员3334人。其中包含土储1.2号地已获征地批文人员473人，以及整建制转居剩余人员2861人。

（二）成立领导小组，圆满完成转居工作任务。为了顺利完成整建制转居工作，常营乡成立了专门的转居转工工作机构。乡级层面，成立农民整建制转居转工工作领导小组，下设办公室、政策研究指导组、组织宣传组、业务办理组、信访保障组、维稳工作组和包村指导组等。村级层面，在各村分别成立转居转工工作领导小组，村党（总）支部书记为第一责任人，负责组建本村转居转工工作机构、组织召开相关工作会议。在乡党委、乡政府的领导和乡转居转工工作领导小组的指导下，常营乡进行周密部署、分步实施，开展了前期筹备和启动、制订方案和动员部署、户籍办理和身份核实、超转人员办理、劳动力安置、补缴劳动力社会保险、办理保险关系转移接续手续、总结归档等八个阶段性工作，全面完成了本村农民的整建制转居转工各项工作，实现了统筹管理，维护了群众利益。

四、存在问题和困难

常营乡的农村城市化工作在取得阶段性成果的同时，也面临以下几方面的问题。

（一）集体土地利用存在资金平衡和规划手续不足等问题。 从土地总体利用现状来看，常营乡土地面积共958.99公顷（合14384.85亩），其中国有双桥农场348亩，历年国家征收集体土地7305.83亩，以及剩余集体土地6731.02亩（图2）。对于剩余的6731.02亩集体土地，常营乡制定了详细的利用处置方案，分为两类，一是自征自用，二是征为国有。

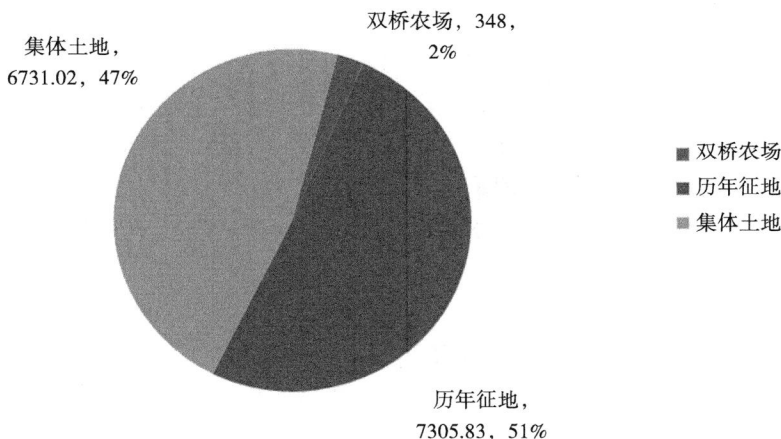

图2　常营乡土地总体利用情况

1.自征自用土地存在规划手续不足问题。

第一，乡集体自行征收326.7亩。对规划乡属产业项目"临港国际商务产业园"和"阳光东方文化广场"用地，以及前期城市开发遗留的边角地，由乡集体自行征收，共326.7亩。

第二，乡集体企业征收新村建设用地480亩。对于尚未办理土地征收手续的常营民族家园和连心园两个农民新村占地，在补办手续时统一由乡集体企业征收，共480亩。

第三，乡集体企业征收道路及城市防护绿地515.56亩。对于未征收的东苇路、朝阳北路、常营南路、常营二街及其他城市防护绿地，拟在补办上述农民新村用地手续时，采取若干地块打捆的方法，统一由乡集体企业征收，共515.56亩。

由乡集体自征自用的土地，暂时没有交纳出让金，规划手续不足，因此缺乏相关部门颁发的土地使用权证，在吸引社会资本参与的时候可能会存在障碍。

2.征为国有土地存在资金难以平衡问题。一是北京市赴港招商"北京时尚中心"项目，规划征收建设用地面积325.76亩，规划建筑面积33.31万平方米。如果按500万元/亩征收项目建设用地，则建设用地补偿款为16.288亿元。二是赴港招商项目代征收集体绿地5083亩。"北京时尚中心"项目按30万元/亩代征收集体绿地，则规划绿地补偿款为15.249亿元，加上建设用地补偿款16.288亿元，征地总费用约31.537亿元。综合考虑常营乡目前土地市场价格，本项目通过土地一级开发完成后入市交易，政府的土地收益可以得到保证，项目具有可行性。

但征为国有的土地，需要交纳国有土地使用权出让金及有关税费，并需要覆盖相应区域的城市化建设成本，不同程度存在着一定的资金平衡困难问题。

下一步的工作需要重点解决这两类问题，为产业的顺利发展和盈利、增加集体收入奠定基础。

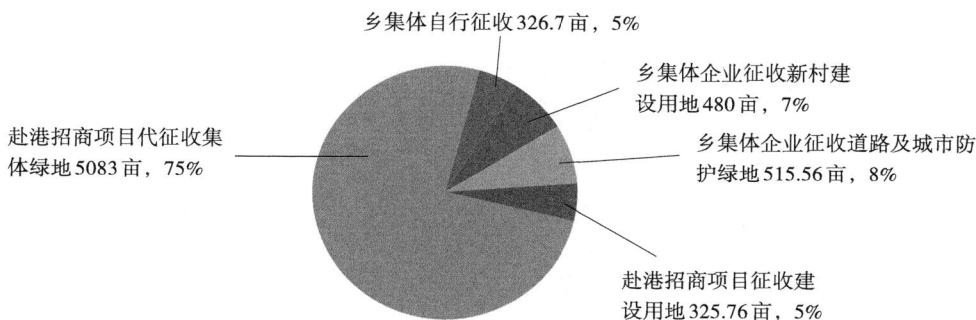

图3　常营乡集体土地利用方案示意图

（二）产业发展处于断档期。虽然常营乡已经明确了未来产业发展的方向，但是与城乡结合部绝大多数地区一样，产业发展仍然面临许多难题。从目前来看，常营乡三个产业项目（国际商务产业园建设、阳光东方文化广场、又来顺清真饭庄升级改造），目前仅有阳光东方文化广场在2015年底完成了立项和规划审批手续，准备开工建设。

造成这种问题的一个重要原因是受以往"先建设后审批"的工作习惯影响，产业项目先开工建设再办理审批手续或者边建设边审批。但是近几年制度收紧，导致项目已经开工但手续不齐，无法产生实际收益。

一般来说，新的产业项目需要好几年才能产生真正的收益，但是原有产业的疏解腾退已经提上日程，两者之间产生了一个断档期，出现了产业发展的停滞，不仅使村集体收入受到影响，而且经济的滑坡和就业问题也可能会引发社会风险。

（三）转居人口就业存在技能和意愿两大错位。从就业环境来看，转居人口就业主要面临两大问题：一是技能错位，随着低端产业的疏解和高端产业的引入，就业门槛提高，就业技能无法适应岗位需求；二是意愿错位，在整建制转居完成后，常营乡转居人口的收入主要由以下几方面构成：拆迁款、集体资产股份分红、房屋租金和工资性收入，这使得他们基本上衣食无忧，就业上处于"高不成低不就"的状况，对一般的工作岗位，比如物业管理、绿化等没有很强烈的就业意愿，希望从事的技术性岗位又缺乏应有的职业技能，客观上难以找到合适工作。

这种现象在各试点乡也普遍存在，农民进城、上楼容易，但如何完成人的城市化，引导农民在理念、价值观等方面真正融入城市生活，仍是一个待破解的难题。

（四）产权制度改革推进难度较大。常营乡的产权制度改革难度较大，一是历史遗留问题较多，这个问题基本上是通病，比如计算劳龄，要从1956年合作化运动开始算，已经去世的人也不能遗漏，十分复杂。二是集体资产负债影响改革，常营乡村集体原来有许多挂账资产，在拆迁时无法得到补偿，导致现在基本没有集体资产，反而欠了外债，集体净资产为负值，如果按照"分家底"的思路，改革不好推进。

（五）保障性住房带来的大量人口使社会管理承担较大压力。常营乡区域内有六大片北京市保障性住房，吸引了十几万人口入住，为中心城区人口疏解做出了很大贡献。但随之而来的是社会管理方面的问题，主要体现在两个方面：一是管理力量不够，常营作为一个乡，目前只有五十多人的编制规模，既要管理区域内原住转居人口，同时还要管理新入住十几万城市人口的社区，承担相应的社会管理和社会服务职能，压力非常大。二是缺乏管理经费，目前管理费用主要由集体出资，包括雇佣保安、两会期间维护秩序等，而这些支出本来应该由政府财政拨款，造成了某种程度上的不公平，也缺乏可持续性。

（六）新村房屋（回迁房）产权证未办理问题。常营乡的农民自住房分两部分，分别是安置回族群众的常营民族家园小区和安置汉族群众的连心园小区，这批回迁房按照经济适用房管理。由于建设时期不同，部分房屋没有办理行政许可手续，主要原因：一是回迁房建设过程中，实际用途发生了改变，比如配套设施用地上面盖了住房，与规划用途不符，无法办理手续。二是当初绿隔项目动工时，采取先开工后补办手续，后来补办手续的过程中，有些资料无法提供，造成手续无法办理。

五、几点启示

（一）合理下放相关审批权限是提高行政工作效率的有效途径。在以往城乡结合部的改造过程中，不管是土地储备、重点村改造还是棚户区改造，都存在上级部门对基层的各种审批限制，不但影响工作效率，也难以调动积极性。尤其在非首都功能疏解的背景下，基层许多乡镇和村干部"只知道不能建什么，不知道能建什么"，造成许多产业用地的闲置，集体经济难以发展。"一绿"朝阳试点经验表明，市级层面做好规划，将相关权限下放到区一级，是提高工作效率、激发基层活力的有效途径。在相关权限下放之后，朝阳区各职能部门从建设需要出发，创新机制，优化流程，建设项目进入绿色审批通道，涌现出许多好的经验做法。例如：灵活调整各乡镇之间的土地资源和产业功能，在全区建设用地不增加、规划绿地不减少的前提下，实现资源更有效率地配置和更加公平地分配，常营乡通过香江上市项目实现代拆代绿东坝飞地12.5公顷，为乡镇间土地资源的配置和优化提供了一种新的解决思路。

（二）城乡一体化的阶段目标是实现农民市民化。目前全市的城乡一体化工作，不但要解决城市地区与农村地区二元体制所衍生的问题，也要逐渐关注户籍人口与外来人口市民化差异问题，这在城乡结合部地区表现得尤为突出。在城乡结合部，仍然存在不从事农业生产的"农民"，这一群体不仅包括北京户籍农民，也包括非北京户籍的外来人口，而且一些地方外来人口多于户籍人口，形成人口倒挂现象。正是由于这一群体的存在，使得北京市的农民市民化工作面临更大的困难和更加复杂的局面。一方面，户籍农民市民化如果不能享受完整的市民待遇和就业安置，而仅仅只是身份上的转变，将很可能造成农民不愿意"被城市化"。另一方面，过去几十年北京经济社会高速发展，外来人口做出了应有的贡献，不能简单地将他们排除在公共服务体系之外。

北京市城乡一体化的阶段性目标，应当是加快实现农民市民化，不但实现户籍农业人口的市民化，还要在财政资金与资源环境承载力的综合测算基础上，通过顶层制度设计，争取解决外来人口的市民化问题，使已经是利益攸关方的户籍人口和外来人口在经济生产高度融合的同时，逐步实现社会生活一体化。2016年10月1日起施行的《北京市实施〈居住证暂行条例〉办法》，是规范外来人口管理、增进社会和谐发展的一个实践[①]。

（三）转变工作习惯，坚持依法执政。 目前包括常营乡在内的各试点乡，都不同程度地存在着产业项目手续不全，审批困难和回迁房房产证无法办理或办理困难的现象。归根结底，是以往"先建设后审批"的工作习惯造成，先开工建设再办理各项手续，导致所需资料不全、手续不合规等问题，无法办理相关证件，反而耽误了产业项目进度或者导致房产证无法正常办理。

基层许多乡镇和村干部积极推进产业项目的发展，为回迁百姓考虑，期望能够打赢时间仗，抓紧一切机会大干实干的精神是值得鼓励的，在以往这种精神也为本地的发展做出了巨大贡献。但是现在在强调一切工作要依法合规的情况下，原先"先建设后审批"的工作习惯和做法就不再合适，更加不符合依法治国的理念。

因此，基层乡镇和村干部需要进一步转变执政和工作理念，坚持依法治国、依法执政、依法行政共同推进，创建良好的法治环境。

《北京市城乡结合部城乡一体化实践研究》课题组

负责人：张秋锦

责任人：季 虹

执笔人：周 颖 李 萌 赵雪婷

---

① 北京市政府法制办副主任李富莹表示，除了对国务院《居住证暂行条例》规定的"三项权利、六项服务、七项便利"完全衔接，北京市还承诺，将积极创造条件，逐步扩大为居住证持有人提供公共服务和便利的范围，提高服务标准，并定期向社会公布。

北京市海淀区四季青镇整建制
农转非试点工作研究

整建制农转非工作是推进农民市民化的一种有效途径，但其推进过程中存在转非成本较高的资金平衡难题。海淀区四季青镇通过体制机制创新，破解了该区域的整建制农转非资金难题，完成了该地区2.66万人的整建制农转非工作。对此，市领导做出重要批示，要求认真总结、大力推广农民市民化。为落实市领导批示精神，市农研中心课题组多次组织实地调研，对四季青镇整建制农转非工作展开深入研究，并对如何推进整建制农转非工作，加快新型城镇化建设提出若干建议。

一、农转非政策演变

目前北京市农转非工作的政策依据主要有《北京市建设征地农转工人员安置办法》（1993年16号令）、《北京市建设征地补偿安置办法》（148号令）、《北京市人民政府关于城乡结合部地区50个重点村整建制农转居有关工作的意见》（京政发〔2011〕55号）及《北京市通州区人民政府关于加快推进通州区建设征地的农转非安置工作的意见》（通政发〔2015〕23号）。

16号令出台于市场快速推进的20世纪90年代，目的是为了妥善安置因建设征地造成的农村剩余劳动力，维护社会安定，从而保证国家建设顺利进行。这一时期的安置工作主要由征地建设单位主导，即传统意义上的开发商主导模式。虽然16号令对征地建设单位如何开展农民安置工作进行多项规定，如"坚持谁征地谁负责"、"自愿自谋职业的，由建设征地单位与乡镇人民政府、村民委员会及本人共同签订协议书，建设征地单位将安置补偿费一次性付给本人"等。但是，建设征地单位往往以利润为导向，规避相关政策，村民利益受到损害。农转非范围小、保障低、区域发展不平衡、公共设施建设差等问题较为严重。

为保护被征地村民合法权益、探索城乡一体化的社会保障制度，市政府出台了148号令对转非人员参加社会保险的具体办法进行了较为明确的规定，是2004年以来转非工作中农民参加社会保险办法的主要依据。农转非工作由政府主导，同时集体经济组织的作用得到了重视，但其"征多少地转多少人"的思路制约了转非速度，增加了集体经济组织负担，埋下了区域不稳定隐患。

2011年市政府出台55号文，开始在城乡结合部地区50个重点村推进整建制农转非工作，进一步探索城乡一体化的社会保障制度。与148号文"征多少地转多少人"思路不同的是，55号文推行在完成拆迁任务的重点村实行整个行政区域范围内的农转非工作。整建制农转非虽然能够避免区域发展不稳定不平衡问题，但转非成本高、资金需求量大的难题还是制约了工作推进速度。针对这一问题，文件中提出若干创新思路筹措转非资金，如"合法合规、多渠道筹措资金""超转人员社保费用按年度筹集，可以采取一次性缴费、分期支付方式，也可以采取年度汇缴、按月发放方式。"此外，为保障农民权益，顺利推进整建制农转非工作，55号文还提出"必须完成重点村拆迁任务，做到集体产权制度改革与集体资产处置工作与整建制农转居同步"，从而对农民财产权进行保护。

2015年出台的《关于加快推进通州区建设征地的农转非安置工作的意见（通政发〔2015〕23号）》是目前行政副中心农转非安置工作的政策依据。对于建设征地面积大、人均耕地不足0.5亩的村，在做好集体资产处置和安置资金到位的前提下，推进整建制转居；其他地区按照市政府148号令规定的时限和批复的征地转非指标推进农转非工作。

通过历年政策对比可以发现，1993年以来北京市农转非工作主要有以下特点：一是转非安置工作由建设征地单位主导向政府主导过渡。二是更加重视保障农民权益以及发挥集体经济组织的作用。三是建立城乡一体化社会保障制度是农转非工作开展的最终目的。整建制农转非能够较好地实现这一目标，但转非成本较高的难题直接制约整建制农转非工作。四是在农转居费用支付方式、资金来源等方面进行了创新，加大了政策支持力度。

表1　北京市农转居政策比较分析

文件名	内容	目标	意义	问题
北京市建设征地农转工人员安置办法（16号令）（1993.10.6）	1.适用范围：本市行政区域内经市人民政府批准进行建设征地时，农转工人员安置办法。 2.推行主体：建设征地单位。（坚持谁占地谁负责原则；建设单位确实自行安置不完的，由市、区、县土地管理局组织被征地单位、被征地乡镇人民政府和有关单位协助完成） 3.安置办法：多渠道、多形式。自愿自谋职业的，由建设征地单位与乡镇人民政府、村民委员会及本人共同签订协议书，建设征地单位将安置补偿费一次性付给本人。 4.社会保障：农转工人员待业保险、退休养老基金，由建设征地单位按照市劳动局规定的标准，向被征地区、县待业保险机构和退休金统筹机构缴纳。	保证国家建设顺利进行，妥善安置因建设征地造成的农村多余劳动力，维护社会安定。	要求建设征地单位在开发建设的同时保障该区域失地农民合法权益，按照条例相关规定完成农转工工作。	建设征地单位主导，农民权益难保障。

（续表）

北京市建设征地补偿安置办法（148号令）（2004.7.1）	1.适用范围：本市行政区域内依法征用农民集体所有土地时，对农民进行补偿安置。 2.推行主体：政府主导。（市土地行政主管部门负责征地补偿管理工作；市劳动保障行政主管部门负责转非劳动力就业和社会保险管理工作；市民政部门负责超转人员管理工作。区、县土地、劳动保障、民政部门按照分工负责本行政区域内征地补偿安置具体管理工作。） 3.安置办法：征用农民集体所有土地的，相应的农村村民应当同时转为非农业户口（转为非农业户口的农村村民数量，按照被征用的土地数量除以征地前被征地农村集体经济组织或者该村人均土地数量计算）；转非劳动力就业应当坚持"征地单位优先招用、劳动者自主择业、政府促进就业"的方针。 4.社会保障：自批准征地之月起，转非劳动力应当按照国家和本市规定参加各项社会保险，并按规定缴纳社会保险费；农村村民转为非农业户口后，不丧失对农村集体经济组织积累应当享有的财产权利。	保护被征地农村村民、农村集体经济组织和征地单位合法权益，促进首都经济发展。	要求建设征地单位在开发建设的同时完成相应人口的农转非工作；强调了集体经济组织在转非工作过程中的重要作用；对转非人员参加社会保险的具体办法进行较为明确的规定。	"征多少地转多少人"的思路制约了转非速度，同时增加了集体经济组织负担、埋下区域不稳定隐患。
北京市人民政府关于城乡结合部地区50个重点村整建制农转居有关工作的意见（京政发〔2011〕55号）（2011.9.19）	1.适用范围：50个重点村农业户籍人员和未加入城镇职工社会保险的农转居人员。 2.推行主体：政府主导。 3.安置办法：经市政府审批同意后，相关区政府以批准日期为时点，据实计算参加社会保险人数及社会保险费，严格按照148号令等相关政策参加社会保险；要求必须完成重点村拆迁任务，做到集体产权制度改革和集体资产处置工作与整建制农转居同步；各区要依法合规、多途径筹措整建制农转居资金；超转人员社保费用按年度筹集，可以采取一次缴费、分期支付方式，也可以采取年度汇缴、按月发放方式。 4.社会保障：加入城镇职工社会养老保险；重点村剩余土地仍然由农村集体经济组织依据规划确定的土地性质使用；农村集体管理体制向城市社区管理体制转变，将整建制转居安置人员纳入城市社区管理体系。	50个重点村城市化工程建设重要任务，实现城乡一体化社会保障制度重要探索。	进一步保障农民财产权；创新资金筹措方式。	整建制农转非成本较高，资金需求量大。
北京市通州区人民政府关于加快推进通州区建设征地的农转非安置工作的意见（通政发〔2015〕23号）（2015.7.14）	1.适用范围：通州区建设征地农转非安置工作 2.推行主体：政府主导（乡镇政府是建设征地农转非工作的责任主体） 3.安置办法：坚持"逐步消化积压指标，即征即转新增指标"；核心区、两站一街、4个重点村和无资金缺口的村要尽快安排；梨园镇政府、永顺镇政府要加紧制定方案，按照城市化标准推进整体转居，消化遗留指标；其他应转未转指标要分类、分批落实。 4.社会保障：加强征地农转非劳动力的就业安置工作，认真做好农转非人员的社会保障，充分调动被征地农民转非积极性；依法解决农转非人员集体资产合法权益，解除农转非人员的后顾之忧。	确保城乡一体化及副中心建设过程中的社会稳定。	成立由区政府领导任组长的区级工作领导小组；指出乡镇政府是征地转非安置工作的责任主体。	限于资金压力，整建制农转非只在其中的建设征地面积大，人均耕地不足0.5亩的村展开。

二、四季青镇整建制农转非试点工作主要做法

（一）**工作背景**。2015年1月12日，四季青镇正式启动整建制农转非试点工作。该镇开展整建制农转非工作前主要有以下几项基本背景：

区位条件优越。位于海淀区西部，紧邻西四环，属于北京市第一道绿隔地区。镇域总面积40.92平方公里，下辖46个直属单位（13个行政村、11个社区及22个企事业单位）。

集体经济实力雄厚。实行镇一级所有、一级核算体制，集体经济以二三产为主，已无传统农业，集体经济产权制度改革中的集体经济成员身份已基本确认。2014年集体资产总额282亿元，占海淀区集体资产总额的26.7%；净资产58亿元，占全区集体净资产的15.1%；人均净资产17.6万元，约为全市人均净资产6.1万元的3倍。

农业户籍人口转非意愿强烈。全镇总人口28.5万人，其中户籍人口8.5万人（农业户籍人口2.66万人）、流动人口近20万人。此前四季青镇严格按照市政府148号文件规定推进农转非工作，市政府批准的各类征地农转非指标已100%完成，但全镇仍有2.66万农民，约占全区农民数的34%。此部分农民的转非意愿非常强烈，且集体经济每年需要为其支付超一亿元的生活补助及福利费用。

集体产业用地利用空间大。镇域内共规划集体产业用地230.51公顷，已实施143.23公顷，未实施用地87.28公顷。

转非资金需求量大。截至2014年12月底，四季青镇农转非所需资金为95亿元。

（二）**工作过程**。2013年，四季青镇成立农转非工作领导小组，统筹安排全镇农转非工作。原计划通过"三步走"策略推进整建制转非工作：首先实现蓝靛厂村、田村农转非，其次推进门头、振兴、中坞3个重点村农转非，最后实现剩余村庄农转非。

在完成蓝靛厂村、田村农转非工作后，工作成效显著、群众反响热烈，加之面临时间越久超转费用越高的现实瓶颈，镇政府决定将三个重点村及剩余村庄转非工作同步推进。此实施方案于2014年12月19日通过市政府会议同意，2015年3月超转工作已全部完成。具体实施过程如下：

蓝靛厂村、田村农转非工作——共有转非农民2648名，其中包括约1400余名劳动力及900余名超转人口。共需转非资金6.5亿，由四季青农工商总公司承担。其中2.5亿用于劳动力转非，4亿用于超转人员转非。4亿的超转人员费用经区里同意，分批向民政部门支付。

三个重点村及剩余村庄劳动力转非工作——共有劳动力1.42万人，转非资金共需27亿元，由三个重点村转非资金统筹使用，前期先由四季青农工商总公司垫付。

三个重点村及剩余村庄超转人员转非工作——共有超转人员约1.06万人，当时需要超转资金68亿（实际花费72亿）。通过土地统筹，整合建设70余万平方米的"社保基金产业项目"，作为超转人员农转非资金来源及农转非劳动力就业安置保障。以"社保基金产业项目"收益按年度发生额分期支付的方式支付超转人员费用，前期也由四季青农工商总公司垫付资金。

（三）**经验分析**。四季青镇农转非工作领导小组在较短时间内顺利完成全部转非工作，

破解了转非人员多、转非资金规模大的整建制农转非难题。

1.通过镇域统筹破解资源及资金难题。四季青镇利用其"一级所有、一级核算"的体制优势，通过镇域统筹方式，打破单个地块就地平衡的局限，把政策、资金、资源在全镇范围内进行统筹，集中力量推进农转非工作。具体统筹方式如下：

第一，政策统筹。经市政府专题会审议通过，四季青镇把门头、振兴、中坞三个重点村的农转非政策用在全镇范围内。保证了转非农民享受平等政策对待，避免村民内部利益不均等问题引发的转非工作停滞。

第二，资金统筹。将门头、振兴、中坞三个重点村转非资金"打包"专项用于全镇整建制农转非工作，优先作为全镇所有劳动力转非的资金来源，顺利启动并推进四季青整建制农转非工作。

第三，土地统筹。四季青镇规划整合全镇剩余集体产业用地资源，由镇农村集体经济组织一次性征占建设，整合建设70余万平方米集体产业作为"社保基金产业项目"。土地统筹是整建制转居的重要前提，为发展集体产业提供依托，既解决了资金来源问题，还承担了转非劳动力就业安置重任。

2.通过集体产业项目解决资金来源和人员安置。在农转非过程中，四季青镇在原规划未实施的产业用地指标内，积极汇集"高精尖"要素，建设"社保基金产业项目"。该项目建设主要有两个功能：一是设立专门的"超转人员社保基金"，以项目收益按年度发生额分期支付的方式支付费用，解决了超转人员转非的资金来源问题。二是提供了部分就业岗位，解决转非农民的就业安置问题，实现农民"带资进城"，成为"有房屋、有资本、有社保、有工作"的新市民，同时拆除低端产业，促进疏解非首都核心功能。

3.集体经济为整建制转居提供重要资金支撑。四季青镇整建制农转非工作在三个重点村地块未上市、"社保产业基金项目"未正式启动之前就已全部完成，主要得益于四季青镇雄厚的集体经济实力。在四季青整建制农转非过程中，四季青农工商总公司共支付蓝靛厂、田村转非资金6.5亿元，垫付三个重点村及剩余村庄劳动力转非一次性趸交资金27亿元及每年超4亿元的超转人员分期支付费用。依靠雄厚集体经济实力的支撑，四季青镇整建制农转非工作破解了前期资金来源难题，顺利展开整建制农转非工作。

4.合理设计方案实现资金平衡。资金平衡问题是整建制农转非工作推进的难点，巨额转非资金来源及后续平衡问题对转非工作能否顺利推进产生直接影响。四季青镇整建制农转非工作设计一套以"社保基金产业项目"为核心的资金平衡机制，明确了转非平衡资金的来源及到位时间，使得前期资金垫付、借贷资金筹集及分期付款政策支持成为可能，顺利推进四季青镇整建制农转非工作。

具体方案如下：

支出方面主要有转非费用和70万平方米"社保基金产业项目"建设费用两个部分；收入方面主要有三个重点村转非资金和70万平方米"社保基金产业项目"年租金收入两个部分。经测算，在三个重点村转非资金到位及"社保基金产业项目"正式投入运营13年后试点资金能够实现平衡。

表2　海淀区四季青整建制农转非试点资金平衡表

支出		
转非费用	项目	费用（单位：亿元）
	蓝靛厂村、田村（1400余名劳动力转非）	2.5
	蓝靛厂村、田村（900余名超转人员转非）	4
	门头、振兴、中坞三个重点村及剩余村庄（1.42万劳动力）	27
	门头、振兴、中坞三个重点村及剩余村庄（1.06万超转人员转非）	72
70万平方米"社保基金产业项目"建设费用	腾退成本（按5000元/平方米计算）	35
	建设成本（按5000元/平方米计算）	35
	财务费用	21
合计		196.5
收入		
转非资金	项目	费用（单位：亿元）
	三个重点村（门头、振兴、中坞）转非资金	36
70万平方米"社保基金产业项目"租金收入	2017年	8.9
	2018年	8.9
	2019年	10.2
	2020年	10.2
	2021年	11.5
	2022年	12.1
	2023年	12.7
	2024年	13.3
	2025年	14
	2026年	14.7
	2027年	15.4
	2028年	16.2
	2029年	17
合计		201.1

　　方案设计思路主要有以下几个方面：一是"社保基金产业项目"建设费用中的财务费用在腾退成本和建设成本确定的基础上，按30%的自有资金安排贷款。二是"社保基金产业项目"建设费用中的租金收入：a.租金水平：2017年开始出租时，平均租金水平预计达5元/（平方米·天）。2017—2021年，租金水平保持不变；从2022年开始，每年上涨5%。b.出租率：2017—2018年出租率预计达到70%；2019—2020年出租率预计达到80%；2021年以后，预计维持在90%。三是每年的租金收入扣除营业税、城市维护建设费、教育费附加、地

方教育费附加、房产税、推广费、管理费及维修费得到净租金收入。

三、政策建议

四季青镇整建制农转非工作涉及转非人数多、所需转非资金高，工作开展存在较高难度。工作组在各级政府支持下，通过镇域统筹、发展集体产业项目、集体经济资金垫付等方式有效破解转非资金规模大、平衡难度高难题，顺利完成整建制农转非工作，也为完善农转非政策、加快推进城乡一体化提供了有效的借鉴。

（一）建立健全乡镇统筹的体制机制。农转非工作，尤其是整建制农转非，是一项涉及面广、资金需求量大的工作，乡镇统筹能够集中全镇土地、资金、产业等优势资源，破解"村自为战"效率低、资金平衡难度大等问题。鉴于四季青镇"一级所有、一级核算"等特殊性，更有利于实现镇级统筹。实际工作中，应根据农转非地区的实际情况，合理选择乡镇统筹的方式，如在实行整建制农转非的地区可借鉴四季青的经验，采用镇域统筹的方式推进；在其他农转非区域，采用片区统筹的方式，各村依据征占地比例或农转居人口数等建立合理的利益分配机制，统筹转居地区的土地、资金等资源，推进农转非工作。同时，乡镇统筹中应明确集体产业项目的产权主体、受益主体、投资主体、决策主体、管理主体、经营主体、决议主体等。其中，产权主体为镇或片区土地资源联合社，受益主体为集体经济组织成员。

（二）发展集体产业解决转非人口的就业和增收问题。为切实维护被征占地农民及集体的利益，征占地时要保留部分集体产业用地，既可为农转非工作提供一定的资金支持，缓解资金平衡压力，也可优先用于解决部分转非人员的就业安置问题，作为农转非人员管理的有效抓手。发展集体产业时，要根据区域功能定位和资源特色进行合理的产业设计，切实保证集体产业项目获得稳定增长的长期收益。

（三）壮大集体经济作为农转非的有力依托。四季青镇雄厚的集体经济实力在整建制农转非工作中发挥了重要作用，一方面先行垫付并承担了部分转非费用，另一方面促进了前期产业规划和后期产业建设的开展。大力发展壮大集体经济、提升集体经济实力是推进农转居工作的重要依托。各级政府部门应加大集体经济扶持力度，在集体经济税收、集体建设项目审批、产业发展资金支持等方面提供更多政策支持，提升集体经济发展活力，充分发挥集体经济的组织和带动作用。

（四）合理设计资金平衡方案防控资金风险。农转非涉及资金额较大，一次性趸交对于集体经济组织而言压力很大。应根据农转非地区实际情况，统筹使用可利用的各类资金，制定合理的资金平衡方案和资金支付方式。同时，结合集体产业项目建设进度及其他资金收支情况，明确重要资金流的时间节点，最大程度降低资金风险。

课题负责人：陈雪原

课题组组长：虞贞桢

课题组成员：孙梦洁　王洪雨

执笔人：虞贞桢

第二篇

农村集体经济发展

北京市农村经济供给侧结构性改革对策研究

前言

2016年以来,在中国经济进入新常态的大背景与条件下,党中央提出要"以供给侧结构性改革引领新常态"这一重要命题,引起经济理论界及实际部门广泛讨论。理论界关于如何理解"供给侧结构性改革"这一新理念新思路,众说纷纭,莫衷一是。对此,习近平总书记指出,供给侧结构性改革"重点是解放和发展社会生产力"、"既强调供给又关注需求,既突出发展社会生产力又注重完善生产关系,既发挥市场在资源配置中的决定性作用又更好发挥政府作用,既着眼当前又立足长远。"习近平总书记关于供给侧结构性改革的阐释有助于澄清社会上一些错误的和片面的解读,有助于社会各界更加全面准确地认识供给侧结构性改革的丰富内涵。同时,政府部门多从实际操作方面进行广泛研究,提出大量改进经济供给侧的可行有效的方法,并且实施后在产业、行业、产品供给方面,都已经逐步取得明显成效。

在各领域研究落实供给侧结构性改革背景下,北京市农研中心率先提出研究北京市"农村经济供给侧结构性改革"问题,不仅在提法上全国首创、富有新意,而且研究视域更宽,更符合北京大都市小农村的发展实际,站在更高的层面思考和落实中央提出的供给侧结构性改革大战略。本课题在多次召开研讨会的基础上,广泛听取专家意见,对农村经济供给侧结构性改革进行了界定,认为农村经济供给侧结构性改革不仅包括农业产品及服务,还包括在农村区域内的乡镇企业提供的产品和服务,还有不可或缺的农村要素供给,如土地、劳动力等。同时,供给的主体结构也是不可或缺的部分。可简单理解为"农村要素供给侧结构性改革+农村产品(服务)供给侧结构性改革+农村经济供给主体结构"。在此基础上,课题组研究了北京市农村经济供给侧结构性改革的目标、重点领域、方向、任务和措施。

在课题立项后,课题组深入北京的顺义区、平谷区进行针对性调研,并前往天津、广东、河北等其他省份调研,做对比性分析,拓宽思路。调研过程中,采取了政府部门座谈、入户问卷调查等调研形式,搜集了大量的一手资料,对北京郊区农村经济供给侧结构性问题有了更深的了解,对加快农村经济供给侧结构性改革的迫切性有了直观认识。大范围、高强度、耗时长的调研工作有利于为理性思考提供感性素材,也有利于为改革方案设计提供方向判断,更有利于提升研究过程的现实支撑和研究结论的现实参考价值。

本课题研究得到了北京市农研中心领导和专家的大力支持，许多专家对本报告提出了有益的修改建议，已被报告采纳。同时，北京市农研中心历年组织专家调研撰写的调研报告为本研究提供了支撑，在此一并表示感谢！

一、北京农村经济供给侧结构性改革背景

在全国推行供给侧结构性改革大背景下，探讨北京农村经济供给侧结构性改革问题，既要深刻领会中央改革精神，与中央供给侧改革大思路吻合，又要体现北京农村经济的特点和发展阶段，提出符合北京特色的农村经济供给侧结构性改革思路和方向。

（一）北京农村及农村经济发展的主要特点。

1.大都市小农村：城镇化带动城乡融合。从城市建成区面积来看，北京建成区面积不断扩大。北京城镇化率已经达到86.2%，与高收入国家城镇化水平接近。随着城镇化率的不断提高，城市扩张迅速。1999年北京市建成区面积为488.28平方公里，而2015年北京市建成区面积已达到1563平方公里，16年间建成区面积提高了3.2倍，年均增长7.54%。根据《北京城市发展规划（2004—2020年）》，到2020年，北京市建设用地规模控制在1650平方公里。其中：中心城城镇建设用地规模约778平方公里；新城城镇建设用地规模约640平方公里；镇及城镇组团城镇建设用地规模约212平方公里。意味着城镇面积还要进一步扩大，农村面积随之进一步缩小。

从人口密度来看，常住人口主要集中在城区。《北京市统计年鉴（2016）》数据显示，北京城市人口平均密度为1525人/平方公里。其中：城市核心区（东城、西城）平均人口密度为23845人/平方公里；近郊区（朝阳、丰台、石景山和海淀）平均人口密度为8327人/平方公里；远郊区（房山、通州、顺义、昌平、大兴、门头沟、怀柔、平谷、密云、延庆）平均人口密度为662.5人/平方公里。

2.农村劳动力和土地的非农化意愿强烈。农村劳动力和土地是农村经济发展中最为基础的投入要素，而且农村劳动力是最为活跃的要素。北京非农产业飞速发展，尤其是产业结构不断调整过程中，第三产业产值比重不断提高，吸纳劳动力就业人数也不断增长。受到收入差异的影响，农村劳动力非农就业意愿增强。课题组在平谷、房山等远郊县调研过程中，受访农户基本上都有强烈意愿脱离农业生产，从事非农产业，如进城开出租、进企业打工、做点生意等，除了收入差异大，从事农业生产的劳动强度也是一个主要考虑因素。从官方统计数据上来看，也可以观察到农村劳动力非农化趋势（见图1）。

从图1可以看出，不论是一产就业人数还是就业比重，都是在不断下降，与经济发达国家趋势一致。除了农村劳动力非农化意愿强烈以外，农村土地非农化意愿也很强烈。北京农村小产权房屡禁不止就是典型案例。根据北京市国土局2012—2013年公布的二批"小产权房"名单，共计85处小产权房。在公布的两批名单中，昌平、房山、怀柔最为集中，成为3大重灾区。其中，昌平区33个，房山区23个，怀柔区13个，通州区6个，延庆县4个，大兴区3个，门头沟区2个，密云县1个。除了农村自身土地非农化意愿强烈以外，通过征地实现土地非农

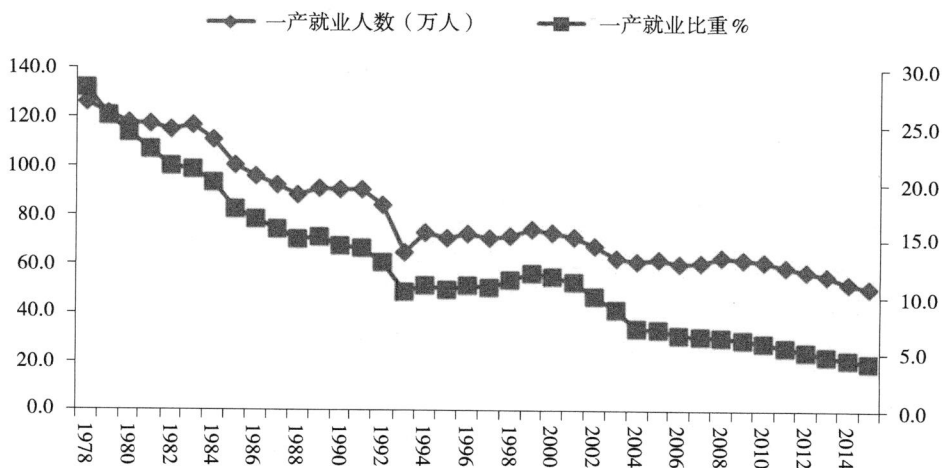

图1　1978—2015年北京第一产业就业人数变化趋势

数据来源：《北京市统计年鉴》（2016年）。

化意愿也很强烈。

3.农村生态化发展的政策因素正在聚集。根据全国改善农村人居环境工作会议精神和北京建设国际一流和谐宜居之都的要求，北京市从2014年起在全市启动美丽乡村建设，力争到2020年把京郊农村基本建成"田园美、村庄美、生活美、人文美"的美丽乡村，使郊区农村成为农民和谐宜居的幸福家园和致富增收的就业田园，成为市民向往的休闲乐园，即"四美三园"。北京市美丽乡村建设坚持因地制宜、分类指导，规划先行、突出特色，量力而行、循序渐进，政策集成、农民主体等原则，每年以不低于15%的村庄比例推进，争取每年建成一批"北京美丽乡村"。同时，继续传承开展好"寻找北京最美的乡村"等活动，加强示范，进一步提升建设水平。建设的实施包含九方面重点工作，一是推进农村地区"减煤换煤"，落实清洁空气行动计划；二是开展新一轮农村电网改造，提高农村供电能力和保障水平；三是实施农宅抗震节能改造，实现农民居住舒适安全；四是加大农村污水处理力度，切实改善乡村水生态环境；五是抓好村庄绿化美化，提升宜居环境水平；六是继续搞好村庄田园环境综合整治，持续保持村庄田园优美整洁；七是做好农村医疗卫生服务，提高农村居民健康水平；八是保护传承农村历史文化，留存农村特色文化符号；九是建立长效管护机制和制度，保障各项设施正常运行。截至2014年年底，北京已经评选93个"北京最美的乡村"。

4.农产品自求平衡弱化、生态需求增强。根据对北京蔬菜消费调查和数据整理测算，目前全市每年蔬菜需求总量在1200万吨左右。另据市统计局数据估算，2008—2014年，北京猪肉、牛羊肉、禽肉、蛋类、奶及奶制品、水产品的年平均需求量分别达到81万吨、27万吨、40万吨、40万吨、162万吨和40万吨左右。

2015年，主要农产品除禽蛋和水产品增长之外，均出现产量的较大幅度下降（见表1），2015年粮食和蔬菜产量分别比2010年下降44.8%和32.3%；西瓜和草莓产量25.2万吨，比2010年下降26.3%。

表1　2015年北京市主要农产品产量

	单位	产量	比上年增长（%）	比2010年增长（%）
粮食	万吨	62.6	−2.0	−45.9
蔬菜及食用菌	万吨	205.1	−13.1	−32.3
干鲜果品	万吨	71.4	−4.2	−16.4
肉类	万吨	36.4	−7.4	−21.4
出栏生猪	万头	284.4	−7.0	−8.6
出栏家禽	万只	6688.4	−11.4	−35.1
禽蛋	万吨	19.6	−0.3	29.8
牛奶	万吨	57.2	−3.8	−10.8
水产品	万吨	6.6	−3.5	4.8

数据来源：《北京市统计年鉴》（2016年）。

从供需数据可以发现，北京市农产品需求数量远超过农产品产量，仅靠本地生产无法满足本地需求，农产品自求平衡无法实现。但是，根据北京市农委调研数据显示，北京居民对生态休闲观光农业的需求正在逐渐增加。全市休闲农业与乡村旅游人次和收入大幅增长，超过90%的人周末想去郊区休闲采摘，消费潜力较大。

5.集体经济在农村经济发展中作用突出。20多年来，北京市按照"撤村不撤社、资产变股权、农民当股东"的方向，以股份合作制为主要形式，推进农村集体经济产权制度改革，取得阶段性成果。北京市采取了"先行试点、探索经验，扩大试点、积累经验，然后再全面铺开、推广经验"的工作推进路径。截至2013年底，北京市累计完成3823个农村集体经济组织的产权改革，占全市总数的91.7%。320万农民由此成为农村集体经济组织的股东。北京市总结了"产权加林权""整建制转居""个人投资入股""资源加资本"等9种农村集体经济产权制度改革的可行模式。

（二）北京农村经济供给侧调结构的历史进程

1.农业内部结构调整（1949—1978年）：实现从"以种为主"向"种养加同步发展"转变。新中国成立伊始，就颁布和实施了《中华人民共和国土地改革法》，农民的土地所有制取代地主阶级封建剥削的土地所有制，生产力的解放使得农业增产，为工业化发展打下了基础。但是，个体小农经济无法承载我国工业化建设这个历史重任，在党和国家的积极提倡下，农业互助合作经济很快发展起来，对农业生产的恢复发展起了很大的作用。农业合作化的完成，在广大农村中建立了社会主义集体所有制，初步发挥了协作劳动的优越性，同时也提供了进行大规模农田基本建设和田间林网建设、大规模水利灌溉建设以及大规模农业科技推广等有利条件，从而使农业生产条件大为改观。

此后，随着人民公社的发展，农村土地归集体所有，但实际上是国家拥有最终所有权，各级政府分级行使监督管理权，而农村集体经济组织行使使用权。其中生产队的权力更加有限，只是按上级下达的生产计划指标组织农业生产和按既定分配方案进行劳动成果的初次分配。劳力按等级记工分，很难调动起农民的劳动积极性，磨洋工成为全国各地区农村生产的共有现象，从而造成生产效率逐步递减。1978年底党的十一届三中全会召开，会议明确肯定了包工到组联产计酬的管理形式，生产队的经营自主权开始受到尊重。从此以后，农业生产取消了生产队的统一计划、统一核算、统一分配。每个家庭承包的耕地经营好坏，同每个农户的经济利益直接联系在一起，获得了经营自主权的广大农民焕发出极大的生产积极性，农业生产效率大大提高。并且，根据农业的比较利益原则，农民在维持适当的粮食生产水平的情况下，自动减少粮食生产，利用有限的土地资源扩大有市场潜力的经济作物的种植栽培。有的农民则会跳出种植业的小圈子，从事畜禽养殖。具有一定经济实力和经营头脑的农民，可能从此走出农业，从事第二、三产业的经营活动。

2.农村产业结构调整（1979—2000年）：实现从"一产独大"向"一二三产三分天下"转变。改革开放初期，统分结合的双层经营体制进一步完善，越来越多的家庭成为了投资主体和经营主体。北京市始终把粮食生产作为首要任务来抓，增加物质投入和科技投入，实现粮食、蔬菜等农产品的丰收，以及郊区畜牧业生产的发展。这一时期虽然仍重视第一产业的发展，但是已经开始面向市场，发展商品经济，注重根据市场需求调整产品结构。进入20世纪80年代以来，北京市调整产品结构初见成效，1989年，北京市乡镇企业局印发《关于当前调整产业结构、产品结构的通知（试行）》，提出的调整原则包括：有利于满足市场需求；提高在国内外市场的竞争能力以及向主导行业、产品相对集中，实行专业化分工，避免重复建设和生产等。1993年，京郊农业贯彻"调整结构、提高质量，主攻单产，增加效益"的方针，狠抓粮食生产，在蔬菜生产中积极稳妥搞好管理体制改革和价格改革，瞄准市场，调整结构，缩小淡旺季差别，引导菜农搞好深层次开发。

这一时期除了面向市场发展商品经济，北京农村经济结构调整的特点还包括：调整产业结构，一、二、三产业协同发展；乡镇企业迅速发展以及逐步推进小城镇建设。从1997年开始，北京市就明确提出要把推动农业产业化经营作为今后农业工作的重点，并采取了一系列措施，有力地推动了郊区农业产业化的全面发展。2000年，《中共北京市委农村工作委员会北京市农村工作委员会关于抓好当前农业生产和农业结构调整工作的通知》中强调，各区县在推进农业经济结构调整过程中要注重产业链的培育，要搞好加工、贸易龙头企业和经济合作组织的培育，充分发挥龙头企业的辐射和带动作用，塑造和培育主导产业群、产业链，实行农业的产业化经营。在乡镇企业发展方面，1999年，根据郊区普遍存在的二、三产业总量不足、质量不高的矛盾，市委、市政府以乡镇企业的重组转制和动员农民大规模进入二、三产业为目标，大力推进乡镇企业的二次创业，使郊区乡镇企业克服了徘徊不前的状况，再次进入快速发展的阶段。为了促进农村经济规模化发展，2000年，《北京市农村工作委员会关于"养殖小区工程"的实施意见》的出台有利于充分发挥养殖小区提高养殖业的组织化程度以及应用先进技术和生产工艺的作用。在促进乡镇经济的发展，推进小城镇建设方面，《北京市农村工作委员会关于"乡镇工业小区工程"的实施意见》指出，从2000年开始，对符合条件的乡镇工业小区择优进行奖励，奖励资金主要用于乡镇工业小区的基础设施建设和招商引资。

3.农村经济结构升级（2001—2015年）：凸显"高端、高创、高融"新特征。这一阶段，北京农村经济结构调整更加面向国际、面向市场，通过一系列理念、政策和技术手段的创新，实现了农业发展向"高端、高创、高融"方向的转变。

2001年是实现"十五"计划的开局之年，农业现代化是这一时期北京农村经济发展的关键，为此，市农委、市财政局《关于推进农业现代化 加快农民致富步伐若干政策意见》将加快率先基本实现农业现代化的步伐，推进农村工业化和城市化的进程放在了重要位置。此后，针对农业现代化，对农村经济一、二、三产业的发展结构进行了进一步的调整。2002年是加入WTO的起始年，是奥运规划的启动年，为了发挥财政支农政策的引导作用，推进郊区经济发展和社会进步，北京市农村工作委员会在《关于推进农村经济结构调整 加快农民致富步伐若干政策意见》中确定农村经济结构调整方向为：一产要在稳定的基础上进行调整，加强食品安全体系建设，种植业要加强区域整体规划；养殖业要对现有小区进行整合，适应环境保护要求。推动产业化经营，在农业产业化经营中重点鼓励农产品加工龙头企业＋合作组织＋农户的模式，鼓励跨区域发展现代化物流配送中心等；二、三产业要在发展中加强技术改造，同时继续支持乡镇企业二次创业，推动产业升级换代，加大农村剩余劳动力的转移力度。2003年6月启动了"221行动计划"，即摸清市场需求和农业资源两张底牌，搞好科技和资金两个支撑，在此基础上搭建一个农业信息平台，在指导京郊农业经济发展中发挥了重要作用。

为了顺应加入WTO的形势，加快北京农业与国际接轨的步伐，满足消费者对高端农产品的需求，北京农村经济发展更加注重产品的标准化、品牌化、生态化，并通过科技创新促进农村经济发展的转型升级。2002年全市农业标准化工作开始起步，并于当年12月正式成立了北京市农业标准化技术委员会，负责本市农业标准化工作。同年，郊区农业科技工作以"三个代表"重要思想为指导，以富裕农民为主线，围绕农业产业结构战略性调整，紧抓"绿色奥运、科技奥运、人文奥运"的发展机遇，充分利用WTO的"绿箱"政策，组织实施了"科技兴农四项工程"，突出科技的先导力量，为郊区农业和农村现代化提供了强有力的技术支撑。2012年加快建设北京国家现代农业科技和"种业之都"，新增现代农业产业技术体系北京创新团队和村级全科农技员，加强设施农业骨干农民培养和农民田间学校示范校建设。此外，生态、健康、绿色无污染也是近年来消费者在农产品消费方面追逐的热点，代表了高端农业的发展方向。北京向来重视生态农业的发展，2014年，出台《生态农业建设行动方案》和《种植业生态农业园区评价规范》，启动北京市生态农业标准园建设，大幅节约水肥药的使用，对于核心农业示范园，优先给予政策倾斜、资金保障、技术规范。

在这一时期，为进一步推动北京市农业的全面升级，大幅提升农业的市场竞争力，深度开发和拓展农业的新功能，增进产业融合，促进农业提质增效，农民增收，北京提出建设都市型现代农业。2005年，北京市农村工作委员会制订了《关于加快发展都市型现代农业的指导意见》，旨在实现郊区农业单一功能向多功能转变、实现城郊型农业向都市型现代农业转变、实现郊区农业由粗放型向集约型转变、实现注重生产向注重市场转变。此后也不断出台促进都市型现代农业发展的政策意见，如2006年《北京市农村工作委员会关于发展都市型现代农业的政策意见》明确政策扶持重点是高端市场摸查及营销渠道构建、农产品品牌培育、农产品营销推介以及农业产业化经营等。

除了农业发展方式的转型升级，城乡一体化发展在这一时期非常重要。2008年，市委十届五次全会通过《关于率先形成城乡经济社会发展一体化新格局意见》，推进城乡一体化建设。2012年制定《关于加大强农惠农政策力度，深入推进城乡一体化发展的意见》，坚持转变农业发展方式与建设生态文明有机结合，推动农业农村平稳较快发展，促进农民较快增收，加快推进城乡一体化进程。

在农村经济发展创新与产业融合方面，会展农业、观光休闲农业这些高端农业也不断发展，通过开展休闲农业与乡村旅游示范乡镇建设和星级休闲农业园区评定工作，促进农业第三产业的发展。

4.农村经济供给侧结构性改革阶段（2016年—）：促进农村经济绿色创新持续发展。2015年1月26日，在中央财经领导小组第十二次会议上，习近平强调，供给侧结构性改革的根本目的是提高社会生产力水平，落实好以人民为中心的发展思想。要在适度扩大总需求的同时，去产能、去库存、去杠杆、降成本、补短板，从生产领域加强优质供给，减少无效供给，扩大有效供给，提高供给结构适应性和灵活性，提高全要素生产率，使供给体系更好适应需求结构变化。中共北京市委十一届十二次全会提出，要牢牢把握供给侧结构性改革这条主线，稳中求进，促进农村经济绿色创新持续发展。

（三）北京农村经济供给侧结构性改革的科学内涵

1.农村经济供给侧结构性改革的科学内涵。农村经济供给侧结构性改革与农业供给侧结构性改革，看起来较为相似，但内涵差异较大。

首先，农村经济供给侧与农业供给侧的内容指向存在显著差异。农村经济供给侧主要是指增加农村生产总值和农民收入的要素供给、产品及服务供给，而农业供给侧仅包括农业产品及服务供给。在内容范围上，农业供给侧要远小于农村经济供给侧。

其次，农村经济供给侧结构性改革和农业供给侧结构性改革侧重点有较大区别。农业供给侧结构性改革可以理解为"农业+供给侧+结构性+改革"，即农业产业（包括农产品加工业）从提高农产品及其加工制成品的供给质量出发，用改革的办法围绕市场的需求进行生产，推进农业产业结构及农产品加工业结构的调整，提高农产品及其加工制成品供给结构对消费需求变化的适应性和灵活性，在数量、品种、质量多个方面更好地契合和满足国内外广大消费者的需要，扩大农产品及其加工制成品的有效供给，真正形成结构合理、保障有力、更有效率、更有效益、更可持续的农产品有效供给体系。相对来说，农村经济供给侧结构性改革更为复杂。在我国理论界，一般认为农村经济主要包括农业和乡镇企业两个部分。与此相对应，农村国内生产总值也近似地被认为是农业增加值与乡镇企业增加值两者之和。因此，农村经济供给侧结构性改革不仅包括农业产品及服务，还包括在农村区域内的乡镇企业提供的产品和服务，还有不可或缺的农村要素供给，如土地、劳动力等。同时，还离不开供给的主体结构。这意味着农村经济供给侧结构性改革可以理解为"农村要素供给侧结构性改革+农村产品（服务）供给侧结构性改革+农村经济供给主体结构"。

2.农村经济供给侧结构性改革的理论基础。当前我国提出的供给侧结构性改革，是一次理论创新。对供给侧结构性改革的误读，其理论来源大致包括以下几类：一是以萨伊定律为核心的新古典理论；二是以传统供给经济学为内核的新供给经济学；三是以发展经济学为核心的各类结构主义；四是以保守主义、货币主义以及供给主义为核心的里根经济学和撒切尔主义；五是以华盛顿共识为核心的新自由主义结构性改革理论；六是以产权理论和制度创新理论为核心的新制度主义。但是，这些理论都不能成为中国供给侧结构性改革的理论基础和工具箱。这是因为：（1）萨伊定律所倡导的"供给自动创造自身的需求""宏观经济不需要进行需求管理"等主张，与此次国际金融危机的爆发机理相冲突。从萨伊定律出发，市场不可能出现全面的生产过剩，这与目前大规模的产能过剩显然并不一致。萨伊定律所提出的政府不干预原则，也显然难以治理当今时代的经济问题。（2）供给经济学应对的核心问题是20世纪70年代西方国家出现的失业与通货膨胀并存的"滞胀"问题。然而，目前中国经济并不存在"滞胀"。中国经济所面临的几大问题集中体现在国际金融危机冲击下的外需下滑、基本增长动力源变化导致的增速下滑、产能过剩以及制度性与机制性问题累积下的结构扭曲等方面。供给学派所开出的减税和削减福利等药方，并不能解决中国的问题。（3）结构主义兴起于20世纪50年代，主张用国家干预和大规模投资等措施来突破落后国家在"低水平均衡"上所面临的各种瓶颈性约束。其实质是主张干预主义和非均衡主义，明显与中国完善市场机制、促进均衡发展和进一步扩大开放的改革目标相冲突。（4）里根经济学和撒切尔主义是哈耶克的保守主义、弗里德曼的货币主义以及拉弗的供给主义的混合体和变种，其在所有制上的完全私有化、在运行上的完全市场化不仅与中国主流意识形态相冲突，与中国持续改善民生、促进共同富裕的目标相背离，而且难以解决中国面临的复杂问题。（5）华盛顿共识以"快速私有化、快速自由化以及宏观平衡"为内容，拉美和东欧的结构性改革已经证明了华盛顿共识的失败。因此，以之为核心的新自由主义结构性改革不仅在政治上不具有可行性，在经济上也存在致命缺陷，它所开出的药方自然不是解决中国问题的良方。（6）新制度主义虽然抓住了改革在本质上是一场制度创新这一要点，但其简单的私有化逻辑难以适应当前中国多层次的供给侧结构性改革。中国供给侧结构性改革肩负的"宏观稳定+消除扭曲+新动力机制培育"的大改革大调整任务，需要超越简单的产权体系改革[①]。

正确认识和理解供给侧结构性改革，就要跳出认识局限和理论误读，正如人民日报文章《七问供给侧结构性改革》中权威人士所言："推进供给侧结构性改革，是以习近平同志为总书记的党中央在综合分析世界经济长周期和我国发展阶段性特征及其相互作用的基础上，集中全党和全国人民智慧，从理论到实践不断探索的结晶。"因此，供给侧结构性改革的理论基础是、也只能是中国特色社会主义经济理论在新时期的创新发展，具体而言就是以新常态理论为创新内容的中国特色社会主义政治经济学。从社会主义本质论出发，供给侧结构性改革的目的是最大限度解放和发展生产力，其核心标志是不断提高资源配置效率，不断提高全要素生产率，不断提高全体人民的福利水平。以此为基点，农村经济供给侧结构性改革应把握好以下几个方面：（1）农村经济供给侧结构性改革的目的是促进农村经济可持续发展和农民生活水平持续提高。改变过去资源掠夺式发展，为追求短期的利益而掏空了持续发展的基础。

---

① 刘元春. 论供给侧结构性改革的理论基础［N］. 人民日报, 2016-02-25.

（2）农村经济供给侧结构性改革的落脚点是最大限度地解放和发展农村生产力。其核心标志是农村资源配置效率不断提高，全要素生产率不断提高，农村居民的福利水平不断提高。（3）农村经济供给侧结构性改革成果的检验标准是形成适应农村生产力发展的制度体系、生产体系和交易体系。

二、北京农村经济供给侧存在结构性问题

总结归纳北京农村经济供给侧存在的结构性问题是正确把握改革方向的重要基础。长期以来，北京市在需求侧不断改革的大背景下，并未弱化农村产业结构调整，农村产业结构变化明显，也更为合理，但是，在供给侧结构性改革新视角下审视北京农村经济供给侧，仍能发现存在结构性问题。

（一）农村产业结构低端：低端产业、传统产业仍占据主要业态。

1.农村产业"三率"较低，制约都市产业协调发展。农村产业"三率"是指劳动生产率、土地产出率和资源利用率。首先，根据北京统计年鉴（2015）及国家统计局数据计算，北京市农村劳动生产率明显低于城镇劳动生产率（见图2）。

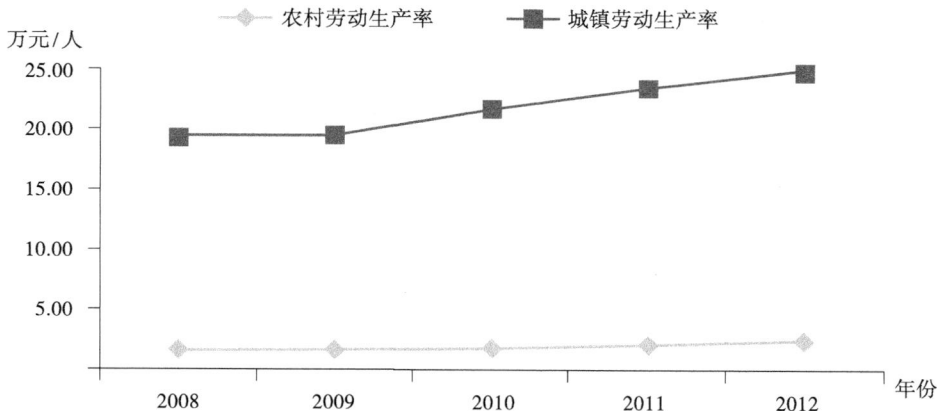

图2　2008—2012年北京市农村、城镇劳动生产率

数据来源：《北京市统计年鉴》（2015）、《中国统计年鉴》（2015）。

从图2可以看出，2008年至2012年北京市的农村、城镇劳动生产率呈上升趋势，但是农村的劳动生产率远远低于城镇的劳动生产率，城镇劳动生产率平均是农村劳动生产率的9倍多。

土地产出率主要反映土地生产能力，根据较为普遍的计算方法，一产增加值（第一产业总值）与农用地面积之比计算土地产出率。其中农用地面积表示用于农业生产的土地，包括耕地、园地、林地、牧草地、其他农用地（包括设施农业用地、坑塘水面、养殖水面、农田水利用地、田坎、晒谷场等）[①]。从表2中可以看出，北京农业土地产出率从2009年的719.59

① 栗卫清，乔洪民，何忠伟.北京农业土地产出率分析与对策［J］.科技和产业，2016，06：25-27.

元/亩，增加到2014年的967.09元/亩，增长34.39%，除2014年土地产出率相对2013年稍有下降之外，6年间北京农业土地产出率呈现平稳增长趋势。

表2 2009—2014年北京市农业土地产出率

年份	一产增加值（亿元）	农用地面积（万亩）	农业土地产出率（元/亩）
2009	118.30	1644	719.59
2010	124.40	1644	756.69
2011	136.30	1644	829.08
2012	150.20	1644	913.63
2013	161.80	1644	984.18
2014	158.99	1644	967.09

数据来源：《北京市统计年鉴》（2016年）。

然而，同样作为我国行政区划中的直辖市的天津，同时也是我国都市型现代农业发展较快的地区，无论从城市功能和城市定位角度都具有相似性[①]。将北京农业土地产出率、天津土地产出率进行对比可看出：北京土地产出率远低于天津土地产出率，见图3。

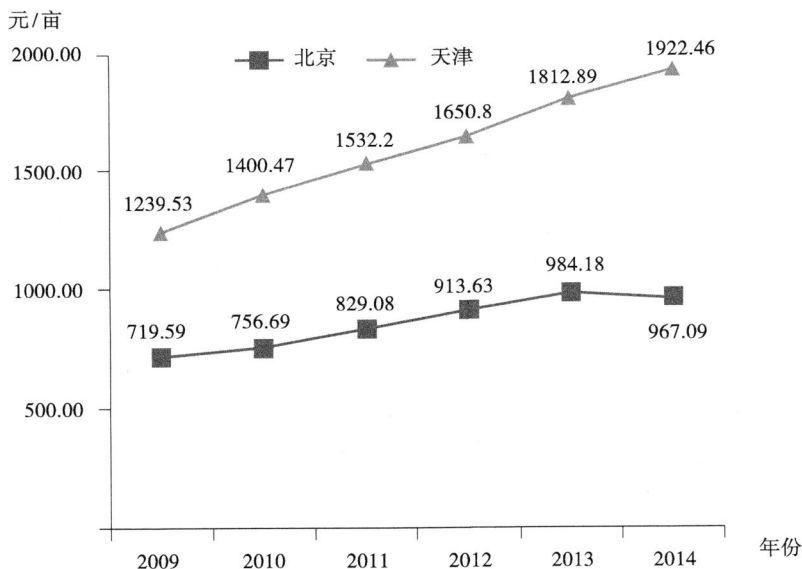

图3 2009—2014年北京市、天津市农业土地产出率
数据来源：《北京市统计年鉴》（2016年）。

① 杨培，赵海燕．北京农业土地产出率现状与对策研究［J］．中国农业信息，2016，02：145-148.

如图3所示，北京、天津农业土地产出率呈上升趋势，然而，近6年间北京农业土地产出率一直低于1000元/亩，而天津农业土地产出率一直高于1000元/亩，2014年已近2000元/亩。

农业资源利用率主要包括土地、水、化肥、农业废弃物（如秸秆、畜禽粪便等）的有效利用情况，农业资源的合理利用是农村可持续发展、农业生态环境保护和农业多功能性开拓的基础[①]。北京市在世界范围内是严重缺水的大都市之一，从1999年到2009年连续10年干旱，近20年以来，随着科技和经济的高速发展，北京人口也在以惊人的速度增长，北京市经济结构与人口分布呈现"大城市、小郊区"的特点决定了水量分配必须先满足工业用水和城镇用水，把农业用水放于相对靠后的位置，而随着工业用水和城镇居民生活用水的不断增加，可用于农业灌溉的水量还将减少[②]。不幸的是，农村地区水污染问题却比较严重。养殖业的兴起使得未经处理的污水直接排入农田或河道，造成地表水和地下水污染。随着重工业外迁，高污染、高排放企业选址在京郊。工业污水直接排放到农田，水中的重金属污染土壤和水源。农村垃圾站点少，农民选择就近河道或坑洼处随意丢弃生活垃圾也严重污染了农业用水，使得农业灌溉用水进一步减少。

2.农村产业"三高"模式主导，生态环境供给不足。近年来，随着城市居民环保意识的逐步增强，部分高投入、高能耗、高污染的工业生产企业逐步向农村转移。由于农村土地与劳动力相对廉价，环保管理工作相对薄弱，一些污染大、面临淘汰的工业生产企业乘虚而入。有的基层领导甚至为了经济发展不惜牺牲农村环境。把降低环保要求作为招商引资的优惠条件之一。这些企业的废水、废气大部分没有采取有效的治理措施，直接排放，对周边的空气、土壤和水质环境造成严重污染。作为城市后方的农村地区是城市农产品的提供地，但农村空气、水源、土地受到了高污染企业的污染，长出来的粮食、蔬菜也成了"毒品"，这些"毒品"不光是农民吃，也被卖到了集市上，进入了市民的餐桌，形成了循环污染，所以高投入、高能耗、高污染企业的农村转移不仅没有降低污染反而扩大了污染，带来了更大的危害[③]。

农村地区还存在不少规模小的工业企业，小厂子主要设备大部分都是廉价购进的"淘汰"或"二手"设备，采用陈旧传统工艺生产的产值比重占大部分。生产工艺本身就落后，挑战环境承载能力，生态环境供给不足。

（二）农村就业水平低位：属地化、全龄段安排农民就业难度大。

1.农民属地就业、大龄就业难度大，易"坐吃山空"。相比那些没有竞争力的年龄较大的农村劳动力，年轻劳动力不愿留在农村，而是选择北京市区就业，工资和福利待遇比待在村里要好很多，村里只剩下劳动创造力较低的老人和妇女以种地来维持生计。由于年

① 亢志华，陈海霞，刘华周.以提高土地产出率、劳动生产率、资源利用率来发展现代农业[J].江苏农业科学，2009，05：322-324.
② 乔洪民，粟卫清，何忠伟.北京农业水资源利用率探析[J].科技和产业，2016，07：11-14.
③ 李文佳.高污染企业的农村转移状况与分析[J].现代商贸工业，2009，10：82-83.

龄偏大、家庭走不出、文化程度低、体力较差等诸多因素限制，就业信息渠道窄、失业率过高、就业稳定性较差、生活状况堪忧，这些人转移就业十分困难，失业现象更加严重[①]。他们很多人的想法是守着自己的"一亩三分地"混日子，等到了退休年龄靠领取补贴来维持生计。

属地化就业难以实现。以2016年密云区农村劳动力就业情况为例，2016年上半年全区农村劳动力总人数158582人，同比增加871人，已就业劳动力151466人，就业率95.5%。其中从事家庭经营劳动力66736人，占已就业劳动力的44.1%；本地务工43978人，占29.0%；外出务工40752人，占26.9%，其中常年外出务工的有31143人，占外出务工劳动力的76.4%，大部分在乡外市内，在市外常年务工的仅有686人。

2.重拆迁资金轻产业发展，就业安置缺乏产业支撑。随着北京城市化、工业化进程的快速发展，大量农用地被征占，农民主动或被动的离开过去所依附的土地。北京这个寸土寸金、房价居高不下的地方，拆迁就意味着一夜暴富，如顺义区首都机场建设，延庆的冬奥会征地。一个家庭因为拆迁而拿到的拆迁款上百万甚至上千万的比比皆是，催生了因拆暴富的"拆发户"群体。因此，北京村民都盼望着政府拆迁，"拆发户"可以不用工作，并将多余房屋出租出去，租金足以满足家庭日常开销。相比较而言，依靠种地收入微薄，需要几十年甚至上百年也拿不到这么多钱。2015年《北京统计年鉴》数据显示，2014年北京农村居民家庭人均纯收入中，第一产业全市平均为258元，而财产性收入2452元，财产性收入是第一产业收入的近10倍。因此，等待拆迁就好像赌博一样，赌赢了收入可观，农民都指望着拆迁发财，导致务农和非农就业的积极性都不高。

（三）农村经济组织低效：带动农民增收的新型农业经营主体少。

1.财政补贴诱发成立的经济组织多，自发成立的较少。党的十八大报告指出，要"培育新型经营主体，发展多种形式经营，构建集约化、专业化、组织化、社会化相结合的新农业经营体系"。2015年国家适时调整和完善农业补贴政策，将234亿资金用于鼓励农民适度规模经营，政策向种植专业大户、家庭农场和农民合作社倾斜，其中较为重要的补贴项目就是对农民购买农机进行补贴。统计数据显示，国家大中型的拖拉机使用数量近五年内实现了近1.5倍的增长。

在国家政策的号召下，北京市也对农民专业合作社、种植大户、家庭农场、农业龙头企业等新型经营主体进行了一系列政策扶植。提出了金融支持新型农业经营主体共同行动计划。该计划包括：开展金融支持农业规模化、集约化经营试点；完善针对新型农业经营主体的保险服务；财政推动金融支农等内容。依据北京市规定：200亩以上的设施基地，每亩补助5000元，但总补助不得超过300万元。1000亩以上的陆地基地，补助数额同样是5000元/亩，总额不能超过300万元。2016年北京市的农业三项补贴总额将超过1649.1亿元，相比2015年的1434亿元同比增加15%。同时，2016年北京市的补贴政策集中向家庭农场和农业合作社倾斜。在财政补贴政策激励下，新型农业经营主体涌现，但也出现了部分农业合作社骗补、骗扶、

---

① 孙峰.北京市郊区农民就业与增收长效机制研究［D］.中国农业科学院，2013.

骗吸储问题，有的情况还比较严重。仅怀化市检察院就查办了农机补贴领域职务犯罪案件11件17人，13个县区中有5个县的农机局局长被立案侦查。其中就有人利用漏洞，以农机合作社的名义骗补。虽然北京市还无骗补报道案例，但需加大防范工作力度。

国家农业补贴政策中的漏洞，为农业经营主体的不良行为提供了可乘之机。国家为鼓励农民种植，对农户发放种粮补贴，但土地流转后这些补贴仍发放到原承包农户的手中，同时，国家鼓励农民种粮，却没有对开垦荒山、荒岭、荒坡的种粮者给予补贴，这些都导致了新型农业经营主体为获得国家财政补贴而采取一些偏离政策原有方向的政策行为。新型经营主体为成立而"成立"，为拿补贴而成立。因此，目前成立的一些新型农业经营主体大多是在农业政策补贴的诱导下产生的，自发成立的较少。

2.市场竞争力弱的经济组织多，带动农民增收的主体少。随着全球化的发展，国家间、地区间、行业间的竞争日益激烈。农产品市场受国际市场供求和价格波动的影响也日益扩大。尤其是近年来，随着一些大宗农产品的进口数量激增，农产品的进出口规模也不断扩大，同时，农产品的本国市场内资源、资本及供求等因素的影响也不断加大。在农业市场竞争压力越来越大的大环境下，新型农业经营主体面对不断变化的农业市场也逐渐显得力不从心。虽然，新型农业经营主体在国家政策引导下不断增加，但这些组织在激烈的市场竞争中，很难将自己的竞争优势充分发挥。农业的市场化不仅需要新型经营主体掌握先进的农业生产技术，还需要掌握一定的市场营销技术。

北京市为了提高新型农业经营主体的竞争力，提出要建设具有北京特色的、能够突出高端高效、绿色安全的都市型的现代农业示范区。提倡"一村一品"，充分发挥龙头企业的带动作用，吸纳一批专业的农业大户和专业合作社进入现代农业示范基地。但是，就目前的情况而言，一些农业种养大户的种养技术及文化程度不能满足农业的大规模生产。并且，一些农业龙头企业没有发挥出其优势带动作用，未能调动农民将资本投入到新型农业经营主体的建设中。先进的农业专业合作社的数量较少，模范带动作用没有得到发挥。北京市农业专业合作社市级示范社仅有141个，占合作社总量的比例较小。大部分合作社内部管理制度不完善，组建程序不规范，不少会员对章程内容不甚了解，主要牵头人说怎么办就怎么办，变成"一人社"。同时，不少农业合作社财务管理混乱，缺乏严格的财务管理机制。农民也由于自身的缺陷，很难成为新型农业经营主体的投资者、管理者等，因此，真正能够给农民带来实际收益的组织甚少。

（四）持续增长能力失稳：农村瓦片经济与集体实体经济不匹配。

1.农村征地拆迁补偿性输入大，经济外源依存度高。随着城市化的发展，城乡结合部的规划、治理提上议程。在过去城乡结合部的规划整治中，较多的以拆除老旧的房屋为着眼点。农民在政府的征地拆迁政策下，实现了由农民向市民的蜕变。一些村庄成为"农村无农业、农民无土地、农转居无工作"的"三无村"。居民的经济来源完全依托于政府的开发政策和财政补贴，经济外源性较强。

北京为了打破城乡二元结构，对城乡结合部的土地进行征收。根据国土资源局网站发布的信息可知，政府对农民的拆迁补偿金额巨大。以怀柔区桥梓镇人民政府的征地补偿金可知，

11.86亩土地的补偿金就高达1376058元。北京市的拆迁改革制定了"2+50"模式，"2"是指大望京和北坞两个试点，"50"是总结试点经验后，继续推进的重点改革村。大望京人在一夜之间实现了暴富。在领到补偿款之初。大望京村便增加600多辆汽车。大望京的村民在拆迁中都分得了房子和近百万的补偿金。每月房租就完全可以维持生活。大望京村的村民暴富后生活质量明显提高。但大望京村的村民也因拆迁带来了一系列烦恼。子女不找工作，为争老人财产的事件时常发生。大望京村一年内法律案件比以前增加了三四倍。关于村民开宝马当黑车拉客，清洁工开几十万的车、豪赌等报道数不胜数。一些村民没有能够合理利用补偿款，而是将这笔钱大肆挥霍，导致没有足够资金去投资或创业。目前，一些失地农民生活清贫，少数高龄农民被逼无奈去街头捡破烂维持生计。房山区长沟镇沿村被征地的居民在谈到征地后自己的生活境况时说，土地和房屋被征收后，他们没有稳定工作和固定收入，又不能像以前那样搞一些农副业，且生活支出大幅增加，沿村的好多村民，在进入城镇化后，都陷入了生活的窘境 。一些老人只能靠每月领取的不足500元的养老金来维持生活。拆迁补偿提高了农民的生活质量，但农民生活的持续改善还需要靠自己，不能因为拆迁补偿而毁了几代人的生活。

不得不说，农民应该充分意识到所生活区域的区位优势以及农村的土地经济、文化价值。农村内部没有形成带动农村经济发展的内生性源泉。发挥和调动农民的主体作用和首创精神，而不是单纯地依靠政府和资本所主导和推进的城镇化，或许更加健康和可持续。

2.依托农村资源发展实体经济落后，持续增收堪忧。北京郊区13个区共有195个乡镇集体经济组织、3967个村集体经济组织（村以下集体经济组织225个）、922家乡镇级集体企业和1240家村级集体企业，共6324个会计核算单位。2010—2014年，集体资产总额年增速10.8%，达到5208亿元。其中，乡级集体资产2107.3亿元，所占比重40.5%；村级集体资产3100.6亿元，所占比重为59.5%。农村集体净资产1919.7亿元，人均净资产6.1万元。其中，乡级集体净资产508.8亿元，所占比重为26.5%；村级集体净资产1410.9亿元，所占比重73.5%。但同时也存在收不抵支集体经济组织增加的情况。截至2015年上半年，收不抵支的集体经济组织增加到2037个，占51.4%。低收入村农民人均所得比全市平均增速低0.4个百分点，缺乏内部发展动力。集体经济主营业务收入占农村经济总收入比重持续下降。2013年、2014年甚至绝对额也下降。

（五）农村区域发展失调：远近郊基础设施、公共服务差距较明显。

1.远近郊二元空间划分显著，农村区域发展严重失调。北京城乡差距依然明显。2015年，城镇基础设施投资占全市基础设施投资总额的81.3%（城镇与农村投资比为4∶1）；可支配收入城镇与农村比为5∶2，为1978年以来差距最大值（见图4）。

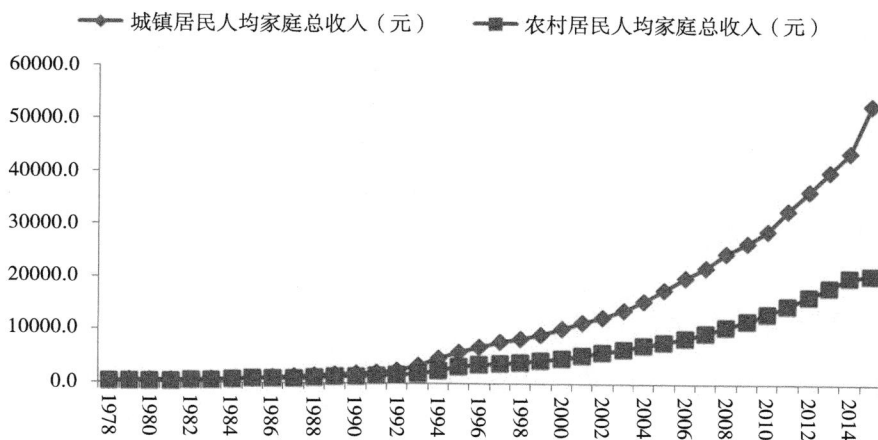

图4　1978—2015年北京市城乡居民人均家庭总收入差距

数据来源：《北京市统计年鉴》（2016年）。

　　相对于北京城区来说，习惯上把朝阳、丰台、石景山和海淀4区划分为近郊区，房山、通州、顺义、昌平、大兴、门头沟、怀柔、平谷、密云、延庆等10个区界定为远郊区，对人口密度、基础设施投资、利用外资、卫生、教育等情况进行比较（见表3）。

表3　2015年北京远近郊区发展能力和水平比较

比较项目	近郊区	远郊区	差距（近郊—远郊）
常住人口密度（人/平方公里）	8327	662.5	7664.5
人均地区生产总值（万元/人）	10.22	6.48	3.74
人均实际利用FDI额（美元/人）	1015.6	151.3	864.3
每千常住人口执业医师数（人）	3.58	3.08	0.5
每千常住人口医院床位数（个）	4.29	4.58	−0.29
人均体育场地数（个/万人）	6.1	13.3	−7.2
人均农村固定资产投资（万元/人）	62017.5	23216.1	38801.4
人均基础设施投资（万元/人）	9098.4	11592.9	−2494.5

数据来源：《北京区域统计年鉴》（2016年）。

　　从表3可以看出，北京市远郊区与近郊区相比，在常住人口密度、人均地区生产总值、每千常住人口执业医师数、人均农村固定资产投资、人均实际利用FDI额等方面都有较大差距。

　　农村区域发展严重失调的一个重要原因是农村集体资产呈不均衡分布。2014年，仅海淀、丰台、朝阳三区的资产总计就达2907亿元，占全市资产总数的55.8%。仅海淀区的四季青和东升两个镇的集体资产即可达到500亿元，超过了昌平区的集体资产规模。而顺义、房山、大兴三区集体资产均为200多亿元。门头沟、石景山、平谷、怀柔、延庆、密云集体资产均不足100亿元。2014年，实现股份分红的村集体经济组织，仅占已改制村集体经济组织的34.5%。集体经济成为郊区经济发展的重要引擎。

2.城乡资源逆流长期存在，以城带乡先进理念虚置。

资源是经济发展的基本投入要素。2006年中央一号文件提出："当前，中国总体上已进入以工促农、以城带乡的发展阶段，初步具备了加大力度扶持'三农'的能力和条件。"城乡一体化发展的关键是先进带后进，资源向落后地区倾斜，包括人、财、物。但从数据上来看，城乡资源仍旧呈现逆流状态（见表4）。

表4　2015年各区县存贷款情况一览表

属性	区县名称	各项存款（万元）	各项贷款（万元）	存款－贷款（万元）
城市近郊区	朝阳区	205788673	75332446	130456227
	丰台区	57414671	34932990	22481681
	石景山区	15018841	5806127	9212714
	海淀区	293681659	63552819	230128840
城市远郊区	房山区	12685812	3285427	9400385
	通州区	21292854	5687180	15605674
	顺义区	18675634	9324747	9350887
	昌平区	20281590	3908499	16373091
	大兴区	30583316	9812823	20770493
	门头沟区	5347655	916808	4430847
	怀柔区	4957750	1251986	3705764
	平谷区	3899216	1478108	2421108
	密云区	4572596	1781457	2791139
	延庆区	3110680	556373	2554307

数据来源：《北京区域统计年鉴》（2016年）。

从表4可以看出，郊区存款远大于贷款，大量存款流入了城市经济发展中。除了资金城乡逆流以外，劳动力资源和土地资源也呈现明显的城乡逆流。根据第一次全国农业普查北京市农业普查资料，1996年底北京市耕地面积为34.39万公顷，占总土地面积的比重下降到了20.96%。同1992年相比，4年减少耕地6.44万公顷，年均减少1.61万公顷，是改革开放以来耕地减少最快的时期。2015年北京市耕地面积为21.93万公顷，与1996年相比，减少了12.46万公顷，年均减少0.623万公顷。耕地减少绝大部分都是用于城市扩张。

（六）集体经济发展失速：集体经济内部瓦解与压制外部投资并存

1. 集体经济组织空壳化与产权虚置，组织内部瓦解。关于乡村集体资产的产权性质，虽然《北京市农村集体资产管理条例》规定了"乡联社的集体资产属于该合作社劳动群众集体所有，社员大会或者社员代表大会选举产生的乡联社管理委员会依法行使集体资产所有权"，但实际上认识并不统一，有的仍然认为乡级集体资产属于乡镇政府所有，对集体资产投资、处置等重要决策不与农民商量，资产收益被乱用、挪用，有的用于补充乡镇机关行政事业费用不足，有的用于给机关干部在县城买房，甚至还有的用于机关办公楼，严重损害了农民的合法权益。

随着经济体制改革的深入，在人们思想不断解放的同时，也确实出现了私有化、全盘西化的社会思潮。私有观念的恶性膨胀和各种腐败现象不断发生使一些人产生信仰危机，对农村发展集体经济失去信心。很多农村地区已失去了发展农村集体经济的正面舆论环境，坚持集体经济被认为是思想不解放。这种舆论环境，不但使很多基层干部不敢理直气壮地发展集体经济，也成为一些基层干部违法乱纪、化公为私的社会思想根源，导致集体经济从内部受到瓦解。

2. 集体经济股权固化压制外部投资，发展后劲不足。大多数股份经济合作组织的章程规定只有本村天然社员（出生和婚嫁）才能持有股权，且社员对集体资产的权利更多地表现为按股分红的收益权而非处分权。股权不能买卖、转让、抵押、赠送与继承，农民退出社区后利益得不到补偿，这使社区股权凝固，弱化了股权的资本性功能。同时，由于社区股权福利的存在，不少地区股份合作组织不公开向社会招股集资，限制外部投资者参股分红，排斥外部资金、技术等生产要素的积极渗入，造成集体经济产业布局分散和资本规模狭小，造成合作经济组织收益增长潜力和发展后劲不足。

三、北京农村经济供给侧结构性改革目标

（一）北京农村经济供给侧结构性改革空间。 依据《中共中央关于制定国民经济和社会发展第十三个五年规划的建议》《京津冀协同发展规划纲要》《中共北京市委关于制定北京市国民经济和社会发展第十三个五年规划的建议》《中共北京市委北京市人民政府关于贯彻〈京津冀协同发展规划纲要〉的意见》，北京市编制了《北京市国民经济和社会发展第十三个五年规划纲要》《北京市"十三五"时期城乡一体化发展规划》《北京市乡村集体（合作）经济发展第十三个五年（2016—2020年）规划纲要》等重要规划，明确了"十三五"发展目标。

《北京市国民经济和社会发展第十三个五年规划纲要》提出：经济保持中高速增长。在发展质量和效益不断提高的基础上，地区生产总值年均增长6.5%，2020年地区生产总值和城乡居民人均收入比2010年翻一番。主要经济指标平衡协调，劳动生产率和地均产出率大幅提高。三次产业内部结构进一步优化，服务业增加值占地区生产总值比重高于80%。2020年将郊区农村基本建成绿色低碳田园美、生态宜居村庄美、健康舒适生活美、和谐淳朴人文美的美丽乡村，让城市和乡村各美其美。

　　《北京市"十三五"时期城乡一体化发展规划》提出，"十三五"期间，作为非首都功能疏解的重要承接地，郊区扮演着"桥头堡"的角色，将迎来历史性重大机遇。到2020年，本市将力争实现高水平的城乡发展一体化目标，农村地区率先全面建成小康社会。

表5　北京市农村经济供给侧结构性改革空间一览表

分类	序号	指标	2020年目标	现状（2014年）
经济发展	1	乡村集体资产总额（亿元）	10000	5207.94
	2	劳动力在乡村集体经济组织及集体企业就业比重（%）	20	18.9
	3	新增劳动力平均受教育年限（年）	>15	14
	4	农村社会劳动生产率（万元/人）	23	2.95
农民增收	5	农民人均收入（万元）	3	2.02
	6	农民收入年均增速（%）	>经济增速	8.6
	7	农民人均所得来自集体经济比重（%）	25	19.10
	8	城乡人均可支配收入比	2	2.17

　　数据来源：2020年目标数据来源于《北京市国民经济和社会发展第十三个五年规划纲要》《北京市"十三五"时期城乡一体化发展规划》《北京市乡村集体（合作）经济发展第十三个五年（2016—2020年）规划纲要》；2014年现状数据来源于《北京市统计年鉴》（2015年）。

　　通过选取"经济发展""农民增收"两类指标，对比2020年发展目标与2014年现状，可以看出：（1）在农村经济发展方面，乡村集体经济发展压力较大，2014年乡村集体资产总额仅为2020年目标的1/2；农村社会劳动生产率差异更为明显，2014年农村社会劳动生产率仅为2020年北京提出的社会劳动生产率的1/10。（2）在农民增收方面，农民人均收入离2020年目标差距明显，还有1/3的奋斗目标；农民人均所得来自集体经济比重离2020年目标还有6个点的差距；缩小城乡人均可支配收入比也有不小压力。

　　（二）北京市农村经济发展趋势研判。基于北京市"十二五"时期农村经济发展特点，以及面临的内外部环境变化，分析研判北京市农村经济发展趋势。

　　1.首都经济增速主动换挡利于农村产业结构优化。"十二五"时期，北京在全国率先经历经济增长速度的换挡，进入中高速增长阶段。地区生产总值增长速度逐渐由"十一五"期间的年均11.4%下降到2011年的8.1%，并逐渐平滑到2014年的7.3%而趋于稳定，呈现出典型的"L"形拐点特征，标志着首都经济已经基本完成经济增速的换挡，进入新的增长区间。

　　从北京中观产业结构来看，"十二五"期间，产业结构呈现逐渐优化趋势，农业、工业与建筑业和服务业（包括服务、商饮、运输三类行业，不含"其他"，下同）之间比例由2011年的1.3：47.9：45.8变为1.3：44.8：48。工业及建筑业占集体经济收入比重总体呈下降趋势，服务业比重增加显著。自2012年，服务业收入占比达到47.4%，超过工业及建筑业比重以来，服务业一直是集体经济主营业务收入的主要来源。郊区农村地区面临着中心城和新城产业和功能疏解的双重辐射的历史机遇。随着供地方式改革的逐步深化，集体经济组织将成为主要供地主体，农村新兴产业将得到快速发展。

2.京津冀协同发展国家战略倒逼农村产业高端化。为贯彻落实习近平总书记视察北京时的重要讲话精神，京津冀协同发展上升为国家战略。2015年7月中共北京市委十一届七次全会通过了《中共北京市委北京市人民政府关于贯彻〈京津冀协同发展规划纲要〉的意见》，明确提出了推动京津冀协同发展的重大意义、总体要求、基本原则、发展目标以及关键环节和重要任务。重点是加快产业对接协作，优化城市布局和空间结构，扩大环境容量生态空间，着力构建现代化交通网络体系，加快市场一体化进程，打造现代化新型首都圈。疏解非首都功能成为京津冀协同发展的中心任务。明确城市战略定位，坚持和强化全国政治中心、文化中心、国际交往中心、科技创新中心的首都核心功能。与四个中心不相符的城市功能，要加快疏解。农村集体建设用地的低端产业，是疏解非首都功能的重点。2013年至2015年累计调整退出污染企业1006家，撤并清退150家低端企业。"瓦片经济"将成为历史。北京在京津冀现代农业发展中，将逐步凸显引领性和示范性，成为科技农业、创意农业和生态农业的示范引领核心区，逐步推进首都农村产业高端化。

3.集体土地价值显化提升乡村集体经济农村贡献。从历史发展来看，首都集体经济在农村经济中的影响力呈现下降趋势。集体经济主营业务收入占农村经济总收入比重从2001年的55.6%下降至2011年的29.6%，并进一步下降至2014年的17.4%。自2013年开始，其至连续两年呈绝对额的下降。朝阳区近年来随着绿隔建设、土地储备和重点村整治的实施，大量企业被迫拆迁腾退，集体经济发展空间不足问题日益凸显，在农村经济总收入中的比重由2003年的73.7%下降到2013年的38%。就业结构方面，"十二五"期间全市乡村集体经济劳动力就业人数呈连续下滑趋势。2014年全市乡村集体经济劳动力就业人数共34.9万人，占农村劳动力总量的21.4%。专业合作社总体上仍处于"小、散、弱"的发展阶段。

但必须看到的是，农村集体土地将逐步从资源向资产、资本转变。农村集体土地长期作为资源在农村集体经济发展中发挥作用，作用被限定在基本的生产要素投入，未能在市场经济环境下发挥资源的资产和资本功能。近期，中共中央办公厅、国务院办公厅印发《关于完善农村土地所有权承包权经营权分置办法的意见》，就农村集体土地所有权、承包权和经营权"三权分置"改革提出实施意见。意见明确了土地经营权可以抵押融资，使郊区农村集体经济大量资源在集体经济体账面上显化。集体土地经营权权能的确定有利于集体经济体发展融资，有效扩大集体资产规模，提升集体经济发展能力，扩大乡村集体经济在农村经济发展中的贡献，增加农民属地就业岗位，提高农民收入水平。

4.农业产值比重继续下降与农民持续增收长期并存。北京市第一产业产值在地区生产总值中的比重自1990年以来持续走低，从1990年的8.7%逐年下降到2015年的0.6%，不足1%（见图5）。

从图5可以看出，改革开放以来，北京的产业结构经历了比较大的变化。从变动趋势来看，第一产业在GDP中的比重呈现先上升后下降的态势，同时农业内部结构得到较大改善，传统

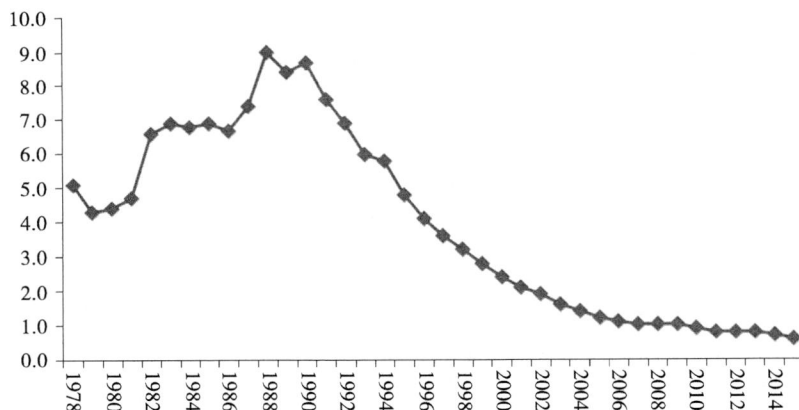

图5 北京市第一产业在GDP中的比重变化趋势

数据来源：《北京市统计年鉴》（2016年）。

农业比重不断下降，都市型现代农业强势发展。总体上判断，第一产业在GDP中的比重下降趋势不变，但下降幅度会减缓，较大可能是持续处于低位徘徊。

与第一产业产值在地区生产总值中的比重持续下降趋势相反的是，农民收入不断增加（见图6）。

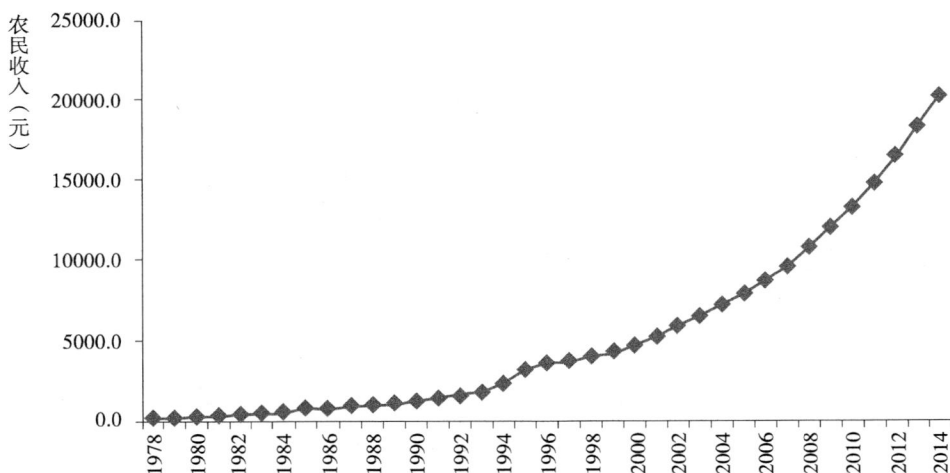

图6 北京市农民收入变化趋势

数据来源：《北京市统计年鉴》（2016年）。

从数据上观察，2011—2014年，农村居民收入增长速度持续高于城镇居民，城乡收入比值由2.23下降到2.17。随着城乡一体化战略的加快推进，北京市农民收入增长点日趋多元，增收势头更为迅猛，收入持续增长可期。

5.深化供给侧结构性改革注入农村经济发展新活力。推动供给侧结构性改革，是党中央、国务院准确把握全球经济科技竞争新形势、适应和引领我国经济新常态的战略选择，是对中国特色社会主义政治经济学的重大创新。北京市以破解城市病为目标，从理顺供给和需求关系入手，通过深化供给侧结构性改革，引导需求合理增长，增强城市供给能力和供给水平，实现总供给与总需求相协调。

对于北京郊区发展短板，"十二五"时期，北京市委市政府颁布了一系列首都三农"一号"文件，突出城乡统筹发展的改革思路。为明确聚焦城乡二元结构体制与产权结构碎片化的集体所有制，面向城市要素来整合农村资源，提升郊区对于城市功能的承载功能，市委市政府提出"土地流转起来、资产经营起来、农民组织起来"，"新三起来"重要理念已深入人心。同时，破除条块分割体制，加强了顶层推动力的汇集。从"十一五"期末开始，郊区固定资产投资比重不断增加，由2011年的51.8%提高到2014年的53.3%，为郊区发展发挥了重要的整体带动作用。

（三）农村经济供给侧结构性改革目标。通过对标2020年北京市农村经济发展目标，实现农村经济总量与农民收入持续双增长仍旧还有一定差距，需要通过深化农村经济供给侧结构性改革来缩小差距，实现北京农村经济更高水平发展。

1.形成农民持续增收机制，缩小城乡居民收入比。形成农民持续增收机制是个复杂工程。虽然北京市郊区农民收入来源已日趋多元化，传统农业经营收入在总收入中的比重越来越小，不足5%，工资性收入和非生产性收入（转移性收入＋财产性收入）所占比重越来越大。2015年，工资性收入和非生产性收入占总收入的比重分别达到75.3%、15.2%。但是，外源性的工资性收入和非生产性收入稳定性差，受众多不确定性因素影响显著，而以农业为核心的生产性经营收入增长空间最大，通过发挥劳动力、土地等要素的生产潜力，尤其是最活跃的劳动力要素生产率的提高是关键。通过形成农民持续增收机制，不断提高农民收入增长速度，缩小城乡居民收入比，实现城乡一体化发展。

2.聚焦高精尖绿色发展，实现农村产业结构高端化。北京作为一个超大型城市，而且是国际性大都市，农村产业发展定位要与其他城市有显著区别。一是非常有限的农产品生产与巨大的农产品市场需求之间无法平衡是现实，也无法通过提高产量来满足。有限的生产能力应聚焦到高端优质农产品市场供给，满足高端需求。二是城乡居民对农村非生产性产品服务需求量大，迫切，如生态旅游产品、养老服务产品等已显不足，满足市场需求愿望迫切。三是京津冀协调发展战略要求北京在京津冀都市圈农业发展中的定位发生变化，从过去的大而全转向小而精，凸显引领性和示范性。四是破解大城市病，需要疏解一部分农村低端产业。因此，通过农村经济供给侧结构性改革，把农村产业聚焦到高精尖上来，推动一二三产业整合发展，延长农业产业链，实现农村产业以产、加为基础，以服务为目标的都市服务型农业，并把都市服务型农业做实做优，如发掘农业生态文化功能，着力开发休闲农业、旅游农业、创意农业、体验农业等农业新业态，开发更多农业服务产品。通过做实做优都市型农业，充分发掘农村价值，在基础设施、基础服务均等化发展基础上，凸显农村特色，提升农村的吸引力，尤其是休闲度假、农村体验、养老服务等方面的城市吸引力，使农村一二三产融合，农村产业结构更为有机，农村三产比重不断提高，占据领导地位。

3.创新机制，打造城乡共融、共建、共享的美丽乡村。北京的农村绝不应该是农民的农村，而是全市居民的农村，甚至要发展为全国乃至全世界的农村。首先，北京现有规划的城乡空间人口分布、产业布局严重失调，工作日农村居民进城、休息日城镇居民进村现象严重，带来的是日益严重的交通成本上升和工作效率下降，城乡共融是大势所趋。其次，城市空间的无限扩张带来的是生态环境的破坏。农村的生态价值不是城市建设几道"绿隔"所能替代的，农村的生态价值被全市居民所共同分享，共同建设好生态村是理想和现实共同决定的。最后，在北京市区寸土寸金的高成本地价下，发展养老、休闲、居住等不可或缺的产业已无竞争力，农村集体土地仍是最具有比较优势，适宜于发展全民紧缺的重要产业。

因此，紧扣农村土地集体所有带来的低价使用的优势，以土地要素为核心，以农村特有的农耕文化和自然风光为抓手，促使形成以政府投入为主导，社会资本、集体资本和农村居民自有资本投入为补充的农村基础设施投资结构，支撑建设"规划科学、生产发展、生活宽裕、乡风文明、村容整洁、管理民主、城乡共享"的美丽乡村。

四、北京农村经济供给侧结构性改革方向

前文提出了北京农村经济供给侧结构性改革的目标，分析归纳了北京农村经济供给侧存在的结构性问题，为明晰北京农村经济供给侧结构性改革方向奠定了基础。北京农村经济供给侧结构性改革方向概括为"五化"，包括：农村资源配置市场化、乡村"三生"价值显化、都市型农业经营企业化、集体（合作）经济主力化、城乡发展一体化。

（一）农村资源配置市场化：重点推进农村土地资源资产化资本化。

1.改革和发展市场决定性的资源配置地位。改革开放之前，我国资源配置实行的是高度集中的计划经济体制，实践证明通过计划机制实现资源配置是失败的。改革开放以来，市场机制在资源配置中的作用越来越明显，尤其是党的十八届三中全会指出，要紧紧围绕使市场在资源配置中起决定性作用深化经济体制改革，这就表明在资源配置中市场机制的作用进一步增强，这就是资源配置要由市场机制而不是计划机制决定，通过政府计划配置资源要尽可能降低到必要的限度，通过市场机制配置资源要上升到尽可能高的程度。在农村经济发展过程中，通过市场机制提高要素的生产效率，特别是提高土地利用效率。

2.推进农村土地从资源向资产资本化升级。土地是农村经济发展不可或缺的要素。在传统的小农经济发展中，土地仅是作为生产要素投入存在的，换句话说，仅仅是一种资源。但是，随着新型农业经营主体的培育，越来越多的企业、合作组织介入，土地资源仍旧只作为资源是远远不够的，对于企业来说，只有土地资源实现从资源向资产，乃至于资本转化，才算是发挥了土地资源的最大效用。因此，在三权分置的改革大背景下，要加快推进农村土地制度改革创新，尤其是推进集体建设用地入市、农用地经营权入股，强化农村土地的市场融资功能。通过推进农村土地从资源向资产资本化升级，激活农村最基本、最受忽视的生产要素，加速农村经济发展。

（二）乡村"三生"价值显化：重新认识和定位首善之区乡村价值。

1.重新认识生态文明视角下的乡村价值。在城市化进程中，需要重新认识乡村价值。乡

村价值主要体现在：（1）生产价值。乡村是农业生产的主要空间和重要载体。2015年，北京市农村生产了62.6万吨粮食，0.6万吨油料、205.1万吨蔬菜及食用菌、36.4万吨肉类，为保障首都居民基本生活做出了贡献。（2）生活价值。北京市农村居住了221.4万户、593.5万人，同时，还接纳城市居民假期的乡村生活。（3）生态价值。乡村不仅是生产空间和生活空间，还是极为重要的生态空间。国家统计局北京调查总队公布的《2010年北京都市型现代农业生态服务价值监测公报》显示，2010年北京都市型现代农业生态服务价值达到8753.63亿元。（4）文化价值。乡村的历史远比城市的历史更悠久，在农村生产生活中形成的农耕文化，更具有生命的自然感和归属感。长期以来，生产价值和生活价值被广为认知，但生态价值和文化价值受到忽视。

2.实现乡村价值从潜在向市场显化转变。认识到乡村价值的多元性和独特性还不够，需要实现乡村价值从潜在向市场显化转变，重点是生态价值。按照功能定位，生态涵养发展区包括门头沟区、怀柔区、平谷区、密云县、延庆县5个区县以及房山区、昌平区山区部分，区域面积1.13万平方公里，占全市总面积的68.9%，乡村人口占全市乡村人口的24.8%。由于纳入到生态涵养发展区，常规发展受限，需要通过生态补偿来弥补经济损失。虽然，2015年起，北京市生态林补助标准提高，城市功能拓展区、城市发展新区用地每年每亩补助1500元，生态涵养发展区用地每年每亩补助1000元；纳入调整范围的生态林，管护补助标准提高为每年每平方米4元。但是，与非林地产出相比，要少得多。因此，迫切需要研究制定乡村价值市场显化机制，如提高生态林补贴标准、农村生态价值纳入GDP核算、农业生态价值补贴等等。

（三）都市型农业经营企业化：适度规模经营和科技应用双向发力。

1.引导都市型农业企业规模化经营方向。随着工业化、城市化的快速发展，土地、劳动力等成本继续上升，农业投入的边际效益递减，农业特别是种粮比较效益偏低的问题更加突出，传统小农户经营盈利空间小，抗风险能力弱。以引导土地规范地流转为总前提，"三权分置"多种途径放活了农村土地经营权。土地流转加速，规模化经营具备了重要的资源条件。但是，北京作为首都，典型的"大都市、小农业"，发展都市型现代农业过程中，走高精尖型示范引领路线是自身适应首都发展的需要，也是融入京津冀农业协调发展战略的需要，而如此的农业定位，小农户、合作组织和家庭农场都很难做到，需要引导企业开展农业规模化经营，综合运用科技、信息、资本等要素，走聚合式高水平发展之路。

2.厚植前沿新技术成果塑造引领型发展。充分发挥科技创新在现代农业建设中的驱动和引用作用，使科技创新和技术研发适应农业特点、符合农村实际、满足农业经营主体需求。尤其要重视利用"大数据""互联网+"等新兴技术，促进互联网和农业融合发展，推进产业组织和商业模式创新。

（四）集体（合作）经济主力化：产业升级换代与产权制度改革并重。

1.推进集体经济向高精尖方向跨越转型。减轻集体经济负担，轻装前行。集体经济面临着沉重的社会性负担。目前，农村水费、电费及基础设施、公用设施维护等，仍主要由集体经济负担，一些经济薄弱村已经不堪重负，对现有公共设施无力改善。据对郊区10个村庄的调查，年公益事业费用占村集体收入比重高达59.4%。要适应社会主义市场经济发展的客观要求，从目标、制度、机制与主体等多个领域，特别在上层建筑层面，理顺集体经济发展的体制架构。加快法制建设，逐步剥离集体经济的社会性负担，明确集体经济组织的市场主体地位，融入市场，在竞争中发展壮大。在产业和经营领域选择上，逐步淘汰落后产能，加快产业升级、技术升级，推进集体经济向高精尖方向跨越转型。

2.不断加快乡村集体产权制度改革步伐。乡村集体经济组织长期采用共同共有的产权制度，带来了制度性弊病，造成集体企业所提供的产品和劳务成本往往高于社会平均成本。具体表现在"四高"、"四低"：物质消耗高、人力成本消耗高、管理成本高、财务成本高；劳动力素质低、科技水平低、管理水平低、经济效益低。因此，要加快实行社区股份合作制改革，逐步推进村庄企业化。

（五）城乡发展一体化：建立平等、开放、融合、互补的城乡关系。

1.推进城乡公共服务均等化的民生改善。推进城乡经济社会发展一体化，应充分发挥基本公共服务均等化在缩小城乡差距中的作用。以教育为例，有研究表明，农村家庭主要劳动力平均受教育年限每增加1年，贫困发生风险就可以降低12.9%；家庭非农收入比重每增加1个百分点，贫困发生率就可以降低3.2%。因此，要加快推进城乡公共服务均等化的民生改善。一是建立城乡统一的公共服务体制，通过体制改革和政策调整，改变长期形成的城乡公共服务二元结构，实现城乡公共服务的均衡发展。二是改革公共财政体制，提供财力保障。城乡基本公共服务均等化与公共财政体制改革二者之间存在供求关系，只有逐步改革公共财政体制，才能释放出满足推进城乡基本公共服务均等化所需的相应财力和供给能力。三是转变政府职能，逐步实现多元化治理。在城乡基本公共服务的供给过程中，要逐步形成政府主导、市场和社会共同参与的多元化治理模式。

2.实现空间与产业统筹兼顾的均衡发展。北京城乡不均衡发展已经较为突出。均衡发展理论强调，经济是有比例相互制约和互相支持地发展，产业或部门间是同步发展、均衡发展，而且强调区域内部和区域间的同步、均衡发展，即系统的均衡化，各区域的经济发展水平随着生产要素的区域流动将趋于收敛。因此主张空间上均衡投资，各产业均衡发展，在区域内均衡布局生产力，齐头并进，最终的目标是实现区域经济的均衡发展。这意味着，经济投资分布要兼顾空间和产业。

五、北京农村经济供给侧结构性改革任务

为紧扣北京农村经济供给侧结构性改革方向，应对供给侧存在的结构性问题，实现农村经济供给侧结构性改革目标，提出五大任务：调结构、拓功能、促融合、缩差距和给政策。

（一）调结构：三产融合促进农村产业结构高级化。实践经验和理论研究均表明，一定时期一个国家各产业之间以及产业内部各部门之间存在着一种最优的结构关系和比例关系。这种最优的产业结构可以促进资源的长期最优配置，实现经济的持续、稳定、高速发展，并且有利于产业结构自身的演变升级。

1.调整和优化农村产业结构的主要政策措施。（1）技术政策，包括技术进步政策和技术结构政策。（2）投资政策，主要包括投资规模和投资结构两个方面。投资规模和投资结构在

很大程度上决定着产业结构。（3）劳动就业政策。（4）国际贸易政策。

2.重点改革任务。（1）改革农村现有土地利用制度，优先保障以农产品精深加工为主业的企业用地和以乡村文化为依托的乡村服务业用地，通过用地结构改变带动农村产业结构改变。（2）改革农技推广机制，建立以信息技术为主的政府低成本供给制度，与现有单项技术形成新的契合点、融合点和触发点，提升农村经济发展的技术支撑能力，驱动解决供给侧的产品质量、品质、效益等一系列问题。（3）建立以环境保护和人口控制为目标的农村低端产业主动淘汰机制，推动农村产业走高精尖之路。（4）创新发展农村新型业态。打破一二三产单独发展的传统思维，以新业态引领三产融合发展。

（二）拓功能：从生产功能主导向"三生"并重转变。 农业的多功能性已经在理论和实践界形成共识。农业多功能性问题，最初是世界贸易保护主义范畴的问题。经过近年来的发展，其内涵更为丰富，并被赋予了重大的经济和社会意义，是对传统农业理论的深化。农业生产活动除了具备粮食和原材料供给功能外，还包括与农业相关的改善农村生态环境、维护生态多样性、保护农村文化遗产等多重功能。从农业性质和功能来看，农业的价值不仅体现在农业生产的市场价值上，还直接表现在农业生产具有较强的公共产品属性和外部经济性，且农业生产的外部效应远远超过了它的经济效应。

1.拓展农业功能的主要政策措施。（1）技术政策，包括开发利用农业多功能技术进步政策和农业多功能性价值评估技术研发政策。（2）投资政策，引导农业投资进入农业非生产功能开发利用领域。（3）补偿补贴政策。对于从事农业的生产主体，通过补偿补贴，实现农业生产外部性内部化。

2.重点改革任务。（1）促进农业生产、乡村文化与观光旅游的结合。通过研发跨功能的乡村业态，集中显化乡村多元价值，提高农业收入。（2）发展"智慧农业"，从高新农业、互联网+农业、设施农业、休闲农业着手，探索三生（生产、生活、生态）共融的智慧农业发展模式。（3）农村发展平台建设。整合已有"农业僵尸园区"，集中打造一批都市型现代服务农业示范区，做农业生产服务商和市民消费供给商。（4）完善补贴补偿机制，重点显化农业的非生产功能，尤其是生态功能，探索形成城乡补偿、跨区域补偿和政策补贴相结合的补偿补贴体系。

（三）促合作：产业升级与管理转型共促集体经济。 北京郊区13个区共有195个乡镇集体经济组织、3967个村集体经济组织（另，村以下集体经济组织225个）、922家乡镇级集体企业和1240家村级集体企业，共6324个会计核算单位。乡村集体经济组织成员（参加分配人口）314.5万人。

集体经济组织成为解决农村劳动力就业的首要部门。2014年，集体经济组织成员中的劳动力在乡村两级集体经济就业的比例为18.9%。"十二五"期间，劳动力就业结构发生重要变化，从事农业、工业及建筑业的比重持续下降，服务业就业劳动力比重持续上升，并于2008年达到36%，超过了工业及建筑业就业比重，到2014年，进一步上升到45.4%。

集体经济组织成为农民增收的重要来源。2014年，郊区农村集体经济组织成员人均拥有集体资产165590元。人均劳动所得为1.71万元，比"十一五"期末增长43%。全市1332个村集体经济组织实现股份分红，占已改制村集体经济组织的34.5%。人均分红收入3108元，占全市农民人均所得的18.2%。

重点改革任务包括：（1）集体经济产权制度改革。集体经济产权制度改革还有较大空间，尤其是乡级集体经济产权。至2014年底，全市累计完成集体经济产权制度改革单位达3882个，其中村级3863个，乡镇级19个，村级完成比例97.1%，乡镇级完成比例9.7%。（2）集体经济产业升级。主动淘汰落后产能，引导支持高精尖产业发展。（3）管理机制创新。建立民主管理、社会监督及强化责任约束的管理机制。

（四）缩差距：城市偏向过渡到市农对接、城乡互动。 一个国家或地区在工业化、城市化进程加快时期，城乡之间、地区之间出现一定的发展差距是很正常的，但如果这种差距过大，就不可避免地带来政治、社会等很多方面的矛盾。改革开放以来，北京城乡经济基本处于一种非均衡的发展态势，这种不均衡的发展为打造首都国际化大都市，加快城市化、现代化进程打下了基础。但在城市化率达到79%，城市化已进入高级阶段，经济已具有相当基础后，城乡非均衡发展还继续惯性推进，城乡之间的差距还有进一步扩大的趋势，这不能不引起关注。

重点改革任务包括：（1）农村倾向的基础设施建设投资机制。改变固有的城市倾向的基础设施投资制度，把新增的社会基础设施投资向农村倾斜。（2）新增建设用地指标往乡镇下沉，增加乡镇建设用地指标。乡镇建设用地的增加能有效发展商业和房地产业，能够吸引社会资本往郊区集中，同时，增加郊区人口密度，扩大郊区消费，提高经济增长速度和农民增收。（3）产业空间布局追求层次性，增加产业链条中的节点在郊区落地。把高端研发放在市区，中试、量产等环节落户郊区，疏解市区过度集中的人口，增加农村劳动力就业机会。

（五）给政策："温饱型"向"激励型"政策供给转变。 北京市不断加大对农村的支持，但是效果有待提升。农村政策供给不完全是越多越好，关键是政策能否引导一个方向、开拓一个领域、激励一群人的行动，起到的是引导和激励作用。因此，北京市在农村经济供给侧结构性改革中，要加快政策供给方向和结构转变，重点是从"温饱型"向"激励型"转变。

重点改革任务包括：（1）转变农村财政补贴政策支持方向。包括：停止执行设施农业建设补贴政策，整合实施农业绿色化生产补贴；重点扶持农产品深加工企业的技术升级和品牌建设，突出财政支农资金的技术创新性导向；实施新型农业经营主体土地流转费补贴，提升农业经营对社会资本的吸引力。（2）创新农村税收政策。包括：农产品加工企业适用消费型增值税，降低企业固定资产投资税负；适当降低农产品加工行业中的中小规模企业税率，引导社会资本参与农产品加工行业。（3）出台农村保险制度。包括：逐步推行农业经营"强制险+商业险"模式，把优质特色农产品率先装进"保险筐"；拓展农业保险融资增信功能，通过"保险+信贷"提高新型农业经营主体资金使用效率。

六、北京农村经济供给侧结构性改革措施

（一）深化农村经济体制改革与机制创新。

1.完善农村产权交易机制，促进农村产权流动。按照党的十八届三中全会《决定》健全

"归属清晰、权责明确、保护严格、流转顺畅"的现代产权制度要求，完善农村产权交易机制，促进农村产权流动。

一是分层级搭建农村产权交易平台，通过市场交易发现价格、提高资源配置效率，实现农村产权资源要素高效、合理、顺畅流转。如区专门成立农村产权交易管理委员会，乡镇成立农村产权交易中心，村级成立农村产权服务站。

二是不断完善交易规则，扩充交易种类。鼓励农村各类产权进场交易，农产品、大宗商品、涉农企业都可以是农村产权交易机构交易的品种，如农地经营权、林地经营权、林木权、集体资产所有权、集体经济组织股权、农产品期权等等。

三是强化服务功能，杜绝建成迎合形势需要的摆设。不仅仅有个场所、有块牌子，要以有场所、有评估、有服务、有登记、有监管、有制度为标准，加强服务中心硬件和软件建设，形成较为完善的农村产权交易格局。建立农村产权交易信息网站和数据库系统，公开发布供需相关信息。制定农村产权交易规则，简便手续，规范交易。推行窗口式办公，为申请审核、登记鉴证、价款结算、纠纷调解等提供配套服务。

2.完善农产品绿色认证机制，促进农业绿色发展。我国于1994年颁布了《全国生态农业建设技术规范》，使我国生态农业基本走上了制度化、规范化的轨道。但随着生态农业技术的不断更新，生态农业实践的不断深入，该规程陆续暴露出一些亟待解决的问题，需要根据发展要求、技术更新程度和实际情况进行适当的调整和修改，生态农业标准体系应分为环境控制标准、物质循环利用规程、信息服务和组织管理规程、技术标准、评价技术与方法等方面。

在生态农产品认证方面，我国目前实行了"无公害农产品、绿色食品和有机食品"三位一体的认证体系，分别由国家农业部和国家环境保护总局的下设机构承担认证职能。该认证体系虽然在一定程度上起到了积极作用，但这三类认证标准界限不十分清晰，不利于生产者和消费者认知和区分。因此，北京作为引领农业发展方向的大都市型农业，应率先调整和整合目前采用的生态农产品认证标准，大力推行"生态"唯一标签，加强生态食品标准与国际相关标准的协调与统一，以削弱和淡化国际标准歧视所产生的技术壁垒和贸易争端带来的影响，为推进北京生态农业国际化提供支撑。同时，在实践中制定实施鼓励和支持生态农产品生产的政策。

3.完善农村投融资机制，促进农村实现社会共建。北京农村金融体系，是北京金融体系的重要组成部分，北京农村金融体制的改革与完善，对促进农村经济发展具有重要现实意义。党的十七大以来，北京市围绕"农村信贷、农业保险、农业投资、农业担保、农业基金、农村信用和农村金融改革综合试验区"等七个方面积极探索，建立了以"七农"为基础的农村金融支撑体系，已初见成效。随着国家推进供给侧结构性改革等新形势、新变化，要进一步完善农村投融资机制。

一是推进农村合作组织的金融服务。合作化、农户组织化是北京农户的未来。农村合作社组织在规模化、规范化、制度化等方面有很好的带动作用。通过推进农村合作组织的金融服务，进一步促进农村专业合作组织扩大规模，形成产业、成为特色品牌，提升市场竞争力和生存能力。

二是推进金融支持城乡公共服务均等化。农村金融长期以来专注于支持农业生产，较少涉及农村公共基础设施等公共服务提供方面，要引导地方性银行加大金融支持农村基础公共服务的力度。

4.完善农村集体经济分配制度，促进农村社会公平。农村集体经济是北京农村经济的重要组成部分。北京在基本完成农村集体经济产权制度改革的基础上，要加速完善农村集体经济分配制度，促进农村社会公平。

一是保障农民对集体资产的相关权利。首先，落实《物权法》规定的土地承包经营权人对承包地享有占有、收益的权利，保障农民对集体资产的占有权、收益权。其次，保障农民对集体资产的有偿退出权和继承权。

二是集体经济分配中，"人口股"和"资金股"并存。人口股是指因集体经济组织成员资格而取得的股权，而资金股是指出资入股而形成。允许人口股和资金股并存，但是要强化人口股，体现集体经济组织的公平。

（二）推进农村政策优化与创新。

1.以土地作为农村经济供给侧结构性改革的总抓手。我国的改革是从农村开始的，农村改革是从土地经营制度着手的，这是由于土地兼具政治性、经济性和社会性的最为独特的农村要素，不能仅仅作为普通的生产资料看待。农村土地是政府推进农村经济供给侧结构性改革的总抓手，这是因为：首先，农村土地的集体所有为实现规模经营提供低价成本的可能。土地公有与私有对于促进发展的区别已经为37年来的改革开放实践所证实。其次，土地要素是聚拢其他要素的根本。土地用途、经营方式的改变直接带来劳动力要素、资本要素配置的改变，把握住土地要素配置就把握住了农村要素配置的核心。最后，土地要素是农村治理的重要手段。土地在农村起到稳人心、调关系、聚人气的重要功能，土地稳，则农村稳。

在农村经济供给侧结构性改革过程中，要始终以土地作为推进改革的总抓手，遵守农村土地"三定"原则：定资产、定结构、定效率。"定资产"是指允许集体经济组织把经营性的土地作价出资入股，在企业资产账面上显化，增强企业经营能力，"定结构"是指农村土地利用结构优化，农村土地利用结构与农村产业结构保持一致，杜绝"超前使用"；"定效率"是指估算土地综合利用效率，优先配置到综合效率高的领域。

2.抓大放小，农业从农产品生产向农业服务功能转型。所谓抓大放小，是指在调控农村经济发展中，把关注焦点从农产品生产逐步转移到农业多功能融合发展中来，实现农业从农产品生产向农业多功能融合的服务功能转型。

首先，要在思想认识上过关。农业生产功能很重要，尤其是在出现重大自然灾害时，农产品短缺带来的生活不方便，如发生冻灾时京外农产品难以入京，导致京内物价飞涨时，菜篮子、米袋子提法又重新回到领导的脑子里和桌面上，但是北京有限的土地是无法做到农产品保障的，盲目追求农产品自求平衡带来的结果只能是牺牲农产品的质量甚至是安全。相对于农产品供给来说，北京对于农业的生态功能、文化休闲功能和历史传承功能的需求要大得多，推行农业服务功能是大势所趋，符合北京世界大都市的定位。

其次，在政策上要创新、要调整。一是不再强调农业的产品生产功能，把原有促进农产品生产功能的政策废止,整合支持发挥农业服务功能,尤其是设施农业类的补贴政策尽快推出。二是土地异地占补平衡政策的使用。2016年12月5日,中央全面深化改革领导小组第三十次会议审议通过的《关于加强耕地保护和改进占补平衡的意见》指出:"对跨地区补充耕地等重大措施,要严格程序、规范运作。"这意味着1997年开始实施的"耕地占补平衡"政策禁止跨省域的占补平衡政策开始松动。北京应抓住良好契机,置换出一批用于发展农业养老、农业养生和农业休闲的服务性农业发展需求用地,破解用地瓶颈。三是培训经营者发展服务型农业的新思路、新技术。

3.回归自然,政府管理专注农业发展中的生态产出。过量使用化肥、农药和现代化的农业设施,确实对提高农产品产量发挥了巨大作用。但是,已有研究表明,北方城市空气质量恶化与过量使用氮肥直接相关。北京虽然提出了化肥、农药使用的总量控制目标,但是仅仅控制总量还远远不够,针对北京的消费人群特点,有限的土地应该定位高端消费,完全放弃"产量为王"的传统理念,让农业回归自然,发展生态农业,更多关注农业发展中的生态产出。

生态农业模式是一种在农业生产实践中形成的兼顾农业的经济效益、社会效益和生态效益,结构和功能优化了的农业生态系统。首先,政府牵头研究总结适合北京区域特点的生态农业发展模式和支撑技术,供经营者选择使用。其次,出台生态农业产业发展支持政策。重点包括对生产环节的支持政策、营销环节的支持政策、应对自然风险的支持政策等。在生产环节,不管是农户、家庭农场,还是农业经营企业,只要从事生态农业生产,均给予一定金融扶持和生产补贴;在营销环节,严格执行绿色农产品的认定标准,健全绿色产品市场销售监控机制,保障绿色产品生产者的利益;在应对自然风险方面,除了提供保险支持,还要建立重大自然风险救助机制。

4.以人为本,培养具有北京特色国际视野的"新农人"。新农人与传统农人是相对的概念,新农人代表那些为了创业理想和产业梦想而投身到泛农行业中的从业者们,新农人归真于农民,根植于农村,成功于农业。新农人不是去旧化,而是植根于传统农业,保留老农民的优秀经验,继承老农民淳朴、善良、勤奋的传统精神,运用新技术,新理念、新办法保证食品安全并提高传统农业的生产效率和作业水平。有学者调查表明:列举的10个新农人特征,排在前三位的依次是:有责任心,敢于担当社会责任,占比60%;坚持生态农业,自觉维护生态和谐,占比56%;不一定做大事业,但以生产安全食品为己任,占比38%[1]。由此看出,新农人是坚持发展生态农业并自觉维护生态和谐,以生产和流通安全食品为己任的涉农生产者和经营者,符合北京农业发展的需要。

为培养更多新农人,需要多管齐下。一是准入制度的建立和完善。要制定出符合北京特色的新农人准入标准和退出机制,使新农人主体进入规范化、法制化管理轨道。二是农耕新技术的培训。未来农业的规模化、集约化、科技化程度将更高,新品种培育技术、生态农业种植养殖技术、水质土壤改良技术、农耕设施科学技术等将大面积运用到农业领域,这些新技术的运用将大大提高新农人生产效率和管理水平。三是营销新技术培训。互联网技术的应

---

① 何谓新农人——我眼中的"新农人 & 新农业"〔EB/OL〕. https://www.huxiu.com/article/26515/1.html

用给传统农业带来了变革机会，尤其是电子商务和信息技术的运用可以解构和重组传统农业的生产关系，从而让优质的农产品更有效率地流通到消费者餐桌上，这也是互联网对传统农业最有价值的贡献。因此，应给新农人更多互联网营销技术培训，甚至是大数据的使用。

5.产业为王，注重农村产业融合升级和新型业态培育。农村经济发展无论以何种形态实现，从可持续发展的角度来看，离不开产业发展，尤其是依托农村特色资源发展实体产业。北京特殊的地理位置和政治地位，决定了土地的基础地价和增值空间巨大，瓦片经济在农村经济发展中扮演了重要角色，尤其是城乡结合部农村地区受益明显。甚至，部分农村集体经济发展中也打"地产牌"，弱化甚至放弃发展实体产业。因此，要重树"产业为王"发展理念。

一是注重推进农村产业融合升级。依托首都特有的科技资源优势，加快农村三次产业融合模式的研究，针对不同地区提出产业融合模式和升级路径。

二是注重培育农村新型业态。北京的农村产业一定要符合北京特点，不仅要走高精尖的路子，还是符合本地需求变化。如农业养老需求，农业休闲需求日益增多，在农业产业扶持上，政策要有所倾斜。

6.一地一策，制定符合区域特点的农村经济供给侧结构性改革方向。北京区域特点明显，有紧靠主城区的平原区，也有赋予生态涵养功能的山区，每个区县的发展定位和发展基础差异明显，在制定农村经济供给侧结构性改革方向时，要充分考虑区域特点，做到"一地一策"，避免统一化的改革方向制约区域优势资源和经济发展特点继续发挥作用。

课题负责人：郭光磊　蒋洪昉

课题组组长：冯建国　葛继新

执行负责人：巩前文

课题组成员：张英洪　郭永田　孔祥智　李国祥　高兴武　陈奕捷　朱文颉
张　燕　郎　洁　李新华　罗　超　康　静　王海龙　刘　丹

执笔人：巩前文　朱文颉　李新华　罗　超　刘　丹　王海龙

村干部连任与集体经济发展的影响机制研究

本报告是课题组在北京郊区14个区开展为期四个月的实地调查所收集的数据资料的基础上完成的。2015年9—10月期间，课题组对京郊40个村的主职村干部进行了问卷调查。2016年6—7月、11—12月，课题组又分别组织了两次问卷调查，聘请60位农村改革与发展调查员对194位村干部进行问卷调查，有效问卷189份。调查的具体内容包括村干部的人力资本情况、村干部家庭经济情况、村干部对其自身工作的评价、对连任和未来工作的期望以及村干部所在村村庄治理的基本情况。

一、村干部任职及村庄治理的基本情况①

（一）村干部的基本情况。

1.职位、性别和年龄。被访者中有主职村干部107人，占56.6%；非主职村干部82人，占43.4%。分职位来看，村支书②72人，占38.1%；村主任32人，占16.9%；专职经济合作社社长3人，占1.6%；会计等其他村务管理人员82人，占43.4%。

被访村干部中，男性146名，占77.3%；女性43名，占22.8%。被访村干部的平均年龄为49.6岁。其中，主职村干部的平均年龄分别为村书记50.7岁、村主任49.7岁、经济合作社社长52岁。年龄在40—55岁之间的村干部占比最高，为66.1%。

2.受教育程度。村支书的平均学历水平最高。村支书中拥有大专学历的占比最高（45.8%）；村主任中初中及以下学历水平的占比最高（40.6%）。总样本中拥有高中学历的村干部占比最高，为34.4%，其次是大专毕业占31.2%。

3.村干部的家庭经济情况。调查表明，村干部的个人收入基本与农村居民平均可支配收入持平。如图1所示，村干部2015年家庭总收入在3万—5万元之间的占比最高，为32.3%；其次是2万—3万元，为29.6%；家庭总收入在5万元以上的占28.6%。仍有9.5%的村干部家庭年总收入低于2万元，低于北京市的最低工资标准。

52.9%的村干部表示，当村干部的收入是其家庭主要收入来源。家庭主要收入来源依靠其他家庭成员的占23.8%。分不同职位来看，69.4%的村支书表示，其收入是家庭收入的主要来

---

① 本部分汇报了2016年两次问卷调查的村干部的基本情况。

② 如果被访者是村书记和村主任一肩挑，则以村书记身份被访。

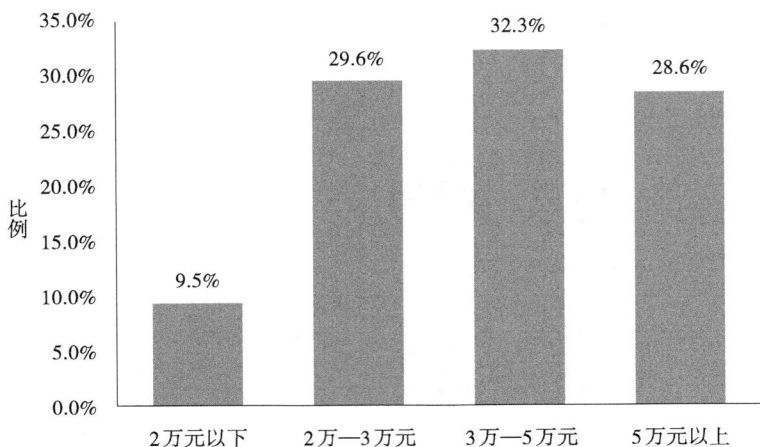

图1　2015年村干部家庭总收入分组

源，村主任和社长的这一比例明显偏低，分别为53.1%和33.3%。

4.工资满意度。在考察工资满意度时发现，村干部对目前的工资满意度较低。村主任的工资满意度最低，回答"不满意"的占18.8%；合作社社长的工资满意度最高，回答"满意"的占66.7%。总体来看，明确表示对目前的工资水平"不满意"的村干部占14.3%，"满意"的占33.3%，其余表示"一般"。

（二）村干部的任职情况。

1.连任情况。调查显示，村干部的连任时间差异较明显。如图2所示，连任时间为0—3年的村干部占比最高，为25.4%，其次是连任3—6年和连任9—20年的村干部，分别占23.8%和23.3%。连任20—30年的村干部占8.5%。

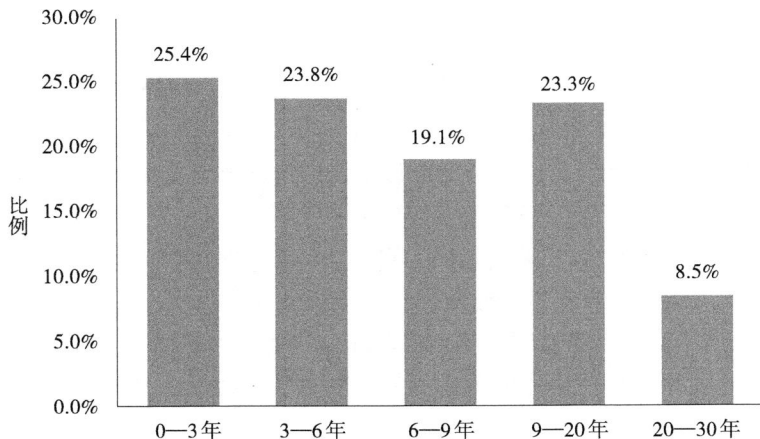

图2　村干部的连任时间分组

2.村民信任度。调查显示，90.4%的村干部主观认为村民对其信任度较高。

3. 参选与当选的原因。村干部的就职主动性偏低。如图3所示，完全是基于自身主动参选的村干部仅占2.7%。基于"自己主动"与"村民推荐"两方面原因的占比最高，为59%。完全是因为村民推荐的占38.3%。

在回答"当选的主要因素"这一问题时，47.6%的村干部认为基于自己人品好，21.3%的村干部认为自身的致富能力使其当选。另有14.9%和15.4%的村干部认为"年轻有文化"及"人缘好"是其当选的首要因素。

4. 对连任的期望。村干部大多表示希望连任。本次调查中，明确表示想连任的村干部占86.2%。

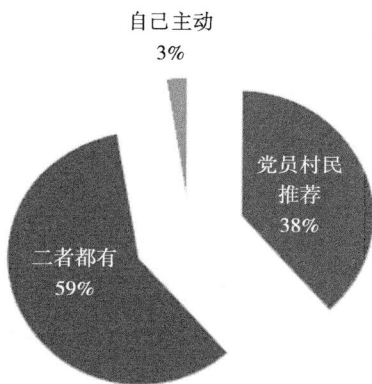

图3　村干部的就职主动性

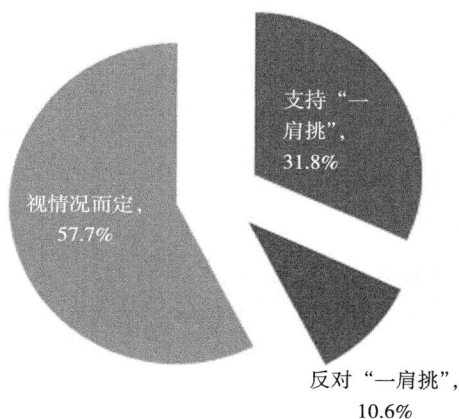

图4　村干部对"一肩挑"的看法

5.对"一肩挑"的看法。如图4所示，明确反对村书记、村主任"一肩挑"的村干部较少，占10.6%。31.8%的村干部认为"一肩挑"更有利于开展工作；另有57.7%的村干部认为是否"一肩挑"应视村庄治理的具体情况而定。

表1　村干部人力资本及其任职的基本情况

变量	总体	村干部	管理人员	变量	总体	村干部	管理人员
村干部人力资本情况				村干部任职情况			
职务				工资满意度			
1：村支书	38.1%			1：不满意	14.3%	14.0%	14.6%
2：村委会主任	16.9%			2：一般	52.4%	50.5%	54.9%
3：经济合作社社长	1.6%			3：满意	33.3%	35.5%	30.5%
4：村务管理人员	43.4%			连任时间			
性别				1：0—3年	25.4%	24.3%	26.8%
0：男性	77.3%	90.7%	59.8%	2：3—6年	23.8%	24.3%	23.2
1：女性	22.7%	9.4%	40.2%	3：6—9年	19.1%	19.6%	18.3%
年龄				4：9—20年	23.3%	26.2%	19.5%

（续表）

1：< 40 岁	11.1%	5.6%	18.3%	5：20—30 年	8.5%	5.6%	12.2%
2：40—50 岁	34.9%	42.1%	23.6%	村民信任度			
3：50—55 岁	31.2%	31.8%	30.5%	1：很高	28.7%	29.3%	28.1%
4：55—60 岁	18.0%	17.7%	18.3%	2：较高	61.7%	61.3%	62.2%
5：> 60 岁	4.8%	2.8%	7.3%	3：一般	9.0%	8.5%	9.8%
受教育水平				4：不高	0.5%	0.9%	—
1：初中及以下	22.2%	22.4%	22.0%	5：较低	—	—	—
2：中专、高中	34.4%	25.2%	46.3%	6：很低	—	—	—
3：大专	31.2%	36.5%	24.4%	个体连任的期望			
4：本科及以上	12.2%	15.9%	7.3%	1：想连任	86.2%	85.1%	87.8%
村干部家庭经济情况				2：不想连任	4.2%	5.6%	2.4%
家庭总收入				3：无所谓	9.5%	9.4%	9.8%
1：2 万元以下	9.5%	9.4%	9.8%	参选原因			
2：2 万—3 万元	29.6%	25.2%	35.4%	1：党员村民推荐	38.3%	43.0%	32.1%
3：3 万—5 万元	32.3%	31.8%	32.9%	2：二者都有	59.0%	57.0%	61.7%
4：5 万元以上	28.6%	33.6%	21.9%	3：自己主动	2.7%	—	6.2%
家庭主要收入来源				当选的主要因素			
1：农业生产	6.9%	5.6%	8.5%	1：人品好	47.6%	39.3%	46.9%
2：个体经营	7.4%	8.4%	6.1%	2：年轻有文化	14.9%	14.0%	16.1%
3：外出打工	6.9%	3.7%	12.0%	3：致富能手	21.3%	31.8%	7.4%
4：村干部工作	52.9%	63.6%	39.0%	4：人缘好	15.4%	13.1%	18.5%
5：村集体分红	2.1%	1.9%	2.4%	5：其他	5.9%	1.9%	11.1%
6：家庭其他成员收入	23.8%	16.8%	32.9%	对"兼任"的看法			
家庭支出				1：一肩挑好	31.8%	27.1%	37.8%
1：1 万元以下	7.4%	6.5%	8.5%	2：根据实际决定	57.7%	59.8%	54.9%
2：1 万—3 万元	65.6%	64.5%	67.1%	3：分开好	10.6%	13.1%	7.3%
3：3 万—5 万元	19.1%	16.8%	22.0%				
4：5 万元以上	7.9%	12.2%	2.4%				

注：本表中的村干部指村支书、村委会主任、村股份经济合作社社长；管理人员指村会计、村出纳等其他处理一般实务的管理人员。

6. 需要的村干部类型。如图5所示，在问到"本村最需要的村干部类型"时，69.3%的村干部回答是做事公正民主的人；57.7%的村干部认为致富能力是村干部最重要的能力之一；另有40.7%的村干部认为德高望重的人才能胜任村干部这一岗位；还有32.8%的村干部认为有知识或技术的村干部是村庄目前发展所必需的。

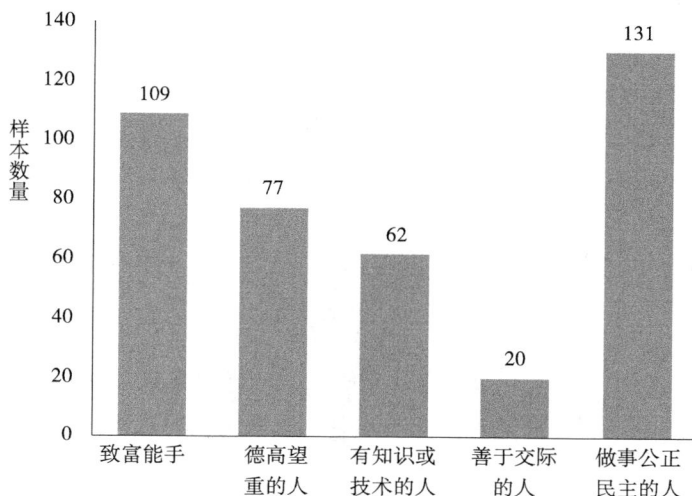

图5 需要的村干部类型（多选）

在问到"村干部最重要的能力"时，52.9%的村干部认为"带领群众致富"是最重要的能力；其次是"做事民主"，占33.9%；再次是"善于协调"，占12.7%。

7. 村干部当前的主要工作。村干部当前主要工作按重要程度排序分别是：发展本村经济（57.7%），发展公共事业、福利（30.7%），调解纠纷维护稳定（11.1%）。村干部反映目前工作最大的难点是没有好的项目依托（64%）；其次是缺乏政策支持（60.3%）。除此之外，缺乏管理人才（51.3%）以及缺少懂技术的专业人员（37%）也是制约村庄发展的重要因素。

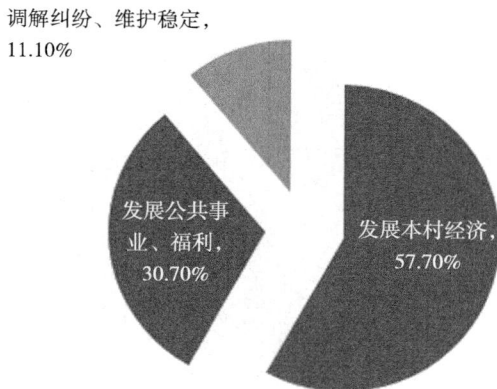

图6 村干部当前的主要工作

8.村干部对晋升和待遇的期望。为了使本研究更有政策指向性，课题组在2016年11月对村干部的补充调查中询问了村干部对未来工资待遇和福利、晋升的期望。60%的村干部认为目前的综合待遇水平偏低。68.4%的村干部认为合理的纯工资水平应达到3000—5000元/月，基本相当于北京市农村居民人均可支配收入的两倍；18.9%的村干部认为其工资应达到5000—8000元/月；11.6%的村干部认为2000—3000元/月比较合理。另有1%的村干部认为其工资水平应达8000元/月。

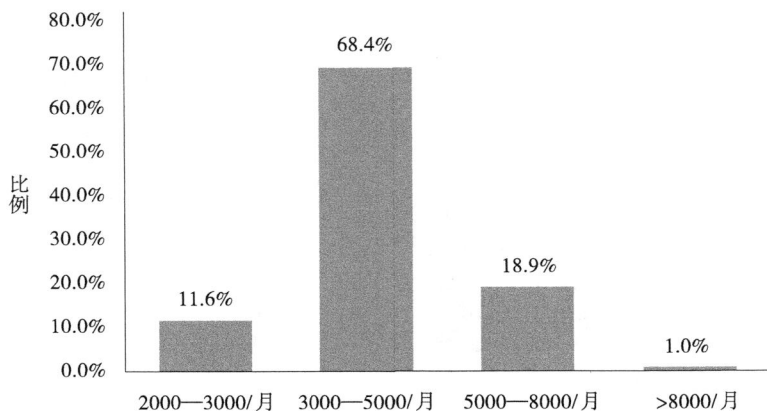

图7 村干部认为合理的工资待遇水平

在询问对村干部的有效激励措施时发现，报酬激励是最主要的激励手段。54.3%的村干部表示希望提高目前的工资待遇水平；23.4%的村干部表示给予其政治荣誉和提供晋升渠道是其最需要的激励手段；10.6%和9.6%的村干部明确表示其最希望能够提高目前的福利水平和年终奖励；另有集体经济发展水平较好村的村干部表示，其目前最需要的激励手段是获得村集体经济组织的配股。进一步分析发现，这几位村干部所在村的集体资产总额均超过1000万元，分别处于村集体资产分组的次高组（1%）和最高组（1%）。

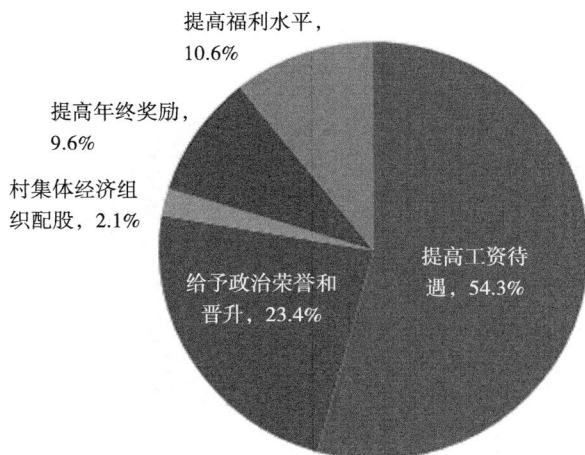

图8 村干部最需要的激励方式

表2 对村干部工作的评价

变量	样本量	样本占比	变量	样本量	样本占比
需要的村干部类型①			对综合待遇水平的评价		
1：致富能手	109	57.7%	1：很低	9	9.5%
2：德高望重的人	77	40.7%	2：偏低	48	50.5%
3：有知识或技术的人	62	32.8%	3：适中	37	38.9%
4：善于交际的人	20	10.6%	4：偏高	1	1.1%
5：做事公正民主的人	131	69.3%	村干部合适的工资待遇		
村干部最重要的能力			1：2000—3000/月	11	11.6%
1：带领群众致富	100	52.9%	2：3000—5000/月	65	68.4%
2：做事民主	64	33.9%	3：5000—8000/月	18	18.9%
3：善于协调	24	12.7%	4：>8000元/月	1	1.0%
4：善于交际	1	0.5%	如何更好地激励村干部		
村干部工作最大的困难②			1：提高工资待遇	51	54.3%
1：缺乏政策支持	114	60.3%	2：给予政治荣誉和晋升	22	23.4%
2：村集体债务累累	14	7.4%	3：村集体经济组织配股	2	2.1%
3：没有好的项目依托	121	64.0%	4：提高年终奖励	9	9.6%
4：缺少技术	70	37.0%	5：提高福利水平	10	10.6%
5：缺乏管理人才	97	51.3%	对两委交叉任职的评价		
村干部的主要工作			1：利大于弊	111	58.7%
1：发展本村经济	109	57.7%	2：弊大于利	9	4.8%
2：发展公共事业、福利	58	30.7%	3：暂时看不出	38	20.1%
3：调解纠纷维护稳定	21	11.1%	4：差不多	31	16.4%
村干部发挥带头作用存在的困难					
1：村民素质低	56	59.0%	对村庄联合发展的评价		
2：历史遗留问题多	31	32.6%	1：没有必要	26	13.8%
3：镇级统筹力度弱	6	6.3%	2：无所谓	27	14.3%
4：缺乏政策支持	2	2.1%	3：有必要	136	72.0%

---

① 此题在问卷中为多选，且限选两项。

② 此题在问卷中为不限项多选。

（三）村干部所在村的基本情况。

1. 村集体经济发展情况。

（1）集体资产总额。样本村集体资产分组情况如图9所示，村集体资产总额在1000万—2000万元的占比最高，为28%；500万元以下的占25.9%；500万—1000万元的占20.6%；2000万—5000万元的占11.6%；5000万元以上的占13.8%。

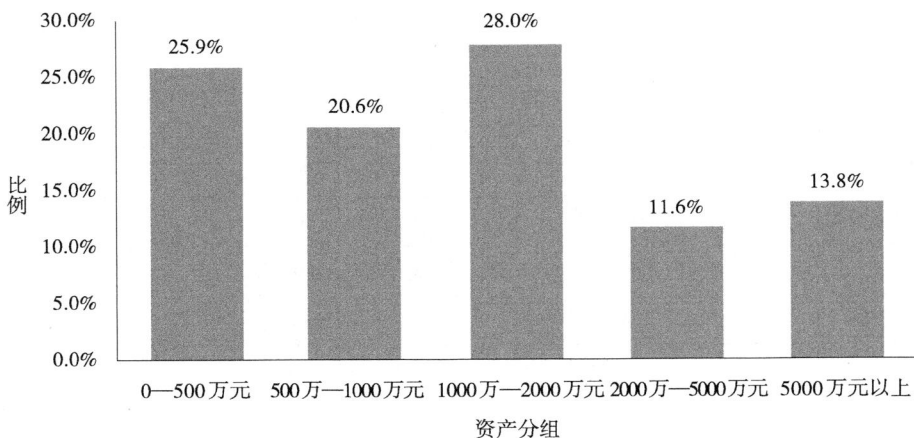

图9 样本村的集体资产总额分组情况

（2）村集体收入来源。"土地租赁"是集体主要收入来源之一的样本村占62.4%，其他分别为"政府转移性收入"（59.8%）、"征占地补偿款"（57.7%）、"集体企业"（29.6%）、"乡村旅游"（20.1%）。

（3）农户家庭收入来源。78.8%的村干部回答"出村出镇打工"是其所在村农户家庭的主要收入来源之一。其他按比例从大到小分别是"家庭经营"（67.2%）、"集体经济组织分配"（56.6%）、"村、镇办企业就业"（25.9%）。

2. 村庄治理情况。

（1）乡镇政府的指导。乡镇政府与村委会之间不是行政上的上下级关系，但存在着上下级党组织关系。从集体经济组织的层次上看，一些地区也存在着上下级关系。本次调查结果显示，97.4%的村干部表示，乡镇政府"关心指导"本村事务，"直接干预"的仅占0.5%，另有2.1%的村干部表示乡镇政府对本村管理"完全放权"。

（2）村民代表大会的召开情况。本文以村民代表大会召开的次数代表议事民主情况。调查显示，样本村平均一年至少召开6次村民代表大会，最多的达35次。

（3）本村亟须解决的问题。如图10所示，村干部普遍认为"发展本村经济"和"完善基础设施建设"是当前村庄发展最重要的问题，分别占91%和82%。其次是加强班子建设，占32.3%；再次是维护村庄治理的稳定，占25.4%。

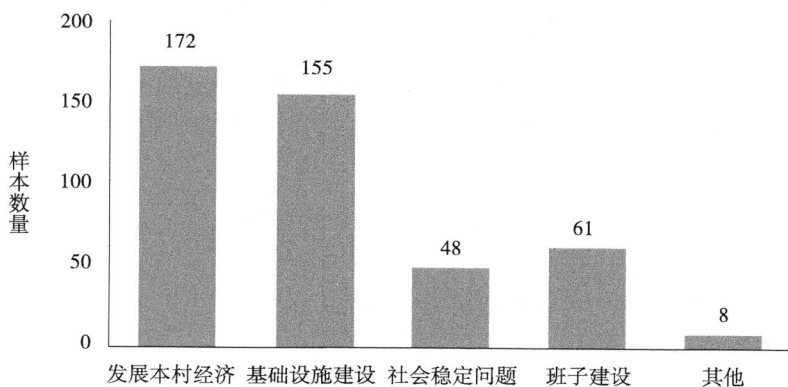

图10　本村亟需解决的问题

表3　村庄治理的基本情况[①]

变量	样本量（均值）	样本占比	变量	样本量（均值）	样本占比
村集体经济发展情况			农户家庭收入主要来源		
集体资产总额[①]			1：集体经济组织分配	107	56.6%
1：0—500万元	283万元	25.9%	2：村、镇办企业就业	49	25.9%
2：500万—1000万元	691.65万元	20.6%	3：家庭经营	127	67.2%
3：1000万—2000万元	1434.78万元	28.0%	4：外出打工	149	78.8%
4：2000万—5000万元	2858.1万元	11.6%	5：其他	33	17.5%
5：>5000万元	35649.1万元	13.8%	村庄治理情况		
集体资产四分组			乡政府对本村管理情况		
1：最低组	278.6万元	25.4%	1：关心指导	184	97.4%
2：次低组	743.1万元	24.9%	2：直接干预	1	0.5%
3：次高组	1503.1万元	24.9%	3：依靠本村自己发展	4	2.1%
4：最高组	19703.5万元	24.9%	村民代表会		
在镇域经济发展层级			1：一年至少召开	6	–
1：下层	51	27.0%	2：一年最多召开	11	–
2：中层	109	57.7%	本村亟须解决的问题		
3：上层	29	15.3%	1：发展本村经济	172	91.0%
本村距镇中心距离[②]	4740.1米	50%	2：基础设施建设	155	82.0%
村集体收入来源			3：社会稳定问题	48	25.4%
1：集体企业	56	29.6%	4：班子建设	61	32.3%
2：征占地补偿款	109	57.7%	5：其他	8	4.2%
3：土地租赁收入	118	62.4%	所在功能区		
4：乡村旅游	38	20.1%	城市功能拓展区	10	5.35%
5：政府转移性收入	113	59.8%	城市发展新区	78	41.71%
			生态涵养区	99	52.94%

①　"集体资产总额"这一数据来源于北京市农经办"北京市农村三资监管平台"。集体资产包括集体所有的经营性资产、非经营性资产、资源性资产。

②　本数据来源于课题组于2016年11月进行的"村干部调查问卷"的补充调查，故数据量少于样本总量。

二、村干部连任对集体资产影响的效应分析

（一）**数据来源**。本部分实证分析所用主要数据来源于北京市农村经济研究中心于2015年9—10月开展的40个重点村问卷调查。调查内容包括村干部的任职情况、集体经济发展水平等。

（二）**村集体经济发展水平与村干部连任情况分析**。这里我们以"人均劳动所得"与"人均所有者权益"两个指标为代表考察样本村集体经济发展水平与村干部连任时间之间的关系。如表4所示，"人均劳动所得"处于最高组的样本村，其村支书和经济合作社社长的连任时间均为最长，分别为16.1年和10.9年。

表4　人均劳动所得与村干部任职时间

人均劳动所得	组内均值（元）	村书记任职时间（年）	村主任任职时间（年）	社长任职时间（年）
最低组	13931.4	7.8	8.7	9.9
次低组	20467.5	6.6	5.6	6
次高组	28920.4	10.4	8.3	8.9
最高组	65119.8	16.1	7.2	10.9

如表5所示，"人均所有者权益"处于最高组的样本村，其村书记、村主任、社长的连任时间均为最长。

表5　人均所有者权益与村干部任职时间

人均所有者权益	组内均值（元）	村书记任职时间（年）	村主任任职时间（年）	社长任职时间（年）
最低组	5809.1	9.6	8.2	7.9
次低组	32888.8	7	4.4	10.2
次高组	86765.8	7.4	7.9	9.3
最高组	564141	16.6	9	10.0

（三）**采用固定效应模型进行回归分析**。根据数据结构的不同，我们分别采用固定效应模型对5期[①]和3期面板数据进行回归分析，结果分别如表6和表7所示。模型1—模型4均采用"人均所有者权益"作为被解释变量，代表村集体经济发展水平。模型1的回归结果显示，劳动力人数、农业用地面积、村集体经济收入、集体净资产以及人均劳动所得中来自二、三产业的比重均对人均所有者权益起到显著影响。由于劳动力人数和农业用地面积的影响系数过小，在模型2中将这两项去掉，可知剩余四项仍起到显著影响。

---

① 5期分别为：1978年、1988年、1998年、2006年和2014年。

表6 采用固定效应模型估计人均集体经济收益的回归结果（五期面板数据）

变量名	模型1		模型2	
	系 数	标准差	系 数	标准差
农村劳动力人数	−0.000**	0.000		
农业用地面积	−0.000	0.000		
村集体经济收入的对数值	0.240***	0.049	0.247***	0.048
村集体净资产的对数值	0.761***	0.043	0.760***	0.044
人均劳动所得中来自第二产业的比重	0.827***	0.277	0.842***	0.288
人均劳动所得中来自第三产业的比重	0.515**	0.251	0.620***	0.260
常数项	2.728***	0.263	2.221***	0.187
样本观察值	166		166	
样本量	40		40	
组内 R^2	0.9337		0.9280	
组间 R^2	0.8065		0.7465	
总体 R^2	0.8828		0.8406	
F 值	421.60		430.08	
Prob>F	0.0000		0.0000	

模型3和模型4采用1998、2006和2014年三期面板数据，在固定效应模型中加入"村干部的连任情况"来考察村庄治理稳定这一因素对村集体经济的影响。表7的回归结果显示，村支书连任对村集体经济起到显著的正向影响，村庄治理稳定有利于村集体经济增收。一方面，随着村支书连任，他对村情更加熟悉，对相关政策的了解更为透彻，帮助其积累更多的治理经验。另一方面，连任使得基层村干部付出更多的精力和心血，责任意识、主人翁意识进一步增强，更加考虑集体经济的长远发展问题。村经济总收入、村集体净资产和人均劳动所得中二产比重仍起到正向的显著影响。

表7 采用固定效应模型估计人均集体经济收益的回归结果（三期面板数据）

变量名	模型3		模型4	
	系 数	标准差	系 数	标准差
村支书是否连任	0.342***	0.113	0.352***	0.111
农村劳动力数	0.000	0.000		
农业用地面积	0.000	0.000		

（续表）

村经济总收入的对数值	0.114**	0.456	0.115**	0.044
村集体净资产的对数值	0.738***	0.032	0.735***	0.301
人均劳动所得中				
来自第二产业的比重	0.566*	0.319	0.578*	0.319
人均劳动所得中				
来自第三产业的比重	−0.437	0.295	−0.414	0.294
常数项	3.969***	0.355	3.937	0.328
样本观察值	112		112	
样本量	39		39	
组内 R^2	0.9349		0.9347	
组间 R^2	0.7497		0.7493	
总体 R^2	0.8115		0.8113	
F 值	176.09		247.09	
Prob>F	0.0000		0.0000	

三、影响村干部连任的因素分析

（一）数据来源。

本部分实证分析所用主要数据来源于北京市农村经济研究中心开展的"村干部问卷调查"。（详见本文开头）

（二）实证模型的构建。 与以往依照理论模型构建实证模型的方法不同，本研究实证分析框架的构建建立于多次实地田野调查、与村干部、乡镇干部及农户的访谈以及村干部问卷调查获得的信息。以村支书为主要话语权代表的村干部的主要经济决策与村集体经济发展、农民增收和村庄治理稳定有关。在同一时间，他们即是农户的代理人又是乡干部的代理人。村干部首先基于村庄治理和自身发展的考虑决定是否连任。其次，村民对村干部人品和治理能力的评判决定其是否能够连任。同时，乡镇一级政府也可以影响村支书的任命。

Scott Rozelle（1992）的研究表明，晋升、地位、职业保障、个人收益对村干部的任职是重要的。这些因素在前文中我们已经做了统计分析。通过多次访谈，我们发现村干部参选的主动性也是决定其连任情况的关键因素。这一假设也将通过实证模型予以考察。

本文考察的"村干部连任情况"为有序离散型变量计量，采用多项Logit方法符合分析需求。

（三）参数估计与结论。 表7给出了采用多项Logit模型分析影响村干部连任情况相关因素的估计结果。相关变量的分组和排序情况见表1、表2和表3。实证分析的结果显示，对村

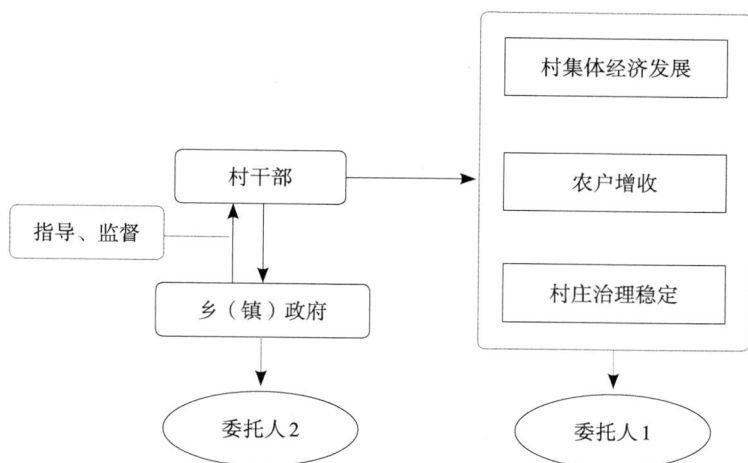

图11　村干部与农户、乡镇政府的委托代理关系

干部连任起到显著影响的因素包括：村干部的性别、年龄、受教育水平、现职岗位、村干部的家庭经济水平、村干部对现状工资的满意度、村集体资产总额、村在镇域范围内的经济水平、村干部当前的主要工作、村民对村干部的信任度以及村干部所在区的功能定位。以下就关键因素做出详细解释：

1.村干部自身的人力资本水平显著影响其是否连任。如表4所示，男性村干部较女性村干部连任时间较长。年龄越大连任时间越长。随着村干部受教育水平的提高，其倾向于长期连任（任期>6年）。

2.认为"一肩挑"更有利于村庄发展的村干部，其连任时间越长。

3.村干部的家庭经济水平和对当前工资的满意度也是影响其连任时间的显著因素。随着工资满意度的提高，村干部倾向于长期连任。

4.作为村民参与经济活动的代理人，村民对村干部工作的认可度是影响村干部连任情况的又一显著因素。如表4观察组2和观察组4的结果所示，村民信任度越低的村干部其连任时间越短。

5.村庄经济发展水平是影响村干部连任的显著因素。如表4观察组1的结果显示，在镇域范围内经济水平偏高的村的村干部连任时间较短。观察组3的结果显示，所属村的集体资产总额越高，其村干部倾向于长期连任。

6.不同功能区的村干部连任时间存在明显差异。如表4观察组1和观察组3的结果显示，经济发展水平较高地区的村干部连任时间越短。一个可能的原因是，经济发展水平较高的地区，村干部的就业选择更多，因此流动性较强。

表7　村干部连任影响因素的多项Logit回归结果（参照组：连任0—3年）

变　量	系　数	标准差	RRR值	变　量	系　数	标准差	RRR值
观察组1:连任3—6年				观察组3:连任9—20年			
性别	−1.266**	0.634	0.282	性别	−2.083***	0.712	0.124
年龄	0.498*	0.277	1.646	年龄	1.192***	0.303	3.295
受教育水平	0.294	0.290	1.341	受教育水平	1.241***	0.341	3.460
职位	0.178	0.205	1.195	职位	0.126	0.227	1.134
家庭收入水平	−0.001	0.269	0.999	家庭收入水平	−0.615**	0.302	0.541
家庭收入来源	0.586***	0.182	1.795	家庭收入来源	0.631***	0.218	1.880
工资满意度	−0.086	0.390	0.918	工资满意度	0.216	0.444	1.241
集体总资产分组	0.263	0.221	1.300	集体总资产分组	0.510**	0.240	1.665
村民信任度	0.208	0.422	1.231	村民信任度	0.253	0.480	1.288
参选主动性	0.283	0.483	1.328	参选主动性	−0.063	0.533	0.939
对"兼任"的看法	0.460	0.404	1.584	对"兼任"的看法	0.252	0.470	1.288
当前主要工作是否为发展经济	−0.327	0.765	0.721	当前主要工作是否为发展经济	0.804	0.963	2.235
在镇域经济发展水平	−0.685*	0.408	1.984	在镇域经济发展水平	0.070	0.428	0.932
所属功能区	0.853*	0.451	2.347	所属功能区	0.918*	0.478	2.504
系数	−8.646***	2.951		系数	−8.262***	3.238	
观察组2:连任6—9年				观察组4:连任20—30年			
性别	−2.564***	0.810	0.077	性别	−2.596**	1.131	0.075
年龄	0.473	0.304	1.604	年龄	0.445	0.442	1.561
受教育水平	0.720**	0.320	2.055	受教育水平	1.003**	0.448	2.725
职位	0.271	0.227	1.311	职位	0.535*	0.311	1.708
家庭收入水平	−0.371	0.299	0.690	家庭收入水平	−0.141	0.428	0.869
家庭收入来源	0.638***	0.212	1.893	家庭收入来源	−0.099	0.266	0.906
工资满意度	0.651	0.435	1.917	工资满意度	1.419**	0.666	4.134
集体总资产分组	0.140	0.236	1.150	集体总资产分组	0.061	0.338	1.063
村民信任度	−0.887*	0.493	0.412	村民信任度	−1.607**	0.712	0.200
参选主动性	−0.046	0.523	0.955	参选主动性	−0.156	0.642	0.855

（续表）

对"兼任"的看法	−0.528	0.474	0.590	对"兼任"的看法	−1.223*	0.709	0.294
当前主要工作是否为发展经济	19.769***	3.006	3.850	当前主要工作是否为发展经济	9.416***	3.789	2.710
在镇域经济发展水平	−0.277	0.431	1.319	在镇域经济发展水平	0.477	0.573	0.620
所属功能区	0.775	0.498	2.170	所属功能区	0.595	0.715	1.812
系数	−2.325	0.187		系数	−9.766		
样本量 对数似然值 LR test	185 −222.8465 125.82						

四、政策建议

（一）**市区组织部门牵头制定系统的定期的村干部培训规划**。市区组织部门要经常性研究村干部，特别是党支部书记带头人问题，把培训村干部作为一项突出任务，列入新农村建设工作考核。一是要在村干部培训上形成法定规划，按照年度规范运行；二是要把握好村干部的培训重点，区别集中城市化地区和非集中城市化地区，分类实施；三是财政部门将农民培训费用列入固定预算，明确比例不低于支农资金10%。

（二）**大幅提高工资待遇水平**。村主职干部平均报酬不低于上年度所在区农村居民人均可支配收入的两倍，村非主职干部不低于上年度所在区农村居民人均可支配收入，并建立正常的增长机制；工作业绩奖励与本村集体经济发展状况挂钩；落实基本报酬基础上，市财政给予村干部1万—1.2万元的专项补助；落实村（社区）干部按规定参加城镇职工基本养老保险和基本医疗保险，统筹解决好离任村干部的生活补助；对集体经济薄弱村村干部加大政策倾斜力度。此外，逐步提高村级公益事业补助资金水平。

（三）**探索多元化的村干部激励机制**。选择有条件的村集体实施管理者持股，或施行期权机制；畅通职位上升渠道等手段，村干部可以直接参加乡镇副职或科室负责人职位竞争；在深化集体经济产权制度改革基础上，延长社长或董事长等集体经济组织村干部的任期或届数；积极探索乡镇统筹联营联建的集体经济发展模式，鼓励村干部担任联营公司主要职务。

（四）**优化村干部发展集体经济的外部政策环境**。一是加大财政扶持力度。列出扶持壮大集体经济发展资金的专项财政预算，重点用于集体经济薄弱村。二是建立发展用地机制。明确年度建设用地指标的10%用于新农村建设，并落实区位条件较好的城镇规划区用于集体物业项目建设。三是明确集体经济发展相关税收政策，减少一事一议造成的巨大的交易成本。四是完善金融政策。对符合条件的集体经济项目积极提供信贷支持。五是简化行政审批手续。各级项目审批部门对集体经济项目尤其是物业项目要建立审批绿色通道，建设办理环节，缩短审批时限；六是动员各方力量支持村级集体经济发展。

（五）**加强对村干部的监督管理**。一是健全农村集体三资管理制度，借鉴浙江"小微权力36条"，实施村干部精细化监管；二是对村干部工作业绩进行定期考核，并与奖励幅度挂钩；三是各级经管部门要负起责任，通过加强内部监管制度建设、推广农村产权交易等多种方式方法，遏制"小官巨贪"现象反弹；四是推进集体经济法人治理结构建设，落实民主监督与民主决策。

课题负责人：吴志强

课题组长：陈雪原

课题组成员：陈丹梅　贾启山　王洪雨　虞贞桢

执笔人：孙梦洁　陈雪原

北京市农村集体经济收益分配实证研究报告

农村集体经济收益分配是农民三大经济权利之一，全国有近62万个村、500万个村民小组的农村集体经济组织拥有全国96%的耕地，约70%的养殖水面、60%以上的林地和三分之一以上的草原，既是农民安身立命之本、农村经济社会发展的基础，也是农村集体经济收益分配最大的潜力资源。据全国农经系统对58.4万个村调查统计，2015年底由村集体经济组织统一管理经营（或由村委会代为管理）的账面资产共有2.86万亿元（包括经营性资产和资金），村均493.6万元，而实际市值远远不止。然而，实证调查分析和综合判断表明，这个中国最大资产的管理经营乃至收益分配并没有得到应有的重视。

一、农村集体经济体制演变的特点

中国是以农业为基础的国家，农村经营管理是适应国情、民情和农业发展、政府管理需要，侧重在生产关系层面研究完善创新农村经营体制机制的改革方向、政策措施，通过规范、系统、有效的监管服务，实现维护农民合法权益、促进现代农业持续发展、指导农村经济健康运行的不可或缺的重要事业。纵观共和国66年发展历程，前30年着力构建高度统一的计划经济管理体系，后36年逐步向社会主义市场经济体制转变，农村经营体制也随之发生了重大变革，呈现出鲜明的时代特点。

（一）改革开放前30年。新中国成立之初，国民收入近70%源于农业，工业收入不到13%，其中有70%来自手工业，是典型的以农业与手工业为主的国家。面对基础薄弱、内外交困、百废待兴的基本国情，国家实行了高度统一的计划经济管理体制，农村从土地改革后短暂土地私有到互助组、初级农业生产合作社、高级农业生产合作社，随后迅速完成社会主义改造，实行了土地等生产资料归由集体经济所有、集中统一经营的人民公社体制，虽然曾为国家集中调配商品粮及工业原料，快速建立独立的工业体系，强化农田水利基本设施建设，推进农业机械化，发挥了重要作用，但"一大二公、一平二调"（"一大"是指公社的规模大，"二公"是指公社的公有化程度高。"一平"是指在人民公社范围内把贫富拉平，搞平均分配；"二调"是指对生产队的生产资料、劳动力、产品以及其他财产无代价地上调）等僵化的管理机制日益暴露出效率低下的弊病。

（二）改革开放后36年。党的十一届三中全会的召开，为农村改革探索创造了政治前提，提供了思想基础。中国改革开放率先从农村拉开序幕，农村改革又是首先从变革农村经营体制开始，建立以家庭承包经营为基础、统分结合的双层经营体制，废除人民公社体制；通过农村组织制度创新，稳定和完善农村基本经营制度，丰富统一经营层次内容；全面改革农村税费制度，推进农村综合改革，创立强农惠农政策体系，有效激发了亿万农民的生产积极性，农民合法权益受到重视和保护。全国粮食产量从1978年的30477万吨提高到2015年的62143.5万吨，农民年人均纯收入由134元增加到11422元（人民币，未考虑物价上涨因素），分别增长1.04倍、85.2倍。

二、集体经济产权制度改革的成效

党的十八届五中全会提出，完善农村集体产权权能，稳定农村土地承包关系，完善土地所有权、承包权、经营权分置办法，释放农业农村发展新动能。以进一步解放和发展农村生产力为目标，建立归属清晰、权能完整、流转顺畅、保护严格的现代农村产权制度，实现农村产权有序流动、合理配置和城乡要素平等交换；明确农村土地承包关系长久不变的具体规定，完善"三权分置"办法，引导土地经营权有序流转，推动形成集体所有、农户承包、多元经营的新型经营机制；进一步明晰农村集体产权关系，发展股份合作等多种形式的合作与联合，探索集体经济新的实现形式和运行机制，巩固以公有制为主体、多种所有制经济共同发展的基本经济制度。

（一）全国农村集体产权制度改革概述。农村集体产权制度改革迈出坚实步伐，截至2014年底，全国30个省、区、市（西藏除外）以村为单位完成产权制度改革的村4.7万个，占全国总村数的7.8%；以组为单位完成产权制度改革的村民小组5.7万个，占村民小组总数的1.2%。已完成产权制度改革的村量化资产总额为4873.2亿元，占村级账面净资产总额的30.7%，村均1034万元；已完成产权制度改革的组量化资产总额为1704.9亿元，组均300万元。累计股金分红2255.9亿元，农村集体资产股份权能改革试点也积极稳妥有序推进。同时，通过不断完善农村社会治理机制，强化对农民财产权利和民主权利的保护，坚持对农民反映的突出问题开展专项治理，组织农民负担检查，完善农民负担监管制度，农民负担始终保持在较低水平，全国"十二五"期间农民人均负担降低约12.7%。推进集体财务公开和民主理财，加强农村集体"三资"监管，"十二五"时期审计查出违纪金额32.9亿多元，处理相关人员1.1万余人。

（二）北京农村集体产权制度改革进展。北京市针对农村集体经济组织产权主体缺位、权责结构错位、民主监督失灵等问题，按照"资产变股权、农民当股东"的方向，坚持因地制宜、分类指导、因村施改、一村一策的原则，多形式、多途径推进政策设计和实践探索，开展了农村集体产权制度改革，加速了生产要素的流动与重组，实现了集体资产由集体共同共有到社员按份共有的转变，促进了资源的有效配置，提高了社会福利水平，在化解农村矛盾、促进城乡统筹等方面产生的社会效应巨大。2014年底，全市共有乡村集体经济组织4172个，其中乡级195个，村级3977个。农村集体总资产5207.9亿元，其中乡级集体资产为2107.3亿元，所占比重40.5%；村级集体资产为3100.6亿元，占比59.5%。农村集体净资产为1919.7亿元，其中乡级集体净资产508.8亿元，占比26.5%；村级集体净资产1410.9亿元，占比73.5%。截至2015年上半年，北京市有3884个村完成了产权制度改革，完成比例达到97.7%，326万户农民成为新型集体经济组织的股东，其中丰台、大兴、顺义三个区村级改革完成比例已达到100%，在全国率先基本完成了村级产权制度改革工作。

北京市在村级产权制度改革中，郊区98%的村选择了"存量资产量化"的改革模式。新型农村集体经济组织设集体股和个人股两大类，集体股一般占总股本的30%左右，具体比例由集体经济组织成员民主决定，个人股包括普通股和优先股，其中普通股包括劳动贡献股、现金股、土地承包经营权股、自然资源股、户籍股等多种股份。改革形式以存量资产量化型股份合作制为主，成立股份合作制企业、有限责任公司或股份有限公司、股份经济合作社。在集体企业发展前景较好、急需扩大生产经营规模的村，发动社员投资现金入股，组成社区型新型集体经济组织或企业发展壮大集体经济。

在2014年完成改革的村中，全市有1332个村、134万人实现了股份分红，分红总额达41.8亿元，人均分红3108元。从三大功能区看，城市功能拓展区实现股金分红6亿元，占分红总额的14.4%；城市发展新区实现股金分红32.2亿元，占77%；生态涵养区实现股金分红3.6亿元，占8.6%。2011—2014年间，分红单位覆盖面由17%上升到34.5%，股金分红总额由20.6亿元上升到41.8亿元，年均增长26.6%；享受分红的个人股东由58万人增加到134万人。

随着农村集体经济不断发展壮大，农民收入持续增加，通过改革让农民带着资产进城，加快农民市民化的时机日益成熟。北京市农村合作经济经营管理办公室对468家新型集体经济组织经营效益的审计数据的分析表明，产权制度改革促进了持续稳定健康发展。2011年至2014年间，资产总额年均增长率12.6%，净资产总额年均增长率13.5%；收入总额从89.5亿元上升到105.5亿元，年均增长5.6%；净利润年均增长9.1%。

改革后的新型集体经济组织基本形成了"产权清晰、权责明确、运作规范、管理民主"的法人治理结构，以"三会"（股东代表大会、监事会、董事会）的形式规范运行，以"四权分离"（所有权、决策权、经营权、监督权）机制对经营管理进行权利的协调与制衡。468家新型集体经济组织都建立健全了股东大会或股东代表大会、董事会和监事会等机构，实行了民主管理，强化了民主监督，拥有股东代表14881人，平均每个单位32人。改革使农户不仅可以分享到自有"股权"带来的集体资产收益分红，还可以享有集体股权收益负担的公共福利，个股分红比例明显提高，2014年达到83.2%；118个单位福利分配，较上年减少18个，较2011年减少174个。

三、集体经济组织收益分配的实证

本研究对北京市丰台区南苑乡槐房村、海淀区东升镇塔院村改革与发展和集体经济收益分配情况做了专项实证调查。

（一）改革与发展。

槐房村，行政面积6.13平方公里，原村常住人口8492人（其中本村原纯农人口4578人），是北京市城乡结合部50个重点村中最大的村。该村在20世纪70年代曾作为外宾参观点，接待过时任美国总统的尼克松先生，2009年获得"首都文明村"荣誉称号。在发展过程中，曾经历经济发展迟缓、依靠瓦片经济维持、人居环境相对滞后的阶段。槐房村以改革为动力，按照国际化、经济化、人文化、科技化、高效化的指导思想发展村域经济，在整建制建居撤村的同时，推动农村集体经济结构调整、改造升级换代，从小农经济发展模式到现代经济创新模式的巨大变化令人叹为观止。居民不仅居住在舒适的都市化小区，还可以享受教育、医疗、购物、休闲、健身、娱乐等"一刻钟便民生活圈"的完善服务。为了让农民带着资产上楼，带着产业进城，领导班子把更多精力投放到推动集体产业的发展上。

——整建制建居撤村加快城市化。随着城市化进程加快，截至2015年底，全村94%的村民已经转居，2016年3月经北京市丰台区民政局批准，成立南苑地区德鑫嘉园社区居民委员会；经中共丰台区委社会工作委员会研究决定，成立德鑫嘉园社区党委，下设4个支部：城南嘉园党支部、御槐园党支部、德鑫嘉园党支部、创业党支部。经过入户调查摸底，预计接转关系党员约120名。

——积极推进集体产权制度改革。槐房农工商联合公司于2004年改制后，成立北京盛世源达投资管理公司，为集体所有的股份合作制企业，拥有股东4552人（其中个人股4551人，集体股1个）。2012年底率先着手农村产权制度改革，起步"介于政府和企业之间的角色"的中国第一个"城市运营商"的探索之路，致力于打造成为面向市场化经营管理的集团化公司。2013年槐房村依照公司法成立了股份制企业，在盛世源达公司之下成立新全资子公司——宏南乡依投资管理有限公司。目前，公司旗下有地产、物业、园林绿化、基金、文化传媒、体育等十几家企业。

——兴建产业项目推进村域建设。公司立足于提高土地利用效率和经济效益，以经营土地为重点，在保证民生的基础上，把握机遇，乘势而上，积极推进产业项目建设，稳步加快村域经济建设步伐。先后开发建设了城南嘉园、德鑫嘉园、御槐园等住宅小区，建成华联商厦、槐房中小学等重点项目。因地制宜重点布局和发展教育、文化、体育、商业娱乐产业：携手万达集团新机制建设槐房万达广场、立足传统美学文化传播兴建大得珍藏馆、拓展槐新公园建设槐房体育商业综合体、倾力打造国内一流的民办高品质幼儿园、开拓创新投资建设莱州朗湖国际广场项目、打造将城市与体育发展对接的创新平台。

塔院村，是典型的城乡结合部地区，20世纪七八十年代，曾作为京郊农村农业学大寨的一面旗帜，被称为"都市侧畔大寨花"。到了20世纪90年代，村集体经济通过"退一优二进三"的产业结构调整，形成了近10万平方米规模的"瓦片经济"（指在城乡结合区域，通过增盖的瓦片房出租，维持生计的一种经济方式）。进入21世纪以来，改制后的塔院村适应城市化加速发展进程，坚持以建设"效益型、人才型、创新型"和谐塔院为目标，大力发展服务中关村科技园区和大学园区的现代服务业，形成商服地产面积20多万平方米，成为远近闻名的商服地产生力军，物业经营是村集体经济组织的主要收入来源。

塔院村村级组织主要有村党总支、村民委员会和集体经济组织——塔院股份经济合作社、北京市海淀区欣华农工商公司。村干部交叉任职、协同配合，把维护农民权益、发展村域经济放在首位。

——深化体制改革，创建股份经济组织。塔院股份经济合作社，是2003年12月根据北京市政府及市农委、海淀区政府及区农委有关文件，经农村集体资产处置和产权制度改革改制而成。于2004年首先对欣华农工商公司进行了清产核资（1990年12月投资成立，代表村集体对外开展经营活动），将核资后的净资产量化为现金（净资产4.11亿元，扣除老股金和预留社保基金，可量化净资产39615万元，其中集体股7890万元、约占20%，个人股31725万元、占80%），根据相关文件精神，将东升农工商总公司作为公司集体股股东，同时对塔院村符合相关政策条件的人员进行三种量化，分别为基本份额（4788万元，人均19338元）、资源份额（2280万元，人均3万元）和劳龄份额（24657万元，劳龄年值4454元），份额最终对应北京市海淀区欣华农工商公司的清产核资后净资产。量化现金可以退偿、可以入股。改制完成后，共有579名自然人将自身量化的份额进行了"入股"，成为"股东"。因股份经济合作社在工商注册层面无政策对接，暂时沿用北京市海淀区欣华农工商公司名称，作为股份经济合作社的经济组织。2010年，塔院股份经济合作社在海淀区首先试点进行了增资扩股，截止到2015年共有702名自然人"股东"。2013年，海淀区人民政府对改革的成果予以认定，最新的登记证书为京农证第11010801075号"北京市农村合作经济组织登记证书"。按照集体经济产权制度改革的要求，对于凡选择入股的股东，股份合作社每年给予相应的收益。

　　——拓宽经营思路，打造商业地产优势。为了加快集体经济发展，塔院村于2004年初开始进行集体产权制度改革，2008年10月成立了北京市海淀区塔院股份经济合作社。着力打造了"两区""一带"的大商业格局，即以牡丹宾馆、元亨苑还建楼为中心的酒店商业服务区和以原新海北厂为中心的金五星商城、阳光鑫隆商城商业区，以万家灯火装饰城、盛宏达市场带动辐射双泉堡地区发展的商业服务业经济带。

　　——加强内部管理，提升资金使用效益。通过加强制度建设，促进科学决策、民主管理，充分体现股东主体地位，保障股东权益。一是建立健全制度体系建设。从建立和完善各项制度入手，在重大决策、重要干部任免、重要项目安排和大额资金使用上，有效发挥党组织的保障、监督作用。逐步健全和完善资产管理制度、股权管理制度、董事会年薪和绩效考核制度、监事会工作制度、劳动用工等制度。二是建立健全物业管理机构。本着加强资产管理、增加收入、降低消耗、解决就业的原则，成立与商业区配套的物业管理中心，做好统筹安排。三是建立健全激励与约束机制。对土地资产使用收益进行全面评估，建立对经营管理者定期考核与公示机制。四是建立健全风险防范机制。加大对外投资管理力度，建立防范风险机制，定期向董事会、股东代表大会报告收益情况。

　　（二）收益与分配。

　　槐房的集体经济组织收益分配，实行按劳分配与按资分配相结合的制度。2004年由槐房农工商联合总公司经过产权制度改革转制后，成立北京盛世源达投资管理公司，2005年开始实行按股分红，从每股不到0.2元，至2015年分红合计每股0.34元，人均分红2950元，股份最多的分红达6000元，低的则有1900元。2014年起实行工资改革，按月发放工资。2010年分配人口4531人，人均所得10052元；近三年分配情况分别为，2013年分配人口4551人，人均所得11944元；2014年分配人口4547人，人均所得12709元；2015年分配人口4578人，人均所得12848元。因统计口径原因，相当部分村民的其他实际收入并未统计在内。主要有：一是转居后自谋职业的，每月发800元自谋职业鼓励金，全年收入9600元；转居后待岗的，每月按全市最低工资标准80%发放，全年收入15000元；二是财产性收入，每户按一套出租计算，四环里一期回迁房，80平方米两居月租金6000元，年人均2.4万元；四环外德鑫家园二期、三期回迁房，两居月租金在4000元，人均收入在1.6万元。三是2015年，公司用于各项福利支出4374.9万元。包括：老人生活补贴，老人外出旅游，提前退休、重阳节、春节补贴，自谋和待岗人员费用，在校大学生奖励金及三好学生奖励，村民体检及医药费报销等。福利支出范围、规模，均要经过股东代表会议表决、党总支会议通过方可实施。综上，2015年累计人均从集体得到的收入超过3万元。

塔院股份经济合作社根据合法原则、公平原则、竞争原则、激励原则，制订并执行《村内员工薪酬管理制度》。2011年，塔院股份经济合作社实现营业收入19305万元，是改革前一年度营业收入的2.1倍，股金分红总额3608万元。2013年至2015年，每股回报率15.8%-16.0%，从集体经济组织获得的劳均分配收入从62450元增加到72838元。村集体统一经营的账面资产总额从2013年的11.19亿元增加到2015年的14.87亿元，增长32.9%；负债总额从5.79亿元增加到8.39亿元，负债比由51.8%增加到56.4%；净资产总额由5.40亿元增加到6.48亿元，增长20.0%。

四、维护农民收益分配权利的建议

农村集体产权制度改革事关重大，涉及农村生产关系的调整和完善，牵一发而动全身，是具有"四梁八柱"性质的重大改革。从某种意义上讲，集体经济收益分配是确保农民权益、衡量改革成效的重要体现。针对当前农村普遍面临的集体资产归属不清晰、权能不完整、流转不顺畅、保护不严格等主要问题，为适应建立社会主义市场经济体制的新要求，应对工业化、城镇化不断加快的新形势，契合广大农民的财产、民主意识日益增强的新变化，确保村民经济权益，稳步增加股东经济收益，提出如下政策建议：

（一）全面清产核资，摸清集体家底。农村集体资产是中国最大的资产，无论是经济发达地区还是欠发达地区，以土地等资源性资产为基础的集体财产，是农村居民赖以生存和持续发展的保障。账目不实、家底不清，是农村集体财产管理最大的通病，承包经营的土地、林地、园地乃至荒山、荒滩、荒水面积不实，包括农村宅基在内的农村建设用地面积不准，不得不在全国进行确权登记，而以物业资产为重点的集体财产账实不符问题也非常突出。如塔院村2004年初进行集体产权制度改革时的账面净资产为26952万元，经核实盘点账面净资产为40943万元，增加了51.9%，到2015年底增加到64771万元；账面总资产已达148692万元，据初步估算市场现值可达七八十亿元。因此，加快推进集体经济组织产权制度改革，科学开展清产核资、摸清集体家底，明晰集体资产产权归属，确定折股量化资产范围，有效推进城乡要素平等交换和公共资源均衡配置，是保护农村居民集体经济组织财产性收益分配等合法权益的前提，必须扎实推进、不走过场，让留在农村和进城就业的农民吃上"定心丸"，以科学务实的步骤加快推动城乡一体化发展。逐步构建归属清晰、权能完整、流转顺畅、保护严格的中国特色社会主义农村集体产权制度，着力发展新型集体经济，建立符合市场经济要求的集体经济运行新机制，形成有效维护集体经济组织成员权利的治理体系。

（二）制订过渡政策，保护合法收益。农村的房产基本都是在原村集体土地上建造的，由于在出租时无法给承租单位出示正规的房产证明材料，致使一些大型企业不能承租村集体的房屋，而影响了收益。也是由于无房产权属证明材料，村集体企业无法进行以资产抵押贷款融资等业务，从而影响了企业的发展。因北京市工商行政管理局对于北京市农委推进的集体经济产权制度改革，在工商注册上未完成对接，企业性质无法变更为股份合作制，量化份额和增资扩股形成的股份无法计入实收资本，"股东"身份未能得到工商层面的认定。建议结合农村集体建设用地确权登记，由国土房管部门核发只许租赁、不许买卖、可以抵押的"农村集体经济组织房屋产权使用证书"，实现农村产权有序流动、合理配置和城乡要素平等交换；建议协调工商部门，完善适应集体产权制度改革的工商登记注册办法。对于非经营性资产，重点是探索有效运行管护机制，确保为农民群众提供公益性服务。

（三）剥离社会职能，维护农民权益。事实上，作为城中村的塔院村，已经成为居住人口近10万人（具有本村户口的人员仅2056人）的城市社区，为了确保社会和谐稳定、生命财产安全，村集体经济组织实际承担了本应由政府负责的巨大社会负担。一是退休人员生活补贴。因农民退休人员和农转非，国家为安排工作人员规定农龄不算工龄，而导致退休费过低，村集体对393名退休人员每月给予一定补贴，2015年度退休补贴共计738万元。还支付无法参加劳动的残疾人员补助14万元。二是社区安保消防费用。人口过于密集导致此地存在着很多的安全隐患，仅2014年就发生了30多起火灾。为了应对人口多、违规建筑多带来的安全和管理等问题，塔院村先后投入近2000万元雇了400名消防人员、保安人员、维修人员、保洁人员等；为及时赶到现场灭火，新建了一个消防站。2015年村集体在安保和消防等方面支出约301万元。三是基础设施维修费用。2015年村集体在村域范围内基础设施维修方面支出约112万元。以上三项2015年实际支出合计1165万元。

2015年，槐房村域治安联防巡防支出200万元、村域保洁支出200万元、村委会承担的附加支出300万元，如再包含绿化养护、河道治理及部分公益性建设支出，至少在1000万元以上。

社会生活保障、社区安保消防、公益性服务设施建设和维护，属于政府公共财政保障的范畴，建议参照城市社区管理服务保障水平足额拨付，以切实减轻农村集体经济组织的社会负担，提高收入水平。

（四）强化分配管理，健全制度规范。

包括集体经济收益分配在内的农村集体资产财务管理，是农村集体产权制度改革的基础工作。由于缺少国家层面关于农村集体收益分配制度性管理约束，基层在处理收益分配事宜时缺乏法规依据，在一定程度上造成农村集体经济组织的具体收益分配行为权威性不足，存在某些不规范、乱分配现象，比如既存在该分未分、分配不足的情况，也存在原本没有利润分配支撑，但出于平复群众情绪、保障社会稳定需要，而过头分配、超额分配、借钱分配等现象，影响了村集体经济发展后劲。应通过深化集体经济产权制度改革，全面清产核资摸清家底，彻底理清集体权益分配格局，有效兼顾和协调新老集体经济组织成员的各方权益，实现"新老户"利益分配的动态调整。为规范收益分配管理，建议从维护农民经济权益出发，加强行政立法和制度建设工作，尽快出台农村集体经济组织收益分配条例及其实施细则，明确分配原则、分配内容、分配实施、分配监督，推动农村集体资产管理制度化、规范化、信息化。加强集体资产台账管理，规范集体资产和资源承包租赁合同管理，制定严禁过度分配的条款，杜绝乱发福利、过头分配问题，为集体经济留出发展空间与后劲。强化农村审计监督，做好财务收支等定期审计和村干部经济责任等专项审计，建立问题移交、定期通报和责任追究制度，切实维护集体经济组织及其成员的财产权益，切实防止发生在农民群众身边的腐败行为。

（五）拓展增收空间，加大政策支撑。当前，我国农业农村发展正处于动力转换、体制转轨的关键时期，农村各类资源要素配置亟待优化，城乡体制机制矛盾亟待化解，农业农村发展潜力亟待激发。由于部分改制后的新型集体经济组织没有形成自身的支柱产业，主要收入来源是拆迁补偿款的委贷利息和投资收益，缺乏主导产业和创新项目，导致经营效益下滑。前文所述468家新型集体经济组织2011年至2014年间，资产收益率仅在1.5%上下波动，2014年为1.35%，虽然2014年收入较上年上涨了5.7亿元，但支出上涨了6.5亿元，导致在收入上升的同时，利润不增反降。村改居的槐房拥有大量集体土地，一方面，由于土地性质所致，缺乏集体产权与金融机构对接政策，无法盘活利用土地资源的优势带来建设所需资金；一方面，重点村已进行的土地上市交易，其交易成交价格远远高于征地补偿款（高出1倍以上），但村集体经济组织没有分成。加之产业项目审批冗长烦琐、多头管理情况屡见不鲜，导致建设项目落地难，最终影响村域经济发展，但相应地刚性支出却在持续增加，大大压缩了股东分红的空间。因此，建议加大对集体经济组织的扶持力度，改变中央财政至今没有专项的窘境。为体现相对公平，建议上市土地溢价部分适当返还集体经济组织的比例不少于20%。积极推进规划一次性整体审批改革，分期落实，避免单项重复审批。

（六）放宽人才政策，畅通引进渠道。发展现代都市经济需要高素质人才，而现有村民的文化水平、发展理念和经营能力明显不足，况且南城地区是北京发展相对落后的区域之一，很大程度上也是缺乏人才所致。而现有的政策体制，如人才引进审批手续烦冗和周期较长、户口问题难以解决等，都阻碍了高端人才的输入。建议继续放宽政策、疏通渠道，进一步加大人才引进的支持力度，进一步加大管理干部和专用人才培训的工作力度，以高新人才引领高新产业快速、健康、持续发展。

课题主持人：关锐捷

课题组成员：张英洪　师高康　段书贵　朱长江

京津冀农民合作社协同发展案例研究

一、京津冀农业协同发展背景分析

（一）京津冀协同发展概念解读。推动京津冀协同发展，是党中央、国务院在新的历史条件下作出的重大决策部署，是一项重大国家战略，是适应我国经济发展进入新常态，应对资源环境压力加大、区域发展不平衡矛盾日益突出等挑战，加快转变经济发展方式、培育增长新动力、优化区域发展格局的现实需要。其核心是京津冀三地作为一个整体协同发展，以疏解非首都核心功能、解决北京"大城市病"为基本出发点，调整优化城市布局和空间结构，扩大环境容量生态空间，推进产业升级转移，加快市场一体化进程，形成京津冀目标同向、措施一体、优势互补、互利共赢的协同发展新格局。

（二）京津冀现代农业协同发展规划解读。农业作为一个重要的基础产业，在京津冀协同发展中发挥着举足轻重的作用。2016年3月，农业部等八部门联合印发了《京津冀现代农业协同发展规划（2016—2020年）》（以下简称《规划》）。《规划》要求，京津冀三地现代农业应在六个方面强化协同。推进产业协同，促进标准化、规模化、产业化、绿色化发展，构建服务大都市、互补互促、一、二、三产业融合发展的现代农业产业体系；推进市场协同，完善流通体系，构建集散结合、冷链物流、产销对接、信息畅通、追溯管理的现代农产品市场流通网络；推进科技协同，构建开放、畅通、共享的科技资源平台，建立工作、项目、投资对接机制；推进生态建设协同，加强资源保育，净化产地环境，全面改善区域农业生态；推进体制机制协同，深化农村经营制度、产权交易制度、金融保险制度改革和法治制度建设，激发协同发展活力；推进城乡协同，建设和谐美丽的新农村，缩小三地城乡差距。

《规划》明确指出，按照都市现代农业区和高产高效生态农业区的布局，推进京津和河北省环京津的27个县市加快建成环都市现代农业圈，实现农业田园景观化、产业园区化、功能多元化、发展绿色化，发挥率先突破、引领带动作用。推进河北省其他146个县（市、区）打造服务都市的产品供给基地、农产品加工物流业转移承接大园区、生态修复和环境改善大屏障，发挥产业承接、产品供给和生态涵养的作用。

《规划》的发布将有力推进京津冀地区农业协调、均衡发展，对三省市农民合作社开展协同合作，联合做大做强具有重要意义。

（三）京津冀农业发展特征及互补性。京津冀位于华北平原，耕地面积约占全国耕地面积的5.34%，是我国重要的农产品基地和保障粮食安全的重要区域之一。在京津冀一体化的大背景下，寻求城市群间的区域协作特别是农业协作，实现区域农业一体化，是京津冀地区协同发展的重要内容之一。

从目前存在的问题分析，京津两市属于大城市小郊区，土地资源和农业发展空间严重不足，农产品特别是生鲜产品远远不能满足市场的需求。但两市在资金、都市农业、科技人才、农民素质、消费市场等方面具有明显的优势。河北是一个农业大省，规模体量远远大于京津两地，但是农业总体上的经营小规模、成本高、低效益的传统生产方式并没有得到根本性的改变，农民增收的长效机制并没得到有效建立，农技推广和社会化服务体系也不够完善。随着农业劳动力大规模向京津城市和非农产业转移，现有农业劳动力群体中真正"有文化、会经营、懂技术"的新农人十分缺乏，极大地阻碍了农业的可持续发展。

因此，河北要与京津都市农业发展互补链接，就要充分发挥农民专业合作社的作用，利用京津的资金、科技、人才、市场等方面的优势，消除体制和机制障碍，加大与京津间的经济实体、科研院校等机构的互动，特别是加快发展城郊型休闲农业，满足京津冀一体化发展的新型消费需求，培育集采摘、种养、垂钓、农家乐、购物等乐趣于一体的休闲生态产业链，满足不断增长的京津游客乡村趣味体验休闲需求，实现三地优势互补。

二、京津冀农民专业合作社发展现状及在构建现代农业协同发展中的优势和作用

（一）京津冀农民合作社发展现状对比分析。

1.发展对比。《农民专业合作社法》颁布实施以来，京津冀三省市在政府的积极引导扶持下，农民合作社呈现出发展速度快、数量增长快和质量提高快的特点。

从发展数量看，截止到2014年，北京、天津、河北工商登记的农民合作社分别为6044家、2949家和32670家。辐射带动农民分别为25.3万户、29.6万户和330.2万户。

从产品产业及合作领域看，多数合作社都是利用北京郊区传统资源和地域优势，围绕当地已形成的主导产业和特色产品组织起来的，包括种植、养殖、林果、水产、农机、销售、仓储运输、手工制作、科技服务、乡村旅游以及用水、土地、资金互助等各个行业，一大批合作社的覆盖范围已从本村本乡向跨乡镇、跨县域，甚至向跨市、省域拓展。

从服务功能看，合作社向成员提供了产前、产中、产后全过程服务，特别是省市、区县两级示范社普遍做到了统一生产资料购买、统一生产技术服务、统一技术培训、统一产品宣传、包装和商标、统一产品销售服务"六统一"服务。尤其在市场销售上，2014年农民合作社为成员销售各种农产品分别为：北京62.6亿元、天津26.4亿元、河北580.7亿元。加入合作社的农户比没加入合作社的农户平均增收10%以上。

但从总体上看，三省市农民合作社普遍存在单体规模小、自身实力弱，服务能力低等问题。

2.优势对比。三省市农民合作社建设上也存在一定差异，特别是体现在示范社建设上。一是北京、天津两市政府对合作社扶持力度相比河北省明显要大，设施、装备更强更先进。

二是北京、天津两市合作社依托大城市、小郊区的特点和优势，现代都市型观光休闲农业和三产融合型合作社发展更加快速，河北省合作社规模种养业体量大，优势明显。三是京津两市合作社在人才、科技、培训等方面实力明显高于河北。四是京津两市合作社在品牌化程度、产品质量、销售渠道和销售能力等方面明显优于河北省。五是与河北省相比，京津两市合作社普遍存在生产规模小、生产成本高、产品数量少、无法满足市场持续供应的问题。

（二）农民专业合作社在构建京津冀现代农业协同发展中的优势和作用

在京津冀协同发展这个背景下，农民合作社作为农业产业化经营的一个重要组织和经营载体，在构建和实现京津冀现代农业协同发展中有其独特的优势，必然发挥着中流砥柱作用。

1.农民专业合作社与其他涉农经济组织优势对比。我国《农民专业合作社法》定义：农民专业合作社是在农村家庭承包经营基础上，同类农产品的生产经营者或者同类农业生产经营服务的提供者、利用者，自愿联合、民主管理的互助性经济组织。专业合作社与非合作社组织有着明显区别。

（1）农民合作社与集体经济组织对比。农民专业合作社不受地域限制，可以跨村域、乡镇、县域和省区吸收成员；集体经济组织的成员只能局限在本村域最多是本乡镇的农民；专业合作社具有商业法人资格，可以依法从事生产经营活动，集体经济组织还不具备法人资格，只能通过注册公司从事生产经营活动。

（2）农民合作社与协会组织对比。农民合作社具有协会和股份制公司二重性，可以直接从事经营活动，协会只是社会团体组织，不能直接从事生产经营活动；农民合作社获取利润，但按社员交易额（量）返还，协会组织不获取利润，服务收入也不对成员进行利润分配。

（3）农民专业合作社与农业产业化龙头企业（公司）对比。农民合作社成员既是股东，又是用户，社员控制合作社，公司股东和用户则是两个不同的利益主体，在"公司+农户"模式下，农民只是客户，公司控制农民；农民合作社一人一股或分散持股，公司则是集中持股。农民合作社实行民主控制，一人一票选举制，公司实行资本控制，按持股多少投票；农民合作社对内不以营利为目的，盈余全部按成员的交易额（量）返还，对外追求群体利益最大化，公司利润则按股东持股多少分配，"公司+农户"模式下公司利润主要自留，少数返还；农民合作社实行生产在户，服务在社，统分结合的管理和经营，公司则实行职工集中生产的管理经营。

2.农民合作社在京津冀一体化中的作用。

（1）农民合作社把千家万户小生产的农民组织起来，抱成一团，使农民真正成为千变万化大市场的主体，提高农业标准化、规模化、市场化程度，实现农业增效、农民增收。从京津冀农业总体上看，小规模、高成本、低效益的传统生产方式还没有得到根本性的改变，农民增收的长效机制并没得到有效建立。农民合作社可以有效增强农民生产经营的组织化程度，克服小生产与大市场之间的矛盾，解决农业小规模生产与提高农业劳动生产率之间的矛盾，推进市场协同，完善流通体系，构建集散结合、冷链物流、产销对接、信息畅通、追溯管理的现代农产品市场流通网络，让农民抱成团闯市场，获取规模效益。

（2）农民合作社有利于推广应用先进的农业科学技术，提高农民抵御市场风险、经营风险和自然风险的能力。从京津冀三地看，随着农业劳动力大规模向非农产业转移，现有农业劳动力群体中真正能够适应现代农业科技发展要求的"有文化、会经营、懂技术"的农户，特别是青年劳动力严重不足，这就阻碍了京津冀现代农业建设目标的实现。农民合作社可以有效地为农民的专业化生产提供产前、产中和产后服务，推进科技协同，构建开放、畅通、共享的科技资源平台，建立工作、项目、投资对接机制。

（3）有利于加强行业自律，维护农业市场秩序和相关市场主体的经济利益。农业生产的分散化制约了农业产业化经营，难以有效组织规范生产，农产品安全得不到有效保证，这是一个长期普遍存在的问题。农民合作社可以利用组织手段协调农户关系，规范和约束农户行为，强化"三品一标"，提高产品质量，实现"菜篮子"生产和安全保障，推进农业生态环境建设。

（4）农民合作社是农民利益表达的有效渠道。同农业产业化龙头企业相比，农民是弱势群体，分布比较散，组织化程度不高，其意愿的充分表达和利益的有效维护较为困难。农民合作社作为代表和维护社员权益的组织，在加快京津冀城市群建设、构建城乡一体化进程中，能及时向政府及有关部门反映行业的要求、建议和意见，积极争取相关政策，可以统一社员的集体行动，协调社员与其他经济组织之间的经济关系，争取比较有利的市场竞争和谈判地位。

从以上分析看，农民专业合作社的组织特征主要表现为：经济性、专业性、开放性、自愿性、民主性、互助性和以家庭承包经营为基础。在全世界范围内，家庭经营都是主流的农业经营模式，农业生产经营并不是规模越大越好，大规模并不一定等于高效率，现代化也不等于大型机械化。因此，农民合作社是最适合家庭承包经营模式下的一种制度设计，这种制度设计可用一句话概括，就是"生产在户，服务在社"，在京津冀现代农业协同发展中展现出特殊的优势。

三、京津冀农民专业合作社协同案例分析

（一）京津冀农民专业合作社协同合作概况。在京津冀一体化的大背景下，在政策引导和市场驱动下，各种形式的合作社之间的协同合作正在形成，据调查，目前京津冀合作社的协同合作主要有四种模式。

1.通过组建三地联合社抱团发展。例如北京京北五彩园艺联合社，该联合社由京津冀三地6个合作社和一个花卉公司实行强强联合，经营范围包括苗木、花卉、苹果、葡萄、杏仁等多个领域，通过抱团发展形成了一个跨区域的集种植、加工、观光、采摘、休闲为一体的三产融合型产业化、现代农业联合体。

2.通过建立社与社合作关系实现资源优势互补。例如北京兴农天力专业合作社，依托其强大的农机装备优势，通过与周边4个规模种养合作社和大型农场签订生产服务合作协议，建立了"农机服务+粮食生产+畜牧青饲供给"为一体的运营模式，实现了合作共赢。

3.通过行业平台实现产业联合。例如，2015年7月，由北京市农业观光休闲协会牵头，联合天津、河北农业观光协会举办了首届北京"农园节"，农园节以"寻梦秀丽乡村，共享醉美田园"为主题，首度借助微站、微信等移动互联网平台实现了园区、主题即时互动，将京津

冀农业休闲产业整合进入"微"时代。近百家京津冀合作社、民俗村、观光园区报名参与农园节，通过"农园节"这个市民与农村互动平台开拓观光休闲市场。

4.通过农产品经纪人整合产品资源。这是目前京津两市合作社采用最多的做法，即通过河北农村的一些生产大户或农产品经纪人收购当地农户产品，满足本地合作社品种单一，货源不足问题。这些生产大户和经纪人很多都注册有小微合作社。相对于与产地规模较大、运营规范的合作社协同合作，特点是收购产品成本低，操作简单，方法灵活，人多路广。例如北京郊区的蜂产品专业合作社，几乎都是采用这种方法收购河北蜂农的蜂蜜。

除以上四种模式，还有龙头企业带动、大型批发市场带动、供销社系统整合等，其中都有农民合作社参与其中。例如北京华都肉鸡、高碑店新发地市场、京津冀三地供销合作社资源整合，都不同程度发挥了促进京津冀合作社协同发展的作用。但是应该说，前两种模式则是更直接和真正意义上的京津冀合作社协同合作。也是本课题案例研究的重点。

（二）案例一：北京京北五彩园艺联合社。

1.联合社成立背景。为贯彻落实"京津冀协同发展战略"和"2019中国北京世界园艺博览会"的发展需要，2015年6月18日，世园会延庆筹备办公室赴北京农学院对接沟通园艺产业集聚区建设和创新合作机制事宜。经讨论达成合作意向，即以延庆为主联合怀来、赤城、涿鹿等地产业基础和技术实力较强的合作社，共同创建北京五彩园艺生产联合社，同时建立专家工作站和北京农技协分会，借助北京农学院科研、人才优势，引智慧、引人才、引资金、引项目、出产品、出成果、出机制、出模式。

成立联合社的目的是整合京津冀三地农业资源，以市场需求为动力，以三农改革需求为出发点，发挥政策优势，调动三地农民积极性，探索京津冀园艺生产协同发展的新路径，摸索地域性园艺农村合作的新模式，促进绿色产业全面发展。目前联合社在北京、天津、河北涿鹿和怀来基地共种植园林绿化苗木4000亩、果树苗木2万亩，葡萄4500亩，花卉面积1000亩，总计投资约3亿元，合作农户3万户。

2.合作内容和方式。联合社的业务范围包括：（1）园艺产业中的名特优精的种质资源的繁育；（2）果菜花草彩叶等生产、园艺施工及相应系列的加工贮藏；（3）农产品展示推广促销；（4）举办和参加各种洽谈会、商品交易会、农产品博览会；（5）建立园艺专家工作站、农技协工作站、都市农业实验室、种子资源库等；（6）标准化生产。

联合社实行两级管理，分散经营，基层为主的"公司＋合作社＋基地＋农户"的运作模式，严格按照农民专业合作社法运营管理。根据章程，联合社为每个成员建立了成员账户，颁发了社员证，将形成资产的政府扶持资金按成员数平均量化到每个社成员账户上。联合社以服务合作社成员为宗旨，以整合规划农业产业资源、开辟市场销售渠道、提供科技服务支撑为主要业务，独立核算。联合社税后盈余全部按成员社交易量返还分配。

3.合作效果。联合社的成立，为京津冀园艺产业深入发展开辟了新路径，成为探索都市现代农业合作的新模式。

（1）实现资源共享优势互补。从三地合作社的资源优势看，北京的合作社在科技管理、品牌打造、销售模式等方面更具优势，天津、河北的合作社则具有成立早、规模大、园区成熟等优势，联合社的组建优化组合了各类生产要素，实现了三地合作社的优势互补。例如，联合会依托北京科技优势，借助延庆的地理优势，发挥了张承地区的人力、土地等资源优势，开展五引一找（即引智、引人、引资、引技、引项目，找市场），成立一年多来，投资规模达到1亿元，更新改造了延庆北山果树带，建立了3万亩苹果果树产业示范基地。

（2）规模产业带动了农户发展。联合社总部位于妫河流域洪冲击平原中部，地形基本平坦。该地域土壤为淋溶褐土，土质为沙壤土，耕性良好，适宜于发展各种园艺栽植、加工项目。联合社以延庆、涿鹿、怀来为核心，重点发展苗木、葡萄和花卉种植产业。2015年，新建园林绿化苗木基地4000亩（其中：北京唐家堡200亩标准化苹果高矮密示范园，涿鹿1000亩李子园，北京延庆500亩花卉园，北京苗卉园500亩造型树）。整合现有果树苗木2万亩，葡萄4500亩。目前，联合社共开发整合6个合作社成员土地面积3.6万亩，投资约3亿元，带动农户3.2万户。

（3）技术创新促进了产业升级。联合社成立以来，借助首都科技优势，坚持以技术创新为导向，以产品的优质安全为目标，建立了园艺专家工作站、农技协工作站、都市农业实验室，定期邀请北京都市农业研究院、农业部都市农业（北方）重点实验室、北京农学院等多家院所的教授专家现场指导培训，促进了地区产业升级。例如，北京伊木园园艺合作社利用科研院所的人才资源和园区硬件优势，通过建立"政产学研推"一体化的工作机制，实现了园艺新品种引进和科研成果转化，带动了唐家堡玫瑰小镇的发展。目前合作社所在的延庆镇唐家堡村已经被定为世园会主题村庄，合作社也被列入了世园会主要花卉苗木驯化基地。再比如，怀来县众诚葡萄专业合作社通过引进葡萄新品种和"葡萄优质安全生产生态调控"关键技术，实现了葡萄的绿色有机生产和土壤的生态修复，现在基地葡萄已经实现了盆栽种植、错季采摘、常年供果的目标。不仅如此，合作社还开发矮化苹果盆景种植，这一创新农业项目的推进，更是引入了大量新技术和人才。

4.联合社下一步深化合作的设想。

（1）加强技术培训。借助中国科学院、北京市科协、北京市农技协、北京农学院、北京市土肥中心、延庆区农技协、延庆老科技工作者协会等单位的技术优势，加强对成员社管理人员以及种植大户指导培训，培养一支适应现代农业产业发展要求的职业化新农人。

（2）启动延怀河谷苹果产业带建设。重点启动更新改造北山果树带基础调查，在此基础上建立3万亩苹果果树产业示范基地，其中涿鹿1万亩，延庆2万亩。

（3）支持与服务2019年世园会和2022年冬奥会对园艺产品的需求，带动地区的产业发展。在张山营镇中羊坊村建立两个800亩标准化育苗基地，即果树育苗基地和花卉育苗基地，满足联合社的苗木需求。

（4）发展园艺中的园林绿化产业、加工产业和名特优产品繁育产业，健全农产品质量检测体系，创建联合社系列名特优产品品牌，提高市场竞争力。

（三）案例二：北京兴农天力农机服务专业合作社。

1.合作社简介。北京兴农天力农机服务专业合作社成立于2008年，位于顺义区赵全营镇前桑园村，主要从事农机作业服务、配件销售、农机维修、粮食种植、果蔬种植和花卉种植。

目前，合作社有社员312户，各种现代化农机装备281台件，主要包括整地机械、播种机械、植保机械、施肥机械和收获机械等，总资产5100万元，为周边及外省市农户提供农机作业及服务，服务内容包括粉碎、秸秆还田、整地、播种、收获、撒肥、植保等各种机械，作业区域辐射5个省市，9个区县、30个乡镇、135个村庄，带动了5000农户增产增收。2010年，合作社被农业部评为全国农民专业合作社示范社。从2012年开始，为配合实施北京市都市型万亩示范方工程，合作社陆续与周边8个村1000余户农民以村集体为单位流转土地6300亩。通过大规模机械化作业种植高产新品种。生产经营管理实行"七统一"，即统一良种、统一播种、统一管理、统一防控、统一收获、统一销售、统一品牌。

2.合作单位概况。随着合作社不断发展壮大，其有限的土地资源已经远远不能满足合作社强大的农机服务能力。于是，合作社把农机服务目标客户扩展到周边省市，采取"农机服务＋粮食生产＋畜牧青饲供给"一体化的运营，先后与天津、河北的4家合作社、农场建立了合作关系。这4家合作社、农场分别是：

（1）河北鼎丰种植养殖专业合作社。该社位于围场县御道口乡复兴地村，紧邻御道口自然风景区与内蒙古自治区搭边，水源与草场丰富无污染。合作社总面积为93700亩，草场面积为73700亩，耕地面积为15500亩，林地面积为4500亩。

（2）天津宏图农机专业合作社。该社位于天津市西青区辛口镇第六埠村，主营各种谷物种植、田间农机服务，包括机械耕整地、播种施肥、中耕除草、粮食收割等。

（3）河北三河国辉家庭农场。位于三河市句阳镇南关村，以种植小麦、青饲玉米为主，种植面积2000亩。

（4）天津市宏乐奶牛养殖有限公司。位于天津市西青区辛口镇第六埠村，主要经营荷斯坦黑白花奶牛、小母牛、育成牛。

3.合作内容和方式。

（1）开展农机作业服务。在京津冀中，北京市政府对农机的补贴力度最大，北京市农机补贴50%，顺义区农机补贴20%，合作社承担30%。目前兴农天力合作社已经建立了一支专业化的农机服务队，开展包括小麦收获、玉米收获、青饲玉米收获、整地、播种、植保专防等农机专业服务。随着北京市小麦玉米等粮食作物面积的缩减，为了充分发挥合作社大型农机装备的作用，2015年兴农天力合作社与天津宏图农机合作社合作，通过"自愿、友好、互助、互利"的形式，将兴农天力4台青贮机与宏图合作社2台青贮机联合，共同承担张家口现代牧业牛场3.5万吨青贮饲料订单配送，在北京和天津地区共收割了13000亩青饲玉米地，其中北京8000亩，天津7000亩。为了更好地为牛场提供一条龙服务，兴农天力合作社在与牛场签订配送任务量订单的基础上，充分利用三河、涿州等地的卡车拉运散户多的特点，筹建了120辆10—25吨大卡车组成的青贮饲料拉运车队。2016年，合作社又与三河国辉家庭农场合作承担了8000亩大田的全程农机作业服务，解决了三河国辉家庭农场8000亩玉米的销售问题。

（2）建设产品集散平台。兴农天力合作社地处北京京郊沿京承高速边，到北京市区只要20分钟。2015年合作社引入合作投资建设了1万平方米9个分间的大型冷藏库。2016年又投资建设了1000平方米的小型冷藏保鲜库、2个1000平方米的常温库和300平方米的农产品生产加工车间。可以为京津冀等外省市合作社、家庭农场和种养殖大户提供一个农产品进京集散平台。目前已经与河北鼎丰种养殖合作社、三河国辉家庭农场等合作，为其面粉、玉米面、牛肉等产品提供了很好的中转物流基地。

（3）建设销售平台。兴农天力合作社面临着北京城这样一个巨大的消费城市，有着得天独厚的优势，合作社下属北京兴农鼎力种植专业合作社（分社）拥有设施大棚100栋，苹果园150亩，均按照现有模式生产。为了更好更全面地为北京市民服务，2016年创建了兴农鼎力电商平台，北京以及外省市的优质农产品菜肉蛋都可以在兴农鼎力有机平台上销售。目前平台自有会员320名，其中草莓、有机蔬菜已成为平台爆品。与河北鼎丰种植养殖合作社在优质牛肉和三河国辉家庭农场杂粮入住平台上达成了协议。

4.合作效果

（1）兴农天力合作社充分利用资金、技术装备和北京大市场的优势，通过与天津河北两地合作社建立"农机服务+粮食生产+畜牧青饲供给"为一体的运营模式，在确定订单尤其是大订单上有了突破性的增长。

（2）由于京津冀政策引导不一样，北京的一些农业政策比较前卫，河北等地相对弱一些，通过合作，兴农天力合作社将北京土地流转，规模经营的模式复制到了河北、天津，有效降低了土地管理成本。

（3）把京外的优质产品引入了北京消费群，合作各方都获得了前所未有的经济社会效益。2015年，兴农天力合作社粮食种植和农机作业总收入5435万元，盈余378万元，提取公积金80万元，盈余返还户均9551.28元，预计2016年合作社盈利可以增长10%。

四、京津冀合作协同发展存在的问题和对策建议

（一）存在的问题。

1.缺乏顶层设计。由于京津冀一体化协同发展处于起步阶段，从现有的政策、规划和操作面上看，农业协同发展的导向主要侧重于产业升级、科技协作、园区建设、规模经营、休闲农业、三产融合、品牌质量等等，承接载体也多侧重于强调龙头企业和产业园区等高大上现代农业组织。而专业合作社作为农业最基本、最直接的服务和组织农民、农业的载体，其在协同发展中的作用没有一个明确的规划设计和发展导向，其作用只是依附于产业、科技、园区等高大上的农业形态上，视同家庭农场或农户。

2.成功案例不多。本课题分析的两个案例中，北京京北五彩园艺联合社模式，是目前京津冀合作社唯一一个以联合社方式形成紧密合作关系的三地合作社协同发展联合体。北京兴农天力专业合作社的合作模式也为数不多，郊区大多数合作社还是通过农产品经纪人整合产品资源，进行简单合作。

3.缺乏交流平台。目前，像"农园节"这种落地式三地合作社交流平台为数很少。专门组织的京津冀合作社互动或游学的交流形式和培训更是稀缺。缺少合作社理事长面对面的实地交流，就难以促成有效和深度合作的机会。

4.缺乏政府扶持导向。目前三地在规划和下达合作社扶持项目方面，本位主义特征明显，

扶持环节主要集中在单体合作社建设上，扶持对象更是限于本地合作社，对于像北京京北五彩园艺联合社这样的形成紧密合作关系的联合体建设项目没有专项扶持，导致三地基层合作社抱团联合做大做强的积极性不高。

5.合作社自身实力不足。同现代农业龙头企业和大型农业园区相比，农民专业合作社处于明显弱势。主要是规模小、融资困难、远离城市、缺乏人才、信息闭塞、观念陈旧等问题，如果没有实力较强的工商企业介入或领办，即使联合起来也难以形成强大的市场竞争力，像北京京北五彩园艺这样联合社更不容易形成。

（二）对策建议。

1.加强顶层设计。在京津冀现代农业协同发展这个大盘子里，政府需要针对农民合作社协同合作的方式方法、支持导向、资源整合、产品产业、市场对接等进行专门的统筹规划，出台专门的政策性文件，着力扶持一批北京京北五彩园艺联合社和兴农天力专业合作社类型的示范试点，积极引导三地合作社联合做大做强。

2.加强政策支持。三地财政在编制农业发展项目中，应破除本位主义思想，着眼于京津冀合作社协同发展大局，专门针对三地合作社协同发展立项扶持。扶持的重点包括：组建三地联合社、京津两地合作社与河北省合作社共建生产基地、三地合作社共同开发京津大市场、人才交流培训等环节。

3.加强平台建设。一是由三地政府农业部门牵头，成立京津冀农民合作社联盟，统揽三地合作社协同发展的政策、规划、信息、交流的组织协调工作。二是建设京津冀合作社信息网站，将分散的三地合作社自有信息网站和电商网站集中到一个平台，实现信息互联互通和产品互联互销。三是支持各类社会组织和工商企业结合自身职能搭建专业性京津冀合作社信息平台，与三地合作社建立密切的合作关系。

4.加强交流培训。一是创新培训方式，将授课培训与实地培训、对接合作相结合，通过培训取得合作实效。组织经常性的三地合作社游学培训和体验培训，寓教于乐，促进合作。二是广泛开展三地联合培训，支持三地各级政府主导的各类农业培训范围从本行政区域扩展为三地合作社人员。三是扩展培训渠道，支持相关科研院校和各种社会培训机构参与组织三地合作社培训。

5.加强指导服务。建立一支来自全社会各行各业的素质高、能力强、热心合作社事业和京津冀协同发展的专家、辅导员、志愿者队伍，健全这支队伍的组织机制和工作规程，为三地合作社建设和协同发展提供丰富的实用人才。

课题组负责人：熊文武

课题组组长：任玉玲

课题组成员：韩　生　王宇新　管仲新　李建黎

执笔人：韩　生

北京市农地农房"两权"抵押登记系统研究

一、选题背景及意义

（一）**选题背景**。当前，中国农村发展正处于全面建成小康社会的决胜阶段，发展农村经济，促进农民增收是党的各级政府的一项重要工作。近年来，国家不断出台相关政策、措施，推动农村金融服务的改革和创新，实现农民的财产权利，破解农村融资难的困境，促进和保障农民收入的提高。

党的十八届三中全会作出的《中共中央关于全面深化改革若干重大问题的决定》和2014年、2015年的中央一号文件均提出，要慎重稳妥地推进承包土地经营权和农民住房财产权的抵押融资；2015年，国务院出台了《关于开展农村承包土地的经营权和农民住房财产权抵押贷款试点的指导意见》（国发〔2015〕45号），同年年底，全国人大常委会作出《关于授权国务院在北京市大兴区等232个试点县（市、区）、天津市蓟县等59个试点县（市、区）行政区域分别暂时调整实施有关法律规定的决定》；2016年3月，中国人民银行、银监会、保监会、财政部和农业部联合下发了《农村承包土地经营权抵押贷款试点暂行办法》，中国人民银行、银监会、保监会、财政部、国土资源部、住房和城乡建设部联合下发了《农民住房财产权抵押贷款试点暂行办法》，并把北京市的大兴区和平谷区列入国家级农村承包土地经营权抵押贷款试点。上述文件的出台，意味着农民终于有机会可以用承包土地的经营权、住房财产权的抵押来获得生产、生活贷款，为解决发展现代农业所需资金开辟了一个通道。

（二）**研究意义**。我国《物权法》第一百八十条和第一百八十四条规定，耕地、宅基地等集体所有的土地使用权不得抵押。2015年底全国人大常委会下发《关于授权国务院在北京市大兴区等232个试点县（市、区）、天津市蓟县等59个试点县（市、区）行政区域分别暂时调整实施有关法律规定的决定》，文中对"两权"抵押涉及的法律法规做暂时调整，可以进行抵押贷款，从而给予了政策空间。由于抵押权以不转移抵押物的占有为特征，为保证抵押权人利益，世界各国法律均规定了抵押登记制度。《物权法》第一百八十七条明确规定："以本法第一百八十条第一款第一项至第三项规定的财产或者第五项规定的正在建造的建筑物"等不动产类资产或权益进行抵押的，"应当办理抵押登记。抵押权自登记时设立。"因此，发挥承包土地的经营权、住房财产权抵押担保作用，开展"两权"抵押贷款业务的前提是建立抵押登记制度。配套开发相应的抵押登记系统，确保制度的实现，提高工作的效率是开展"两权"

抵押贷款的重要基础。

中国人民银行等部委2016年3月联合颁布的《农村承包土地经营权抵押贷款试点暂行办法》和《农民住房财产权抵押贷款试点暂行办法》从金融业务的角度明确了"两权"抵押登记操作的部分问题，但并未有更详细的解释说明，相关抵押登记业务至今未有相对完整和清晰的操作规范和管理办法。总体看，"两权"抵押登记的试点政策虽然暂时调整了适用的法律法规，但是并未建立现实操作层面的制度体系。而既有的不动产登记制度体系是以《物权法》《担保法》《房地产管理法》《土地管理法》等法律体系的基本原则和框架建立起来的，但"两权"抵押制度本身在实践上有重大突破，既有的不动产制度体系并不能适应当前需要。2015年3月1日起施行的《不动产登记暂行条例》和随后的实施细则，暂时排除了对承包土地经营权、农民住房财产权登记的适用。

综上，实践中开展"两权"抵押贷款业务面临着实际困难，克服理论上的困难，更需要找到实践上的操作路径，同时也要充分考虑与现有不动产制度的有效衔接。因而，设计"两权"抵押登记的业务制度，研究对应的抵押登记系统，对顺利开展"两权"抵押贷款业务，缓解涉农企业融资难问题，实现农民的财产性收入具有重大现实意义。

二、抵押登记系统建设的必要性和可行性

（一）必要性。

1.是开展"两权"抵押贷款业务的重要基础。抵押登记制度要求授权开展抵押登记的部门必须对抵押物上所设定的抵押权的相关事项，如抵押物的权属、空间、抵押情况等相关信息予以记载，贷款人据此获得相应的抵押权。利用现代信息技术，开发建设一套行之有效的抵押贷款登记系统，提高登记的准确性和权威性，是开展抵押登记的基本要求，是开展抵押贷款业务的重要基础。

2.是防范金融信贷风险的有效措施。抵押物的权属、空间、抵押情况等相关信息是金融机构开展相关贷款业务的依据和控制风险的主要措施之一。通过建立抵押登记系统，将这些信息集成起来，与金融机构形成共享，将极大提高工作效率，并成为避免一物多抵等信息不对称带来的金融风险的重要手段。

3.是完善农村经济统计体系的重要举措。当前农村经济数据库中涉及"两权"的相关信息尚不完备，也一定程度上阻碍了"两权"金融属性的发挥和农村信息决策服务的发展。建设抵押登记系统，通过"两权"抵押登记时相关信息的录入，可以为市农经统计数据库的相关数据提供有效补充，从而完善北京市农村经济统计体系，为未来农村大数据发展奠定良好基础。

（二）可行性。

1.具备组织和制度基础。建设"两权"抵押登记系统，为"两权"抵押登记和相关的融资行为提供统一、高效的操作平台，涉及政府、金融机构、农村融资主体等多方面的协作，需要统一、稳定的组织机构。

北京市农村经济研究中心（以下简称"市农研中心"）是北京市农村经济经营管理部门，

具有指导各区农经部门工作，开展创新研究，为农村经济发展服务，为维护和发展农民经济权益服务，为领导决策管理服务的职责。北京市农村产权交易所（以下简称"北京农交所"）是经北京市政府相关主管部门批准的北京农村生产要素流转交易的专业化平台和服务性机构。根据中国人民银行联合相关部委下发的《农村承包土地的经营权抵押贷款试点暂行办法》规定，"农村承包土地的经营权抵押贷款登记机构为试点地区农业主管部门或试点地区政府授权的农村产权流转交易平台"。近年来，市农研中心和北京农交所在北京市农村生产要素流转交易市场建设工作中各司其职，发挥了各自的作用，有着很好的合作并取得了很好的效果。北京农交所在市农研中心指导下推进"两权"抵押登记工作，开发建设抵押登记系统将具有稳定的制度和组织基础。

2.具备信息化建设基础。市农研中心的信息化建设从2004年开始，目前，已建成较为完善的北京农村"三资"监管平台，包括农村集体资产管理、农村土地承包与合同管理、农村财务与收益分配管理、人口劳动力与家庭经营管理等14个管理系统。

北京农交所在规范农村各类生产要素有序流动、促进农业资源优化配置、维护农民切身利益等方面做了大量的工作，自主开发建设了完善的农村产权交易信息化平台，在农村生产要素权益相关业务系统开发建设方面积累了丰富的经验，已有平台建设过程中也充分考虑到了系统的扩展性和兼容性，为"两权"抵押登记系统开发建设打下了良好基础。

3.具备统计数据资源基础

在农经统计方面，市农研中心积累了自1956年起，包含农户、农村合作经济组织、农村经营主体、农村资产等六个层级的数据。目前，北京农村"三资"监管平台拥有2004年至2015年的农村基层基础信息，包括300多万农村集体经济组织成员的基本信息、100多万份农村土地承包合同信息以及京郊农村经济收益分配六个层级、三次产业、十大行业的经营收支和集体资产负债信息，累计数据量达到40亿条、90GB。

在上述数据类别中，大量的统计数据对于农村融资主体的基本信息、收益分配及土地承包经营等情况可以进行有效的数据信息验证，对于抵押登记信息的有效性辨别具有重要作用；在此基础上，根据金融机构开展贷款业务的需要，新增统计指标，为评价农村融资风险，为农村征信体系建设提供资源支撑。

三、"两权"抵押登记系统建设的需求分析

"两权"抵押登记系统的主要业务用户包含政府相关部门、贷款人、借款人、公众及其他关联方等四类。每一类用户均需从自身需要出发对系统的内容和功能提出各自的需求。

（一）政府主管部门的决策支撑需求。

1.履职手段。市农研中心承担着农村经济经营管理职责，掌握着农村的基础数据信息和资料，在实际工作中，是农村承包土地的经营权抵押登记业务的主要指导单位。根据抵押登记数据属性要求，"两权"登记管理系统需要能够管理空间数据和属性数据，其中空间数据主要包括基础地理信息、地上物信息、栅格数据和承包地块数据等，属性数据主要包括权属关系、宅基地使用权情况等。抵押登记系统应能与农经关系系统实现数据的有效对接，提升"三

资"监管的效率。

2.分析工具。"两权"抵押登记系统将整合现有北京市农村经济管理数据的重要指标，结合抵押登记信息和金融机构相关信息，建立科学的统计指标体系和数据库，便于市农研中心等部门对"两权"抵押贷款业务开展情况的分析和预测。因此，"两权"抵押登记系统应包含抵押物的基本数据信息，具备便捷的数据查询与导出功能、基础的自动化数据分析功能。

3.决策支撑。通过对基础数据的深度挖掘和整合，可以进行北京市农村集体资产情况、农村经济运行的监测；进行北京市农村金融需求规模的评测；按照区域、群体、用途进行农村金融结构化分析；进行农村信贷风险分析和预测等。以上分析结论均可以作为政府制定相关政策、针对性措施的依据，同时也可以支撑对既有政策的科学评估。因此，"两权"抵押登记系统应具备初步的数据统计分析功能，支持可视化数据展示和报告生成功能。

（二）贷款人的信贷审批需求。

1.信息获取。通过"两权"抵押登记系统，贷款人可以获取信贷需求主体提交的抵押权属登记信息，及时掌握抵押物、抵押人、共有人的基本情况和借贷需求，减少线下信息搜集工作量，扩宽贷款需求来源渠道。因此，"两权"抵押登记系统应具备符合金融机构抵押登记流程的、全面的信息登记表单，搜集全面的抵押物相关信息，并依法供金融机构查询使用。

2.信息核查。在获取抵押登记信息后，贷款人可以将其与系统内的相关数据库进行对接核查，对抵押登记的基本信息进行真实性比对，有效降低由于信息真实性存在问题导致的信贷风险，并减少尽职调查的部分环节，提高效率。因此，"两权"抵押登记系统应具备抵押登记信息与农村经济管理基础数据库的对接功能，以及相同指标核查比对功能。

3.风险分析。利用抵押登记信息与农村经济管理基础数据库中的数据，通过对比抵押物、借款人相关信息，能够完善信贷业务的风险分析和控制。因此，"两权"抵押登记系统应集成信贷风险评估方法，能够为信贷业务提供风控支撑。

（三）借款人的便捷融资需求。

1.畅通渠道。借款人在提出贷款申请的时候，往往存在对各涉农金融机构的产品缺乏了解，很难找到适合自己的产品以及渠道。"两权"抵押登记系统应具有金融产品宣传展示，以及用户信贷需求匹配的指导功能，为借款人提供多种可选的融资渠道和最佳的产品选择，提高贷款成功率。

2.缩短周期。由于农村信用体系建设滞后，信贷环境较差，造成农村信贷审批耗时费力，周期较长。通过建设和使用"两权"抵押登记系统，能有效缩短贷款周期，提高贷款效率。

（四）公众及其他关联方。非以上三类的系统用户均可纳入此类，如科研机构、高等院校、社会团体等，他们在日常科研或其他工作领域，为了获得更翔实的基础数据，可能需要调研和了解"两权"抵押贷款业务发展现状、农村贷款主体资信情况以及其他系统登记的特征信息等。

四、"两权"抵押登记的业务制度设计

（一）登记机构。办理抵押登记是政府的职责之一，其目的是对物权的国家确认和信息

的社会公示，以实现抵押担保物权的社会功能。抵押登记机构应当由承担社会公共职能的机构履行。中国人民银行联合相关部委下发的《农村承包土地的经营权抵押贷款试点暂行办法》规定农村承包土地的经营权抵押贷款的登记机构为"试点地区农业主管部门或试点地区政府授权的农村产权流转交易平台"，《农民住房财产权抵押贷款试点暂行办法》规定农民住房财产权抵押贷款的登记机构为"试点地区政府确定的不动产登记机构"。

（二）登记范围。"两权"抵押登记范围包括抵押人和抵押权人的身份信息、抵押物（标的）特定化信息、抵押担保并进行登记的确定性信息等。

（三）登记资格。

1.农村承包土地的经营权抵押登记资格。抵押人为通过家庭承包方式取得土地承包经营权的农户时，抵押登记须同时具备若干条件：如用于抵押的承包土地没有权属争议；依法拥有区政府或政府相关主管部门颁发的农村土地承包经营权证；承包方已明确告知发包方承包土地的抵押事宜；借款人与贷款人已签署贷款合同；抵押人与抵押权人已签署抵押合同等。

抵押人为通过合法流转方式获得承包土地的经营权的农业经营主体时，抵押登记须同时具备若干条件：如用于抵押的承包土地没有权属争议；已经与承包方或者经承包方书面委托的组织或个人签订了合法有效的经营权流转合同，或持有由北京农村产权交易所出具的"北京农村产权交易所交易鉴证"；承包方已明确告知发包方承包土地的抵押事宜；承包方同意承包土地的经营权可用于抵押及合法再流转；借款人与贷款人已签署贷款合同；抵押人与抵押权人已签署抵押合同等。

2.农民住房财产权抵押资格。以农民住房所有权及所占宅基地使用权作抵押的，抵押登记须同时具备若干条件：如住房所有权及所占宅基地使用权须打包一并抵押登记；用于抵押的房屋所有权及宅基地使用权没有权属争议，依法拥有政府相关主管部门颁发的权属证明；未列入征地拆迁范围；所在的集体经济组织书面同意宅基地使用权随农民住房一并抵押及处置；以共有农民住房抵押的，还应当取得其他共有人的书面同意等。

（四）登记系统。根据抵押登记制度开发建设配套抵押登记系统，实现信息采集、录入、审核、查询、共享等功能，保证登记信息的完整性、准确性和权威性。

五、"两权"抵押登记系统建设方案

（一）建设目标。到2017年底，基本建成农村的"两权"抵押登记系统平台并选定符合条件的群体开展试点，实现与贷款人、农经主管部门等的信息互联互通，将其建设成为涉农金融机构信贷业务的信息来源和核查工具，成为借款人申请贷款的重要渠道，为政府部门提供决策依据。

（二）建设原则。

1.坚持立足基础，着力创新原则。本着厉行节约的原则，充分利用现有的统计数据资源、研究成果以及信息化基础。立足市农研中心已有的各类统计信息，根据贷款人对抵押融资的有关要求，新增统计指标和信息，形成新的统计指标体系。同时，顺应信息技术发展方向，利用大数据挖掘技术和手段，结合国际先进的数量经济学模型开发防范，运用云计算技术和云服务模式，创新建设方式。

2.坚持加强联动，紧密衔接原则。"两权"抵押登记系统平台建设涉及多类用户，需要实现多项协同功能，系统具有一定的复杂性，需要顶层设计、统筹部署，明确职责分工和进度安排，加强各方协调联动，形成合力，有序推进；强化建设各方间协同，保证"两权"抵押登记相关系统和数据之间的衔接，确保登记信息与相关部门信息互通共享，消除"信息孤岛"。

3.坚持资源共享，确保安全原则。加强基础设施资源、数据资源、应用服务资源的集成整合，最大限度地共享资源，最大限度地减少"两权"抵押登记信息的分散、重复、遗漏登记内容；加强信息安全保障，确保个人隐私和商业秘密不泄露，在信息公开公示过程中，严格依照法律法规的相关规定，保障数据提供者的合法权益。

4.坚持业务融合，良性互促原则。"两权"抵押贷款是农村金融服务发展的必然方向，是制度创新，迫切需要将信息化理念和方式贯穿制度实施全过程，融入"两权"抵押登记工作规则、业务流程中，更好地发挥信息平台的服务保障作用；既把建设和主管单位作为信息平台建设和运行的组织保障，又把信息平台作为促进职责整合和机构建设的重要抓手，实现良性互促。

（三）总体架构。"两权"抵押登记系统，是指将农村土地承包经营权和农民住房财产权的相关信息进行记载并积累而形成的数据系统。数据是在加强同政府、贷款人和借款人等合作的基础上，并出于相关权利人和权利机构的自愿申请、同意留存而取得。

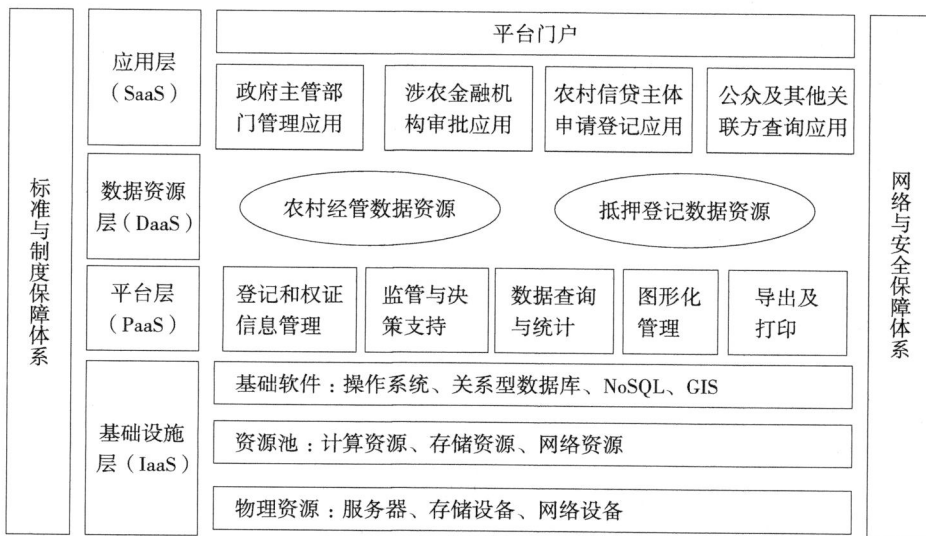

图1 北京市农地农房"两权"抵押登记系统总体架构

1.基础设施层。基础设施层也称基础设施即服务层（IaaS），是将计算资源、存储资源、网络资源等物理资源进行整合，按照云服务模式和云架构建立共享资源池，形成可按需动态扩展的高性能计算环境、大容量存储环境，满足海量"两权"抵押登记数据存储、高并发用户登记业务办理、信息共享查询、深度挖掘和自动分析，以及其他数据库和协同系统接入平台的需要。

2.平台层。平台层也称平台即服务层（PaaS），是"两权"抵押登记信息管理基础平台的枢纽，负责对物理资源、数据资源、应用服务、通用资源等进行统一管理、监控与调度，负责提供应用开发和部署的环境。

3.数据资源层。数据资源层也称数据即服务层（DaaS），由"两权"抵押登记数据、农业经管统计数据两大数据源组成，负责数据的统一组织与管理，为"两权"抵押登记系统、信息共享和查询服务系统、信息分析系统提供数据支撑。对应用层的主要业务用户包含政府相关部门、涉农金融机构和农村贷款主体提供相应的功能服务。

4.应用层。应用层也称软件即服务层（SaaS）。面向各类用户，通过网络提供"两权"抵押登记信息的查询、分析、交换、共享服务、申请登记业务办理服务、信贷风险分析、主管部门管理与决策支撑服务。

5.标准与制度保障体系。标准和制度保障体系包括数据和应用服务方面和技术标准规范及管理制度，确保"两权"抵押登记系统平台各组成部分之间，以及平台与外部系统交互能够有效衔接，规范运转。

6.网络与安全保障体系。安全保障体系包括安全管理制度、安全基础设施、网络安全、主机安全、应用安全、数据安全等内容，保障数据存储、传输、访问、共享的安全。

（四）用户定义。"两权"抵押登记系统的主要业务用户包含政府相关部门、贷款人和借款人。除此之外，公众与其他业务关联方也可以通过互联网查询可公开的公示信息。在系统中各类用户角色与系统功能之间关系定义下图2所示。

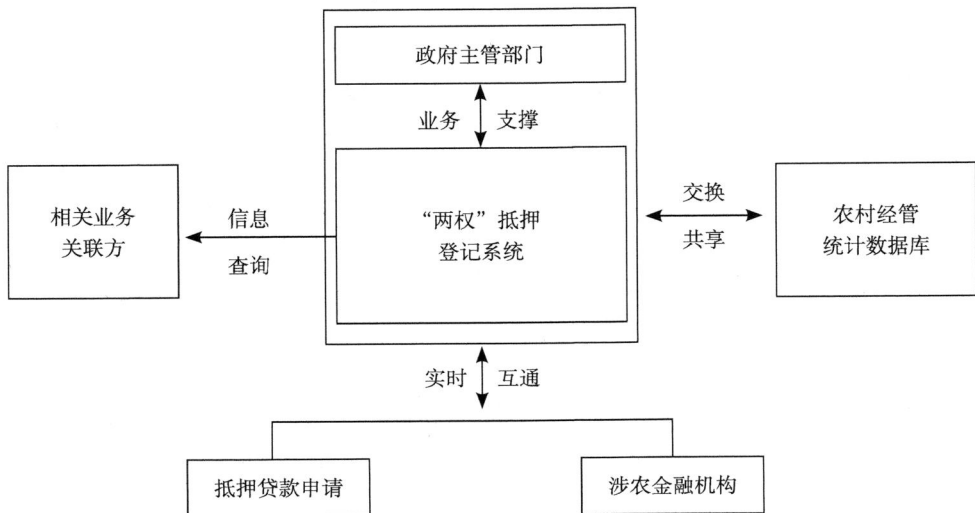

图2 北京市农地农房"两权"抵押登记系统用户角色定义

1.政府相关部门：**系统管理与分析应用。**在"两权"抵押登记系统建设中，市农研中心作为系统建设的研究方和组织者，将会同北京农交所开发、建设该系统。未来将与法定的抵押登记机构对运营管理中的具体问题，做持续的跟进研究。同时，作为为北京市委市政府提供农村发展战略与政策调查研究的单位，农研中心也将是系统中有关农村经济与金融形势分析监测、农村信用情况分析、农村金融相关数据运行结果的应用单位，将以上结果应用于研究、政策咨询和政策评估工作中，未来也将以第三方主体的名义，积极利用该系统积累的信息，助力市农研中心的具体工作。市农研中心数据信息积累可以对抵押登记系统的有效运行和完善起到帮助作用，也可促进市农研中心的其他工作的开展。

2.贷款人：**信息共享与分析应用。**贷款人作为农村信贷审批发放单位，在系统中的角色定位是信息共享与分析应用。一方面，通过系统获取农村抵押物的相关信息、贷款需求信息、抵押物权属信息、信息核查结果；另一方面，也要将自身的产品公示信息、服务路程信息、服务要件信息等在系统中进行发布。

3.借款人：**信息共享。**借款人在系统中的用户角色主要是信息共享。一方面，在进行贷款申请时按照要求登记填报"两权"抵押相关信息；另一方面，查询使用系统的其他公示信息，服务于自身的贷款行为。

以上三类角色是系统的主要用户角色。

4.公众及其他关联方：**信息依法查询。**公众以及不涉及具体贷款业务的其他金融机构或组织，需要了解农村经济发展、农村金融状况或相应主体信息的，系统平台应能满足他们在相应权限内进行信息的依法查询。

（五）业务流程

农村土地承包的经营权或农房财产权抵押登记分为抵押权初始登记、变更登记和注销登记。

1.初始登记。抵押人与抵押权人达成抵押贷款意向后，由抵押人向抵押登记机构提出初始登记申请，对抵押物的权属、面积、地界、抵押时间等登记事项进行登记确认。

（1）初始登记须提供的材料。

1）通过家庭承包方式取得土地承包经营权的农户以其获得的土地经营权作抵押申请的：

①农村土地承包经营权抵押贷款登记申请表；

②户口簿、身份证原件及复印件；

③抵押人与抵押权人之间签署的贷款合同和抵押合同原件；

④农村土地承包经营权证原件及复印件；

⑤农村土地承包经营权共有人同意抵押的书面证明材料；

⑥镇经管站批准承包方已明确告知发包方承包土地的抵押事宜的证明材料；

⑦北京农村产权交易所认为必要的其他材料。

2）通过合法流转方式获得农村承包土地经营权的农业经营主体申请抵押的：

①农村土地承包经营权抵押贷款登记申请表；

②抵押人为自然人时须提供：户口簿、身份证原件及复印件；抵押人为法人或其他组织的须提供：组织机构代码证、企业营业执照、税务登记证、法定代表人身份证及其他资格证

明文件原件及复印件；

　　③已签署的贷款合同和抵押合同原件；

　　④农村土地承包经营权证复印件；

　　⑤承包方同意承包土地的经营权可用于抵押及合法再流转证明材料；

　　⑥镇经管站批准的承包方已明确告知发包方承包土地的抵押事宜的证明材料；

　　⑦抵押人与承包方签订的合法有效的经营权流转合同，或依流转合同取得了土地经营权权属确认证明或"北京农村产权交易所交易鉴证"。

　　⑧北京农村产权交易所认为必要的其他材料。

　　3）以农民住房所有权及所占宅基地使用权申请抵押的：

　　①农民住房所有权抵押贷款登记申请表；

　　②户口簿、身份证原件及复印件；

　　③抵押人与抵押权人之间签署的贷款合同和抵押合同原件；

　　④农民住房所有权及所占宅基地使用权证明原件及复印件；

　　⑤所在的集体经济组织书面同意宅基地使用权随农民住房一并抵押及处置证明材料；

　　⑥以共有农民住房抵押的，应提供其他共有人的书面同意材料；

　　⑦北京农村产权交易所认为必要的其他材料。

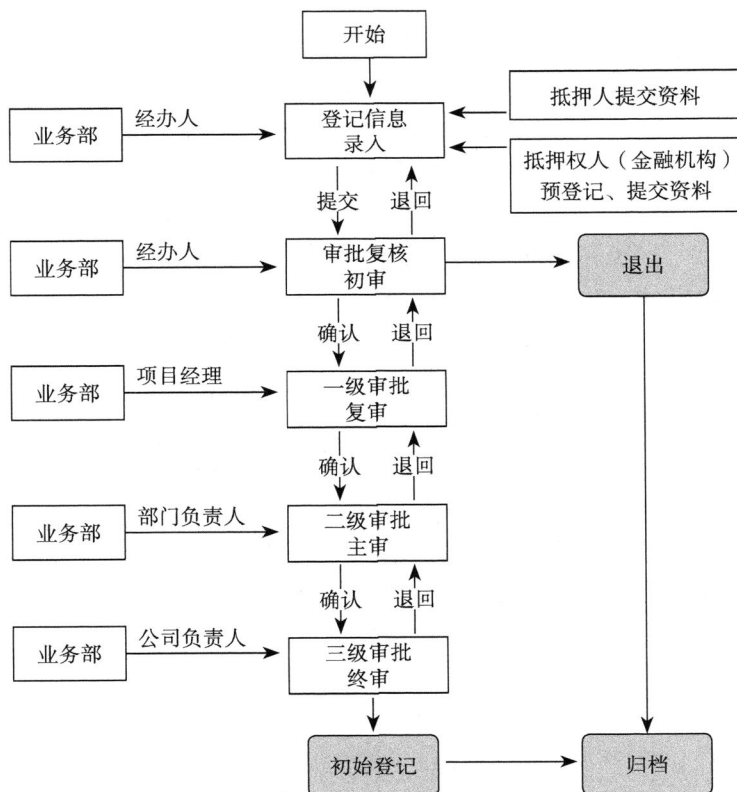

图3　初始登记业务流程图

（2）审核时限。北京农村产权交易所在收到申请材料之日起3个工作日内完成初始登记审核。审核通过的，应当于审核通过后5个工作日内办结抵押登记手续，并向抵押权人核发抵押登记证书；审核未通过的，应当于2个工作日内通知抵押权人和抵押人。

2.变更登记。农村土地承包的经营权或农房财产权抵押期间，抵押登记事项发生变更的，由抵押人申请办理抵押权变更登记，流程如下：

（1）抵押人如实填写北京市农村土地承包的经营权或农房财产权抵押变更登记申请书。

（2）抵押人须如实提供的登记材料。

1）变更登记申请书。

2）抵押人为自然人时须提供：户口簿、身份证原件及复印件；抵押人为法人或其他组织的须提供：组织机构代码证、企业营业执照、税务登记证、法定代表人身份证及其他资格证明文件原件及复印件；

3）发生变更的书面证明资料；

4）抵押权人同意变更证明材料；

5）农村土地承包经营权或农房财产权的抵押权证书；

6）重新签署的抵押合同、贷款合同或补充协议；

7）北京农村产权交易所认为必要的其他材料。

（3）北京农村产权交易所对符合要求的办理抵押权变更登记。

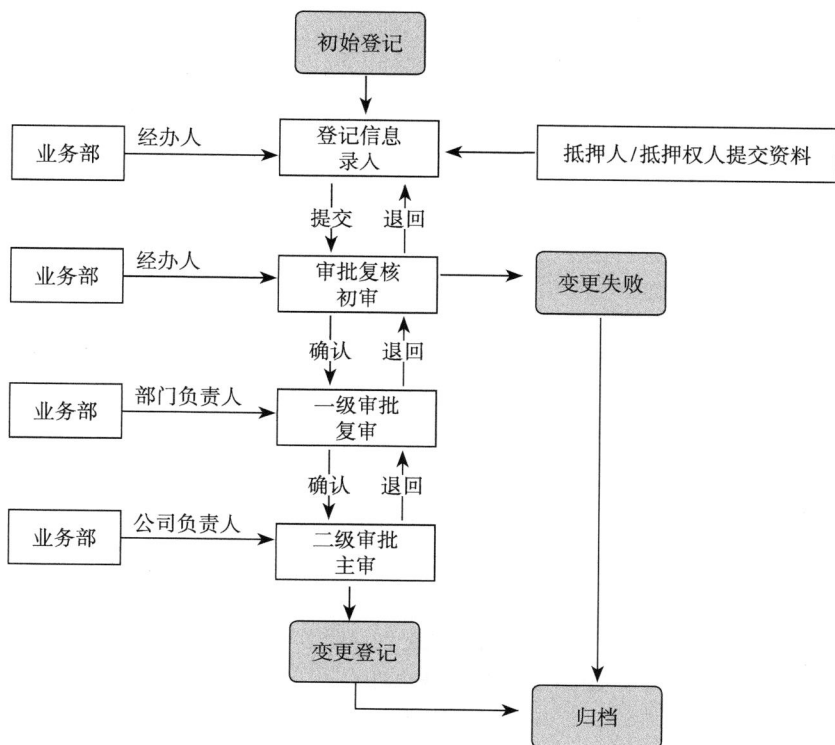

图4　变更登记业务流程图

3.注销登记。农村承包土地的经营权或农房财产权抵押期届满，或者抵押人与抵押权人达成解除抵押协议后，抵押人申请办理抵押权注销登记，流程如下：

（1）抵押人须如实提供的注销材料。

1）抵押人为自然人时须提供：户口簿、身份证原件及复印件；抵押人为法人或其他组织的须提供：组织机构代码证、企业营业执照、税务登记证、法定代表人身份证及其他资格证明文件原件及复印件。

2）发生抵押权因主债权灭失、抵押权已经实现、抵押权人放弃抵押权或者法律、法规规定抵押权灭失的其他情形注销的证明材料。

3）农村土地承包经营权或农房财产权的抵押权证书。

（2）抵押权人须如实提供的注销材料。

1）抵押权人为法人或其他组织的须提供：组织机构代码证、企业营业执照、税务登记证、法定代表人身份证及其他资格证明文件原件及复印件。

2）抵押权人出具的书面授权委托书及代理人的身份证明。

3）抵押权人书面同意注销抵押登记的证明文件。

（3）北京农村产权交易所对符合要求的办理抵押权注销登记。

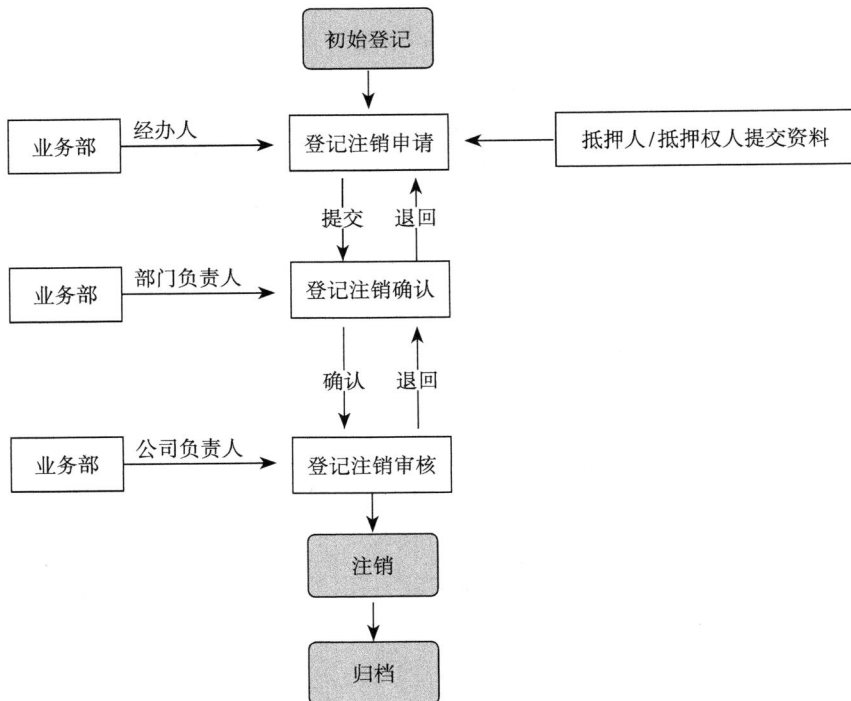

图5　注销登记业务流程图

（六）建设内容。

1.统一应用门户。建设统一的应用门户，为各类用户提供统一查询、共享平台。本次抵押登记系统的建设，一方面是要解决"两权"抵押登记机构和登记方法的工具性问题，同时要建立信贷审核、担保的业务快速处理子系统，包括信贷双方的信息共享和传输；还要建立主管机构对相应工作的监督管理、对外信息服务、综合数据分析系统职能。"两权"抵押登记门户系统是平台提供的业务应用系统，为"两权"抵押登记申请、受理、审核、登簿、缮证、归档等全流程提供服务，实现"两权"抵押登记日常业务的信息化、透明化、柔性化和规范化管理。通过"两权"抵押登记信息系统的运行，实现"两权"抵押登记数据库的实时更新，保障数据库的时效性。

统一应用门户包括四个方面的功能，一是面向"两权"抵押贷款审批和主管部门的协同共享服务；二是面向各类用户的在权限范围内的信息查询服务；三是信贷双方的信息共享和传输服务；四是面向"两权"抵押登记机构和金融机构的综合分析服务。强调的是，信贷业务相关贷款方、借款人、抵押人、抵押权人等的单纯业务功能部分，与系统内行使抵押登记公共管理职能部分的信息交流是单向，即抵押登记平台可以截取信贷业务功能的信息，但信贷业务渠道却不能直接获得抵押登记公共信息部分。

2. "两权"抵押登记数据库及管理系统。

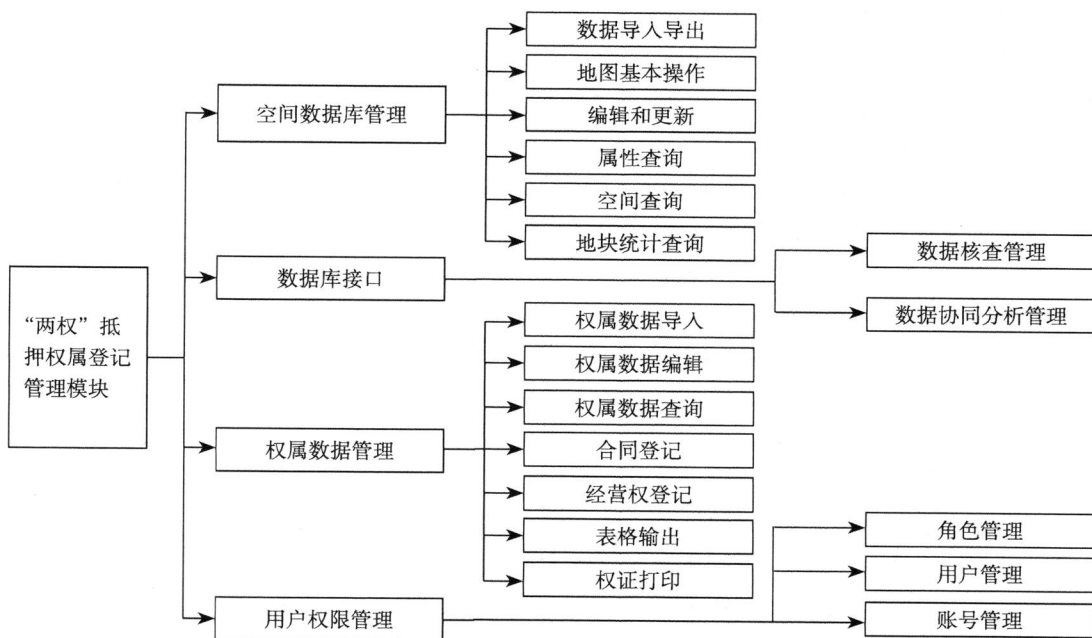

图6 北京市农地农房"两权"抵押登记数据库及管理系统

"两权"抵押登记数据库是系统平台建设的核心，是按照特定策略组织存储的，覆盖北京市农村的"两权"抵押登记数据的数据集合，是"两权"抵押登记数据统一接入系统、"两权"抵押登记信息系统、"两权"抵押登记信息共享查询与分析系统运行的数据基础。"两权"抵押登记数据库管理系统是对"两权"抵押登记数据库进行统一组织、存储、管理、维护和更新的技术保障。

（1）"两权"抵押登记数据库。"两权"抵押登记数据库来源于北京市所有"两权"抵押贷款主体的申报登记结果数据。"两权"抵押登记需要抵押物首先得到主管部门的权属确认，取得权属证明，并根据系统需求进行表单的整合。同时通过汇集抵押物权属人和共有人的相关信息，组成完整的"两权"抵押登记数据。"两权"抵押登记数据库包括以下内容：

——空间数据。抵押物的地理空间信息数据，包含但不限于地籍区、地籍子区、宗地图、房屋分户平面图等空间数据，并对空间数据库进行管理，实现数据导入导出、地图基本操作、编辑和更新、属性查询、空间查询以及地块统计查询等功能。

——属性数据。包括抵押人，抵押物的基础信息、其他描述性和补充性信息，完整地记录抵押物的归属及其变化过程信息，能够实现权属数据导入、编辑、查询，合同登记、经营权登记、表格输出及权证打印等功能，为抵押登记贷款的历史追溯与信贷审批、交易的有效监管提供依据。

（2）"两权"抵押登记数据库管理系统。"两权"抵押登记数据库管理系统以数据库和GIS平台软件为基础，"两权"抵押登记信息相关的空间数据、属性数据、图片数据等各类数据进行统一管理和维护，实现数据核查、协同分析管理等，满足"两权"抵押登记数据的检查入库、组织管理、查询检索、导入导出、数据分发、专题制作、更新维护等要求。由于"两权"抵押登记数据类型多、数据海量、支撑不同的应用，需要针对不同类型数据、不同的应用，不同的用户权限，合理设计数据组织和存储管理策略，提升应用效率。

3."两权"抵押登记统一接入系统。"两权"抵押登记统一接入系统是信息平台有效运行的驱动力之一，提供"两权"抵押登记信息管理基础平台服务，确保各类用户的登记信息实时纳入"两权"抵押登记信息管理基础平台，实现"两权"抵押登记信息实时互通共享和同步更新。

"两权"抵押登记统一接入系统依据"两权"抵押登记数据接入规范，围绕数据获取、封装、传输、接收这一主线，功能主要包括增量数据动态监测与获取、数据内容规则检查、数据文件网络安全传输、权证统一编码、数据文件接收、数据接入全过程监控等内容。

同时，"两权"抵押登记统一接入系统既能提供其他数据源，包含农村经管统计数据和其他外部数据源的接入功能；也将提供"两权"抵押登记系统与其他用户系统之间的互联接口，为未来的系统间协同应用预留拓展空间。

4.平台管理系统。平台管理系统是整个系统平台的管理中枢，负责各类资源的统一配置、调度、监管和调控，为"两权"抵押登记数据库及其管理系统、"两权"抵押登记统一接入系统、农村经济与金融监测分析系统（待建）、统一应用门户的运行提供统一的资源保障、运维保障和安全保障。

（七）系统功能。根据业务需求，建成后的抵押登记系统应具备登记和权证信息管理、监管与决策支持、数据查询与统计、图形化管理、导出及打印等功能。具体如下：

1.登记和权证信息管理。能够实现"两权"信息的初始登记、变更登记和注销登记，并且可实现权证申请、审核、生成、打印、备案和信息化归档入库功能。

2.监管与决策支持。通过查看、统计各级的抵押物信息数据，并进行分析比较，为主管部门决策提供科学、有效、直观的数据支持。

3.**数据查询与统计**。实现不同条件的数据查询、统计和图表分析功能，并可查询抵押物的空间位置、权属、四至、面积等信息，也可对全市范围内某区域内"两权"抵押信息进行查询与统计。

4.**图形化管理**。提供抵押物的空间位置定位、属性信息的查看，实现空间数据与属性数据的互动，并提供放大、缩小、漫游、测距、测面积、区域统计分析以及快捷业务处理等功能。

5.**导出及打印**。系统支撑数据导出功能，对查询结果及统计数据可进行Excel导出形成表单，并可以打印。

（八）运行环境与安全要求。

1.**运行环境**。包括计算、存储、网络等硬件和基础软件，是系统平台运行的基础，采用云服务模式集成。

2.**安全要求**。安全系统建设包括物理安全、网络安全、数据安全、应用安全、安全制度等内容，保障"两权"抵押登记信息管理基础平台的安全平稳运行和信息的安全管理、应用服务。信息安全纳入信息系统建设的全周期，"同步规划、同步建设、同步运行"。

（九）系统建设风险及防范。

1.**政策风险**。风险。当前，农村土地承包经营权抵押贷款中存在一定的法律风险。相关法律法规对农地抵押有较严格的限制：《担保法》规定，耕地、宅基地、自留地、自留山等集体所有的土地使用权不得抵押。《物权法》明确规定，除买卖、公开协商等方式承包的"四荒地"等农村土地可以抵押外，其他方式承包的农村土地是不允许抵押的。《土地承包法》规定，通过家庭承包取得的土地承包经营权可以依法采取转包、出租、互换、转让或其他方式流转，农村土地承包经营权的抵押只限于通过招标、拍卖、公开协商等方式承包的荒山、荒滩等农村土地，经发包方同意，并依法登记取得土地承包经营权证或林权证书的，才可以抵押，并没有明确家庭承包取得的土地承包经营权可以抵押。

当前"两权"抵押登记制度和业务流程也是根据两年试点期间"两权"现状制定的，主要将抵押人分为原承包人或权属人、通过流转的承包人两类主体，提供的证明材料也据此要求。如果系统建成后，政策环境发生变化，特别是土地政策发生较大变化，就会对我们的登记制度提出挑战，甚至需要重新制订业务制度，抵押登记系统也要随之变化，这就带来了不确定性。

防范措施。虽然国家在试点地区暂停调整实施有关法律规定，但是尚未修改相关的法律法规或是出台明确的政策。因此在系统设计时要充分考虑到政策的可变性，设定多套不同制度下不同的系统解决方案，做好系统技术架构设计，保证系统的延展性，以适应相关制度的变化。

2.**数据风险**。风险。"两权"抵押登记系统需要来自抵押登记申报、农村经管统计和其他来源的数据资源。由于数据量较大，来源复杂，结构不一致，有可能存在一定的数据风险，主要表现在：一是数据来源的稳定性存在风险，不同数据源的数据是否能够长期、持续提供，存在不确定性；二是数据的及时性风险，数据源的更新频率是否能够符合系统信息核查和分析功能的要求，存在不确定性；三是数据的真实性风险，填报数据的真实性，统计数据的准确性都存在一定不确定性；四是数据安全风险，包含个人隐私的数据信息的鉴别和权限设定是否科学、合法，存在一定风险。

防范措施。建立定期数据更新机制，保证数据来源的稳定性和及时性；建立数据校对机制，通过不同业务线相互校对，确保数据真实、有效；建立数据灾备系统和日常巡回机制，有条件的话可以在外地设置备份点，保障系统安全、平稳运行。

3.运维风险。风险。运维人员工作能力或业务水平不能满足工作要求，或人员队伍流动过大；培训体系不完善和内容更新不及时，导致业务人员操作困难等。

防范措施。通过制定系统科学的人力资源管理制度，在甄选、培训、考核、薪酬等方面加强管理；建立针对性强的培训课程，编写《操作指南》，使业务流程和系统使用尽可能简单、易懂。

六、"两权"抵押登记系统相关研究建议

"两权"抵押登记的落地环节，即抵押登记系统的建设，实际上是个系统工程，需要综合考虑。基于北京市的既有客观条件，结合政策要求，为实现本系统开发建设和有效使用，提出如下建议：

（一）明确农村承包土地经营权的抵押登记机构。承包土地经营权抵押担保物权生效必须以法定的机构确认为前提。中国人民银行等部门联合印发的《农村承包土地的经营权抵押贷款试点暂行办法》中规定登记机构为"试点地区农业主管部门或试点地区政府授权的农村产权流转交易平台"。北京农交所作为北京市农村生产要素流转交易的唯一平台，在政府主管部门的指导下，历经多年实践，取得了突出的成绩，已经具备开展登记业务的能力和基础条件。

据上，综合北京的现实客观条件，建议授权北京农村产权交易所履行承包土地经营权抵押登记的职责。

（二）建立业务相关政府主管部门协调机制。目前涉及承包土地经营权抵押贷款的政府部门有农业主管机构、土地管理部门、房屋管理部门、园林绿化部门、各经管站以及乡镇政府等。建议建立相关政府主管部门的协调沟通机制，将现有体系与新的抵押机构和登记需求衔接起来，统一协调、整合现有不动产登记有关机构职能，在登记机构网点布局、信息共享方面实现有机结合。

（三）建立专项研究计划支持。"两权"抵押登记系统的建设，需要专业的IT公司进行系统设计、研发，还需要配套硬件、部署环境、日常维护及更新等，整个过程需要大量的人力和物力投入。建议由市财政为该系统研发、运营等所需经费提供专项支持。

（四）完善"两权"抵押登记的配套体系。与抵押登记紧密相连的抵押物评估标准和体系建设、抵押物的公开拍卖和处置机制、抵押权实现时与司法机构的衔接与配套制度也应当及时完成，否则抵押登记本身就会成为空中楼阁，无法落地，不能实现"两权"抵押的政策预期。

课题负责人：曹四发

课题组组长：曹晓兰

课题组成员：蔡国景　江　洲　黄　丽　罗玉荣　孟　波　孟光辉　　　　　　　　王吉庆　姚　琪　尹佳音　赵　亮　周　莉

执笔人：黄　丽　尹佳音　周　莉　江　洲　孟光辉　孟　波

北京市怀柔区田仙峪村开发利用
闲置农宅调研报告

　　党的十八届三中全会通过的《中共中央关于全面深化改革若干重大问题的决定》明确提出"保障农户宅基地用益物权，改革完善农村宅基地制度，选择若干试点，慎重稳妥推进农民住房财产权抵押、担保、转让，探索农民增加财产性收入渠道"。近年来，随着城乡发展一体化进程的不断加快，越来越多的农村劳动力不断向城市转移，外加农民搬迁上楼，农村闲置房屋数量逐年增加。如何将沉睡的闲置资产盘活起来，帮助农民实现更多的收益成为农村集体经济组织面临的新课题。

　　北京市怀柔区田仙峪村从2014年开始探索闲置农宅利用，经过一段时间的规划设计、分步实施，逐步探索出了农户、村集体、社会资本、政府四位一体的闲置农宅开发利用路径，实现社会效益、经济效益、文化效应多重丰收的良好局面。

一、基本情况

　　（一）**村周边景区资源丰富**。田仙峪村位于怀柔区渤海镇东北部，村域面积9.5平方公里，属于怀柔浅山区。田仙峪村四面环山，坐落在箭扣长城脚下，东侧三公里是著名的慕田峪长城景区，怀沙河从村中流过。

　　（二）**民俗旅游产业发达**。田仙峪村果品及水资源丰富，果品采摘和品食虹鳟鱼是民俗旅游的主要特色。该村是北京最早、规模最大的虹鳟鱼养殖基地。龙潭泉和珍珠泉水为该村水产养殖业提供了天然优势。田仙峪村有山场4400亩，种植面积3400亩。山间果林茂盛，有核桃、栗子、柿子、杏等，覆盖率达98%。村内现有农户297户，680余人，其中乡村旅游专业户31户，虹鳟鱼养殖专业户19户。

　　（三）**启动闲置农宅盘活利用**。该村有农宅240处，因外出务工等形成长期整院落闲置农宅近60处，平均每套闲置院落在200平方米左右，2014年6月被市委新型城镇化体制改革专项小组确定为"盘活农村闲置房屋发展乡村休闲养老社区试点"。目前，试点效果逐步显现，一期35处院落改造完毕投入运营，二期计划改造的17处院落即将启动。

二、探索闲置农宅四位一体开发利用的有效途径

2014年，田仙峪村村委会把闲置农宅的户主组织起来，成立北京田仙峪休闲养老农宅专业合作社。同年8月，该合作社通过工商部门审批取得营业执照，成为北京市首家养老式农宅专业合作社。农民将闲置农宅租赁给合作社管理，由村集体引入社会资本投资开发，采取农村闲置房屋所有权、使用权、经营权"三权分离"的原则，提出"农户＋合作社＋企业"的经营模式，建立起"农民出房得租金、合作社入股享分红、企业经营获收益、政府寓监督于管理服务"四位一体的运行机制。

（一）**农民出房获租金**。在保证所有权不变的前提下，农民将自家的闲置农宅使用权流转到农宅养老专业合作社，交由合作社统一管理使用。农民与农宅养老专业合作社签订租房合同后，享受房屋出租的租金。租房时长为20年，租金为每间正房5000元，20年房租一次性给付，农户获得收益40万—60万元。

（二）**合作社入股享分红**。

1.田仙峪社区股份合作社。该社是代表全村集体经济组织成员利益的村一级集体经济组织，对村集体土地和房屋拥有所有权。以集体全部房屋和土地使用权入股获得收益，由全村集体经济组织成员享受。

2.农宅专业合作社。由村委会把拥有闲置农宅的农户组织起来，成立北京田仙峪休闲养老农宅专业合作社，以此作为组织管理农民并与社会资本开展合作的市场主体。

3.国奥乡居股份合作社。该社是由田仙峪社区股份合作社、农宅专业合作社和国奥（北京）文化产业投资有限公司（以下简称国奥公司）三方合作成立。其中，田仙峪村社区股份合作社以村集体全部房屋和土地使用权入股，农宅专业合作社以集中的闲置农宅使用权入股，国奥公司以资金及固定资产入股。股权为农宅专业合作社＋田仙峪社区股份合作社占注册资本的10%，公司占注册资本的90%。

（三）**社会资本经营良好**。企业在集体经济组织和政府的双重监督下，运用现代化管理理念，开展市场化运作经营。目前已实现2个院落长租，租金为120万—200万元。通过品牌打造，在携程、去哪儿、途家等大型旅居网站上均可实现入住预订，已实现周末和节假日满负荷运营状态。

（四）**政府寓监督于服务管理**。

1.政策集成，加强基础设施建设。按照市级试点的相关要求，为了更具有推广性，该试点并没有享受特殊政策支持，主要是将市发改委、市农委等相关的政策集成起来，来改善村内的基础设施等，包括煤改电政策、农宅节能保温改造、医疗卫生、基础设施提升、养老设施运营补贴等相关政策进行集成。具体为：煤改电政策由市发改委统一立项，拨付4500万元，完成全村240户煤改电，并享受用电补贴；集成市农委农宅抗震节能改造项目，对35处闲置农宅进行节能保温改造，每户2万元补贴；民政局养老扶持政策，由市政府固定资产投资按照每张床位2万元给予一次性建设资金支持，床位费补贴300元/张；医疗设施改造，由村集体出地，卫生局配备医务人员，实现村医务室升级为村医务站，实现医保报销联网；通过怀柔

区农委"一事一议"立项，改造提升村内环境。

2.强化监督，保障村集体和农户利益。在田仙峪村闲置农宅开发利用过程中，市区两级政府注重对村集体在成立农宅专业合作社、如何与企业开展合作等方面进行指导，注重对具体合作形式、经营管理形式、收益分配方案等内容进行监督，确保集体和农民利益不受损。

三、实现多种效益

（一）经济效益。

1.农民收入大幅提高。首先，流转闲置农宅使用权的农户，通过开发利用，一次性获得了40万—60万元的租金，35处院落总计为拥有这些院落的农民带来近1700万元收入，提高了其财产性收入。

其次，整个项目吸收了21名当地农户就业，分别从事家政、餐饮服务以及日常维修等工作，其中大部分从业人员都是"4050"人员，日工资收入在2500—4000元，实现了工资性收入的增长。

第三，未流转农宅的农户，以村集体经济组织成员的身份，可以从项目运营过程中获得村集体占股的分红，获得财产性收入。

第四，本地原有开办农家乐的农户，借由项目运营的东风，客源有明显的增多趋势，也随之提高了接待标准和价格，增加了经营性收入。

2.村集体经济发展壮大。村集体经济组织将村委会办公楼租给国奥公司，建设成为综合服务中心，租期为20年，租金155万元；为建综合服务中心配套设施，村集体将60亩村里农用地的经营权流转给国奥公司，作为农事活动体验，每年租金在20万元左右。

3.社会资本实现盈利可期。当前，农宅投入运营近一年的时间，国奥乡居有限公司的投入暂时未能实现盈利。但据测算，如果一期开发的35处院落可以常年处于满负荷运营的话，年内即可实现盈利。社会资本通过本项目的开发利用，积攒了在乡村投资建设的经验，打造了品牌效应，更是一笔无形的资产。

（二）社会效益。项目实施以来，引起了广泛的社会关注，《法制晚报》《新京报》等多家纸质媒体、凤凰网、新浪网等网络传媒及多个微信公众号等新媒体持续报道，体现了全社会对闲置农宅的利用关注度日益升温，为后续社会资本进入农村投资、盘活利用农村的闲置资源，探索了路径，打下了坚实的基础。

（三）文化效应。

1.加强了市民与农民之间的沟通联系。通过产业发展，吸引了更多高素质的人才前来休闲度假。由于开发方式是寓开发院落于村庄之中的状态，前来休闲度假的市民更能体会到当地的农家生活状态与方式，加强了市民与农民之间的相互了解和友好往来。有的市民因入住与当地的村民形成了良好的朋友关系，经常联系，互相影响。

2.促进村民素质提高，改善村民生活质量。在闲置农宅利用的过程中，一大批村民经过提供市场化服务的锻炼，提高了人力资本素质。主要表现在三个方面：首先，市场意识有所增强，能够根据市场的需求提供个性化的服务；具有信息意识，能够在与市民沟通交流中不断寻求新的发展机会。其次，养成按照市场经济规则行事的良好习惯，注重服务质量。第三，学习意识有所增强，能够积极主动地接触新鲜事物，并抓住机会把新理念运用到服务中来，提升自身的竞争力。

3.促进民族文化的发展与保护。田仙峪村农宅改建过程中，主要以休闲、养老为主题，保护传统村落风貌的同时，还融入了"乡愁"的元素，院子里的压水器、地窖都被完整地保留了下来，向前来休闲度假的人们展示着乡村古朴的文化发展历程。此外，田仙峪村还注重对村史的挖掘，对传说的修编和对周边司马台长城的保护性开发。

四、主要经验

（一）多方协作实现共赢。在田仙峪村闲置农宅开发利用的全过程中，政府、村集体、村民、企业四方体现了良好的分工协作关系。政府一方面积极引导，提供多方指导和政策集成服务，另一方面对各环节的具体工作进行监督，充分保障集体和村民的权益。村集体一方面发挥集体经济组织的市场功能，壮大集体经济组织，为全体集体经济组织成员谋福利，另一方面发挥协调功能，在企业和村民之间沟通协调，确保合作的顺利开展。村民打开心扉，投以信任，积极参与，获得收入。企业则负责通过现代管理和经营理念开展市场化运营，获得收益。

（二）注重村集体权益保护。在闲置农宅开发利用过程中，大部分村庄能够注意保护农民的农房所有权，但往往忽略了集体经济组织对宅基地所有权的保护。在田仙峪村闲置农宅利用过程中则通过集体占股分红的方式体现了对村集体经济组织宅基地所有权的保护。

（三）嵌入式发展带动性明显。与整村利用闲置农宅统一开发所不同的是，田仙峪村所采取的是嵌入式发展。国奥乡居合作社将散落的闲置农宅进行统一改造、统一经营管理，提供长期养老和短期高端酒店式服务，另有一部分独自经营农家乐的村民提供平民化的农家乐服务，为广大市民提供了多种选择。这种嵌入式的发展，既带动了当地农家乐的提档升级，又让村民通过企业的宣传增加了客流量，提高了经营性收入。

五、两点思考

（一）产业发展方向调整。原来规划设计的是养老产业，而在实际经营过程中，虽然按照设计配备了医疗设施和医护力量，但是所吸引的客户群中老人的消费比例很低。如果严格按照养老产业要求来发展，那么企业将没有任何利润可支撑其继续发展下去。但是，如果按照现在周末度假休闲的发展方式经营下去，势必会带来村庄承载力的问题。

（二）房屋设计的供给侧改革。当前房屋进行长租养老的，其设计并不完全满足客户的需求。二期启动工作在即，国奥集团计划先行招商，即先找到承租人，再根据承租人的需求来设计农房的改造，体现了农房利用过程中供给侧改革的一种思路。

负责人：张秋锦

责任人：季　虹

执笔人：赵雪婷

第三篇

都市现代农业

北京市休闲农业与乡村旅游新型经营主体培育路径研究

休闲农业与乡村旅游具有生产、生活、生态"三生一体"和一、二、三产业功能特性，是一种具有高附加值的创新型农业经营方式。发展休闲农业，开发农业旅游资源是农村经济发展的一个新增长点，也是未来农业的重点开拓领域。在新的历史时期，要着力构建"农民专业组织化"、"农民组织公司化"的新型休闲农业经营主体，用现代企业制度理念来组织、管理、运作休闲农业与乡村旅游的生产和经营，促进农民收入提升并能获得可持续增长。

一、北京休闲农业与乡村旅游产业进入新的发展阶段

北京休闲农业与乡村旅游正处于重要的发展阶段，呈现多样化、多元化和特色化的发展趋势，乡村旅游逐渐成为融观光、考察、学习、娱乐为一体的综合性旅游产品，乡村旅游的产业规模较大，增长速度快，市场潜力大，发展前景好，成为经济增长的新亮点。乡村旅游的发展还拓宽了传统农业的内涵与外延，促进了现代农业体系建设，推动了农村产业结构的调整。农民的住房变为旅游接待的旅馆，山场、农田、果园、池塘、老屋成为旅游吸引物，传统的农村种植经济正向服务经济转变。北京休闲农业已进入农村一二三产业融合发展的新阶段。

截至2015年底，北京郊区开展观光休闲服务的农业园有1328个，其中市级星级园234个。2015年，北京市观光休闲农业园区共接待游客1903.3万人次，同比下降0.4%；总收入26.31亿元，同比增长5.6%。收入增长的速度高于游客数量增长的速度，说明观光休闲农业园区的效益有了提高。从收入结构看，纯种植、养殖园区的门票收入大幅下降，降幅达54.8%，而健身娱乐收入上涨49.5%，住宿收入增加19.6%，餐饮收入增加14.3%；出售农产品收入、出售其他商品收入、采摘收入与上年基本持平。这表明广大休闲农业园区在市场需求的倒逼下，注重体验项目、娱乐活动、餐饮住宿的开发，开始摆脱对"门票经济"的依赖。

为解决休闲农业"小散低"的问题，在对传统业态进行改造升级的同时，积极培育休闲农业新业态。2008年，北京市旅游系统在调研、总结、提炼的基础上，提出了8种乡村旅游新业态（后改为"特色业态"），并于2009年正式推出《乡村旅游特色业态标准及评定》（DB11/T652-2009）标准。2015年，经自主申报，特色业态评定委员会评定，当年新增乡村旅游特色

业态102家，包括国际驿站2家、采摘篱园46家、乡村酒店16家、养生山吧5家、休闲农庄20家、生态渔家6家、山水人家7家。到2015年底，累计评出特色业态615家。这些特色业态对提升郊区休闲农业与乡村旅游的档次，优化休闲农业产品结构等，更好地满足市民的需要，发挥了积极作用。

二、规模化、集约化成为乡村旅游产业发展的必然趋势

随着乡村旅游市场的不断扩大和深入发展，小而分散的经营形态的弊端也开始显现，市场信息不灵、市场竞争力弱等逐渐制约农民与市场之间的良性互动。传统乡村旅游业态发展遇到了发展瓶颈，亟待转型升级。主要表现为：乡村旅游产业规模小、投入少、品味偏低；经营主体以自发的、分散的、粗放的小农、个体、私营等经营主体为主；观光旅游景点多低、小、散，高品位、高档次、多功能、知识型的休闲园区较少，大多数观光点规模小、设施功能不全，与市场需求脱节，无法满足日益增长的休闲旅游需求。

据统计，2012年北京乡村民俗旅游（即农户个体经营的"农家乐"）人均消费额为53.6元/人次，比上年的52.1元/人次，基本持平，但是扣除物价上涨因素，实际上是下降的。而以规模化、企业化经营为主的休闲园区，2012年人均消费额为138.66元/人次，比上年的117.83元/人次，增加17.7%。在乡村旅游业态不断推陈出新，功能不断多样化的背景下，以农民个体经营为主体的"农家乐"面临被产业边缘化的危险。加上农户资金缺乏、缺少现代经营管理能力，往往采取竞相压价、拉客宰客的短视性经营手段，陷入低端和重复建设的恶性循环。乡村旅游产业的发展，与其他任何产业一样，需要规模化、集约化开发来提高其生产力，形成经济、社会的规模效益。总体看，乡村旅游产业发展仍以自发式开发、分散式经营居多，投资能力有限，缺乏龙头企业带动，集约经营、标准化管理的休闲旅游区域较少，品牌建设滞后。乡村旅游的经营管理人员素质不高，服务意识不强。目前，经营管理人员大多数是原来从事农业生产、加工、营销的农民，缺乏休闲业管理经验。服务从业人员大多是农民，从整体上来看素质仍然偏低，服务意识缺乏。

休闲农业与乡村旅游的特性决定需要实施产业化、规模化发展。而行业协会作为连接农户与市场的组织对休闲农业与乡村旅游产业化发展，尤其是对产业竞争力的提高起着至关重要的作用。国外休闲农业与乡村旅游的发展除了政府的有效管理，主要是通过行业协会订立行业标准来提高休闲观光产品质量，规范产业的发展。此外，国外休闲农业与乡村旅游的发展还得助于其他一些民间农民组织以及正确的组织经营模式（农民参与式）。尤其在拉美国家，非政府组织在休闲农业与乡村旅游中对信息、技术推广以及项目支持尤为重要。

三、培育乡村旅游新型经营主体的紧迫性

农业经营主体是指直接或间接从事农产品生产、加工、销售和服务的任何个人和组织。改革开放以来，我国的农业经营主体已由初期相对同质性的家庭经营农户占主导的格局向现阶段的多类型经营主体并存的格局转变。这种多类型的农业经营主体主要包括农户、农业企业、农民专业合作组织以及社区性或行业性的服务组织等。与世界大多数国家相同的是，农

户（家庭农场）仍然是我国农业生产的基本经营主体。不少学者认为，劳动和资本双重密集型的适度规模经营农户（家庭农场）更加符合中国人多地少的基本国情，也是在现有城市化及土地流转水平下解决农业隐性失业、收入低下、产业升级困难等一系列问题的出路所在。积极培育专业大户有利于推进农业专业化、市场化和现代化进程。农民专业合作社这一经营主体通过组织制度创新，能够较好地解决小农户和大市场之间的矛盾。在可预见的未来，在中国农村经营主体中占多数的小规模农户仍将持续存在，农民专业合作社因其能在一定程度上帮助生产者分享来自加工和销售环节的利润而具有广泛的生存空间和发展潜力。

新型农业经营主体是建立于家庭承包经营基础之上，适应市场经济和农业生产力发展要求，从事专业化、集约化生产经营，组织化、社会化程度较高的现代农业生产经营组织形式。从实践来看，新型经营主体具有以市场化为导向、以专业化为手段、以规模化为基础、以集约化为标志的基本特征。与传统承包经营农户"小而全"、兼业化的经营方式不同，新型农业经营主体以市场为导向，从事专业化生产、集约化经营和社会化服务，规模经营水平和组织化程度较高，能够优化集成利用各类先进生产要素，代表了现代农业的发展方向。新型农业经营主体的形成，与家庭承包经营制度的建立相伴而生，是农业生产分工分业不断深化的产物，是农村改革发展的重要推动力量。各类新型经营主体不断发育成长，呈现出旺盛的生命力和良好的发展势头，发挥着越来越重要的作用。

（一）乡村旅游市场的新需求呼唤乡村旅游新型经营主体。

根据国际上普遍认定的标准，人均GDP在3000—6999美元时，乡村旅游以采摘、观光为主；7000—13000美元时，以体验、休闲为主；超过13000美元时，以休闲、度假为主。随着城市旅游者生活水平的提高，对乡村旅游产品追求的档次不断提高，乡村旅游的内涵发生了重大变化。过去在自家院里腾间房、摆张床、支张饭桌就能开张的简单经营模式已经远远不能满足旅游者的需求。人们对乡村旅游的需求正在从初级的以吃住产品为主，向高级的以体验型、文化型、娱乐型产品为主的转型过程中。乡村旅游的发展正在从观光型向旅游度假型转变，乡村旅游产业转型升级势在必行。适应旅游市场需求的变化，必须在改变经营理念、调整经营战略的基础上，增加资金投入、开发培育新产品、发展新型旅游业态，实行适度规模化与集约化发展。只有整合乡村旅游资源，"全产业链"发展乡村旅游，促进乡村旅游产业的全面升级，才能满足市场不断增长的需求。而乡村旅游只是做一个景区，一个景点，规模效应就难以实现，必须要深入下去，必须要形成1+N个产业，这样产业集中度才能提高。构建完整的乡村旅游产业链，意味着乡村旅游经营中的分工更加完善，可以多层次、多方式的参与乡村旅游，而不仅停留在从事直接的旅游接待工作上，从而减少竞争。这是一家一户分散经营的农户难以做到的，只有大力培育乡村旅游新型经营主体，才能适应市场发展的需要，促进乡村旅游的产业转型升级。

（二）乡村旅游经营主体呈现多元化发展趋势。从产业发展看，乡村旅游由最初的副业、零打碎敲、星星点点向区域性主导产业、支柱产业发展。从经营主体上看，从以农户经营为主向农民专业合作社、社会资本参与、专业酒店托管等投资主体多元化、经营专业化方向发展。都市人"住农家屋、吃农家饭、干农家活、想农家乐"，享受田园风光的旅游活动是乡村旅游的原始发展阶段。在这一阶段，农户是接待旅游者的当然主体。作为投资回报率极高的新兴产业，乡村旅游产业的发展正吸引着越来越多的投资者进入这一行业，不但从事乡村旅游的农户不断增加，而且出现了国有企业、民营企业、社会个人和其他法人纷纷涌进农村地区从事乡村旅游业的局面。随着乡村旅游产业经营主体的多元化和经营主体数量的不断增加，不仅有从事乡村旅游产业农民之间的竞争，也有农民与其他外来经营者的竞争。而竞争的方式，既有旅游产品价格方面的竞争，也有旅游产品质量方面的竞争，还有产品成本方面的竞争以及旅游产品服务质量方面的竞争。乡村旅游市场激烈的竞争，动摇着农民的乡村旅游主体地位。

（三）农民专业合作经济组织是提高乡村旅游产业农民组织化程度的有效途径。无论是从事农业生产经营的农户，还是从事非农产业经营的农户，面对瞬息万变的市场需求以及激烈的市场竞争，单打独斗是难以长期生存的，必须在自愿的基础上，组建各种类型的合作经济组织。随着乡村旅游产业竞争的加剧和乡村旅游产业的升级转型，从事乡村旅游产业的农户只有组织起来，通过合作经济组织实现规模经营和集约经营，才能维护好、实现和发展好自己的合法权益，真正成为乡村旅游产业发展的投资主体、经营主体和受益主体。

乡村旅游专业合作社是农村地区的广大农民按照合作社的原则和规章制度，自愿联合组织、实行民主管理、以开展旅游接待服务为主业，通过发展乡村旅游共同分享收益的新型经济组织。乡村旅游要跃上新的台阶，不能也不应排斥外来资本。但如果农民没有组织起来，就不能在社会化大发展的浪潮里保障自身的利益，外来资本也缺乏可以对接的组织，难以落地。通过旅游专业合作社把分散的资金以及劳动力、土地、技术等生产要素以股份的形式集中起来，形成规模，使乡村旅游的生产要素在生产中得到合理的聚集和配置，推动旅游一体化发展。发展合作经济组织有利于保障农民利益，促进乡村旅游转型升级。

四、培育乡村旅游新型经营主体是产业转型升级的基础和保障

大力发展和培育以乡村旅游合作社为代表的新型乡村旅游经营主体是促进乡村旅游转型升级的基础和发展保障。农民合作社是带动农户进入市场的基本主体，是发展农村集体经济的新型实体，是创新农村社会管理的有效载体。2007年国家旅游局和农业部发布《关于大力推进全国乡村旅游发展的通知》，明确提出要"在农民合作经营的旅游开发中，引导探索发挥合作组织自律、协调和服务的作用。完善乡村旅游合作社章程，探索建立公司制的运作机制"。2016年中央一号文件《中共中央国务院关于落实发展新理念加快农业现代化实现全面小康目标的若干意见》明确提出，"积极扶持农民发展休闲旅游业合作社"。

（一）乡村旅游合作社可以降低社会服务交易成本。在市场经济条件下，任何一个产业的发展，都离不开社会化的大协作，乡村旅游产业的发展也是如此。农村居住分散，社会化服务成本高，使得既有的、成熟的社会化服务（如洗涤公司服务、规划服务、培训服务、管理咨询服务等）进不了村，严重阻碍了乡村旅游产业的提档升级。提高农民的组织化程度，有效降低交易成本，使农民在乡村旅游经营中享受到现代化的社会服务，促进社会化的分工协作，实现规模效益。

（二）乡村旅游合作社的发展可以促进旅游公共服务设施的建设。乡村旅游的开展离不开乡村公共服务设施的建设，诸如景区交通运输设施、娱乐设施、购物设施以及安全设施等等。以往的家庭联产承包制农民的资金过于分散，对于这些公共设施的建设难度较大，并且由于传统的农业生产对这些公共设施的要求较低，所以建设实施较困难。新型合作社的产生将农民分散的资金聚集在一起，促进了旅游公共服务设施的建设。农民专业合作社依据《农民专业合作社法》进行法人登记，有理事会、监事会一套完善的组织机构和章程约束，有各级经管站的服务与监督，能够建立起一套承接政府扶持的管理机制和保障机制。通过建立专业合作社，一方面可将合作社的项目与各种支农资金挂钩，可以争取国家资金的扶持，用于乡村旅游的基础设施及接待设施的改造；另一方面，可以争取政府支持，对乡村旅游专业合作社给予土地、资金、税收等方面的优惠政策，用于合作社成员的设施改造、宣传等，通过各种优惠政策（税收减免、定额补贴、技术扶持等）鼓励和支持从业农民的岗前、岗中和岗后培训工作，提高其知识水平和专业技能，切实改善乡村旅游发展的软硬件环境。

（三）乡村旅游合作社可以促进旅游要素实现聚集，实现规模化经营。通过建立乡村旅游专业合作社，可以打破乡村旅游各自为战的分散发展局面，一方面，通过构建"合作社+农户"或者"合作社+公司+农户"等不同模式，可以将分散的资金、技术、劳动力等生产要素以股份或其他形式集中起来，实现生产、加工、流通、消费的有机结合，使乡村旅游的生产要素得到合理的聚集和配置；另一方面，可以将农民分散的土地集中起来，形成不同的功能分区，实现乡村旅游的规模化和产业化发展。有关乡村旅游的企业、科研、教学单位等与农户之间，以土地、资金、技术、劳动力等生产要素的投入，结成互利互惠、配套联动、共兴共荣的经济共同体。

（四）乡村旅游合作社可以促进市场的有序发展，提高竞争力。建立农村新型合作社，对农民进行有效的分工，农民根据自身的特点和占有的生产资料进行不同的专业分工，使分散的农户结成了生产、技术、销售一体化的利益共同体，大家互帮互带，组织起来一起应对市场。通过建立乡村旅游专业合作社，一方面可根据入社农民状况，进行有效分工，使其从事餐饮、住宿、接待等不同业态的工作，将分散的农户形成利益共同体，避免恶性竞争；另一方面，可统一对外宣传，统一价格，统一标准，保证了乡村旅游的市场秩序。有利于增强抗御市场风险的能力，提高竞争力。

五、培育新型农业经营主体的对策建议

当前，培育和发展休闲农业与乡村旅游新型经营主体，必须贯彻落实党的十八大精神，紧紧围绕建设现代农业的中心任务，以激发内部创新活力和优化外部发展环境为突破口，创新体制机制，健全完善政策，营造良好环境，鼓励改革探索，不断提高新型农业经营主体的经营管理能力和创新竞争能力，推动北京现代农业快速发展。

（一）农经部门要强化职能，强化对乡村旅游新型经营主体尤其是乡村旅游合作社的指导。实践表明，新型农业经营主体是农业先进生产力的代表，是推进农业转型升级和粮食增产、农业增效、农民增收的主要力量。休闲农业与乡村旅游经营主体培育工作涉及面广，

牵涉的部门多。需要政府加强领导，强化责任，建立休闲农业与乡村旅游经营主体培育工作机制，出台和完善相关扶持政策。如山东省2010年5月下发《关于大力发展乡村旅游专业合作社的通知》提出，要在今后一段时期内把大力发展乡村旅游合作社，作为推动全省乡村旅游发展的重点和突破点。农业、林业、水务、供销、财政、税务、科技、工商、质监、国土、金融等有关部门要通力配合，加强对培育休闲农业与乡村旅游经营主体工作的统筹谋划，明确职责，强化服务，形成休闲农业与乡村旅游经营主体培育工作合力，新闻媒体要典型引导，营造良好的农业经营主体培育工作氛围。

农经部门作为指导合作经济发展的部门，应该主动作为，发挥统合作用。以密云为例，近年来，密云民俗旅游业发展迅猛，截至目前全区共有民俗户3606户。可在发展过程中，民俗户软件、硬件参差不齐，规模、规范上也不尽统一，为了实现"一个民俗村就是一个乡村酒店"的管理模式，促进民俗户提档升级，自2016年5月起，区旅游委联合食药局、区农民专业合作社服务中心以及各镇民俗旅游合作社组成联合评定验收小组，对各镇上报的民俗户进行评星。其中区农民专业合作社服务中心专门成立了乡村旅游科，在指导乡村旅游合作社规范化建设方面发挥了非常积极的作用：一是合作社治理推行"八统一"，逐步建立起科学的民主治理机制、严格的监督约束机制、有效的风险调节机制和自我服务与自我发展的资本积累机制；二是实行合作社财务及项目治理；三是对示范社实行动态治理，制定示范社检测考核及动态治理办法；四是规范民俗旅游专业合作社各项治理制度，推行民俗旅游合作社规范化建设。

市农经办要积极把乡村旅游合作社纳入扶持的范围，加大乡村旅游合作社在市级示范社中的比例。

（二）培育土地流转市场，实现适度规模经营。要根据十八大精神及目前北京休闲农业与乡村旅游发展的政策环境，坚持依法自愿有偿原则，守住"三个不得"底线，建立土地要素向新型经营主体流转的有效机制，加快土地流转，着力健全效益型休闲农业与乡村旅游经营体制。要鼓励开展多种土地流转模式。加快培育开发观光土地流转市场，围绕主导观光产业基地、积极引导从事二、三产业和小规模的兼业农户把土地承包经营权流转出来，在不改变土地集体所有性质、不改变土地用途的前提下，鼓励休闲农业与乡村旅游经营主体通过转包、出租、互换、转让、入股等多种形式流转土地承包经营权，实行休闲农业与乡村旅游集中开发。在尊重农民意愿前提下，积极推广委托流转、股份合作流转、季节性流转等方式，推进整村整组连片流转，提高规模经营水平。深化集体林权制度配套改革，建立完善森林资源交易平台和公共服务平台，促进林权有序流转。要通过土地有序流转，实现休闲农业与乡村旅游资源的积聚，实现规模经营，提升乡村旅游新型经营主体的市场竞争力。

（三）健全配套扶持政策，制定和实施有利于新型经营主体发展的政策措施。要对休闲农业与乡村旅游原有企业经营的股份化改造创新进行研究，对新型休闲农业与乡村旅游经营主体的制度化进行设计与优化创新研究，制定和实施有利于休闲农业股份合作有限公司发展的政策和措施，制定吸引海外资本、工商资本和民营资本参与休闲农业与乡村旅游区建设的优惠措施，鼓励他们以参股、合作和独资等多种形式参与建设；鼓励农民以土地、资金入股等方式参与，使农民真正成为休闲农业发展的受益者，形成多元化多渠道的投融资体制。要大力发展家庭农场和合作农场。鼓励有一定规模的种养大户成立家庭农场，符合登记条件的可以申领个体工商户或个人独资企业营业执照。鼓励农户以土（林）地承包经营权作价入股农民专业合作社或者以林权出资成立公司。支持引导合作农场将股份合作的土地进行整理规划，引进专业种养大户或专门的休闲农业与乡村旅游经营管理人员，发展标准化、生态化、专业化生产。

要加大财政扶持力度，健全农业补贴增量主要用于支持新型农业经营主体发展的政策体系。完善合作社、龙头企业、农业经营性服务组织税收优惠政策，把合作社作为单独纳税主体列入税务登记。鼓励金融机构开发适合于新型经营主体需要的金融产品，解决乡村旅游融资困难问题。鼓励各地建立由财政出资的农业担保公司，为新型经营主体提供贷款担保，大力推进农业保险事业发展。

各级财政应将专项扶持资金纳入预算，并随着经营规模的扩张逐年增加扶持额度。积极引导农民专业合作社开展信用合作。培育资金互助社等农村"内生"金融合作组织，创新农村信贷担保方式，着力破解融资难题。尽快制定农民合作社联合社注册登记办法。为加快北京市联合社发展，应着力解决联合社法人地位缺失、"无照经营"的问题。尽快建立家庭农场注册登记制度，扶持家庭农场成为具有法人资格的市场主体。

（四）强化整合提升，不断增强休闲农业与乡村旅游经营主体市场竞争力。有效整合现有的资本、人才、技术、品牌等要素，组建一批规模大、实力强、具有现代企业发展形式的经营实体。鼓励已具规模的经营主体以扩建基地、兼并重组等方式开展跨区域发展，不断壮大经营规模和整体实力。特别是在全面推进各类合作社加快发展的同时，着力推动合作社跨区域合作和同业联合发展，打造一批有较强发展实力和竞争能力的休闲农业与乡村旅游联合社；指导合作社兴办农产品加工、贮藏和物流等服务业，支持合作社信息化、品牌化建设，加快提升其休闲农业与乡村旅游经营水平和辐射带动能力。

（五）完善人才培养体系。乡村旅游专业合作社现有管理者及社员素质相对较低，很难吸引并留住高水平的乡村旅游高级人才，是当前面临的重要问题。要加强新型职业农民培养，探索建立合作社经营者的职业教育制度。建立合作社带头人人才库，建设合作社人才培养实训基地。那些"投资农业的企业家""返乡务农的农民工""基层创业的大学生""农村内部的带头人"是新型农业经营主体的主要来源。要营造农业创业和就业的良好环境，引导和鼓励他们成为新型农业经营主体。

（六）建立合理的专业合作社运行机制。市、区农经站、农合中心要重视乡村旅游合作社的建设工作，要主动指导乡村旅游合作社的规范运营。要实现乡村旅游专业合作社持续健康发展，必须充分考虑当地乡村旅游的发展状况，根据其发展特点、发展阶段、现有规模等，从合作社的形成、组织形式、经营管理、利益分配等方面出发，建立科学合理的运行机制。引导合作社发展联合与合作，拓展服务网络。合作社一个重要的发展趋向就是再联合，通过更大范围的联合，以增强竞争力，这也是各国的共同经验。要因地制宜、因势利导，鼓励农民开展多种形式的股份合作和合营，引导和支持兴办多元化、多类型的合作经济组织。积极推进以土地承包经营权入股的土地股份合作社，充分发挥土地、劳动力、资金等生产资料和资源的聚集效应，优化农村资产资源的市场配置效率，提高农民生产经营合作的积极性和主动性。促进旅游资源城乡优化配置，增强乡村旅游发展内在动力。

课题负责人：蒋洪昉

课题组组长：冯建国

课题组成员：陈奕捷　赵　晨

执笔人：陈奕捷

北京市民农园建设标准与经营规范研究

2015年7月27日，林克庆副市长批示北京市农研中心就市民农园开展进一步调研，并提出规划、指导意见。为了贯彻落实市领导的明确要求，将已有的调研进一步深化，提出可操作的建设性意见，北京市农研中心与国仁城乡（北京）科技发展中心、小毛驴市民农园等单位合作，邀请该研究领域的专家组成专门课题组，在已有的调研基础之上，开展"北京市民农园建设标准与经营规范"研究课题。

一、相关概念

（一）**都市农业**。都市农业的概念源于20世纪30年代的日本，主要是指城市居民利用城市里的闲置空间及城市周边区域，开展密集型农业生产经营活动。都市农业除了农业生产与生态环保的功能，也为城市提供郊野绿地和避难空间，兼具经济、生态、社会等多种功能。

都市农业是高度集约化的农业经营模式，可将生产、加工、销售经营一体化，同时提供休闲、教育和体验服务，实现不同于传统农业的高级形态。主要形式包括农业公园、屋顶农园、市民农园、设施型农业、特色创意农业等。

（二）**休闲农业**。休闲农业一般是指农业和休憩相结合的一种农业经营业态。主要利用田园景观、自然环境、历史人文等条件，结合农业生产、农业创业、乡村生活、文化体验等，提供观光和体验为主的多功能农业休闲服务。

休闲农业一般可分为观光农园、休闲农园、市民农园、市民农庄等几大类。

（三）**市民农园**。市民农园是指城市居民短期租赁城郊小块农地，参与农事劳作，享受劳动乐趣，并且收获、拥有农产品的一种都市农业生产经营形式，俗称"都市小菜园""开心农场""开心菜园"等。市民农园主要强调市民为农业生产主体。

国内近年兴起的市民农园，主要是以企业或个人为经营主体，在城市郊区开设不同特色的农园，面向市民提供短期、小块的土地租种及相关服务的一种平台性园区经营方式。市民一般以农园消费成员的身份认租土地，以种植满足自身需要的生态农产品为主要活动，兼具周末休闲、农耕体验、社交和农场即时消费等其他需求。

二、问题的提出

（一）**市民农园在京郊发展迅速**。根据北京市农村经济研究中心2014年的调查统计，京郊有一定规模的市民农园253个，耕种面积约1.3万亩，平均每个园区的面积51.9亩。据估算，市民农园年参与人约为200多万人次。目前，多数农园经营状况良好。所调研的农园地块出租率都在80%左右。但是也有少量农园因管理不善、缺乏服务等原因而倒闭。如海淀的上庄水库红亭农庄、顺义区杨镇沙子营村、朝阳八里庄的绿色农家院等。

（二）从宏观层面看，市民农园面临的问题。

1.缺定位：这一业态在北京都市型现代农业的发展中到底是什么定位？扮演什么角色？这一基本问题尚未有权威的定论，对这一业态的作用，也尚未形成统一的认识。

2.缺规划：由于定位不明，相关部门尚没有对市民农园的布局进行过宏观的规划指导。

3.缺规范：由于规范的缺失，一些违规违法的"大棚房"项目也打着市民农园的幌子出现，"一颗老鼠屎坏了一锅汤"，严重影响了这一业态的健康发展和公众形象。

4.缺技术：有相当一部分"市民小菜园"只是简单地把地分成小块，租给无农作经验的市民耕种，最终导致"杂草里面找菜吃"，甚至土地撂荒，形成浪费。

5.缺组织：市民农园尚未形成行业组织，也没有各级政府明确的政策支持。农园相互之间、农园与其他相关行业之间缺乏有效的组织交流，处于自发的和萌芽阶段。

德国、日本、台湾等国家和地区都专门制定了市民农园的法律。我们应借鉴其经验，结合北京的实际，尽快研究制订市民农园建设经营标准。对经营主体、土地流转、工房用地、附属设施、经营项目、服务内容、节水节地等进行规范，促进农园依法建设、合法发展、高效用地、节约用水。

三、制定市民农园规范的基本原则

（一）合法性原则。作为一种规范的经营项目，合法性是第一位的要求。因此，市民农园的建设标准与经营规范必须建立在合法用地、合法建设、合法种养、合法经营的基础之上。（调研中发现，京郊一些违规违法的"大棚房"项目打着市民农园、"市民菜园"、"开心农场"的幌子出现，严重影响了这一业态的健康发展和公众形象。）

（二）生态性原则。推进生态循环农业建设，才能开发农业多种功能，提高农业综合效益。市民农园建在城市地区，更应该注重生态保护，严控化肥农药使用，严保籽种安全和土壤健康。据调查分析，市民农园参与人群受教育程度高，普遍重视食品安全问题，因此，市民农园应该成为以绿色生态为导向、促进农业资源合理利用与生态环境保护的生态农业示范点。

（三）融合性原则。市民农园是都市型农业的一种表现形式，兼具生产、生活、生态三重功能。因此，市民农园的建设，要兼顾生产需要和游憩需求，市民农园的运营，要充分发挥农业的观光休闲、文化传承、食农教育功能，要在市民农园这个平台上，将传统的农业与城市的其他产业（如互联网、康养、幼教、休闲等）融合发展，将传统的农业与城市人的健康生活充分链接起来。

四、市民农园的经营主体及经营方式

（一）经营主体。在工商部门注册登记的企业法人（包括农民专业合作社），及其他符合规定的家庭农场、农户、个体户等。经营者开展的农业、农场经营，如果是多种业务混合经营，须根据自身业务取得所有类别的经营资质。

（二）**土地获取**。农园经营所用土地，须依法取得使用证明或相关合同文件。一般由取得相关经营资质的公司、合作社或个人，向村镇集体、农户、或政府等农业土地使用权所有者，进行流转、租赁、或开展合作等方式；经营所用土地，须性质明确，权属清晰，并符合农业生产的要求；农业用地对农业设施、基础建设等有明确的限制和要求，不允许违规建设，因此最好选择已有部分农业设施或设施建设指标的土地。

（三）**经营方式**。面向市民及其他消费者提供农地租种业务及相关农业服务；租种土地主要用于农业生产种植，租种后的产出主要用于租户家庭直接消费，而非出售等经营活动。市民农园在租种业务以外，可适当开展其他相关经营和服务，但须以租种业务为主。

市民农园是为市民提供租种业务的服务型农场，同时可兼具农业生产功能；为市民提供租种土地服务的，要事先签订服务合同，规定市民对土地的使用方式、产出用途等，若市民在承租土地上的产出用于销售和经营，就会形成新的经营主体，同样要取得经营资质，因此须规定市民租种土地的产出仅用于自身家庭消费。

（四）**规模大小**。农园经营总面积应在50亩以上，对外出租土地单元面积，粮食种植为100—300平方米，蔬菜种植为30—50平方米，果树、花木种植，动物、水产养殖可因地制宜。

鉴于农园对会员的管理、服务，形成一定的规模效应可以降低成本，根据课题组调研，租种业务总体规模在50—200亩较为适宜，符合边际效应；为市民提供的单块土地面积，按照一般家庭全年消费数量倒推种植面积，在北京地区，平均按照3—5口之间计算，粮食消费为250—400公斤，蔬菜消费为400—500公斤；特别注意的是，小规模土地多样化种植的蔬菜产量，因劳动力投入密集、错茬和间作等原因，产量大大高于一般种植。

（五）**合法性**。各个经营项目及经营活动必须取得相应资质，符合国家相关法律、法规的要求。各地对于农业生产经营、餐饮、住宿、休闲等服务的经营要求会有差异，经营者须依据注册和经营地的相关部门要求，申请经营许可和办理相关资质。

五、位置选取与环境要求

（一）**区位与交通**：农园应选择距离城市居民点较近的区域。由于市民农园的会员到达农场进行种植管理的频次较高，平均每周达到一到两次，因此最好选在距离居民点一小时车程或公共交通可以方便到达的郊区位置。市民农园需要较大面积的停车区域，农园在规划之初就须考虑停车场的数量和安排。

（二）**自然环境**：市民农园应采用周边自然生态良好、环境卫生、无工业、无污染排放的农用地。因为市民农园一般以生态种植为主，健康农产品是市民家庭需求的主流方向，农场自然和生态条件很大程度上影响市民的选择。

（三）**周边配套**：市民农园附近应有一定规模的生活区，如村庄、小区等，方便员工生活及一般采购。因为市民种地是一种近郊出行，除了种地，还有饮食、住宿、购物、娱乐等一系列消费需求，一般农场很难全部满足，借助周边环境和商业设施，可以为市民提供更多的便捷服务，这在一定程度上提升农园对市民的吸引力。

六、市民农园设施建设标准

农园设施之建设，要符合用地规划原则，功能上以为租户提供方便、舒适的生产环境和生产服务为首要目的；建设避免破坏土地，可采用生态设计和可回收材料，不得违规建设，设计上可综合多种功能，将有限的设施综合利用。

农园生产设施还应符合生态原则，在生态环保的基础上，进一步考虑创意设计，将景观和功能相结合。

（一）生产设施。

1.水电设施：有符合国家标注规定的灌溉水源和饮用水源，有污水排放和垃圾回收设施；有满足农业生产和经营的电力条件。农园提供的水源，包括农业灌溉用水和生活饮用水，同时农田及周边须具备排涝和生活污水排放或处理条件；农园对垃圾一般采取分类回收，有机物通过堆肥与农业生产形成内部循环，不可回收垃圾须与周边垃圾回收站、公共卫生服务单位对接，形成垃圾处理机制；农场的电力条件须满足灌溉、排涝和一般生活用电需求，大面积夜间照明建议采用太阳能，可以减少供电设施的投入；此外农场多为户外条件，电力铺设一般采用深埋，并严格按照电力部门安装要求施工，电力控制端口须明确标示并上锁，最好有专人管理，防止市民和游客接触。

2.灌溉设施：灌溉设施须铺设到每个份额地（指租户的单元地块，下同），至少每四户共用一个出水口；北方地区管道要深埋，地上管道做好保温防护，防止冬天冻裂。（30—50平方米的地块，出水管径一般不小于2厘米；北京地区户外管道埋深一般在70—90厘米，每个区域要设置独立分支开关和泄水井；市民租种土地种植品类繁多，作物间种复杂，除非经过特别设计，一般不适合喷灌、滴灌等节水设施。

3.道路系统：道路铺设必须连接每一块份额地，一般农资运输工具，如手推车或电动车等可直接到达，末端宽度不小于1.2米；田间道路可直接采用土路、适当三合土硬化或用砖石铺设，减少土地硬化面积。农田生产道路须与农资存放场所配合，农资取放场地越密集，对农资运输道路要求越低；一般农业生产道路不建议硬化，可用三合土、石子或石板、预制板铺设。

4.排涝设施：每块份额地须挖设排水沟，并依据地势连通园区主排水沟；按照不同的地势和土壤透水性，排水不畅的地块，可在适当位置挖设渗水池，必要时可安装排涝泵，排水沟宽度或水池大小，依据当地降水量设计。农田排涝对农业生产，尤其是蔬菜和果树非常关键，即使在北方干旱地区，也要保证夏秋雨季时排水畅通；在农田附近修建适当规模的蓄水池，可以兼具排涝、灌溉和消防功能，但任何水池、深水沟、坑洞等必须安装围栏、围网或其他隔离装置，并在明显位置放置安全提示牌，防止儿童靠近。

5.围栏设施：每块份额地可设置单独的围栏和栅栏门，也可按区域分区设置围栏，围栏可采用竹子、木头或铁丝围栏，但应考虑耐久性和维护方便。市民种地需要有相对独立的空间感和菜园界限，设置围栏便于形成独特田园空间；此外围栏可以提升园区的景观效果，也在一定程度上保护市民收获成果。

6. 地块标识：每块份额地须安装地牌标识，要界限明确，标示清楚，并固定在地面或围栏。标牌可采用地块编号、区域编号或由客户自定义标示。农园可以提供一定个性化和具有创意的地牌，不但增加市民的参与性，也会为农场整体创意加分。

7. 垃圾和堆肥：每个区域就近设置垃圾分类收集或堆肥设施，方便租户分类投放垃圾和菜叶秸秆。园区应在垃圾分类的基础上，建立垃圾回收或处理系统，收集的有机物可喂养动物、就地堆肥，也可集中起来堆肥；其他垃圾分类处理，垃圾处理可参考相关规定。（农场设立垃圾分类机制非常关键，不仅可以有效利用有机物，形成生态循环，也可以大大减少垃圾量；农园对市民垃圾处理可以提出明确要求，尽量减少不可回收的垃圾投放；在周边垃圾回收设施不健全的地方，农园可以和市民合作，由市民自己将产生的不可回收垃圾带回市区等有回收处理条件的地方；有机物、菜叶等和动物养殖结合，也可以形成良性生态循环。）

8. 育苗设施：园区须建立育苗设施，可采用育苗畦、育苗拱棚、塑料大棚或玻璃温棚，按照园区可建造设施的要求，也可以几种方式搭配。育苗区面积根据农园耕种和租户需求而定。（按照北方的生产经验，育苗设施占地一般在生产用地的10%左右，市民农园种植种类多，周期持续久，大型温室大棚并不是最好的育苗设施，需配合小冷棚、小型育苗畦等，方便分品类管理、控温和控水。）

9. 工具房/农具仓库：农园根据租户数量和需求，设立专门的工具房，方便租户领用和存放工具；工具房的位置选在园区入口或不同份额地区域中央，以方便领用为原则。工具领用场地的设置可以比较灵活，也可以结合创意设计，搭建不同风格的场地，并且不一定要采用固定建筑，可以用帐篷、箱柜等临时装置；农资存放场地要按照适合的密度分布，密度过低增加市民领用和运输困难，密度过高会增加建设成本和管理成本，农资可以分类存放，较重的物资分散储存，如肥料。

10. 农资房：农园根据租户数量和需求，设立专门的农资房，方便租户领用或购买农资；农资房的位置选在园区入口或不同份额地区域中央，可与工具房合并，场地要特别避开积水低洼地。有大型农机的农园，还应建造农机存放场所，以及其他农资储存场地。特别注意，种子储存要求阴凉干燥的环境，可以采用专门的种子存放箱，部分种子不宜跨年存放，影响发芽率；需要长期储存的种子，可以放进避光密封容器，然后在冰箱或冷藏条件下储存；无论如何，种子最好随用随买，不宜积压。

11. 堆肥场：农园在主交通便利及下风口的区域，建造堆肥场，用以储存、发酵自产或采购的粪肥。堆肥场可以是露天的开放场地，也可在半开放的雨棚下。外购商品有机肥料，尽量储存在室内。堆肥是农场生产环节的重要组成部分，自制堆肥可以充分利用农场的有机物，形成高品质肥源；有养殖条件的农场，堆肥和养殖配合进行，效率更高。堆肥对水分、温度和混合比例有一定技术要求，农场须配备专门的技术人员或邀请相关专家指导。

12. 其他生产设施：如养殖、水产、果园等，依据需求建设，各个生产项目之间，尽量形成生态循环模式。近年来，农业经营业态呈复杂化趋势，多种经营结合可以分散农业风险，也提升农场的综合吸引力，配合租种市民需求，适当增加各项配套业务，可以帮助农场获得更高的综合收益。

（二）公共服务设施。公共服务是市民农园服务的一大特点，但管理和维护成本较高。一方面，在设计上要考虑维护便捷，管理方便；同时应做好市民教育，鼓励市民参与到公共环境的维护当中，例如分片区形成市民公共管理小组，除了维护公共环境、安全等，还可兼具技术指导、活动组织等任务。

1. 停车场。园区周边若无公共停车区域，须在入口处附近设立停车场，农场停车一般用石子，或砖块、石板等铺设，并减少水泥硬化。停车区面积依据租户数量和园区人流状况设置。农园还可以采取限制车辆入园和雨天车辆管制等措施，须与市民提前达成协议。

2. 厕所。园区内须设立公共厕所，厕所数量和蹲位依据人流确定，可以参考相关公共设计标准。一般农业园区的厕所以旱厕为主，推荐采用粪尿分集式生态卫生厕所。有市政污水接口的区域，厕所可设计为一般冲水马桶，直接连接市政排污管道，也可设计连接沼气池的水冲厕所，或者专门建立符合要求的化粪池。厕所若设置在水电不方便的位置，照明可采用太阳能灯，洗手可采用收集的雨水。（厕所的管理会影响粪尿回收和处理，农园的厕所为公厕，要通过各种宣传教育，引导市民形成良好的如厕习惯）

3. 服务中心/办公室。农园设立专门的农业服务中心，方便租户咨询寻求技术指导；农服中心的位置可选在园区入口或不同份额地区域中央，可与工具房、农资房等合并。办公区和市民接待要有专门的场所，接待区可以和产品体验、展示活动相结合；农业服务区域要考虑服务的便利性。

4. 休息场地。可在工具房、农资房、农服中心、厕所周边，或者其他适当的区域，建立市民休息区域。休息区一般提供遮阳避雨、座椅、饮水、洗手池、无线网络等，可以是亭子、简易凉棚或帐篷，有建设条件的农园也可提供室内休息空间，甚至结合住宿、临休等服务。

5. 照明设施。在关键区域、道路等区域，视需求情况，安装照明路灯，可使用常规路灯，或太阳能照明系统。无夜间活动的也可不安装。多数农场夜间没有市民活动，但个别公共区域，如厕所、道路等依然要考虑照明，以兼顾管理值守人员及安全需要，小型太阳能路灯是不错的选择；有动物养殖的农场，养殖场地的照明也要特别考虑，方便夜间巡视和特别需要；此外大棚、温室等场地，有阴雨天作业、凌晨采摘等需求的，也需要安装照明设施。

6. 安保设施。园区在入口处设置门房或保安亭，负责日常和夜间安全；封闭园区可结合验卡、验票和登记工作。园区也可选择安装监控设备，以保障园区安全。保安和值班人员最好雇佣当地村民或对当地人事、环境熟悉的人员；有条件的地方需要在保安房安装电话，或者保证夜间值守人员的手机畅通；规模大的农园，还应为保安制定专门的应急情况处理流程，必要时对保安进行培训。

（三）游憩设施。

农游合一是市民农园的基本属性，因此，在保证生产的基础上，还应该为市民提供游憩的设施。游憩设施在农园提供市民服务方面十分关键，但农田上的建设行为国家有严格的限制，因此，合理利用已有设施，或寻找配套完整的场地，可以节约农园建设成本，降低违章建设的风险。

1.餐饮设施。依据农园经营内容，农园可选择性设立餐饮场所，包括餐厅、茶室、咖啡厅等。餐厅可以是标准餐饮服务、自助厨房或提供熟食简餐的场所。餐厅等设施建设须依法取得相关经营资质，办理房屋、环评、消防、卫生许可等合法手续。餐饮是市民农园的刚需，有条件的农园开设餐饮业务可以大幅提升园区收入，也可以和附近农家乐、周边参观结合，形成互惠的合作方式，或者设置市民自助厨房，采用出租烹调场地和烹调器具的方式，为市民提供餐饮服务，但也要符合当地关于饮食卫生的相关要求。

2.住宿设施。根据土地使用性质，可采用固定房屋、木屋、房车、帐篷等多种形式开展农场住宿服务。相关建设和经营须符合国家有关规定。住宿可以增加市民的郊区户外体验，有住宿条件的农园可以增加农园综合收益；没有住宿条件的可以和周边的民宿、农家院合作形成共赢；不定期举办露营活动、亲子体验等，也可以增加农园与市民的黏性，但要在有严格安全保障的前提下开展。

3.团队活动设施。包括田野景观、绿地花卉、会议室及相关休闲设施，主要面对租地市民开展收费经营。休闲场地可以是公共服务的一部分，也可以开辟专门的空间供出租使用。如户外拓展场地，体育锻炼场所或团队活动空间。

4.儿童娱乐。儿童娱乐项目复杂多样，可以根据业务设计，建立不同的娱乐设施。儿童活动是市民农园吸引市民的一个亮点，农园可以与相关儿童教育机构合作，形成符合农园条件的教育和体验活动；农场具有天然的自然教育环境，在儿童设施建设方面，考虑因地制宜，结合农园已有的场地进行，尤其考虑设计的创意性、材料的生态性、设施的多功能性。

5.购物设施。农园可在专门区域设定商品服务，出售农园的农产品及其他商品。也可与农资销售、工具销售、茶点等服务结合。各项业务须取得相关经营许可，如食品流通、卫生许可等。农园商品服务是对农园租种业务的补充，结合农园自产产品，搭配非自产商品，方便市民在种地之余，从农场购买其他家庭消费所需的健康食品。

6.其他设施。农园可根据业务需要建设其他服务设施，比如市民活动室、展览室等。文化建设是农园的软实力，营造良好的农业氛围，形成农耕文化，逐渐走向都市农耕社区是市民农园发展的重要方向。

七、市民农园运营规范

（一）运营的类别。一般来说，市民农园的运营包括以下几方面：

1.种植管理服务。包括农业技术指导、农资分发、工具管理、土地托管、作物采摘、配送；农地信息反馈服务等。委托服务可包含在会员租赁套餐，也可单独收费。农业生产及管理是劳动力密集投入的产业，合理采用分包、承包、责任制等管理办法，可以极大提高管理效率，降低管理成本。市民租种，实际上是利用市民自己的劳动力，替代了农业生产的高人工投入，而市民在劳动过程中获得劳动的乐趣及其他收获；提供过度服务或过于从客户角度考虑，反而增加劳动力成本，远离市民农园开设的初衷。

2.园区公共服务。包括道路、一般接待、交通、停车、公共卫生间、垃圾收集、灌溉水源、公共休息及景观、公共无线网络、园区安全等，适用于所有会员及来访者。

3.游憩配套服务。如餐饮、住宿、茶点、小商品零售、农业节庆活动、教育活动、休闲体验活动、临休及住宿、会议培训、其他农产品供应等，一般为收费经营服务，可依据项目独立经营，也可招标合作。

4. 客户（会员）管理。市民农园的业务，很大一部分是对租种的市民会员进行管理，要善于运用一般商业公司的会员管理办法和互联网工具，达到与会员良性沟通和互动之目的。客户关系最重要的是人与人的关系，增加客户黏性、形成良好的信任基础是会员管理的关键和本质。

（二）技术原则及种植管理。

1.生态农业种植技术，应以考虑地方传统农业经验为主，加强病虫害管理。关于病虫害防治方面，要寻求农场整体生态系统的多样化，利用天然营养液制剂、天然杀（驱）虫剂和一些物理的方法防治病虫害，鼓励市民通过轮作、间作、多样化种植，顺应种植季节等方式，降低生产风险。同时，应推动适用于市民学习的简单技术体系，一般基于以下原则：

（1）简单适用。凡是针对市民推广的技术，必须经农场自己的实践，符合一般人的学习传授能力，市民容易学习和掌握，不能过于复杂；

（2）因地制宜。顺应节气和作物生长规律，结合当地自然环境选择适宜种植的各种本地作物，并在适宜本农场的基础上进行优化；

（3）低成本。多采用本地农民的传统经验，用本地易获取途径取得的材料进行病虫害防治，减少直接采购，降低生产成本；

（4）多元包容。鼓励市民之间交流和创新，重视一线经验，对实用方法和技术采取包容的态度，避免单一化和标准化。

2.农资安全和土壤健康很大程度上是保障农产品安全的基础，作物安全当以土壤改良为基础，并严格控制种子、肥料等投入品来源。

主要原则如下：

（1）重视土壤改良，通过保持土壤的有机质、微生物和一般物理属性的平衡，逐渐提升土壤质量；

（2）禁止化学肥料、农药和其他化学添加品，禁止使用生长调节剂和化学除草剂；

（3）使用自制有机肥，或采购来源可靠的商品有机肥，鼓励市民自制肥料；

（4）杜绝转基因种子，尽量使用常见的、传统的本地品种，选择正规种子供应渠道；

（5）选用天然源或植物源、非生物工程或化学合成的天然抗病虫用剂；

（6）避免或减少使用地膜。

3.农业技术管理。

（1）现代农业生产劳动难以量化，加上越来越高的人工成本，在种植用工环节的管理尤为重要，关乎农园整体成本和收益。

（2）园区生产劳动宜采用分区定量承包的方式，在定量基础上实行浮动的奖惩办法，可以较好地动员劳动积极性，减少用工和管理成本。依据功能和片区，将园区划分成若干个"园中园"，按照每个小园区的基本工作量，核定劳动人数和基础工资额度，在此基础上，建立针对会员服务质量或生产质量的评估考核机制。

（3）农园要建立一套自有的农业生产技术标准。生态农业技术要点，主要在于农业生产投入品级别设置，如完全不用化学、生物工程类投入品，采用有机标准允许的生物农药、生物肥料，采用低毒农药和一般商品肥料等等，具体可参考国家有机农业技术标准，或国外相关农业标准。其次是种植品类和季节调整，是否种植反季节、是否保护地种植，对种植技术要求不同。

（4）对于租地用户的技术服务，重点在于现场指导的灵活性和解决问题的及时性，要注重技术指导员的沟通能力、责任心和服务态度，除了基本的农业技能，应该对技术指导员开展服务技能培训。

（三）客户（会员）管理。

1. **客户档案。**市民农园客户分为租地会员、一般消费客户和团体客户。从招募之始须建立完整的客户档案，租地会员是核心客户群，应依据不同租地类型、消费会员及团体客户，根据消费内容，实行分级管理；租地会员还需建立服务日志，以便跟踪服务和提供个性化服务。

2. **信息平台。**农场应针对租地用户，建立信息发布和互动平台，及时将天气、农事、种植知识、产品信息等推送给会员。可以通过电话、短信或微信平台，有条件时也可开发专门的手机APP。信息发布和管理要尽量集中在一个平台，不能过于分散（不同于宣传推广），而且部分用户仍需依赖电话和短信方式。必要时可以制作电子刊物或农场简报。

3. **会员公约。**依据自身需求和与会员商议的结果而定，这里可以参考市民农园会员公约样本，见附件。

八、总结与建议

市民农园兼具经济、社会和生态等多种效益结合，与城市公共绿化、市民休闲、食品安全等多种功能结合，是都市农业及休闲农业的重要组成部分。

（一）从都市农业发展和建设宜居城市的高度，认识和发展市民农园。休闲农业是都市型现代农业的重要组成部分，而且是最精彩、最有前景的部分；而市民农园又是休闲农业的一种更高级业态。按发达国家和地区的经验，人均GDP在3000—6999美元时，以采摘、观光为主；7000—13000美元时，以体验、休闲为主；超过13000美元时，以租赁（市民农园）、度假为主。

所以，大力发展市民农园，既是落实中央指示、调整农业产业结构、提高土地产出率、增加农民就业岗位、提高农民收入的需要，也是建设宜居城市、满足市民多种需求、不断提高市民幸福指数的需要。在市民农园里，农民变为技术员、指导员、服务员、管理员；市民从被动的农产品消费者，变为生产者、监督者、宣传者、消费者，城乡交流，"三产"融合，"三生"统一，农民增收，市民乐享，社会的和谐指数得到有效提升。

（二）做好市民农园的布局规划，积极探索将其纳入城市绿色空间的范围。在北京农业面临"调结构""转方式"的背景下，相关部门应将其正式纳入都市型现代农业的范围进行研究和引导，将市民农园作为休闲农业的重要业态之一。结合未来城市发展规划，积极探索在郊区的菜篮子工程面积中，规划出一定面积，建设符合规范的市民农园，打造"都市中的田园"、市民和农民互动的乐园、市民休闲度假的新型公园。

（三）尽快制订建设和管理标准，积极引导行业规范发展。

课题负责人：蒋洪昉

课题组组长：冯建国

课题组成员：陈奕捷　黄志友　严晓辉　李翠环　邱珊珊　朱文颉　赵　晨

执笔人：黄志友　严小辉　陈奕捷

北京小毛驴市民农园发展的困境与对策

一、背景

随着我国城市化进程的发展，城市建设用地不断扩张，逐渐侵蚀了城郊的农地、菜地，城市周边的村落也成为"城中村"。针对这一情况，2013年12月召开的中央城镇化工作会议提出，"城镇建设，要实事求是确定城市定位，科学规划和务实行动，避免走弯路；要体现尊重自然、顺应自然、天人合一的理念，依托现有山水脉络等独特风光，让城市融入大自然，让居民望得见山、看得见水、记得住乡愁；要融入现代元素，更要保护和弘扬传统优秀文化，延续城市历史文脉；要融入让群众生活更舒适的理念，体现在每一个细节中。"保留城市山水、保留城市中的"乡愁"的发展理念，在反映出政府的人文气息之余，更是直接表达出乡村的重要性。

现代经济和社会发展到了一定程度、人均收入及消费达到一定水平的时候，必然会出现逆城市化的趋势！市民农园是逆城市化进程中的一种客观现象，它是处于大都市地域内的绿色空间，集合了生产、生活、生态三大功能，是农业在都市区域内的发展新形式，为"城中村"提供了一个新的产业选择。市民农园是让参与其中的市民自觉地融入其推动的以倡导环保、绿色、生态为主题的运动之中，享受其倡导的亲近自然、亲近乡土、追求健康的生活方式。

自从2008年北京出现第一家市民农园——小毛驴市民农园之后，北京的市民农园获得了快速发展，数量迅速增加到现在的250多家。北京市民农园面临着广阔的市场前景和数量剧增带来的竞争加剧，机遇与挑战并存。

二、小毛驴市民农园概况

小毛驴市民农园创建于2008年4月，占地153333平方米，位于北京西郊著名自然风景区凤凰岭山脚下、京密引水渠旁。

小毛驴市民农园是由中国人民大学与海淀区政府共建的、以"市民参与式合作型现代生态农业"为核心的产学研基地，园区土地由海淀区苏家坨镇后沙涧村提供，具体运营管理由国仁城乡（北京）科技发展中心团队负责（所属于中国人民大学乡村建设中心）。2012年，产学研基地项目在海淀区苏家坨镇柳林村推广，国仁城乡（北京）科技发展中心与柳林村村委会合作共同启动了"小毛驴柳林社区农园"，进一步探索城市和农村社区的互助模式。

小毛驴市民农园在种植方式上尊重自然界的多样性，采用自然农业技术，遵循种植养殖结合的原理；经营方式上采取社区支持农业（CSA）的经营模式理念，向城市居民提供蔬菜及农产品配送和土地租种的服务；经营理念上努力重建城乡和谐发展、相互信任的关系，倡导健康、自然的生活方式。

小毛驴市民农园同时还推动少年儿童的农耕教育、农业技术研发、人才培养、可持续生活倡导和全国CSA网络建设等多方面的公益项目，并一直秉承社会企业的经营理念，以社会综合收益最大化为发展目标。

三、小毛驴市民农园的经营内容

（一）劳动份额。劳动份额也称租赁农园，是指市民在小毛驴市民农园承租一块农地（30平方米为一单元），需要预先支付一整年的租金，农园为租种的市民提供种地所需的工具、种苗、灌溉水、有机肥等，还提供专业技术指导等服务，市民可选择自己在承租的菜地上种植蔬菜，产品完全归市民所有，或选择由农园代为管理种植，市民承担委托费用（罗伟涛，2013）。

市民与农园的合作关系分为三种类型：一是自主劳动份额，即市民需要自己打理农园，从播种到收获都是由市民自主完成；二是托管劳动份额，即市民只需要自己播种和自己收获，其他农活可以由农园代为打理；三是家庭健康菜园，即农园会按照市民的要求设计农作物的种植品种，并提供全面的管理和服务，收获的农产品也由农园负责配送到市民家里。如表1。

表1　小毛驴市民农园劳动份额类型

份额类型	菜地面积	份额特征	服务内容	份额费用
自主劳动份额	30m²	自己播种，自己管理，自己收获	农资、工具免费，技术指导，免费活动	2000元/年
托管劳动份额	30m²	自己播种，农场管理，自己收获	农资、工具免费，技术指导，托管服务，免费活动	3500元/年
家庭健康菜园	60m²	自己设计，农场种植，农场管理，农场收获，即时互动，配送到家	农资、工具免费，技术指导，保证产量，配送到家，免费活动，赠采摘、餐饮	12000元/年

（二）配送份额。配送份额也称蔬菜配送，是指农园的社区支持农业（CSA）成员，在一季播种初期，先预支下一季份额蔬菜的全部费用，农园依照规定计划和种植要求，负责任地生产出各种健康安全的蔬菜和其它农产品，按照约定好的时间配送到成员家庭。双方承诺共同承担生产过程中的各种风险。成员可以到农场参与劳动体验，并监督农场的生产，以确保农产品的品质（杜姗姗，2012）。

小毛驴市民农园可供会员预订的配送蔬菜的时间为半年25周或一年50周，每周1次或2次；每次配送的品种为8—10种；一般在每周的周三和周六进行配送，配送日的前一天下午开始采摘耐储存的蔬菜，配送日的清晨开始采摘叶菜，以保证新鲜度；蔬菜配送的总量分为半年会员累计100千克、156千克、416千克不等，全年会员累计208千克、324千克和864千克不等，费用也各不相同；供应的方式分为配送到家、到固定取菜点自取、或到农园自取三种，配送到家需要额外支付500元的费用，取菜点自取或农园自取的形式则不需要支付配送费用。

农园为打消市民对蔬菜配送的顾虑，推出体验套餐，配送周期为单次、月和季度，每周1次；蔬菜的配送内容与定期会员相同；配送的蔬菜总量分别为单次4千克、月套餐16千克和季套餐48千克不等。

近年来，农园为丰富会员的套餐选择，增加了自养柴鸡蛋套餐、散养柴鸡套餐和生态黑猪肉套餐等，受到很多市民欢迎。

小毛驴市民农园为每份蔬菜准备了配送箱，贴上记录成员信息的卡片。农园每周制作《小毛驴市民农园CSA简报》，随蔬菜一起配送到会员家中，让不能经常来农园的会员了解农园动态。会员也可通过简报和信息卡反馈信息，达到反馈意见、增进彼此交流的目的。

这种产销方式将传统市场运作中被分割的生产者和消费者之间的纽带重新建立起来，缓解食品安全压力，实现每平方米产值45元，5倍于常规农业产值，经济效益显著。如表2所示。

表2　小毛驴市民农园常季配送份额类型

家庭人口		每周菜量	配送频率	送菜次数	送菜总量	份额菜金	配送方式及运费
二人家庭	半年	4kg	一周一次	25次	100kg	3000元	农场自取、取菜点自提、配送到家，不同配送方式运费不同（另计） 现有取菜点：农场、苏州街、回龙观、雍和宫
	一年			50次+赠2	208kg	6000元	
三人家庭	半年	6kg	一周一次	25次+赠1	156kg	4500元	
	一年			50次+赠4	324kg	9000元	
四人家庭	半年	8kg	一周两次	50次+赠2	416kg	6000元	
	一年			100次+赠8	864kg	12000元	
单次8斤体验		4kg	一周一次	1次	4kg	142元	
32斤月套餐		4kg	一周一次	4次	16kg	566元	
96斤季套餐		4kg	一周一次	12次	48kg	1668元	

（三）**互动活动**。小毛驴市民农园的农业活动和节庆活动也是丰富多彩的，主要的节庆活动包括每年春天4月份的开锄节、夏季5月份的立夏粥和6月的端午节、秋季10月的丰收节。每个农事节庆活动，针对不同的主题内容，结合季节的变化和节庆本身的文化传统，呈现不同的特色。例如，开锄节主要突出农民一年的土地耕作开始，活动内容为劳动份额会员到农园报到、按照抽签分地、开拓耕地为一年的种植做准备；立夏粥沿袭立夏日喝粥的传统，内容突出为会员自带米豆杂粮等，集体煮"百家粥"；端午节的活动内容是包粽子；丰收节的活动内容是农产品采收、农夫市集和农产品展览（范子文，2013）。如表3。

表3　小毛驴市民农园亲子社区活动内容

活动主题	活动名称	实践内容
农耕体验	种块地吧	学习、实际体验种植：认识工具、农资准备、土地修整、播种、浇水等环节，附带堆肥体验。
	爱心浇灌	农地田间管理，包括除草、中耕追肥、间苗、搭架、堆肥等。
	开心采摘	全程体验农场配菜，包括蔬菜采摘、分拣、分装等。
	亲子苗圃	阳台苗圃的设计、种植、管理；设计家庭堆肥，把家庭橱余垃圾变废为宝。
艺术手工	木工DIY	用木头自制小木鱼、小火车、鲁班锁等玩具；小板凳、小书架、笔筒等学习用品。
	创意手工	地沟油与洗涤剂的前世今生、制作手工皂；无患子洗涤剂制作。
健康饮食	妈妈的厨房	食育讲座（认识添加剂、健康食物），使用农场自产的应季蔬菜制作美味（简单烹调）
	神奇发酵	发酵原理（果实酵素、米酒等），制作果实酵素等；腌制食品原理，制作腌萝卜条等。
自然活动	植物私生活	纪录片欣赏、植物种类识别、植物标本制作等。
	昆虫王国	常见昆虫识别、昆虫的巢穴、蚯蚓堆肥、自制昆虫旅馆。
	动物好伙伴	收集青饲料、饲料预混，亲手饲喂猪（发酵床管理）、鸡、羊，捡鸡蛋。
	野外生存	野外生存技巧、结绳技巧、快速叠衣、固定东西、帐篷住宿（不过夜）、可食用野生植物识别、紧急救助的基本知识。

节庆活动之外，小毛驴市民农园还利用特有的农业环境与教育资源组织亲子教育活动，如木工DIY、自然农耕教育、亲子社区、成员回访日等系列活动，搭建亲子家庭农业教育的公共平台。

（四）农产品销售。小毛驴市民农园除了通过配送份额销售园区自产农产品外，还通过其管理方北京国仁绿色同盟（以下简称绿盟），即国内首个绿色生产合作社的联合体，引入了绿盟成员的粮油副食产品，进行销售。在销售方式上，不仅通过配送份额销售还借助农园会员群体和社区工作基础，发起社区购买活动。例如，2010年，回龙观一群妈妈们发起成立了"回龙观妈妈团"；中关村的一些学生家长们组成了时安健康合作社；2011年，小汤山、芍药居、望京、月坛西街等社区也纷纷发起共同购买的社区团购活动。

农园引入流行于欧美的农夫市集销售农产品模式，定时定点举办农夫市集，招募的参与者一般是城市周边的农场或加工企业，在市集中出售当季的自产产品。2009年9月小毛驴市民农园开始参与推动北京的有机农夫市集，如今每周末固定在市内不同地点举办（范子文，2013）。

四、小毛驴市民农园的发展困境

（一）资金匮乏。

1.运营成本高。小毛驴市民农园在2008年底完成园区的规划和基础设施建设，全部经费来自海淀区政府"现代都市农业示范园"项目，土地使用费用也由政府买单，农园的试运营阶段成本投入较低。

2012年由"政府买单"的试运营阶段结束，小毛驴市民农园需要自己承担每年20万元的土地费用，并且在海淀区苏家坨镇建立了柳林产学研基地，土地费用为每年18万元，成本提升给小毛驴市民农园带来了经营压力。

2.主营业务收入大不如前。从劳动份额上看，小毛驴市民农园2009年至2015年的出租地块数量（每块地30平方米）和收入的对比，显示出以2013年为节点，2013年以前出租地块数量和收入都呈快速增长的态势，而2013年至2014年下降较为明显，2014年至2015年才略有提升。经了解，主要是周边的市民农园项目增加给小毛驴市民农园带来更多竞争压力，即便小毛驴近几年一直在增加劳动份额土地面积，但会员数量未有增加，基本保持"回头客"的会员数量，所以造成近两年的收入有所下降。如图1。

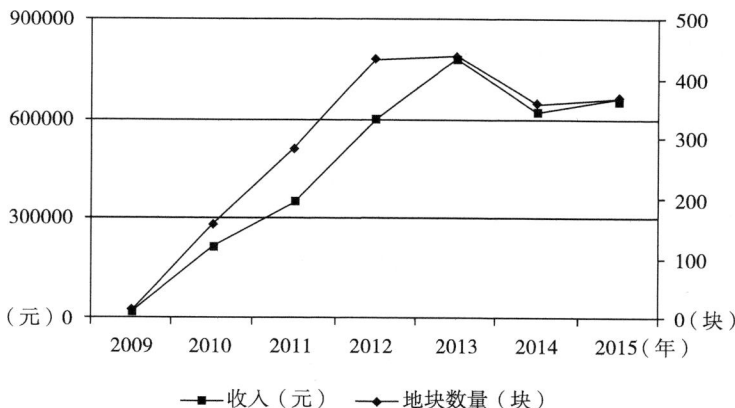

图1　小毛驴市民农园劳动份额地块数量和收入变化情况

从配送份额上看，其收入以2012年为节点，2012年以前直线上升，每年增加的比例都在50%左右，而2012年以后骤然下降，下降比例将近3倍，虽2014年略有提升，但也很难提升到2012年水平了。原因在于小毛驴市民农园的种植理念是尊重自然界的多样性，倡导"食在当季、食在当地"，崇尚"靠天吃饭"，蔬菜只种植应季菜，会员挑选的品种和数量的选择空间很小，而且农园坚持使用生物肥料，利用天然植物制作的营养液和一些物理的方法防治病虫害，完全不使用任何农药，使得农园的蔬菜产量、品相不及某些大棚蔬菜基地的好，并且冬季是土地休耕的季节，农园也遵循这一点，冬季的农作物品种更是少得可怜，只有坚持纯自然应季理念的老会员继续坚持农园的配送份额，造成了不少的会员流失。如图2。

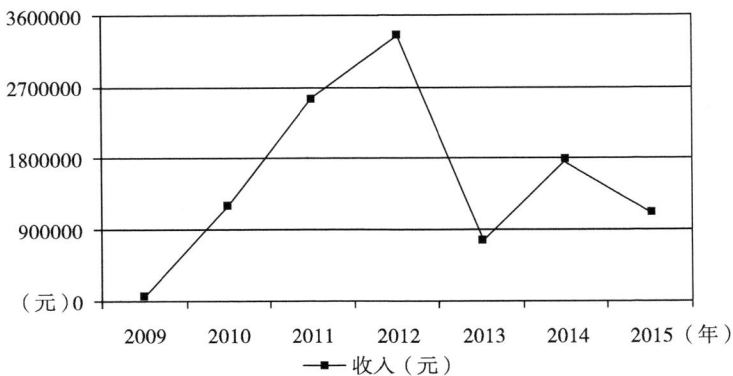

图2　小毛驴市民农园2009—2015年配送份额收入变化情况

资金的匮乏使得小毛驴市民农园无法改善淋浴房设施、住宿设施、休憩游乐等基础设施，并且政府也少有相应的政策扶持，使得小毛驴市民农园的整体设施水平大体停留在建园阶段。

（二）**人才难留**。2009年中国人民大学博士生石嫣完成美国实习工作后开始了在小毛驴市民农园的实践工作，成为了农园的骨干力量，主要负责农园的运营工作，并把国外的社区支持农业（Community Supported Agriculture，简称CSA）的运营模式引入到小毛驴市民农园的经营中。

2012年石嫣等开园元老和骨干力量离开了小毛驴，开辟自己的事业，虽然他们还是国仁团队的常务理事，并且在农园有活动的时候还是会回来帮助，但是这些经验丰富的团队骨干的离开还是对农园的经营有很大影响。

员工工资较低，员工宿舍、幼儿园等基础配套设施的缺乏，工作环境较为艰苦等原因使得市民农园很难留住人才。

（三）**土地使用冲突**。市民农园的很多土地是农用地，不可以建设固定房屋，但大部分市民农园的改造都需要建设基础设施，并且政府尚没有对市民农园的布局进行宏观的指导，还需要政府各部门对此进行协调。

小毛驴市民农园近几年的经营侧重在组织活动上，节庆活动、亲子活动、农业活动的经济效益远超于劳动份额和配送份额，就2015年的活动收入来计算，单位土地的经济效益达到83.4元/平方米，而劳动份额的单位土地经济效益是32.85元/平方米。丰富活动内容、增加活动项目都需要建设基础设施，但是土地性质的原因，使得很多项目的扩展都受到限制。

（四）**农业技术支持较少**。虽然小毛驴市民农园聘请中国人民大学温铁军教授等十几位专家学者担任顾问，对小毛驴市民农园的发展方向、重大问题、技术要点等提供咨询，但这也并不能完全满足农园的技术需求，有很多劳动份额的会员提出希望引进智能灌溉设施等，这迫切需要政府政策的支持。

（五）缺乏与其他农场的联系。北京的市民农园都处在单打独斗的状态，农园互相之间、农园与其他相关行业之间缺乏有效的组织交流，处于自发和萌芽阶段。没有一个联盟组织将这些市民农园建立联系，使他们可以吸引社会关注、形成品牌效应、增加知名度，从而更多吸纳社会资金，解决农场资金匮乏的问题，并且有联盟的组织，可以使农场间取长补短，促进市民农园的良性发展。

五、对策建议

（一）提高认识，开展顶层设计。大力发展市民农园，既是调整农业产业结构、提高土地产出率、增加农民就业岗位、提高农民收入的需要，也是建设宜居城市、满足市民多种需求、不断提高市民幸福指数的需要。在市民农园里，农民变为技术员、指导员、服务员、管理员；市民从被动的农产品消费者，变为生产者、监督者、宣传者、消费者，城乡交流，"三产"融合，"三生"统一，农民增收，市民乐享，社会的和谐指数得到有效提升。

在北京农业面临"调结构""转方式"的背景下，相关部门应将市民农园正式纳入都市型现代农业的范围进行研究和引导，将市民农园作为休闲农业的重要业态之一，发挥其高品质生鲜蔬菜供应、生态、教育、社交等多种功能。结合未来城市发展规划，积极探索在二道绿化隔离带"还绿"的区域中、郊区的菜篮子工程菜地中，规划出一定面积，建设符合规范的市民农园，打造"都市中的田园"、"田园中的课堂"，使其成为市民和农民互动的乐园、城市中"可食用"的新型公园和中小学生课外实践的大课堂。

（二）订立规则，引导规范经营。相关部门应尽快针对市民农园出台相应的法规和标准，对市民农园的设立程序、设施建设标准、经营规范等做明确规定，使经营者有章可循，正确引导市民农园经营者合法用地、科学用地、规范用地，文明有序地发展市民农园，规范市场环境。在此基础上，制定一系列的扶持政策，鼓励合法经营。

（三）加强宣传，推动社会认知。对市民农园的相关信息，如位置、规模、服务、路线等进行科学整理，设立专门的查询机构或查询服务通道，方便市民对比了解不同的市民农园，从而能结合个人实际情况选择适合自己的市民农园。

（四）丰富经营内容，延长产业链条。农场应该在原有租地、配送服务的农业经营基础上，拓展经营项目，发掘农业的观光休闲、科普教育、文化传承等多重功能，如与学校、教育机构合作开展校外农业教育或科普教学活动；与社区合作开展农夫市集，增加附加值服务；丰富农资种类，提供新品种蔬菜籽种、不同的有机肥料、生物除灭害虫的工具等等，延长农业的产业链，增加市民农园经营收入和长远发展。

（五）完善基础条件，提高服务水平。完善基础设施和服务有助于促进市民农园质的飞跃。据相关调查，参与市民农园活动的大多是受过良好教育的城市居民，对生活环境和周边设施要求较高。若适当增加餐饮、休闲娱乐设施等，有助于满足市民多样化需求，增加农园收入。

（六）强化技术支撑，提升服务质量。农园应加强和完善对农园参与者的技术服务，给予参与者更多的方便和帮助，使参与者舒心、放心、清心，没有后顾之忧，充分享受田园生活的乐趣。此外，要加强从业人员职业技能的培训，不断提高服务质量和服务水平。通过组织专家学者对市民农园经营者进行企业经营辅导、技术培训，加强经营者间的交流，提高经营管理者规范经营意识和能力。提高参与者满意度，鼓励参与者将收获的多余蔬果与亲友分享，可以采取积分、减免费用、奖励等措施鼓励参与者介绍亲友参加市民农园。

课题负责人：冯建国

课题组组长：陈奕捷

课题组成员：陈奕捷　赵　晨

执笔人：陈奕捷　赵　晨

参考文献

［1］蔡昕妤，田明华，王晓雪，等. 基于SWOT-AHP的北京市民农园经营战略选择研究［J］. 北京林业大学学报（社会科学版），2013，12（2）：47-53.

［2］王梨洁. 体验农业中市民农园的开发模式研究［D］. 太原：山西财经大学，2009.

［3］范子文. 小毛驴市民农园发展研究. 北京农业职业学院学报. 2013（05）：10-18.

［4］杜姗姗. 大都市区观光农园效益影响机制及调控策略——以北京市为例. 中国科学院研究生院. 2012.

［5］田明华，蔡昕妤，王晓雪，等. 北京市民农园参与者行为及满意度调查分析. 北京林业大学学报（社会科学版）. 2014（01）：83-90.

［6］石嫣. 替代食物体系中的信任建立机制：一项社区支持农业的参与式行动研究. 中国人民大学. 2011.

［7］王中军，张国兵. 论市民农园在我国发展的可行性［J］. 现代农业科技，2008（12）：290-291.

［8］程存旺，周华东，石嫣，等. 多元主体参与、生态农产品与信任："小毛驴市民农园"参与式试验研究分析报告［J］. 兰州学刊，2011（12）：54-60.

［9］石嫣，程存旺. 小毛驴市民农园的生态农业种植模式［J］. 中国合作经济，2010（5）：27-28.

北京市平谷区土地托管情况调查报告

当前，我国经济进入新常态，农业与农村的发展受到资源与环境的约束更为趋紧，同时，随着新型城镇化的不断推进，农村劳动力向城镇转移加快，农村劳动力老龄化问题日益显现。这就决定了我国农业要发展多种形式的适度规模经营，走产出高效、产品安全、资源节约、环境友好的农业现代化道路。

2016年中央一号文件指出，支持多种类型的新型农业服务主体开展代耕代种、联耕联种、土地托管等专业化规模化服务。同时，《国民经济和社会发展第十三个五年规划纲要》指出，通过代耕代种、联耕联种、土地托管、股份合作等方式，推动实现多种形式的适度规模经营；积极推广合作式、托管式、订单式等服务形式。由此可见，中央对土地托管模式非常认可，并将其作为发展适度规模经营的一个重要方向。

"土地托管"是指农户或新型经营主体将土地有偿委托给农业社会化服务组织代为耕种管理的做法，包括提供耕、种、管、收全程服务的全程托管（"全托"）和农户按需选择服务项目的"半托"两种服务形式，承担土地托管的可以是家庭农场、农民合作社、龙头企业、专业服务公司等。由于目前农业机械广泛使用，"半托"服务形式普遍存在，为了研究的针对性，本研究只对土地全程托管的情况进行调查和研究。

一、总体情况

经调查，北京福兴顺农机服务专业合作社是北京市唯一一家从事土地全程托管的农业社会化服务组织。2016年，合作社有社员352名，全程托管土地4750余亩，其中社员托管面积1500余亩。全程托管服务涉及平谷区6个乡镇（街道）15个村近4000农户，主要提供小麦和玉米的耕、种、管、收、销等全方位服务。

表1　平谷区土地托管总体情况表

乡镇	托管面积（亩）	涉及村庄	涉及农户数（户）
马坊镇	1500	东店村、二条街村、小屯村	1060
大兴庄镇	1229	大兴庄村、东柏店村、良庄子村、管家庄村、周村	1108
峪口镇	700	峪口村	564
平谷镇	540	西寺渠村、平安街村、西鹿角村	498
兴谷街道	670	中胡家务村	485
王辛庄镇	120	太平庄村	86

二、主要做法

北京福兴顺农机服务专业合作社在平谷区大兴庄镇、平谷镇、峪口镇、马坊镇等乡镇通过与村两委合作，将一家一户的零散土地集中起来进行统一经营，通过采用科学的种植方式、更加有效的田间管理和先进的机械作业，统一采购农资、统一耕种、统一管理、统一收割、统一分配，形成了规模效应，降低了生产成本，提高了肥料、农药、水等农资利用率，增加了作物产量，促进了农民增收。

（一）充分依靠村两委，将农户的土地集中起来。开展土地托管，最基础的工作就是将农户的零散土地集中连片。要将农户的土地集中起来，工作量很大，难度也很大，只有依靠村两委才能实现。目前，实现土地集中托管大致有三种方式。一是村集体将自有的或者是早先已经收归集体经营的土地直接交由合作社进行托管。二是通过一家一户做工作，宣传托管的好处，打消农民的顾虑，将农户零散土地按照实际测量面积集中起来，再交由合作社托管。三是由村两委发动农户将土地经营权入股组建土地股份合作社，土地股份合作社再统一将土地委托给农机服务专业合作社进行耕种管理。目前，托管的土地中，以第二种方式为主，第三种方式今年正在大兴庄镇周村开展试点。

（二）紧密与社会企业合作，构建从种到销的完整链条。整个土地托管"耕、种、管、收、销"的过程，要涉及化肥、农药、农业技术、农机服务、物流、农产品收购等企业，链条上的每一个环节都很重要。在农药化肥等农资的采购上，要根据下一年的土地托管面积，政府的相关农业政策，确定种植的品种，需要的农资数量，商定好采购价格，提前与相关企业签订供货合同，由于采购量大，如果不提前签订合同，就会付出更高的成本，甚至出现无法及时提供农资的情况。在农作物收割环节，要根据种植的品种及长势情况，估算出各种作物的质量和产量，提前与农产品加工企业签订购销合同，确保能卖个好的价格。由于收割量巨大，缺少晾晒场地，湿的农产品容易变质腐烂，必须以最快的速度将收割的农产品销售给农业加工企业，此时物流保障也非常关键。

（三）尊重农民主体地位，充分保障农民权利和收益。合作社充分尊重农民的主体地位，把自己定位于为农民"打工"的角色，并且通过合同条款的形式保障农民的权利和收益。一是承诺保底收益。无论地力等级如何，只要是交给合作社全程托管的土地，都保证每亩玉米产量500公斤，小麦产量375公斤的保底收益，如果产量没有达到保底产量，合作社无条件补偿。二是增产收益全归农民。在保底收益的基础上，如果产量超过保底收益，多出的部分全归农民所有。三是社员分红收益。加入合作社的社员，每年根据合作社效益情况，按现金入股的数量多少进行分红。四是政府种粮综合补贴全部归农民所有。五是为农民垫付化肥、农药等物资费用，并享受原始采购价格。农户在托管过程中不用付任何费用，农资费、机耕费全部由合作社统一先行垫付，待农作物收割销售后，从销售所得中扣除每亩360元的全程托管费用以及垫付的农资成本费用，剩余的全部归农民所有。

三、主要成效

（一）**创新农业经营方式，解决谁来种地的问题**。在调研中我们了解到，近年来随着城镇化的不断推进，农村劳动力持续向城镇转移，造成农村劳动力短缺，特别是青壮年劳动力短缺。以前种两季的，现在都改成种一季，而且也不怎么投入，随农作物自己生长，甚至出现撂荒的现象，所谓的"种粮断代""懒人农业""无人种地"问题越来越突出。由于土地托管提供农机、农资、种植、管理、销售全方位服务，可以很好地解决因缺少劳动力而无人种地的问题。

（二）**实现土地规模经营，促进现代农业发展**。土地托管把一家一户的零散土地集中起来，统一规划、统一技术服务，改变了过去农户分散种植品种不统一，田间管理水平差异大的状况，解决了一家一户办不了、办不好或办起来不划算的事，一定程度上实现了土地规模经营。同时，通过土地托管，实行统一经营服务，以标准化方式对农产品生产过程进行统一管理，从而实现生产流程标准化和农产品质量标准化，有利于农业新技术推广应用，增强农业竞争力。另外，和土地流转相比，土地托管规避了土地流转价格高，农地非农化使用的问题。这些都有利于促进现代农业发展。

（三）**提升农业经营效益，促进农民增收**。下面以2016年价格为基准，对平谷区种植最多的两季作物（玉米和小麦）托管前后的成本和经营效益进行比较分析。（见表2、表3）

表2　土地托管前后种植玉米成本效益对比表

种植玉米	土地托管前	土地托管后	对比增加
一、销售收入（元）	703	880	177
平均单位亩产量（斤）	950	1100	150
平均售价（元/斤）	0.74	0.8	0.06
二、生产成本（元/亩）	323.5	259.85	−63.65
1.种子（元/亩）	31.5	14.85	−16.65
2.肥料（元/亩）	150	100	−50
3.农药（元/亩）	7	5	−2
4.机械作业（元/亩）	135	0	−135
（1）机耕（元/亩）	50	0	−50
（2）农药机械（元/亩）	10	0	−10
（3）收割（元/亩）	75	0	−75
5.托管费（元/亩）	0	140	140
三、净收入（元/亩）	379.5	620.15	240.65

表3　种植小麦土地托管前后成本效益对比表

种植小麦	土地托管前	土地托管后	对比增加
一、销售收入（元）	650	813.75	163.75
平均单位亩产量（斤）	650	775	125
平均售价（元/斤）	1	1.05	0.05
二、生产成本（元/亩）	599.5	443	−156.5
1.种子（元/亩）	122.5	63	−59.5
2.肥料（元/亩）	155	110	−45
3.农药（元/亩）	45	22	−23
4.机械作业（元/亩）	202	0	−202
（1）耕种	135	0	−135
（2）农药机械（元/亩）	30	0	−67
（3）收割	67	0	−67
5.灌溉作业（元/亩）	45	28	−17
6.托管费（元/亩）	0	220	220
三、净收入（元/亩）	50.5	370.75	320.25

　　从以上比较可以看出，农民将土地进行全程托管后，由于形成规模效应，农资和农机的成本降低了，产量和农产品价格比以前更高，"两低两高"促进了农民土地增收。据测算，实行土地全程托管后，扣除每亩360元的托管费，农民每亩增收560元。另一方面，农民可以从土地中解放出来，就近从事二、三产业，从而实现土地增收和务工增收，形成"叠加增收"的效果。

　　（四）提升村两委的影响力，促进农村社会和谐。在土地托管过程中，村两委起着非常关键的组织推动作用。一是要耐心细致地给农户做工作，及时打消农民的各种顾虑，让农户放心地把土地集中起来；二是要平衡好农户之间的利益关系，让大家放心地将土地进行托管；三是要协调好与农机合作社的关系，代表农户和合作社签订托管合同，同时督促合作社做好各项农业生产工作。在此过程中，村两委做了大量工作，为农民办了实事，工作能力和影响力得到了提升，凝聚了民心，促进了村庄和谐。

四、存在的主要问题

　　（一）托管关系不稳固。虽然合作社开展土地托管已经多年，托管的面积也逐年扩大，但是托管关系并不是非常稳固。在托管过程中，农户、村两委与合作社三者都有自己的利益诉求，如果平衡不好，可能无法达成托管关系。首先，农民对土地问题比较敏感，担心失去土地的承包经营权，不愿意签订较长期限的合同（目前是一年一签）。另外，由于平谷区户均土地只有一亩多，虽然将土地进行托管每亩能增收近600元，但在整个家庭收入中的比重并不高，农民的托管意愿不是非常强烈，这可能会导致当出现政策或市场风险时农民要求收回土地。其次，由于村两委换届三年一次，当出现新的村两委上任时，托管关系需要重新商谈，这也导致不确定性增加。另外，有的村干部会向合作社提出自己的利益要求，当利益要求达不到预期时，会影响合作关系。最后，合作社作为托管主体，前期的农业机械投入巨大，有收回成本和成长发展的需要，同时受经营水平和风险控制能力的限制，如果农民和村委要求过高，合作社也无法提供托管服务。

（二）**合作社承担较大风险**。一是自然风险，由于合作社承诺保底收益，在正常的自然条件下履行承诺没有问题，如果出现极端的天气或者病虫灾害，由于没有参加任何农业保险，合作社将承受严重损失。二是经营管理风险。如果合作社在统一经营过程中对农资的采购、田间管理失误，也将导致大面积减产风险。曾经就有因引进新品种达不到承诺保底收益而进行补偿的情况，也出现过因购买到劣质化肥导致作物减产的情况。另外，合作社内部的民主管理、财务管理、决策机制、分配机制等需要加强风险管理。三是竞争风险。由于合作社之间存在竞争关系，如果合作社不提高自身管理和经营能力，有在市场竞争中被淘汰的风险。以上三种风险，随着托管土地规模的扩大会越来越突出。

（三）**政策支持不够**。土地托管服务得到了中央的认可，在中央的多个文件中都有体现，有的省市也出台了相关文件力推土地托管，例如山东省2015年出台的《关于贯彻国办发〔2015〕59号文件加快转变农业发展方式的实施意见》中明确提出，鼓励支持各类社会化服务主体开展多种形式的土地托管服务。但是北京市目前还没有出台专门针对土地托管的政策。北京的土地托管对土地集中、财政支持、农业保险、农业社会化服务等方面有强烈的政策需求。

五、政策建议

（一）**加强宣传引导和政策支持**。土地托管是一个新鲜事物，很多农民和新型经营主体都不了解，合作社也是在摸索着前进，政府应该加强宣传引导，鼓励土地托管服务，并在政策方面给予支持。在财政政策方面，应鼓励签订长期稳定的托管合同，并给予财政支持，农机购置补贴向从事土地托管的主体倾斜。在金融政策方面，应对开展托管服务合作社给予贴息贷款，应协调金融保险机构与合作社对接，创新农业保险产品和服务方式。在项目扶持方面，可以采取政府购买托管服务的方式给予支持。

（二）**加强农业社会化服务体系建设**。政府要以推动土地托管服务为契机，整合各方资源和力量，构建农业社会化服务体系。本文研究的土地全程托管就是以农机服务专业合作社主导形成的一个系统性全环节的社会化服务模式。但是作为农机服务专业合作社，难以做到全包全揽、应侧重于农机服务。政府应该积极培育多种形式的农业经营性服务组织，包括农资服务、科技服务、农机服务、销售服务、物流服务、劳务服务、金融服务、法律服务等专业性农业服务组织，从而建立健全覆盖全程、综合配套、便捷高效的社会化服务体系。

（三）大力推进"农业共营制"模式试点。四川崇州对农业经营体系建设的创新实践：土地股份合作社＋农业职业经理人＋农业综合服务"三位一体"的"农业共营制"模式很好地破解了"谁来经营、谁来种地、谁来服务"的难题。目前，平谷区在现有土地托管的基础上，正在大兴庄镇周村试点"三位一体"，即以农户为主体自愿自主组建土地股份合作社，土地股份合作社聘请职业经理人专门负责经营，由专业合作社负责提供农业综合服务。我们觉得此种模式可以是现有土地托管的"升级版"，能够有效解决托管关系不稳固，风险分担机制不健全等问题，应该给予大力支持。

课题负责人：方书广

课题组组长：万敏波

执笔人：万敏波

关于规范工商资本租赁经营集体农地的研究

　　规范和引导工商资本租赁经营集体农地是关系农业产业安全和新型农业经营主体培育的重要课题。我们课题组利用北京市农经办（农研中心）"三资"监管平台、农村集体土地资源清查和农业适度规模经营效益监测数据，通过实地走访调研，概括了全市工商资本租赁经营集体农地呈现的特点，梳理了北京市规范工商资本租赁经营集体农地的主要做法，从目前存在的问题入手，剖析了工商资本租赁经营集体农地的三种典型模式，提出了规范工商资本租赁经营集体农地的政策建议。

一、工商资本租赁经营全市集体农地的主要特点

　　工商资本进入农业是在工业化、城市化、农业现代化和城乡发展一体化大背景下，城乡资源自由流动的必然趋势。自20世纪90年代中期以来，工商资本开始进入北京市租赁经营农村集体土地。目前，工商资本已经成为农业经营的重要主体之一，概括起来，其主要特点有四个方面：

　　（一）工商资本租赁经营集体农地的总规模较大。据2014年市农经办（农研中心）开展的全市农村集体土地资源清查数据，截至2013年12月底，全市农户土地承包经营权确权总面积440.6万亩，土地流转总面积236.9万亩，占全市确权面积的53.8%。其中，工商资本租赁经营集体农地达到85.7万亩，占确权农地流转面积的36.2%，占确权地总面积的19.6%。全市637.13万亩直接用于生产经营的集体农地（含确权地）中，工商资本租赁经营集体农地达120.03万亩，占18.8%。其中外部企业租赁71.45万亩，外部个人租赁48.58万亩。

　　（二）工商资本租赁经营农地的单个规模较大。目前，全市农村集体农地主要由家庭农户、大户、专业合作社、集体内部企业、乡村集体、外部企业、外部个人、其他主体等8类、共58.41万个经营主体经营。其中，工商资本租赁经营集体农地的共有1.73万个经营主体，其中外部企业0.49万个，外部个人1.24万个，占经营主体总数的2.97%。正是这不足3%的工商资本经营主体经营了全市近20%的集体农地。可见，工商资本租赁经营集体农地的单体规模较大。根据全市农村集体土地资源清查数据，租赁经营集体农地的工商资本的平均经营规模达到69.2亩，其中，外部企业的平均经营规模为148.9亩，外部个人的平均经营规模为39亩。表1显示，外部企业经营规模以200亩以上为主，外部个人经营规模以50亩以上为主。

表1　工商资本租赁经营集体农地的经营规模分析表

单体经营规模	外部企业			外部个人		
	占比（%）	土地面积（亩）	单体个数（个）	占比（%）	土地面积（亩）	单体个数（个）
10亩以下	1.3	9387.3	1555	8.5	41252.5	6610
10—50亩	4.8	34354.1	1302	15.7	76511.1	3346
50—200亩	16.7	119295.7	1110	38.2	185664.2	1940
200—1000亩	38.6	275355.6	813	27.7	134599.9	519
1000亩以上	38.6	276138.7	119	9.9	47790.3	21
合计	100	714531.4	4899	100	485818	12436

（三）工商资本租赁经营集体农地的区域较集中。工商资本租赁经营集体农地主要集中在昌平区、顺义区、大兴区和延庆区，四区对外租赁的集体农地面积占全市对外租赁集体农地面积的69.2%。从工商资本租赁经营集体农地占各区县集体农地流转面积的比重来看，依次为昌平区、延庆区、大兴区和顺义区（表2）。其中，工商资本在昌平区租赁经营的集体确权地达到24.2万亩，占集体确权地流转面积的62.8%；工商资本在延庆区租赁经营的集体确权地达到7.4万亩，占延庆区集体确权地流转面积的45.9%；工商资本在大兴区租赁经营的集体确权地达到10.9万亩，占集体确权地流转面积的43.1%；工商资本在顺义区租赁经营集体确权地达到16.8万亩，占集体确权地流转面积的41%。

表2　北京市农村土地流转对外出租情况统计表

序号	组织机构	流转总面积（亩）	对外租赁（亩）	占比（%）
合计	全市	2368776.3	856752.0	36.2
1	朝阳区	115081.9	40062.0	34.8
2	丰台区	91593.0	918.6	1.0
3	海淀区	71034.4	17351.4	24.4
4	门头沟	41188.1	9351.3	22.7
5	房山区	218804.3	50619.2	23.1
6	通州区	253150.0	62540.9	24.7
7	顺义区	410122.9	168042.7	41.0
8	昌平区	385475.8	242046.2	62.8
9	大兴区	253753.9	109242.9	43.1
10	平谷区	163269.5	26691.2	16.3
11	怀柔区	115539.5	41320.6	35.8
12	密云区	88510.4	14629.4	16.5
13	延庆区	161252.6	73935.7	45.9

（四）工商资本租赁经营集体农地的经济效益良莠不齐。据市农经办（农研中心）对26个农业企业租地经营效益的监测，2014年总体亏损411.6万元，亩均净利润为–324元。其中，实现盈利的企业13个，盈亏持平的3家，亏损的10家，亏损面达到38.5%。总体来看，从事设施农业蔬菜生产的企业建设周期短、见效快；而经营观光农业和苗木花卉的企业，由于投资大、建设周期长、经营收益见效慢。通州区潞城镇兴各庄农业园流转土地270亩，从事有机蔬菜生产，年纯收入达到183万元，亩均纯收入6800元。永乐店镇"金篮子"生态种植有限公司流转坚村466亩土地，经营设施蔬菜和观光采摘，年均纯收入达到420万元，亩均纯收入9013元。

二、北京市规范工商资本租赁经营集体农地的主要做法

总结各区以及基层的经验，归纳起来主要采取了以下举措促进和规范工商资本租赁经营农村集体土地。

（一）政策引导。各区相继出台了引导工商资本租赁经营集体农地的相关政策。通州区委、区政府为了引导农村土地流转方向和提高流转质量，出台了多项土地流转支持奖励政策，如：对流转土地面积在100亩以上的、土地租金每年每亩在1000元以上、安排土地流转农户就业比例高并取得一定经济效益的流转项目给予奖励。昌平区委、区政府则实施了重点功能区管护政策。凡是按照中长期土地利用规划，属于重点功能区的农村土地，由区政府按照每亩2000元的价格租赁用于绿化。不能租赁的土地建立乡镇政府管护责任制，按照每亩100元管护费标准发放给乡镇政府，用于日常监管费用，严防乱出租乱建设。

（二）规范程序。经过多年实践，各区研究制定了规范工商资本租赁农村集体土地的程序，要求采取以下五个步骤：一是项目引进。引进的项目要符合地区产业发展规划的要求。二是项目评审。项目引进部门必须提供项目可行性分析报告，并由相关部门把好关。三是项目洽商。集体经济组织与承包方洽谈土地流转事宜，包括土地流转价格、解除承包合同。四是民主决策。召开村民代表会或股东代表会讨论通过流转土地价格及增长比例、年限、税收、就业等问题。五是依法签约。完成产权制度改革的村由社区股份经济合作社与对方签订合同，没完成产权制度改革的村由村民委员会与对方签订合同，并上报经管站备案。

（三）搭建平台。2004年以来北京先后建立了市、区、乡镇三级土地流转信息平台。2010年以后，又先后建立了市、区两级农村产权交易所，搭建了产权交易平台。通过产权交易平台，实行竞价流转，提高了土地租金收益。据全市农业适度规模经营效益监测数据，2014年26个农业企业亩均租金达到1028元。

（四）规范合同。自2007年以来，市、区先后开展了对村级集体经济组织对外所签订土地租赁合同等经济合同的清理、整顿、规范工作。同时，在各区建立农村土地合同仲裁机构，对集体土地承包租赁纠纷进行仲裁。昌平区针对农村土地对外出租中存在的问题，于2010年制定并实施了《关于加快城乡一体化进程加强农村土地出租和使用管理的意见》《农村集体出租土地合同清查工作实施方案》《农村集体出租土地合同整改工作实施方案》等一系列政策性文件。通州区宋庄镇规定合同备案必须提供农户放弃土地承包经营权申请书、家庭成员户口本复印件、身份证复印件、原土地承包合同及证书、村民代表大会或股东代表大会决议、已

鉴证的合同文本、项目报告等书面材料。

三、工商资本租赁经营集体农地存在的主要问题

工商资本租赁经营集体农地，给农业带来资金和现代生产要素，推动了全市"新三起来"（土地流转起来、资产经营起来、农民组织起来）的发展，促进了农业适度规模经营和农业产业结构调整，增加了农民收入。然而，在工商资本租赁经营集体农地的过程中，还面临着经营成本高、非农化倾向高和与村集体、本地农户之间利益协调难等问题。

（一）农业"三高"之困，直接影响经营收益。工商资本租赁经营集体农地面临着土地流转价格高、劳动力成本高、市场风险高的农业经营"三高"，是工商资本持续经营农业的主要制约因素。一是土地成本高。据市农经办（农研中心）对全市53个土地流转监测点统计，2014年上半年农地流转平均价格为1809元。大兴区黄村镇的桂村亩均土地出租收入达到3500元。二是劳动力成本高。市农经办（农研中心）对26个工商企业的规模经营效益监测显示，2014年26个农业企业共雇佣劳动力779人，占26个农业企业总劳动力需求的98.4%。劳动力成本成为影响工商企业农地经营收益的主要影响因素。三是市场风险高。工商企业租赁集体农地后，进行的农业固定投资规模大，农业投资回收期偏长，导致部分工商企业在经营过程中出现资金链断裂，带来较大经营风险。

（二）资本"三性"之弊，"非农化"倾向偏高。在市场为主导配置资源的条件下，工商资本租赁经营集体农地同样具有资本固有的盲目性、盲从性和逐利性。这就导致部分工商企业租赁经营集体农地后，或改变农地用途，以农业为名圈占土地从事非农建设，从事收益较高、回报较快的产业，或者圈占土地后，撂荒土地，等待占地赔偿或高价转租。

（三）主体"三方"之隙，持续经营难度较大。目前多数工商资本与村集体和当地农户之间是土地长期租赁关系，调整工商资本与村集体、本地农户之间的利益关系的难度较大。一是存在着土地租赁合同不够完善，有的租赁合同租金过低，有的没有约定租金逐年上调机制，有的对合同期满资产处置没有进行约定，埋下纠纷隐患。二是外来工商资本的经营效益不与当地农户挂钩，且吸纳本地农户就业比重比较小，导致在经营利润高的时候，当地农民破坏外来工商企业发展的行为时常发生。三是以土地长租的方式引入工商资本，使得农村土地流向了工商企业后，村集体经济组织可维持基本运转，但村集体经济的自主、长足发展空间受到了限制。

四、工商资本租赁经营集体农地的典型模式

（一）政府引导，工商资本独立经营。基于地区发展需要，政府制定相关产业扶持政策，以区域性大项目为依托，集中引进一批同一主导产业的工商企业，推动当地农业产业转型升级、优势产业集聚和规模化经营。较为典型的是房山区青龙湖镇国际葡萄酒庄项目。

青龙湖镇位于房山区北部，镇域面积96平方公里，辖32个行政村，耕地面积29170亩，农业人口2.6万人，占全镇人口的60%。该镇传统经济以林果、养殖、建材、石灰等产业为主，随着大批非煤矿山和污染型企业的关停，山区、半山区农民大量失业减收。新兴产业正处于培育期，全镇经济总量下降、农民就业问题突出。近年来，青龙湖镇确定了"打造青龙湖国

际红酒城，建设京西南生态休闲区"的战略目标。2010年房山区确定青龙湖镇为发展高端红酒产业的核心区，实现了7个行政村土地统一流转，总面积达到4519亩，用于国际葡萄酒庄项目。目前已引进北京佳年葡萄种植有限公司、马家沟丹世红（北京）葡萄种植有限公司等7家酒庄。土地流转费用为1200元/（亩·年），流转期限到2027年底。在项目建设初期，根据房山区政府《关于印发高端葡萄酒产业发展若干意见实施细则（试行）的通知》的规定，对先期建设的10个酒庄给予土地流转费扶持，标准为1200元/（亩·年），为期三年。国际葡萄酒庄项目通过引入工商企业进入农业，实现了当地农业产业转型升级，也带动了农民增收。土地流转前，农户自己耕种的收益在500元/亩，工商资本进入后，农户不仅获得了1200元/（亩·年）的土地流转收入，还可以到企业就业，人均月收入2000元左右。

（二）产权式合作模式。 在明晰产权的基础上，实行产权股份合作经营的方式引入工商资本，破解了引入工商资本过程中如何保护农民土地权益的难题。比较典型的是平谷区"正大绿色方圆300万只蛋鸡养殖示范项目"的产权式土地流转模式。

"正大绿色方圆300万只蛋鸡养殖示范项目"启动于2010年。在项目运作过程中，平谷区峪口镇西樊各庄村1608户农民组织成立了"北京绿色方圆畜禽养殖合作社"，为示范项目提供建设用地，承担项目的法人主体责任。合作社将分户承包经营的779亩土地出租给正大集团所属的"北京正大畜禽科技公司"，土地租金第一年每亩1000元，此后每年递增5%，土地租期为20年。北京正大畜禽科技公司作为示范项目的经营管理责任主体，受投资公司委托，帮农民管理资产，赚到的钱用来偿还银行本息和合作社社员分红。平谷区谷财国有资产经营公司和正大集团各出资50%，组建"谷大投资有限公司"，作为"正大绿色方圆300万只蛋鸡养殖示范项目"的融资平台，向银行进行融资，该公司是项目的投资主体。正大集团与"北京绿色方圆畜禽养殖合作社"签订了"照付不议、不可撤销"协议。不管经营好坏，正大集团每年必须支付给投资额12%的固定资产回报，确保农民收益。待本项目投资本息清偿以后，资产将完全归合作社所有，农民成为企业所有者，正大集团成为"打工者"。据估算，20年租赁经营期内，合作社从该项目获得净利润3.3亿元（相当于每亩每年土地收益2.3万元），农民每年户均分红1万元。

这种产权式土地流转模式，农民不只是简单的农业经营者、体力的出卖者、土地的出租者，还可成为现代农业企业的主人。工商资本为现代化农业发展提供了人才、管理、资金等现代要素，盘活了农村土地资源。更重要的是探索了让农民在现代化农业项目中拥有产权的增收致富新机制，在工商资本退出方面树立了典范，保护了农民的土地财产权益。

（三）工商资本与村集体管理相结合。 工商企业将村集体农地租赁过来后，企业负责产前决策和产后销售，将产中的经营管理工作委托给村集体，农户依然在农田上耕作，实现了资本与土地、劳动要素的优化组合，也实现了工商企业、村集体和农户三方利益共享。比较典型的是通州区于家务乡前伏村与北京神农河谷稻香农业开发有限公司的合作模式。

北京神农河谷稻香农业开发有限公司2009年租赁通州区于家务乡前伏村2000亩集体农地，土地流转期限到2028年，土地租金1000元/亩，其中给农户每年800元/亩，村集体农业设施服务费200元/亩。北京神农河谷稻香农业开发有限公司投入资金4000万元，最初主要用于种植"太空育种"的甜高粱1300亩，林木花卉700亩，2012年开始以苗圃为主。该工商企业将租赁后的农田管理重新委托给村委会，企业负责产前、产后的环节，由村民负责产中环节，包括田间作业和管理，企业付给农户生产作业的工资。

在这种模式下，工商资本节约了农田管理和运输等农业生产的田间费用，避免了农户对农业经营成果的破坏，降低了监管成本；村集体获得土地管理收入和农机具、机井的租金收入，农户从中获得了土地流转租金和农田作业工资，转移了农业经营风险，实现了工商资本、村集体和农户的三方利益共享。

五、进一步规范工商资本租赁经营集体农地的建议

针对工商资本租赁经营集体农地的现实情况，政府应坚持管理与服务并举，一方面要加大对合法合规租赁经营集体农地的工商资本的扶持和引导，培育农业新型经营主体；同时注重规范工商资本租赁经营集体农地的行为，保护村集体和农户的土地权益。

（一）坚持规划引领，加强政策引导。

1.加强经营领域的引导。以规划为引领，明确哪些产业领域、哪些区域适合并且需要工商资本的投入。鼓励工商资本根据北京市功能定位，重点发展资本、技术密集型的都市型现代农业产业，把现代经营理念和产业组织方式引入农业，借鉴房山区青龙湖镇做法，推动传统农业加速向现代农业转型升级，优化要素资源配置，促进一、二、三产业融合发展。

2.加强经营规模的引导。坚持农地的适度规模经营，规避土地向单个工商资本的过度集中。建立工商资本租赁农地实行分级备案制度，租赁经营1000亩以下的，由乡镇政府审查备案；1000亩到5000亩规模的，由区县政府审查备案。

3.加强合作方式的引导。探索能够实现工商资本融入租赁农地所在村，实现工商资本、村集体和农户的三方利益共赢的农地流转模式。推广平谷区峪口镇西樊各庄村"正大绿色方圆300万只蛋鸡养殖示范项目"的产权式流转模式和通州区于家务乡前伏村的工商资本与本村集体管理结合的模式。探索"农户+合作社+农业企业"的土地流转经营新模式，支持农业企业通过签订订单合同、领办创办农民合作社、提供土地托管服务等方式，带动种养大户、家庭农场等新型农业经营主体发展农业产业化经营，实现合理分工、互利共赢。

（二）加大对工商资本经营集体农地的扶持。

1.促进各项支农的产业政策向经营者倾斜。加强对土地政策的支持，引导工商资本合理使用符合政策规定下的非农建设用地指标。将工商资本的经营主体与其他新型经营主体同等对待，对从事农业生产经营的工商企业、个人给予一定的惠农补贴支持，对解决本地农户就业的租地工商资本给予一定奖励和补贴。

2.促进农业社会化服务对经营集体农地的工商资本的支持。一是提高农村金融对工商资本经营集体农地的资金保障作用。加强小额信贷等农村金融创新产品在支持工商资本租赁经营集体农地中的推动应用。加大农业保险对经营农业的工商资本的支持，降低农业经营风险。二是推动工商资本与农业科技部门的合作，增强科技要素在工商资本经营农业中的支撑作用。三是鼓励和推动农业信息技术在工商资本经营农业中的应用。

3.建立工商资本经营农业的风险保障机制。按照流入方缴纳为主、政府适当补助的原则，

建立健全工商资本租赁经营集体农地的风险保障金制度。租地工商资本可以按一定时限或按一定比例缴纳风险保障金。租赁合同期满租赁者无违约行为的，及时予以退还。制定工商资本租赁经营农地风险保障金使用管理办法，探索与农业保险、担保相结合的办法，提高对工商资本经营农业的风险保障能力。

（三）加强对工商资本租赁经营集体农地的规范管理。 认真贯彻落实中央《关于加强对工商资本租赁农地监管和风险防范的意见》指示精神，建立健全工商资本租赁集体农地监管机制。以完善土地流转租赁交易市场和加强土地租赁合同管理为核心抓手，重点从工商资本租赁经营集体农地的进入、经营、退出三个环节进行规范管理。

1.规范进入。首先要明确监管主体。各级相关部门协调联动，成立农村集体农地流转工作的领导协调和监督机构。二是加强资格审核、规范流转。建立工商资本租赁农地资格审查、项目审核制度。三是加强流转平台建设，完善土地租赁交易市场。工商资本租赁农地应通过北京市农村产权交易所以及区县产权交易服务中心采取公开市场竞标的方式确定租赁方。凡是整村整组流转的，必须经全体农户书面委托，不能以少数服从多数的名义，将农户承包地集中对外招商经营，防止强迫命令，搞一刀切。四是规范和完善土地租赁合同。在土地租赁合同中应明确土地流转用途、风险保障、土地复垦、能否抵押担保和再流转，以及违约责任等事项。

2.规范经营。重点在于明确红线，加强监管。一是明确工商资本经营中不得突破的规划和用途管制红线，防止出现一些工商资本到农村流转土地后搞非农建设、影响耕地保护和粮食生产等问题，确保不损害农民权益、不改变土地用途、不破坏农业综合生产能力和农业生态环境。二是加强行政手段的监管。对租赁农地经营、项目实施、风险防范等情况要定期开展监督检查，探索利用网络、遥感等现代科技手段实施动态监测，及时纠正查处违法违规行为。三是鼓励和支持农村集体经济组织和承包农户对租赁农地利用情况进行监督。对违反合同约定的，流出农户和农村集体经济组织可依法解除农地租赁合同，并要求赔偿。四是农村经管部门加强流转合同的履约监督，建立健全纠纷调解仲裁体系，引导流转双方依法依规解决流转矛盾。五是农业部门要指导租地企业（组织或个人）合理使用化肥、农药等投入品，防止出现掠夺性经营，确保耕地质量等级不下降。

3.规范退出。首先，明晰集体农地的产权，对所有权、承包权、经营权的权能给予清晰界定。其次，加强合同管理，租赁合同应明确规定，对于租赁合同期满后工商资本如何退出，对于遇到征地或其他不可抗外力时，工商资本与村集体、农户之间如何承担经济利益（损失）等。三是探索保护农民土地权益的农地流转模式，学习借鉴"正大绿色方圆300万只蛋鸡养殖示范项目"中"还权于民"的工商资本退出方式。

课题负责人：熊文武

课题组组长：方书广

课题组成员：黄中廷　徐德清　王和群　宗　飞　陈　娟　刘睿文　王丽红

参加调研：万士芸　李自煜　朱新亮　张京峰　宋胜福　陈晓艳

执笔人：黄中廷　王丽红

第四篇

生态文明建设

京津冀休闲农业协同发展机制研究

一、休闲农业发展理论及实践研究

（一）休闲农业的概念与内涵。休闲是指人们在劳动之外的闲暇时间里，按照个人的愿望和爱好所自由进行的各种活动。它有三层含义：一指闲暇时间；二指休闲活动；三指一种精神状态。休闲不仅是个人闲暇时间的总称，也是人们对可自由支配时间的一种科学和合理的使用，是人类在自由支配时间内自由选择的一种活动方式，用于满足基本生活需求之外的发展需求，在空间上并不仅仅局限于居住地范围以内。休闲农业是在农业生产活动的基础上对其进行深度开发和利用的一种农业新功能，得益于城市休闲活动向乡村地区的不断延伸。休闲农业的表现形式多见诸大城市周边的农业旅游或乡村旅游。

目前关于休闲农业的提法，较常见的有"观光农业""休闲观光农业""旅游农业"以及"乡村旅游"。综观国内外对休闲农业的研究表述，结合我国的发展实际，界定本研究休闲农业的含义：是以农业、农村和农民为背景，利用农业资源、农业景观和农村环境，以农林牧副渔生产和农村文化生活为依托，以休闲农场为载体，把农业生产、科技成果转化、艺术文化导入和游客参与融为一体的增进人们对农业及农村体验的农业观光、休闲、旅游活动，是一种集生产、生活、生态"三生一体"的多功能性新型产业形态，是一种高附加弹性的创新型农业经营方式。针对休闲农业的概念可以从以下五个方面来解读：

1.资源基础立足于"三农"。休闲农业是农业、农村、农民等资源向外延伸发展的产业。以农业自身延伸主要是充分发挥和利用农业的多功能性和农业特有的生产经营方式，创造优美的绿色生态休闲环境，为人们提供观光旅游、休闲养生、生产体验、娱乐教育等多种休闲服务。以农村自身延伸主要是利用农村的传统文化、生活起居、自然生态等资源，为人们提供特有的休闲服务。以农民延伸主要是充分发挥和利用农村丰富的剩余劳动力的作用，在对农民工培训和教育的基础上，将农民工从农业生产领域延伸到农产品加工、销售和休闲服务行业。

2.经营内容融合于"三产"。休闲农业不仅是农业发展的一个新领域，而且是休闲产业发展的一种新业态，其范围不仅涉及农、林、牧、副、渔在内的大农业，还融合了大量第三产业和部分制造加工业，是一个典型的农业生产、农民生活和农村生态合而为一的综合性"三生"产业。在经营上充分结合了农业产销、农产加工及游憩服务3级产业于一体。休闲农业经营的方向是要由"产品经济"转向"服务经济"，使农业生产从一级产业转化为三级产业，并将之市场化及商品化，把发展农业差异化与优质化作为竞争战略来提升其竞争力。

3. 服务宗旨定位于"三生"。休闲农业所表现的是结合生产、生活与生态"三生一体"的农业，即利用田园景观、自然生态等环境资源，以野生生物和农业生物为载体，以农业科技为依托，以产业化经营为主线，以为人们提供满意的休闲服务为宗旨，以实现农村发展和农民增收为根本目的。

4. 体验价值依赖于"三美"。休闲农业作为一种体验经济，其生命力依赖于农场之美、农产品之美和人文之美。休闲农业的目的是经过规划设计展示出自然之美，具有自然之美的农场必须经过修饰与包装，才能流露其特色。其次让消费者感受到农场主生产出的农产品更有特色，亦为生产过程清洁有机，维护自然资源循环体系，展现对大自然生态平衡的尊重，从分级包装诱导消费者的喜爱与珍惜，展示出农产品高贵之美，让消费者体会大自然的恩赐。人文之美是生产者在经营农业过程中流露出的自然的文化传承，是一种尊重大自然、细腻精致的工作习惯，例如培养喝茶的礼节习惯，以及尊重消费者的包装，让消费者感受到农场的清洁、整齐、简单、朴素、优雅都是为服务消费者精心打造的。

（二）休闲农业及其协同发展的理论基础。

1. 休闲经济理论。休闲经济是工业化社会高度发达的产物。它发端于欧美，19世纪中叶初露端倪，20世纪80年代进入快速发展时期。休闲经济是一种体现着以人为本的人性化经济形态，又称为"休闲型经济"。休闲经济是指建立在休闲的大众化基础之上，由休闲消费需求和休闲产品供给构筑的经济，是人类社会发展到大众普遍拥有大量的闲暇时间和剩余财富的社会时代而产生的经济现象。休闲经济一方面体现着人们在闲暇时间的休闲消费活动；另一方面，也体现着休闲产业对于休闲消费品的生产活动。休闲经济的形成至少需要以下六个条件：（1）高度的物质文明。休闲经济是建立在物质文明基础之上的经济，伴随着生产力的发展，社会剩余产品不断增加，为人们休闲提供了物质基础。没有发达的第一、第二产业和第三产业，休闲经济不可能形成。（2）完善的休闲供给。改善休闲供给条件，提高休闲供给效率，在短期内可以扩大需求，使休闲经济进一步高涨。（3）充足的制度供给。（4）休闲时间的增加。休闲时间是实现休闲消费的前提条件。（5）大众休闲时代的来临。时至今日，休闲经济已经不是少数人组成的"有闲阶级"的经济，而是大众化的经济。而大众休闲时代的来临正是休闲经济形成的社会基础。（6）现代休闲消费观念的确立。确立现代休闲消费理念，是休闲经济所必备的条件。现代休闲消费观念要求消费者树立休闲和工作同等重要的理念，变封闭式消费观念为开放式消费观念，释放休闲消费潜能。

在我国，休闲经济出现较晚，但发展迅猛，休闲经济已经成为富有活力的经济增长点。1995年我国开始实行每周5天工作制，1999年将法定假日延长为17天，从而使每年的闲暇时间增加为114天，出现了所谓的"假日经济"现象。"假日经济"是指在我国特殊的历史背景下，人们在节假日集中消费所引起的销售、服务猛增、市场火爆的经济现象，是对于节假日集中消费有关现象的概括和反映。实际上，"假日经济"是休闲经济的特殊表现形式，是休闲产业的一个缩影。随着我国休闲经济的来临，越来越多的人选择旅游作为一种休闲方式，这在客观上为休闲农业的发展提供了巨大的客源。但是由于休闲农业还处于简单的提供食宿、游玩场所，没有从游玩向休闲度假方向转化，不能满足人们休闲的需要，因此，休闲农业必须适应休闲经济的发展趋势，根据休闲消费注重文化内涵的获得和精神满足的发展趋势，创办出丰富多彩的健康、社会文化体验等休闲项目；根据时代的变迁和消费者的需要开发能够体现多元化消费、多层次消费和多地域消费特征的休闲项目。

2.比较优势理论。18世纪英国经济学家亚当·斯密提出了绝对比较优势理论，在此基础上，李嘉图提出相对比较优势理论，20世纪初瑞典经济学家赫克歇尔和俄林又提出了"资源禀赋"理论，20世纪80年代哈佛商学院教授迈克尔·波特提出竞争优势理论，以上理论正是反映了区域经济合作实践的要求。区域合作不仅需要彼此在自然资源禀赋、生态环境、生产要素以及发展结构水平上具有差异性，还需要共同的利益诉求以及共同的区域空间。遵循上述理论，休闲农业的区域合作不仅需要区域之间地缘相近，还要有着共同利益诉求，然后才能冲破休闲农业的要素区际流动障碍，实现帕累托最优，整体上提高区域休闲农业协调发展能力，促进各主体共同发展和繁荣。我国正处于经济转型升级、城镇化深入发展的关键时期。在城乡二元结构加速向城乡一体化迈进的历史拐点上，休闲农业协同发展的时机和条件已经较为成熟。加强区域协作不仅可有效促进休闲农业的生产要素自由流动，激发区域经济发展活力，提高比较利益；还能优化国土开发格局，改善区域生态环境质量，进而缩小地区、城乡和贫富差距，最终真正实现多赢格局。京津冀相互之间休闲农业的经济发展具有梯次互补性，三地合作不仅符合首都发展的需要，更有利于加速推进三地农业产业化和现代化，大幅提高区域农业核心竞争力，将京津冀协同发展上升到国家战略层面。

3.产业集群理论。产业集群理论的研究最早可以追溯到19世纪末著名经济学马歇尔（Marshall，1890）在其经典著作《经济学原理》中提到的产业区（industrial District）的概念，马歇尔的产业区主要是指在一域内以手工业为主的小企业的集聚的现象。他主要是从外部经济度进行的研究。1998年，美国的经济管理学家波特（Porter）引"集群"的概念，并把集群定义为"在某一特定区域下的一个特域存在着一群相互关联的公司、供应商、关联产业和专门化的协会"。他认为，一个国家的竞争力关键是产业，而产业又集中在有限的区域范围内，即形成产业集群。

目前，学术界已开始用集群理论来研究旅游产业，并具体到实证研究阶段。集群理论首先由美国哈佛大学商学院管理学教授迈克·波特提出，他认为集群在促进产业的竞争与合作方面发挥着积极的作用。国外学者Donald（2004）等人根据波特的产业集群理论从产业链和提高竞争优势的角度来界定旅游产业集群，提出了"竞争集群"的概念，他们认为：旅游集群是由有效的旅游供应链组来的一系列旅游活动和旅游服务，其目的是旅游目的地所有单位作用以便提高目的地的竞争力。我国学者聂献忠认为旅游集群内的旅游企业依据价值链关系形成企业间竞争与合作的有机体。

国内外旅游业现有的集群发展经验表明，旅游产业的集群能够增强区域旅游的竞争能力，能够加快中小企业的发展速度，促进旅游资源利用，促进旅游业的创新。随着旅游业发展的竞争激烈，发展旅游产业集群是推动区域大旅游产业、大市场发展的重要动力之一。作为一种新型旅游业，新农村建设背景下的休闲农业目前普遍存在旅游产品开发能力落后、旅游服务的质量较低、集聚程度低、实力较弱等特点。因此，应大力推行集群式发展战略，加快休闲农业发展、区域旅游合作与一体化进程。

4.可持续发展理论。对于可持续发展（Sustainable Development）的研究始于20世纪80年代初，最早是由世界环境与发展委员会在著名的布朗特兰报告——《共同的未来》中提出的，从此之后，在世界各国掀起了可持续发展浪潮。按照国际通行的解释，可持续发展是指既满足当代人的需要，又不危害后代人满足其自身需要能力的发展，它同时达到经济的发展、自然资源与环境的和谐、子孙后代安居乐业的永续等多重目标。可持续发展理论从本质上来讲，有三个基本点：一是自然可持续性，指健康的自然过程，创造一种最佳的生态系统，使人类的生存环境持续；二是经济可持续性，即在保持自然资源的质量和不损害自然资源承载力前提下，使经济发展的净效益增加到最大限度；三是新农村建设背景下的休闲农业发展研究持续性，指长期满足社会的基本需要，保证资源与收入在当代人和各代人之间的公平分配。

近几年，随着休闲农业的迅速发展，不可避免地出现游客活动和环境的冲突，加剧了自然的破坏，出现了不可持续发展现象。休闲农业的发展对自然和人文资源的高依赖性，决定了它的发展与可持续发展有一种天然的竞合关系。因此，为了避免休闲农业发展对文化和环境、生态造成的损害持续上升，其可持续发展趋向势在必行。

5.合作竞争机制理论。休闲农业在京津冀地区的发展往往可能存在着多样性的关系。无论是三地共同的生态治理及生活改善的战略需求，还是三地农业产业发展水平接近，协同发展的难度相对较小，抑或是河北省近年来农业区位商不断上升，农业专业化及农业比较优势不断加强，服务京津的能力不断提高，加大了协同发展的可行性，这些都说明了京津冀农业产业协同发展是京津冀一体化的必然选择。抓住京津冀农业产业协同创新这个有力抓手，有助于减少京津冀不同行政区域间产业同构竞争压力，尽快实现整个区域农业产业共同发展和区域治理的战略目标。本部分研究借助共生理论来探讨休闲农业发展演进的内在规律。跨区域协同创新是超越特定区域的各创新主体，基于共赢互利、优势互补、利益共享、风险共担的原则，通过各种创新资源的共享，从而产生大于单个创新主体创新绩效之和的整体创新效应的过程。

6.市场及政府机制理论。

（1）市场机制的一般作用机理。广义的市场机制即市场对资源的调配方式，它通过控制价格来实现供需平衡，并以此对市场上的要素资源进行调配，借要素资源自由流动之手推动经济社会发展，在市场经济环境中发挥着基础性的资源配置功能，是推动经济社会持续发展的最核心动力。具体到面向京津冀休闲农业协同发展的市场机制，是指发挥市场对休闲农业的资源的配置作用，根据当地的实际情况和要素、资源配置循序渐进地发展，例如在城镇郊区发展观光农业、休闲农业和都市农业等，在发达地区发展信息农业、设施农业、工厂化农业，在农产品主产区发展高端增值农业，建立农产品加工基地、设立农产品直销市场等。通过价格机制、供求机制、竞争机制以及风险机制四个方面作用于京津冀休闲农业协同发展中相关经营主体的组织结构、技术结构等微观层面。

价格机制是指在市场活动中，与市场供给和需求共进共退、紧密联系的价格调控方式，由形成机制和调节机制组成。价格机制是市场机制的核心机制，它具有传递信息、调节资源配置、调节收入分配等功能。

供求机制是一种通过市场的价格波动来调节市场供给和需求之间的矛盾，并使之趋于均衡的机制。供求机制是市场机制的保证机制，它联结着市场运行中生产、交换、分配、消费等各个环节，发挥着调节市场总量平衡、结构平衡、时间平衡以及空间平衡的作用。价格机制与供求机制相生相息：产品价格变化推动生产经营者增加或减少产品供给量，推动消费需求者减少或增加需要量，不断调节供求关系，而供给的增加会导致价格的下降，需求的增加会导致价格的提高。

竞争机制是指在市场运行活动中，由于各个市场主体的趋利性，必然会同时在供给侧和需求侧产生竞争关系，反映竞争与供求关系、价格变动、资本及劳动力流动等市场活动之间的有机联系。竞争机制是市场机制的关键机制，通过市场主体之间的相互竞争，使市场行为得到一定的约束，从而平衡市场经济活动。只有在拥有竞争的市场中，社会才能进步、经济才会发展，才会存在着产品创新、技术创新、管理创新。

风险机制是指在市场经济活动中，与企业经营风险和财务风险密切联系的机制。风险机制是市场机制的基础机制，对市场运行活动起着约束作用。风险机制受到以上三种机制的共同作用的影响：价格机制和供求机制通过价格的高低水平和供求的均衡状况来影响风险的大小，反过来风险机制又制约着产品的价格和市场的供求；竞争机制以竞争可能带来的各种经营风险和财务风险的巨大压力，促使市场主体改进经营管理方式，以提升自身对经营风险的调节能力和适应能力，从而增强其市场竞争水平，有竞争就有风险，风险伴随着竞争，两者紧密相连，因此，竞争机制和风险机制有时被合成为风险竞争机制。

综上所述，区域产业协同发展中市场机制的运行机理是源于各市场主体对经济利益的追求，是一个开放型的受多因素影响和制约的一种社会经济机制，具有自发调节资源配置、自发平衡经济发展、自发推动产业升级等功能。

（2）政府机制的一般作用机理。广义的政府机制是指政府通过一系列的行政调控方式，建立一套按照政府目标运行的经济社会发展规则，以保障政府职能在经济社会发展中发挥作用，从而规范各类经济社会行为，推动经济社会有序发展。具体到面向京津冀地区休闲农业协同发展的政府机制，指的是包含国家层面、京津冀区域层面以及地市层面的各个层级的政府部门为培育和推动休闲农业在京津冀地区的协同发展而制定的相关制度和政策的总和，通过履行经济调节、社会管理、市场监管和公共服务职能，对京津冀区域内休闲农业的产业导向、产业空间布局、产业扶持以及产业退出等宏观层面产生作用和影响，并随时间发生变化的相互联动的内在逻辑过程。

政府机制具有相对独立性、稳定性以及双向互动性等重要特征，因此在区域产业协同发展中具有其他机制不具备的价值作用。

（三）休闲农业的功能定位。

1.经济功能。休闲农业利用资源、提供产品、开展活动创造价值，带来财富，这是休闲农业发展的根本。休闲农业的发展，促进了农业功能拓展与产品结构的调整，实现农业的多功能性。休闲农业充分开发利用农村旅游资源，调整和优化农业结构，拓宽农业功能，延长农业产业链，发展农村旅游服务业，促进农民转移就业，增加农民收入，为新农村建设创造较好的经济基础。乡村旅游的发展可以使农民以旅游为主业、种植为副业；农民的身份可以从务农转变成农商并举，农户可以独立经营，也可以形成私营企业；吸引农民大力发展观光农业、生态农业、精品农业。

2.休闲功能。休闲农业提供观光、休息、娱乐等休闲活动，这是其创造财富具有经济性的重要前提。城市居民休闲，形成了乡村旅游的核心结构，包括观光采摘农业、大棚生态餐厅、农家乐、农家大院、民俗村、垂钓鲜食等，带动了观赏经济作物种植、蔬菜瓜果消费、家禽家畜消费、餐饮住宿接待、民俗文化消费的全面发展，同时把第三产业引入农村。休闲农业的发展使乡村风貌成为旅游本底，用景观的概念建设农村，用旅游的理念经营农业，用人才的观念培育农民，将乡村装点成旅游度假腹地；乡村民居成为观光体验产品，乡村民居与本地资源及文化特色相结合，形成产业型、环保型、生态型、文化型、现代型发展思路。把农村的生产、生活资料转换成具有观光、体验、休闲价值的旅游产品，并且在一定区域内差异化发展。具体有田园农业旅游、民俗风情旅游、农家乐旅游、村落乡镇旅游、休闲度假旅游、科普教育旅游等模式。

3.教育功能。休闲农业可以使人认知动植物、农事耕种、养殖等农业生产活动，甚至可以引入亲子教育等活动，尤其可以有效地面向青少年开展科普教育与实践活动。

4.环保功能。休闲农业的存在本身就具有生态和环保功能，具有较好的社会效益和生态效益。发展休闲农业是统筹城乡发展，加强社会主义新农村建设，完善农村基础设施和公共服务设施，开展农村环境综合整治，建设农民幸福生活美好新家园的重要举措。

5.文化功能。特色休闲农业的发展可以拯救地方乡土民俗文化，对文化的传承与创新具有较好的示范与引领作用。休闲农业可以挖掘、保护和传承农村文化，并且进一步发展和提升农村文化。我国农村蕴含70%的旅游资源，休闲农业的发展还有利于丰富旅游产品，也是培养新型消费业态，提高幸福指数的有效途径。

6.社会功能。休闲农业开展活动增进人与人的了解与沟通，有利于社会和谐发展。休闲农业的发展有利于促进社会主义新农村建设，使农村面貌焕然一新，促进水、电、路、网等硬、软件条件的改善。休闲农业的发展还有利于促进城乡一体化的发展，成为破除城乡二元结构的有效途径与载体。

休闲农业的发展为城乡互动交流提供了平台和纽带，有利于城乡一体化与社会和谐发展。休闲农业可以促进城乡统筹，增加城乡之间互动，城里游客把现代化城市的政治、经济、文化、意识等信息辐射到农村，使农民不用外出就能接受现代化意识观念和生活习俗，提高农民素质。

7.健康功能。休闲农业之地不仅可以让人呼吸到更加清新的空气和开展体育锻炼，更能提供绿色、有机蔬菜、瓜果等农产品；有些特色药膳等食疗项目的开发，也能增进其健康功能的发挥。

（四）国外休闲农业发展概况与成效。休闲农业兴起于19世纪三四十年代的意大利、奥地利等地，随后在欧美各地迅速发展起来，国外对休闲农业的研究主要集中于休闲农业概念、休闲农业的可持续发展、休闲农业发展策略等方面，总体来说，国外对休闲农业的研究已经形成一个相对成熟的理论体系，对其可行性、可持续性等都进行了论证和实践研究。

1.国外休闲农业发展阶段研究。马勇等指出休闲观光农业起源于19世纪30年代的欧洲，随着环境的污染和快节奏生活方式而发展起来。贺小荣也有类似观点，认为早在19世纪30年代，欧洲就开始了农业旅游。1865年，意大利"农业与旅游全国协会"的成立标志着农业旅游的诞生。刘军萍将观光农业分为萌芽（兴起阶段）、观光（发展阶段）和休闲（扩展阶段）。

徐晓莉在其硕士论文中将国外休闲农业发展归结为四个阶段，即萌芽阶段、观光阶段、度假阶段和租赁阶段。兰海颖分析了国外休闲农业发展阶段，认为国外观光休闲农业的发展大致经历了三个阶段：萌芽兴起阶段（19世纪初—20世纪中后期），在此阶段，意大利于1865年成立了"农业与旅游全国协会"，专门介绍城市居民到农村去体味农业野趣。但是，这时既没有明确的观光休闲农业概念，也没有专门的观光农业区，仅是从属于旅游业的一种观光项目。19世纪后半叶，观光休闲农业发展成为一个独立的旅游项目，在一些人迹罕至的山区如落基山、阿尔卑斯山逐渐迎来了中等消费层次的旅游者。直到20世纪才真正成为一项广泛开展和参与的活动，而且内容和形式也逐渐向多样化发展；发展阶段（20世纪中后期—20世纪80年代）：观光休闲农业的真正兴起是在20世纪中后期，各种以观光为职能的农园出现，如日本岩水县小岩并农场，美国费城白兰地山谷中的"长木花园"；扩展阶段（20世纪80年代至今）：20世纪80年代以来，观光休闲农业基地和项目的数量迅速增长，观光农业园也相应地改变了其单纯观光的性质，扩展出了娱乐、度假、操作等功能，加强了游客的参与性。

2.国外休闲农业的发展模式与特点。从国外不同国家休闲农业发展的具体实践来看，由于思想理念、资源禀赋和发展水平等不同，因此各国休闲农业在发展形式、组织机制和效益等方面各有差异，形成了各具特色的休闲农业发展模式，总结如下。

（1）美国。美国休闲农业的运行模式是在建立市场经济的基础上，并由政府提供定位准确的服务职能。主要形式是耕种社区或市民公园，采取的组织形式是由政府协调、实现农场与社区互助，提供农产品的生产与消费的互动平台。在这项工作中，政府主要负责公路、水利等公共基础设施建设，每年支出大约300亿美元左右。

（2）西欧。西欧主要以法国、德国为代表。其中，法国的休闲农业方式是在市郊建立许多观光果园，专供游客观光品尝，每年收入达700亿法郎；德国则以度假农庄、市民农园为休闲农业的发展模式，将市民农园的土地出租给游客，劳动收获归自身所有，吸引游客在度假农庄体验农业生产和农民生活。

法国休闲农业的发展得益于多个非政府组织机构的联合，具体是指各行业协会在政府的政策指导下制定相关的行业规范和质量标准，推动以农场经营为主的休闲农业得到快速发展。这些农场基本上都是专业化经营，主要以农场客栈、点心农场、农产品农场、骑马农场、教学农场、探索农场、狩猎农场、暂住农场以及露营农场等形式存在。早在1954年，联邦国营旅舍联合会主办"法国农家旅舍网"，此后各类农业旅游社团组织和法国农业与渔业协会等中介机构陆续成立，有力促进了休闲农业的经验交流、信息传递和业务培训。随着行业协会的不断发展，行业自律作用逐渐凸显，法国政府也逐渐由管理职能转向监管职能，行业协会在休闲农业的发展中显现主导作用。截至2005年，法国已有1.77万农民经营休闲农业，超过5800户农民加入全国性的联合经营组织；2007年有2.92亿人次前往乡村进行休闲，占全国旅游总人数的33.4%；农业旅游收入约244.6亿欧元，相当于全国旅游收入的1/5。

（3）日本。日本是一个多火山、地震的岛国，气候高温多雨，国内资源贫乏、人均土地资源紧缺，农业规模小，因此政府希望通过政策和制度来引导休闲农业的发展，希望通过当地的自然景观、历史文化内涵和风土人情来吸引游客。因而，日本休闲农业奉行"回归自然"的理念，强调市民实践体验，通过农园吸引市民租地经营，农民在公园里生产、生活、休闲，实现了农业、农村和农民一体化经营管理。为了有效推动绿色观光旅游体制、景点和设施建设，政府制定了一套完整的农业土地法律体系，在硬件配套设施、税收、补贴等方面给予许多优惠政策。目前日本国内有很多富有诗情画意的观光农园，内设动物广场、牧场馆、花圃、跑马场、射击场等各具特色的设施，同时配有完善周到的服务，吸引了众多的游客，为观光农园赢得了不菲的经济收入。作为土地资源非常稀缺的国家，休闲农业主要以务农式旅游为主。每年组织游客在农令季节去郊外农田进行农业劳动，如插秧、收割、挤奶、捕捞等，让消费者体验劳动的艰辛和快乐。

（4）澳大利亚。作为开展休闲农业最早的国家之一，澳大利亚休闲农业特别重视葡萄酒旅游产业的"产、学、研"紧密结合，主要依托葡萄庄园的田园风光、酿造工艺生产设备、特色美食、葡萄酒历史文化吸引游客，同时开发观光、休闲和体验等农业旅游产品，带动餐饮、住宿、购物、娱乐等产业延伸，促使休闲农业向第二产业和第三产业延伸，实现了特色农业产业与旅游业的结合，为地区带来了巨大的综合效益。澳大利亚葡萄种植始于1788年，从1810年开始，葡萄酒酿造和销售开始走向商业化，目前已经形成60多个葡萄酒产区，2008年澳大利亚葡萄酒产量为125714百万升，出口量为71417百万升，成为世界第6大葡萄酒生产国和第4大葡萄酒出口国，吸纳了农村剩余劳动力，产生了巨大的经济效应。据澳大利亚资源、能源和旅游部统计，2009年澳大利亚葡萄酒旅游就吸引410万国内游客和66万国外游客，创汇达48.9亿澳元。

3.国外休闲农业的可持续发展。"可持续发展"的概念是1980年在国际自然资源保护联盟（IUCN）、联合国环境规划署（UNEP）、世界野生动物基金会（WWF）所发表的《世界自然保护策略》（*World Conservation Strategy*）中首次提出，其内涵包括了"持续性"与"发展"两个含义，即达到人类经济、社会发展与自然生态环境保育之间的平衡发展，永续的自然环境资源是经济、社会可持续发展的基础。休闲农业的发展在很大程度上依靠的是农村或乡村自然农业资源，可持续性发展才能实现永续发展。Inskeep认为：可持续旅游发展的原则是继续维持环境系统和文化的完整性，以及对产业带来的各种社会经济效益在目的地社区的公平分配。Forsyth对泰国北部的一个小山村的研究表明：旅游业不能使最贫穷的小农户致富，但它可使那些有能力通过雇佣劳动力发展旅游业的农户增加收入，发展旅游可能使农村社会进一步贫富分化，因为提高土地利用强度或环保意识的增强可能导致环境退化或环境改善。文中指出了乡村旅游业发展可能带来的环境问题。Petrzelka认为在发展休闲农业的同时要重点保护乡村文化和价值、反对出让农田，改变土地性质。Abby Liu认为一些地区发展乡村旅游注重经济效益而忽视了社区的承载力以及将来的可持续发展。Sharply则认为在传统农业已经衰退的乡下地区，休闲农业已广泛成为促进农民收入和提供更多劳动机会的有效来源。Walmsley也认为在大城市和农村，休闲农业的发展为城市居民休闲、娱乐和乡村旅游产业的发展提供了巨大机遇。Hwan Suk、Chris Choia等在乡村旅游可持续发展的框架下，利用德尔菲法得出了衡量CTD可持续发展的125个指标，其中包括政治、社会、生态、经济、技术和文化指标。

4.国外休闲农业发展的经验。国外休闲农业依托区域特色资源、民俗文化、科技水平等优势，形成多样化的项目开发经营模式，取得了较为显著的经济效益、社会效益和生态效益，对其成功经验总结如下：

（1）政府适度扶持。国外政府制定休闲农业发展相关法律、法规或规划，加强统筹协调和引导扶持。如日本制定了相关法律法规20多部，形成了一整套完善的法规体系；国外政府对休闲农业的精品景区实行以奖代补，并设立专项扶持发展资金。如在1992年，美国专门设立了"农村旅游发展基金"，推行"旅游政策会议"制度，确保国家的重大决策充分考虑旅游收益。

（2）协会积极推动。国外休闲农业通常通过行业协会制定行业标准来提高休闲农业质量，从而引导休闲农业经营者、管理者不断提升发展和管理水平，在会员与政府之间发挥桥梁和纽带作用，最终来规范休闲农业的发展。如法国农会、罗马尼亚乡村生态和文化旅游协会以及爱尔兰的农舍度假协会等行业协会均有力推动了当地休闲农业的发展。

（3）坚持市场导向。国外休闲农业坚持以市场为导向，确定主导产业，实行区域布局，形成市场牵龙头、龙头带基地、基地连农户，集种养加、内外贸、产供销、农科教于一体的管理和运行机制，实现了传统农业向现代农业的转变。如澳大利亚依托本地龙头产业葡萄酒，通过拓展休闲农业旅游、休闲、度假和体验等新型职能，开发乡村旅游产品组合，带动农副产品加工、餐饮服务等相关产业发展，实现农业与旅游业的协同发展。

在休闲农业市场开发与营销方面，N. G. McGehee、Kyungmi Kim认为农场主拥有土地、经济上依赖于农场经营、休闲农业深受大众欢迎，是刺激休闲农业发展的推动因素。Cecilia Hegarty在对波兰和爱尔兰作了比较研究后认为，休闲农业的多样性决定了乡村旅游发展的潜力，但其多样性则取决于区域资源及客源市场条件。E. T. Davies以威尔士各地区为分类标准，具体分析了不同乡村发展模式下各种类型的农场主如何融合到统一的市场产品供应链条之中，同时分析了不同参与者在产品供应链条中的作用。Ann根据日本休闲农业情况提出四点市场营销建议：建立相关组织、对市场进行评估、推广销售产品、提高经营者的意识。Embacher在研究奥地利旅游发达目的地的农业旅游策略时，对其市场营销策略、投资策略、组织实施策略、培训策略等分别进行了阐述。Rickard研究柬埔寨的乡村旅游时指出乡村旅游开发遇到的挑战和机遇，认为长期投资和技术支持是农业旅游发展的有效途径。

（4）协调均衡发展。国外休闲农业发展注重在发展经济效益的同时，鼓励当地农民积极参与，重视控制休闲农业活动对资源所造成的浪费和对环境造成的破坏，强调休闲农业在促进工农协调和城乡经济社会均衡发展，注重提升传统文化内涵、提高公民素质，促进人与自然和谐等方面的作用，从而创造社会文化效益。

（五）我国休闲农业发展概况与成效。近年来，随着人民收入水平的提高和城市生活节奏的不断加速，为了缓解城市生活所带来的巨大压力，越来越多的城市居民开始将目光投向广大农村，寻求一种放松身心的休闲方式。广大农民为解决剩余劳动力转移困难等问题，越来越多地依托优美的农业资源和农村风光，加快发展休闲观光农业，增加农民收入。为促进休闲农业的发展，党中央、国务院和各级人民政府出台了许多相关的支持政策。目前，我国农村新型休闲农业已步入高速发展时期，乡村地区旅游景点数量的不断增加、旅游规模不断提升、旅游功能属性不断得到拓宽、旅游分布区域不断扩展，呈现出欣欣向荣的发展态势。根据相关数据统计，我国休闲农业年经营收入突破了1200亿元，先后带动了1500万的农村居民受益。农业部摸底调查数据显示，休闲农业资源开发的投资回报率相对较高，休闲农业从业人员人均劳动生产率、利润率明显高于农业其他从业人员，但休闲农业的消费水平明显低于全国同期旅游消费水平。休闲农业已成为一些农村地区壮大乡村经济的民生产业和支柱型产业。目前，我国国内人均生产总值已经突破4000美元，城乡居民对待休闲农业消费需求持续提高，我国有70%的旅游资源分布在农村地区，广大农村地区拥有秀美的田园风光、恬静的生活环境，已经成为广大休闲消费者追求休闲消费的主要场所。全国各省市抓住这一有利时机，大力发展休闲农业，农业休闲的产业效益已初步显现。

2005年以前我国休闲农业发展是以传统农业的观光采摘为主。近几年各种类型的休闲农业均呈现迅猛发展势头，先后形成了农家乐、休闲农庄、休闲农业园区和民俗村等形式多样、功能多元、特色各异的模式和类型，极大拓展了农业的多功能性，尤其是"农家乐"形式的休闲农业发展较快，为建设现代农业、促进农民创业增收提供了新途径。2013年，全国休闲农业接待9亿人次，经营收入2700亿元，继续保持着15%以上的增长态势。另外，据农业部农业休闲网公布的休闲农业状况，在登记的693个休闲农业点中，东部地区11个省的休闲农业个数占47.5%，中部地区的8个省占27.1%，西部地区12个省占25.4%。

就目前情况来说，我国休闲农业发展生命力蓬勃，规模也不断扩大，内涵不断丰富充实，模式丰富多样，呈现出一片良好的发展态势。我国休闲农业的发展呈现出一系列新特点：一是休闲农业分布地区不断发展扩大。我国发展休闲农业初期主要分布在大城市周边，而目前已从大城市逐步向中小城市拓展，从城市近郊向城市远郊区辐射。二是休闲农业发展创新思维不断得到拓宽，休闲农业从依赖城市向依托风景区发展，比起过去旅游景区主要从当地本身考虑经济发展，到现在将景区旅游线路延伸到城市远郊区的农村，实现了景区旅游开发与农村经济互利共赢。三是休闲农业功能得到不断拓宽，在传统农业观光采摘、农家乐的基础上，开发出乡村地区的民俗文化旅游和生态文化资源，使休闲农业向更高层次发展，不断拓宽休闲农业的利润空间。四是一部分休闲农业企业的品牌影响提高。围绕"高、新、特、优"这一思路，努力打造特色休闲农业名牌，创造出一批旅游质量优、休闲功能强、服务能力好、顾客认同度高的休闲农业品牌。

1.我国休闲农业资源开发类型。为加快休闲农业发展、转变农业发展方式、拓展农业功能、满足居民日益增长的休闲消费需求，农业部和国家旅游局从2004年开展全国休闲农业示范点创建活动。截至2010年底，共评定休闲农业示范点459处，对示范带动作用强、经营管理规范、服务功能完善、基础设施健全、从业人员素质高、发展成长性好的休闲农业单位进行重点推广。这459处休闲农业示范点中：农家乐19个，占4.14%；休闲农业园255个，其中，农业观光型园区150个，占32.68%，农业生态型园区74个，占16.12%，农业基地型园区31个，占6.75%；休闲农庄44个，占9.59%；特色乡镇58个，占12.64%。

（1）休闲农业园。由示范点数量来看，休闲农业园占比最高，这主要是因为休闲农业园一般经营规模较大，经营内容与功能多样，休闲服务质量与档次较高，经济效益显著，对区域经济的辐射带动能力较强。目前已开发的休闲农业园多以休闲度假、生态保育、科普教育功能为主。一是观光度假型，主要是利用乡村独特的自然景观资源、民俗风情资源及休闲娱乐设施等开展休闲度假项目，为游客提供亲近自然、观光娱乐、健身疗养、森林探险、生态养生等休闲度假活动以及设施功能多样化的休闲娱乐场所；二是生态保育型，依托山区、峡谷、森林、草原、湖泊等生态环境资源建设休闲农业园区，依托乡村生态环境和自然资源优势，以康体娱乐、健身疗养为主题，开展休闲农业特色经营项目以及高尔夫、骑马、射击、温泉、药疗等疗养健身项目，为游客提供亲近原生态的自然环境，体验各种康体疗养活动，品尝野生、营养、无污染的绿色食品，如广西桂林的阳朔、井冈山的拿山盆地等；三是科普教育型，利用现代农业高新技术、农业设施及生物工程技术，在城市郊区建立农、林、牧生产基地、农业科技示范园、农业生态科技园、教育农园和农业博物馆等，把农业的生产功能、景观功能、生态功能、科技示范功能结合在一起，展示农业生产的高新技术和科技成果，以供游客参观和学习，是一种集合农业生产、科技示范与科普教育功能为一体的特色经营模式，如北京小汤山现代农业科技示范园区、深圳的光明农场等。

（2）农家乐。从各地区休闲农业资源开发实践来看，农家乐形式普及度最广，受欢迎程度最高，在经营主体数量和接待规模上占绝对优势。这一形式主要是农民自发形成的、小规模的休闲服务，以农业资源、生态环境和农村生活文化为基础，将乡村农家改造为家庭旅馆、农村客栈等，以"住农家屋、吃农家饭、干农家活、享农家乐"为经营内容，利用村民的房舍、自产的蔬菜、家禽、水产等资源吸引游客前来进行吃、住、玩、游、娱、购等休闲活动，以城市中、低收入者为主要客源。各地已开发的农家乐一般经营规模较小，经营内容单一，经营水平和经济效益不高。

（3）休闲农庄。我国休闲农庄一般由休闲农业企业进行专业化经营，企业经营规模庞大、业务运作方式成熟。休闲农庄经营特色明显，投资回报率较高，是吸引社会资本的主要经营方式，但目前我国休闲农庄数量相对较少。已开发的休闲农庄经营面积达上千亩或上万亩，庄园包括以观光、采摘、参与体验为特征的经营体验区和供游客住宿、餐饮、娱乐的游客休憩区，可提供的休闲活动内容十分丰富，包括观光、采摘、住宿、养生、疗养、娱乐、消遣、科普教育、民俗文化等各种休闲服务类型，游客不仅可以观光、采摘，体验农民生活，享受乡土情趣，还可以住宿、度假、游乐。如台湾的龙头休闲农场，场内分茶园区、自然景观区、游园区、滑草区、度假山庄。

（4）特色乡镇。我国民俗村镇特色资源丰富，资源审美价值和文化价值突出，传承乡土文化的潜力较大，资源开发的经济效益明显。目前已开发的特色乡镇主要以特色乡村和民族村寨的传统民居与民俗文化资源为依托，将村寨田园风光、典型民居、传统聚落、乡土庙宇与传统文化旅游活动相结合，开发集教育、休闲、饮食、娱乐为一体的休闲农业项目。如江苏昆山市的周庄、山西的平遥古城等。

2.国内休闲农业发展存在的问题。

（1）缺少科学规划，可持续性发展能力较差。一是我国农村企业和农民是休闲农业的开发经营主体，由于农民文化素质相对较低，在开发过程中缺少科学规划和论证，大部分属于简单效仿、粗放式经营。二是在经营中只看眼前利益，不考虑今后的发展，出现了盲目开发、拉客、宰客等不良行为，影响了行业的发展。三是一些地方盲目贪大求洋，不惜以破坏农业生产为代价，占用耕地和保护区，极大地影响了农业和农业文化的传承。四是对自然环境过度开发、占用，造成对生态环境的破坏，影响了休闲农业的可持续性发展。

（2）缺乏对农业传统特色文化的传承，民俗游模式单一。一是缺少对农耕文化、乡土文化的挖掘开发意识，对传统农业文化传承的认识不够。认为是"土得掉渣""老一套""没啥用"。二是民间技艺和民俗文化传承人出现断代，导致许多民间文化传承的遗失。这直接影响到民俗游的文化内涵。三是农业传统文化民俗风情游、民俗节庆游运营模式单一，出现了"开门迎客、进屋献歌、参观留影、走马观花"等流于俗套的形式。内容不够丰富、生态文化内涵不高，降低了民俗游的档次，使民俗游逐渐失去吸引力。

（3）农户经营合作组织缺失，农民利益不能得到有效保证。一是组织农家乐的龙头企业（经营户）在经营中占有绝对或相对的强势地位，造成市场竞争的不对等，影响到普通农户的利益。二是由于没有切合实际的组织，农户经营规模小、散，各自为战，市场竞争力弱。三是从事经营和服务的农民得不到切实有效的培训、经营目光短浅、服务水平不高，在一定程度上影响行业形象，经营收入不稳定，利益不能得到有效保证。

（4）宏观管理和政策扶持的缺失。在宏观管理和政策扶持的缺失方面的表现为：一是有关部门在宏观管理职能上缺位，总的方针制定后，相应的配套政策和保证措施迟迟不能到位，造成了休闲农业在一定程度上的无序经营和错误开发。二是宣传力度上，相关部门重视和宣传程度不够，使一些好项目的知名度和影响力不大，缺乏吸引力。三是道路、交通、能源、水利等基础设施投入滞后，在一定程度上影响了休闲农业的发展。

（5）生态资源破坏严重。休闲农业以乡村自然环境和农业资源、环境为经营基础，乡村体验是休闲农业发展的重要基础。有关资料显示，在对北京市居民选择旅游景点时最看重的因素中，57.75%的消费者回答是自然风景，在向消费者调查北京应该开发什么类型的旅游项目时，对休闲度假类项目持肯定态度的人数比例最高达78%，其次便是生态旅游类项目达48.3%。可是在现实休闲农业开发中，一些经营者只考虑经济利益，大规模营造豪华奢侈类非农设施，丝毫无法体现休闲农业的乡村性。另一方面，有些游客在观光体验时不注意生态环境保护，随意丢弃垃圾，甚至故意破坏环境，如果环境清理不及时，容易造成休闲农业园区或庄园环境污染严重，严重影响游区在游客心目中的形象，不利于其持续发展。

（6）用地矛盾突出。休闲农业的发展很大程度上依靠土地的合理利用或者大规模利用，由于项目类型不同对土地的利用情况大相径庭，小则不到333.3平方米，大的达到几十公顷甚至上百公顷。但是现实中，由于各种条件的限制，无法在休闲农业的发展中做到足够的土地供给。有些地区发展休闲农业所用土地是承包租赁农户的，如果该休闲农业场所发展种植业或者养殖业，租期不稳定，直接影响休闲农业的进一步发展。

（7）没有形成规模化经营。我国目前休闲农业旅游项目大多采用的是独立经营、各自为主的模式，由于受资金、用地等因素限制，普遍存在项目分散，经营规模小，经营内容比较单一等问题，没有形成完整的产业体系，无法发挥规模化优势。同时，经营者之间为了各自的利益，不注重合作，造成经营项目雷同，这样不仅增加了成本，同时形成了雷同效应降低了经济效益。根据国外经验，农业旅游区在半径为29.5千米的区域才可以发挥最佳经济效益优势，而我国目前各种休闲农业园区面积大多小于这个数字，造成客源市场范围小、游客数量少，旅游产品知名度低。

（8）科技含量较低，经济效益低下。目前我国大部分休闲农业在经营过程当中的科技含量都比较低，对农业科普教育的开发严重不足，多数还停留在农业生产尝试层面。同时，在各类农业资源的搭配上也非常不合理，农作物的成熟时期过于集中，这直接造成休闲农业园区在忙闲上出现严重的不均衡问题。这主要是因为园区种植的品种比较少，受季节的影响比较大，使得资源不能够被充分利用；另外就是由于园区整体档次比较低，无法对游客形成较大吸引力，从而造成大量游客流失，进而无法提升园区的经济效益，使得园区经营进入困境。

3.国内休闲农业与可持续发展。在休闲农业可持续发展的研究中，各研究主要是从发展休闲农业的同时保护生态环境的角度出发的，坚持走可持续发展道路。王丽华等通过对上海市崇明前卫生态村的个案剖析，提出休闲农业的发展要以先进的生态理念为前提，树立生态循环理念，保护生态环境，促进可持续发展。魏晓云提出休闲农业作为依托农业资源的旅游产品开发，具有一定的经济驱动效力。但应认识到，休闲农业经济价值的体现是基于外部生态环境良好、自然环境优越的外在条件下。因此可以理解，休闲农业项目开发应是在生态得以保护基础上的适度合理的旅游开发产业，两者是相互促进，协调发展的。史云等倡导休闲农业发展要坚持走低碳原则，减少碳源，提高碳汇，同时要坚持因地制宜和可持续发展原则，并提出了相应的对策建议。唐苏华等通过对干旱区新绿洲休闲农业发展模式的探讨，提出了克拉玛依新绿洲休闲农业发展的五种模式：绿洲原生态旅游模式、高新科技农业示范旅游模式、农业产业化与产业庄园旅游模式、庭院经济旅游模式和文体节日旅游模式，并提出了新绿洲休闲农业可持续发展的相关对策建议。

在对休闲农业产品调查中，林新沛等利用李克特量表对台湾民众对休闲农场各项服务的满意度和整体服务满意度作了实证调查，研究结果发现第三次来访比第二次来访的游客对于休闲农场的整体满意程度明显较高。此外，停留天数二天比停留天数三天的游客，对于休闲农业整体满意程度较高。其次，旅游同伴为同学、朋友、家人亲戚及情侣，比旅游同伴为参加旅游团或独自前来的游客，对于休闲农场的重游意愿明显较高。研究也发现体验活动与整体满意度之间的相关系数高达0.447，且达到显著水准，表示对"体验活动"满意度愈高的游客，其对休闲农场旅游整体满意度之提升愈见效益。因此，加强游程的各项体验活动，以满足游客的需求，有其必要性和重要性。在对休闲农业营销模式的研究中，黄志红提出休闲农业的发展与消费者体验息息相关，休闲农业经济是体验经济发展的产物，因此，可以从体验营销的视角来构建休闲农业体验营销模式。体验营销注重了解消费者的心理需求，注重开发产品和服务的心理属性，注重整体营销的协调性，注重设计顾客接触面。王婉飞根据休闲农业经营模式组成要素，在价值网络、核心战略、战略资源、客户界面四个方面提出创新，并以华凯休闲农业为案例进行剖析。

二、京津冀地区休闲农业发展概况

（一）京津冀地区休闲农业发展的优势资源条件。

1.地理区位优越。《京津冀都市圈区域综合规划》中将京津冀定位为：以我国首都为中枢，具有京津双核结构特征和较高区域和谐发展水平的新型国际化大都市圈；以区域创新体系和国家创新基地为支撑，自主创新能力强，拥有基础产业、高端制造业与服务业等完整产业体系的现代化都市经济区；以技术、信息、金融、客货交流枢纽为依托，是我国北方地区最具影响力和控制力的门户地区。

2.农业旅游资源多样。北京郊区无论是山地还是平原都具备较为丰富的农业资源，这为休闲观光农业的发展提供了基础条件。北京郊区山区面积占62%，山体类型多样，自然景观优美，动植物资源丰富多样，林果业发展快，盛产核桃、柿子、板栗、苹果、桃、梨、白杏等多种温带水果和各种蔬菜及花卉。平原区农业资源丰富，已建立生态农业、高科技农业、观光农业、绿色度假村等多种农业园区。北京地处暖温带，春夏秋冬四季分明，山区夏季可以避暑，冬季可以滑雪，发展自然生态旅游条件好。

天津旅游资源丰富，是中国四大直辖市之一、北方最大的沿海开放城市和首批"中国优秀旅游城市"，拥有山、河、湖、海、泉、湿地等丰富的自然资源，景观种类齐全。四郊五县都有各自不同特色的乡村旅游资源，其中蓟县是集名山、幽林、秀水、雄关、古刹于一地的绿色观光休闲度假旅游胜地，被誉为"天津的后花园"，是天津市最早开展"农家乐"旅游的地区，也是天津市乡村旅游开发比较成熟的地区；宁河县七里海地区拥有古海岸与湿地国家级自然保护区，具有发展乡村旅游的独特优势；西青区是天津市政府命名的"民俗生态旅游区"，特色农业建设初具规模，而且离市区最近，发展乡村旅游条件得天独厚。

作为一个农业大省，河北省农村面积广大，农业资源丰富，同时是我国唯一兼有海滨、平原、湖泊、丘陵、高原的省份，地貌类型多样，自然风光秀美，生物多样性丰富。据不完全统计，目前全省认定无公害生产基地（企业）2214个、特色之乡115个，迁西板栗、赵州雪梨、沧州小枣、武安小米、平泉香菇、坝上口蘑等特色产品、特色产业规模逐渐扩大，科技含量不断提高，示范带动作用日益明显，为生态农业旅游产品的开发提供了优越的资源条件。这些独有的山水风光和农业条件构成了发展休闲农业和乡村旅游的良好基础。河北省是全国粮油集中产区之一，同时又是全国三大小麦集中产区之一，还有众多的名胜古迹，燕赵文明源远流长。河北省现有古遗址、古建筑等文物1.2万余处，省级文物保护单位670处，全国重点文物保护单位88处，均位居全国前列。河北省内农业旅游景区多达两百多家，其中2A级以上农业旅游资源近60个，主要分布在承德、张家口、秦皇岛、唐山等城市。

3.民俗文化独特。北京休闲农业的发展有着较为丰富的民俗文化资源，为北京休闲农业产业向高层次发展提供了可能。北京作为古都，文化积淀深厚，是东方文明的精华所在，更为重要的是北京郊区民俗风情多姿多彩，积累了大量的精湛民间艺术，保留了丰富而深厚的乡土文化，开发、挖掘北京地方特色文化资源，可使"老北京"文化韵味永续繁衍，因此休闲农业的发展在北京有着深厚而朴实的基础。

天津乡村拥有丰富的乡村文化资源。天津具有一些文化底蕴深厚的特色村镇，如西青区杨柳青古镇，蓟县渔阳镇均为国家级特色景观旅游名镇，津南区葛沽镇被文化部命名为"中国民间艺术之乡"，静海县西双塘村入选中国十大最有魅力休闲乡村。天津乡村民间工艺品绝美众多，泥人张彩塑、杨柳青木版画、风筝魏风筝、蓟县皮影雕刻等工艺享誉海内外。天津因漕运文化兴起的一系列地方花会，如葛沽的"宝辇"花会、咸水沽的"海下文武高跷"、八里台的"民间吹奏乐"、八里台镇的"民间吹奏乐"和北仓镇的"虫八蜡庙小车会""随驾狮子会"等均被列入天津市非物质文化遗产名录。蓟县独乐寺庙会，规模大、影响力强，在整个京东地区庙会中占有重要地位，堪称京东庙会缩影，是古老庙会的遗存。

河北省作为中华民族重要的发祥地之一，农耕文化历史悠久，民俗文化和民间艺术绚丽多彩。唐山皮影、蔚县剪纸、武强年画、曲阳石雕、衡水内画、易水古砚以及永年太极、沧州武术、吴桥杂技等，散落分布在广袤的燕赵大地，与优美的自然风光相得益彰，对广大游客具有较强的吸引力，形成了发展休闲农业与乡村旅游的独特资源。

（二）京津冀地区休闲农业发展现状。

1.北京市休闲农业发展状况。

（1）北京市休闲农业需求分析。北京市发达的经济水平和庞大的人口基数为发展休闲农业提供了良好的经济基础和消费潜力。从营销学的角度上看，旅游市场在一定范围内是对某种旅游产品具有支付能力的旅游购买者的集群，由旅游者、旅游购买力和旅游动机3个主要因素构成。

北京市休闲农业的主要市场是城市居民，拥有千万城镇人口的北京，随着消费水平的提高，北京城乡居民消费从注重量的满足到追求质的提高，消费质量和消费结构都发生了明显的变化。京郊旅游具有广阔的市场消费群体。休闲农业满足了城市居民节假日回归自然，尽情享受田园风光和休闲放松的需要，"行动计划"市场显示，95%的北京市民希望到郊区旅游、观光和度假，近三分之一市民愿意将双休日用于郊区旅游。因此，休闲农业成为城市居民周期性地调节生活方式的重要选择之一。这一趋势可以从近几年北京农业观光园的接待人次明显表现出来（表1）。

表1　2007—2012年北京休闲农业发展基本情况表

项目	2007	2008	2009	2010	2011	2012
休闲农业园个数（个）	1212	1430	1520	1532	1494	1603
生产高峰期从业人员（人）	40729	52828	51392	50326	49504	42651
接待人次（万人次）	892	1211	1447	1498	1597	1775
经营总收入（万元）	89810	124929	161492	183000	187434	217958

　　据北京市调查，每年大概有67.3%的家庭选择到郊区休闲旅游，其中有16.9%的家庭每年到郊区旅游3—5次。从消费能力来看，2011年北京市城镇居民人均消费性支出21984元，其中教育、文化和娱乐服务支出高达3077元，31.9%的恩格尔系数显示出在满足了吃、穿的基本需求之后，人们的消费倾向逐渐转向文化、旅游等消费领域。因此，北京近几年的休闲农业的收入以25%—30%的速度增长，说明北京市居民的购买能力较强。

　　根据马斯洛的需求层次理论，当人较低层次的基本需要得到满足后，较高层次需要就会出现并愈发重要。旅游需求作为人类更高层次需要的一种形式，在现代社会体现得越发明显。

　　北京市居民休闲需求在一定时期内仍占重要地位，追求放松精神、休闲度假，休闲疗养、回归自然、享受天人合一的和谐、温馨与浪漫将逐步成为休闲农业的主要目的。旅游消费者对参与性、体验性、新奇感受要求越来越强，对旅游服务、配套设施等软、硬件要求越来越高。此外，北京休闲农业的游客以高学历者为主，专科及以上学历者占84%。鉴于此，北京休闲农业在发展过程中十分注重其文化性，在旅游景区的布局、产品项目开发等方面充分做到了内涵挖掘和文化底蕴积累。

　　国际上一般认为，人均GDP达到1000美元以上时，旅游需求急剧膨胀，但主要以观光旅游为主；人均GDP超过2000美元时，基本形成对休闲的多样化需求和多样化选择；人均GDP超过3000美元时，产生度假需求。从旅游产品发展的角度看，台湾在人均GDP达到7000美元以上时为观光农业阶段，市民一般到农村观光旅游；人均GDP达到1.3万美元时为休闲农业阶段，这时民宿业得到发展，游客在农场住宿。而目前，北京人均GDP超过1.3万美元，度假需求已经产生，其对休闲农业的需求十分突出。总体来看，当前北京市观光农业市场需求呈现多元化、特色化、追求文化品位的发展趋势。

　　（2）北京市休闲农业供给分析。北京市按照"提档升级、规范提高"的思路和"部门联动、政策集成"的工作机制，大力发展休闲农业，现已打造凤凰乡村游、森林公园、湿地公园、郊野公园、星级园区、果品采摘等多种休闲农业形式。截至2014年底，共有观光休闲农业园区1283个，民俗旅游村207个9970户，从业人员6.76万人，全年观光休闲农业共接待游客3635.7万人次，实现总收入36亿元。

　　北京休闲农业可分为以下类型：一是观光采摘型，以果蔬采摘为主，园区经营者通过设施、露地栽培调节成熟期，适当延长采摘时间，满足游客需求，如北京悦游十二现代农庄，秉承"幸福健康人民，品质铸就品牌"的经营理念，为人们提供集瓜果蔬菜采摘、特色餐饮、休闲餐厅、农家院体验住宿、亲子教育、学农体验、有机礼品、休闲观光、实习生及志愿者培养等多位一体的服务。二是民俗旅游型，主要是怀柔、延庆、密云、房山等地，利用当地的自然、人文、市场条件发展休闲农业。三是垂钓型，如竹里馆垂钓园，在为游客提供享受垂钓乐趣独特空间的同时，辅之以餐饮、住宿、娱乐等服务。四是森林度假型，以天然的森林浴场为基础，为游客提供森林度假服务。五是科技示范型，通过高科技产品的示范、宣传和展示，满足游客科普教育的需求，如七彩蝶园，游客们既可观赏，也可学到科普知识，还可动手制作标本。六是综合型。园区设有多种休闲观光项目，融休闲、采摘、游玩、就餐、住宿、培训于一体。

（3）北京市休闲农业调研基础分析。

①经营者分析。杜玲云等抽样（100家）问卷调查资料统计结果显示，北京休闲农业的经营者主要以男性为主且年龄多为中年人，青年人参与休闲农业的是少数。从业者受教育程度以高中（中专）居多，占38%；其次为大专，占20%。就经营休闲农业的存续时间而言，以成立11—15年的经营者居多，共39家（占样本的39%）；其次为6—10年的21家（21%）。由此可见，北京休闲农业发展起步较早，休闲农业企业具备一定的历史积淀。就员工人数而言，以5人以下居多，共67家（67%），其次为5—10人的28家（28%）。以年营业额而言，北京休闲农业的年营业额以200万元以下居冠，占72家（72%），其次为200万—500万元的20家（20%）。因而推断北京的休闲农业大多数是属于小型的经营规模。

②消费者分析。根据王学峰等人的调查问卷对北京市休闲农业游客属性特征的统计结果，几乎所有年龄段的人对京郊休闲农业景点都有一定的兴趣，但目前参与京郊休闲农业旅游最多的还是集中在中青年年龄段，尤其是25—64岁为主，合计达到66%；进行休闲农业旅游的人大多是企事业管理人员，比重达42%，其次是学生和文教科技人员，占40%，而服务销售人员和工人的比重仅为10%和8%；参加休闲农业旅游的游客学历较高，大专和本科学历两者合计占70%；休闲农业旅游者年收入在2万—6万元之间的占64%，年收入在6万元以上的比重仅为13%，如何吸引高收入群体参与休闲农业旅游是必须研究的重要问题；游客基本来源于本市居民，其比重高达86%，外省市游客仅有12%，国外游客仅有2%。

对北京市休闲农业游客行为特征的统计结果显示，旅游者选择乘坐公共汽车前往的仅有12%，而选择自驾车的比重高达61%；74%的游客喜欢选择单程车程在2小时以内的郊区景点旅游；休闲农业旅游者大多喜欢和家人、朋友一起出游，这一比重高达87%，而选择随团出游的仅有1%；51%的游客愿意当天去当天回，2天以内的游客占45%；休闲农业旅游者的消费水平处于中等水平，大部分游客的人均花费在500元以内，停留时间短而花费相对较高，显示了良好的消费能力，市场潜力很大；选择双休日进行休闲农业旅游的比重高达73%，假期的长短影响人们出游的距离和停留时间。

（4）北京市休闲农业特征分析。

一是产业形态日趋多样。从最初的观光、采摘，向休闲、体验、养生、健身、商务、度假、展会等多功能、多融合、综合化发展。参观的休闲农业点当中，既有会展节庆形式的第三届北京农业嘉年华，又有集休闲、体验、养生、健身、商务、度假于一体的休闲农业庄园和休闲农家，特点各异，避免了同质性，形成差异化发展。

二是资源利用趋于集中。在城市周边土地资源趋紧、土地投入费用加大的情况下，他们没有追求高大上，贪大求洋，而是把休闲农业从城市周边平地向郊外荒山荒坡地转移，引导休闲农业园区向管理、科技、创意要效益，使休闲农业向资源集约、精致化方向发展。山里寒舍庄园就是利用农村废弃的村落，改造成乡村生态酒店群，每一间房舍外表都保留农家样貌，内部精装修，奢华与朴素混搭，舒适和自然结合，将城市化的星级酒店享受与乡村自然宁静的生活自然融合，吸引了大批游客。

三是集群发展成为共识。北京市环绕主要干道和沟域，通过资源整合和整体包装，将民俗村、观光休闲农业园与景区（景点）等串联起来，形成特色明显、资源互补、利益联结紧密、满足游客多元化需求的集群式乡村旅游目的地，取得了成效。

四是开发模式不断创新。从以农户经营为主，向农民专业合作社、社会资本参与、专业酒店托管等投资主体多元化、股份社会化、经营专业化发展。他们通过发展乡村旅游合作社，实现了民俗旅游户之间的合作，提高了民俗户在资源开发、市场开拓、食材采购等领域的谈判能力。如古北口村农家乐专业合作社，接待户用的被褥、餐饮、洗刷用具等由协会统一低价供应，定期消毒，确保了用具干净卫生，整洁统一。

五是空间布局日益广泛。经过20多年发展，北京休闲农业与乡村旅游项目从最初的分散在旅游景区、景点周围，向近郊、平原、山区全方位发展，从最初的星星点点，向点、线、面相结合发展，从点状插画式分布，向圈带状集群式发展。

六是文化创意成为主流。参观的古北口村注重挖掘"燕京门户""京都重镇"历史文化，把休闲旅游与历史古迹相结合，建立了牌楼、导引牌等，接待户房屋设计古朴怀旧，设计的创意宫灯、葫芦照明灯无不体现创意元素，使人有看头、有学头，能留住。蓝调薰衣草庄园注重农业文化创意，度假小木屋精美上档次，婚纱照拍摄现场设计优美，每年吸引上千人拍摄。

2.天津市休闲农业发展状况。

天津休闲农业与乡村旅游资源丰富，自然景观类型繁多，特色农产品资源丰富，乡村民俗文化深厚，休闲农业业态多样。近年来，天津休闲农业发展取得了显著成就，主要表现在以下方面：

（1）休闲农业发展成效显著。随着天津休闲农业经营规模的扩大、农业资源的深入挖掘和经营品质的提升，也吸引了更多的游客前来休闲体验，经营收入不断提高。目前，全市休闲农业与乡村旅游经营户近3000家，带动农民就业超过28万人，2015年共接待游客1600万人次，实现综合收入50亿元，连续五年保持增幅25%以上。

（2）产业类型丰富多样。天津市休闲农业资源具有自然景观种类齐全、民俗文化特色鲜明、特色农产品种类繁多、农业高新技术成果突出等特点。根据休闲农业的发展基础和提供的服务，天津市休闲农业可分为"生态旅游观光型""农家乐型""休闲娱乐度假型""民俗文化型""现代农业展示型""农事参与型"六类。

（3）品牌知名度不断提高。天津地处九河下梢，山、水、河、湖、海、湿地齐全，对发展休闲农业和乡村旅游具有独特优势，培育了一批产业影响力大、品牌知名度高的休闲农业品牌，使全市休闲农业实现快速发展。目前，蓟县郭家沟、蓟县常州、北辰双街、静海西双塘、武清南辛庄等5个村被农业部认定为中国最美休闲乡村。蓟县团山子梨园、蓟县白庄子湿地、宝坻八门城水稻景观、宝坻黄庄洼水稻景观等4处景观被农业部评为中国美丽田园。滨海新区大港崔庄子枣园被农业部评为中国重要农业文化遗产。滨海新区大港四季田园生态园和蓟县穿芳峪镇小穿芳峪村等20个村点被农业部认定为全国休闲农业与乡村旅游示范点。

（4）休闲农业科技依托日益紧密。在农业新品种、新技术的推广应用过程中，休闲农业的引领、示范和载体作用越来越明显，很多休闲农业从业者从产业发展和市场需求的角度出发，主动寻求各类农业新技术、新品种，进行引进、试种和推广，并将这些成果打造成为独特的休闲观光产品和服务，以新奇特的内容吸引游客，从而成为农业科技成果推广应用的重要载体。

（5）休闲农业区域布局趋于合理。天津休闲农业基本形成点、线、面相结合的休闲农业空间形态，即以中心城区外围良好的农业基础设施和区位优势为依托的环城休闲农业圈，以区域特色农业产业和河湖景观为依托的中部平原休闲农业点，以北部山区、东部沿海独特的山水风光为依托的两大休闲农业板块，成为天津休闲农业的重点区域。与此同时，天津市10个有农业区县根据各自不同的区域位置、资源类型以及现有休闲农业景区类型和分布情况，已基本形成四类休闲农业发展区的布局雏形，并在此基础上，构建9大发展组团，规划出9条精品游线，打造出天津休闲农业知名品牌，并极大地方便了游客出行。

3.河北省休闲农业发展状况。河北省农业传统完整，地域特色突出，还有优美的自然风光，非常适宜发展休闲农业。河北休闲农业兴起于20世纪90年代，经历了自发萌芽、初步发展、较快发展和规范提升4个阶段，呈现出快速发展态势。截至2013年底，河北省开展休闲农业和乡村旅游的乡镇近300个，村落有1400余个。全省休闲农业和乡村旅游的企业总数达到2200多家，其中有全国休闲农业与乡村旅游五星级企业5家、四星级企业29家、三星级企业20家；年休闲农业营业收入500万元以上的企业有30余家。2010—2014年由农业部和国家旅游局共同评选的国家级示范县7个、国家级休闲农业示范点16个。2014年河北省农业厅和旅游局共同启动的河北省休闲农业与乡村旅游示范县和示范点评选工作中，评出省级示范县6个，省级示范点12家。邢台沙河县王硇村入选全国最有魅力乡村，北戴河—集发农业科技园—渔岛景区海滨风情游线路被全国休闲农业协会评为十大精品路线之一，承德围场县被授予美丽田园称号。河北宣化传统葡萄园、河北宽城传统板栗栽培系统、河北涉县旱作梯田系统入选中国重要农业文化遗产，其中河北宣化传统葡萄园还入选世界重要农业文化遗产。此外，2014年河北省农业生态环境与休闲农业协会开展的省级星级休闲农业园和星级休闲农业采摘园评选中，共有56家园区被命名。年接待游客3600万人次，营业收入达65亿元，分别占全省旅游接待和收入总量的36%和11.7%，带动就业26万人。河北省在推进休闲农业发展中，积累了许多好的经验和做法，值得推广，如重视发展规划制定、推行标准化管理、注重特色产业培育、加强政策扶持等。

河北省休闲农业逐渐步入规范化发展阶段。河北省人民政府、农业厅、旅游局出台了一系列政策和文件用以指导休闲农业的规范化发展。如2007年的《关于加快乡村旅游发展的实施意见》、2008年的《关于河北省环京津休闲旅游产业带发展规划的实施意见》，2014年省农业厅与旅游局共同启动了对省级休闲农业与乡村旅游示范县、示范点的评选工作，2015年河北省委一号文件明确要"发挥毗邻京津的区位优势和资源优势，积极拓展农业多种功能。大力发展休闲旅游农业，着力培育一批主题鲜明、特色突出的休闲农业示范村和示范片"。同年，河北省农业厅出台《关于加快发展休闲农业的意见》，指出要"充分利用我省独特的自然、文化资源和京津冀协同发展，在农业发展中更加突出强化休闲观光功能，进一步扩大休闲农业发展规模，提升产业整体素质和效益"。在这些政策和文件的指导下，河北省休闲农业呈现出注重质量双升与区域融合发展的态势。

（三）京津冀地区休闲农业协同发展可能性。区域经济一体化是当今世界经济发展中的一个重要的经济现象。京津冀"两市一省"彼此之间就整体经济或经济领域的联合而达成经济联合的状态不断深化。其中，在区域贸易一体化、对外直接投资一体化、货币金融一体化等经济分支领域的一体化实践和理论已初见端倪，有些已经趋于成熟。在客观上休闲农业作为新兴的经济分支领域，区域经济一体化必然导致区域休闲农业合作的一体化。

京津冀区域是我国最重要的政治、经济、文化和科技中心，三地在资源和生产要素等方面互补性较强，产业发展存在明显的梯度性和互补性。北京是都市型现代农业，天津是外向型都市农业，河北是农区型农业，各具特色。在发展基础方面，北京、天津在人才、技术、资金、管理、信息、市场等方面具有较大优势，但同时耕地资源极缺乏；而河北耕地、劳动力较为丰富，但在技术、人才、资金等方面较为欠缺。三地农业发展互补性较强，在合作方面具有较好的基础。

休闲农业旅游的开发，首先必须依托旅游资源，旅游资源是否丰富很大程度上决定了一个旅游目的地的核心竞争力的大小。针对河北省休闲观光农业旅游的开发来说，农业旅游资源是其核心吸引力和开发潜力的主要来源。毋庸置疑，河北是国内旅游资源相对密集的省份。据不完全统计，河北省内旅游景区多达两百多家，其中2A级以上农业旅游资源近60个，主要分布在承德、张家口、秦皇岛、唐山等城市。河北休闲观光农业旅游市场主要来源于周边的城市居民，京津两地城市居民是其不可多得的优质客户源，最近颁发的旅游一卡通，正将三地之间无障碍旅游变成现实，河北省的休闲观光农业在其中获益不少。

此前，北京与天津就签署了休闲农业合作协议，共同搭建交流平台，并且定期举办休闲观光农业发展论坛与主题研讨，共建休闲观光农业资源数据库，实现行业规范、管理经验、发展规划共享。现在，天津打造了一批有特色的精品农家院。而且农家院也不再是传统的形式，一些农家院配置了咖啡屋、书店、日式露天温泉等。现代元素进驻农家院，更加吸引游客前来体验。同时，天津市与河北省农业主管部门达成了合作推动精品休闲农业线路的共识。三地联合推出"京津冀休闲农业与乡村旅游"精品线路，促进休闲观光农业资源和产品整合开发、优势互补、共赢发展。

京津地区人多地少，土地和劳动力等要素价格较高，而河北农业资源丰富，劳动力价格低廉，特色农业基础和条件较好。因此，京津两地已开始向观光和休闲型都市现代农业转型。

现阶段三地合作模式为"政府推动下的农业企业、基地与科研机构"的合作模式，是基于比较优势进行的产业链分工。目前，以科技为纽带的联合成为区域合作的新形式，如承德的露露集团与清华大学设立全国第一家饮料行业博士后流动站，为企业提升产品档次和新产品服务。京津一些食品、饮料等企业在河北建立原材料生产基地，如河北的奶制品基地主要服务于京津等。

（四）京津冀地区休闲农业协同发展存在的问题。

1.经济发展水平差异阻碍形成实力、规模相当的休闲农业协同发展格局。

京津冀三地资源获取的政府与市场能力差异，导致京津冀区域除了经济发展水平之外，收入结构和协同需求的重点和强度也存在落差，休闲农业发展的市场需求量以及区域之间交互的机会不均衡。京津冀在经济地理上是一个区域整体，却分属三个不同量级的行政主体，三地衔接互动、协同融合发展成本高。

一地的休闲农业发展起来也难以带动整体休闲农业发展氛围的提升。由于历史等原因，三个地区的发展水平相差很大，特别是环北京周边的城镇化水平较低，自身休闲农业发展市场无法点燃，所以环京津地区旅游相对"荒凉"，不利于它自身的成长。

2.缺乏有效监督，生态资源与环境破坏严重。目前京津冀地区观光休闲农业区的立法管理仍然是空白，使许多开发和经营的不当行为不能得到应有的规定限制，农业资源和环境遭到破坏的现象时有发生。一些投资者误认为休闲农业开发类似于一般人工游乐区的开发，甚至大兴土木，变更土地使用形态，忽略原有宝贵的农业自然资源及特色，破坏原有生态，扭曲休闲农业的本质，这对休闲农业的健康发展是极其不利的.

3.顶层设计欠缺，协调机制薄弱。虽然京津冀区域旅游资源产品丰富，但由于行政区划的复杂性和休闲农业产业发展领域的广泛性，目前三地较多的是从当地的情况出发提出各自的休闲农业发展规划，未能建立起组织内部整体性的、权威性的、能够充分体现三地协调关系的旅游规划来指导各地的产业发展方向，也没有完善高效的协调运行机制来整合各方的资源与信息，这就导致各地之间无法实现资源的优化配置，并且产生重复建设、无序竞争等情况。此外，各地也没有将休闲农业的发展纳入农业发展的整体规划和土地规划中，将给未来京津冀休闲农业实现规模化、一体化发展带来新的困难。

4.资源开发重复现象严重，互补性不强。协同发展的基础在于互补。与其他旅游区域一样，京津冀旅游区域内部各地区地缘相近、历史文化相通，农业旅游资源丰富，但在资源开发中存在着重复建设和区内盲目竞争的现象。比如在资源特色上，北京市以皇家园林、历史故都为主，天津市以历史名城、市井民俗、滨海风光为特色，河北省则以皇家遗迹、滨海草原风光为代表。但从发展现状来看，除了滨海旅游资源外，三地产品结构存在同质化问题，尚未形成互补性、差异性的格局。基础设施建设上，也存在重复开发和资源争夺问题。特别是河北省休闲度假产品开发尚处于起步阶段，开发层次和档次不高，供给体系还不完善，旅游产品还没有形成具有独特河北优势的差异化、特色化品牌，满足不了京津游客个性化、多元化需求。

5.休闲农业发展的文化创意内涵开发不充分。休闲农业产业的发展需要包含文化元素。

有一个鲜明的主题是休闲农业拓宽市场的第一步，个性鲜明、定位准确的文化主题能给游客带来不一样的体验效果。当前，京津冀休闲农业过多展示的是其表观带给人的体验和感受，对景区自身投入较多，而对休闲农业所赖以生存的文化土壤关注挖掘不够，缺乏文化及创意主题，消费者很难留下比较深刻的印象。

三、京津冀地区休闲农业协同发展机制

（一）京津冀休闲农业协同发展的基本原则。京津冀自然风光壮丽，农耕文化源远流长，服务设施完备，旅游环境优越，比较优势明显，具备了联合发展的可靠基础。休闲农业对于京津冀区域来说，关联度高，带动力强，能够进一步突出区域特有优势，提升区域综合竞争力。联动发展的目的，就是要实现优势互补、错位发展。加快京津冀地区休闲农业合作，就必须站在更高的起点开展区域合作与交流，实行休闲农业联动发展，打造北方现代化农业经济新的增长极。为使其能够有效实施，必须遵循以下发展原则：

1.系统原则。区域休闲农业发展对象是区域休闲农业系统。区域休闲农业系统同其他区域系统一样，是由诸多子系统构成的有机整体。各子系统之间相互依赖、相互作用，由此形成特定的系统结构。结构是功能的内在依据，功能是结构的外在表现，一定结构总表现出一定功能。

京津冀休闲农业系统结构问题极其复杂，从部门结构到地域结构，从空间结构到时间结构，从客观的休闲农业基本需求结构到微观的休闲农业企业内部结构，结构问题存在于休闲农业活动的全部领域，京津冀休闲农业系统结构是一个全方位、多等级、复杂化的结构系统。京津冀区域休闲农业发展的中心问题与实质就是科学组织规划区内休闲农业系统结构，以实现京津冀区域休闲农业系统功能最优化。

2.整体性原则。京津冀休闲农业的空间整合具有多元化的特色，逐步呈现出综合交织、条块结合、多元立体的联合发展走势。区域多方位、多层次、多功能的联合，必然带来有利于区域休闲农业协调、持续、稳定发展的综合效益。

开展跨地区的横向休闲农业经济联合具有范围广、层次高、规模大的特点，属于横向经济协作的高级层次和特殊形式。休闲农业产业的区域联合具有整体性特征，能有效地聚众家之长、集协作之力、释联合之能，变分散、粗放、局部的潜能为整体、集约、综合的优势，从而获取"整体大于部分之和"的聚集效益。

3.比较优势与互利共赢原则。要以京津冀区域比较优势（包括相对比较优势和绝对比较优势）为整合的基础，没有显著的区域比较优势，就没有互补性效应和整合的内在动力，也不利于通过休闲农业区域分工与合作、"强强"联合共生或"强弱"互补而获得整体大于部分之和的"合成效益"。必须保证京津冀休闲农业区域整合的成果能够共享，达到互利共赢。

4.组织实施的可操作性与可调控性原则。应针对京津冀休闲农业资源于区域层次互补性整合的具体情况，重视整合方案、实施对策、调控措施等方面的可行性与可操作性。同时，区域旅游互补性整合的实施应构成一个可调控的过程，建立必需的调控机制，以免偏离互利共赢式整合预期目标。

5.互补性原则。京津冀旅游区利用各方客观存在的区位、资源、投资条件差异，在扬长避短、优势互补的基础上开展有偿交换、互利协作、互惠联合，可以通过同质共进、异质互补、进行旅游生产要素的合理流动、旅游经济结构的有机组合、旅游资源的优化配置，使资源要素及各类旅游地域要素实现互补，产生叠加效应，并形成复合价值，提高旅游产品的质量和吸引力，从而释放更大的协作生产力，创造出少费多惠的优化效益。

（二）京津冀休闲农业协同发展机制问题分析。

1.部门分割。一方面是因为京津冀整个地区缺少在资产、资金、人事、管理、运作、品牌等方面联系密切的跨区域的旅游连锁企业和企业集团，虽然三个地区都有各自颇具规模的旅游集团，但集团之间似乎没有形成合作的机制，没有进行真正合作的行动，没有形成强强联合的态势。即使有旅游企业之间的合作，也多为一次性或短期的，缺乏长期、规范、稳定、深入的联系，区域合作微观基础并不牢固。另一方面，由于圈内的旅游经济一直处于诸侯割据状态，夹杂了强烈的行政区域性质，而不是资源要素的市场特点，未来京津冀区域旅游协同方面要进一步明确职能分工并形成发展合力。

2.投入方面重视程度不够。近年来，天津休闲农业和乡村旅游有了较快的发展，游客人数不断增加，由此引发的基础设施建设上的不足更加凸现。主要表现在与餐饮、住宿、娱乐相关的基础建设，缺乏相应服务设施和设备投入，在一定程度上制约了整个产业的规模化发展。同时，在环境保护方面，废弃物处理设施短缺，使大量的污水和固体废弃物得不到及时有效处理，严重影响了休闲农业和乡村旅游业的健康发展。

3.领导层面欠沟通。京津冀休闲农业的协同发展在领导层面上欠缺沟通。尽管产业联盟在一定程度上促进了三地产业差异化、互补式发展，然而由于产业发展长期缺乏一个有效的发展思路和监管部门，京津冀休闲农业的发展仍然存在产业雷同、土地等资源利用率低等问题。从长远角度来看，京津冀三地产业合作互补的空间和潜力巨大。从现有跨区域产业联盟的功能定位看，搭建全产业链的产业协同发展体系是构建联盟的主要目标之一。如2014年5月成立的京津冀协同发展商会联盟聚合优势要素资源，用市场力量推进了协同发展。2015年7月成立的开发区创新发展联盟，为三地开发区跨越行政壁垒，破解开发区存在的产业雷同、土地等资源利用率低的问题发挥了重要作用。

找准开发休闲农业的区位、资源、人文和市场优势，充分利用已有的农业产品和产业发展基础，突出区域的生态环境优势和人文历史背景，提供特色明显、优势突出的农业精品项目和休闲服务，培育特色品牌，打造独特的区域主题形象，并与周边旅游景点进行差异化竞争、错位发展，使之成为生态旅游的重要节点。休闲农业的发展必须走农业与二、三产业相结合的道路，以农业的生产功能为基础，结合农产品加工、手工艺品制作、餐饮、养生、康体、运动、会展、交易、服务、创意等多种产业形态，拓展农业在生态保护、科普教育、文化传承、休闲观光等方面的功能，形成多产业、多产品、多品种和多功能的统筹协调发展格局。

（三）市场及政府机制对休闲农业协同发展的影响。

京津冀休闲农业协同发展格局的成功实现，离不开相关机制的挖掘与创新。本研究从市场机制与政府机制的相关作用机理出发，对京津冀休闲农业协同发展的机制进行建设和创新。

1.市场机制。市场机制的优点主要包括：

（1）优化资源配置，实现产能及供需平衡。在京津冀休闲农业协同发展过程中，市场机制中的价格机制和供给机制共同发挥着优化资源配置，实现产能与供需平衡的作用。第一，在优化资源配置方面，休闲农业作为现代农业新兴产业，其价格波动性较大，市场需求量不稳定。价格的波动、需求量的变动，不仅决定着各种资源在京津冀各省市休闲农业产业之间、京津冀各类型休闲农业模式之间以及同一类休闲农业发展模式价值链之间的流动和分配，还影响着京津冀休闲农业发展所面临的产品结构、技术结构以及区域产业结构的变动。第二，在实现产能平衡方面，当休闲农业的产品初入市场时，由于市场对其新鲜感，需求量飙升，造成产品价格虚高，供给方会扩大产能以追求利润最大化，随着市场上供给量增多、需求方的新鲜感下降或有相似替代品出现导致需求量减少，产品价格就会随之下降，供给方就会降低产能，最终价格会达到均衡状态。

（2）推动休闲农业发展水平提升，实现优胜劣汰。市场机制在推动技术进步，实现优胜劣汰方面具有其他机制不可替代的功能，这是市场机制中竞争机制和风险机制共同作用的结果。在京津冀休闲农业协同发展过程中，竞争机制和风险机制推动区域内休闲农业相关经营主体、企业机构等市场主体积极主动在服务改善、环境质量提升、基础设施建设等方面加大力度，并逐步从引进消化吸收创新阶段向协同创新阶段演化，市场主体通过不断地学习、掌握和运用现代科技知识，进而推动技术进步，并逐渐淘汰那些止步不前的竞争对手，从而实现优胜劣汰，使被淘汰市场主体的资源向优势市场主体转移，以实现休闲农业产业的规模效应。

市场机制有其独特的价值，但也存在着种种缺陷，市场机制的缺陷主要包括：

（1）市场失灵形成无效率市场。市场失灵理论认为，垄断、公共物品、外部性和信息不完全或不对称的存在使得市场难以解决资源配置的效率问题，市场作为配置资源的一种手段，不能实现资源配置效率的最大化。在单纯市场机制的作用下，这些市场失灵现象是不可避免的，从资源配置效率方面来看，对京津冀休闲农业协同发展形成了一定的阻碍，可导致产业协同过程的低效率甚至无效率。

京津冀休闲农业协同发展不仅要求新兴农业产业与传统农业之间的相互融合，而且各地区的休闲农业要实现优势互补。当前，一些地区凭借独特的资源优势，在休闲农业发展过程中获得"人无我有、人有我新、我精、我特"的垄断性地位，垄断虽然有利于规模经济的实现，但由于垄断主体的规模一般较大，不仅很难进行跨产业融合，而且易导致垄断主体固步自封，缺乏技术创新的动力，不利于产业结构的优化升级，从而导致协同发展的失败。公共产品最大的特点就是非竞争性以及非排他性，由于公共产品产权不明晰或无法界定（例如空气、水域、道路等），会导致京津冀区域内各市场主体以自己利益为重，造成负的外部效应（肆意排放污水废气，且缺乏有效治理），从而损害京津冀整体区域的利益，阻碍休闲农业的协同发展。外部性主要体现在，有些地方经营主体行为不够规范，少数工商资本进入休闲农业领域后，在经济利益驱动下，忽略了农业这一基础和元素，忽视了农民这一主体，项目农"味"不足，个别项目还存在老板"圈地"建房、侵害农民利益问题。信息不完全或不对称对于京津冀休闲农业协同发展是一个不可忽视的问题，首先，休闲农业的发展本身就面临着市场需求的不确定性、创新方向的模糊性等一系列不完全信息；再者，在协同发展过程中，若仅仅依靠市场机制，区域内其他市场主体的技术、人力等信息也无从获得。那么由于信息不完全或不对称带来的"逆向选择"和"道德风险"会严重影响京津冀休闲农业协同发展的效率。

（2）市场主体的趋利性不利于可持续发展。在市场机制的作用下，市场主体符合"经济人假设"，即市场主体是以完全追求物质利益为目的而进行经济活动的主体。经济利益成为区域产业协同发展过程中的唯一导向，必将违背可持续发展的三大原则。第一，公平性原则，在京津冀休闲农业协同发展过程中，市场主体的趋利性会导致各市场主体为争夺资源而发展为恶性竞争，这样，京津冀内一个地区休闲农业的发展将会影响甚至损害到其他地区休闲农业的发展。第二，持续性原则，市场主体的趋利性会造成过度注重经济的增长而忽视环境保护，从而必然引发资源环境问题，不能带动经济的可持续增长。第三，共同性原则，市场主体的趋利性使得各市场主体只关注局部利益和眼前利益，而对区域的整体性和长远性考虑不足，缺乏战略性思考。很多地方出现不同程度地一哄而上、盲目发展而导致项目重复建设的现象。因此，市场主体的趋利性不利于京津冀休闲农业协同的可持续发展。

总之，市场机制有其独特的价值，但也存在着种种缺陷。因此，仅仅依靠市场机制的作用，京津冀休闲农业的协同发展将是片面的低效率的协同。市场机制在一些方面是有效的，但在某些方面它是低效的甚至无效的，因而还需要设计其他机制来弥补和完善市场机制的一些缺陷不足，一同作用于京津冀休闲农业的协同发展。

2.政府机制。政府机制的积极作用主要体现在以下几个方面。

（1）经济调节。经济调节工具多种多样。具体到京津冀休闲农业的协同发展，政府的经济调节职能主要是通过财政政策和投融资政策而实现的。其中，财政政策的主要工具包括财政支出和税收政策。战略性新兴产业目前还处于导入阶段，通过财政补贴、财政拨款等手段提高财政支出水平、税款返还、税收减免等手段降低休闲农业企业的税赋水平，能够吸引更多有能力的企业进入相关产业领域，从而避免新的企业因较大的经营风险而被扼杀在摇篮之中。投融资政策可以分为政策性投资和政策性融资两个方面，通过建立风险基金、专项扶持基金以及增大对休闲农业的政策性贷款和担保，进而提升中小企业的投入水平。

（2）社会管理。在京津冀休闲农业协同发展方面，社会管理职能主要是通过保障产业发展资源、维护产业环境等措施而实现的。在经济发展过程中，资源永远是稀缺的，加之京津冀地区内资源分布并不均衡，休闲农业在初期发展过程中的获取资源的能力相较一些传统农业来说差距很大，依托"马太效应"传统农业优势明显，休闲农业的产业环境在一定程度上不容乐观，而相关新兴企业为争夺稀缺资源会进一步恶化这脆弱的产业环境。因此要推动京津冀休闲农业的协同发展，对其成长过程中所需要的资源的保障、产业环境的维护，就需要政府采取一定的措施，保证高效合理分配资源，营造公平、公开、公正的竞争环境。

（3）市场监管。在京津冀休闲农业协同发展方面，市场监管的职能是在政策法律制度的约束下，通过对休闲农业经营主体的市场准入和市场行为两个方面的监管予以实现。在市准入方面，政府市场监管的"度"是关键：准入条件太松，行业门槛过低，易造成一窝蜂的局面，资质过低的企业进入休闲农业领域会影响产品质量、行业声誉，导致休闲农业发展有量无质；准入条件太紧，门槛太高，易造成垄断局面、创新不足、产业停滞不前。因此，在把握"度"的前提下，尽可能还权利于市场，消除因没有必要的行政审批而诱发各种形式的权力寻租、行政腐败。在市场行为方面，一是要做到依法行政，将制定的京津冀休闲农业协同发展方面的相关政策法律化、法规化，明确责任主体，既有利于政府部门对协同过程中的各种行为的监管，又能保障相关经营主体的合法利益；二是做好绩效评定工作，建立健全针对各个市场主体的绩效考核评价机制，针对给京津冀休闲农业协同发展带来正能量的市场主体，要予以奖励支持，带来正能量的市场主体，则加强整改，没有改进的，要有一定的惩罚措施。

（4）公共服务。在京津冀休闲农业协同发展方面，主要是通过对相关基础设施的建设和公共产品的提供两方面实现的。在基础设施方面，主要是针对休闲农业协同发展过程中的协同创新平台、产业联盟、科技人才等公共科技基础设施的建设，促进技术创新的扩散，以支撑休闲农业协同发展中对科技创新水平的要求，另外借助这些公共科技基础设施，加强人员、资金、设备和技术的跨区域交流与合作，还能够避免由于信息不完全或不对称造成的市场失灵，加深区域各方在协同发展过程中的相互理解。公共产品方面，主要是协同发展过程中休闲农业产业对土地、水、电、运输、通讯等基础公共服务的需求，但需要注意的是，在此方面也容易滋生权力寻租以及地方保护主义的问题，因此，应规范相关职能部门的行为。通过基础设施的建设和公共产品的提供，能够加快休闲农业要素资源在京津冀区域内的流动效率，推动京津冀战略性新兴产业的协同发展。

政府在提供公共物品时趋向于浪费和滥用资源，致使公共支出规模过大或者效率降低，政府的活动或干预措施缺乏效率，或者说政府做出了降低经济效率的决策或不能实施改善经济效率的决策。政府失灵的主要表现为：

一是政策制定的缺陷导致协同的低效甚至无效。政府要在经济社会中发挥作用，主要是通过制定相关政策措施并实施该政策措施来实现，而科学地制定政策以及高效地予以实施则要面临很多问题。

第一，制定科学的政策措施需要依托全方位有保障的信息。在京津冀休闲农业的协同发展中，各省市之间由于行政区划导致信息沟通交流机制的不健全，从而造成了信息传递低效率，增加了政府对信息的全面掌握和分析处理的难度。在这种情况下，政府在决策过程中常常表现出"心有余而力不足"，相关政策措施是在信息不完全甚至扭曲的情况下做出的，政策措施本身就很可能存在缺陷甚至是错误的，这种片面的政策措施将导产业的协同过程低效率甚至无效率。

第二，制定正确的政策还需要决策者具备很高的能力和素质。政府制定政策时，必须基于对休闲农业的发展现状、市场的成熟程度进行准确判断，然而这在现实中是相当有难度的，一些决策者可能是某一地区内相关产业的专家，但是对另一地区的这一产业的相关状况不甚了解，这种有限理性导致决策者从整体性出发制定协同发展政策的能力和素质有限，这势必会导致休闲农业的协同过程低效率甚至无效率。

二是政策执行的低效率引发的政府失灵。即使政策工具的制定和选择适当，但在执行阶段的低效率仍可导致政府失灵现象。之所以在执行阶段会产生低效率，主要是由以下两个因素造成的：一是各省市地方政府以各自区域利益为重，设置行政壁垒，实行地方保护主义，从而阻碍产业的协同发展；二是由于部分政府的公信力不强，导致政策执行效率低下。

三是寻租行为造成的政府失灵。寻租行为是公共选择理论之父詹姆斯·布坎南（James Buchanan）提出的，是指由于政府权力的无约束，对经济社会发展过程中市场机制发挥作用产生了阻碍，使得一些权力操控者为了谋取不正当权益有空子可钻，这种不正当权益被称为"租金"。在京津冀休闲农业协同发展中，寻租行为通过"政治创租"和"抽租"两种形式干预市场："政治创租"指政府官员利用行政干预的手段扶持向他们行贿的企业，"抽租"指政府官员以行政权力威胁一些企业，迫使企业割舍一部分既得利益与其分享。由于政府自身的局限性和外部因素对政府约束无效，寻租行为会破坏公平竞争的秩序、导致经济效率、政府效率以及区域协同效率的损失，进而导致区域间发展的不均衡，区域协同度降低，最终引发政府失灵。

综合以上对市场机制和政府机制的分析，分别得到市场机制和政府机制对京津冀休闲农业协同发展的作用影响的理论基础，并基于此，建立健全以政府机制四大职能为导向的京津冀休闲农业协同发展配套机制，将其与市场机制进行有机结合，取长补短，既能发挥两种机制各自的积极作用，又能弥补各自的缺陷，以期在京津冀休闲农业协同发展中发挥事半功倍的效用。

（四）京津冀休闲农业协同发展驱动机制。

1.组织协调机制。对于北京、天津、河北三省市，如何才能按照协同发展的基本要求，将休闲农业发展成相互配合、分工协作的协同态势，关键在于形成有效的多层次组织协调机制。

（1）国家层面——决策层。第一，以国家战略和需求、京津冀整体利益和长远利益为基础，结合京津冀三省市的产业优势和特点，基于比较优势理论，在休闲农业的空间布局、重大跨区域项目的规划等方面，在国家层面做好京津冀休闲农业协同发展规划和配套政策的顶层设计，能够最大程度的实现京津冀与国家、京津冀各省市之间休闲农业的统筹协调、优化配置、高效协同，以避免区域内的重复建设、过度趋同、低效竞争。第二，在国家层面设置高规格的、权威的、常设协调机构，在京津冀休闲农业协同发展的重大规划、重大事项和重点工程上发挥统筹、协调和监督的功能，构建京津冀休闲农业的协同发展格局。第三，全国人大为京津冀休闲农业协同发展进行专项立法，或国家相关部委为此专门设立规章制度。在休闲农业协同发展的重大事项上，以国家法律法规的形式加强协同发展的规范性和约束力，推进京津冀休闲农业的协同发展。

（2）区域层面——协调层。第一，建立一个关于休闲农业协同发展且能够反映京津冀区域各地方政府意愿、能够获得各地市政府普遍认同的、具有合理的治理结构的省级协调机构，来组织协调落实行政区域的重大工程项目的建设，并协助各市县制定地方性休闲农业发展规划和政策，使地方性规划和政策与京津冀整体性规划和政策有机衔接，并负责监管规划和政策的执行情况，这是组织协调机制能够发挥作用的关键。第二，深化落实"京津冀休闲农业协同发展联席会议"，并将其常态化、制度化，促进"协调层"高效运转。"联席会议"的主要任务是推动就国家层面制定的相关战略性新兴产业协同规划和政策的落实到位，并就上一阶段中协同发展存在的重大问题进行沟通，研究和确定解决的原则和主要思路，以做好下一阶段关于休闲农业的重大合作事项的准备工作。第三，在协同发展的原则和目标下，允许和支持京津冀三地的相关机构在涉及休闲农业的重大工程和事项上以合作立法的形式出台地方性法规和部门规章，对相关国家法律法规进行有效补充。

（3）社会层面——执行层。第一，建立由各地市政府部门官员、休闲农业经营主体及企业代表以及高校和科研机构的专家共同参与的社会性组织，具体推动京津冀休闲农业区域合作工作。第二，建立京津冀休闲农业专业技术协作组织，通过制定区域共同市场规则、建立区域共同市场秩序、制定休闲农业相关行业技术应用标准体系，来协调解决跨区域产业协同发展过程中出现的各项技术、经济、财务和法律问题；通过指引、协商等方式，加快信息、资金、人才等京津冀地区不同企业间的流动，推动休闲农业的纵向一体化和横向一体化的发展。第三，建立京津冀休闲农业协同发展监管委员会。组建具有独立性、权威性、专业化的协同发展监管委员会，以国家法律法规和地方性规章制度为基础，设定监管内容、监管程序和监管标准，对京津冀休闲农业价值链上的生产和服务机构，如企业、高校、科研机构等，以及发展休闲农业的专项工程进行监管。

（4）微观层面——参与层。农户是休闲农业的直接参与者，是执行和贯彻休闲农业发展机制的微观层面的根本体现。以天津休闲农业发展为例，据不完全统计，截至2010年，天津具有一定规模的休闲农业经营主体234家，经营面积达到7.8万亩，直接从业人员2.45万人，其中农民就业人数1.67万人，占总人数的68%，带动农户3.41万户。农业信息网上建立"天津农业一站通"栏目，供用户浏览、查询、发布农产品供求信息。政府督导各区县尽快建成多个村级农业信息服务点，以及休闲农业信息员培训基地，逐步完善区县休闲农业信息站建设。如何围绕最根本的农户进行休闲产业的开发是值得深思的问题。

2.利益机制。

（1）利益协调机制。京津冀各地市在协同推进休闲农业协同发展的过程中，制度的创新不可避免的和既有利益发生冲突，因此，必须以利益协调和利益补偿为出发点，建立市场机制和政府机制结合的利益机制。休闲农业是乡村旅游的重要形式，开发的成功与否取决于各利益主体的利益协调。休闲观光农业的开发过程实际上是各利益主体之间的博弈过程，是资源的分配和利益平衡的过程，是利益相关者之间通过交易、协调、利益让渡和责任分担而进行社会建制的过程。在这个过程中，培育责权明确的利益主体是实现利益协调的重要途径之一。首先，政府应树立正确的旅游发展观，将核心利益者的利益即农民的利益摆在首位，兼顾其他利益主体，以此为出发点发展旅游，真正实现旅游富民。其次，根据各利益主体的利益诉求，进行相应的制度设计，明确各自的职责和权利，使各利益主体能参与相应的旅游发展决策和利益分配，促进休闲农业的可持续发展。

（2）利益补偿机制。在明确京津冀休闲农业协同发展的目标领域、重点项目的基础上，建立财政投入增长长效机制，扶持一批社会责任感强、带动作用明显的龙头企业或经营主体，并加大对休闲农业园区和科技示范基地的财政扶持力度，从而带动整个休闲农业价值链的发展，形成集群效应和链式效应；并通过创新公共财政支出方式，对产业价值链上相关领域和项目进行贷款贴息、风险投保补贴等方式的利益补偿；其次，加大对产业价值链上的中小型经营主体的担保力度，解决其启动资金不足的困难，将公共财政支出的侧重点前移，在产业发展初期环节就建立利益补偿机制；再次，引入社会资本，建立多种资本合作机制，发挥杠杆效应；最后，建立京津冀休闲农业协同发展专项资金，用于跨区域的基础设施建设、共性技术的攻关与创新，同时健全专项资金运作模式，建立专项资金直达机制。

3.保障机制。

（1）区域整体战略保障。将京津冀休闲农业协同发展纳入到京津冀协同发展的国家重要战略范畴，制定"京津冀休闲农业协同发展战略"，作为其子战略将其上升到区域经济发展战略高度，不仅能够为休闲农业在京津冀的有效协同提供有力保障，而且还能有效推动京津冀地区经济社会的快速发展。区域经济发展战略是一种非均衡战略，它能够将有限的资源投向指定区域中效益较高的产业，以此推动该区域的快速发展，进而辐射到后发地区和关联产业，京津冀地区和休闲农业恰好均满足效益较高这一标准。另外从区域经济系统演化发展的角度看，区域发展战略能够强化京津冀域内各个子区域经济系统之间的联系，产生协同效应。因此，建立区域整体战略保障机制势在必行。

（2）协同发展载体保障。一是构建跨区域协同创新体系。构建京津冀休闲农业协同创新体系的目标是建立以需求为导向，企业等经营者为主体，高校、科研机构积极进行对接，政府推动、消费者参与的京津冀休闲农业协同创新体系。构建基于休闲农业价值链分工的跨区域协同创新体系，它以休闲农业价值链为纽带，搭建协同互补的技术创新链条，推动区域技术创新环节高效衔接、分工协作，提升京津冀休闲农业价值链技术创新整体竞争力。二是建设跨区域公共服务平台。通过对京津冀休闲农业开发园区及其"飞地"园区的建设，构筑人才服务平台、金融服务平台、技术共建共享平台以及现代物流平台等跨区域公共服务平台，从而解决区域内休闲农业关键技术缺失、高端人才匮乏、创新能力不足、市场相互分割等共性问题，是加强休闲农业之间联系、加快区域产业协同的重要保障。

（3）法律保障。休闲农业的协同发展，涉及协同创新、资源产权安全、市场开发等诸多方面的内容，不仅仅需要政策规划的支持，还需要通过立法对其发展过程予以保障，因此，需要根据产业的发展状况，完善休闲农业法律制度体系，将对休闲农业协同发展的保障措施纳入相应法律法规。同时，还要加强立法之间的协调性。针对各区域之间法规制度的协调性问题，应制定区域协调组织和京津冀三地政府为主要规制内容的"地方政府合作关系法"，划定区域协调组织的职责权限，为其设立和运行提供法律保障，并明确地方政府权利义务、规范地方政府行为。针对不同类型休闲农业之间法律的协调性问题，应在立法时提高休闲农业各种法律法规之间的相互协调与配合程度，避免不同法律法规之间的冲突，并建立反馈机制，及时对冲突的法律法规予以修正。

（五）京津冀休闲农业协同发展机制建设。

1.创新发展机制。

（1）联盟发展机制。当今，各类产业联盟的兴起和发展已成为推动京津冀三地产业协同和资源整合的重要途径，也为河北吸引京津优质资源，承接和对接高端产业提供了难得的机遇。

京津冀休闲农业协同发展为三地带来新机遇与新挑战，应顺应发展趋势，创建跨区域京津冀休闲农业协同发展联盟，并以此作为实施《京津冀协同发展规划纲要》、培育休闲农业产业亮点、推进重点领域协同和市场体制建设的重要载体和抓手。另一方面，应搭建跨区域产业联盟制度体系和协调机制，包括企业对接平台、各个层面的协商沟通机制、产业联盟的绩效评价机制、联盟的成果分享和风险分担机制以及相应的法律保障机制，为联盟发展提供完善的政策和法治服务，打造健康发展环境。同时，三地政府应在京津冀公共服务均等化方面有所突破，积极完善三地资源共享机制，借此协整区域资源，协调三地利益。

2015年4月底审议通过的《京津冀协同发展规划纲要》确定了京津冀协同发展的近期、中期、远期目标，涉及三地的交通、产业、环境等关键行业；2016年3月《京津冀现代农业协同发展规划（2016—2020）》刚正式印发。目前，三地都在制定具体措施对规划纲要进行贯彻落实。但规划纲要的落实显然不是单个省市的努力能够实现的，需要三个省市的政策协调。这种背景下，依靠跨区域联盟制度体系搭建协调机制有助于为京津冀协同发展提供体制机制基础。

（2）智库保障机制。针对我国当前经济转型和社会发展过程中的智库建设问题，建立一套新型的、特色的、符合地方发展需求的专业化智库，能够从理念上推动地方经济的成功转型。

智库建设是京津冀休闲农业协同发展软实力的重要组成部分，同时也是深入贯彻习近平总书记关于智库建设的重要指示精神，认真落实《关于加强中国特色新型智库建设的意见》的重要突破口。在整体规划上，坚持官方与非官方智库多元发展、百花齐放；统筹推进党政部门、社科院、党校行政学院、高校、科技和企业、社会智库协调发展，形成官方、大学、民间三种类型的功能互补智库，形成定位明晰、特色鲜明、规模适度、布局合理的京津冀休闲农业协同发展智库体系。在智库建设的着力点上，坚持内容重于形式，注重三地休闲农业发展的差异化问题研究，在此基础上为三地政府提供深刻的、科学的、全面的对策建议。在智库发展的制度保障上，坚持依法治库。尽快制定系统的决策咨询政策，完善智库的法律法规，健全智库的性质属性、行为方式、行为保障、工作评估等政策制度。

（3）"互联网+"创新机制。李克强总理在2015年工作报告中提出"互联网+"行动计划，越来越多的行业开始思考如何更好地运用"互联网+"创造更多的价值。顺应时代发展趋势，"互联网+"将为休闲农业的创新升级提供动力源泉。从理论基础看，"互联网+休闲农业"融合了产业关联理论、产业融合理论、交易成本理论、体验经济学理论等多层面理论。从市场角度，在"链接""互动""重构"三个维度下予以推动，实现互联网的跨界融合，突破产业发展瓶颈，促进提档升级。

　　"链接"促进宣传渠道拓展，方便消费者获取产品信息。互联网的本质是提供丰富的链接，目前消费者获取休闲农业产品渠道较为单一，大多仍停留在口口相传的传播方式上，特别是消费者仅对部分大型的、发展较成熟的产品有所了解，而对小型的、有特色旳产品知之甚少。因此，休闲农业亟须通过链接搭建生产经营者与消费者之间的桥梁，打造有影响力的宣传推介平台，将京津冀三省市的生产经营者和消费者有机地联系起来。

　　"互动"促进信用评价体系建立，提升产品透明度。随着互联网的发展，互联网用户不仅接收信息，而且在创造信息，从网络论坛到社交平台，用户评论信息促成了用户与用户的互动。因此，需为休闲农业订制互联网平台，开放用户评价窗口，收集消费者对产品的评价信息，使得消费者在体验产品前，可以获取对称的产品信息，进而评估并甄别产品，作出购买决策。

　　"重构"促进消费者需求满足，增加产品附加值。在互联网时代，以需求为导向的产品研发已开始成为主流方式，消费者的认可度直接决定了产品价值的变现。随着消费者对产品要求的明确，产品的定位更加精确，充分针对不同年龄、性别、爱好、使用习惯等方面打造个性化、多样化产品。休闲农业产品恰好符合"个性化、多样化"趋势，由于京津冀三省市不同经营主体接待人数有限，依托的自然资源不同，更应趋向于经营鲜明特色的"多品种、小批量"产品，从而有助于各经营主体在京津冀全域范围内形成多层面、多视角的吸引力。

　　2.京津冀休闲农业与新农村建设协同发展机制。党的十六届五中全会明确把建设社会主义新农村作为"十一五"经济社会发展的一个主要目标。而建设新农村的目的则在于改善农村居民的生产、生活和生态环境，提高农民的生活福利水平和持续的自我发展能力，并以新农民、新风尚、新房舍、新设施、新环境的"五新"为标志，以加强农村道路、水电、水利等生产生活设施建设并促进农村教育、卫生等社会事业发展为基础，最终将目前还很落后的农村建设成为经济繁荣、设施完善、环境优美、生活幸福、文明和谐的新农村。发展休闲农业不仅可以调整和优化产业结构，延长农业产业链，带动农村运输、餐饮、住宿及其他服务业的发展，改善农村生产生活条件，而且可以促进农村劳动力就业，增加农民收入，促进城乡居民信息、科技、观念的交流，实现城乡协调发展。发展休闲农业对社会主义新农村建设中的作用意义显著：

　　多方融合、协调推进。休闲观光农业发展要注重与农耕文化传承、美丽田园创设、休闲功能拓展、传统村落与民居保护、林下经济开发以及森林与湿地旅游、乡村旅游、精准扶贫、新农村建设和新型城镇化建设等有机融合。要发挥政府在宏观指导、规范管理等方面的作用，更好发挥市场配置资源的决定性作用，相互促进、协调发展。保护生态、绿色发展。休闲观光农业发展要按照生态文明建设要求，遵循开发与保护并举、生产与生态并重的理念，统筹考虑资源和环境承载能力，加大生态环境保护力度，积极发展生态循环农业、绿色创意农业、乡村人文旅游业等，实现经济、社会、文化、生态的全面可持续发展。

　　（1）休闲农业对新农村建设的作用。长期以来，制约农村和谐的重要瓶颈是农村水、电、路、通讯等基础设施的建设落后。农村税费改革后，"三提五统"不复存在，农业税也已全部取消。然而，农村社会公益性事业的发展则面临新的困难和问题，特别是经费投入难度增大。据国家发改委产业研究所有关专家在江西、四川省的25个村调查发现，当前开展"新农村"

建设，按照一定标准要满足农村道路、安全饮水、沼气、用电、通信、广播电视等基础设施建设，扣除已经建成的投资项目，全国平均每位农民需要投资约1700元至4900元，其中贫困地区和一般地区的投资需求较大，城市近郊投资需求相对较低。按照这种投资标准，专家测算，仅农村基础设施包括自来水、沼气、道路硬化等，全国大约需要4万亿元，要是再加上农业基础设施建设，农业投资需求量巨大。据有关资料显示，仅仅将有效灌溉面积、旱涝保收面积和机电排灌面积占耕地的比重分别提高6.8.6个百分点，就需要投资5000亿元以上。而按国家财政部的统计，以2003年改造1亩中低产田的投资需382元的标准计算，尚需改造的8亿多亩中低产田，就需要投资3000多亿元。而2006年是建设社会主义新农村的开局之年，新农村建设的巨额资金从哪里来？政府财力是否能够承受？据国家统计局初步预计，2005年财政收入达到3万亿元左右。目前中央税收和地方税收加总，再加上预算外收入，可用财力规模占GDP的比重近30%。虽然说，这样的财力具备了以工补农、以城带乡的条件，但是，限于我国需要资金投入的领域不少，而农村基础设施建设资金缺口又是如此巨大，要完全依靠政府投入恐怕在近期内还难以实现。因此，从农村内部寻找出路，发挥我国"三农"优势，应该是解决新农村建设资金筹集的渠道之一。休闲农业正是解决这个矛盾的可行途径，它不仅可以促进农业增产、农民增收，而且为新农村建设资金的筹集找到了一条可持续发展的道路。

（2）休闲农业与新农村建设的互动机理模型。发展休闲农业作为推动农村经济与社会发展的一种有效举措，已经日益为各级政府所重视。"十一五"期间，各级政府纷纷把发展休闲农业作为重点扶植对象列入日程。为更好地发挥休闲农业在建设社会主义新农村中的优势，国家旅游局确定2006年全国旅游主题为"中国乡村游"，宣传口号为"新农村、新旅游、新体验、新风尚"。

系统论告诉我们，城市与农村是社会系统的两个构成要素，他们之间按照系统整体的目的发挥各自的作用，它们之间相互关联，构成一个网络。休闲农业就是这个网络的节点。作为系统的关节，休闲农业通过不断地与城市和农村交换物质和信息。这种交换是动态发展的，处于持续的运动中。因此，分析休闲农业与新农村建设之间的关系，必须跳出两者固有的联系，站在系统的角度，用系统的思想去认识两者之间的互动机理。休闲农业将城市市民的需求和"三农"的供给紧密结合，将城市的文明民主与农民素质的提高紧密结合，将城乡统筹在社会经济发展的"马车"上，其使城市和农村拉近了距离，促进了新农村的可持续发展。反过来，新农村的建设又促进了休闲农业向更深层次发展。这样，形成了以休闲农业为轴心，带动城市和农村发展，促进两个互动休闲农业与新农村互动、休闲农业与城市互动的机制。

①休闲农业是带动城乡协调发展的轴心。休闲农业具有链接城市和农村的天然特性。休闲产业将两个空间的群体通过市场机制紧密结合在一起。既满足了城市消费者的需要，也实现了农村经济发展和农村的文明进步。

②两个需求即城市和农村之间的需求，促使城乡一体化，实现城乡互动发展在经济社会发展中，城市市民对休闲体验的需求，使市民深入到农村中，感受自然，放松心情，使身心得以满足在休闲农业区，农民通过提供服务，出售农产品，增加农民收入，农民生活逐渐宽裕。根据马斯洛需求理论，当农民生活水平提高以后，农民更需要尊重、知识、文明。城市市民

的休闲旅游行为，冲击农民陈旧的思想观念，带给农村文明和进步。

③三个动力促进城乡协调发展，促进新农村建设。政府推力，促进城乡和谐发展，促进新农村建设。政府具有管理社会、发展经济的职能。政府在促进经济社会发展的同时，会主动消除制约经济社会发展的障碍。当城乡不协调时，政府会采取政策统筹城乡发展。当农村经济薄弱时，政府会积极运用财政政策加大对农村经济的扶持力度。这就是政府推动力的表现之一。通过发展休闲农业解决"三农"问题，建设社会主义新农村，是政府切实贯彻党中央对"三农"问题的关注。政府为休闲农业的发展提供政策、规划引导，提供资金、技术、信息、人才等多方面的支持，并进行监督管理。

市场动力。一方面城市市民追求快乐和享受的休闲需求拉动农村休闲的供给。休闲的需求由农村来供给，其之间的平衡是市场力量的使然。休闲的供给与需求，使城乡紧密联系，不断促进新农村建设。当休闲需求扩大时，农民会自发根据市场的动向调整规模。当休闲的品质得不到休闲者的满足时，客源的减少或投诉的增多，会促使农民根据市场的状况，进行整顿和提高，如整修环境，改善卫生状况等等。另一方面，休闲商品供给者为追求更多的经济利益并在优胜劣汰的竞争中处于有利地位，必然竞相改进服务，提高质量和水平。追求经济利益的内在动力和市场竞争的外在压力，促使休闲产业自我发展，自我提高。总之，市场的力量是交换双方的博弈，是促进休闲农业发展的根本动力。

人本动力。马斯洛把人的需求分为生理需求、安全需求、社交和归属需求、受人尊敬的需求和自我实现的需求。在休闲农业发展的前期，城市文明随之辐射到农村，使农民素质逐渐提高，理念不断更新，文明乡风渐渐兴起。当农民收入提高到一定水平，农民会自发地形成对受人尊敬和自我实现的需求即对文明、知识、民主权利的渴望。农民会自发地成为文明乡风的塑造者和维护者。总之，这种需求致使文明乡风延续发展。

④四个作用，推动协调发展。四个作用即休闲农业与新农村建设的作用与反作用，休闲农业与城市的作用与反作用。具体表现如下：

a.休闲农业对新农村建设的推动作用。

第一，发展休闲农业，能吸收农村剩余劳动力，增加农民收入。休闲农业是劳动密集型和综合性的服务行业，它集吃、住、行、游、购、娱于一体，需要饭店、宾馆、旅行社、交通运输、邮政、电信、购物、娱乐等配套设施为其服务。发展休闲农业，能为农村地区创造大量的就业机会。世界旅游组织的资料显示，旅游业的收入乘数和就业乘数分别为和，可见休闲农业对劳动力具有极大的吸纳作用，能够有效吸收农村富余劳动力。农民不但从参与休闲农业的经营中直接获得收入，而且向旅游者出售农副产品和土特产品，减少了产销中间环节的成本支出，直接增加农民的收入。同时还可以实现产、供、销一条龙服务，推动农业产业化发展，从而也会增加农民收入。再者，为休闲旅游者提供观赏、品尝、购买、娱乐、疗养、度假等系列服务，提高了农业和农产品的附加值，可获得高额经营收入。

第二，发展休闲农业，可以调整、优化农业产业结构，实现农业多元化发展。休闲业是一个关联性极强、牵拉力极强的产业，其发展可以直接或间接地带动农村交通运输业、建筑业、商业、邮电电讯业、金融业、房地产业、轻工业等相关产业的发展，能够改变我国长期以来，第一产业比重过大，第二、三产业发展严重不足的局面。发展旅游业可以实现一、二、三产业相互促进，相互发展，实现农业产业结构的非农化优化调整，延伸农业产业链，使乡村经济由单一农业经济逐渐向多元化方向发展。

第三，促进当地居民市场意识的增强，有利于农村经济的发展。休闲农业的发展能够实现农村资源与市场的直接对接，使农村资源优势变为市场优势，产品直接进入市场，提高了农村居民进入市场的能力，获得更多参与发展的机会。同时，增强了当地居民的市场经济意识，有利于农村经济的发展。

第四，促进对传统乡村景观、乡村生态环境的保护，提高农民的生态意识。原始、自然、真实乡村自然生态环境和良好的生态环境是休闲农业的基础。随着休闲农业的发展，农民从旅游中得到的经济收益逐渐提高，他们认识到传统乡村景观与良好的农村生态环境也是一种生产力，从而就会主动地去保护传统乡村景观和农村生态环境。

第五，促进乡村传统文化的传承和保护。旅游者对乡村传统文化的浓厚兴趣，能够激发当地居民村民的民族自豪感，使他们关注传统文化的复苏。再加上经济利益的刺激，使得正在退化的文化以及一批原先不被人们重视的文化，由于旅游者的文化需求又将活跃起来，从而得以复苏保存下来。

第六，促进农村文明进步与发展。休闲农业是新的思想观念的"催化剂"，休闲农业的发展给旅游地带来全新的观念和思想。休闲农业还为农村带来全新的服务观念，大大增强当地居民的文明意识，从而促进农村地区的精神文明建设。同时，休闲农业的健康发展使社区居民能广泛参与其中，不仅可以为旅游者提供服务，还可以参与休闲农业规划的决策和规划实施及监督等。在参与旅游发展的过程中，通过利益分享和决策参与，可以更公平地分享经济权力和政治权力，拥有更多的经济自由、政治自由和更多的民主，对培养农民民主参与意识和建立乡村民主政治体系具有极为重要的作用。在与旅游者的文化碰撞、交流和融合中，人们的视野会更加开阔，思想会更加解放，观念会更加创新，也会因此走向更加文明。

b.社会主义新农村建设对休闲农业发展的促进作用。

社会主义新农村的建设，改善了公共基础设施、旅游基础设施和其他支持要素，提高了旅游的可进入性，能更好地满足旅游者吃、住、行、游、购、娱等各方面的需求。随着社会主义新农村精神文明和政治文明的建设，村民文明程度和素质逐渐提高，可以为休闲农业的发展提供素质较高的从业人员。

c.休闲农业对城市经济的促进作用。

第一，休闲消费有利于促进人的身心健康和全面发展。人们的生活，总是不断提高的，由追求数量转向追求质量，由追求生存消费转向追求享受和发展资料的消费。美国学者约翰·凯利认为"休闲的第一个创造就是自我，这一目标是人性的根本所在"。休闲消费有利于提高消费质量，促进人的身心健康和全面发展。

第二，发展休闲农业，有利于发展生产力。休闲是消费，马克思说"……绝不是禁欲，而是发展生产力，发展生产的能力，因而既是发展消费的能力，又是发展消费的资料"。"这种能力是一种个人才能的发展，一种生产力的发展。"休闲消费的发展，人们消费中享受资料、发展资料的比重不断提高，消费结构不断优化，促进产业结构优化、升级，形成新的经济增长点，直接促进经济的增长。

d.城市对休闲农业的拉动作用。

第一，城市化的快速发展，城市人口规模的扩大，为发展休闲农业提供了市场客源。国家统计局发布的《改革开放30年报告城市社会经济建设发展成绩显著》报告指出，2007年中国城市市辖区人口（不包括市辖县）200万以上城市达36个，比1978年增加26个；100万至200万人口城市达83个，比1978年增加64个。2007年末中国的城市数量达655个，比1978年增加462个，其中地级及以上城市由1978年的111个增加到287个。

第二，居民经济收入的增加，为发展休闲农业提供了可靠的经济基础。根据国际经验，人均GDP达到1000美元时，旅游需求急剧膨胀，但主要是观光性旅游的需求。人均GDP达到2000美元时，将基本形成对休闲的多样化需求和多样化选择。人均收入达到3000美元时，度假需求就产生。以北京市为例，人均GDP达到63029元（按年平均汇率折合9075美元），这些城市人在满足吃、穿、住基本需求以后，其消费倾向将逐步转向物质消费和精神消费的多样化、高级化和个性化，而且这一消费群体会越来越大，成为发展乡村休闲农业旅游的主要游客。

第三，休闲时间的增加。我国1995年就开始实施每周5天工作制，1999年9月开始实行三个"长假日"制度（五一、十一、春节），目前，我国公众普遍享有国家法定假日全年114天（含周日）。其中，学生和教师则全年约140天，公务员及外企管理人员，全年约124天。离、退休人员绝大多数赋闲在家。这些休闲假日就为发展休闲农业提供了时间保证。

第四，道路与交通的改善。一般说，农业休闲旅游大多数是短途旅游，以自驾车为主，目前城市私人汽车迅速增加，为城市人外出郊区旅游提供了交通条件。比如，据国家统计局统计，截至2005年底，全国民用汽车保有量为3160万辆，其中私人汽车达到1852万辆，占总量的58.6%。私人汽车的增加，促进了休闲农业旅游的发展。

四、京津冀地区休闲农业协同发展路径探讨

2016年11月23日，根据京津冀三地政府有关部门在河北廊坊市签署的京津冀休闲农业协同发展框架协议，三地将在统筹规划休闲农业建设、统一京津冀休闲农业标准体系、共同打造休闲农业精品旅游线路、建立京津冀休闲农业公众服务平台，以及相关人才培养等方面展开合作。

休闲农业现已成为许多大城市圈城乡互动环节中的一种新型的、融合的、高级的发展方式，是利用农业资源打造健康生态环境的可持续发展模式，在城乡一体化、区域分工与合作、生态环境保护等方面扮演着非常重要的角色。专家表示，此次京津冀三地联合行动，共同开发休闲农业，有利于促进三地的经济交流与发展，三地将实现市场、信息和资源等共享，开创京津冀休闲农业一体化发展新格局。

（一）建构休闲农业协同发展框架。北京市农工委、天津市农工委和河北省农业厅在廊坊签署《京津冀休闲农业协同发展框架协议》。三地将按照"市场导向、优势互补、资源共享、

特色鲜明、共赢发展"的原则，在6个方面巩固深化合作领域，创新合作推进机制，推进京津冀休闲农业协同发展。

统筹规划京津冀三地休闲农业建设。共同研究京津冀协同发展规划，通过合理布局、整合联通、差异互补、突出特色，提升休闲农业整体水平，在经济、生态、共享等方面实现多赢。

统一京津冀休闲农业标准体系。进一步加强三地休闲农业企业（园区）、休闲农庄、农（渔）家乐等经营主体的建设、服务、管理标准衔接，发挥各自特色资源优势，规范竞争行为，营造公平环境。

共同打造休闲农业精品旅游线路。将三地农业和农村的特色资源、特色文化、特色品牌、特色活动等进行深度挖掘和合理开发，共同打造风格各异、主题突出、串并线连的休闲农业精品游览线路，构建起京津冀休闲农业"廊道"。

建立京津冀休闲农业公众服务平台。大力推进"互联网＋休闲农业"，促进休闲农业产业链改造升级，构建京津冀休闲农业信息平台，实现信息数据共享，休闲农业企业（园区）及产品线上营销；加强宣传推广力度，扩大品牌知名度和影响力，为各类休闲农业经营主体争取资金、技术支持，提升经营主体的可持续发展能力。

共同开展休闲农业人才培养。经常举办京津冀休闲农业培训、观摩交流活动，提高休闲农业管理者、经营者和服务人员水平，为广大消费者提供满意服务。

共同策划休闲农业重大活动。发挥三地休闲农业协会职能和作用，挖掘三地休闲农业潜力和优势，共同举办各类推介会、博览会、创意大赛等活动，打造京津冀休闲农业区域品牌，实现互利共赢发展。

（二）建立有效的组织机制。

1.北京观光休闲农业行业协会。已有的研究成果表明，我国行业协会的生长途径有四种：一是体制外的，由民营企业自发形成；二是体制内的，由政府转变职能而授权或委托组建；三是体制内外结合型的，既是在政府的直接倡导和大力培育下，又是在各类相关经济主体的自愿加人的基础上产生的；四是应法律规定而产生的。作为全国第一家观光休闲农业领域的行业协会，北京观光休闲农业行业协会的组建属于第三种生成途径。2004年3月北京观光休闲农业行业协会在北京市民政局登记注册成立，她是由北京观光休闲农业行业的有关社团组织和企事业单位在平等自愿的基础上组成的。

（1）北京观光休闲农业行业协会的背景。1993年在北京市农业区划办公室编制的《北京市农业区域开发总体规划》中提出，北京应该发展观光农业。1994年北京市农业区划办公室又编制了《大兴、房山沙地观光农业项目规划》，1995年出版了全国第一部专著《观光农业》，1998年编制的《北京市观光农业发展总体规划》被北京市计划委员会（现在的北京市发展与改革委员会）、北京市政府农林办公室（现在的市政府农村工作委员会办公室）和北京市农业与农村资源区划委员会联合以文件（京计农字〔1998〕第0497号）形式下发，1998年北京市提出重点要发展的包括观光农业在内的"六种农业"，并成立了北京市观光农业开发领导小组。据不完全统计，1996年北京市拥有113个观光农业点，吸引了近100万人次的游客，综合收入1.3亿元。到了2003年全市共建有1942个观光休闲园，游客数量近4000万，综合收入达

27亿元。为了规范产业发展，引导有序发展、健康发展、持续发展，政府审时度势，针对产业建设中生产经营、市场培育等成长方面的难点问题，建议寻求一种最佳的产业发展载体，既符合产业发展的需要，又符合国际化发展趋势。此动议得到了近30家业内经营者的积极响应。于是2004年3月，北京观光休闲农业行业协会应运而生。

由于同时具备了行政的、社会的和法律的合法性，协会在实际运行中，从建立产业发展环境，到维护产业利益，到发展区域经济都发挥了较大的作用，受到上级领导的肯定和会员们的称赞。协会的自身建设也得到很快的发展，协会业务不断拓展、会员队伍不断扩大、协会应影响力不断增强。短短三年，在限制入会门槛的情况下，会员基本涵盖了各种类型，既有产业经营者乡村旅游村（户）、观光农业园的优秀代表，又有消费者组织旅行社的代表，也有政府管理者的代表，还吸引了一批科研院所的资深专家学者和策划咨询机构的专业人士，目前共拥有会员数量129个，其中单位会员113个，个人会员16个。

（2）北京观光休闲农业行业协会的职能。北京观光休闲农业行业协会大致拥有三个职能。

代表职能。行业协会代表会员的合法权益，向社会和政府表达会员的意愿，反映行业的利益要求。通常的代表职能表现在对立法机关和政府部门制定公共政策的影响。通过这种影响力，便于会员争取和获得有利于自身发展的利益。

维护职能。会员既有自身的利益，在行业发展上又具有共同的利益。为了保护会员和行业的合法权益不受损失，需要行业协会通过有效的制度安排来实现。北京观光休闲农业行业协会的维护职能主要体现着建立行规行约、实行行业自律、维护行业信誉、协调会员的内外部关系、开展公益活动等方面。

服务职能。参加协会的会员，既希望得到会员间的相互帮助，更需要协会提供各种各样的服务，以便提供管理能力，丰富经营内容，最大限度地获取经济效益和社会效益。

（3）北京观光休闲农业行业协会的成效。

①制定产业发展规划，开展基础研究工作，为政府决策提供服务。抓住北京乡村旅游与观光农业产业面临的重点和难点问题，开展相关课题研究，在掌握了产业发展的基本情况，了解了产业的市场需求等基础上，规划了产业发展的目标，明确了产业发展的方向与目标，提出了相关政策与措施，为领导部门提供了有效和及时的决策参考。从1998年为政府部门编制《北京市观光农业发展总体规划》开始，参与编制了大量规划和调研项目，这些成果有效地指导了产业发展的布局与类型，使得北京市的乡村旅游与观光农业在全国处于领先地位。

②制定行业标准，组织行业评优，规划产业经营。北京观光休闲农业产业经过十余年的发展，有了一定的规模与数量，也产生了很好的效益，然而整体水平不够高，类型比较单一，产品同质化情况较多，特点不突出，行业规范不够。为了规范和引导产业的健康持续发展，协会组织相关专家研究制定了"北京观光休闲农业示范园的评定标准（试行）"等。

③注重信息服务，建设"北京乡村旅游网"，提高产业影响力。北京乡村旅游网是全国第一家有关乡村旅游的专业网站，它集中展现北京郊区乡村旅游和观光休闲农业产业发展的全貌，全面提高乡村旅游的产品、文化习俗、自然历史遗迹等资讯，搭建起乡村旅游经营者和消费者间的信息对接平台。现在"北京乡村旅游网"受众面越来越广，已成为市民假日出行

的参谋、农民致富的依靠、政府管理的助手。

2.建立京津冀休闲农业协同发展产业联盟。发展休闲农业联盟，营造健康发展环境。借鉴台湾农会组织的形式，发展休闲农业联盟。鼓励联盟在共性技术研究、教育培训、品牌推广、金融服务等方面开展工作，通过联盟的运作壮大北京休闲农业的实力，解决小农庄与大市场的矛盾。

世界休闲农业与乡村旅游城市（城区）联盟成立大会暨闭幕式在长沙市望城区千龙湖成功举行，会议公布了《联盟章程》和《望城共识》等峰会成果。世界休闲农业组织副主席、亚太分会理事长李妹弦女士认为，世界休闲农业与乡村旅游城市（城区）联盟的成立，将促使世界各国在农业、文化、经济、贸易、旅游等各方面的往来更加频繁；同时，任何致力于发展休闲农业与乡村旅游这一事业的国家、城市和城区都将得到联盟强有力的支持；此外，世界休闲农业与乡村旅游城市（城区）联盟的成立也有益于非政府组织与政府部门间的交流合作更加紧密。

2015年12月，由中国休闲农业与乡村旅游产业联盟、海南省休闲农业协会、海口市休闲农业协会主办的2015中国休闲农业与乡村旅游产业联盟年会在海南世外桃源休闲山庄举行，来自全国各地的休闲农业与乡村旅游协会、大中专科研院校教授及专家学者、休闲农业与乡村旅游企业相关负责人、政府代表等100余人相聚海南，以"双创、休闲、智慧、互助"为主题，探讨休闲农业与乡村旅游提档升级发展路径。

2016年6月，延庆商户联盟交流会在沈家营镇葡语农庄启动，全区164家商户与葡语农庄达成合作意向，将共同开展战略合作。战略协议签订后，葡语农庄将利用自身微信平台对合作企业进行推介，并在农庄内展售相关产品，为合作商户打造更为广阔的商业平台。同时，合作商户之间也将建立更加完善的合作沟通机制，相互推介，共赢发展。近几年，随着葡语农庄知名度的提高，每年都有大量游客前来游玩采摘，农庄有了更多的商机和发展空间，同时也对周边民俗旅游及服务业的发展产生了一定的带动作用。此次延庆商户联盟交流会的举办，为商户与葡语农庄之间、商户与商户之间的联合宣传营销提供了交流平台，并整合了优质商户资源，为游客提供休闲、娱乐、餐饮、住宿等服务，将有力地促进当地农业经济发展，实现互利共赢。

基于此背景，京津冀休闲农业协同发展成为京津冀一体化发展不可缺少的一部分，三地的休闲农业经营主体要协同发展互通有无、相互交流、共通共赢、资源对接、给三地的市民以更多的选择。北京观光休闲农业行业协会、天津市休闲农业协会、河北省农业生态环境与休闲农业协会，会同中国休闲农业农户网站魅力城乡网四家联合发起，打通三地休闲农业协同发展的通道、联手相关政府机构、经营主体、规划机构、旅行社、媒体单位等机构，共同维护和助推京津冀休闲农业健康有序发展。开展广泛的交流与合作，共同发声，共同担当，共同促进京津冀三地休闲农业转型发展和标准化建设，为振兴京津冀的乡村化旅游、为实现三地休闲农业旅游强国梦做出三地休闲农业协会应有的贡献。

3.着力打造休闲产业智库。一个行业的发展，离不开学界的支撑，学界的贡献力度，也依赖于学科体系的建设，建立休闲农业与乡村旅游学科体系，既有相关学科的基础，更有市场迫切的需求，可谓恰逢其时。

2016年5月，海南省休闲产业智库成立大会5日在澄迈举行。这是海南省首家行业型智库，将为政府提供决策依据，为企业提供策划指导，为打造升级版的海南国际旅游岛提供智力支持。海南省休闲产业智库以服务党和政府决策与行业发展为宗旨，以海南国际旅游岛休闲产业与全域旅游战略问题、决策咨询、项目策划、运营指导为主要研究方向，具有决策咨询、行业服务、企业指导、凝聚人才、窗口平台等功能，能为海南休闲产业、企业发展提供顶层设计、产品设计、品牌营销等涵盖全产业链的服务，将努力建成为"上接天线、下接地气"的特色专业智库。智库的成立，能有效结合省情，为作为国际旅游岛支柱产业的休闲产业，特别是为中国热带休闲农业与乡村旅游做出独特的贡献，充分挖掘民间智力，更好地为中央和地方的决策部署服务。

智库的成立，将引导休闲农业发展成为农业大观园、教育大课堂、生态会客厅、聚会大本营、美食嘉年华、特产购物村、科普新阵地、艺术新载体，促进城市与乡村、传统与时尚、技术与艺术、文化与创意、产业与平台的融合发展。

（三）搭建协同发展平台。 以京津冀协同发展领导小组为主，设置相应的农业发展与管理职能部门，以建立沟通机制、共享资源信息、打造协作平台、强化协同联动为着力点，构建京津冀顶层设计为主的多形式、多层次沟通协调机制，以会议形式，积极引导三地省级、市级、区县级有关农业发展机构共同商议农业协同发展目标、功能定位、建设重点等内容，逐步缓解区域发展中的不协调因素。同时，成立由龙头企业、农民专业合作社等民间团体和机构等共同组建的京津冀农业协同发展联盟，以论坛形式，邀请基层民众和有关专家建言献策，共同探讨解决协同发展存在的诸多难题。由此，建立畅通信息交流和资源共享机制，为三地协同发展提供平台，真正为形成成本共担、利益同享、对等合作、公平发展的区域分工与协作模式打下牢固基础。

（四）创新合作发展模式。 以优势互补、需求对接为导向，勇于先行先试，探索跨区域合作、利益分享新模式。从优化区域整体农业布局出发，以首都产业转移、联合创新、科技金融合作、人才交流、重大项目建设等多种合作方式为载体，以"产业招商、股份合作、飞地自建"等依托共建农业基地，发挥京津技术、资本、管理、信息、市场等优势，河北土地、劳动力等优势，京津冀统筹规划共建异地农业园区，形成"前市后场"式的大农业生产格局。由此，使河北在科学承接、创新承接、绿色承接中，形成一批特色鲜明的农业产业集群和产业基地，激发河北农业发展活力。通过创新合作发展模式，最大限度地满足三地合作的多元诉求，形成区域农业产业集聚效应和规模效应，实现相互之间合作大于竞争，大幅提高京津冀区域农业综合生产能力。

（五）加强流通市场建设。 以市场流通促进三地农业协同发展，重点建设农产品产地集配中心、建设跨区域农产品批发与配送网络体系和发展农产品电子商务，通过市场把三地农业产前、产中、产后服务各个环节结成利益共同体，努力实现信息共享。在健全完善农业标准化体系的条件下，加强三地农产品流通市场建设，开辟京津冀农产品绿色通道，促进三地特色农产品市场互通越来越频繁，支持鲜活农产品运销，使优质农产品在区域内的"新鲜半径"不断扩大，彰显同城效应。具体要紧紧围绕优势农产品区域布局、主导产业、出口农产品基地和农业产业化发展，优化农产品物流模式，鼓励合作社和公司组成农产品运销公司在进入批发和零售环节之前组成京津冀大型超市、农贸批发市场的直接供应商，再由直接供应商发送到零售终端。

（六）流域生态补偿协作。以生态保护和适度开发原则，通过农业协作，共同构建京津冀生态走廊。对张家口、承德生态优势区，建立并开发农产品生态标识，与京津地区建立稳定的供销关系，提高当地保护生态环境的积极性。增强对环京津贫困带扶持力度，对退耕还林给予补偿，并逐渐提高京津两市对冀在植树造林、水资源输送、"稻改旱"工程等补偿标准。发挥"输血"与"造血"两轮驱动作用，一方面，利用市场机制和政府扶持，加大资金支持；另一方面，以有利于生态建设和环境保护的经济技术项目为载体，引导京津市场、资金、技术等资源要素向贫困区流动，培育循环经济为导向的产业体系，为河北农业发展提供强大支撑，增强其在生产性服务业、科技信息、市场流通、人才资源、高新技术等方面对环京津贫困带的辐射带动作用，加快解决环京津贫困带问题。

五、京津冀地区休闲农业协同发展对策建议

京津冀各地协同推进休闲农业发展，不仅是涉及北京、天津、河北三地产业发展大局的重要举措，更是国家打造新的经济增长极和提升国际竞争力的重要战略。因此，全方位、高层次地推动京津冀地区休闲农业的协同发展势在必行。

（一）传统理念指导对策，引领休闲农业有序发展。

1.制定国家战略，明确顶层设计。将京津冀休闲农业协同发展上升至国家战略层面。以京津冀休闲农业协同发展作为京津冀协同发展的切入点，将其在国家发展战略中单列出来，专门制定京津冀休闲农业协同发展战略，提升战略高度，凸显休闲农业的重要性，是探索休闲农业高效快速发展的需要，能够为京津冀休闲农业协同发展提供可靠的战略保障。

推动京津冀休闲农业协同发展的重点是明晰顶层设计，制订总体规划。当前，京津冀各地休闲农业尚未被纳入各成员的地区发展总体规划、土地规划和旅游发展规划中。规划的缺失导致不能有效地整合可供利用的农地资源、资金、旅游资源等。应在将三地休闲农业旅游纳入各自土地规划和旅游总体规划的基础上，建立京津冀休闲农业旅游总体规划，确定休闲农业旅游合作目标、内容以及行为准则。整体规划的内容应首先确保三地休闲农业旅游发展所需的土地资源、旅游资源。其次，在更宏观的层面上整合资源，有利于实现资源的优化配置，在休闲农业产业价值链构建、统一市场建设、基础设施对接等方面开展实质性合作，并从财政政策、投资政策、项目安排等方面形成具体的措施，从整体全面的视角将最前沿的规划理念运用到京津冀休闲农业协同发展实践中，避免各地低水平的重复建设。特别是京津两市休闲农业消费潜力较大，统一规划后河北省能够吸引更多来自京津的游客，并通过区域一体化的影响力，吸引区域外的游客前来。除了要在战略规划上进行顶层设计，观念上的顶层设计同样重要，三地必须在观念上达成共识，以跨界思维推动协同发展，克服行政辖区惯性思维的束缚，否则顶层设计就无法达到"顶层"的高度。

2.**明确推进主体，实现重点突破**。京津冀休闲农业协同发展作为一项综合性系统工程，需要明确的推进主体进行保障。休闲农业具有农业与旅游业的双重属性，相较于京津冀第二产业的发展优势，农业较为脆弱，旅游业虽发展趋势较猛，但仍存在市场发育不完善等问题，因此，为了稳步推进本区域休闲农业协同发展进程，首先应坚持政府主导的原则，在三地政府相互协商、共同引导下，不仅能够有效地整合旅游资源，还能够防止京津冀休闲农业旅游产业陷入盲目的彼此竞争。

此外，落实京津冀休闲农业协同发展总体战略和相关规划，需要明确以比较优势为导向的产业协同发展推进主体。由于京津冀休闲农业发展水平存在差异，应以"哪个地区发展的好，哪个地区就为推进主体"为原则，以先进生产力为导向，针对不同休闲农业类型确立不同的推进主体，以不同的主体来推进不同类型休闲农业产业的发展，以先进生产力带动重点领域发展，实现重点领域突破，从而站在全局的角度对休闲农业的重大工程项目负责，形成合理的区域发展梯度，打造符合自身发展的主导型休闲农业类型。

3.**加强政策支持，克服行政区划障碍**。实现区域旅游一体化最主要是应利用行政力量削弱行政壁垒，促进市场要素流动的无障碍化，而且，当前休闲农业旅游的发展依然依赖于政府政策的扶持，因此京津冀三地在推进区域休闲农业旅游一体化发展时，应强调政策内容：①增加基础设施，特别是交通、供水、供电建设，提高三地农村地区的可进入性；②加大财政资助力度，扶持休闲农业旅游在区域内的发展，特别是帮助"环京津贫困带"上的农户通过发展休闲农业，改善当前的窘境；③建立京津冀区域休闲农业基金，主要用于市场营销、奖励表现突出的休闲农业旅游企业，培育创新休闲农业旅游经营主体；④推出有益于三地旅游服务平台搭建的措施，如异地处理旅游服务补救等。在加强三地政策支持与协作时，应将补血式政策与造血式政策结合。

4.**建立常务联动机制，保障协同效率**。为了在推进京津冀休闲农业协同发展的过程中形成相互配合、分工协作的良好态势，首先，有必要设置由国务院牵头，京津冀三地共同派出代表参与的高规格、常设的、权威的"超区域"协调机构，在京津冀休闲农业协同发展规划的实施中发挥统筹协调以及监督反馈的功能，确保规划的落实到位。其次，跨区域省际协调机构同样不可或缺。此机构的主要人员由京津冀各地市的政府、企业、产业经营主体的代表构成，承接"超区域"协调机构的具体要求，在跨区域城市之间的休闲农业协同发展上实施沟通协调、规划对接等工作，在休闲农业的产业具体分工与协作、公共基础设施建设以及生态环境治理等方面展开务实合作。可以由北京牵头，其他城市政府、企业以及中介机构自愿参加，在充分协商的基础上，共同起草、签订《京津冀推进休闲农业协同发展公约》，从而在休闲农业的实施阶段，运用跨行政区的决策、协调和监督功能，保障具体工程、项目的顺利实施，确保区域总体规划和统一政策的落实到位，提升京津冀休闲农业的协同发展效率。

5.**增强休闲农业旅游企业的相互合作与交流**。鉴于区域旅游空间临近性的特征，三地休闲农业旅游企业有可能定位于同一市场群体，为了规避三地休闲农业旅游企业为争夺同一旅游市场，出现无序竞争，进而威胁一体化进程情况的发生，应鼓励三地休闲农业旅游企业在多方面开展合作。首先，加强休闲农业旅游企业之间的农业科学技术交流，增加休闲农业旅游产品的技术含量，提升休闲农业旅游产品的质量。其次，加强信息交流。区域旅游合作的顺利开展，需要市场需求的动力刺激。休闲农业旅游企业之间通过市场需求信息的交流，有利于针对当前休闲农业旅游产品单一化的问题，提出改进措施，并在各自的旅游产品开发中实施差异化。最后，旅游企业应注重休闲农业旅游企业管理方式的交流，促进相互学习。

6.深化休闲农业非政府组织的参与和协调作用。京津冀已经成立了北京观光休闲农业行业协会和天津休闲农业协会，但是与休闲农业旅游相关的非政府组织数量依然较少，所起的作用也较为有限。因此，应该在丰富当前行业协会功能的同时，成立京津冀区域休闲农业协会，领导三地休闲农业相关非政府组织的业务开展。首先，可以将京津两地休闲农业协会签署的《合作框架协议》合作内容进一步拓展至河北省，拉动多主体的交流与合作，促进京津冀区域休闲农业资源共享和客源互送。其次，在区域内广泛推广农业科技，这样就能增强三地休闲农业生产技术含量，缩小三地农业科技水平差距。再者，建立完整的行业标准与认证体系，认证体系包括产品与服务、人力资源两大部分，其中，旅游产品部分包括旅游产品与服务质量认证标准，从农产品的生产、销售到旅游者食用都有一整套严格的标准。最后，结合京津冀实际，定期开展休闲农业旅游从业主体的创新理论教育与技能培训，特别是提供有针对性的课程，提升休闲农业农民和经营者的整体素质。

7.构建共同市场，共享优质资源。行政壁垒作为京津冀休闲农业协同发展的最大障碍，限制了要素资源在区域内的自由流动，因此必须建立统一开放的京津冀共同市场，保障休闲农业的有效协同发展。

在资本市场层面，京津冀三地要统一政策，避免由于区域政策的落差导致资本过于集中于政策较好的区域，增强资本流动性，推动资本在各地休闲农业产业之间按照对资本需求量大小自由流动，而不应受困于行政的干预。此外，在财税体制尚未来得及改革创新之时，创建由京津冀各地区财政共同投入的休闲农业产业资金池，统一调拨休闲农业产业资金，最大限度的推动资本市场的自由化发展。

在人才市场层面，坚持"互通互用、互惠互利"的原则，从"人才培养"和"人才交流"两方面入手，加强京津冀休闲农业产业人才一体化市场建设。各地政府和企业可以共建一批休闲农业产业专业人才实训基地，让人才与新兴产业"面对面"的时候，了解到京津冀不同地区产业发展的特点，使培养出来的人才更加适应京津冀休闲农业协同发展的现实需要；此外，鼓励各类高素质人才向京津冀区域内休闲农业发展薄弱的地区转移，引导人才向重大专项的需求流动。

8.构建统一的休闲农业旅游品牌形象。京津冀休闲农业的游客主要来自近程旅游市场，且大部分为本省、市居民。这一现象说明，跨省、市休闲农业市场营销力度不足，具有代表性的休闲农业旅游企业的知名度不高，因此，为了扩大市场范围，增强三地的客源互送，同时，也为了突出京津冀休闲农业在区域外的影响力，三地的旅游主体应该联合起来，整合资源与优势，打造具有市场认可度、知名度的京津冀休闲农业品牌形象。

9.差异化休闲农业旅游产品，推出精品路线。京津冀休闲农业具有空间临近性、交通便捷性以及旅游资源相似性和互补性的特征，因此，可以尝试借助三大旅游主体的力量，打造京津冀休闲农业旅游产业链，差异化休闲农业旅游产品。在已有的京津休闲农业旅游精品路线基础上，尽可能开辟多条各具特色的京津冀休闲农业旅游精品路线。

（二）融入新理念，创新休闲农业发展模式。

1.依托休闲农业协同发展框架协议打造区域品牌。促进三地通过合理布局、差异互补、突出特色，提升休闲农业整体水平，在经济、生态、共享等方面实现多赢；加强三地休闲农业企业（园区）、休闲农庄、农（渔）家乐等经营主体的建设、服务、管理标准衔接，规范竞争行为，营造公平环境；将京津冀三地农业和农村的特色资源、特色文化、特色品牌、特色活动等进行深度挖掘和合理开发，共同打造风格各异、主题突出的休闲农业精品游览线路，构建京津冀休闲农业"廊道"。

在打造区域品牌过程里，天津市做了很好的范例。目前，天津发展了蓟县、西青区两个休闲农业与乡村旅游国家级示范县，建成水高庄园等10个全国休闲农业与乡村旅游示范点。蓟县常州村、静海县西双塘村、北辰区双街村被农业部认定为"中国最有魅力休闲乡村"。

作为天津市休闲农业的重要一环，滨海新区将抓住机遇，主动融入京津冀休闲农业协同发展，打造集"生态游憩、休闲度假、康体养生、文化体验"于一体的休闲农业综合旅游区。"新区以现代农业主题公园、高效设施农业园区为基础，以种植体验、农业展示、果蔬采摘为主要载体，创建滨海休闲农业旅游品牌，走产业化品牌化之路。"新区相关部门负责人介绍说。截至目前，天津市休闲农业与乡村旅游直接从业人员6.7万多人，带动农民就业29.4万人。前三季度，共接待游客1410万人次，实现综合收入49亿元，分别完成全年任务目标的88%和82%。休闲农业已成为农民增收、农业增效、农村增实力的重要途径。

在河北，乡村旅游成了社会投资新热点。据河北省旅游局局长栗进路介绍，河北是一个综合性农业大省，农村面积广大，农作物种类丰富，农业生产类型多样，乡村民俗风情丰富多彩，发展休闲农业与乡村旅游具有独特的条件和巨大的潜力。由于毗邻京津，河北的休闲农业发展很快，越来越受地区周边游客青睐。河北的迁西板栗、赵州雪梨、沧州小枣、坝上口蘑等特色产品众多，独有的山水风光和农业条件构成了发展休闲农业和乡村旅游的良好基础。

休闲农业不但促进农民收入，也拉近了城乡的距离，这在北京得到了很好的体现。休闲农业是北京都市型现代农业的重要组成部分。近年来，京郊充分利用自然、文化、科技等资源，将传统农业向融生产、生活、生态为一体的现代农业推进，培育出一批北京休闲农业创意精品，探索形成了一批独具特色的创意农业发展模式。无论是在大兴还是延庆都成了休闲农业成功发展的例证，除此之外，北京还不断开发农耕文化体验等休闲农业模式，探索建立了"北京最美的乡村"、星级"观光农业示范园"等一批休闲农业品牌。

2.成立专业委员会，指导协同发展。邀请包括中国科学院院士、中国工程院院士、国务院参事、相关科研机构研究员、高等院校专家学者以及政府部门、企事业单位的专家学者等在内的专业人士，以实施可持续发展战略和京津冀休闲农业协同发展战略为宗旨，让企业、认证机构、科研院校、合作社、生产基地和农户团结起来，为做好休闲农业区域开发与发展决策提供科学化、民主化的指导与咨询服务，发挥市场引导作用，做大做强休闲农业产业。专业委员会的成立将标志着京津冀休闲农业协同发展在区域规划、资源整合利用等方面指导工作迈入专业化、科学化发展阶段。

3.建立联席会议制度，落实各地责任。为推进京津冀休闲农业产业又好又快发展，在京津冀全域范围内实现休闲农业协同发展，建立京津冀三地休闲农业产业发展联席会议制度，进一步统一思想、明确任务、落实责任成立京津冀休闲农业协同发展联席会议办公室，确认会议召集人、副召集人，同时确认各地方政府代表、北京市农委、天津市农委、河北省农业厅代表，以及休闲农业发展示范区单位负责人为会议成员，并确认联席会议办公室所在地。

联席会议成员单位要从大局出发，各司其职，加强协作，形成共同推动休闲农业发展的强大合力。各地、各有关部门要研究出台扶持政策，项目与资金向休闲农业产业倾斜，加强支农资金整合使用，多途径吸引工商资本、民间资本、社会资金，多渠道投入休闲农业发展。要制定休闲农业产业发展的科学考核体系，对主要市、县、区进行半年和年度的专项考核，切实将资金项目与考核结果挂钩。

4.与"互联网＋"有机结合，促进休闲农业产业升级。当下，"互联网＋"热度空前，要与休闲农业结合，发挥巨大作用，还离不开政府、行业组织、平台运营商和科研机构的共同努力，可通过以下途径加以实践：构建京津冀休闲农业信息平台，实现信息数据共享；通过举办京津冀休闲农业培训、观摩交流活动，提高休闲农业经营管理和服务水平。

（1）推动数据开放共享。互联网深入应用、云计算走向成熟，以及智能手机为代表的信息设备大量普及，对数据信息的安全与共享应用产生了强烈的需求。只有共享的数据资源，才能释放数据的价值。政府应做好顶层设计，破除条块分割，组织各地休闲农业经营主体并鼓励其与各大引擎网站合作，将民俗村、休闲园区、民俗户等休闲农业消费点在宣传推介平台上得以标注，方便消费者通过网络方便快捷地找到产品信息。

（2）搭建基础支撑平台。针对经营主体方面，类似于"淘宝网"促进了无数小微企业创新创业一样，目前急需面向休闲农业企业搭建大数据平台、综合电商平台、移动互联微平台等基础性平台，整合休闲农业数据库和产品库，共享云技术的服务资源，并进行有效数据分析、产品分析和市场分析，实现产销对接和休闲农业提档升级。针对用户方面，打造承载着自媒体的专业APP，推广用户评论功能，促成用户与用户的互动，在互动中催生出B2C、C2C、O2O等电子商务平台，使消费者可在平台内对消费体验作出评价，让未来消费者了解到更加全面的产品信息，进而做出购买决策。

（3）建立互联网金融平台。从投资角度，休闲农业经营主体可探索新型融资模式，鼓励利用PPP模式、众筹模式、"互联网＋"模式、发行私募债券等方式，加大对休闲农业的金融支持；加大公共服务，增强线上线下营销能力，鼓励社会资本参与休闲农业宣传推介平台建设。从消费角度看，借助互联网，可以建立起以休闲农业企业为核心的互联网金融平台，为全产业上下游提供金融的投融资、网上支付等服务。通过"移动金融"在休闲农业领域的应用和示范，打造全新的移动互联休闲农业O2O、端到端直销模式，导入预付费、支付结算、消费信用等金融服务，可以为客户提供客房、餐饮预定，特色服务，伴手礼的信息推荐、购买、物流和溯源等一站式专属服务体验，完成从客户群体吸引到体验服务的消费闭环，去除中间环节，完成端到端的消费对接。该途径有助于突破行政壁垒，在京津冀全域范围实现农业休闲服务的价值链重构。

5."沟域经济+休闲农业"发展理念。沟域经济建设是山区发展的新理念，其建设能为山区经济的发展的注入活力，全面盘活山区资源，带动山区经济建设促进农民增收。经过近几年的实践探索，沟域经济在北京发展势头良好，模式成熟。在"十三五"规划的重要历史节点和京津冀协同发展的重大战略背景下，北京应将其沟域经济发展模式在京津冀全域范围内大力推广，天津、河北也应积极融入京津冀沟域经济发展，形成联盟，挖掘自身山区资源优势，以山区沟域为单元，以其范围内的自然景观、文化历史遗址和产业资源为基础，以特色农业旅游观光、民俗文化旅游、科普教育、养生休闲、健身娱乐等为内容，通过对沟域内部的环境、景观、村庄、产业统一规划，建成内容多样、形式不同、产业融合、特色鲜明的具有一定规模的沟域产业带，以点带面、多点成线、产业互动，形成聚集规模，最终促进区域经济发展、带动农民快速增收致富。

（1）坚持以民为本，发挥政府主导作用。乡村旅游的本质还是以农民为主体，充分尊重农民的意愿是发展乡村旅游的基础。政府在大力推动乡村旅游的过程中应多听、多想、多看，因地制宜，根据各地实际情况及民俗民风，允许农民有选择性的参与旅游开发。在政府的指导推动下，尊重农民意愿，依靠农民智慧，发挥农民的积极性，促进乡村旅游的持续健康发展。政府对乡村旅游的高度重视和大力支持是发展乡村旅游的关键，应制定积极有效的政策对乡村旅游发展中遇到的问题和困难予以解决，例如：旅游区的交通、水电、通信等设施的建设；农民科学知识的培训；农民创业中的优惠条件；邀请科技人员莅临指导。乡村旅游的发展依靠政府的推动，城乡统筹是发展乡村旅游的重要途径，各级政府在工业反哺农业、城市支援农村的战略中，为乡村旅游的发展创造机遇，并动员和组织社会各界力量参与到乡村旅游之中，利用良好的社会和经济效益推动乡村旅游的发展。政府工作人员在大力发展旅游经济的同时，还应加强自身培训，提高整体素质，以身作则服务农民、为农民创效益、帮助农民解决生活生产中的问题，增加农民对政府的信任度。定时组织基层政府工作人员到城市进行培训，了解最及时的信息和要求，深化自身的思想认识。及时到其他成功开展乡村旅游的地区进行实地考察和学习，根据他人的成功经验结合自己地区的实际情况制定合理方针政策，带领群众开发旅游资源、创建新颖旅游项目、发展多层次经济、扩大广告宣传力度，积极促进乡村旅游和谐稳定持续的发展。

（2）加大环境与资源保护力度，确保环境和资源的可持续利用。开发乡村旅游，环境和资源是根本。各地政府在大力开展旅游业创造乡村经济的同时一定要将保护环境和合理利用资源放在首位，在环境保护方面要制定出一系列的规定和措施，将环境保护落实到乡村的每一个点。例如在引进外资扩大乡村经济的同时应避免引进污染严重的企业，做到交通换乘、避免太多汽车尾气的污染，改变传统的柴薪取火、减少炊烟污染，从而促进对大气环境的保护；完善排污系统、控制水质、推广生物治理工程、对农户排水进行处理，加强对水质的保护；生活、工业垃圾分类定点收集，防止对土壤的污染；另外农业生产使用的化肥、农药等都含有有害物质，长期大量的使用会导致其中的有害物质在土壤中累积，对土壤造成污染，所以应减少化肥、农药的施用量。此外，政府还应充分发挥主导作用，动员全体群众将大自然赐予我们的财富保护起来，杜绝一切滥砍滥伐林木，乱占乱卖土地的情况出现，以保护环境合理利用资源并创造更加天然更加绿色的乡村旅游。

（3）深入挖掘乡村传统文化内涵，提高传统文化的吸引力。乡村传统文化是乡村旅游的灵魂，应深入挖掘优秀的民俗民风，不断提升乡村文化魅力吸引游客的注意力，同时推进传统文化的产业化，将文化资源优势转化为经济优势。正确处理发展乡村旅游与农村城市化、农民新型化、农业现代化的关系，应保持本土农村特有色彩，防止将优秀传统乡村文化庸俗化，为防止某些"城市病"向农村蔓延，还应提高乡村旅游的文化底蕴和吸引力。

（4）强化对乡村旅游的分类指导，不断创新发展模式。发展乡村旅游应遵照各地乡村自然状况、人文传统关系、地理资源条件和经济水平的状况。由于各地乡村旅游的条件各不相同，因此发展乡村旅游没有固定不变的模式，应根据各地不同的区域差别和不同的本地乡村文化内涵，展示传统风俗，保持固有的乡村本土特色，形成各种发展模式，推动不同模式的优势互补，避免简单化指导。目前我国发展乡村旅游的模式已有很多，按经营主体不同可划分为，村委主导型、村办旅游公司主导型、旅游公司与农户合作型等。不管何种模式只要能促进农民增收，实现社会主义和谐新农村建设都应鼓励和支持，政府应对农民在新产品开发、市场需求定位、主要特色表现、特有文化宣传等方面加以分类指导并不断创新。

（5）乡村旅游是具有增长潜力的新型业态，是扩大农民就业、增加农民收入的"富民工程"。当前，乡村旅游发展进入了新的阶段，由单一要素发展向多要素融合发展的模式转变，涌现了一批乡村旅游发展典型代表，如成都的农家乐、北京的民俗村、浙江的洋家乐等提倡绿色低碳、健康养生和慢生活理念，以乡村休闲、乡村度假为主要内容的乡村旅游发展模式。在新形势下，乡村旅游发展应更加注重战略性、时代性、科技性、文化性和参与性等旅游特性。

（6）强调乡村旅游的战略性。2014年3月16日，中共中央、国务院印发了《国家新型城镇化规划（2014—2020年）》，强调以人为本，推进以人为核心的城镇化，将坚持"生态文明"和"文化传承"作为新型城镇化建设的重要原则。重视旅游对乡村城镇化发展的作用，强调将文化旅游作为小城镇发展和建设的重要载体。新形势下，乡村旅游迎来了新的机遇，乡村旅游发展已成为新型城镇化的重要驱动力，在国家新型城镇化发展背景下，应充分认识乡村旅游发展的战略地位和作用。

（7）把握乡村旅游的时代性。新时代要求充分认识乡村旅游的时代性。随着中国城镇化进程加速，如何协调城市与乡村的发展，缓解城镇化过程中的困境，已经成为城乡发展的重要课题。以旅游发展为驱动力的城镇化是缓解上述问题的重要途径，乡村旅游发展可以与新型城镇化、美丽乡村建设和破解"三农"问题等有机结合，可以促进城乡交流、调整农业产业结构、增加农民就业、提高农民素质和创业能力，均衡社会财富。还应该充分认识到乡村旅游与城市旅游之间的有机联系，乡村与城市在本质上不是割裂的，是一个有机的整体，中国的城市与乡村必然会从二元走向一元，乡村旅游与城市旅游二者关系不是二元对立的，而是一元融合的。

（8）重视乡村旅游的科技性。科学规划乡村旅游，实现城乡基础设施连通、公共服务共享，实现乡村旅游与文化旅游、生态旅游和休闲度假旅游协同发展，实现乡村旅游业与文化产业等现代服务业融合发展。摒弃传统乡村、传统农业的固有印象，注重乡村建设、农业生产的科技性。利用现代科技建设现代乡村、发展现代农业。建立乡村旅游发展信息平台，利用现代科技营销乡村旅游，推广普及农业科技，塑造乡村和农业的新形象。

（9）保育乡村旅游的文化性。发展乡村旅游，保育乡村文化性是一个重要课题。不同地区有着独特的自然禀赋、文化禀赋。农业环境、农业景观及其文化内涵是乡村旅游的核心吸引物，乡土性是其本质特征。应建设体现乡土文化多样性，有历史记忆、文化脉络、地域风貌和民族特点的特色乡村，形成符合实际、各具特色的乡村旅游发展模式。乡村旅游发展不应弱化传统乡土文化，而应在发展中加以保护、利用和提升，使乡村成为乡土文化的载体。在旅游发展的驱动下，乡村地区，尤其是区位优越、自然和文化禀赋保护较好的城市近郊区，将逐渐成为兼具城市与乡村优点的新型城镇化区域，这些地区的城镇化发展是中国新型城镇化发展的重要组成部分，将为新型城镇化发展提供重要的借鉴。

（10）突出乡村旅游的生态性。优良的生态环境是重要的乡村旅游资源。着力推进乡村地区的绿色旅游、低碳旅游来丰富生态旅游内容，拓展新的旅游空间和领域。在生态保护的前提下发展乡村旅游，挖掘乡村生态内涵，提升乡村旅游的生态品位，营造独特的乡村生态、乡村文化意境，实现新型城镇化的生态目标。乡村旅游将会有效地实现乡村生产方式和生活方式的转型升级，保护生态环境，改善乡村人居环境，实现生产、生态、生活的共赢。

（11）提升乡村旅游的参与性。"人的城镇化"是新型城镇化的核心，社区是乡村旅游的主体和主要参与者，乡村旅游发展需要充分发挥社区的主人翁意识，调动社区发展乡村旅游的主动性，加强社区居民和旅游从业人员的专业技能培训，提高乡村旅游从业人员的能力和收入，使得乡村旅游成为实现乡村地区居民就地城镇化的重要途径。例如，杭州梅家坞村开展村民茶艺知识、技能培训，鼓励村民进行从业资格考试和认证，使农民由从事"比较效益"较低的农业生产转为从事"比较效益"较高的旅游业，同时在从事旅游业过程中加强了与外界的文化交流，提升了文化素质，增加了收入，实现了就地就业，推进了城镇化发展。

6. "休闲农业＋养老"发展理念。随着生活水平的提高，人们的寿命也越来越长，我国逐渐迈入老龄化社会，养老问题受到大家的广泛关注。当前，国家各种利农政策出台，乡村游发展势头迅猛，休闲农业也在此时迎来了良好的发展契机。农业与养老结合，将是未来休闲农业发展的一大趋势。在现阶段的大环境下，给休闲农业融入养老元素，让休闲农业与养老产业融合取得进一步发展，可尝试如下几大模式：

（1）住房灵活化。在休闲农业旅游规划的过程中，规划相对灵活的度假房，配备老人所需要的生活设施，定期或者不定期出租给都市中想要进行养生、度假的老人，可以为养老增加一种选择的渠道。

（2）耕地出租体验。预留部分农业用地，根据需求，进行耕地出租，老年人可以在租到的土地上种植自己感兴趣的农作物，体验归田耕种、收获的乐趣。同时，老人自己种植作物，在一定程度上可以增加活动量，强身健体。

（3）耕种免费指导。休闲农业园区、农庄可以根据需要，提供免费的技术指导服务。甚至于引进特有的富于乐趣的果蔬品种，传播技术，打造专属品牌，扩充知名度和影响力。

（4）专属果蔬采摘。休闲农业项目建设，采摘是必不可少的项目，以养老为主题的农庄也一样。在农庄选取合适的土地统一管理，种植绿色健康的蔬菜，开展参观、果实采摘等活动，提高活动丰富度及趣味性，同时让没有耕种土地的老人也能享受到采摘的乐趣。

（5）老年文化活动。针对一些老客户，举办各种文化活动，可以是社区文娱活动，也可以定期邀请参与耕种菜地的老年人参加类评比项目的活动，评选出优秀者，在进行物质奖励时，推广经验，将农庄打造成现代都市外的世外田园。

（6）特功养生餐饮。养生食疗对老人常见的一些小病痛，有很大的帮助。休闲农业取材于田园，可以根据老人具体状况，针对有需要的老人指定养生食谱。农庄在老人入住时最好对老人的身体状况有一定了解，并且配备常驻医师治疗一些常见的病症。没有病痛的老人的饮食，也要注重养生，尽量丰富营养生态健康。

（7）生活兴趣俱乐部。创办乡间俱乐部，让老人有自己的圈子，有丰富的生活，不至于在儿女们忙于工作的时候感到孤独，也更能体会生活的乐趣。

课题负责人：蒋洪昉

课题组组长：冯建国　张义丰

课题组成员：康　蕾　朱文颉　徐　硕

执笔人：康　蕾　朱文颉　徐　硕

引导社会资本进入农村基础设施建设体制机制研究
——以浅层地能利用和生活污水治理为例

　　农村基础设施建设和运营一直都是国内城乡差距最明显的体现。北京作为和谐宜居首善之区，相较习近平总书记提出的一系列环保理念要求和对北京工作的重要指示精神，农村基础设施建设尚有巨大不足，成为制约农业农村发展的短板。

　　2016年中央一号文件提出："把国家财政支持的基础设施建设重点放在农村，建好、管好、护好、运营好农村基础设施，实现城乡差距显著缩小。健全农村基础设施投入长效机制，促进城乡基础设施互联互通、共建共享。研究出台创新农村基础设施投融资体制机制的政策意见。""加快农村生活污水治理和改厕。坚持城乡环境治理并重，逐步把农村环境整治支出纳入地方财政预算，中央财政给予差异化奖补，政策性金融机构提供长期低息贷款，探索政府购买服务、专业公司一体化建设运营机制。"

　　目前，在农村地区，冬季取暖和污水处理是困扰农民生产生活的两大难题。北京市农村经济研究中心在这两大领域已经积累了一定的研究和试验成果。

　　从2010年开始，专门成立"农村生活污水景观化处理研究与试验"课题组。经过大量的理论探索，在引进欧洲先进技术的基础之上，以人工湿地技术为主要工艺，结合郊区情况进行了新的创造，处理后的生活污水可以直接纳入到农村水资源循环利用系统中，可实现农村地区生态环保和景观效益双提升。从2012年起，陆续完成十余个农村生活污水景观化处理项目试点工程。北京市领导多次对此批示"向科技要水，实现循环往复，这是解决人口、资源、环境矛盾的积极尝试，要坚持下去"，"循环起来既是技术问题，更是理念问题，贵在探索，贵在坚持"。

　　北京市郊区"无煤村"研究课题组成立于2012年10月。几年来，课题组做了大量跟踪性研究，并争取财政资金，选择了新兴的、资源丰富、适应范围广泛、应用前景广阔的浅层地能供暖技术进行试验。经过一系列技术改良，使得浅层地能技术已经成为对原有电网新需求最低、初装费用最低、运行费用最低、总体耗能最低、受环境影响最低、使用区域零排放的"五低一零"技术，集生态效益、环境效益、经济效益和社会效益于一体，在市场上具有了极强的竞争力。

　　中央"十三五"规划建议要求"促进城乡公共资源均衡配置，健全农村基础设施投入长效机制"。基于此，在城乡统筹发展、生态文明建设和京津冀一体化大背景下，我们以浅层地能和生活污水治理为样板，探索引导社会资本进入农村基础设施领域的机制体制，力图找到适合社会资本参与农村基础设施投入的有效模式，理顺影响社会资本参与农村基础设施投入的关键环节，充分发挥和放大财政资金的"杠杆"作用，实现社会资本与农村需求的深度融合，拉动提升农村地区经济发展水平，提高农民幸福指数，建设美丽北京。

一、北京市农村地区供暖和生活污水处理现状、问题及原因

农村地区供暖和生活污水处理具有一定的相似性，单点规模小而且分散，如果用市政思维去处理的话，大面积管网的配套很难有规模效益，而且需要大量的财政资金来支持，即使是有实力的北京财政也难以承担。但是如果这两个问题处理不好，会对环境造成污染，影响村民居住环境，威胁城乡居民的身体健康。

（一）北京市农村地区冬季供暖现状、问题及原因。

1.农村地区供暖现状。北京的大气污染防治形势十分严峻，$PM_{2.5}$治理是北京市大气环境治理的重点内容。根据源解析结果，燃煤排放造成$PM_{2.5}$大气污染的比例占17.32%，因此，作为生活能源的重要组成部分，燃煤应作为治理$PM_{2.5}$大气污染的重点。

分散燃烧供暖，是农村居民较为多用的供暖方式。因数量大、燃烧效率低，对环境影响严重，农居的此类供暖方式急需进行改造。北京冬季取暖用煤，70%以上集中在郊区。京郊冬季采暖用煤约430万吨/年，供暖季约4—5个月，涉及约143万户，平均每户采暖用煤3吨/季。

为了治理环境污染，还首都一片蓝天，北京市政府提出"2013—2017年清洁空气行动计划"，其中，如何帮助京郊农户在冬季取暖时减煤代煤，最终实现京郊冬季供暖无煤化是治理雾霾的重要任务。

2."煤改电"技术对比。北京建筑节能与环境工程协会《北京农村居住建筑清洁能源供暖供应现状调研报告》指出，北京郊区地域广大，从平原到山区地理环境不同；电力和燃气的基础设施情况不同，老百姓的经济状况不同，应该因地制宜地选择最适合的清洁能源供暖方式。

对比目前北京市供暖"煤改电"可选用四种技术：一是蓄能式电采暖，是电能直接转换成热能，可蓄能；二是天然气壁挂炉+地板采暖，通过天然气直接燃烧加热地板采暖；三是低温空气能热泵+地板采暖，是电能搬运随室外温度变化的低温空气能加热地板采暖；四是地能热宝，通过电能搬运温度恒定的浅层地能为建筑物提供冬季供暖、夏季制冷，运行过程中没有燃烧过程，能够有效降低二氧化硫、氮氧化物以及烟尘颗粒物的污染，具有环保效果。

表1　四种清洁能源供暖技术工作原理、建设费、运行费等项目对比（以建筑面积150m² 户型为例）

技术 项目	地能热宝 （浅层地能供暖 技术）	蓄能式电采暖	天然气壁挂炉＋地板 采暖	低温空气能热泵＋地板采 暖
消耗 能源	可再生低品位浅 层地能	高品位电能	化石能源天然气	低品位的空气能
工作 原理	1份花钱的电能 可搬运3份浅层 地能。	电能直接转换成热能，效率最高是 100％；单供暖	天然气燃烧	非国家规定的供暖地区花1 份电钱可搬运3份室外空气 能；国家规定的地区花1份 电钱可搬运2份室外空气能
初装 建设费	50500元/户	56000元/户	55500元/户	62500元/户
运行 费用	2800元/ （户·采暖季）	6000元/（户·采暖季）	4200元/（户·采 暖季）	5000元/（户·采暖季）
折合一 次能源	2.37 吨标煤	7.08 吨标煤	3.54 吨标煤	4.19 吨标煤
目前可实 施情况	地能采集温度恒 定，不受室外气 温影响，保证供 暖且效率高。	除特殊条件外，不得采用电直接加 热设备作为供暖能源。按目前电网 扩容改造，每户配电已经从18kW 降至9kW，按每户120 ㎡无法保证 供热总量	天然气管网覆盖难度 大，属高品位战略能 源，需注意用气安全 及低空排放	空气能采集温度即室外环 境温度，在环境温度−5℃ 以下时，效率偏低，在环 境温度−10℃以下时，供暖 出力没有保证

注：1.初装费含电网建设；2.地能热宝计算低谷电价优惠期间（21：00至次日6：00）0.3 元/度的电价。蓄能式电采暖及低温空气能热泵在享受低谷电价优惠期间 0.3 元/度的基础上，再由市、区县两级财政各补贴 0.1 元/度。

技术改良后的浅层地能新技术，已一跃成为对原有电网新需求最低、初装费用最低、运行费用最低、总体耗能最低、受环境影响最低、使用区域零排放的"五低一零"技术，集生态效益、环境效益、经济效益和社会效益于一体，在市场上具有了极强的竞争力。

3.浅层地能技术推广存在的问题。

（1）管理机制不完善，资金缺乏。浅层地能的开采涉及国土资源、建设、水务、环保等多个行政主管部门，环节众多，权责不明确，缺乏统一的指导和规划，不利于地热能产业的持续健康发展。浅层地能开发初期一次性投入较大，要想取得经济上的规模效益，需要得到政府的支持。

（2）社会认知程度低。当前社会对浅层地热能资源的认知程度低，对浅层地热能的特点及其热泵技术了解不多，直接影响浅层地热能资源的广泛应用。由于信息传播不畅，用户也无法准确获悉产品和技术的最新动态和合格的服务提供方。

（二）农村地区生活污水处理状况、问题及原因。

1.农村地区生活污水处理现状。北京市自2003年以来开始重视投入农村污水治理。围绕水源地保护、新农村五项基础设施建设，通过生态清洁小流域、城镇污水治理打捆、美丽乡村污水治理试点等建设项目，探索采用了分散处理、集中处理和接入市政管网三种模式解决农村污水问题。截至2014年底，10个远郊区县中心城已完成污水处理设施全覆盖，各郊区县人口集中的108个乡镇（纳入新城和中心城的除外）污水处理设施覆盖率59%（其中重点镇86%）；此外，还在676个村庄分散建设了1045座村级污水处理场站，村庄覆盖率17%。目前的投资建设重点主要是乡镇集中处理，各郊区县已规划待建或改造的乡镇集中污水处理厂共49座；而每年新建的村级污水处理场站仅几座或几十座，治理率年均提高不足5%。

2. 主要问题。目前北京市农村生活污水治理工作存在三大突出问题：一是村级污水治理增长缓慢。目前村级污水排放量占农村总量的近一半，但83%的村庄还是设施空白地带，现有场站近半数建于10年前的"新农村建设时期"，近年每年仅新增几十座，治理率年均提高不足5%。分散村庄约占全市总面积的80%，但村级治理作为农村环保的毛细血管部位却存在"栓塞"。二是已建成设施闲置浪费严重。1045座村级污水处理站设计处理能力为17.75万吨/日，但仅有68%处于运行状态，且供水量远远达不到设计处理能力。三是管网易堵易漏，治理效果差。目前有28%的污水处理设施由村委会自管，设施的维护及更新难以按设备性能要求实施，管道经常发生堵、漏，且很难得到及时维修。

3. 问题产生的原因。

（1）简单地平移城市的污水处理技术和理念，即"市政思维"。高比例、大面积地采用膜技术是典型的"市政思维"。其结果是，形成了集中式、设备为主的处理工艺所造成的高投入、高运营支出与乡镇村基层单位支付能力之间的矛盾。

首先，"市政思维"导致了超长管道。为降低单位水量处理成本，只能配套超长管道来"集中处理"，名义上降低了场站投资，但实际上加大了管网投资，北京农村污水管网投资几乎占到了场站投资的10倍或以上，远高于环保部2.5倍的上限标准，造成"低水量、长管道、跑冒漏、难维修"。

其次，"市政思维"造成了简单追求超高水质。农村土地广阔，自净能力强，不宜盲目追求高标准出水水质。实际上，分散的农村污水排放主要是地面、景观和灌溉三种，可分别适用现行《水污染物排放标准》《城市污水再生利用景观环境用水水质》《农田灌溉水质标准》即可。

最后，"市政思维"造成了高投资额和高运营费。经测算，若采用人工湿地工艺分散式处理，人均场站加管网总投资为3300—4400元，简单计算全市农村100%处理（再预留30%空间）仅需330亿元，其中场站投资94亿元，可持续运营30年，无须专业人员管护，年运营费不到1亿元；而采用膜技术则人均总投资约为7800元，是分散式处理的1.8—2.4倍，此外每年将产生5—10倍于人工湿地的运营费用，且设备部件需反复冲洗、更换和维修。

（2）农村生活污水治理分工及责任主体不明。一是市级政府部门间分工不明确。现实中，北京市农村污水治理工作是通过城乡住建、水务、环保、农业等多个部门规划，市各委办局责任交叉，环保部门治理专项资金、水务部门行动计划资金和农业部门公益事业建设资金等投入分散，各自为政，缺乏统筹。二是市、区县和乡镇村之间出资责任不合理。现有农村污水处理设施的投资经费主要由市级和区县两级财政转移支付，运营经费则主要由乡镇村自筹解决。而乡镇财力有限，"有人出钱建、没人出钱管"，甚至两方面经费均不足，"必须市、区政府给够补贴"才能运行，场站建成却被故意关停的现象普遍存在。

二、解决农村地区供暖和污水治理的极端重要性

（一）中央和北京市都对农村煤改电提出明确要求。近年来，随着大气污染治理措施不断加强，北京市政府在农村地区开展了减煤换煤行动，探索建立农村优质原煤供应体系。2013年的优质煤价格为1280元/吨，其中政府最高可以补贴500元/吨，农户至少需要自己支付780元/吨，2014年的优质煤价格为1480元/吨，政府补贴高达600元/吨，农户至少需要自己支付880元/吨。如果能享受补贴，照此计算的话，使用优质燃煤取暖，成本可能还会有所上升。而那些无法享受补贴指标又想使用优质燃煤的农户，其燃煤取暖成本则会更高。随着优质燃煤持续供给，其稀缺性会逐渐突出，价格及农户使用成本可能还会进一步上升。

即便如此，燃煤采暖之路并不能维持太久。2014年8月4日，本市发布《北京市高污染燃料禁燃区划定方案（试行）》，按照规定，北京经济技术开发区率先在2014年底建成高污染燃料禁燃区后，东城、西城全境2015年年底建成，石景山区全境2017年年底建成，朝阳区、海淀区、丰台区全境2020年建成禁燃区；远郊区县10个新城建成区，到2017年建成区40%的区域建成禁燃区，其中市级及以上开发区全部建成禁燃区，到2020年建成区80%的区域建成禁燃区。因此，必须为京郊"无煤村"的实现寻找有利的技术方向。

政府现在推行的主要有煤改电、煤改天然气等工程，单一化的措施远远满足不了广大的农村市场，必须寻求多样化的途径和措施；能源需求和供给矛盾也使人们不得不寻找各种可再生的新能源。国务院办公厅2014年11月印发《能源发展战略行动计划（2014—2020年）》，绿色低碳战略是明确的四大发展战略之一，提出要"大幅增加风电、太阳能、地热能等可再生能源和核电消费比重"。

2016年3月，《北京市国民经济和社会发展第十三个五年规划纲要》发布。《规划纲要》指出，2020年煤炭消费总量控制在900万吨以上。城六区全境、远郊各区新城建成区的80%区域和市级及以上开发区建成禁燃区，实现无煤化。加快实施郊区燃煤设施清洁能源改造和城乡结合部与农村地区散煤治理，着力加快推进农村采暖用能清洁化，平原地区所有村庄实现无煤化。2020年，全市建成以电力和天然气为主体、地热能和太阳能等可再生能源为补充的清洁能源体系，优质能源消费比重力争达到90%以上，可再生能源比重达到8%左右。有数据显示，在能源消费结构中，地热利用每提高1个百分点，相当于替代标准煤3750万吨，减排二氧化碳约9400万吨。

北京市发改委2016年6月21日发布的《关于进一步明确煤改地源热泵项目支持政策的通知》明确指出，对于整村实施的农村地区煤改地源热泵项目，市政府固定资产投资按照工程建设投资的50%安排资金支持。

（二）北京作为首善之区，更应率先解决农村污水治理问题。大力推进农村污水治理等环保设施建设是落实《关于加快推进生态文明建设的意见》《水污染防治行动计划》《关于改善农村人居环境的指导意见》等一系列政策文件及习近平总书记"要像保护眼睛一样保护生态，要像对待生命一样对待环境"重要指示的必要举措。京津冀一体化发展战略对加快农

村地区发展、构建环首都和谐宜居产业带提出了要求，《京津冀协同发展规划纲要》明确了北京为西北部生态涵养区。北京作为首善之区，农村工作必须要在国家重大战略实施过程中率先取得突破，高度重视包括农村污水治理在内的各类基础设施投入，推动农村地区发展，力争不断取得新进展、新成效。

（三）国外农村地区供暖和生活污水治理的措施。近年来，发达国家纷纷制定相关法律和政策措施，鼓励包括浅层地能在内的新能源和可再生能源开发利用。美国2006年通过了"住宅可再生能源应用的税收抵免"法案，规定利用地源热泵的住宅可抵免30%的热泵系统建设费用，最高抵免额2000美元；加拿大联邦政府拨专款支持安装地源热泵，各省政府和公共服务部门也对住宅改造时利用地源热泵给予补贴。为实现2020年温室气体减排目标，欧盟委员会提议，大力推进包括浅层地能在内的可再生能源利用，根据分析，如果2020年地源热泵能占到欧盟国家建筑供热的20%、30%或100%，对二氧化碳减排目标的贡献率将分别达到5%、7%或20%。

国内农村用水与治污同发达国家存在明显差距。一是水资源利用效率偏低：2011年我国消耗的每立方米水资源对GDP的贡献为8美元，低于世界平均水平的14美元，仅为英国的1/23，不足日本的1/6、美国的1/3。二是农业用水效率偏低：我国农业灌溉有效利用系数仅为0.4—0.5，而现阶段发达国家农业灌溉有效利用系数普遍达到0.7—0.8，高出我国约50%。三是农村污水防治的投入偏低：发达国家每年用于农村污水防治的投入占GDP的比例为2.2%—2.4%，而我国从来没有突破GDP的1.4%；北京2014年GDP为2.3万亿元，若按2.2%计，则需拿出500亿元用于农村污水防治。四是水费支出占居民可支配收入的比重偏低：该指标是国际上最主要的水价衡量指标之一，从全球范围来看，家庭水费支出占家庭收入的比例一般保持在2%以上，而全国86个城市居民生活用水水费支出平均仅占居民收入的0.77%左右，农村地区更是接近于0。五是社会资本参与程度偏低：市政和农村污水治理按有无收费来源不同，可分别适于特许经营、政府采购服务类公私合营（即PPP）模式。美国和英国均早已实现污水治理公私合营，德国甚至全面实行水务私有化管理。而国内除新建市政污水处理设施采用BOT（建设—运营—移交）等PPP模式的比例达50%外，农村污水基本上仍停留在政府一次性全投资的传统模式上。

三、引入社会资本参与农村基础设施建设的可行性及风险

（一）引入社会资本参与农村基础设施建设的可行性。我国各级财政对"三农"的投资能力并不能满足农村实际生产生活需要，国家财力捉襟见肘，因此必须寻找新的投资来源为我国农村基础设施建设提供资金保障。

2015年末居民储蓄存款余额增长8.5%，新增4万多亿元。这足以证明民间资本实力雄厚，有足够的能力投资农村基础设施建设。但是，如此大量的民间资本难以对农村基本建设进行投资。摆在我国各级政府与财政面前的问题是，如何科学、合理地使用民间资本用以度过"三农"建设中遇到的资金瓶颈，为农村基础设施建设提供行之有效的投资平台。

农村地区的基础设施建设水平长期得不到提高，农村经济的快速发展与落后的基础设施

条件之间的矛盾日益突出，农民收入提高对生活环境的要求也相应提高，农村基础设施建设需求日益迫切。但是国家财政投资项目众多，自身力量难以支持全国农村基础设施新建和改善，而存量丰富的民间资本又在寻找投资回报稳定、风险范围可控的投资项目，两相结合市场化投资主体引入农村基础设施建设领域成为可能。

美国、法国和日本的农村投资机制能够稳定发展的主要因素就是本国对农村的投入是以法律条文的形式规定下来的，这一政策是稳定的，不会随时变动，外界因素对其产生的影响波动很小。对比我国，目前在农村投入方面法制化建设仍然是空白，政策变动和外界因素对农业生产的影响很大，因而这也可以成为我国农业、农村发展落后于发达国家的原因之一。

当前，考虑到环境承载力等问题，我国要实现全社会的共同发展，经济发展要与环境相适应以实现全社会的协调发展。我国曾连续数年下发的有关"三农"问题的中央一号文件，也显示着新农村经济时代对持续稳定的增加农村的资金税收、构建完善的金融体系、系统的农业生产补贴等服务在内的多元农村服务体系，为农村发展、农业创新和农民生活改善所服务。

鼓励农村基础设施当中能够走向市场的那一部分加快市场化进程，发达国家为吸引民间资本进入到基础设施投资领域可谓使出浑身解数。同时，各国政府仍保障农村基础设施建设的财政投入，以直接或间接的方式参与到农村基础设施的修建工作，对于无法获得利润的项目国家主动承担投资角色，利用国债、城市债券和多种融资方式抛砖引玉式的吸引多方主体共同投资。

我国农村基础设施建设在进行过程中，不仅要学习发达国家多元化投资主体的筹资、融资模式，还要看到为实现这种多渠道融资建设发达国家在农村金融市场建设方面做出的努力。构建完善的农村金融体系、出台专项的农村金融法律制度和相关政策规定、培育农村金融市场的快速发展是我国农村基础设施建设投资必须同步解决的问题。没有完善的金融市场和法律保障，私人资本和企业集团就会被基础设施建设巨大的投资风险所止步。政府要发挥基础设施建设的主力作用同时还要制定相关政策鼓励民间资本的进入，构建符合我国实际生产生活需要的社会主义农村基础设施投资模式。

市场化投资主体在选择基础设施项目进行投资时，通常都是选择能够市场化的具备盈利可能的建设项目，例如，农村的自来水建设、农产品集散、农村能源建设、农村交通运输等。尽管这一部分具备市场化可能的农村基础设施建设能够为企业发展带来稳定的现金流，但是由于农村基础设施投资大、风险高、周期长的特点，仍然不足以吸引非国有企业进入到这一领域中来。这时，政府税收优惠、政府担保、财政贴息等等优惠政策的出台就显得十分必要。

（二）社会资本参与农村基础设施建设的风险。虽然国家已经出台一系列政策，明确提出了要鼓励和引导民间资本进入基础产业和基础设施领域。但是，民营资本进入农村基础设施领域面临很多的风险和困难，由于制度的不完善和投资环境的不健全，民营资本参与农村基础设施建设领域资产被套牢的可能性很大。套牢问题的发生与资产（资源）的依赖性和唯一性有关。资产专用性越强，越容易被套牢，民间资本投资风险就越大。民间资本面临的主要问题，具体分析如下：

1.政策的不稳定风险。中央和地方各级政府都在鼓励和引导民营资本进入农村基础设施建设领域，但是，政府这种鼓励政策的有效期限没有保障，国内经济发展形势不断变化，这一政策是否继续是民营资本进入农村基础设施领域所面临的最大政策风险。

2.民营资本难以得到商业银行贷款支持。民营资本获得商业银行在长期贷款方面的审批困难重重，很少有商业银行会向私营企业开放农村基础建设和技术改革贷款，这样迫使大部分民营企业转而采取短期贷款、多次周转的方式参与农村基础设施建设，增加了企业的融资成本和风险，也削弱了企业参与农村基础设施建设的兴趣。

3.资本市场融资环境不完善。我国证券发行市场政策导向性很强，虽然已有主板市场和初创业板市场，但是企业获得上市融资机会十分不易。民营企业自身发展限制。民营企业成长主要将目标集中在技术投入相对较低、投资规模不大、进入壁垒较低且核心竞争力不强的行业，且多半还是粗放经营，产业层次不高，竞争力弱。而无论是投资城市基础设施还是农村基础设施领域都需要有专业的操控和管理团队，因此民营企业需要不断提高企业经营管理水平，为进入农村基础设施领域提前做好投资准备。

四、引入社会资本参与农村基础设施的模式研究

（一）浅层地能引入社会资本的模式。

1.合同能源管理模式。对于以一定规模的新兴建筑小区或新兴开发区等为单元的浅层地能项目，宜采用合同能源管理模式，不仅可减少锅炉热力站的建设，也能形成一定的规模，有利于项目的后期运营，节约管理运行成本，解决业主资金困难以及管理技术缺乏的问题。

2.分布式热力经营模式。对于以政府为主导推动且有一定规模的区域性浅层地能开发利用项目，通常所需资金数额巨大，可由政府主导吸引金融机构、社会闲散资金等第三方资金的积极参与，解决资金问题，同时也可申请清洁发展机制项目，获取国际援助，宜采用分布式热力经营模式。

3.政府购买服务模式。创新建设农村地区无燃烧自采暖基础设施将企业向政府申请补贴卖设备，调整为向政府出售公共服务。既可以让百姓得实惠（个人费用不比烧煤贵）提高生活品质，政府又不多支出（空气能热泵初始投入平均每户补1.2万元以上，燃煤每吨补600—700元），实现供暖可持续（系统日常有维修，设备报废更新有保证）和区域生态环境和谐的目标。

（二）生活污水处理引入社会资本的模式研究。

1.相较传统财政投资，PPP模式可解决乡镇积极性问题。在现有财政支出模式下，乡镇村财政压力巨大。以前农村污水建设模式多为政府投资或BT代建（建设—移交），即由工程企业垫资施工，各级政府以工程款加资金回报的形式在完工后支付给企业。不少基层干部认为"本届班子要承担未来数十年的投资"，因而丧失了积极性。

PPP模式缓解了短期财政压力。一是管网，BT模式目前不受财政部的支持，因此在部分地区，农村污水管网逐步开始采用BTO（建设—移交—委托运营）的模式，政府以运营维护费的形式分期付款，将财政支付周期拉长至8—10年；二是场站，可采用的主流PPP形式是

BOT（建设—特许经营—移交）和BOO（建设—拥有—特许经营）两种，即引入社会资本方（企业）承担设计、投资、采购、施工、运营全链条服务，政府则将企业投资、运营成本加一定合理回报分摊至30年左右的较长年限内，以保底水费的名义支付给企业。

2.多管齐下减轻财政压力的创新模式探讨。

（1）借鉴铁路交通部门经验，以建设用地指标替代财政出资。2013年国务院《关于改革铁路投融资体制加快推进铁路建设的意见》（国发〔2013〕33号）提出，支持铁路车站及线路用地综合开发，授权中国铁路总公司依法盘活利用其原铁路生产经营性划拨土地用于补偿铁路建设的高额前期投入及低运营效益。2014年国务院办公厅《关于支持铁路建设实施土地综合开发的意见》（国办发〔2014〕37号）进一步明确了"土地补偿投资"政策。西方国家和香港地区通行的TOD模式（Transit-Oriented-Development，即以公共交通为导向的新型城镇发展模式）一直是土地利用方式的重要探索方向，可借鉴用于农村污水设施建设与管护，即将农村富余的集体建设用地指标盘活，准许投资运营农村污水基础设施的社会资本方获取一定土地指标，用于补充本应全部由财政投入的出资义务，所供土地可鼓励用于建设循环经济产业园和乡村现代旅游。

（2）设立村级治理产业基金，改变民间资本被动参与的困境。可以通过"众筹众投"，政府出小比例的引导资金，组织包括国企、民企在内的各类社会资本，共同设立专门针对村级污水治理的产业投资基金。充分利用现代金融手段，发挥政府的政策导向作用，发挥国企的信用保障作用，发挥民企的技术灵活优势，破除社会资金进入农村的体制机制障碍，建立社会资金统筹帮扶农村公用事业投入和产业发展的有效组织形式。政府作为服务购买方做出长期预算，在较长年限内支付水费；基金作为市场主体获取较低但稳定的长期回报，基金投资所形成的资产可以采取ABS（资产证券化）等创新手段在资本市场上获取融资或实现退出。

（3）逐步探索农村污水治理向居民收费，推进水资源价格改革。中国是水资源极缺的国家，以水为代表的资源价格改革正在逐步深化。国内城镇居民给排水收费也不是一蹴而就，而是分多年逐步完成的。随着新农村建设步伐的加快，城乡统筹转移支付力度逐年加大，农村地区供排水管网逐步到户，在农村地区尝试污水处理收费的条件也会逐渐成熟，在综合考虑收费对水量等因素影响的前提下，可逐步论证探索建立乡镇污水处理费征收体系，从"无人付费"过渡至"有人付费"乃至"完全付费"。

五、"十三五"期间农村基础设施引入社会资本的政策建议

（一）实施管网及场站打包、统筹开展评价的立项方式。改革规划和立项方式，不再区分管网与场站。打包立项，招标时不光考虑场站建设成本，还应统筹考虑相配套的管网成本，择优确定整体方案。充分引入竞争机制，从可研论证环节就做好不同方案的评比即"物有所值评价"（VFM），严格按照财政部《PPP物有所值评价指引（试行）》（财金〔2015〕167号）履行项目立项、审批程序。

（二）降低社会资本进入门槛，推行分散治理、低成本运行的技术。革新技术工艺路线，并加大配套政策支持力度。调整以往的"市政思维"，选准适合分散村庄污水设施建设与管护

的技术方案，切实降低管网投入，放宽中小企业进入村域污水治理的门槛。在农村地区首选低投入低能耗的技术，在土地紧张的村镇搭配设备类工艺作为预处理措施。国土、规划部门要给予政策支持，明确绿地可用于建设景观化污水处理场站，力争在不改变用地性质情况下保障土地供应。

（三）确立市领导挂帅、主责部门牵头的组织协调机制。明确农村污水全面治理目标，建立强力有效的领导机制。要在"十三五"期间打通农村治污最后一环，村级污水治理必须予以高度重视。由市领导挂帅，跨部门协调相关责任单位，统筹各部门资金。适宜由乡镇级政府主导立项引入社会资本，由农业部门组织、考核各乡镇村，制定全市实施方案及推广工艺名录，防止责任交叉。

（四）推广EPOD即以生态提升为导向的新农村发展理念。贯彻绿色发展理念，建设农村地区生态环保硬约束体系。北京市是全国少数几个迄今尚未出台生态环保规划的省份之一。应尽快出台包括农村污水治理在内的生态总体规划、各类技术规范和地方标准。借鉴铁路部门"土地补偿投资"和国外轨道交通领域TOD模式的经验，研究、论证并推广EPOD（Ecology-Promotion-Oriented-Development，即以生态提升为导向的新农村发展）理念，以生态红线设计土地指标和产业布局，以环境提升促使土地及自然资源升值，形成良性循环。

（五）建立投资与主要运营费由市区全部兜底的财政体制。实施农村生活污水治理"攻坚计划"，市区出资快速推进。针对农村生活污水治理，规划和立项上不再分先后、择主次、避开"硬骨头"，而应由市、区两级财政转移资金对投资支出和主要运营费全部兜底，并纳入长期财政预算。乡镇村基层单位只需负责电费和本地村民管护支出。坚持推广流域跨界断面考核，配以领导干部生态环境离任审计，彻底解决基层组织积极性不高的问题。

课题负责人：蒋洪昉

课题组组长：冯建国

课题组成员：杨玉山　张　燕　李　敏　朱文颉　贺永平　时光寨　李青松

"五低一零"的农村供暖新技术值得大力推广
——"无煤村"课题滚动研究报告

采用新能源解决农村居民的冬季取暖问题，是治理北京大气污染、提高农民幸福指数、建设美丽北京的重要举措之一。为了配合北京市委、市政府有效推进这项工作，自2012年10月起，北京市农经办（农研中心）专门成立了北京市郊区"无煤村"研究课题组。几年来，课题组做了大量跟踪性研究，并争取财政资金，选择了新兴的、资源丰富、适应范围广泛、应用前景广阔的浅层地能供暖技术进行试验。现将有关情况报告如下：

一、什么是浅层地能

浅层地能是指在太阳辐射和地心热产生的大地热流的综合作用下，存在于地壳下近表层200米内的恒温区中的土壤、砂岩和地下水里低品位（＜25℃）的可再生能源。浅层地能是取之不尽、用之不竭的可再生能源，且温度恒定、分布广阔、储量巨大。在目前的技术条件下，花一份钱的电能搬运浅层地能，通过热泵技术，实现由低品位热能向高品位热能转移，便可以得到相当于三份钱以上电能所产生的热能，而且既可供暖，亦可以制冷，提供生活热水，同时实现使用区域的零排放。

二、浅层地能技术前期试验发现的问题

浅层地能的传统技术来源于国外。恒有源科技发展集团有限公司对其做了大量改革与创新，取得了多项国家技术专利。截至2015年底，该技术用于城市及单体较大的工程已十分成熟。该公司在全国已完成竣工面积1300万平方米。国家大剧院、全国工商联办公楼、国家行政学院港澳培训中心都是使用该公司的技术。但是，在2012年以前，没有为农村居民户施工的案例。

2012年以来，北京市农经办（农研中心）课题组会同恒有源科技发展集团有限公司，就农村地区居民应用浅层地能取暖问题进行了连续几年的试验与跟踪研究，并在市财政的支持下，完成了密云区穆家峪镇沙峪沟村、怀柔区琉璃庙镇白河北村、大兴区庞各庄镇梨花村、顺义区马坡镇石家营村四个试验示范工程。

试验产生了很好的效果，既获取了大量一手数据，让几十户农村居民直接受益，同时也

发现了浅层地能供暖技术应用于农村居民需要改进的三个主要问题：

（一）初装费用高。浅层地能技术虽然建成以后的运行费用很低，夏季和冬季的运行成本仅为空气能热泵技术的46%和74%，但初装费用高，工程造价约600元/平方米，比空气能热泵系统高出39%。这成为该技术大面积推广的主要阻力之一。

（二）施工复杂。农村部分地区住户密度大，有的户不能进院打井施工。另外，室外地能采集换热井需要接水管至室内，同时有氟路管道的施工，工序较复杂。在既有建筑的供暖改造项目室内重新铺设水管，对室内装饰影响面大，对装饰好一些的农户来说不易接受。

（三）最寒冷的几天容易因冻堵塞。有的住户县城有住房，不是每天在村里居住；有的住户房子多，又不是每个房间都有人居住。这样，热泵不天天使用，在冬季特别冷的几天，管道很容易受冻堵塞，从而影响使用效果。

三、浅层地能采暖技术取得的新突破

针对以上三个主要问题，北京市农经办（农研中心）"无煤村"课题组支持恒有源集团进行有针对性的技术攻关，取得了突破性的进展。

（一）地能采集技术针对农村住户项目的小型化配置。

1. 地埋管换热采集系统。

地埋管换热采集系统是在地下近百米的深度范围内，埋入管线，让介质在管内循环流动，介质在流动过程中吸收周围土壤、砂岩和水中的热量，实现采集浅层地能的目的。每户附近只要有10—20平方米的小院或空地就能满足地埋管换热采集系统需求，埋地安装完成后不占用有效面积，一般农户均能满足要求。

2. 蓄能罐采集系统。蓄能罐采集系统是在地下6米内埋入蓄能罐，蓄能罐内介质通过罐壁与周围土壤、砂岩和水产生热交换，实现采集浅层地能的目的。

这两种技术的适应性区别在于：地埋管换热采集系统适用于可以打孔的地区，而蓄能罐适合所有地质条件，而且特别适用于建筑面积小、机器设备进不去、只能人工挖掘采集孔的项目。这两个技术的共同特点是：取能过程不用提取自然界的水源，与外界只有热量交换。所以，不会浪费一滴水；同时不存在污染地下水的问题。

（二）室内施工改水管为氟管。当初试验时的4个村子试验户，其技术是：打地能采集井以水为低品位浅层地能输送介质，介质水需输送到每个采暖房间。而改进后的技术是将低品位地能在室外机即实现热量交换，室内用氟送能，房间内只需要安装家用空调的冷媒铜管即可，大大简化了安装工艺，也降低了室内安装施工的影响面。而氟在一般情况下是不会结冰的，这样既解决了冬季抗冻的问题，又做到每个居室都有开关，可独立运行，有利于实现行为节能，即不住人的房间不开机或开低温。

（三）实现了产品模块化和安装标准化。通过与四川长虹空调有限公司合作，结合家用空调的规模化生产线，恒有源集团将热泵主机、水泵及相关配套附件高度集成工厂生产，确保产品的质量和使用寿命，同时降低现场的安装成本。

通过这三项技术革新，不仅使初装费大幅降低，交钥匙工程（自用户电表下口，室内室

外全套设备和施工）从原先的600元/平方米降至约300元/平方米，同时又降低了运行费用。

对比目前市面上清洁能源取暖可选用的蓄能式电采暖、天然气壁挂炉+地板采暖、低温空气能热泵+地板采暖、地能热宝（浅层地能采暖）这四种技术，技术改良后的浅层地能新技术一跃成为对原有电网的新需求最低、初装费用最低、运行费用最低、总体耗能最低、受环境影响最低、使用区域零排放的"五低一零"技术，集生态效益、环境效益、经济效益和社会效益于一体，在市场上具有极强的竞争力。

2015年底，这三项新技术同时在北京、黑龙江、内蒙古、宁夏、山东、江苏和上海等10多个省市的农村开始试验。北京的试验点分别在海淀区西北旺镇屯佃村、四季青镇香山村和门头沟区妙峰山镇禅房村。课题组对2015—2016年的整个采暖期进行了全过程运行监测。经过认真观测监测系统，严格分析监测数据，结论是：运行效果非常好，实现了技术改进目标（附件1）。

四、下一步工作重点及建议

（一）全力做好宣传工作，统一认识。目前，很多干部和群众都将浅层地能误认为是传统深层地热（温泉），有些望而生畏。所以，要通过多种形式加以宣传、推介，让广大干部和群众深入了解浅层地能储藏的广泛性、利用新技术的突破性，知晓其工作原理、特点和适用范围，认识到浅层地能的优点、推广意义和生态价值，从而尽快接受和选择这项技术。

（二）建议市新农办在2016—2017年供暖季将浅层地能技术作为重点示范和推广。近期，市新农办可以组织各区新农办的负责同志，到北京的3个试点及其他省市试点考察观摩，实地了解情况。每个区在2016—2017年供暖季前，至少选择1—2个整村推进的试点，条件成熟的地区，可以连片推进，进一步积累工作经验。

（三）建议在农村供暖中，变"政府补贴农户购买设备"为"政府替农户向企业购买服务"。在目前模式下，政府花了巨额财政资金，补贴农户购买各种采暖设备，同时补贴电费等运行费，而运行过程中存在着各种技术、服务及设备更新等问题，没有清晰思路，缺少切实可行的长效机制。

在新模式下（附件2），政府可以用等于或少于补贴农户购买设备和运行费的资金，向符合条件的企业购买打包性的服务，即从设备采购、安装、运维到更新一条龙服务，让政府省钱、省力、省心，百姓安心、放心、舒心，实现可持续的农村供暖新模式。

附件1：3个试点村（户）2015—2016年采暖季运行费用与试验前供暖费用对比

1. 屯佃村试点：既有建筑改造项目。

屯佃村试点项目位于西北旺屯佃村刘家住宅，为2003年自建平房，供暖面积267平方米，原供暖方式为采用燃煤锅炉+散热器自采暖，每个采暖季耗煤量约8吨。

（1）"煤改电"前的供暖费用。

项目	用户支付采暖费用	政府补贴	合计
"煤改电"前	6520元（815元/吨）	4800元（600元/吨）	11320元（1415元/吨）

（2）采用"地能热宝"供暖费用。

项目	耗电量（小时）	耗电量（天）	耗电量（采暖季）	采暖费用（采暖季）	采暖单价（元/平方米）
8间房常开供暖	4.67kWh	112kWh	14029kWh	5864元	22.0
4间房常开供暖	2.71kWh	65kWh	8130kWh	3398元	12.8
3间房常开供暖	2.16kWh	52kWh	6491kWh	2713元	10.2
2间房常开供暖	1.72kWh	41kWh	5145kWh	2150元	8.0

在实际应用时采用行为节能供暖，人员在哪间房就开哪间房的，更节省采暖费用。根据用户不同的使用习惯及供暖需求，用户支付采暖季费用范围为2150—5864元，采暖每平方米单价为8—22元。（注：平均电费单价0.418元/kWh，其中9小时享受低谷电0.3元/kWh，15小时平价电0.4883元/kWh。）

2. 门头沟区禅房村：寒冷山区项目。门头沟区禅房村位于门头沟山区妙峰山镇，冬季气温比市区低6℃至7℃，去年最低温度为-25℃。全村80栋二层居民楼（供暖面积为120平方米和170平方米两种户型）。

2015年入住投入使用的有16户，运行90天供暖120平方米的小户型耗电量在2500—3300度，170平方米大户型耗电量在4500—5850度，按135天供暖每平方米电费在12.5—17.5元，较燃煤供暖费用低，且室内温度20℃以上，比燃煤供暖的温度要高6℃左右。（注：平均电费单价为0.418元/kWh，其中9小时享受低谷电0.3元/kWh，15小时平价电0.4883元/kWh。）

3. 香山村：山区既有建筑改造项目。30平方米户型选用一套蓄能罐地能采集器和一台地能热宝柜机。运行数据汇总表：

季节	运行时间	运行天数（天）	机组设定温度（℃）	室内平均温度（℃）	总用电量（kWh）	平均日用电量（kWh/天）	采暖（制冷）季费用（元）	每平方米费用（元/㎡）
冬季	2013.12.01至2014.03.15	105	21—22	20—22	1163	11.08	549	18.31
冬季	2014.11.15至2015.03.15	120	23	20—22	1033	8.61	488	16.26
冬季	2015.11.05至2016.03.09	125	23—26	20—22	1650	13.20	779	25.98

备注：电费单价0.4723元/kWh。

附件2：恒有源集团准备提供的"政府购买服务"方案

创新建设农村地区无燃烧自采暖基础设施，将企业向政府申请补贴卖设备，调整为向政府出售公共服务。既可以让百姓得实惠（个人费用不比烧煤贵），提高生活品质；政府又不多支出（空气能热泵初始投入平均每户补1.2万元以上，燃煤每吨补600—700元），实现供暖可持续（系统日常有维修，设备报废更新有保证）和区域生态环境和谐的目标。

按照每户150平方米基本配置4间房的地能热宝来估算，企业投资4万元，可以保证每户供热14 kW（每平方米配备93—117W），政府购买公共服务费首付1.5万元，其后12年内每年支付服务费用4000元。企业不仅保证12年内设备良性运转，还要设立大修基金，用于设备维修和免费更新，大修基金在政府监督下使用。若12年后政府继续采购该项服务，只需要每年继续支付服务费用即可。

以海淀区26个保留村11576户为例，规模化使用"地能热宝"自采暖技术，采用政府购买服务的方式，需首付1.74亿元，其后12年内每年支付相应服务费用，年均不高于4630万元，年替煤量8万吨以上。

1. 政府承担四间房地能热宝标准配置费用（基本配置）

地能热宝	系统供热量（kW）	配电功率（kW）	室内机	建筑面积（m²）	系统成套初投资（万元）
4间房	14	4.5	特殊设计无风感室内卧柜机，地板采暖效果	120—150	4

2. 农户承担基本保证配置以外购置费用。如遇建筑拆迁，企业按残值回收地能热宝设备。

课题负责人：郭光磊

课题责任人：蒋洪昉

课题组成员：冯建国　杨玉山　张　燕　张　颖

执笔人：张　燕

第五篇

农业农村信息化

"互联网+"背景下信息化推进农业供给侧结构性改革对策研究

一、绪论

2015年11月，习近平总书记在中央财经领导小组第十一次会议上初次提出"供给侧改革"。在12月24日至25日的中央农村工作会议上，中央再次提出了"农业供给侧结构性改革"。农业供给侧结构性改革，是我国供给侧结构性改革的重要组成部分。尽管农业在国民经济中比重已经下降到9%左右，但它仍然是国民经济中的基础产业，当前同样面临着结构性失衡的问题，需要使用改革的方法来解决。所谓供给侧改革，即经济学中供给方面的相关改革。

（一）研究背景。供给侧结构性改革是中国经济应对深层结构性矛盾的长久药方，是新常态下全面改革的重要抓手，农业也同样需要通过供给侧结构性改革。推进农业供给侧结构性改革，是"十三五"时期"三农"工作落实发展新理念，构建农业现代化产业体系、生产体系和经营体系的主线，也是实现广大农民平等参与现代化进程，共同分享现代化成果的重要保障。根据亚当·斯密的供需关系理论可知，当供给大于需求时，就会出现产品的过剩，产品价格下降，降低生产者的收入；相反，当供给小于需求时，则会造成产品价格的上涨，对消费者造成一定的损害。

"十三五"是北京全面建设都市型现代农业的关键时期，必须以市场需求为导向，从供给侧发力，调整产业结构，提高高品质、高附加值产品的比重，发展休闲农业和乡村旅游，促进产业融合；提升农业智能化水平，建立和完善农业社会化服务体系，实现农业的降成本、补短板、增效益。农业供给侧结构性改革，就是要调整农业结构以提高农产品供给的有效性，增强农业资源在市场中的配置，推动农业生产提质增效，破解农业发展困境，适应消费结构快速升级的要求，加快提高农业供给质量和效率，坚持生产力和生产关系两手发力，用改革的办法、市场的手段，推进转方式、调结构。

信息网络技术进步将在农业生产、经营、管理和服务等环节发挥重要作用，农业物联网、农业电子商务和农业大数据的广泛应用，实现信息化与都市型现代农业的深度融合。"互联网+"的本质是传统产业的在线化、数据化，代表了网络信息技术和信息化应用的最新发展，作为供给侧结构性改革的重要组成部分，其自身的深入发展不仅是对供给侧改革起到推动作用，并且对供给侧其他要素的改革发挥重要的作用。研究"互联网+"的发展规律和与其他要素互相影响互相作用的机理和效果，对于制定农业供给侧结构性改革实施方案，指导供给侧结构性改革实践具有重要的参考价值，同时也对落实农业农村信息化"十三五"规划，推动互联网+农业具有重要的指导意义。

（二）相关政策梳理。习近平在2015年11月中央财经领导小组第十一次会议上提出，要"在适度扩大总需求的同时，着力加强供给侧结构性改革"，之后又10余次在公开讲话和文章中提及供给侧改革。供给侧结构性改革已经上升为中国经济的热门话题之一。2016年1月4日，《人民日报》刊发《七问供给侧结构性改革（权威访谈）——权威人士谈当前经济怎么看怎么干》进行解读和阐释；2月，国家行政学院经济学教研部编著，人民出版社出版的《中国供给侧结构性改革》更加深入、全面地进行了解读和阐述。

2016年1月，中央一号文件《关于落实发展新理念加快农业现代化，实现全面小康目标的若干意见》中提出，"用发展新理念破解"三农"新难题，厚植农业农村发展优势，加大创新驱动力度，推进农业供给侧结构性改革，加快转变农业发展方式，保持农业稳定发展和农民持续增收，走产出高效、产品安全、资源节约、环境友好的农业现代化道路，推动新型城镇化与新农村建设双轮驱动、互促共进，让广大农民平等参与现代化进程、共同分享现代化成果"，并提出持续夯实现代农业基础，提高农业质量效益和竞争力；加强资源保护和生态修复，推动农业绿色发展；推进农村产业融合，促进农民收入持续较快增长；推进城乡协调发展，增强农村发展内生动力；加强和改善党对"三农"工作领导等措施。随之，广东、贵州、重庆、湖南、江苏等省（市）陆续出台供给侧结构性改革的工作方案、计划。供给侧结构性改革进入了具体的改革实践阶段。

北京市城乡经济信息中心是北京农业农村信息化建设的主责部门，近些年一直在开展信息化和"互联网+"方面的相关研究，进行了"北京市农业农村信息化发展战略研究""北京市信息化建设对'三农'贡献研究"，并且连续四年开展了农业电子商务的跟踪研究，既对课题研究具有很好的基础条件，也对课题成果的转化应用提供更多的便利。

（三）研究思路。推进农业供给侧结构性改革，是推进宏观经济供给侧结构性改革的重要内容。课题研究目的：一是阐明信息化在农业供给侧结构性改革中的重要作用；二是找到信息化推动农业供给侧结构性改革的方向、目标和任务；三是认清提升信息化水平的努力方向，迫切需要解决的矛盾和问题。

本课题以北京农业作为研究对象，梳理了农业供给侧结构性改革的现状，发现农业供给侧存在的主要问题，紧紧围绕"创新、协调、绿色、开放、共享"的发展理念，明确了农业供给侧结构性改革的主要任务和措施。以北京农业信息化建设与应用的视角，总结农业信息化建设的做法、经验及发展现状，阐述信息化与农业供给侧结构性改革的关系。以推进北京农业供给侧结构性改革为目标，从生产领域、经营领域、管理和服务领域、休闲农业领域分析了信息化推动农业供给侧结构性改革的重点任务，发现农业信息化中存在的短板和问题，明确"十三五"时期农业农村信息化建设的目标、任务和重点领域。研究路径如图1所示。

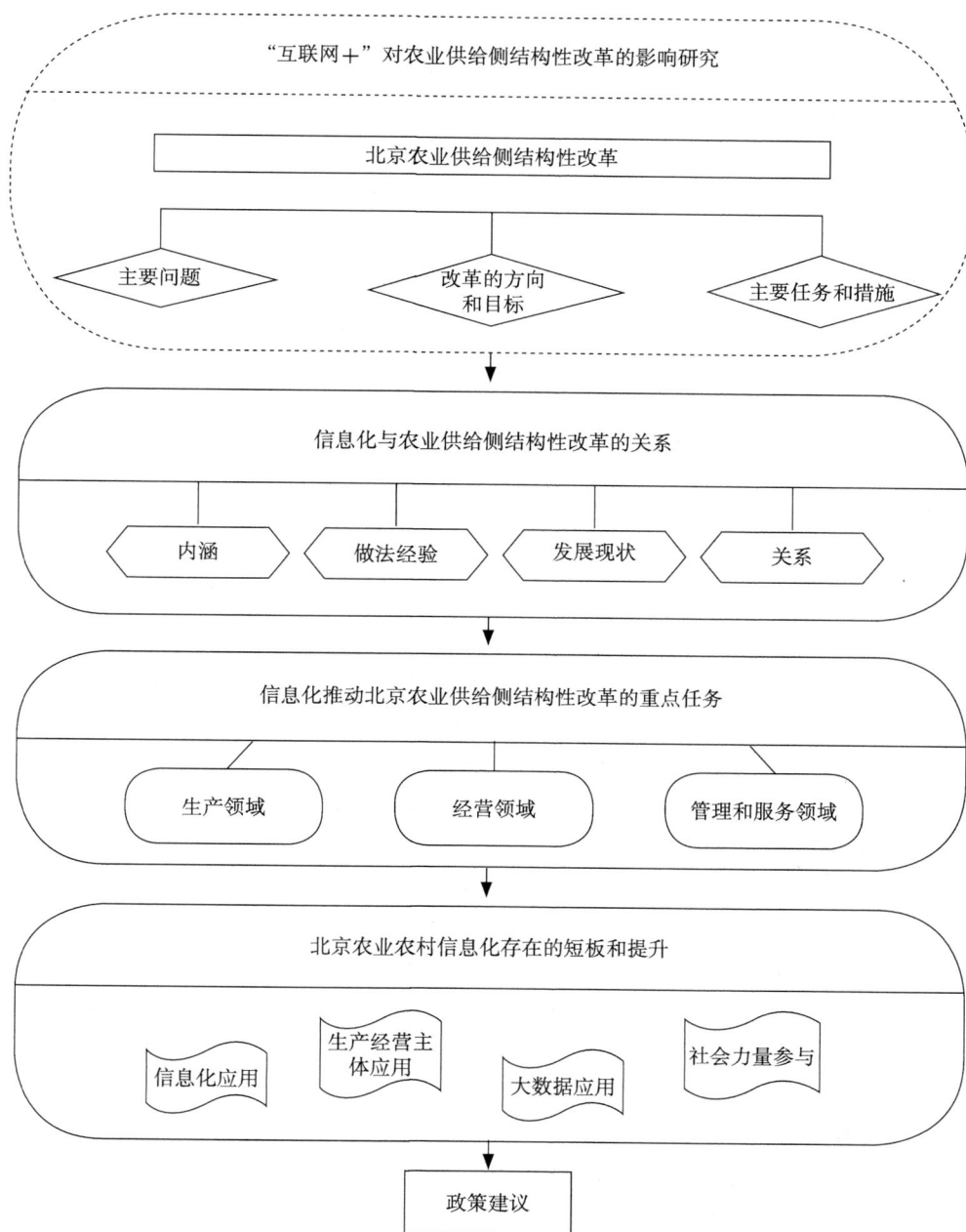

图1　本课题研究路径

二、北京农业供给侧结构性改革基本情况

（一）北京农业供给侧存在的主要问题。

1.水土资源短缺制约农业发展。"十三五"期间，随着非首都功能疏解和农业"调转节"对北京未来农业的发展空间提出了更高要求。在耕地、水资源日趋匮乏的情况下，北京将按照以水定城、以水定地、以水定人、以水定产的方针，合理有序统筹推进农业结构调整，压减高耗水的作物生产，调减达不到健康养殖标准的畜禽养殖，稳定蔬菜、渔业和林果生产。到2020年，将形成2万亩畜禽养殖、5万亩渔业、70万亩菜田、80万亩粮田、100万亩果园组成的"25781"格局，这将成为未来北京农业的主战场。

2.农产品存在结构性供需失衡。首先，农产品种类单一，不能满足消费者多样化、个性化的需求。由于生产力水平不高，生产不出或只能少量生产符合消费者需求的高科技农产品，农产品质量水平、信誉保障等还达不到消费者的要求。很多农产品没有明确而稳定的营销渠道，被动地等着经销商来收购而滞销。其次，生产者未能按生产标准生产，不规范使用农药、化肥等物质，农产品的品质达不到要求，消费者不愿意购买。再加上交通、物联网等基础设施不发达，营销技术跟不上，生产与流通的信息不对称，无法实现优质优价，好产品销售不畅，造成农产品结构性供需失衡的问题。

3.新型农业发展面临的矛盾不断聚集。"十三五"战略格局下，北京在拓展农业多元功能，创新农业发展方式方面做出了不懈探索，涌现出现代种业、休闲观光农业、会展农业、沟域经济等新形态和新亮点。但是，一、二、三产业融合形成的新业态品种和品牌较少，不能满足城乡居民消费需求。在新时期如何适应农业发展新常态、推进农业供给侧结构性改革，如何实现现代农业与"互联网""文化创意"有效对接，如何破解社会化分工与三次产业融合矛盾等都是需要进一步深入思考和不断实践探索的理论和实践问题。

4.新型农业经营主体竞争力不足。农业供给侧结构性改革，表面上是要改变农产品的供给品种、品质和数量，实际上是要培育和发展新型农业经营主体，改变和提升现有的农业生产方式和生产过程，实现生产力的发展。北京受工业化、城镇化以及国际化的影响，农业在成本地板和价格天花板的双重挤压下，比较效益偏低的局面没有得到根本改变。高素质的劳动力资源和优质的组织资源普遍缺乏，进而制约了都市现代农业的发展。农业的高效发展，应依靠人才队伍建设，结合新时期农业农村创新创业创意的需求，培育农村能人、大学生村官、"新农人"等创新主体，发展专业大户、农民合作社、龙头企业等新型经营主体，化解人才数量不足、素质不高对农业发展的制约问题。

5.农业信息化建设面临新挑战。2015年，国务院先后出台了关于电子商务、"互联网+"、大数据等方面的指导意见，以互联网为代表的信息化发展新阶段正在与各领域不断融合，对于经济社会发展产生着深刻的影响，也为农村信息化带来新的发展机遇。"十三五"时期农业农村信息化工作的核心之一是要推动"互联网+"现代农业行动、农业农村大数据工程的实施，使其与传统农业全方位地深度融合。农业农村信息化建设进入了黄金期，基层应用主体内生需求逐渐显现和加强，但仍存在一些问题，需要在未来工作中重点关注、寻找方法、逐渐解决。

（二）北京农业供给侧改革的方向和目标。农业供给侧结构性改革是实现都市型现代农业高水平发展的关键所在，目的是减少低效和无效供给，扩大有效供给，提高供给的质量和效率。这项改革的主要任务是，主动顺应和把握首都市场对农产品和休闲产品的多元化、个性化需求，改造提升传统产能，培育发展新业态，着力提高农业综合效益和竞争力。紧紧围绕"创新、协调、绿色、开放、共享"的发展理念，以实现高水平的农业现代化为发展目标。调整产业结构，转变发展方式，创新体制机制，着力构建与首都功能定位相一致，与二、三产业发展相融合，与京津冀协同发展相衔接，更好地推进北京市农业供给侧结构性改革。

1.创新理念下的农业供给侧改革方向和目标。首先，通过开发、拓展和提升农业的多种功能，促进都市型现代农业创新发展、融合发展，赋予农业科技、文化、生态、服务价值，提升农业的安全保障、生态休闲、旅游观光、文化传承、科技示范等功能内涵。其次，以"互联网＋"架构为主体，推进农产品商业营销模式创新，积极打造独具特色的农产品品牌；通过互联网平台实现农资供应模式和农机经营机制创新，持续提升农业社会化综合服务水平。

2.协调理念下的农业供给侧改革方向和目标。首先，引导新型农业经营主体在推进三次产业融合中发挥主力军作用，强化现代农业服务业对农业发展方式转变和产业链价值增值的引擎作用，开发产地与农产品电子营销平台对接的食品短链，打造涵盖生产、加工、保鲜、流通、特色休闲观光的综合性全产业链，激活农村要素资源，提升农业附加值，让农民从产业链中获得更多利益，进而探索出农村一、二、三产业深度融合的都市现代农业发展道路。其次，推进新型工业化、城镇化带动农业现代化和城乡一体化协调发展，探寻农业改革的新路径。

3.绿色理念下的农业供给侧改革方向和目标。首先，注重生态优先、提质增效，调减高耗水农作物及种植方式，积极推进结构节水；重视农业生态功能，大力发展生态休闲观光农业；重视造林绿化，逐步形成山水林田湖草自然景观和城乡环境相互融合、相得益彰的生态格局。其次，推进农业生产过程绿色化，提高农产品质量。通过耕种绿色有机农作物，提供绿色、有机、无公害农产品，实现农产品质量和价格同步提高的良性循环。

4.开放理念下的农业供给侧改革方向和目标。首先，开放发展将推动新一轮科技革命和产业变革的兴起，农业的科技创新与推广，将不断提高农业科技进步对农业增长的贡献率。其次，围绕"互联网＋"行动计划、宽带中国、大数据、物联网等重大工程，在涉农电子商务、信息进村入户、物联网应用上进行示范推广，鼓励新型农业生产经营主体参与电商平台合作，支持电商、物流、商贸、金融等企业参与涉农电子商务平台建设，初步形成互联网技术与农业深度融合的智能农业模式，为北京农业转型升级、创造新的供给提供强劲驱动力。

5.共享理念下的农业供给侧改革方向和目标。首先，立足北京高端市场，依托高端人才，提供农业科技服务、农业金融服务、农业信息服务、农业商务服务、农业休闲服务、会展交流服务、人才创业培养服务等，不断提升现代农业综合服务能力。其次，任何形式的农业生产方式改革都需要农民的主动参与和积极配合才能行得通，只有让农民切实感受到农业改革带来的好处，才可能真正调动起广大农民的生产积极性，提高农民在农业供给侧结构性改革中的参与度，进而在农业供给侧结构性改革中取得更好的实效。

（三）北京农业供给侧结构性改革的主要任务和措施。

1.调整农业结构，优化农业功能。坚持都市型现代农业发展方向，突出节约用水、科技支撑，提高农业集约化现代化水平。适应城市居民消费需求变化，丰富拓展农业的生态价值、社会功能，多提供一些休闲健身、旅游度假、养老服务等产品，推动农业与服务城市发展、服务市民生活更加紧密地结合。

2.促进农村一、二、三产业融合，深入挖掘农业的服务功能。北京的农村一、二、三产业融合发展的重点是继续发展观光休闲农业和会展农业，开发农民参与度高、受益面广的休闲旅游项目，支持引导农家乐、民俗户，向特色民宿、乡村酒店升级发展，建设一批高水平的特色休闲旅游村镇。发挥农业嘉年华等会展农业的示范作用，推进农业与旅游、教育、文化、健康养老等产业深度融合，拓展发展空间，打造一批高质量的休闲农场、景观农业和农事活动，不断提升乡村休闲产品的附加值。不断加大信息化在农业生产经营全流程中的应用普及度和深入度，促进一、二、三产业融合发展的新形态，培育一批融生产性、生活性和生态性于一体，高质高效和可持续发展相结合的"互联网+"都市农业试点示范，逐步实现以信息化带动市场化、促进规模化、倒逼标准化、提升品牌化的发展格局。

3.推进智慧农业建设，提升数据开发利用水平。推进智慧农业建设，提高物联网和互联网技术对农业生产的服务支撑，实现智能节水、生产环境精准调控、远程控制、质量安全全程监管；提高农产品物流管理水平和质量安全保障能力。逐步形成"用数据说话、用数据决策、用数据管理、用数据创新"的管理机制；数据资源共享开放机制运行通畅，开发利用水平得到显著提升，在支撑生产、经营、管理、服务各领域信息化应用方面取得实效。大力推进智慧乡村建设，有针对性地开展各具特色、多种形式的信息化应用推广，服务于农村产业发展、乡村社会治理和农民生活改善。

4.推进农业电子商务发展，提升经营网络化水平。"十三五"期间，农业电子商务将继续保持高速发展的态势，是"互联网+"现代农业可以率先取得突破的领域。农业电子商务不仅促进销售，更重要的是有利于推进农业市场化，推动农业由"以产定销"向"以销定产"转变，对农业供给侧结构性改革具有重要意义。推进农业电子商务发展，实施"一村一品一电商"示范工程，加大对电子商务创业农民的授信和贷款支持。创新"互联网+"现代农业，促进互联网与农业全产业链深度融合。鼓励涉农企业、农民专业合作社在生产、经营领域应用互联网技术，实现从生产到仓储、配送、质量追溯的全程信息化管理，塑造一批有影响力的农产品品牌。开展农业电子商务试点示范建设，探索农产品、农业生产资料和休闲农业电子商务发展路径，逐步形成农产品电商标准体系、全程冷链物流体系、休闲农业质量监督体系等一系列运营模式和制度规范，促进本地农产品销售和名特优新农产品优质优价。

5.加强市场监测预警，提高农产品质量安全水平。建立农产品质量安全服务体系，开展农产品产量、存量、流通、价格、消费、效益等综合信息的采集。强化生产源头管理，配套制定农产品质量安全控制规范和技术规程。建立农产品质量安全的综合示范体系，强化农产品安全生产、加工、运输、贮藏关键环节的技术攻关和推广。构建农产品价格预测系统、风险预警系统，为农产品市场调控提供信息支持。完善农产品质量安全应急预案，提升应急事件的处置能力。以有效供给为导向，抓好"菜篮子"建设，大力推进规模化经营、标准化生产、品牌化营销，全面提高肉蛋奶、果菜菌等本地农产品的质量、效益和安全水平，为市民提供新鲜、放心、优质的农产品。

6.加强新型农业经营人才培养，提升农村管理现代化水平。新农人是近年来涌现的一个新群体，秉持生态农业理念，运用互联网思维和手段，发展农产品直供直销，为消费者提供安全优质农产品，是新型农业经营主体中的一种新类型，应针对新型农业经营主体制定配套政策予以扶持。发挥新农人在农产品营销方面的优势和作用，推动农产品流通方式变革，逐步从销售端向生产端拓展，形成以市场为导向、融合"互联网＋"、绿色发展的生产组织方式，与农业供给侧结构性改革的内涵高度契合。培养农业科技人才，分行业、分领域、分批次开展各级农业技术推广人员知识更新培训和学历教育。开展农村实用人才培养、农民田间学校、乡土专家培养、农民创业等各类培训，加强信息化手段在新型农业经营培育服务管理中的应用，统筹利用农业广播电视学校、农技推广服务机构、农业科研院所等公益性培训资源。

7.加强京津冀区域农业合作，提升城乡信息服务均等化水平。推动京津冀协同发展，是中央在新的历史条件下作出的重大决策部署，是一个重大国家战略。鼓励和支持涉农企业、科研院所开展多种形式的跨地区经营、合作和服务，促进优势种业、优质农产品走出去，共同建设环京津蔬菜基地、奶源生产基地和肉类供应基地，加快构建环京津1小时鲜活农产品物流圈。加强鲜活农产品市场及物流体系建设，在环京津冀地区，积极推进鲜活农产品产地批发市场、鲜活农产品加工配送中心、鲜活农产品物流配送信息平台建设。加大对外埠紧密型生产基地支持力度，建设环京津鲜活农产品基地，提高菜篮子市场控制率，形成稳定可靠的产品货源，切实满足北京市场需求。要充分发挥农村地区优势，积极培育与生态涵养功能相适宜的产业，推动新型城镇化和新农村建设双轮驱动，缩小基础设施、公共服务的差距。

三、信息化与农业供给侧结构性改革的关系

（一）农业信息化的内涵及发展现状。信息化是驱动农业现代化的重要新生力量。"十二五"期间，我国农业信息化工作取得了突出成绩，国务院先后印发了大力发展电子商务、积极推进"互联网＋"行动、促进大数据发展行动纲要等政策文件，农业部出台了推进农业电子商务发展行动计划、推进农业农村大数据发展等落实意见，扶持农业信息化发展的政策框架基本形成；农业物联网试验示范工程、农业电子商务、信息进村入户以及农业信息技术科技攻关迈出了坚实步伐，为促进农业转型升级、农业农村经济发展作出了重要贡献。农业信息化是传统农业向现代化农业发展的重要技术手段。因此，通过建立农村电商、农业大数据、物联网等现代信息技术，改造传统农业生产方式和商业模式，是提高农业生产和经营效率的有效路径。

1.农业信息化的内涵。农业信息化是指以现代科技知识提高劳动者素质，大力开发利用信息资源以节省和替代不可再生的物质和能量资源，广泛应用现代信息技术以提高物质、能量资源的利用率，建立完善的信息网络以提高物流速度和效率，提高农业产业的整体性、系统性和调控性，使农业生产在机械化基础上实现集约化、自动化和智能化。

农业信息化是在农业生产、经营、管理和服务等各个领域应用计算机技术、网络与通信技术、电子技术等现代信息技术的过程。农业信息化的特点为数字化、网络化、精准化、智能化。其内容主要包括农业生产信息化、农业经营信息化、农业管理信息化与农业服务信息化。

农业生产信息化是指在农业生产过程中广泛应用现代信息技术的过程。主要包括大田种植、设施园艺、畜禽养殖、渔业生产及农产品初加工信息化。农业生产信息化的目标是提高农业的生产效率，降低生产劳动成本，转变农业生产方式和发展方式。

农业经营信息化是指在农业经营过程中广泛应用现代信息技术的过程。主要内容包括物流信息化和市场信息化。农业经营信息化的目标是提高交易效率，降低交易成本。

农业管理信息化是指在农业管理活动中广泛应用现代信息技术的过程。内容包括农业资源管理、农业综合执法、农业行业管理、农业应急指挥、农产品质量安全等。农业管理信息化的目标是提高农产品生产的质量和效率。

农业服务信息化是指在农业服务活动中广泛应用现代信息技术的过程。内容主要包括农业信息服务体系、农业信息服务机制以及农业信息服务模式。农业服务信息化的目标是实现信息服务进村入户，提高信息化服务"三农"水平。

2. 农业信息化的地位与作用。农业信息化是发展现代农业，推进农业发展方式转变的重要支撑，是保障国家农产品供给安全、农产品质量安全、农业生态安全和农业生产作业安全的基本技术手段，是推进农业产业化经营和促进农民增收的重要途径，也是实现农村和城市生产要素、经济要素、生活要素合理配置和双向流通，破解城乡二元结构、促进城乡统筹发展的必由之路。深刻认识农业信息化的地位和作用，对认识农业信息化工作的战略性和重要性，对指导开展农业信息化工作具有重要的现实意义。

（1）农业信息化是发展现代农业的重要支撑。当前，我国发展现代农业面临着资源紧缺与资源消耗过大的双重挑战。农业的生产方式、管理方式和发展方式迫切需要转变，迫切需要在农业生产过程中对动植物、土壤、环境从宏观到微观的实时监测，以定期获取动植物生长发育动态、病虫害、水肥情况以及相应生态环境的实时信息，以达到合理使用农业资源、降低生产成本、改善生态环境、提高农产品产量和品质的目的。农业信息化通过对大田种植、设施园艺、畜禽养殖、水产养殖、渔业作业等农业生产的各种要素实行数字化设计、智能化控制、精准化运作、科学化管理，大大提高农业生产的标准化、集约化、自动化、产业化及组织化水平，通过利用现代信息技术及装备提高农业的生产效率，降低生产劳动成本，确保农业高产、优质、高效、生态、安全。因此，农业信息化是改变传统农业生产方式、管理方式和发展方式，实现传统农业向现代农业转变的重要支撑，是未来农业发展的基本方向。

（2）农业信息化是保障国家农业安全的基本手段。当前我国农业发展面临着一系列的安全问题，一是13亿人的农产品供给安全问题，二是农产品质量安全问题，三是18亿亩耕地和水产养殖水域的农业生态安全问题，四是农业生产作业安全问题。如何科学、客观地监测这些问题并最大限度地规避风险，迫切需要建立相应的信息化监管平台。农业信息化就是要在宏观尺度上，普遍应用现代信息技术对农业资源、市场、农业管理部门，实现信息化、科学化、透明化的管理，对种植业、畜牧兽医、渔业、农垦生产、农机作业生产资料、农产品质量安全进行科学的监管，提高政府的监督管理水平、工作效率，确保国家农产品供给安全、农产品质量安全、农业生态安全和农业生产作业安全。因此，农业信息化是保障国家农业安全的基本手段，大力发展农业信息化是保障国家经济安全乃至国家安全的重要途径和措施。

（3）农业信息化是促进农民增收的重要途径。目前，我国个体农户的经营规模小、组织化程度低，小农户和大市场的矛盾越来越突出，成为影响农民增收的重要"瓶颈"，迫切需要把农业产前、产中、产后连接成统一的链条，减少流通环节和交易环节，降低交易成本，增加市场透明度，把千家万户的分散农民和越来越大的市场衔接起来。农业信息化就是通过信息技术将农业生产、流通、市场、交易有机地连成一个整体，延长产业链条，减少流通环节和交易环节，降低交易成本，增加市场透明度，建立起覆盖农业产业化龙头企业、农产品批发市场、农民合作组织和经营大户的农村市场信息服务网络，形成横向相连、纵向贯通的农村市场信息服务渠道，实现小农户与大市场的有效对接，进而推进农业产业化、促进农民增收。因此，大力发展农业信息化是推动农业产业化经营、提高农民组织化程度，降低交易成本，扩大市场需求，促进农民增收的重要途径。

（4）农业信息化是促进城乡统筹发展的重要举措。目前，发达的城市与落后的农村、发达的工业体系与落后的农业体系，已经成为制约我国综合国力发展和国家政治经济稳定的根本瓶颈，如何破解城乡二元结构，实现城乡统筹发展，是我国正在面临的一项重要课题。农业信息化一头连民心，一头连市民，一头连城市，一头连乡村，一头连工业，一头连农业，是实现农村和城市生产要素、经济要素、生活要素合理配置和双向流通，富裕农民和方便市民的重要桥梁，是缩小城乡数字鸿沟，改变农民文化意识的重要手段。因此大力发展农业信息化是破解城乡二元结构、促进城乡统筹发展的重要举措。

（5）农业信息化是推进农业供给侧结构性改革的重要引擎力量。通过建立农村电商、农业大数据、物联网等现代信息技术，改造传统农业生产方式和商业模式，是提高农业生产和经营效率的有效路径，尤其在改革传统农业供给方式、增加农产品与市场对接路径、农业增产创收等方面具有重要的拉动作用。因此，农业信息化是传统农业向现代化农业发展的重要技术手段，也是促进农业供给侧结构性改革的重要引擎力量。

（二）北京农业信息化建设的做法和经验。近年来，北京市认真贯彻落实国家农业信息化的总体部署，紧密结合北京都市型现代农业调结构、转方式的发展需求，依据顶层设计、落实重点任务、推进农业信息化与产业融合发展，坚持政府引导，部门协同，信息引领，完善基础，农业农村信息化工作取得了一定的进展。

1.政府引导，优势集中。在北京市农业信息化建设中，政府部门充分发挥首都在科技、人才等方面的优势，组织引导中国科学院、中国农科院、中国农业大学、北京市农林科学院等科研机构的技术力量投入农业信息化重点工程研究及建设，吸引了许多社会资本的投入，形成了优势集中、多元发展的格局。通过政府科技计划立项，统筹科研院所及企业开展农业大数据与云服务、农业智能装备、农产品食品安全保障等农业信息化重大关键技术的研发与应用示范，进一步稳固北京作为农业信息技术全国创新源头的优势地位；通过政府引导引入多元社会资源，持续推进"信息进村入户"工程等在京郊的试点工作；通过建设益农信息社和专业化益农信息服务站，为广大农民提供公益性的农业技术服务、优质的生产生活服务，构建现代乡村互联生态圈，取得良好社会经济效益。

2.部门协同，资源整合。通过实施北京市"221行动计划"，形成了以"221信息平台"为统领，十多个部门协同、共建共享的农业信息化建设体系。涵盖市级涉农单位、各区县开发建设的多数业务系统，内网平台系统模块138个，外部链接系统51个；实现信息资源共享。外网（新版北京现代农业信息网）依托通用版、农民版、市民版，为不同群体提供都市型现代农业特色资源与服务。为推动首都高度聚集的农业科技资源辐射服务全国，科技部、农业部和北京市合作共建北京国家现代农业科技城，其中依托其农业科技网络服务中心开展现代农业科技资源网联汇聚、产业信息服务关键技术研究、农科城农业云服务平台与全网融合服务通道建设、农业科技园区及重要涉农产业链信息技术应用示范；通过对接首都优势科技资源、转化国外前沿信息技术，不断丰富高端农业信息服务内涵，面向首都及全国农业农村领域开展信息技术应用服务取得显著成绩，精准农业、冷链物流、质量安全追溯、设施园艺、农机调度管理、农技推广、农资监管、辅助育种等专业信息技术服务在24个省市153个农业科技园区、基地、企业等落地应用，通过歌华有线网络为500万北京市民提供了丰富的涉农信息服务。农科城建设与应用对全国农业（科技）园区信息服务起到了引领和示范作用，为推动全国农业园区生产经营信息化发挥了积极作用。

3.信息引领，城乡一体。在北京市城乡一体化的总体战略部署下，信息技术渗透到农业产业链的各个环节，农业具备了高水平的现代物质装备；信息服务延伸到了村庄和农户，让郊区农民享受到了城市里的网络条件、信息资源和社会服务，信息化已经成为引领城乡一体发展的重要力量。市城乡经济信息中心会同各区县农委等相关部门，依托百度地图平台，共同建立权威的北京休闲农业与乡村旅游地图服务，对北京郊区休闲旅游资源、特色农业园区、名特优地标产品等信息进行采集和地图标注，实现与城市消费资源同平台融合。市农科院信息研究所研发远程教育智能多终端系统，在全市建设终端站点总数7314个，覆盖了16个区的全部行政村和社区，平台实名注册用户4.28万个，年均培训基层党员群众300余万人次。

4.完善基础，标准规范。北京市高度重视信息化在农业现代化建设中的作用，投入财力和精力夯实农业信息化基础设施，京郊网络覆盖率、电脑普及率、智能手机使用率等都达到了国内领先水平；北京农业信息技术研究中心作为国家农业物联网应用标准工作组、国家农业传感网标准工作组组长单位牵头相关单位，制定系列国家农业物联网及传感网技术标准，承担农业部农业信息化标准技术归口工作，推动一批农业信息化行业标准的制修订，同时积极推动并参与国家农业信息化技术标委会的筹建，为保障我国农业信息化规范、健康发展做出了贡献。

（三）北京农业农村信息化发展现状。

1.农业物联网建设。按照农业部要求，北京市设施农业物联网应用示范项目在8个区的23家设施蔬菜生产基地和社区配送单位，集中示范应用具有自主知识产权的物联网技术产品，建设设施农业生物环境感知系统，低成本无线宽带传输系统，设施农业病虫害远程诊断、监控预警、指挥决策系统，肥、水、药智能实施系统，设施蔬菜质量安全监管与追溯系统，建设北京设施农业物联网云服务平台和"农场云"智能管理系统等农业物联网综合服务平台。目前全市已有530多个农业物联网应用试点，用于农业物联网建设的投入累计超过1.5亿元。已建设5000亩设施农业物联网技术核心区、2万亩直接带动示范区和5万亩辐射带动区。数据显示，物联网应用提高设施运行效率30%，劳动力节约30%，同时提高了农业生产应对自然风险的能力。

2. 智慧乡村建设。2012年，在平谷区西柏店村、顺义区北郎中村以行政村为单位进行智慧乡村试点建设，从电子政务、电子农务、电子商务和信息服务等方面开展集成应用试验，在农村产业发展、村务管理、村民生活服务等方面取得了较好的效果，2013年编制了"北京市智慧乡村建设指南"并逐步扩大试点范围，2014年，把智慧乡村建设纳入市财政支农资金转移支付范围，要求每个区县每年安排3—5个村的智慧乡村建设试点。现在，全市已经通过验收的智慧乡村（智慧园区）试点39个，正在建设的智慧乡村（智慧园区）试点6个，共投入5000多万元。

3. 农村电子政务建设。电子政务服务的广度和深度全国领先。"十二五"期间，各级部门核心业务信息化深度和广度不断提高，全市80%的农业行政许可事项实现网上办理；农村经管系统建立了市、区（县）、乡（镇）、村四级网络体系，工作人员一网办公，工作效率明显提高；农村集体"三资"监管平台集成了全部行政村的集体经济组织成员、劳动力、农村土地承包合同等信息，对5000多亿的农村集体资产进行实时监管，提升了工作精细化、规范化、科学化水平；市农委内网办公门户、农村集体产权交易管理平台、农民专业合作社管理服务信息系统等运行稳定。

"221信息平台"被列入北京市重要政务信息系统，以信息查询、分析决策、综合服务三大功能为基础，共有系统模块138个，应用功能逐步增强。

各级涉农政务网站的信息公开、政民互动、公共服务能力不断提升。2015年北京农经网访问量达532万次，相比"十一五"末期增长近20倍。同时，新媒体已成为各部门提升服务水平的重要手段。

加强信息化基础设施建设。与中国移动合作，在村域内新增信号基站2座；与中国电信合作，为企业接入高速网络专线；全村实现多处免费Wi-Fi热点；有线电视100%入户，宽带入户率达到95%以上，有线广播及安防监控系统覆盖全村，保证村民及企业的财产安全，营造了和谐稳定的村域环境；充分利用北郎中村作为顺义区都市型现代农业示范基站，与北京市信息学会、北京农林科学院等十几家院所建立起紧密合作关系，通过与学会、专家不同形式的合作，切实提高了集团及下属企业的信息化应用水平。

4. "智慧农业"建设。农业生产信息化水平显著提升。"十二五"期间，以物联网、移动互联网为代表的新一代信息技术陆续在13个郊区县200多个农业生产基地开展应用示范，在设施农业、节水灌溉、农机作业、环境监测等方面取得明显进展。顺义都市型现代农业万亩示范区，已将物联网、北斗导航、4G通信等现代信息技术全面融入生产领域，亩均节水、节肥、节药、节能达30%以上，为推进全市农业产业结构调整、转型发展探索路径经验。金福艺农、北菜园、海舟慧霖等一批试点基地在应用信息化降低生产成本，强化质量安全，完善追溯体系，提升产品质量，助推品牌建设等方面取得了实效。北京221物联网应用服务平台引入"智慧农场云"的管理模式，促进物联网从单纯的监控向应用服务的延伸。借助北京技术研发的优势，农业信息技术和智能装备不断创新，形成了一批具有自主知识产权的科研成果，温室智能控制、环境远程监控、智能传感器等系列产品已经达到国际同类产品先进水平。

推进顺义万亩示范区信息技术装备工程，打造"智慧农业"核心示范区。完成"节水灌溉智能控制"技术示范，安装部署了气象、土壤墒情、作物冠层温度、视频等传感终端，实现了作物灌溉需水量的智能分析和灌溉作业的远程监控；在示范区40多台农机具上安装部署了作业计量和工况监测终端，实现了农机定位、作业面积智能测算、工况实时监测传输等功能；搭建了顺义万亩示范区综合信息平台，集成了作物高产高效数据、土壤肥力数据、气象、墒情、苗情等传感数据、农机传感数据等基础数据，实现了综合展示。

实施基于北斗的农机高效作业和精确调度示范。承建国家第二代卫星导航系统重大专项，率先将北斗技术应用于农机作业与调度。在顺义区、密云区2000台农机上安装部署了基于北斗技术的传感终端，开发了农机作业管理与服务系统，实现了农机高效作业和精确调度，建设成果达到了国内先进水平。

5.信息化基础设施建设。农业农村信息化环境不断优化，相关指导性政策意见连年出台，工作机制与体系不断完善，资金投入保持稳定，为快速发展营造了良好的政策环境。农村信息化基础设施向基层逐步提升，到2014年，每百户农村居民家庭拥有计算机75台、固定电话79部、移动电话222部，计算机和移动电话的互联网接入率分别达到59%和88%，移动电话成为农村家庭重要的信息获取终端。农村地区移动网络信号覆盖率达95%，部分村庄和农业园区实现主要区域Wi-Fi覆盖，信息进村入户工作取得了较好的进展，全市已完成标准型益农信息社150个，专业型益农信息社350个。

标准型益农信息社突出"资源全"。在推进信息服务过程中力求实现城市乡村信息服务的同质化。在电视电脑一体机上梳理、集成了"公益、便民、培训体验、电子商务"四类服务资源，共计1200多万条。公益服务以政府类服务资源为主，包括涉农政策、农业科技、农业补贴、土地流转等内容；便民服务包括代缴水、电、煤气费，代购火车票、电话充值卡，代办医院挂号等服务；培训体验服务包括益农信息社管理规范、服务标准、服务内容、生活百科小常识等内容；电子商务可直联京东、阿里等商城代买代卖农产品、各类生活用品。

专业型益农信息社突出"链条全"。按照"农场智能化管理+农产品冷链直供+智能配送+质量安全履历追溯"的模式建立。与北京14家试点生产基地进行有效对接，全部安装了"农场云"智能管理系统，通过对农场人财物以及土地资源的数字化处理、农事计划与实施的信息化、生产过程和病虫害的实时监控、库存与订单管理等，帮助农场规范农业生产，提高管理效率，降低成本，为农场的管理和经营提供了决策数据支持。

6.农产品市场监测体系建设。市农业局通过农产品信息综合服务平台采集、监测、发布农产品产地、批发、零售等环节农产品市场信息，包括北京市蔬菜、肉禽蛋、水产品、粮油、水果每日批发价格、最高价、最低价、中间价和本地上市量、外地上市量，定期进行农产品市场行情分析、预测等，年信息采集量500多万条。2015年撰写各类市场分析报告20余篇，发布《北京市农产品监测预警信息》，通过短信为120家企业提供信息服务33万余条。开发"我买菜"APP，拥有50户样本家庭，试点城市居民家庭主要农产品消费量（购买量）的信息采集。

7.农产品电子商务发展。"十二五"期间，全市农产品电子商务发展经过不断的理论研究和实践探索，已呈现多种模式共同发展的阶段。一批电商企业已经成为北京鲜活农产品电商销售的主导力量，形成了生鲜农产品宅配、社区体验店、社社对接、安全农产品直供、微商营销等多种农产品电商营销模式。以任我在线、北菜园、天安农业、新发地为代表的一批农民专业合作社、企业积极参与农产品电子商务，将信息化与一、二、三产业进行融合，引导生产从"以产定销"向"以销定产"逐步转变，拓展了市场空间，减少了流通环节，促进农产品优质优价。

市级层面：市农委、市城乡经济信息中心联合尚农三才有限公司开发建设欣欣尚农农产品电商交易平台（http://www.xinxinsn.com/），打造电商中的"北京土著"。通过建立安全生产者联盟、仓储物流联盟、绿色消费者联盟、社会化服务联盟聚合本地企业，做好本地产品，服务本地居民。市农业局开发建设北京市自产农产品产销服务平台（优农佳品Web+APP），向市民提供优质农产品生产销售企业、休闲农业、农产品电商相关信息，服务产销对接，促进优质优价。

区级层面：大兴区依托清华大学国家电商重点实验室，在旧宫镇建设中科电商谷，打造北京"互联网+农业"中心。房山区在中粮集团我买网建立"房山特产"专栏，入驻品牌14个，商品数量达到150多个，单品4万余件，月销售额实现40万元。平谷区在线销售优质农产品40多种，销售额2000多万，部分企业先后与京东商城、乐栈、嗨易购、苏宁易购等10余家第三方平台搭建自己的商铺。怀柔区"三三老栗树"微电商平台累计实现销售收入1010万，其中板栗实现销售收入860万元，占总收入的85%。密云区引进北京春播科技有限公司，电商网站上线试运行，APP手机客户端拥有注册会员2万余人。平均日订单量200—300单，销售额2.5万—3万元。

企业层面：多家农业信息化龙头企业正在搭建全国行业垂直电商平台，部分农业企业正在由生产型向服务型转变。如大北农猪管网、伟嘉集团全国蛋鸡综合服务电商平台。北京新发地农产品电子交易中心B2B农产品现货挂牌交易平台全年实现交易量1416.2万公斤，交易额6160.8万元。怀柔区红螺食品公司网上商城销售额2443.6万元，同比增长33.2%。一些企业利用第三方成熟电商平台等方式拓展农产品销售渠道，平谷大桃、昌平苹果、延庆蔬菜等区域特色农产品纷纷上线销售，沱沱工社、任我在线、阿卡农庄、密农人家、鑫桃园等一批本土农产品电商企业迅速成长。如，北京密农人家与50家密云合作社签约生产，在淘宝、京东、微信、下厨房等销售优质农产品，淘宝平台2013—2015年连续三年获蔬菜类目销售冠军。昌平区京营坊昆利果品专业合作社、北京金城缘果品专业合作社、北京谷氏獭兔养殖专业合作社等建立了自己的淘宝网店、微店等。

8.信息共享服务平台建设。近几年，北京各部门积极推进农业信息化进程。农业信息服务类平台越来越多。北京12316农业服务热线，12396北京新农村科技服务热线，北京"221信息平台"，北京移动农网等，都极大地推动了北京市农业信息化的进程。

北京12316农业服务热线：农业部2006年推出了12316三农服务热线，旨在为农民提供政策、科技、假劣农资投诉举报、农产品市场供应与价格等全方位的即时信息服务。北京市响应国家号召，推出了"北京12316农业服务热线"，通过整合服务资源、服务系统、服务队伍、服务手段和服务渠道，建立了以信息咨询服务、农业执法服务、技术研发服务、决策支持服务、行政许可服务、质量追溯服务和区县特色服务为一体的农业信息综合服务体系，全面推进了科技与市场信息在郊区的推广和应用，涵盖了互联网、电话网、广播、电视、移动终端APP多个综合性多媒体服务平台。2015年，北京12316三农服务热线提供农业信息咨询3.5万次，其中人工受理服务3926次。

12396北京新农村科技服务热线：12396是科技部与工业和信息化部在全国统一开通的农村科技信息服务公益热线，12396北京新农村科技服务热线由北京市科委农村发展中心与北京市农林科学院联合共建，是面向"三农"开展农村科技信息服务的综合平台，是一条宣传党和国家方针政策、指导农民生产生活、汇集村情民意的民生热线。2015年，12396服务热线全年通过热线电话、手机APP、QQ群、微信等多通道解决咨询问题2228个，同比增长55.6%。

北京"221信息平台"：2003年北京市政府为加快郊区农业现代化，增加农民收入，实现郊区可持续发展，启动实施了"221行动计划"，即摸清市场需求和农业资源这两张底牌；建好科技和资金这两个支撑；在摸清两张底牌、抓好两个支撑的基础上搭建一个农产品信息平台，建立沟通生产者和消费者的桥梁。作为行动计划的支撑，北京市在2008年搭建了北京"221信息平台"。平台在整合资源的基础上，面向政府管理部门和基层生产基地、龙头企业、合作组织和农民，实现农业信息的查询、分析与决策等多种功能。2013年，北京现代农业信息网改版升级，作为"221信息平台"的网络版，有通用版、农民版、市民版三个版本为不同群体提供都市型现代农业特色资源与服务。2015年共发布信息5万余条。其中，通用版资讯类信息6049条；农民版以为生产经营者提供气象、市场、价格、供求等惠农信息服务为主，科技服务信息1071条，农产品供求信息2481条，农产品价格信息40026条，市场分析预测信息315条。市民版以为公众提供农业休闲与乡村旅游信息服务为主，提供全市休闲农业星级园区、小城镇、古村古镇等栏目的GIS数据3000多个。

北京移动农网：2007年3月北京市农委、市信息办、北京移动公司启动了北京移动农网项目，移动农网是以计算机网络为基础的新型信息传播通道，移动农网利用移动网络覆盖率高、郊区农民手机普及率相对较高的特点，借助信息机、农信机、手机等通信工具，把涉农信息以短信、语音、互联网等方式传送给农民，实现涉农信息的发布和传递。涉农信息由市、区县、乡镇各级行政管理和事业单位，包括农业气象、农业科研、农业技术推广、农村市场和综合经济分析等部门提供。截至2016年11月底，北京移动农网运行良好，共有信息机188

台（其中市属涉农单位5台），农信机4902台，全市共发送实用信息2526万条，与上年同期相比，增加174万余条，提高7.4%，月均发布数量在210万条以上。其中，各区200家基层示范单位累计发送短信1430万条，与上年相比增加105万条，发布数量占全市的56.61%。各委办局中，市气象局发送气象为农服务类信息15.6万条，市农科院信息所发送农技服务类信息14.3万条。

北京移动农网已形成市、区、乡镇、村四级网络架构，开通一条简便、快捷、实用的信息服务渠道，拓展了为农村经济和社会发展服务的手段。为北京农业农村信息化服务提供了重要的支撑。

（四）信息化与农业供给侧结构性改革的关系。

1.信息化是连接供给侧和需求侧的桥梁。从供需视角看，信息技术实质就是通过创新以改变传统的供需关系，当前信息技术通过消费端引领创造一个新供给，使得新供给创造新需求，新需求推动新消费，新消费倒逼新产业的产生和变革，使实体经济发展走向良性循环的轨道。信息技术通过对各个产业领域的影响，改造存量，创造增量。从实践推进看，近十年，互联网信息技术正带来生产生活方式的革命性变革，不断激发和创造新需求。"互联网+"使得传统制造、商业、服务的行业边界正在被打破，企业生产、服务流程不断重构，新的商业模式层出不穷，新的市场需求不断被激发。互联网改变了中国的消费市场，推动着需求端不断升级。当前，互联网对于需求侧的影响，主要表现为消费供应链的影响，比较成熟的是互联网+商业流通，如京东、天猫等互联网零售巨头对用户体验的重视、对用户需求和市场的精准把握大大优于传统零售企业。随着信息技术的日趋成熟，消费人群、消费规模也将日趋扩大，无疑将增加社会有效需求，刺激消费扩大内需。但消费端、需求侧的持续蓬勃发展有赖于生产端、供给侧的技术创新、结构优化、质量改进、效率提升，因此，能否由侧重消费端、需求侧转向侧重生产端、供给侧，由商业模式引领转向科技创新驱动，将成为信息技术撬动实体经济提质增效的关键。通过互联网的高效连接和去中介化，终端商家甚至消费者的需求可以一步反馈到上游生产方，厂家可以据此合理控制产能。未来十年，产业互联网的发展将再次推动供给端的转型升级，推动中国经济的良性健康、供需协调发展。过去，我们十分关注需求侧管理，对供给侧结构性改革重视不够。其实，供给侧的改革最终也是在创造新的需求，而且这种新需求更具可持续性。创造新需求，往往带来新的活力，创造更好的效益。

2.信息化是供给侧结构性改革的技术支撑力量。农业供给侧结构性改革是一项复杂的系统工程，是加快农业现代化建设的重大举措，迫切需要现代信息技术提供强有力的技术支撑。信息化是现代农业的制高点，对于加快农业转方式、促进现代农业建设具有重要的牵引和驱动作用。农业信息技术的创新，需要走强化应用研究、加强自主研发、推动开放共享、加快科研体制改革等多措并举之路。在我国，由传统农业向现代农业转变的伟大历史征程中，亟须新的现代信息技术源源不断地注入农业生产实践过程之中。加强农业信息技术自主研发，提高农业信息化创新能力，要围绕农业供给侧结构性改革对农业信息技术的需求和问题导向。积极推动自主研发、集成创新。形成全链条、一体化的创新布局，推动创新引领，从根本上提升我国农业信息化创新水平。农业大数据为农业供给侧结构性改革提供了新的技术和方法。目前，应推动农业信息资源开放共享，构建国家农业大数据平台。鉴于农业信息学的交叉学科属性，在做好科研机制改革的基础上，一定要突出农业信息科研创新的特殊性，才能最大化地深挖农业科研潜力，充分调动信息技术研发的积极性。针对农业供给侧改革"去库存、降成本、补短板"，要大力研发粮食加工的智能化技术、化肥农药兽药灌溉的精准使用技术、农村信息化软硬件的实用技术，促进创新要素流动，增加解决这些突出问题的关键技术创新供给。针对农业供给侧改革"转方式、调结构"难点，要大力研发农业信息高新技术，让传统产业"农业"搭上新兴产业"信息"的快车道，增强农业核心竞争力，引导涉农企业创新品种、提升品质、打造品牌，让"老产业"焕发出"新活力"，增加解决这些难点问题的关键技术创新供给。此外，要广泛开展"互联网+"行动，依托互联网的众创、众包、众扶、众筹，构建大中小企业和高校、科研机构的众创平台，拓展农业信息科技创新空间，搭建农业信息科技创新平台，增加解决这些焦点问题的关键技术创新供给。

3.信息化是供给侧结构性改革的加速器。信息技术的服务对象不是单一行业，而是整个产业链。信息技术的最终目标，不仅是推动信息技术产业，更要促进传统产业升级换代，信息技术成为传统产业变革的引领性力量，从重塑产业结构、推动产业组织形态演进、改变产业市场结构、提升产业市场绩效和调整企业组织形态等维度，深刻影响产业结构升级和产业组织演进，加速产业结构的转型升级。应该说，信息化的过程也是传统产业转型升级的过程，从方向上经历了一个"逆向"互联网化过程。从消费者在线开始，到广告营销、零售，到批发和分销，再到生产制造，一直追溯到上游的原材料和生产设备。从目前的发展现状来看，"互联网+不同产业"所产生的创新模式，正快速推动行业变革，促进产业转型升级。"互联网+工业"推动传统制造业向数字化、智能化方向发展，促进制造业借助互联网技术转型升级。"互联网+农业"，以信息技术改造传统农业，在转变农业发展方式基础上，加快产业融合，大力发展现代农业。当前，"互联网+农业"推动了农产品电商营销平台建设，为涉农企业或农民提供全方位咨询服务与解决方案，提高了农业生产效率，促进了农业转型升级，增加了农民收入，加速了农业现代化进程；"互联网+服务业"更是以愈加成熟的商业模式、更低的成本及更及时高效的时间概念不断提高服务水平与能力。在金融领域，大力发展互联网金融，提高金融效率；在服务业领域，推动"互联网+医疗""互联网+教育""互联网+旅游"等新模式，积极发展体育、文化、医疗、养老等高端服务业，满足消费者的新需求。通过"互联网+"，进一步挖掘传统行业的发展潜力，推动一批新产业的诞生和壮大。

4.信息化是供给侧结构性改革的创新驱动力。"供给侧改革要的就是创新，才能满足日益增长、分层以及实际和未来潜在的需求"。而信息技术是创新的重要载体，以互联网为纽带，移动互联网、物联网、大数据、云计算、人工智能等一大批新兴技术融合应用，在广泛互联的基础上不断融合创新，从而推动产业组织方式、商业模式、供应链、物流链等基于互联网的各类创新，通过创新提升了新兴产业的地位，形成新的增长点。如分享经济作为创新商业模式的出现，在互联网时代，信息不对称被逐步消除，商品或服务的供需关系在网络的力量下变得十分清晰且透明，在房屋租赁、交通出行、家政、酒店、餐饮等领域迅速诞生了一批基于分享经济的创新企业。《中国分享经济发展报告（2016）》显示，近两年，分享经济领域从业人员年均增长速度在50%以上，参与分享经济活动总人数已经超过5亿人。预计未来5年，分享经济年均增长速度在40%左右，到2020年分享经济规模占GDP比重将达到10%以上。分享经济快速发展，显示出其巨大的活力和发展空间。"创造新供给"是分享经济的本质，在"供给侧改革"与"互联网＋"的时代背景下，基于互联网平台的分享经济，能快速提升总供给能力，提高资本利用率和经济效益；能够增加就业机会和消费者实际购买力，促进生产与消费之间的频繁互动，提高社会协作程度，助力社会化大规模协作高效运行，还可以有效缓解生态环境承载压力，平衡严重过剩且分布不均的资源分配。从长远来看，分享经济能够通过对闲置资源的整合，倒逼传统行业不断进行转型升级，提高全行业、全社会的效率。

5.信息化促进农业产业升级和催生新业态的作用。

（1）信息化促进农业产业转型升级。所谓产业升级，是指产业结构的改善和产业素质与效率的提高。产业升级关键是依靠技术进步。产业结构的改善表现为产业的协调发展和结构的提升；产业素质与效率的提高表现为生产要素的优化组合、技术水平和管理水平以及产品质量的提高。

目前，我国正处于传统农业向现代农业的过渡阶段，农业信息化是农业现代化的重要标志，是农业产业转型升级的重要手段。利用以互联网、物联网、大数据、云计算等为代表的农业信息技术提升农业生产、经营、管理和服务水平，促进农业产业布局与产业结构优化，土地、劳动力、资本等农业生产基本要素的有效组合，农业生产技术和管理水平、土地产出率和农产品质量的逐步提高。同时，农业信息化的发展加速了农产品流通，延长了农业产业链，丰富了农业产业价值增长表现形式，有效促进了农业一、二、三产业融合，助力于农业生产由分散经营向规模化经营转型升级、由人工生产向智能化生产转型升级，加速城乡一体化发展及农业跨区域协同发展，是实现由传统农业向现代农业转型升级的助推器。

（2）信息化催生农业新业态。信息化催生京郊休闲农业。京郊休闲农业是北京构建都市型现代农业的重要发展方向。随着京郊休闲农业的不断发展，信息化建设成为推动京郊休闲农业发展的重要手段。京郊休闲农业信息化建设围绕景点信息发布、票务、预定住宿、旅游路线导航、休闲互动游戏、休闲农业主题场馆建设等方面展开了大量工作，提高人们享受京郊休闲娱乐活动的幸福指数，提升京郊休闲农业的经营管理水平，有效推进了农业一、二、三产业的融合发展。

信息化催生会展农业。会展农业一般具有较强的主题性和专业性，利用信息化手段颠覆传统会展农业的表达方式，是近年来北京国际性会展农业的主要手段。利用云计算、虚拟展示、移动互联技术，对农业会展场馆、农业品种、农耕文化、作物栽培技术、农产品加工技术、农业科普等方面进行网络虚拟展示；基于内容拍摄、数据建模、传感器、触觉反馈、图像处理、（超）高清晰度高处理性能终端等技术与设备，构建农业虚拟现实与增强现实的互动展示平台，实现人机互动，增强会展农业的专业性和趣味性，提高会展农业的智能化水平和服务质量。

信息化催生循环农业。基于GIS技术实现区域内资源的科学调度和合理化利用，构建循环农业园区创新模式，将种植业、养殖业、农产品加工业、生物质能源业等纳入整个循环农业产业体系中，实现园区内农业的不同产业相互依存，减少农业废弃物的产生量、降低处理的成本费用、节约能源和资源，实现农业经济发展和农村生态环境保护的良性循环。基于自动控制、节水灌溉、水肥一体化、测土配方施肥等技术，构建农业资源节约利用创新模式，促进资源节约型农业快速发展，形成以节水、节肥、节药、节能、节地为主要措施的生态循环农业模式。如通过利用水肥一体化、自动滴灌等措施，控制肥料、水分、化肥和农药的使用时间和使用量，减少养分投入和流失，提高利用效率和循环比例。基于互联网、物联网等技术实现"种养加"环境的实时监控，促进物质流和能量流的快速流通，构建农业产业链接转换创新模式，对生产的各个环节进行有效整合，实施"网联"工程，建立"自然资源—农产品—农业废弃物—再生资源"的循环机制，使资源得到最佳配置、废弃物得到有效利用、环境污染减少。研发园区生产管理大数据分析系统，基于能量循环分析、环境质量预测等业务系统应用构建农业废弃物循环利用创新模式，将生物质产业和有机肥产业引入整个农业生产系统的循环中，对农业废弃物主要是秸秆、畜禽粪便和食用菌种植丢弃的废菌棒等，进行多级循环利用，实现区域资源科学调度、种植养殖合理规划，提高农牧一体化精准农业生产管理水平，促进区域间农业废弃物自我消纳和就地转化，生态环境质量宏观管理及微观改良，从而实现农业资源节约、环境友好、可持续发展。

四、信息化推动北京农业供给侧结构性改革的重点任务

（一）生产领域。

1.立足农业资源禀赋，优化农业产业布局。立足北京市农业资源禀赋，围绕"两田一园"农业生产空间的划定和禽蛋、鲜奶供应保持稳定的农业生产目标，综合利用北京市各郊区县种植业和养殖业资源信息数据，建设北京市种植业和养殖业资源信息查询检索与统计分析平台，支撑农业政府部门与农业经营者开展土壤质量评价、种植（养殖）管理与决策、作物（动物）适宜性评价、农业布局评价等农业种植养殖的前期工作，加强农产品供需分析和种植养殖规划管理，紧贴北京市农产品供求行情，与"菜篮子"工程农业标准化基地建设和"三品一标"认定工作相结合，深化农业生产结构与产业结构改革，减少农业种植养殖的盲目性。

2.立足资源承载力与环境容纳力，提升农业生产和生态效益。

（1）种植（大田、设施、果园）。面向设施农业大力推进水肥一体化信息技术与装备的应用，根据作物对水分和养分的需求，进行实时、定点、定量的水肥供给，有效控制作物生长的微环境，使作物长势优、品质佳，减少病虫害发生和农药使用；面向大田和果园种植大力推进智能节水灌溉系统与装备的应用，满足喷灌、微灌、滴灌等多种形式的自动灌溉需求，实现精准灌溉，既保证作物生长处于最佳状态，又防止了水资源及肥料的流失与浪费；建设农资安全投入品科技服务平台，以供销社系统为主体、以市级农资交易服务中心、分销中心为纽带、连锁经营门店为触点，利用信息技术创新发展新型农资营销手段，在区域分销中心与门店提供免费专家远程视频诊断、病虫害查询、病虫害施药配方查询等科技服务，提供安全投入品系列套餐与定制服务，引导种植者科学、安全施药；推广应用遥感技术、地理信息系统、物联网感知、图像分析、专家系统、农业航空施药技术等农业信息技术与装备，实现

作物苗情长势、土壤墒情、病虫害监测、自然灾害分析预警，结合绿色防控技术、精准科学施药、病虫害统防统治技术，降低化学农药的使用总量，提高农药利用率和施药效果，减少农药污染。

（2）养殖（畜牧、水产）。运用信息技术提高养殖废弃物无害化处理水平与资源化利用效率。面向规模化养殖场提供基于物联网感知技术的养殖污染排放控制与方案优化决策管理系统，部署有害气体、水质、气象等传感器监测报警装置，建立区域生产环境和养殖污染排放的预警与控制模型，指导生产环境最优化调控和储粪池、池塘底泥的及时清理，提高生产效率和废弃物处理能力；建设种养结合生态规划信息服务平台，根据配套耕地特点、作物栽培计划、预算畜禽粪污在耕地中的推荐施用量，根据农作物的种类及产量，粗略估算施用过畜禽粪污后的农田养分的平衡性，导出标准或用户定制的畜禽废弃物处理系统报告，制定合理的粪污还田利用计划，有助于种养结合生态模式的发展与推广、实现粪污资源化利用。

3.发展适度规模经营，提升农业生产智能化水平。随着土地流转制度改革的深入推进，提升农业作业智能化水平是发展农业适度规模经营的重要手段。面向大田种植推广应用激光平地机、无人驾驶拖拉机、喷药无人机等智能装备，提高大田作业效率与精准度；面向设施农业推广应用设施简装机械设备，提高设施机械装备的使用率，有效降低播种、育苗、嫁接、打药、采摘等农事环节的人力成本；推广应用畜禽规模化养殖管理系统与设备，提供养殖环境实时监控、饲料科学配比、饲料科学投喂与计量、废弃物自动回收管理、动物体征感知与行为分析、自动挤奶等服务，构建精准化运行、科学化管理、智能化控制的养殖环境；推进农产品产地初加工智能化生产水平，实现机械手上货、蛋品生产线清洁、农产品分级、农产品溯源贴标等服务，提升农产品品质，加强农产品产销衔接。

（二）经营领域。

1.农业电子商务。推动农业电子商务平台建设，以市场需求为导向，探索具有北京特色的农业新型商业运作模式，将产业链、价值链、供应链等现代经营管理理念融入农业，促进现代信息技术与传统农业全面深度融合。通过农产品销售、农资销售、农村消费品交易、农业科技成果知识产权交易、农业休闲观光旅游、农产品采摘、农业会展等信息服务方式，鼓励农业企业、农业合作社、种养大户、农业会展经营企业、京郊乡村休闲旅游企业等经营主体，通过创新农业电子商务营销模式、拓宽农产品、农资、民俗产品、乡村旅游、个性化定制等新型农业市场，促进北京农业市场供需多元化发展；遵循资源整合、引领津冀的发展理念，优化供京农产品生产布局和品种结构，提升供京农产品生产基地的产出价值，以北京农业电子商务平台提供的实时市场供求信息流，带动京津冀农产品生产的物流、技术流、人才流、资金流，促进京津冀农业资源要素合理有序流动，有利于北京农产品市场的平衡发展；加强农产品现代物流体系建设，以信息为沟通桥梁，全面推进农超对接，实现农产品生产基地与大型连锁超市、大型批发市场、学校及企业间的产销对接，发展连锁经营、电子商务等现代流通方式和新型流通业态，发展农产品网上交易、连锁分销和农民网店，拓宽农产品销售渠道。

2.生鲜农产品冷链物流。鼓励建立农产品定级分类信息共享平台，促进入市农产品质量等级化、包装规格化、销售快捷化。依托信息共享平台推动农产品产地身份识别和产品认证，实现农产品注册商标、地理标志和知名品牌的依法保护、推广宣传和网络销售，用信息化手段减少流通环节、降低流通成本、提高农产品流通效率。鼓励促进冷链物流系统在农产品流通领域的应用，加快建设以冷藏和低温仓储运输为主的农产品冷链系统，逐步开展鲜活农产品冷链物流试点，保证北京鲜活农产品市场价格稳定。积极推进"菜篮子"工程的信息共享机制建设，强化农产品需求信息对接服务，促进农产品京津冀范围内的合理调配，进一步改善农产品的流通环境。大力推广应用生鲜农产品冷链物流监管服务平台，实现对生鲜农产品冷链配送的实时监控、路径优化指导、质量追溯、车厢环境实时预警等功能，可有效监督京郊生鲜蔬菜、水果、肉、蛋、奶、水产品的配送时间，降低生鲜农产品食品腐损率，保证生鲜农产品储运质量，满足北京大型餐饮连锁企业、超市、批发市场和大型会议、活动等对生鲜农产品的消费需求。

3.解决农业信息不对称问题。农业生产信息不对称，消费者和生产者间的信息不能及时到达，往往会带来一些不好的后果。农业信息可引导市场，也可指导生产。一方面，消费者对农业信息有需求，不仅希望知道购买的产品所在地、生产方式，还想知道用了哪些农药、农残数值是多少。另一方面，生产者在制定生产计划、销售农产品时也需要了解该品种的面积、产量和价格。我国农业仍处于千家万户分散经营的状态，使得消费者和生产者间的信息不能及时到达。

农业信息对称，首先需要解决信息透明度的问题。对生产者来说，最关心的无外乎是面积、产量和价格，尤其是当期的数据，但常常是数据发布时已经错过农时了，信息的滞后使得农民决策只能靠经验。对消费者来说，做出购买选择，相当长时期主要通过口碑和经验，后来主要通过品牌和营销。如今，质量可追溯体系、远程视频监控等信息化手段开始出现，但运用范围依然有限。

其次，要解决信息发布的权威性问题。如今的农业信息，除了不同的市场主体自身采集的信息以外，政府部门的信息也出自多门。多元的农业信息来源本是一件好事，但不同机构对于同一品种同一时段价格涨跌、面积增减的数据常常打架，甚至一些机构为配合游资投机炒作，有意对信息进行歪曲传播。还有一些机构在发布农产品质量安全信息时随意性较大，随机抽样几个批次就轻易断定整体有问题。不实信息最终会伤害市场各方。

再次，要解决信息采集的标准统一问题。不同标准下，样本采集出来的信息是无法对比的。以猪肉价格为例，北京市场的猪肉习惯按不同部位分成16块来卖，每一块一个价格；而沈阳市场分得更细，达30多块。直接按两种口径完全不同的标准采集出来的数据，普通消费者无法比较猪肉价格的走势。现在大量的农业信息资源孤岛化，相互割裂、开发利用不足，成为一种信息浪费。

解决以上问题，需要依靠信息化全面提升农业管理能力，即农业数据的采集、监测、统计、分析能力。当今世界很多国家都把农业信息监测预警制度作为现代农业管理方式的重要组成部分。对于我国这样一个向现代农业转型的人口大国来说，建立符合自身国情农情的农业信息监测预警体系，更是当务之急。通过建立农业信息监测预警制度，可以统筹产前产中产后、生产流通消费等各个环节，变事后被动跟进管理为事前主动引导服务，降低农业生产经营决策的盲目性，帮助千家万户对接瞬息万变的大市场，缓解农产品价格波动。

在"互联网＋"的背景下，农业信息监测预警需要信息资源管理和商业模式创新。开发利用农业信息资源，通过政策引导，吸引社会力量参与，在兼顾公益性的同时，实现社会化服务，即可由政府部门监测并及时公布基础数据，各类机构据此建立模型进行中短期预测，向需要服务的对象收取一定的服务费，实现社会化农业信息服务。此外，还要健全农业信息化法制建设，依法保证涉农信息的高效畅通和真实安全。

（三）管理和服务领域。

1.大力发展"种业之都"，加强种业信息化服务建设。推进商业化育种大数据获取系统建设，实现对农作物表型数据和基因测序数据的长期观测和持续积累，在海量数据的支持下，采用数理统计和生物信息学等方法分析两者的关联性，逐步探索农作物表型性状与基因的对应关系，加速优良品种选育的过程；重点构建蔬菜、玉米、小麦、大豆等作物育种全流程的信息技术服务系统；研制高精度、全覆盖、可追溯的作物育种田间信息快速获取智能装备，构建天地可协同、世代能追踪、过程自动化的主要作物育种性状采集技术装备体系，显著提高田间性状采集与考种操作效率和标准化水平，围绕玉米、小麦、水稻、大豆、蔬菜等育种企业定制育种信息技术服务完整解决方案，依托物联网产业联盟建设通州种业园区育种互联网技术服务中心，向育种企业提供按需定制的品种"育繁推"互联网服务技术套餐，在京津冀多个育种单位进行推广应用，加快推进北京商业化育种进程。进一步完善北京农科城种业科技成果托管平台，面向国内农业院所和企业开展成果托管服务，丰富我国种业科技成果资源，探索公益研究与商业交易双模式，加速我国育种科研院所、种业企业、金融部门和交易服务平台的高效融合，提高民族种业的竞争能力。

2.提高信息服务便捷性，推进农业信息社会化服务能力建设。加快推进农业信息社会化服务能力建设，集聚农业信息服务资源，创新服务机制和方式，大力发展生产性和生活性信息服务，提升农民对信息技术的应用能力和农业农村信息服务的便捷性。构建农业生产经营社会化服务信息平台，鼓励农业科研院所、农业行业协会、农业信息服务企业、农业龙头企业、农民合作社等主体基于平台发展生产性服务，面向农业生产经营者提供农业植保、病虫害统防统治、农机作业、农业气象定制、行业专家推荐、生产资料交易等服务；加强电子政务建设，依托北京市农村三资监管平台，提升农业农村管理和服务水平；推进农业技能培训社会化服务应用系统建设，依靠国家现代农业园区、大型农业会展、龙头企业、合作社等优秀主体资源，及其辐射带动作用，开展水肥一体化、电子商务、质量溯源、智能农机操作、远程监控等现代农业信息技术的应用能力培训，提升新型职业农民的技术水平、经营能力和信息素养；完善、推广北京都市型现代农业"221信息平台"和12316信息服务平台，提供政务服务、农业科技服务、市场信息服务、郊区资源、农产品质量追溯等综合服务，提升都市型现代农业智能化服务水平。

3.建设农业生产资料和农副产品质量安全追溯平台。以北京市供销社系统为基础，针对种子、农药、兽药、饲料、肥料等主要农业生产资料登记、生产、经营、使用环节全程信息追溯监管为主要内容，实现北京市农业生产资料电子追溯码标识，完善主要农业资料追溯体系，实现全程追溯管理，保障农业生产安全和生态环境安全。鼓励农产品质量溯源信息的网络共享，紧密联结监管部门和农资生产、经营、使用三个主体，建立健全农产品质量安全标准体系、检验检测体系和质量追溯体系，依据北京市"菜篮子"工程农业标准化基地评定和"三品一标"认定的信息数据，构建北京市农产品质量安全监管服务平台，加快推动移动互联网、物联网、二维码、无线射频识别等信息技术在生产加工和流通销售各环节的推广应用，初步实现农产品质量安全监管部门、各郊区县农业企业追溯信息互通共享，推动追溯管理与市场准入相衔接，逐步实现"信息数据化、购销实名化、监管实时化、服务网络化"，及食用农产品"从农田到餐桌"全过程追溯管理。抓紧建立区域性农产品信息共享平台，健全重要农产品供求和价格监测预警体系，加强对粮食及重要农产品生产、消费、库存及进出口的监测和调控，完善市场动态监测和信息服务。提高京津冀地区农业统计调查和预测分析能力，加强和完善农产品信息统计发布制度，建立市场调控效果评估制度，推行重大信息及时披露和权威发布制度，促进农产品质量问题及时公开和处理结果透明。

4.加快农村互联网金融信息服务平台建设。加快推进农村互联网金融信息服务平台建设，运用大数据等技术创新信用评估方式，降低服务门槛和风险，放宽农业领域投资准入，促进公平开放竞争，突破物理网点限制，提高便利化程度，通过POS机、手机银行、网上银行和网络借贷平台等方式为农业经营主体提供电子化金融服务；推进"北京市政策性农业保险管理及信息服务平台"建设，面向政府、金融机构、村民三方，实时发布农村金融供需信息，加强农险宣传，实现政府融资担保、金融机构管理与服务、村民开展网上贷款、网上购买保险、网上支付等金融业务。

（四）休闲农业领域。

1.构建智慧乡村旅游信息互联网服务体系。依托物联网、云服务等手段完善智慧乡村旅游信息服务体系，实现对市民感兴趣的农业休闲娱乐信息进行智能收集、快速处理和在线发布，消除市民和京郊农业休闲资源之间的信息不对称。加快建设休闲农业信息服务网络平台，网联微信、微博、客户端、各大媒体平台、网络新闻，建立资源汇聚平台，实现农业休闲娱乐场所、农业休闲旅游景区、农业特色产品营销活动等信息自动汇聚发布；实现客流统计、目的地信息服务、位置服务等，为市民提供权威、及时的农业休闲体验资讯，为经营者分析研判和内容提升提供数据支撑。

2.推动前沿技术与休闲农业深度融合。综合运用移动互联、三维建模、体感交互、虚拟现实技术，结合农业特色休闲体验，形成农业休闲娱乐、农业景观展示、特色农产品推介、农业互动科普等一系列信息化产品和数字娱乐内容。开发基于手势识别技术的徒手葡萄整枝体验，苹果、大桃采摘体验等产品，为游客，特别是互联网原生市民（青少年）的农业采摘、购物、休闲提供数字化体验内容；开发农业品牌营销互动系统，运用AE、影视、特效等手段，选取京郊农业优秀品牌，深度挖掘特色故事，将农产品和农业生产过程赋予文化内涵和品牌价值，引导京郊优质农产品实现农产品商品化、商品品牌化、品牌故事化、故事社交化的过程，依托互联网平台及社群媒体广泛传播，产生市场影响力和购买驱动力，实践用休闲农业品牌带动京郊农业产业提质增效。

3. "互联网+"推动休闲农业产业升级转型。"互联网+"推动云、网、端基础设施，新商业模式、新生产要素、新社会分工协作体系等融入休闲农业经营，通过建设虚实结合的休闲农业互动体验园区，实现信息技术、现代农业与文化创意深度融合，将休闲农业真实场景与互联网无缝衔接，提供虚拟红包、自动导览、互动游戏、线下寻宝等具有互联网特色的农业休闲娱乐产品，拓宽休闲农业的内涵、层次和水平，对年轻市民形成较强的体验消费黏性，通过客人的体验反馈，形成二次宣传，用信息技术和文化创意打造休闲农业主题乐园。引入共享经济经营模式，将闲置的乡村旅游资源进行分级、整合和提升，实现旅游资源的在线展示和预订；研发经营者与游客在线互动APP，提升市民休闲消费体验，实现京郊休闲农业资源的线上线下融合服务和经营收益的显著提升。

五、北京市农业信息化中存在的短板和问题

北京农业基础设施、产业发展水平在全国处于前列，但传统农业尚未根本转型。信息化作为农业供给侧的要素，不仅对农业供给侧结构性改革具有重要的促进作用，也是推动北京农业供给侧结构性改革的重要工作领域。

（一）农业信息化应用还有待于提高。信息化是北京农业现代化的一部分，信息化的发展可以加速农业现代化的实现。近年来，北京农村信息化基础设施水平逐步提升，农村公共信息服务内容不断丰富，但信息化基础设施建设、信息化意识和应用水平等方面城乡数字鸿沟依然存在，信息化在促进城乡一体化以及城乡公共服务均等化等方面的作用尚未充分发挥。在农业信息发展中，政府扮演着重要的推动角色，应积极主动地迎接信息化建设挑战，推动示范点建设，由点到面全面发展。虽然北京市的农业农村信息化建设走在全国的前列，但从整体发展看，农业农村信息化应用还处于较低的水平，农业物联网、智慧乡村、信息进村入户等信息化工程的覆盖率还很低，基层信息化采集、信息化设备操作维护队伍建设滞后，农产品生产管理、产品质量数量、上市时间等信息的采集发布还很少等现象，也是农业产销信息不对称的重要原因。

虽然以物联网、移动互联网为代表的新一代信息技术陆续在13个郊区200多个农业生产基地开展应用示范，但先进的信息化技术在农业农村领域的应用尚处于起步和探索阶段，总体上没有形成成熟的、具有较强自生能力的运营模式。农业市场信息的不对称可以直接导致农产品的种植面积、产量和价格的巨大波动，导致农民增产不增收，严重影响农民的生产积极性。要注重信息技术和互联网在农业中的应用，大力发展智慧农业和农产品电子商务，探索"互联网+"农业的多种应用方式，使农业发展搭上信息化和互联网时代的快车。

（二）农业生产经营主体应用信息化的主动性不明显。现在，多数农业生产经营主体应用信息化还处于被动接受阶段，主要原因有二：一是经营主体的信息化意识不强，或对信息化应用效果怀疑和观望；二是不愿意承担信息化应用的成本，尤其是有政府主导的信息化应用试点项目，项目建成验收后移交给经营者使用，但经营者往往在由建设方预交的

网络接入费、流量费用完以后就不再续费，设备维护和信息采集人员安排到其他岗位，造成设备闲置。

在农业供给侧结构性改革中要注重发挥科技第一生产力作用，充分应用农业新科技成果和信息化、互联网成果，在农产品质量安全和可追溯体系上都要提升科技含量。一方面要充分应用新科技成果和新科技手段来降低农业生产成本，提升劳动生产率；另一方面要应用高科技手段，提高农业产量和品质、质量。

农业生产经营主体对社会经济的贡献，还在于利用新的理念影响农民，使农民学会新的技能。随着家庭主要劳动力转向非农产业就业，应通过培育新型经营主体，发展多种形式的适度规模经营，把潜在产能逐步释放出来。利用"互联网＋"提高农业竞争力，推进农业现代化。通过互联网思维和技术手段，提高农产品品质，推动农业技术推广，再造农产品流通业态，为农业生产经营决策提供数据支撑和信息化服务。

（三）农业大数据应用还处于探索阶段。目前，梳理全市涉农单位信息化业务，已形成《北京市涉农业务目录》和《北京市涉农信息资源目录》，共计1.5万余条。以"221"信息平台和农村"三资"监管平台为主，形成覆盖农业资源、农业生产、农村经管、农业科技、休闲农业、"三农"舆情等多方面的多类型数据共计约208T。但数据"孤岛"及"碎片化"问题依然存在，需要打通涉农部门内部和之间的共享通道，厘清权利和义务，形成互惠互利的共享机制。

农业大数据为农业供给侧结构性改革提供了新的技术和方法，在政府行业管理层面、企业商业决策层面，对大数据应用尚处于概念普及阶段，还没有形成明确、持续的需求，数据调用、数据挖掘和数据价值实现等还处于探索阶段，数据公开和数据共享的意识和工作机制还在培养和发育之中。在管理层面，大数据应用的责任主体不明确，在服务层面，提供专业化大数据服务的组织和机构还很少。需要对农业大数据开发利用持续深入，逐步形成"用数据说话、用数据决策、用数据管理、用数据创新"的管理机制；数据资源共享开放机制运行通畅，开发利用水平得到显著提升，在支撑生产、经营、管理、服务各领域信息化应用方面取得实效；全面实现核心业务信息化，乡村治理现代化水平不断增强。

（四）缺乏鼓励各种社会力量参与农业农村信息化建设的相关政策。在北京农业信息化建设中，政府部门加强顶层设计，完善基础设施，组织社会力量参与，发挥了重要作用，但尚缺乏鼓励各种社会力量参与农业农村信息化建设的相关政策，合力推进、多方共赢的体制机制尚未形成。应逐步从一味依靠行政力量推动的惯性思维中解放出来，通过制定鼓励政策，吸引更多社会力量积极参与，为农业农村信息化事业增添活力和不竭动力。

六、政策建议

农业供给侧结构性改革急需运用发展新理念，创新农业信息技术，破解农业发展难题，推动农业调结构、转方式、发展高效节水农业，为农业现代化取得明显进展提供有力的信息支撑和技术保障。通过对北京农业农村信息化基本情况的梳理，提出以下五个政策建议，这也是北京市城乡经济信息中心在推动北京农业供给侧结构性改革中要努力推动和开展工作的方向。

（一）**强化政府主导作用，增加信息化建设投入。** 强化政府主导作用，是推进农业供给侧结构性改革的重要前提。农业供给侧结构性改革综合性强，必须树立系统性思维，强化政府主导作用，把农业供给侧结构性改革放到农业现代化与全面建成小康社会的大局中统筹考虑，进一步提高农业供给侧结构性改革决策的科学性，从全局上更好地指导和协调农业供给侧结构性改革。在农业信息化建设中，政府扮演着重要的推动角色，要明确自身的责任，提高自身的信息化能力，积极主动地迎接信息化建设挑战，政府推动示范点建设，由点到面全面发展。

信息化（"互联网＋"）是促进农业供给侧结构性改革的重要工作抓手和突破口，是现代农业的制高点，对于加快农业转方式、促进现代农业建设具有重要的牵引和驱动作用，可以驱动解决供给侧的产品质量、品质、效益等一系列问题。现阶段，政府主导依然是农业农村信息化建设的主要的推动力量，通过统筹规划、政策引导、资金支持等手段，深入推进信息技术研发创新，提升信息化基础设施，农业生产经营和农村管理信息化应用试验示范，加强信息化工作队伍和工作体系建设，补齐北京农业供给侧在信息化方面的短板，促进农业供给侧结构性改革等工作。

积极推动"互联网＋"现代农业行动，着力培育智能化、精细化、网络化的现代生态农业新模式，全力打造新型农业生产经营体系、精准化农业生产方式、网络化信息服务渠道、农副产品质量安全追溯体系，重点突破农业农村电子商务、农业物联网区域试验、农业大数据工程、农业信息进村入户等发展瓶颈，并进一步拓展"互联网＋"在农业农村的新领域。针对农业供给侧结构性改革，"互联网＋"可以驱动解决城乡深度融合、生产经营方式转变、管理服务模式创新、种养加一体化发展等相关问题。

（二）**建立健全农业农村信息化考核评价制度。** 信息化应用作为农业项目立项申报的基本要素，项目的信息装备投入和建立相应的信息化工作机制作为农业项目验收的基本内容，应成为财政支农资金支持农业项目建设的常态。建立农业信息化监测统计制度，完善农业信息化水平评价指标体系，加强试点测试，增强评价的科学性和有效性。突出农业物联网等信息技术应用比例等主要指标，构建农业农村信息化绩效管理指标体系，并纳入政府绩效考核。

在全市以区为对象开展农业农村信息化发展水平评估工作，对各区的农业农村信息化推进、信息化建设与应用成效、信息化工作机制、工作体系建设、在农村管理服务和农业生产经营上应用的薄弱环节等内容进行综合考评，在纵向上，可以肯定各区建设发展成果，发现问题和不足，找到工作的方向和目标；在横向上，可以发现和总结各地的特点和信息化建设的重点，进行分类指导和分步实施。通过考核评比促应用、促管理、促成效，推进农业农村信息化工作又好又快发展。

对全市和各区已经投入使用的农业农村信息化重点项目开展应用效果评估，总结应用效果明显的项目的经验，分析效果不明显的项目的原因和教训，探寻信息化建设和应用推动农村社会事业和农业现代化发展的内在规律。切实加强领导，强化措施，明确任务、落实责任，不断深化农业农村信息化建设。组织协调相关职能部门互相配合，齐抓共管，共同推进工作有序开展。要确保一定的资金投入，支持农村信息化建设。善于总结推进信息化建设的成功经验，挖掘信息化应用的典型案例，在新闻媒体及时宣传推广，为农业农村信息化建设营造浓厚氛围。

（三）重视农业农村信息化基层工作队伍建设。农业供给侧结构性改革是一项复杂的系统工程，是加快农业现代化建设的重大举措，迫切需要现代信息技术提供强有力的技术支撑。而其中起关键作用的是"人"这个决定因素，必须大力促进北京农业农村信息化人力资源的积聚。加强农业农村信息化基层工作队伍建设，健全工作体系，完善工作机制是一项长期的任务，需要政府和社会多方力量共同参与。

在政府层面，明确乡镇一级的信息化工作职责和工作机构，在村级设立信息化公益岗位，健全农村基层信息化工作体系。通过设立复合型人才奖励基金，鼓励和促进相关人才的成长。建立新型的农民培育体系，引导那些有技术、学识高，懂经营的人员回到农村创业。公共教育支出要继续增大向农村地区的倾斜力度，改善学校办学条件与教学设备，推进远程教育，扩大优质教育资源覆盖面，提高其基础教育质量。

在智慧乡村、信息进村入户等试点工作中探索和完善农村基层信息化工作机制，制定财政支农资金支持项目的配备信息化岗位的要求，壮大农业生产经营领域的信息化工作队伍。在试点建设成果的基础上，市农委明确将智慧乡村建设作为北京市新农村建设的重要内容，通过财政资金的转移支付方式，给予重点支持。要协调整合各方力量，全力开辟出一条人才培养、引进、积累与配置的"绿色通道"。将财政资金用于基地建设、技能培训、新品种及新技术推广，主动开展与科研院所、高等院校的科研、科技合作，财政支持各类高校科研人员、技术人员参与到贫困地区发展中来，增强农民创业能力与致富本领，促进农村地区"一村一品"的建立。

在社会层面，培育社会化服务机构，为农村基层组织和生产经营主体提供专业化服务。加大对农民的培育力度，使农民增加学识，以便能够更好地融入现代农业的发展需要以及科技进步当中。落实一批电子商务实践基地，努力培养一批兼有电商理论和实操能力的复合型人才。在各级农民培训工作中，开展针对知识农民的电子商务知识培训，为农村电子商务发展提供人才支撑。

（四）加强京津冀农业信息化合作。2016年3月，农业部等八部门联合印发《京津冀现代农业协同发展规划（2016—2020年）》，明确提出按照都市现代农业区和高产高效生态农业区的布局，推进京津和河北省环京津的27个县市加快建成环都市现代农业圈，实现农业田园景观化、产业园区化、功能多元化、发展绿色化，发挥率先突破、引领带动作用。2016年6月，北京市政府颁布了《北京市"十三五"时期城乡一体化发展规划》。规划提出，要推动京津冀"互联网+"协同发展，建设农业协同平台和农业资源平台，促进三地农业信息化协同发展。京津冀协同发展背景下，三地农业地缘关系和互补关系，决定了三地农业信息化合作的重要性。

首先，河北农业为京津农业信息化成熟技术和应用模式提供了广阔的推广空间；其次，加强三地产销信息对接，破解产销信息不对称的难题，不仅是农业信息化的主要工作目标，三地的生产者、经营者和消费者也对此给予了深切的期望。同时，三地农业信息化合作，为推动京津冀农业大数据提供了更大的发展前景。三地农业信息化合作，在注重顶层设计，建立协调工作机制的基础上，要更加重视三地农业信息化的协同发展。河北的农业信息化基础比较薄弱，北京和天津要在支持和推动河北农业信息化基础应用，缩小三地差距上有所作为。

课题负责人：刘军萍

课题组组长：张春林　范　宏

课题组成员：陈天恩　李　斌　陈丹梅　马晓立　卢月静　冯学静

陈维隆　史晓慧　贾启山　杨　阳　李冬玲

执笔人：张春林　冯学静　陈天恩　李　斌　史晓慧

促进社会力量发展农产品电子商务对策研究

一、研究背景及思路

农产品电子商务促进农业一、二、三产业融合发展，是北京市都市型现代农业发展趋势之一。北京农产品电子商务经过几年的大力发展，在消费者网络购物中已经得到一定普及，带动了本地优质农产品的标准化、品牌化、网货化，促进了农民增收。

农产品电商平台、农民合作社、第三方服务商、相关协会组织等社会力量，在农产品电子商务的发展中发挥了关键作用，如平台建设、物联网普及、模式探索、全程冷链物流、农民培训等。

但是，农产品电子商务市场主体的经济效益还不高，利润空间无法覆盖高昂的成本，导致社会力量参与农产品电子商务积极性不足。

从政策文件看，国家非常支持农产品电子商务的发展，出台了一系列政策文件。如何根据北京的具体情况，对相关社会力量采取有针对性的对策措施，扶持社会力量共同推动农产品电子商务健康发展，对国家政策落地并取得好的成效非常关键。

（一）发展现状。

1.北京农业。北京农业总体情况是传统农业规模收缩，都市型农业稳步发展。设施农业实现提质增效，全市设施类型结构、种植结构不断调整。符合城市功能定位的观光休闲农业等都市型农业稳步发展。

北京农业将围绕首都功能定位，强化农业生态、生活、生产、示范四大功能，以发展北京都市现代农业为方向，打造生态环境友好、产业产品高端、田园乡村秀美、管理服务精细、城市郊区共融的都市农业"升级版"。

北京农业生产规模因农业"调转节"政策而调减，到2020年，农业生产总规模控制在250万亩，其中80万亩粮田、70万亩菜田与100万亩果园。[①]

2.北京农产品电子商务。北京市农产品电子商务起步早、发展快，模式探索多。农产品电子商务发展过程中，社会力量在资金投入、模式创新、技术科研、电商思维普及等方面做出了很大贡献。北京80%[②]以上的农场已经通过不同的渠道"触网"，农产品电子商务网络平

---

① 北京市"十三五"时期都市现代农业发展规划（京政农发〔2016〕31号）。

② 2015年对北京近200家农场及合作社开展问卷调查、访谈调查，数据截至2015年10月底。

台2009年前后就出现，近两年更是如雨后春笋般涌现。

但农产品电子商务市场主体的经济效益还不高。资料显示，目前国内农产品电商接近4000家，其中只有1%能够盈利、7%有巨额亏损、88%略亏、4%持平。[①]北京市的农产品电子商务平台情况也如此，农产品电商利润空间无法覆盖高昂的成本，多数企业在烧钱铺市场，尚未收回投资回报。

目前资本对农产品电子商务的投入很高，但如果不解决市场主体的盈利问题，仅靠资本的投入，只能激起一片暂时的繁华，不利于农产品电子商务可持续健康发展。而完全由政府主导的农产品电子商务平台已经被市场证明缺乏活力。因此，农产品电子商务的发展，应由"政府搭台、市场唱戏"，即主角是市场主体，政府提供恰当的扶持和履行应有的监管，促进市场主体更好地发展农产品电子商务，促进相关社会力量共同助力农产品电子商务，进而促进农产品优质优价和农民增收，带动农业大数据基础建设。

（二）研究思路。

1.提出问题。农产品电子商务将传统农业生产经营与互联网结合可以实现信息共享降低风险；减少流通环节，降低销售成本，提高农民收入；并且可以拓宽营销渠道。[②][③]

可以看到，虽然农产品电商发展如火如荼，但整个行业尚未通过电商获得大发展。农户通过电子商务做出生产决策等作用发挥得并不明显；电商平台盈利水平低；消费者对网购农产品也还缺乏信任；第三方服务商，也因全行业的低效率，盈利难度大。行业整体盈利水平低，导致社会力量参与农产品电子商务积极性不足，从而影响农产品电子商务的健康可持续发展。

那么，政府是否应该采取推动社会力量发展农产品电子商务的对策措施，如果需要，可从哪些角度切入？这也是本研究需要重点回答的问题。

2.概念界定。

（1）农产品电子商务。本研究所讨论的农产品电子商务指包括初级农产品、加工农产品等实物农产品的电子商务。限于篇幅，研究不探讨休闲农业、观光农业等服务型农产品。

（2）社会力量。本研究所说社会力量主要是指实体组织，包括市场经营主体、行业协会等社会中介组织、具有服务职能的事业单位，不包含政府部门。

农产品电子商务是由整个农产品生产、流通供应链上各个环节包括农民、合作社、龙头企业、物流公司等共同完成的（赵萍、骆毅，2011）。为易于分析，按照社会力量在农产品电子商务供应链中主要角色作用，将参与农产品电子商务的社会力量，分为参与生产的、参与经营的、第三方服务的和参与消费的四个大类。以下对四方面社会力量进行简单描述：

参与生产的社会力量，主要指提供农产品及其加工产品的市场主体，包括生产型合作社、生产型企业、生产基地、家庭农场、农户等，简称生产端。

① 洪涛.2014—2015中国农产品电子商务发展报告［EB/OL］.http://www.ebrun.com/20150420/131544.shtml，2015-04-20.

② 田英伟.我国农产品电子商务发展的现实困境及路径选择［J］.价格月刊，2012（7）：54-57.

③ 王双进，高贵如，郭珊，等.推进农产品电子商务发展的对策研究［J］.江苏农业科学，2014，40（10）：387-389.

参与经营的社会力量，主要指销售农产品及其加工产品的市场主体，包括经营销售型合作社、销售型龙头企业、电商平台等，简称经营端。

参与第三方服务的社会力量，主要指提供农产品电子商务过程中所需第三方服务的市场主体、中介组织、事业单位，包括物流企业、物联网服务企业、第三方检测机构、第三方数据服务机构、网络营销咨询企业、金融服务企业、标准制定机构、培训机构等，简称服务端。

参与消费的社会力量，主要指购买农产品及其加工品的市场主体，包括消费者、餐馆食堂、以农产品为原料的加工企业等，简称消费端。

现实中，参与生产、经营、服务和消费的市场主体并不是截然区分开的，有时是相互重叠在一起的，如生产者自身开展电商经营、服务商自身开展电商经营、经营者自身开展物流配送、采购农产品的加工企业在下一个供应链中也成为提供加工农产品的生产端等情况。

3.研究路径。本研究的主要思路如下：首先，阐述社会力量参与农产品电子商务发展的现状，明确社会力量在农产品电商中发挥的作用。接着，从理论角度分析社会力量参与农产品电子商务发展面临一系列问题的内在原因。社会力量在农产品电子商务中发挥了较强的外部公益作用，这部分作用成本负担较高；同时，农产品电子商务活动也存在负外部性，目前政府监管作用较少；这两方面的外部性未得到纠正，导致社会力量参与农产品电子商务积极性不足，进而影响农产品电子商务的健康可持续发展。通过调研获得一手案例，互联网搜索获得二手案例，用案例印证农产品电子商务发挥的外部公益性，并形成政府扶持农产品电子商务发展的经济学理论依据。然后，分析社会力量存在的不足，及社会力量参与农产品电子商务发展面临的难点，包括生产端、经营端、消费端和服务端。随后，从生产端、经营端、消费端和服务端，分别探讨社会力量在农产品电子商务中可改进的方向。最后，针对农产品电子商务发展的外部性、社会力量参与农产品电子商务发展的不足、难点及可改进的方向，提出切实可行的对策建议。

二、社会力量参与农产品电商发展现状

（一）生产端发展现状。 生产端市场主体为整个农产品电子商务提供产品，是供应链的源头。从调研和问卷调查看，北京农产品电子商务生产端的参与深度还不是很高，信息化水平需要提高，生鲜农产品电商比例相对高，电商人才配备还不够。

对京郊生产端开展的问卷调查[①]显示，生产端主要销售渠道是网上销售的占29%。生产者信息化建设水平还不是很高，建立了内部资源管理信息系统（ERP）的占11%，使用物联网技术的占15%。

在网上销售的生产端市场主体中，从2014年后开展网络销售的占75%，网络销售超过其总销售一半的占19%。其农产品电子商务的主要形式为线上线下结合（O2O），占51%；其次是线上联系、线下交易，占40%；B2C形式的占24%；B2B形式的占14%（因多选，所以比例加总超过100%）。网上销售商品的主要种类以生鲜农产品为最高，占45%；其次是服务类产

---

① 2016年11月通过北京市农村改革与发展观察员开展的《北京郊区农产品电子商务调查问卷》，回收180份有效问卷。

品，占42%；农产品礼盒占35%；干货农产品占33%。农产品电子商务的人员配备是由其他人员兼职做的占58%，有专人负责的占27%，有专门部门的占10%，有自有技术研发团队的占3%。

（二）经营端发展现状。经营端在农产品电子商务中起到了非常重要的作用，可以说是经营端的市场主体创造并掀起了农产品电子商务的大发展。商务部最新的数据显示，我国农产品在线经营企业和商户达100万家，预计2016年全年交易额将超过2200亿元，占整个电商交易额的比重从4.6%上升到6.2%，增幅达35%。2200亿元也占到了全国生鲜市场2万亿元的11%，而这个数字在2014年才只有3%，2015年为7%。

从市场看，淘宝、天猫、京东等依然是农产品电商的大型支撑平台，而中粮我买网、沱沱工社、本来生活等垂直电商经营水平不断提高，一亩田、美菜等B2B型电商作用日益突出，上述电商在北京农产品交易额和客单量方面都占据了绝大多数份额。

与此同时，北京市场也涌现了每日优鲜、爱鲜蜂、许鲜等农产品电商新锐；一批以生产和经营北京本地特色农产品的本土化农业电商企业迅速发展，如北菜园、鑫桃源、密农人家、欣欣尚农等。以分享收获、诺亚农场等为主的社区支持农业电商模式日益成熟，而不老尚品等微电商发展也十分迅速。另外，北京新发地农产品批发市场也在建设第三方电子商务服务平台，创新农产品流通方式，开展电子化结算，发展农产品电子商务。

（三）服务端发展现状。服务端主体是为农产品电子商务提供所需第三方服务的组织，包括市场主体、社会中介组织和事业单位等。事业单位、社会中介组织由于其服务职能，对农产品电子商务中基础设施、公共物品的提供发挥了重要作用。而市场主体由于目前农产品电商整体营利性较低，整体看数量还比较少、服务能力还比较低、服务覆盖面还较窄。

1.事业单位的参与情况。促进北京农产品电子商务发展中，市农委下属的市城乡经济信息中心、市农业局、市农科院等农业农村信息化相关事业单位都有诸多措施，取得了一些进展。

（1）通过智慧乡村、信息进村入户推进基础设施建设。市农委牵头，将智慧乡村建设纳入财政支农资金范畴，市城乡经济信息中心整体推进，各郊区组织实施，市区联动，统筹协调，开展智慧乡村建设。目前，10个区39个村建设完成，6个村正在建设完善。其中，开展电商等生产经营的占50%，这一部分具有生产经营职能的智慧乡村，在农产品电子商务方面发展较好，如西柏店村、黄山店村等。

市农业局开展益农信息站建设。2015年共建设益农信息社500家，其中标准型150家、专业型350家，目前已在大兴、密云、昌平、顺义、通州等7个区开设了益农信息站。作为信息站里的一项重要功能，电子商务板块将为每个所辖行政村、镇、区开设网页，方便村民注册上传供销信息，打造一村一品。2016年3月在昌平崔村镇八家村开设了首家村级站点，短时间内解决了村内苹果滞销问题。①

（2）通过农业物联网应用示范提高信息化技术水平。2010年开始，北京在13个郊区县的50多个农业生产基地，开展农业物联网应用示范工作。2015年，北京"221物联网应用服务

---

① 刘菲菲，北京：农民信息站里赶"农业大集"［N］.京郊日报，2016-12-12. http://www.farmer.com.cn/jjpd/nyxxh/201607/t20160718_1225830.htm

平台"实现了"农场云"农业社会化服务平台应用与数据的对接，编制完成《技术标准文档》，提高了平台的开放性和可扩展性，用户数量475家。物联网应用示范工作，促进了农产品电商产业链前端信息化水平提高，为农产品全程可追溯打下了基础。

（3）通过建设农产品产销平台促进本地农产品销售。在北京市农委的指导下，北京尚农三才科技有限公司以"221信息平台"为基础，物联网大数据为支撑，建设"欣欣尚农网"，为北京当地的农村、农业、农民提供综合信息服务，提供蔬菜水果、肉禽蛋奶、粮油副食、休闲食品、酒茶冲饮、水产海鲜等多种品类的农产品，满足消费者对食品安全、健康饮食、休闲娱乐等多样化的需求。"欣欣尚农"是综合电商服务平台，平台包括农产品流通、仓储物流、京郊旅游、农村金融等多个板块。

2016年5月份，北京市农业局开发了集京郊"三品一标"优质农产品、休闲农业观光、电商企业推广等内容于一体的"优农佳品"网站和智能手机应用软件（APP）正式上线。该平台通过向市民推送本地优质农产品及采摘、垂钓等休闲农业信息，让市民"了解农业、享受农业"，让都市农业发展在惠及首都市民的过程中实现优质优价。网友可以体验浏览、查询、行程规划等便捷服务。平台已实现对150余家优品企业、40余家优品电商、60余个农产品品牌和400余项农业休闲娱乐信息的重点展示，并可以即时查询千余家无公害、绿色、有机认证企业的相关信息。

（4）通过建设"农邮通"服务站助力物流配送。按照《关于进一步推进"农邮通"服务站建设工作的通知（京政农发〔2016〕16号）》要求，市农委、市邮政管理局紧密围绕服务"农产品进城、消费品下乡"的要求，按照"政府搭台、企业唱戏"的原则，积极推进"农邮通"服务站建设，促进农产品高效集散、优化配送和农村快递便捷转投。目前，全市各区已建成62个"农邮通"服务站，一批"农邮通"服务站在京郊大地上，为方便京郊农产品物流配送、解决农产品进城"最初一公里"和"最后一公里"发挥了积极作用。[①]

（5）通过制定技术规范促进农产品标准化生产。2016年12月，北京市农业技术推广站制定出台了《北京电子商务市场蔬菜分级包装技术规范》，主要从产品分级指标、产品包装方式、产品保鲜三个方面为蔬菜电商提供了指导，有利于规范电商企业高效、规范运营，也有利于市场准入制度的实施，增加生产附加值。

产品分级是根据果蔬的大小、重量、外观的不同，对不同品种的蔬菜进行分类分级，以区分产品的质量，为其商品性和价格提供依据。等级标准既能满足消费者的多样化需求，也能为电商企业、消费者、生产者提供交货依据，从而解决了电商企业、消费者、生产者之间蔬菜品质信息不对称，易出现纠纷的问题。

优化果蔬包装方式，提出适合电商的包装技术，能够有效解决电商包装强度不足和过度包装的问题。科学的包装方式既可以降低包装成本，还有助于保持蔬菜品质。此外，通过规范电商的保鲜操作要领，还能够有效延长蔬菜保鲜期，降低产品损耗率。

---

① 北京市召开"农邮通"服务站建设现场会"农邮通"服务站建设取得阶段性成果［EB/OL］. 2016-11-28.
http://news.xinhuanet.com/politics/2016-11-28/c_129381090.htm?from=timeline

2.社会中介组织的参与情况。

（1）通过实用知识培训提高生产端电商应用技能。2016年，北京市农产品产销信息协会与北京尚农三才科技有限公司合作，对全市13个区县开展了17场"新型经营主体互联网应用技能"的电商培训，培训人次1330人；聘请专家讲授了"互联网+"相关知识、计算机技能、农产品物流知识、信息化发展趋势及在农业领域的应用、农产品市场发展形势等实用课程，使新型经营主体的互联网应用技能得到普及和显著提高。

（2）通过搭建展示平台为生产端、经营端开展对接。2016年，北京市农产品产销信息协会创办了"渠道商与农场主对接品鉴会"，年内共举办了六期，每期邀请北京及外省市的优秀农场和生鲜电商渠道商15—20家参加，对接品鉴会取得较好效果，如11月品鉴会现场达成了63个业务对接意向。协会通过对接品鉴会，为生产端提供了一个向经营端展示优质农产品的平台，促进了生产端与经营端的产品对接。

（3）通过建设地方行业协会推动区县农产品电商发展。密云区成立了北京市首家农产品电子商务协会。协会由密农人家农产品产销专业合作社、百年栗园、春播科技等33家农产品电商、物流、专业合作社等企业组成，通过行业自律、咨询服务等活动，依法维护协会会员合法权益，发挥政府与行业间的桥梁纽带作用，搭建交流合作平台，推动密云区农产品电子商务健康有序发展。

3.市场主体的参与情况。

从调研看，服务端市场主体活跃度也很高，很多具有互联网思维的市场主体在这个领域探索、创新，但由于农产品电商整体营利性较低，服务端整体看数量还比较少、服务能力还比较有限。

由于缺少足够的第三方社会服务，导致经营端市场主体除了做好营销外，还要做包括冷链物流、生产端的信息化建设、城市宅配、农产品安全检测等方面的工作。早期，第三方冷链物流配送体系不健全，如沱沱工社只能自建冷链物流，保证产品送达质量。现在，已经有一些专业的冷链物流公司，但是这样的社会力量还不够多，专业化程度还不够细，很多经营端平台依然需要自己研发冷链物流的产品，如本来生活成立专门的部门研制综合保鲜方式，找到不同产品的电商保鲜模式。很多经营端平台，都配有自己独立的农产品安全检测部门，因为购买第三方检测服务成本更高。由于生产端的信息化建设水平不够，如物流企业陆达达为完成农产品入库信息化的第一步，在快递员（司机）提货时，提供便携式标签打印机，帮助农户打印贴标。

可见，第三方服务水平的提高，对于农产品电商的发展非常重要，由专业的人做专业的事，可以解放很多资源，提高供应链效率。

（四）消费端发展现状。消费端对完成整个农产品电商流程是关键一环。没有消费端的购买，农产品电商就没有存在的可能性。随着互联网的普及和支付、物流等相关条件的不断完善，以及城市生活节奏的加快，网络购物已经被消费者广泛接受，网购农产品也逐渐以其便利、经济因素受到人们的关注。

通过调研分析发现，便捷、质量、价格、配送是影响消费者网购生鲜农产品行为的主要因素。尽管当前生鲜电商市场发展面临着品牌建设、冷链与配送、产品标准化、消费者忠诚度、用户体验等一系列挑战，农产品网购消费群体规模还有限，但是从市场空间和消费者需求来看，农产品电子商务有着较大的发展潜力。

消费端促进经营端服务能力提升，须在以下两方面做出努力：一是深度发掘消费者需求。当前，生鲜电商的消费群体规模相对较小，大多数网民尚未形成网购生鲜产品的习惯，因此，经营端企业当前的首要任务是发掘消费需求。如做好产品溯源及质量监管保障，保证产品品质及份量，带给消费者最大的信任；提高物流配送效率，保证产品新鲜度，以最快的速度及时送达消费者手中；优化网站设计，提供更长时间的在线服务，提高消费者网购体验等。二是提高售后服务水平。当前还有一些电商并没有建立一套完善的售后服务机制，投诉平台等同空设，消费者发现坏、烂果蔬，只能与配送人员沟通，但是配送人员存在服务水平低、售后不负责任的情况；另外接受投诉的人员也没有实际的补偿方案，只有解释和道歉，严重影响了消费者的购物体验。因此，提高售后服务水平，加快售后问题解决速度，对于加强客户黏性，提高客户忠诚度有重要意义。

三、农产品电子商务外部性形成及影响

（一）理论分析。农产品电子商务具有发展的必要性和重要意义，也是未来农业经济的重要组成部分，而目前市场主体在发展中遇到了问题，那么，政府是否需要对社会力量发展农产品电子商务采取促进对策？如果要采取扶持政策，应找到理论支持，即农产品电子商务这一经济活动，对"三农"发展具有较强的"正外部性"。

1.外部性理论。外部性的理论来源于西方经济学。外部性又称为溢出效应、外部影响，指一个人或一群人的行动和决策使另一个人或一群人受损或受益的情况。

经济外部性是经济主体的经济活动对他人和社会造成的非市场化的影响，即社会成员从事经济活动时其成本与后果不完全由该行为人承担。分为正外部性和负外部性。正外部性是某个经济行为个体的活动使他人或社会受益，而受益者无须花费代价。负外部性是某个经济行为个体的活动使他人或社会受损，而造成负外部性的人却没有为此承担成本。

负外部性使市场生产的数量大于社会合意的数量。正外部性使市场生产的数量小于社会合意的数量。为了解决这个问题，政府可以通过对有负外部性的物品征税、给予有正外部性的物品补助，来把外部性内在化。①

2.农产品电子商务外部性分析。农产品电子商务外部性是指参与农产品电子商务的市场主体开展经济活动时其成本与后果不完全由该市场主体承担。分为正外部性和负外部性。

农产品电子商务在发展过程中存在较强的正外部性，在推动北京农业农村经济发展过程中发挥着积极的作用，农产品电商正外部性体现在促进农业转型升级、提高农产品流通效率、提高农业农村信息化水平、提高农民人力资本水平等方面。农产品电子商务也存在负外部性，阻碍农产品电商和农产品产销的顺利发展，体现在冷资源与包装资源的浪费、消费者信任体

---

① 曼昆.经济学原理（上册）（原书第3版）[M].北京：机械工业出版社，2005.

系的破坏等方面。

社会力量在农产品电子商务中发挥了较强的外部公益作用，这部分作用成本负担较高，市场主体发挥的这种"正外部性"未获得应有的报酬；同时，农产品电子商务活动也存在负外部性，目前政府监管作用较少；这两方面的外部性未得到纠正，进而影响农产品电子商务的健康发展。

农产品电子商务负外部性产生的根本原因：一是农业信息本身是一种典型的公共产品，具有很强的外部性；二是市场主体逐利所趋；三是政府监管约束缺乏。政府可以通过政府购买、监管措施等进行管理，将外部性内在化，进而促进农产品电子商务健康发展，推动整个农业农村经济的前进。

下面深入分析农产品电子商务这一经济活动，探讨其产生的外部性。

（二）正外部性表现及影响。农产品电子商务正外部性主要是由于部分社会力量在农产品电子商务中勇于探索，先行先试，对社会大众发展农产品电子商务起到了示范、引领、带动、资源共享等作用，具体体现在促进农业转型升级、提高农业信息化水平、提高农产品流通效率、提高农民人力资本水平等方面。

1.促进农业转型升级。

（1）重塑农产品供应链。农产品电商的发展，最重要的意义莫过于对农产品供应链的重塑，实现农业转型升级，是实现现代农业的一个重要路径。

传统的农产品供应链大致是，从农业生产者到一环环的中间商，最后到消费者手中，其间农产品的损耗、信息的失真等，一直是农业的痛点。电子商务环境下的农产品供应链，则跨过一环环的中间商，可以实现从生产直接到消费者。这样的变革，无疑对农业是有巨大贡献的。这个巨大贡献，通过信息化水平的提高、组织化程度的提高、大数据分析预测的应用等方面来体现。

当前，农产品电子商务领域的各个市场主体为此付出的巨大成本，并没有得到应有的报酬。

（2）农产品品质提升、品牌增值。可以直观地看到，通过网络购买农产品的消费者相对于菜市场、实体店的消费者来说，对于农产品的品质、看相等更为挑剔。大路货的农产品很难在toC的电商平台上获得好的销售。当前，电商平台销售的农产品通常都是挑选当地最好的农产品。浙江某品牌的蜜橘，2015年在蜜橘滞销的情况下，通过微商社群销售，销量优于其他农户。同时，由于在选品中对蜜橘优质率的要求，吸取经验，2016年寻找更好的果园和采用更科学的施肥方法，以获得更多优质果。

消费者对农产品品质、特色要求更高，这将拉动农业生产端进行改变，包括生产结构、生产量、农产品品质、专业化生产等方面都会有改变。但这种改变不是一年、两年就能完成，而是随着电商渗透率的提高，随着电商各环节数据资源的不断积累和深化，随着大数据分析不断精确而逐渐达到的。

调研中许多农业生产经营主体对未来如何开展电子商务存在很多疑惑，有些觉得投入很多，在网络中却似石沉大海，没什么效果。这些农业生产经营主体往往是生产领域的行家里手，对市场营销，特别是网络营销的规律、技巧不甚了解，还是以传统的理念，即传统的品牌、包装进入网络销售。

另一方面，网络销售也不乏经典案例，如新疆维吉达尼良心干果、本来生活的褚橙和阳澄湖大闸蟹等。这些案例一般都带有讲故事、品牌设计完整、产品品质好等适合网络营销传播的元素。有了这些元素，这些经典产品的价格都不低，原因就是品牌得到提档升级，产品附加值提高，做到了农产品优质优价。

在这个农产品品质逐渐提高、农产品品牌得以创立的过程中，农业生态环境得到改善，农业资源得到节约，全社会都从中获得了好处，但是农产品电子商务的市场主体没有从中获得额外的收益。

2.提高农业农村信息化水平。农产品电子商务发展多年来，将信息化技术、互联网理念等带到了农业农村领域，缩短了城乡数字鸿沟。在通过电子商务帮助农民销售产品、带来较高收入的基础上，吸引农业生产者对提高自身利用互联网技能、接受信息化相关知识培训的渴望，同时带动村民在农业生产、发展、创新全过程的信息化技术需求。这方面包括：

（1）推动物联网等信息化技术在农业中的应用。在电子商务开展之前，农产品进入流通领域前，甚至在进入流通领域后，都是没有信息标识的。普通的小农生产者，没有这方面的意识和技能。当农产品进入电商销售渠道后，信息标识是前端关键的一环，它的出现，能够促进整个流通的高效率，包括后续建立可追溯体系。这方面，是相关的社会企业完成了技术落地，如电商平台（如沱沱工社）、物流企业（如陆达达）、第三方服务企业（如奥科美）。

（2）推动农产品供需大数据积累和发展。在农产品电子商务中，交易均留有数据资料，这些数据逐渐地丰富起来，利用相关的大数据分析技术，可以开展农产品供需大数据分析，一旦这方面得到长足发展，对整个农业生产都将产生巨大影响。这方面，有阿里、京东、一亩田等平台在做相关工作。

企业在这方面的投入，是为了企业自身的发展，同时全社会享受了这些投入的溢出，而未付出相应成本。

3.提高农产品流通效率。传统的农产品流通成本高，是由农产品的自然属性决定的，如易腐性、季节性、分散、标准化水平低等。这就导致农产品对物流要求非常高。冷链物流的发展作用很大：

（1）降低物流成本。最早的农产品电商在北京配送一单农产品的物流费用在40元左右。2013年顺丰根据北京六环以内平均每天的订单数和配送成本，计算得出当时同行平均每一个订单的物流配送成本大概在47元多，整个业内至少都在40元以上，还不包括整个仓储、IT、客服系统等成本。①

随着整个社会力量对农产品流通的投入和改善，现在农产品物流成本明显降低。郊区农业生产者可以通过冷链物流企业为城市消费者配送生鲜农产品，成本只略高于普通快递费。对冷链物流企业的调研发现，为郊区冷链物流配送成本为12—15元/单。当前，以价值200元

---

① "生鲜电子商务"竞争命门直指冷链物流［N］.中华工商时报，2013.07.02.

的会员蔬菜包为例，15元物流费用占成本的7.5%，而全社会物流成本是18%。[①]

（2）降低流通损耗。农业电子商务的发展带动农产品流通模式的改革，减少了一级级的中间环节，从农业产地，直接到达消费者手中。新的形式不断得到发展和创新，如农产品众筹、农产品定制、社区O2O等等，这些都有助于降低损耗，提升农产品流通环节的效率。如本来生活网一直致力于冷链的提升，用综合的保鲜方式找到适合电商的保鲜模式。最开始损耗率在5%左右，已经比传统渠道少很多，2016年损耗降到了1%。

（3）提高生产效率。第三方冷链物流配送的发展，不仅降低了成本，降低了流通损耗，更让生产者、平台经营者都解放出来了，生产者可以专心于农业生产，提高产品品质；经营者可以专心在网络营销方面，如早期沱沱工社引以为豪的自建冷链配送体系，目前已经换成专业的第三方配送了。这就能够大大提高市场主体的专业化水平，从而提高生产效率。

社会力量在解决流通问题方面的投入是巨大的，创造的是全社会的效率提高，社会力量并未从中获得相应的收益。

4.提高农民人力资本水平。农产品电子商务对社会经济的贡献，还在于用新的理念影响农民，提供新的致富手段，使农民学会新的技能，为农民就地创业、返乡青年创业提供了很好的机会。

农村青壮年进城务工，成为产业工人，为我国经济发展提供了大量廉价的劳动力，保障了我国劳动密集型产业的发展。但我国农民科学文化素质普遍较低，成为制约农民收入增长和劳动生产率提高的一个重要因素。农产品电商的发展，可以改善农村网络、通信等基础设施，降低农民获取信息的成本，增强农民使用现代信息技术的能力，降低农民学习先进科学文化知识的壁垒，缩减城乡数字鸿沟，进而提高整个社会的劳动生产率。

许多农民、农二代实现了就地转移、不离土不离乡的创业。还有许多新农人，进入到农业开始创业，为农业注入新的活力。

在农产品电商中，许多市场主体，开展各方面的培训，如包装知识、品牌塑造、信息化技能等，推动新型农业经营主体电商技能的发展。这些投入，市场主体没有获得额外的社会回报。

（三）负外部性表现及影响。农产品电子商务负外部性主要由于部分社会力量开展农产品电子商务中其行为影响了其他人或企业，使之支付了额外的成本费用，具体体现在冷资源与包装资源浪费、消费者信心体系的破坏等方面。

1.冷资源与包装资源的浪费。从2009年，特别是2012年生鲜电商元年到现在，农产品电子商务不断发展，其中最得益于的是冷链物流的大力发展。但由此也产生了一些负外部性。由于农产品的特殊性，对保鲜、包装、运输都有很高的要求。不同品种农产品对冷链要求不同，如果不进行科学设计、合理利用，就可能造成对社会冷资源的巨大浪费；如果没有对物流快递包装材料的回收、重复利用方案，就会造成包装材料的资源浪费。

[①] 我国社会物流总费用占GDP的比重保持在18%左右，这一比例是发达国家的2倍，高于全球平均水平约6.5个百分点。见：中国物流总费用占比GDP两倍于发达国家［EB/OL］. http://news.163.com/15/1228/15/BBUANF3H00014AED.html

这些成本一部分可能转嫁到消费者身上，造成购物成本上升，降低农产品电子商务竞争力，影响农产品电子商务整体发展。另一部分，如污染、资源浪费等方面则转移到全社会，农产品生产者、销售者、消费者均不负担这部分成本。

2.消费者信任体系的破坏。由于网络购物看不见摸不着的特点，一些农产品生产者、销售者为了卖出产品，对外做了很好的宣传，但最终提供不了相对应的产品。消费者收到产品后发现与宣传的不符，想退货，又由于生鲜产品退货麻烦，只能"忍气吞声"。或者有些企业，不了解农业，盲目开展农产品电商，通过各种方式网罗会员，摊大饼，最后资金链断裂，兑现不了对消费者的承诺，消费者维权无门。

这些负面现象导致消费者对网络购买农产品丧失信心，网购农产品的整体口碑下降，进而影响整个行业竞争力和发展步伐。一些具有农业情怀的市场主体，可能要花费更多的代价去重塑市场信心。这是由部分农产品生产者、销售者造成的整个农产品电子商务行业的负外部效应，他们不承担这部分成本，如果不进行合理监管，这种"搭便车"现象会形成恶性循环。

四、社会力量参与农产品电商不足之处及面临难点

下文先构建农产品电商理想模型，探讨社会力量参与农产品电商不足之处及不同社会力量面临的难点。

（一）理想模型。

1.社会力量参与农产品电子商务的抽象模型。按照农产品电子商务的供应链过程，构建了这四类社会力量在农产品电商中相互作用的理想模型（见图1）。在一些电商平台的宣传中可以看到类似的模型。

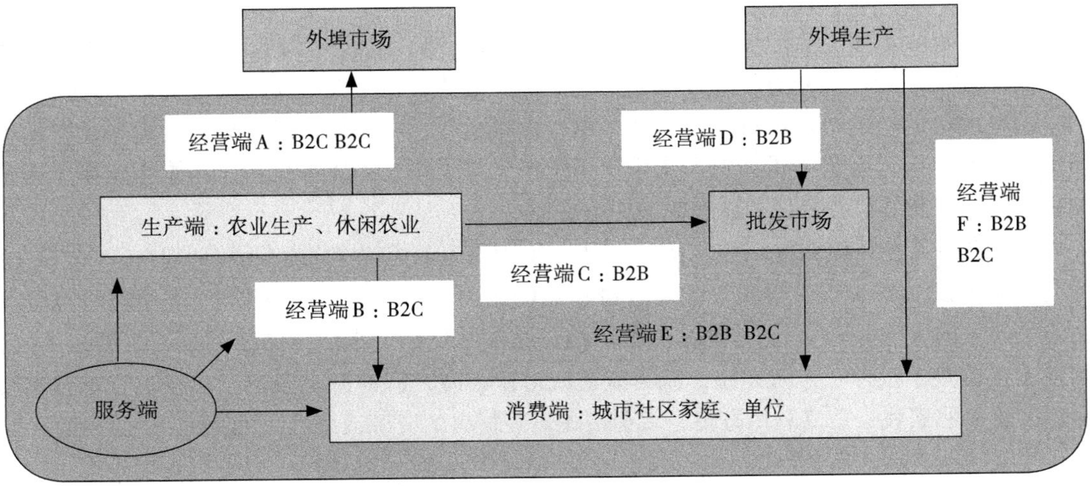

图1 北京市农产品电子商务运行示意图

理论上看，农产品电子商务能很好地解决农产品及其贸易流程的特殊问题。

第一，农产品流通环节多，交易链长，除了生产者、消费者以外，还涉及农产品产地、销地市场，甚至多种成分的中间商存在，而电子商务的存在大大减少了中间的交易环节。

第二，农产品和工业品不一样，不存在一个绝对规范的标准化产品，整个交易过程中更是缺乏规范性，而电子商务中需要大量使用标准合同和文本，并且对交易的流程有着一系列明确的规定，这将在一定程度上提高农产品贸易的规范性。

第三，在农产品贸易过程中最为突出的一个问题是信息不对称，参与交易的主体双方掌握的信息量不同，难以实现及时、有效地对接，造成农产品贸易的极大障碍，而电子商务最大的优势在于提供了信息服务，解决了供求双方的信息对接问题。

第四，在整个农产品成本中，生产成本基本稳定，但每一个交易环节都给农产品贸易附加了新的成本，交易成本占总成本比重较高，初级生产者获利较低，而电子商务以减少中间环节见长，减少了交易成本，缩短了交易时间。

第五，农产品交易量大，在大型批发和零售市场，农产品交易的数量大、次数多，每周甚至每天都必须交易。交易规模大为农产品发展电子商务提供了机会，而电子商务能给农产品贸易提供商流，物流等众多便利。

第六，农产品价格的影响因素很多，农产品价格波动大，产销变化快，交易对象和主体经常置换，需要不断搜寻新的更合适的交易对象，通过电子商务可以创造全国性的市场，以帮助农产品企业更好地掌握市场脉搏，抓住商机，及时反应价格的变化。

2.社会力量相互作用抽象模型。将农产品电子商务的四类社会力量相互作用抽象为如图2所示的模型。

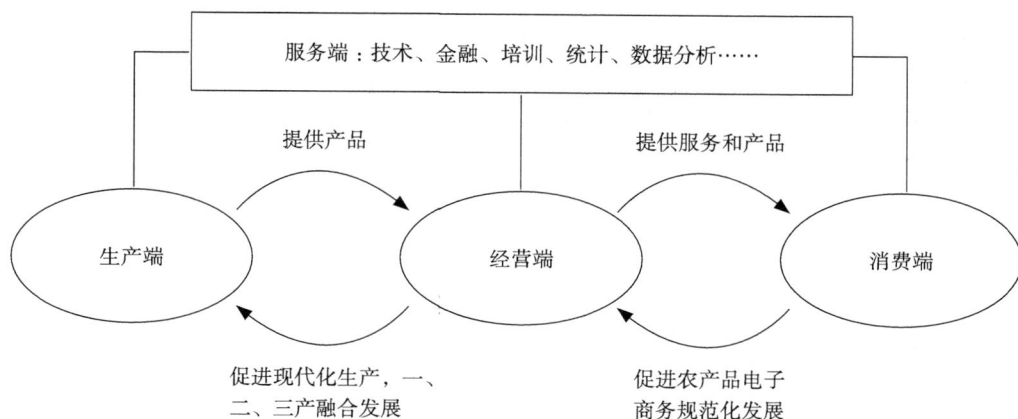

图2　社会力量相互作用的理论模型

从理论上看，图2这个系统可以自运行，即：（1）生产端为经营端提供产品，经营端为消费者提供产品和服务。（2）消费端的需求促进经营端农产品电子商务市场发展，这个需求又通过经营端传递给生产端，促进优质生产、现代化生产以及一、二、三产业融合发展。（3）

这三个市场主体存在不足的情况下，第三方服务主体为其提供技术、金融、培训、统计、数据分析等第三方服务。

（二）不足分析。 这里探讨的不足，主要指社会力量参与农产品电子商务，尚未达到发展农产品电子商务理想目标的情况。对比现实和理想模型，主要的不足有：

1.北京农产品电商生产端经营主体对农产品电子商务的参与深度不是很高，还存在一定门槛，如信息化基础条件、电商技能等。总体看，经营端市场主体带动本地农产品电子商务销售能力有限。

2.目前，电子商务方式的农产品供应链正在逐步形成，但尚未形成稳定、成熟的供应链模式。

3.目前，农户通过电子商务获得市场传达过来的信息并作出生产决策等作用已经有所体现，但这一作用发挥得还不明显。

4.基于电子商务的农产品产销大数据分析已经有探索，但还不是很精准，产生的社会效应还不广泛。

5.由于物流包装等成本费用高冲抵了流通环节减少带来的交易成本下降，生产者和消费者从电子商务中获得的价格红利并不如构想的那么明显。

（三）难点分析。

1.生产端。从供应链角度看，生产端是指农产品及其加工品的提供者。在我国，农业劳动力以小规模的家庭经营为主体，随着经济的发展和社会化大生产的客观要求，已经逐渐向组织化、规模化程度更高的农业生产合作组织、专业农户、公司化农业生产企业等新型农业生产主体演进。不论是小农户还是规范化程度较高的农业新型经营主体，目标都是以为消费者提供合格的农产品，并换取合理的利润作为补偿。

生产端，包括生产型合作社、生产型企业、生产基地、家庭农场、农户等，在农产品电子商务中处于供应链的前端，是完成整个流程的起点，对农产品电子商务是否能顺利开展，具有举足轻重的作用。而这个前端，目前正是一个最传统的领域，信息化水平、组织化程度都比较低。具体来说，有以下几个问题影响着农产品电子商务在这个领域发挥作用。

（1）生产端缺乏电商相关意识和技能。调查发现，生产者极少或不通过网上销售的主要原因为"不懂，理念、技术、人才、管理等跟不上"占63.3%。[①]长期以来，农产品的生产方式、包装运输方式较为粗犷，绝大部分农产品由地头商贩用大车运往批发市场，不需要精确分类、包装、贴信息码等。这样的农产品是没有办法通过电子商务的方式进行销售的，即使销售也不可能成为流程化、可持续的方式。

生产端组织程度分散、生产加工能力低、产业集约化程度低，难以形成严格的质量标准体系和完全标准化的农产品。一方面，缺少标准会对产品的描述和准确的优劣分类造成困难，网上销售更是加大了消费者分辨的难度；另一方面，调查中发现，由于缺少有效的管理和监督，有一些产品标识并不符合质检规定，也不能提供直接的质量追溯机制，已经引起了消费

---

① 2016年11月开展的《北京郊区农产品电子商务调查问卷》。

者的疑虑，并加重了消费者对于认证的普遍不信任程度。

农业生产经营者缺乏相关的意识和技能，这些基本的供应链前端技能对于传统的中国农民而言是一道难以逾越的鸿沟，农民互联网和电商知识的缺陷是制约农产品电子商务发展的原因之一。

（2）生产端缺乏前端冷链意识和技能。农产品特别是生鲜产品属于易腐产品，商品寿命短，保鲜困难，必须要在一定合适的环境条件下才能够保鲜保质，降低损耗，多数情况下需要冷链保存。而作为供应链前端，初始的冷处理非常重要，农产品在整个供应链中流通时，始终处于"活"的过程，前端的情况决定后端的新鲜程度。而各种农产品有不同的要求，并且可能依据不同的销售方式又有不同的要求。这些相关意识、方法、技能是目前生产端缺失的。

（3）生产端处于供应链中弱势环节。在以家庭为主体的农产品分散经营模式下，普遍存在着"小生产"和"大市场"的矛盾。当前，大部分农产品处于供过于求的生产状态，使得生产端在市场中的谈判能力极低，也因此出现信用问题、毁约成本低等现象，最终导致恶性循环。广大的普通生产者触网非常困难，没有销量，即使是这两年异军突起的微商，也是一样，大部分是默默无闻的。从事电商的企业，也是基本在亏损。但向前看，这一段是必须走过去的道路。企业和生产者都没有办法单独去完成。

2.经营端。经营端，主要指销售农产品及其加工产品的市场主体，包括销售型合作社、销售型龙头企业、电商平台等。目前经营端的主要制约因素有：

（1）与生产端对接不畅。首先，作为农产品电商经营端，很多是"新农人"，即原来在非农领域的人才，如IT界、广告界等，与传统农业对接不畅，找不到好产品，不了解农民，与农民对接困难。比如，电商平台选走了最好的一部分农产品在网上卖，剩下的怎么办，农民不干了。或者谈好的价格，甚至签订了合同，等到收获的时候，农民反悔不卖了。再如，电商平台将商品宣传得很好，农业靠天吃饭，实际产出的品质与宣传的有很大差距，消费者不买单了。

其次，当前生产端往往农产品商品化能力不足。所谓农产品商品化，其实就是将农产品转化为可以进入电子商务领域的产品，包括农产品的标准化、品牌化、标识化等内涵。

农产品商品化有两个关键点，一是准确理解和把握消费者的需求，比如消费者喜欢什么样的梨，包括梨的口感、大小、外貌、安全程度甚至种植历史。二是将消费者的需求传递到生产端，找到能够生产出这样农产品的生产者，并且完成农产品的商品化过程。比如，找到京白梨的原产地，按照要求进行生产（无公害、有机等标准），按照对应的京白梨的标准，进行分类、包装，贴上电子标签。

（2）消费者信任机制不牢固，购买习惯不足。农产品生产环节多，从生产、加工、运输、储存到销售，要经过重重环节消费者才能拿到真实可触的农产品，在这个过程中，消费者对其中任何一个环节产生怀疑都会影响到最终的信用评价度。此外，由于农产品是非标准化产品，用户体验难以控制，当前生产的碎片化，导致了消费端用户体验不信任感和不安全感特别强。据调查，30%的线上生鲜农产品购买者对产品质量和商家的可信度不满意。[①]

消费者信任机制不牢固，造成消费者从网上购买农产品有顾虑，不习惯从网络购买农产品。

3.服务端。服务端主要提供农产品电子商务过程中所需第三方服务的市场主体、社会中介组织、事业单位，包括物流企业、物联网服务企业、第三方检测机构、第三方数据服务机构、网络营销咨询企业、金融服务企业等。目前，服务端的主要制约因素有：

（1）农业农村信息化基础建设需不断完善。物联网技术、大数据技术、云技术、感知和预处理技术的不断发展为农产品流通提供了巨大便利，对于保障农产品有效流通和提高农产品品质方面有着重大意义；此外，还有一些农产品电商企业启动了农产品交易追溯与源头质量把控检测项目建设，通过采集记录产品生产、流通、消费等环节信息，实现来源可查、去向可追、责任可究，强化了全过程质量安全管理与风险控制，相较以往，这是很大的进步和贡献。但在调查中发现，大多数企业表示，为了推进农产品电子商务的发展，首先要解决发展农产品电商所需要的硬环境，如农村宽带普及、电商意识推广宣传等；其次要做好农产品质量检测和全程追溯系统建设、电商平台建设、仓储物流建设、农业物联网的技术研发等工作。为解决这些问题所需要购置的相关设备和前期环境维护都需要较高的资本投入。

（2）缺乏具备IT技术和农业知识的复合型人才。服务端迫切需要即懂传统农业，又懂互联网的综合型人才，但现实中这类人才的缺口相当大，有时候即使能够引进相关人才，还存在农村条件差、短期回报率低等问题，导致人才流失。

4.消费端。消费端主要包括消费者、餐厅食堂、以农产品为原料的加工企业等。消费端参与农产品电商，希望通过可信任的平台便捷地购买（采购）到需要的产品，并获得好的体验和服务。消费端目前主要的问题在于缺乏网络监管机制，包括食品安全网络监管、农产品电商售后服务网络监管。

农产品电商的监管问题较为复杂，除了电商本身的技术问题之外，在农业与食品行业中，质量安全是全社会重视的问题。农产品电商的发展，使得流通业态发生了很大变化，传统的法律法规尚未对新型业态进行有效监管，相关机构责任不明确，使的农产品电商发展初期农产品质量安全风险极大地暴露出来。电子商务的评价机制对标准化的工业品交易有着显著的监督作用，对农产品与食品的交易监督依然存在，但是信息不对称、单笔损害相对较小的特征也使得电子商务评价机制的监督作用不能发挥有效作用，特别是在食品安全监管角度，消费端很难进行充分有效的辨识。基于此，在农产品电商中的政府监管价值就显现出来，如何通过源头的质量安全监管来保障农产品电商发展中的农产品和食品安全也成了重要的政策命题。

农产品电子商务中"追溯码"已呈现出泛滥的态势。贴有追溯码的农产品和食品越来越多，但追溯码"遮头盖面""鱼目混珠"，让消费者难以辨识，溯源信息不全面、更新不及时、生产信息缺失，是常见的问题。

① 中国生鲜消费趋势报告，BCG、阿里研究院，2016-09.

　　传统农产品流通是通过批发零售渠道来实现分销，在一些大的关键节点，特别是产地或销地批发市场，比如山东寿光、北京新发地都有质量安全检测的环节；而在超市、农贸市场也会有快速检测设备，加上食药监部门的检查机制，可以起到基础的保障作用。农产品电子商务中，很多农产品从田间地头直接对接消费端，而食品安全的源头监管尚未建立，食品安全风险实际上是加大了。无论是淘宝评价机制，还是B2C的平台机制，目前都不能建立起针对农户的有效食品质量安全监管机制，这涉及系统性追溯体系和监管架构。

五、促进社会力量发展农产品电商对策分析

　　前文先从理论角度探讨社会力量面临一系列问题的内在原因。主要原因在于，社会力量发挥了较强的外部公益作用，这部分作用成本负担较高；同时，也存在负外部性，目前政府监管作用较少；这两方面的外部性未得到纠正，导致社会力量参与农产品电子商务积极性不足，进而影响农产品电子商务的健康可持续发展。接着，分析了社会力量参与农产品电商的不足和难点。

　　对国家政策文件梳理发现，农产品电子商务的扶持力度很大，政策的视角也很全面，覆盖了农产品电子商务的各个环节和需求（见附件四）。北京应根据市场特点和北京农业发展要求，讨论农产品电商发展思路和方向，并因地制宜地制定可操作性的鼓励措施。

　　（一）总体思路。首先根据北京农业在整个农产品电子商务产业链中所处的重点角色，探讨发展农产品电子商务的总体思路：

　　一是重要的试点示范区域。依托北京的智力、资金、政策优势，现代农业、电商模式、冷链物流配送、农业物联网等农产品电子商务关键领域，都可以在北京先行试点示范，而且现实中许多企业也确实是选择先从北京开始，摸索好的模式，然后在其他地区复制。

　　二是重要的消费市场。北京这个拥有2300万人口的国际大都市，对农产品的日常需求量巨大，是农产品电子商务顺利开展的市场基础。

　　三是重要的优质、生鲜农产品生产端。虽然北京的农业规模不大，但是依托郊区较好的自然环境、全国农业科技中心等条件，中高端农产品生产、研发、就近配送具有很大优势。

　　结合北京市促进都市型现代农业发展的产业政策需求，可以明确北京市发展农产品电子商务的总体思路是：鼓励农产品电子商务先进技术和模式的试点示范，取得农产品电子商务相关技术的突破，探索效率较高的都市型农产品电商模式，让农产品电商成为北京市民新的可靠的"菜篮子"，通过互联网思维，带动都市型现代农业生产，促进农民增收，市民受益。

　　（二）改进方向。

　　1.生产端可改进方向。

　　（1）鼓励和帮助生产端增强电商意识，掌握相关技能。通过提高农业农村信息化水平，开展农产品电子商务、物联网应用、标准化生产技术、产地预冷等方面培训，逐渐提高生产端进入农产品电商供应链的整体对接能力。

　　（2）建立产销大数据分析系统，提供可用市场信息。加大对农产品产地生产情况和市场需求情况的调查力度，建立大数据信息分析系统，及时对市场供求信息进行收集、统计和公

布，运用现代化、科学化的手段和方法进行大数据分析，提高信息利用效率，准确定位消费者及其需求，引导农产品生产制定合理的计划，鼓励适度规模经营，鼓励订单农业。

2.经营端可改进方向。

（1）提高与生产端的对接方式、农产品商品化能力。促进农产品产业化，提高农产品商品化能力，具体到实践中，要从农业标准化生产做起，引导土地合理流转相对集中，引导分散的农户成立农民专业合作社，提高农民的组织化程度，实行适度规模经营，促进农业的产业化、专业化和社会化，制定完善的农产品质量安全管理体系，提高农产品商品化和深加工程度，促进产销对接。

（2）提高将市场信息传导致生产端的能力。提高市场信息的共享机制，由于当前农产品交易各终端留存的都是单独的交易信息，信息的共享和互联互通存在障碍，这也在一定程度上阻碍了农产品电商行业的发展。因此，在推进社会力量发展农产品电子商务的过程中，应提高信息效率，通过信息共享，充分利用信息。

（3）建立消费者信任机制。通过多项措施建立消费者信任机制，如向广大农户普及安全健康种植的理念，加强农产品品牌认证，提供农产品生产销售全过程的履历追踪；通过技术手段，如大数据、物联网等，帮助筛选出值得消费者信任的商品。调查显示，消费者为溯源产品支付的价格比同类产品高出30%—40%[1]。

3.服务端可改进方向。

（1）政府购买公益性服务。比如政府可以通过购买第三方食品安全检测服务，对第三方检测机构开展扶持。可以购买冷链物流配送技术研发，支持相关第三方社会力量，进行相关科研。可以购买第三方数据服务机构大数据分析服务，促进农产品市场信息大数据建设。可以购买第三方社会力量农产品商品化基础建设服务，提高农业生产者商品化能力。

（2）加大公共基础设施建设投入。政府加大对农业农村信息化基础设施的投资建设，搭建好信息高速公路，为第三方社会服务开展创新业务提供好的基础环境。

（3）加大对复合型人才的培养力度。通过设立某些复合型人才奖励基金等方式，鼓励和促进相关人才的成长。

4.消费端可改进方向。建立和完善网络食品安全监管机制。可靠的网络食品安全监管机构，和完备的网络农产品消费保障与反馈机制，是解决消费者信任的有效途径。

一方面可以考虑引入第三方的市场监管和检测机构，用市场化的方式来进行检测，跟"互联网+"对传统行业的改造一样，引入第三方的检测机构，农户可以任意选择相关的检测机构，合格之后打上检测机构的认证标示，出了问题检测机构要承担责任。政府承担监管的托底责任和对第三方检测机构的监管。通过市场化方式运作，食品安全的监管效率会提高很多。食品安全目标是不断发展完善的，现阶段可着眼于设计一种低成本、宽覆盖，能获得普遍认可的监管体系。

另一方面，可考虑建立网络农产品销售保险制度。在调研中，欣欣尚农网与中国人寿合

---

① 中国生鲜消费趋势报告，BCG、阿里研究院，2016-9.

作开展了食品安全责任险，共同为网络销售农产品的食品安全作出保险。

（三）对策措施。 社会力量在北京市农产品电子商务发展中发挥了重要作用，由于外部性未得到纠正，影响了社会力量的参与积极性，根据北京市发展农产品电子商务的总体思路和前文关于社会力量参与农产品电商可改进方向的分析，从扶持措施、监管措施和保障措施三个方面，提出当前可采取哪些措施，促进社会力量发展北京市农产品电子商务。

1.扶持措施。主要是指对生产端、经营端和服务端社会力量的扶持政策，按照不同发展阶段实际需求，有侧重点地制定相关政策措施。

（1）积极培育生产端农产品电子商务市场主体。北京市生产端市场主体相对电子商务要求来说还不健全，要顺利完成农产品电子商务，首先需要重视生产端市场主体的培育。主要可从提高生产端电子商务意识、提高生产端农产品商品化能力两方面开展培育。

——提高生产端电子商务意识。通过提高农业农村信息化水平，开展农产品电子商务、物联网应用、标准化生产技术、产地预冷等方面培训，逐渐提高生产端主体进入农产品电商供应链的整体对接能力。

鼓励农村青年依托电子商务进行创业。加强电子商务知识培训和政策引导，以返乡大学毕业生、大学生村官、农村青年致富带头人、返乡创业青年和部分个体经营户为重点，积极培育一批农产品电子商务创业带头人，切实发挥其在农产品电子商务发展中的引领示范作用。

——提高生产端农产品商品化能力。引导农产品龙头企业、合作社和农产品经纪人等积极开展农产品网上销售业务。

政府购买电子商务服务企业农产品电商化业务，为农产品电子商务发展提供信息化标示、包装规格、仓储物流、市场推广、代运营等专业服务，带动更多企业参与农产品电商发展。

政府购买服务端企业、中介组织、科研机构相关业务，开展适应电子商务的农产品标准化生产，建立农产品质量安全管理体系，提高农产品商品化程度，促进产销对接。

（2）加快构建农产品电子商务销售体系。北京市农产品电子商务平台多，但有利于本地特色农产品的网络销售体系还没有完全建立健全，可通过扶持政策，促进网上销售渠道成长、互补，通过促进北京本地特色农产品网上直销和批发、toC和toB农产品电商销售网络的完善，逐渐带动面向京津冀和全国农产品网络销售体系的建立完善。

——积极探索本地生鲜农产品网上直销。引导现代农业园区、合作社、特色农产品生产基地等开展"网上农产品直销"和"时令农产品预订"，推动农产品生产基地和农民专业合作社转型升级。

——构建多层次的农产品网上批发渠道。结合农产品特点，积极发展农产品网上批发、大宗交易和产销对接等电子商务业务。推动特色农产品生产和加工基地依托知名电商平台建设区域性电商专区，开展农产品网上批发业务。

——开展季节性农产品网上促销。依托经营端各电子商务平台，开展本地季节性特色农产品促销活动，促进季节性特色农产品销售；加强区县、京津冀区域协作，探索"网络购物节"等促销机制，培育一批季节性、固定式的农产品网络促销活动。

——鼓励休闲农业电子商务发展。休闲农业电子商务是促进一、二、三产业融合的重要方式。鼓励社会力量开展基于互联网思维、移动互联网技术的休闲农业电子商务新模式。扶持"休闲农业＋特色农产品"的电商新模式，鼓励区县发展"互联网＋生态旅游＋特色农产品"的区域性整体发展模式。

2.监管措施。主要是为规范生产端、经营端社会力量在农产品电子商务发展中的市场秩序。加强对农产品生产、加工和流通等环节的质量管控，完善农产品检验检测和安全监控等设施建设。推广组织机构代码与商品条码在农产品电子商务的应用，逐步建立农产品电子商务溯源体系，从源头防止假冒伪劣商品进入交易环节，推进农产品电子商务诚信建设。加强市场监管，打击制售假冒伪劣商品等违法行为，有效保护消费者合法权益。建立第三方保险制度，增强市场各主体风险抵抗能力。

（1）以互联网思维，基于市场力量，建设全过程、参与式的事中监管机制。逐步拓展"221物联网应用服务平台"功能，发挥在农产品电商监管中的作用。一是将更多生产主体纳入服务平台，对其生产的农产品进入市场起到监管作用。二是将各类电子商务平台纳入服务平台，对其经营行为起到监管作用。具体可通过政府购买服务的方式，由相关满足资质条件的企业实施操作，并对相关数据结果进行平台接入，将这些数据作为信用评价依据。

（2）引入第三方的市场监管和检测机构，用市场化的方式来进行检测，政府承担监管的托底责任和对第三方检测机构的监管。

（3）建立网络农产品销售保险制度。鼓励保险公司与农产品电子商务经营端市场主体合作开展网络食品安全保险，当出现了网上购物食品安全风险时，不再出现无责任主体的情况，经营端和消费端都可以降低网络销售或购物的风险。

3.保障措施。保障措施主要是指在农产品电子商务发展过程中，能够保障市场顺利运行的相关措施，如基础设施建设、乡村互联网大环境、农产品标准制定、电商统计指标体系制定等。

（1）加快智慧乡村实施进度。通过智慧乡村建设，加大对农业农村信息化基础设施的投资建设，搭建好信息高速公路，为社会力量开展创新业务提供好的基础环境。

——采取多种方式建设智慧乡村电子商务服务点，可与区域农产品电子商务市场主体开展合作。

——建设智慧乡镇，发展农产品电商创业园。鼓励有条件的乡镇利用闲置厂房建设农产品电商创业园，为当地农产品电子商务市场主体提供低成本的办公用房、网络通信、培训、摄影、仓储等电商公共服务，对有发展潜力的农产品电子商务进行重点孵化。

——建立全市智慧乡村服务平台、智慧镇村电子商务服务点，并按照市场化运作方式拓展智慧乡村数量，增加服务功能。

（2）建立产销大数据共享系统。建立农产品电子商务市场主体信息共享机制。可以购买第三方数据服务机构大数据分析服务，促进农产品市场信息大数据建设。

建立北京地产优质农产品数据库，扶持社会力量发展地产农产品电商的同时，不断完善相关数据库建设，逐渐开展信息分析，引导农产品生产制定合理的计划，鼓励适度规模经营，鼓励订单农业。

建立大数据信息分析系统，及时对市场供求信息进行收集、统计和公布，运用现代化、科学化的手段和方法进行大数据分析，提高信息利用效率，准确定位消费者及其需求，将信息传递给生产端，服务生产决策。

（3）加强农产品电子商务技术支撑。重点加强农产品标准化安全生产、农产品保鲜、加工与流通质量控制、生鲜农产品冷链物流、农产品质量安全追溯等技术的研究与应用。建设一批农产品电子商务科技示范工程。

鼓励事业单位、科研院所、企业等社会力量开展农业电商标准化体系和农业电商统计监测指标体系的研究和建设。农业电商统计监测指标体系可探索用电商化率、互联网化率等指标监测市场主体的发展情况。

（4）加大对复合型人才的培养力度。通过设立复合型人才奖励基金，鼓励和促进相关人才的成长。鼓励电子商务培训机构针对农村电子商务进行专业化培训，并落实一批电子商务实践基地，努力培养一批兼有电商理论和实操能力的复合型人才。引导具有实践经验的电商从业者回乡创业，鼓励电子商务职业经理人到农村发展。在各级农民培训工作中，开展针对知识农民的电子商务知识培训，为农村电子商务发展提供人才支撑。

课题负责人：刘军萍

课题组组长：张春林　张　军

课题组成员：陈丹梅　马晓立　冯学静　贾启山　杨　阳　李冬玲

执笔人：陈丹梅　杨　阳

北京农村经济运行情况分析与预测

一、绪论

（一）研究背景。 随着北京农村社会经济的不断发展和京津冀协同发展规划纲要的颁布，北京农村地区将承载更多非首都疏解任务、更加突出生态价值，加快调结构转方式、推动休闲农业和乡村旅游提档升级工程，加快推进智慧农业建设，加快发展休闲农业和乡村旅游，都市型现代农业发展水平显著提高。在北京农村经济快速发展、结构不断调整之后，农村经营管理对农村经济统计工作的要求和需求也不断提升，对农村经济发展现状的评估和发展趋势的预测将是各级党委、政府制定农村发展政策、全面深化农村改革的重要参考，也是各级党委、政府研究分析农村经管工作方针能否有效支持集体经济高效发展的依据。

随着北京农村经济的持续增长、经济统计数据量的急剧膨胀，影响和控制经济发展变化的因素及其关系日趋复杂，农村经济统计分析工作也变得日益复杂和困难，实现农村经济统计工作创新的要求也日趋迫切。北京市农经办农经统计处作为负责农村集体经济组织和农户相关统计分析及北京农村管理信息化工作的农经业务部门，在十多年的农经统计和农村管理信息化工作过程中积累了大量北京农村社会经济发展及管理数据，涉及北京农村人口劳动力、集体资产、土地承包、农村财务、收益分配、涉农补贴、农村审计、党务村务等各个农经管理业务，但其应用仍停留在使用固定格式数据汇总表分析工具为主，而系统化、智能化的数据分析与预测工具应用不足。

为此，在现代化农经统计体系的不断深化建设、计算机和网络技术在农经统计中的广泛应用，以及现代数理统计工具应用理论日渐成熟的前提下，建立合理的经济指标模型对农村经济运行情况进行分析和研究的条件已经成熟。本研究拟通过对农村经济发展进行实证分析、政策分析、发展情景分析，实现对外部环境变化所产生的影响做出有效的预测、对农村资源分配标准的有效性进行验证、对农村经济运行状态和情况做出预判，以实现农村经济统计的实践创新和应用创新。本次研究将侧重于创建更加专业化、可量化、先导性的分析工具，将有效提高农经统计工作的应用水平，减少盲目经济决策、提高决策的准确性，通过对新型数据分析工具的应用来掌握经济发展的规律、了解未来农村经济变化的动态、预见农村社会和经济发展的总体趋势、降低决策可能遇到的风险。

（二）研究目的与研究意义。目前对于北京农村经济运行情况的评价方法通常只是选取某个或某几个指标来从特定视点衡量发展的情况，且缺少对宏观经济运行水平的前导性、整体性分析，农村经济统计分析工作面临着综合性分析无法量化、前瞻性分析缺少依据的困境。

1.建立预测模型，准确把握北京农村经济运行情况。农村的经济运行并不是一个静态的发展、而是一个动态的发展过程，要想全面衡量北京农村经济的运行情况，需要构建一套能够综合评价其运行态势的指标体系，而在北京农经统计工作中始终未能建立一种适合的数理模型来进行北京农村经济态势的定量预测分析。为评价北京农村经济运行的状态，可以通过综合不同层次和性质的经济指标，对于能够反映短期内经济运行情况的指标，不仅要依据经济理论去设计，而且要结合统计分析的因素去选择，恰当地判断当前北京农村运行情况，并适当地给出建议。课题的研究目的就是在充分认识北京市农村经济运行特点的前提下，构建一个合理的模型，采用定性与定量相结合的方法对北京农村的经济运行情况做出客观的评价，通过建立北京农村经济运行预测模型，以对北京地区农村经济未来的发展趋势进行分析预测，实现农经统计分析数据应用模式的重大创新。

2.构建综合评价指标体系，丰富北京农经数据统计分析维度。在构建指标体系的过程中，不仅需要考虑所选指标是否能够真实客观的反映北京农村的经济运行情况，同时还要考虑系统中农经统计数据的客观性和科学性。北京农村经济运行情况的评价方法始终存在层次过于单一，只能够评价某一层次或某一部分的发展情况，而不能对北京农村整体的经济运行情况进行综合的评价。比如，通常采用"人均纯收入"来衡量农村居民收入情况；采用"地区总产值"等来衡量农村的产出水平；采用"第三产业占总产值比重"等来衡量农村经济结构水平等。为此，本课题计划通过对北京农村经济的产出、结构和发展潜力等经济要素的分析研究，构建出一套完整的评价指标体系，以期能够综合衡量和评价北京农村经济运行情况，而不仅仅局限于某一部分、某一层次。

同时，本课题在研究过程中参考了大量的国内外与农经统计工作相关的指标体系，对统计系统中各项指标的设置以及合理性提供了参考，能够丰富和完善北京农经数据统计分析的体系和维度。

3.及时反映农村经济调控效果，为政府决策服务。从经管部门的自身建设角度来看，随着北京农村集体经济的快速发展、农村经济构成的快速变化，依靠农经统计掌握的数据以及信息预测未来北京农村集体经济的发展趋势，进行严谨和科学的分析研究，利用相关数据建立起预测模型，并对发展做出规划和调控，已经成为农经管理部门从职能型向公共服务型转变的重要发展方向之一。北京农村经济运行情况进行预测分析的最终目的与研究意义，是通过预测研究反映农村经济调控效果，为政府有关部门及时调整与改善农村经济运行状态提供决策支撑。

（三）研究思路及内容。

1.研究思路。本课题研究思路为：在系统梳理农村经济管理等相关理论的基础上，对北京农村经济运行情况进行实证分析。在征询众多专家意见的基础上，构建北京农村经济运行情况评价指标体系和预测模型，并对北京农村经济运行进行预测分析，以此为依据提出对策建议。本课题整体研究思路框架，如图1-1所示。

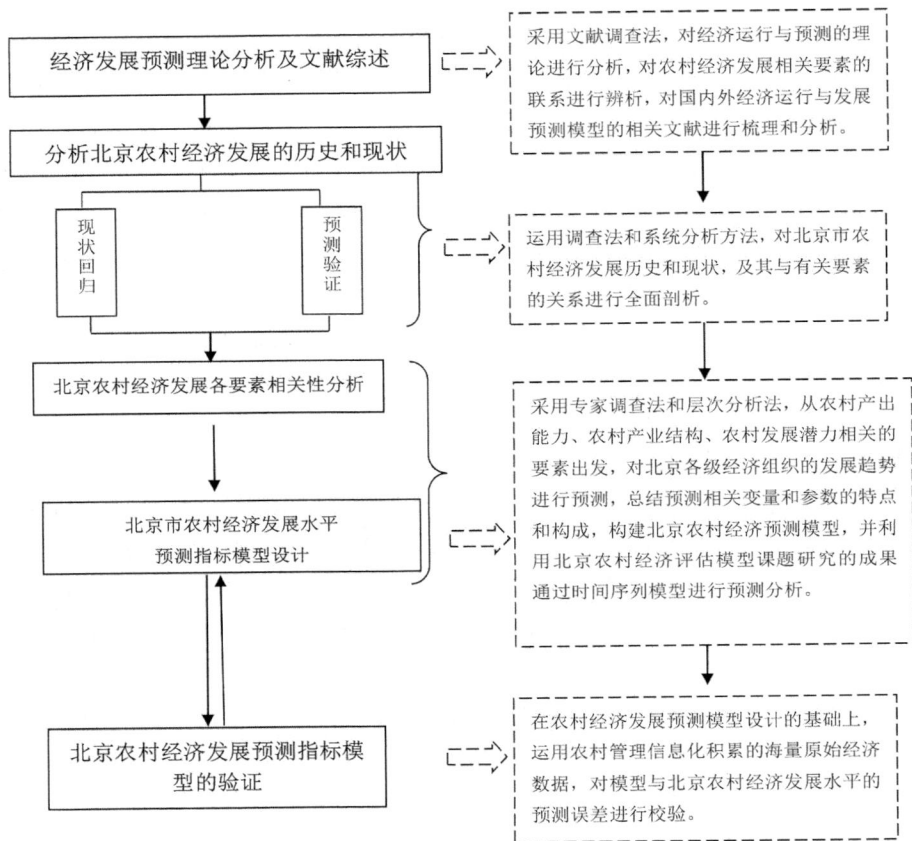

```
┌─────────────────────────────┐        ┌─────────────────────────────┐
│ 经济发展预测理论分析及文献综述 │ ╌╌▶   │ 采用文献调查法，对经济运行与预测的理  │
└─────────────────────────────┘        │ 论进行分析，对农村经济发展相关要素的  │
              │                         │ 联系进行辨析，对国内外经济运行与发展  │
              ▼                         │ 预测模型的相关文献进行梳理和分析。    │
┌─────────────────────────────┐        └─────────────────────────────┘
│ 分析北京农村经济发展的历史和现状 │
└─────────────────────────────┘        ┌─────────────────────────────┐
    ┌──────┐      ┌──────┐     ╌╌▶     │ 运用调查法和系统分析方法，对北京市农  │
    │现状回归│      │预测验证│           │ 村经济发展历史和现状，及其与有关要素  │
    └──────┘      └──────┘             │ 的关系进行全面剖析。              │
              │                         └─────────────────────────────┘
              ▼
┌─────────────────────────────┐        ┌─────────────────────────────┐
│ 北京农村经济发展各要素相关性分析 │       │ 采用专家调查法和层次分析法，从农村产  │
└─────────────────────────────┘        │ 出能力、农村产业结构、农村发展潜力相关的 │
              │                         │ 要素出发，对北京各级经济组织的发展趋势 │
              ▼                         │ 进行预测，总结预测相关变量和参数的特点 │
┌─────────────────────────────┐ ╌╌▶   │ 和构成，构建北京农村经济预测模型，并利 │
│ 北京市农村经济发展水平        │        │ 用北京农村经济评估模型课题研究的成果  │
│ 预测指标模型设计              │        │ 通过时间序列模型进行预测分析。      │
└─────────────────────────────┘        └─────────────────────────────┘
              │
              ▼                         ┌─────────────────────────────┐
┌─────────────────────────────┐        │ 在农村经济发展预测模型设计的基础上，  │
│ 北京农村经济发展预测指标模     │ ╌╌▶   │ 运用农村管理信息化积累的海量原始经济  │
│ 型的验证                     │        │ 数据，对模型与北京农村经济发展水平的  │
└─────────────────────────────┘        │ 预测误差进行校验。              │
                                        └─────────────────────────────┘
```

图1-1　技术路线图

2.研究方法。

本课题在研究中主要采用以下三种方法：

（1）文献研究法。本课题充分利用网络数据资源，广泛收集国内外有关农村经济发展的相关理论和研究文献，仔细研读与农村经济社会发展密切相关的研究成果，及时了解国内外有关农村经济发展方面的最新动态。同时，本课题也特别注重收集整理了北京市农村经济社会发展的有关数据资料，为课题研究提供了丰富的素材。

（2）指标体系法。首先，在对北京农村经济运行情况的理论进行分析的基础上，课题组运用定性分析方法初步构建北京农村经济运行评价指标体系，之后邀请有关方面的专家对指标进行进一步筛选和评价，形成一套合理、可行的综合评价指标体系。其次，运用德尔菲法和层次分析法确定各项指标的权重，完成指标体系模型的构建。最后用北京农村经济各方面的相关数据对经济发展水平进行测定及分析。

（3）时间序列模型分析法。时间序列分析法是一种历史资料延伸预测，它是以时间数列所能反映的社会经济现象的发展过程和规律性，进行引申外推、预测其发展趋势的方法。本课题首先通过构建北京农村经济运行评价指标体系，根据指标的权重设计出综合指标。之后根据指标体系中的各项指数整理和抽取《北京农经管理平台》数据和统计公报数据，对北京各区农村经济运行情况进行分析比较，形成时间序列分析模型。最后，运用时间序列分析模型对短期内的北京市农村经济运行情况进行预测，进而为农村政策制定提供决策基础。

二、国内外相关文献综述及农村经济发展理论基础

（一）国内外文献综述。国内学者对于农村经济运行情况的研究主要集中在以下三个方面：

第一类，有关农村经济发展类型及模式的探讨。研究指出，随着市场经济体制的不断发展，各地区因地制宜，根据实际情况分别采取了适合自身特点的发展类型和发展模式。张敦福[1]在区域发展模式的社会学分析中把自然资源和地理气候、人口、资金、技术、交通运输及通信、国内政策、历史和文化传统、区域互动等八个变量纳入农村发展模式的模型之中。于战平[2]认为农村发展模式主要有四种：城乡统筹、协调、互动建设农村模式，传统村庄改造带动农村发展模式，内生性产业提升带动模式以及完善区域公共产品和公共服务带动模式。张利痒[3]总结出当前农村可借鉴的八种发展模式：工业带动型、特色产业带动型、畜牧养殖带动型、休闲产业带动型、商贸流通带动型、旅游产业带动型、合作组织带动型和劳务经济带动型。也有学者针对某种发展模式进行了深入研究。比如，王晖[4]研究如何发展农村旅游的带动作用，促进社会主义新农村建设，实现农业旅游发展与新农村建设一体化。马鸿雁[5]将循环经济引入经济比较落后与生态环境脆弱并存的陕西农业发展中，提出促进陕西农业循环经济发展的具体措施。

第二类，有关农村经济发展现状的探讨。朱鸿举[6]指出北京市自推进"新三起来"（土地流转起来、资产经营起来、农民组织起来）工作以来，农村经济呈现出总量稳定增长的趋势，"三资"（即资金、资产、资源）管理亮点纷呈，乡村集体资产总额增长较快，农村劳动力就业率保持稳定，农民收入水平保持较快增长。张义丰等[7]对沟域经济这一经济形态进行分析研究，指出北京山区凭借沟域中十分丰富的旅游资源和生态产业资源建立了多个旅游景点、观光采摘园、民俗旅游接待处，充分发挥区县山区资源的优势打造出独具魅力的特色沟域经济带。当然山区经济同时存在农业劳动力流失、老龄化速度加快以及产业结构单一等问题，作者针对上述问题提出了农业产业结构调整，以及按照都市型现代农业发展模式实现一、二、三产业融合的解决途径。

第三类，有关区域经济评价的研究。黄薇等[8]以区域经济为出发点，制定相应指标衡

量体系，采用基于时序立体表的因素分析方法——全局主成分分析方法，对北京市四大区域的数据进行经济、社会状况分析，研究比较不同区域间的经济发展水平、资源优势以及城市对农村的辐射和渗透作用，为北京市制定平衡发展战略提供了量化依据。北京地区在经济增长的同时也出现了区域非均衡发展的现象，这是今后北京发展的阻碍。邵斌等[9]基于因子分析的方法，利用 SPSS 软件分析了北京 18 个区县的经济状况，并得出分数，进行排名，为今后的北京经济发展方向提供实证数据分析。科学的区域经济发展指标体系，是客观衡量经济发展的进程、为各级领导和政府部门制定科学规划和正确决策的重要参考。但是现有的关于区域经济发展的评价指标并不统一，甚至各说各话。没有一个公认的评判。赵水根[10]基于这种思考，对衡量区域经济发展的各种指标体系进行了研究、分析和评价，探讨各种指标体系的优劣点。以期能给那些对区域经济研究感兴趣的研究者，根据地区的实际情况选取合适的分析方法提供参考。

国外学者对农村问题的研究和探索领域也非常广泛，经济学、社会学、人类学、历史学、政治学等各学科的学者都从本学科的角度出发进行了深入研究，形成了相当丰富的研究理论。主要包括：恩格斯的城乡融合论、阿瑟·刘易斯（W. A. Lewis）的二元经济结构论、赫希尔曼（Hirschman. A）的不平衡增长理论、西奥多·舒尔茨（Theodore. W. Schltz）的传统农业改造理论、托达罗（Todaro）的劳动力转移理论、麦基（McGee T.G）的城乡一体化模式、速水佑次郎和弗农·拉坦（Vernon W. Ruttan）的诱导技术变迁论等[11]。

国外学者对于农村经济问题研究的成果繁多，其理论不断深入拓展，学科结构相对完整，方法论体系明确，对构建农村经济社会发展模型有较大的借鉴意义。具体来看，关于农村经济发展方面，Wang 和 Liu[12]认为中国 20 世纪 90 年代农村经济增长恢复主要来源于三个方面：技术进步、化肥施用量的增加、政策变化。技术进步能解释超过一半的全生产率增长，而化肥施用量的增加和政策变化分别能解释将近两成的增长。对于经济评价体系构建方面，"英格尔斯现代化指标体系"[13]的原始文本依据是美国斯坦福大学社会学教授英格尔斯在北京大学社会学系所做的一次讲演，这个判定指标体系由人均国民生产总值、服务业产值占国内生产总值比例、在校大学生占适龄人口比例、农业劳动力占总劳动力比例、农业产值占国内生产总值比例、成人识字率、平均预期寿命、死亡率、每名医生服务的人数、人口自然增长率、城市人口占总人口比例等十一项判定指标组成。

综上所述，国内外专家学者对农村经济发展的研究表现出极大的关注，农村经济发展问题也是众多学科领域研究的热点之一。由于北京农村问题在形成机理、演变过程和应采取的对策措施等方面具有一定的特殊性，因此在研究北京农村经济问题时，一方面要结合国内外经典农村经济研究理论，同时也需要考虑北京农村经济运行的具体情况，具体问题具体分析。

（二）农村经济发展理论基础。

1.农村经济及发展模式。农村经济是农村一切经济活动及其内含的经济关系的总称，涵盖农村中的农业、采掘业、工业、建筑业、商业、交通运输业和其他服务业等所有一、二、三次产业。农村经济学从经济发展的角度出发，研究包括农业在内的各产业的发展，整个农村社会进步和整体农民福利的提高，以及资源与环境的可持续发展。

农村经济发展模式是农村经济发展过程中，在所有制结构、生产力结构、经营方式、分配机制等方面表现出来的具有某种明显特征和区域代表性的经济关系和经济运行机制的概括描述，是发展农村商品经济的经验、方式或道路的总结。近几年我国农村经济的发展，主要有以下几种模式：（1）以集体经济为主体的"苏南模式"；（2）以个体经济为主体的"温州模式"；（3）以集体带动个体、个体促进集体的"耿车模式"等。随着农村经济的进一步发展，我国广大农村将会出现更多新型农村发展模式，各种农村经济发展模式都将对农业向现代化的转变起积极作用。

2.农村经济发展评价指标。农村经济发展评价指标是指从多方面度量和反映农村经济发展水平的统计指标，包括单一指标和综合指标。前者是以某一个指标反映农村经济发展的某一方面的属性；后者是以多个指标构成综合指标来反映农村经济发展的总体属性。

单个指标包括：（1）农村社会总产值及农业总产值。前者反映整个农村经济发展的经济情况，包括第一、二、三产业的产值。后者反映农业在整个农村经济中农业生产的经济状况。两者反映了一个国家农村的基本经济实力，特别是农业产值在国民生产总值中的份额高低，更能反映一个国家的经济水平。（2）农村人均国民生产总值和人均收入。两项指标能反映出平均每个农民的经济生活水平。（3）所得收入的分配。指不同收入者的分配，即分配在国民中间是否合理、收入分配的差距及其发展趋势、财产集中的程度等。（4）就业水平。主要是指就业率、失业率、隐蔽失业率和潜在失业率等。就业水平反映一个国家经济发展水平的高低。单个指标只能从某一角度来测量经济发展水平，且单个指标对整个经济发展的测定，总存在不同程度的偏差。

因此，在测量经济发展程度时应采用综合指标，综合指标既是统计整理的结果，又是进行统计分析的基础，任何具体的统计分析与统计研究工作都不能脱离综合指标。运用各种综合指标，对经济社会现象的数量进行分析研究的方法，称为综合指标法，它是统计分析的基本方法。综合指标法的应用过程是：大量原始统计资料经过分组汇总，计算出说明总体及各组特征的数字，之后，按照统计分析的要求计算出各种综合指标，对经济社会现象的数量关系进行对比分析。统计分析必须把综合指标法与具体情况和典型研究结合起来。

3.农村经济分析与预测。农村经济分析与预测是指在正确的经济理论指导下，通过研究农村经济发展的历史和现状，运用科学方法，对农村经济的发展前景进行预计和推测的活动。它是制定农村经济长期发展规划的起点，也是决策和计划的依据。农村经济预测是综合性的预测，主要内容包括对农村经济发展水平（如社会总产值、国民生产总值、国民收入、主要农产品产量、乡镇企业总产值等）、农村社会经济环境（如市场环境、生态环境、人口发展、科技水平等）、农村经济结构（如所有制结构、产业结构、劳动力结构、技术结构等）、资源的需求与供给（如人力资源、土地资源、能源、资金等）、农村居民物质文化水平等方面的预测。

三、北京农村经济发展特征

（一）**农村经济总体增速趋缓、部分指标稳中有升**。在宏观经济下行压力下，2015年北京市农村经济运行呈现出总体增速趋缓、部分指标稳中有升的基本格局。2015年全市农村经济总收入为5706.6亿元，同比增加178.9亿元、增长3.3%。其中，主营业务收入实现5614.7亿元，同比增长3.3%。农村居民人均可支配收入为20569元，较上年实际增长7.1%。2015年农村劳动力总数为182.8万人，就业劳动力人数为171.5万人，就业率达到93.82%。

（二）**产业结构调整取得显著成效，产业得到优化升级**。改革开放以来，北京市产业结构调整取得显著成效。2000年，全市实现国内生产总值2478.76亿元：其中，第一产业实现增加值8.997亿元，按可比价格计算，比1978年增长460%；第二产业实现增加值943.51亿元，比1978年增长344%；第三产业实现增加值1445.28亿元，比1978年增长1864%。"二、三、一"的产业格局得到彻底转变，三次产业结构由1978年的5.2：71.1：23.7演变为"九五"期末的3.6：38.1：58.3，其中，第三产业比重较1978年提高34.6个百分点。

（三）**农村经济增长方式发生变化，农民收入增长难度增加**。2004年以来，农民收入不仅实现了"十二连增"，12年来年平均增长速度达到8.8%，这是改革开放以后农民收入增长速度最快的第二个阶段。但是，12年间农民人均纯收入在2011年增长速度达到最大值即11.4%，随后逐年下降，2015年为7.4%。这预示着未来农民收入进一步提高的难度会加大。

从收入结构来看，农民收入是由工资性收入、家庭经营收入、转移性收入及财产性收入构成。2004年以来，家庭经营收入逐渐和工资性收入一起成为推动农民增收的主力，家庭经营性收入水平的提高主要是国民收入格局变化后农业比较效益提高，以及在此基础上新型经营主体发展带动的结果。"十二五"期间，全国最低工资标准年均增幅达到13.1%，农民工月平均收入由2010年的1690元增加到2015年的3072元，年均增长12.7%。2015年全国农民工月均收入突破3000元，但增长速度有所降低，导致新常态下城镇化对农民收入的拉动能力减弱。和工资性收入相比，家庭经营收入增长速度尽管最慢，却是最稳定也最可靠的来源。"十三五"期间，农民经营性的增长，主要依靠农业供给侧结构性改革给农民的生产经营活动提供宽松的环境，加强新型农业社会化服务体系建设，鼓励农民组织起来共同闯市场，促进新型经营主体发育和一、二、三产业融合发展。

从农民收入的另外两个来源——转移性收入和财产性收入来看，尽管所占比例较小，但增长速度一直较快，是农民收入增长的新的动力和源泉。长期看，由于国家的财力总是有限的，转移性收入在短期内不可能大幅度增加，而农民财产性收入的增长潜力很大。

（四）**农村就业劳动力中第三产业占比上升，低收入农户就业率提高**。2015年京郊农村参加分配的劳动力为182.8万人，其中已就业劳动力为171.5万人，就业率达到93.8%，较上年提高0.1个百分点。就业劳动力中，从事一产的劳动力为43.4万人，占已就业劳动力的25.3%，同比降低0.4个百分点；从事二产的劳动力为37.9万人，占22.1%，同比降低0.2个百分点；从事三产的劳动力为90.2万人，占52.6%，同比提高0.6个百分点。

低收入村、户增收显著，与全市平均水平差距缩小。低收入农户人均可支配收入达到10445元，增长15.8%。645个低收入村农民人均所得为13749元，同比增长10.3%。2015年，低收入农户人均可支配收入与全市农村居民人均可支配收入之间的差距为10124元，同比差距减少1084元。与此同时，低收入农户的就业率提高，达到83.9%，同比提高1.1个百分点。二产就业比重占13.6%，三产就业比重占39.6%，二、三产业就业比重同比增加0.2个百分点。

（五）民俗旅游、集体经济组织发展保持良好势头。由于近年来北京市不断加大强农惠农政策支持力度，创新农业发展途径，强化农业发展基础，加快农业结构调整，这些政策措施在不断影响着北京农村的发展，都市型现代农业发展呈现出如下形势。2015年全年农林牧渔总产值实现368.2亿元，较2014年下降12.4%。其中，农业154.5亿元，林业57.3亿元，牧业135.9亿元，渔业11.9亿元，农林牧渔服务业8.7亿元。2015年设施农业面积为41088公顷，设施农业收入达到55.5亿元。基本保障了都市型现代农业对首都市场的供应能力和应急保障能力。

自2009年开始，北京市按照"统一规划、政府扶持、集体搭台、农民主体和社会参与"的模式，建设内容多样、产业融合、特色鲜明的沟域产业带。近年来乡村旅游业持续保持良好发展势头，2015年农业观光园为1328个，较2014年增加2.1%，接待人次达1903.3万人，全年经营总收入为26.3亿元，较2014年增加1.4亿元、增长5.6%。从事民俗旅游的实际经营接待户为8941户，较2014年增加78户，全年民俗旅游接待人次达2139.7万人次，总收入为12.9亿元，较2014年增长14.2%。

北京市农民集体经济组织近年来呈快速增长趋势。2015年，全市有1334个村集体经济组织实现股份分红，占改制村集体经济组织的34%。股金分红总额45亿元，比上年增加3.2亿元，增长7.8%。2015年在改制村中有134万农民股东获得分红，人均分红3368元，比上年增加259元，增长8.3%。

（六）农村集体资产不断增长，财政农林水事务支出提高。农村集体资产是发展农村经济和实现农民共同富裕的重要物质基础，2015年北京市农村集体资产总额5589.9亿元，同比增长7.3%；所有者权益2084亿元，同比增长8.6%。这对未来北京农村经济的发展奠定了基础。

改革开放后北京市财政支农支出不断增加，促进了农村经济发展和农村居民收入水平的提高，对缩小城乡居民收入差距起到了积极的作用。财政农林水事务支出包括农业、林业、水利、南水北调、扶贫、农业综合开发、其他农林水事务支出，2015年财政支出中农林水事务支出为424.78万元，占财政支出的5.3%，较2014年提高0.5个百分点。

四、北京农村经济运行评价指标体系构建

（一）农村经济运行评价指标体系界定。北京农村经济运行评价指标体系（以下简称"指标体系"）是反映农村生产过程中投入与产出相互关系的数值形式，是用来度量农村经济运行

效果的一种尺度和工具。由于北京农村经济是一个复杂的系统工程，其运行效果评价内容十分广泛，需要设置和运用一系列指标，从不同角度、综合地反映其运行效果。多方面、多层次反映北京农村经济运行效果、具有内在联系的一系列评价指标统称为北京农村经济运行评价指标体系。

北京农村经济运行分析与预测的适用方法是多指标综合评价方法，它是把多个描述被评价事物不同方面且量纲不同的统计指标转化成无量纲的相对评价值，并综合这些评价值以得出对该事物一个整体评价的方法系统。多指标综合评价过程主要包括以下基本步骤：

1.选取评价指标；

2.选定无量纲化处理模型和合成公式；

3.确定有关阈值、参数指标权数；

4.将指标实际值转化为评价值；

5.求综合评价值；

6.对评价对象排序和分析。

具体而言，多指标综合评价方法具有如下特点：

1.多指标综合评价方法包括多个统计评价指标；

2.多指标综合评价方法中的多个指标分别描述被评价对象的不同方面和层次，包含被评价对象的全部信息；

3.各评价指标的量纲可能是不相同的；

4.多指标综合评价的前提是必须使异量纲的指标实际值具有可比性，一般采用无量纲化处理，使之转化为无量纲的相对评价值；

5.多指标综合评价方法需要把各指标评价值综合在一起，得到一个整体性的评价；

6.多指标综合评价方法不仅仅只是一个方法，也是方法系统。[14]

当然在建立一整套全面反映北京农村经济发展的指标体系并非易事，这主要是因为：

1.从指标体系描述的对象来看，发展过程是诸多因素相互作用、协同耦合的过程，具有复杂性、动态性、开放性、非线性等特点，因此对发展过程的定量描述极为困难。

2.从指标体系的建立过程看，由于发展过程本身具有复杂性，不同的专家立足各自不同的学科领域、知识背景，考虑问题的侧重点不一样，因而建立的指标体系各具特色。

3.从指标体系本身来说，理论上的研究和探讨是必要的和有益的，但指标体系最终要落到实处，即必须保证：（1）各项指标的参数较易获得；（2）指标体系及评价结果能获得决策者的认可；（3）指标体系的定量评价过程具有实际可操作性。

（二）构建北京农村经济评价指标体系的基本要求。

1.能全面反映北京农村经济发展特点及成果。北京农村经济运行评价指标体系的构建应当体现经济发展的各个方面，包括北京农村整体的产出水平、产业发展情况以及劳动力就业情况等。同时指标体系的构建需要体现北京农村经济发展的结构特色，包括产业结构、劳动力分配结构、农户收入分配结构以及特色行业发展，以从各个方面分析农村经济的结构质量。本课题的研究目的是北京农村经济运行分析与预测，即在对北京农村经济运行进行分析的基础上对未来期间的北京农村经济进行预测，因此指标的选取应该考虑影响北京农村经济发展潜力基础的相关因素。

改革开放以来，北京农村经济建设取得了引人瞩目的成就：农业总产值持续增长、农业综合生产能力不断加强；产业结构调整取得显著成效，第三产业已经占据主导地位；农民人均纯收入及农村人均生活消费支出也显著增加，农村劳动力就业率稳步增长。指标体系的构建要凸显北京农村经济发展的变化，力求从经济增长、产业结构、就业结构等各方面选取指标，客观科学地衡量北京农村经济发展水平。

2.能精准、量化评价北京农村经济运行情况。通过北京农村经济具体指标值的计算和综合评价，应当达到准确把握北京农村经济的发展水平和发展状况，同时能对各地区的经营单元进行科学比较，寻找问题，总结经验。通过构建全面系统的指标体系，能够为北京农村经济的决策主体提供行动指南。

全面、科学、客观的评价要求指标体系遵循适当的逻辑结构，即指标之间一方面要按照一定的标准进行分工，争取做到全面；另一方面要按照一定的脉络构建，争取做到系统。因此本课题模型的构建需要科学合理的选取指标体系，以期能够准确、全面的量化北京农村的经济发展状况。

3.评价结果具体、可靠，能为决策服务。北京农村经济评价指标体系是评价北京区域经济发展质量状况的主要依据，由于区域经济发展的综合性、复杂性，由多维度、多层次、多方面的指标组成的指标体系能够从不同侧面、不同领域客观、具体地反映和评判区域经济发展状况，进而指导区域发展实践活动。同时作为北京区域制定经济发展决策的重要前提和参数，北京区域经济发展指标体系应当使决策者关注与区域经济发展相关的关键问题和优先发展领域，掌握这些问题的状态和进展情况；应当引导政策制定者和决策者在制定各项政策和决策时，能够以可持续发展为目标或按可持续发展的原则办事，深入贯彻落实科学发展观，使各项政策相互协调，保证不偏离科学发展的轨道；还应当使政策决策或制定者根据指标体系反映的区域经济发展情况、相关政策实施效果和区域经济发展进程反馈的信息及时地评估政策的正确性和有效性，进而改进或调整发展区域经济的政策。

（三）构建北京农村经济发展评价指标体系的原则。

1.客观性原则。统计的核心价值在于客观、真实地反映事物发展的情况和面貌。北京农村经济发展分析与预测模型构建的首要原则便是从北京市基本农情出发，使其适合北京农村整体以及各区域的实际情况，但同时还要充分借鉴和参考其他权威组织的评价标准。

2.主体性原则。本课题研究对象是北京农村经济，因此指标的设计需要结合近年来北京农村经济的发展状况，如产业结构状况，特色发展行业，农民收入主要来源以及劳动力就业等发展现状。

3.重点性原则。北京农村经济运行涉及方方面面，因此设计的指标不可能将农村经济发展的所有情况都反映出来，只能选择一些重点领域和环节进行评价。同时，指标体系的设计也应该简明扼要、突出重点，指标之间相互补充且无交叉，尽量避免指标之间重复反映同一个问题。

4.可比性原则。可比性包括横向可比和纵向可比。横向可比性意味着评价指标体系应充分考虑不同区域的经济社会发展的共性和差异，使模型适用于不同区域的对比，反映不同区域之间经济发展水平的差异。纵向可比性则要求模型尽量能够反映不同历史阶段的发展水平，在时间上应该连续、可比。同时应注意选取的指标在统计口径上也尽量与国家统计口径一致。

5.实用性原则。这一原则要求评价指标体系的设计应当易于接受，可以付诸实施、可以操作。本课题的数据来源是基于北京市农经办统计处的工作数据，因此在满足科学合理原则的基础上，应考虑收集这些指标数据资料方面的可行性，并且数据的采集和归纳应当符合北京农村发展实际。

（四）北京农村经济运行评价指标体系。

1.初步筛选评价指标。通过阅读相关文献了解到，国内学者对于指标体系设计的方法大致可以划分为三类。第一种类型是从指标与经济变动轨迹的关系出发，在考虑指标的可预测性前提下，对先行指标、同步指标和后滞指标进行比较分析，进而选择相应指标评价预测经济的发展情况。中国人民银行上海总部课题组[15]从反映宏观经济运行基本状况的速度比例效益及其内在联系出发，紧密结合现有的统计制度，充分利用各专业部门的统计数据，构建了先行指标、同步指标、滞后指标三大类，综合运用三类指标对经济运行趋势进行了若干预测。第二种类型是从投入与产出的角度设计评价指标。柳金红[16]从投入和产出两方面确定经济技术开发区经济运行效率分析的评价指标，其中从基础设施配套、人力资源、技术创新环境建设、管理体制建设这几个方面确定投入指标，通过评价综合经济实力确定14项产出指标。较为常见的是第三种，即通过对指标进行细化分类来设计指标。贝金兰等[17]从经济运行质量的具体特征出发，结合沿海城市经济发展的特点，构建了沿海城市经济运行质量评价指标体系，包括发展水平、发展速度、发展结构和发展效率4个一级指标和人均GDP、人均财政收入等13个二级指标。李答民[18]从经济增长、经济结构、经济关系、经济制度、经济协调和可持续发展五个方面构建了16项指标来评价农村区域经济的发展情况；潘星[19]在对国内外区域经济指标评价体系的研究中，考虑经济发展程度从经济水平要素、经济效率要素、经济结构要素、经济活力要素、发展速度要素五个方面包含县域生产总值、人均生产总值等13项指标来评价区域经济发展情况；易芷娟[20]构建了经济可持续发展能力、生态保护能力、社会服务能力、专家测评分四个方面共14项指标来对北京沟域经济发展进行评价；蔡国梁等[21]按照基本情况、综合经济、财政金融、对外开放、生活水平、基础设施六个方面共包含25项指标构建了对江苏省经济发展评价的指标体系。

最后是有关经济运行评价与预测方法的选择。蒋和平[22]采用层次分析法将指标分为若干有序的层次，然后采用专家咨询法确定指标权重进而通过农业投入水平、农业产出水平、农村社会发展水平、农业可持续发展水平四个方面24个具体指标来评价北京都市型现代农业发展水平；果雅静[23]等基于灰色评估法，把每年的数据作为1个样点，对每一样点的各评估指标进行分类划分，计算综合权系数后，确定每一样点所属的灰类，从而对都市型现代农业系统所处的发展阶段做出半定性、半定量的评价；关海玲[24]等采用因子分析法，即从反映都市农业综合特征的众多变量中提取若干主要的公因子，每个公因子代表一种重要影响因素，从而分析出影响都市农业发展的主要因素，进一步确定综合评价数学模型的权重，计算出综合评价值以对都市农业进行评价。

综合参考前述国内学者的研究思路以及国际上的相关评价指标，同时考虑到北京农村经济指标体系构建原则，我们将北京农村经济的发展分为发展现状、发展结构以及发展潜力三部分，初步建立了用于北京农村经济运行分析与预测的指标体系，如表4-1所示。

表4-1　北京农村经济运行分析与预测指标体系（初步）

指标分类	评价指标
产出水平	农村居民人均所得、休闲农业及乡村旅游收入、农户从集体经济获取的所得、集体资产利润率、农村劳动力就业率
结构调整	第三产业收入占总收入比重、休闲农业及乡村旅游收入占农户所得总额比重、从事农业劳动力比率（负向指标）、设施农业面积比重、财产性收入占农民所得总额比重
发展潜力	农村人均集体净资产、财政农林水事务总支出、农村劳动力平均受教育（年）、农村信息化水平

在初步构建了指标体系后，我们进行了一次内部专家咨询会议。根据专家给出的建议对初步评价指标体系进行了适当的调整和改进。具体情况如下：

（1）指标体系整体结构设计方面。一级指标从产出、结构、潜力三方面进行分类，逻辑上可行，建议将一级指标名称改为指数，即产出指数、结构指数、潜力指数。其中结构指数是基础，核心是产出指数，而潜力指数则是未来发展的态势，三个经济指标应该互相独立。体现了农村工作对各方应用需求的关注点。政府关注农民收入、社会稳定、生态美化、粮食安全，农民关注收入效益。此外，所选取的二级指标活跃程度不够，应当选择具有一定弹性的指标。

（2）产出指数方面。专家认为应该从总体和行业的角度来说明其产出水平，将涉及集体资产的指标即"农户从集体经济获取的所得"和"集体资产利润率"放至潜力指数中。农村经济产出方面也包括生态性贡献，如生态环境产品等，因此建议增加"土地产出率"和乡村旅游收入指标。

（3）结构指数方面。建议按照三产进行分类，将"设施农业面积比重"去掉。"休闲农业及乡村旅游收入占农民所得总额比重"与产出指数中"休闲农业及乡村旅游收入"存在重复，建议保留一个指标即可。此外由于农经中心统计口径问题，分红没有包含在财产性收入之中，建议将"财产性收入占农民所得总额比重"修改为"财产性收入及分红占农民所得总额比重"。

（4）潜力指数方面。发展潜力应考虑城市功能下维持社会稳定的低收入指标，劳动力方面的青壮劳动力指标，社会服务方面的就业指标，如三产收入和接待人次，以及体现宣传功能的指标。因此建议增加"青壮劳动力比率"和"低收入减速"指标。教育程度反映的是长期的发展水平，建议去掉；"农村信息化水平"收集计算机和移动电话数量意义不大，反映不出工作特点，建议选取电商数据、网络数据反映农村产品推广营销的变化。

2.构建完整的指标体系。

综合前面专家意见，在遵循以上要求和原则的前提下，结合相关文献资料，并考虑到数据可获得性及操作可行性等情况，最终形成了由产出指数、结构指数和潜力指数三大指标体系，共12个指标组成的北京农村经济运行评价指标体系，如表4-2所示。

表4-2　北京农村经济社会发展评价指标体系（二次筛选）

指标分类	评价指标
农村经济产出指数	农村居民人均所得、土地产出率、农村劳动力就业率、休闲农业及乡村旅游收入
农村经济结构指数	第三产业收入占总收入比重、从事农业劳动力比率（负向指标）、财产性收入及分红占农民所得总额比重、同一组织销售农产品总值占一产产出比重
农村经济潜力指数	农村人均集体净资产、财政农林水事务支出总额、青壮劳动力占总劳动力比重、农村居民低收入人口减少速度

表4-2具体指标解释及相关说明如下：

（1）农村经济产出指数。

①农村居民人均所得。农村居民人均所得=农民所得总额/分配人口。其中农民所得总额是指农民当年从事各种生产和非生产经营活动得到的全部收入，包括农民经营所得和其他所得，其他所得包括从乡镇村级公有经济获取以及集体经济组织内的私营企业主的实际所得。分配人口是指参加集体分配的人口，包括农业户籍人口和已转为非农业但国家未分配工作，仍在乡、村集体经济组织和企业工作或从事农户经营的人口。该指标是农村经济发展最直观的体现，直接反映了农民的收入水平和扩大农业投入的能力。

②农村劳动力就业率。农村劳动力就业率=就业劳动力人数/农村劳动力总数×100%。其中就业劳动力人数是指在劳动年龄以内，经常参加劳动的整半劳动力人数（整劳动力指男子在18—50周岁、女子在18—45周岁；半劳动力指男子在16—17周岁、51—60周岁，女子在16—17周岁、46—55周岁）；以及虽在劳动年龄以外，但还能经常参加生产劳动，并能顶劳动力使用的人员。农村劳动力总数是指劳动年龄在（男16—60周岁，女16—55周岁）以内经常参加劳动的整半劳动力；以及虽在劳动年龄以外，但还能经常参加生产劳动，并能顶劳动力使用的人员。此外虽在劳动年龄内，但无能力参加劳动的，则不属于就业劳动力人口。该指标是指农村具有劳动能力的人员的从业情况，可由农村从业人员与农村劳动力总数的比值获得。该指标反映了农业剩余劳动力的被吸纳情况及农村整体就业形势。

③休闲农业及乡村旅游收入。休闲农业及乡村旅游收入=农业观光园收入+民俗旅游收入。该指标是指从事休闲农业及乡村旅游获得的收入，一般包括农业观光园和民俗旅游。休闲农业作为一种新型农业生产经营形态，这种乡村旅游已经成为可以引导农村经济生态、绿色发展的旅游产业形态，此指标可以反映农村的生态价值产出。

④土地产出率。土地产出率=第一产业收入小计÷集体所有农用地面积。其中第一产业收入小计包括农、林、牧、渔业总收入。土地产出率是反映农村农业生产力水平的综合经济指标，该指标越高表示北京市农村农业水平越高，产出能力越强。

（2）农村经济结构指数。

①第三产业收入占总收入比重。第三产业收入占总收入比重＝第三产业收入小计÷农村经济总收入×100%。其中第三产业收入小计是指运输业、商饮业以及服务业和其他收入合计。农村经济总收入是指北京各区县农村生产经营单位经营的收入中可以用于抵偿开支并可在国家、集体、农民及有关单位之间进行分配的农、林、牧、渔、工业、建筑业、交通运输业、商业、饮食业、服务业等各项经营收入和利息、租金等非生产性收入。根据《关于加快发展服务业的若干意见》，到2020年，要基本实现经济结构向以服务经济为主的转变，服务业增加值占国内生产总值的比重超过50%。因此选取第三产业占产业总收入的比重作为评价区域经济产业结构的重要指标。

②统一组织销售农产品总值占一产产出比重。统一组织销售农产品总值占一产产出比重＝统一组织销售农产品产值÷第一产业收入小计×100%。其中农民专业合作社销售的农产品包括统一为成员和非成员销售产品、接受成员委托代销产品、企业通过农民专业合作社收购成员的产品。该指标通过选取农民专业合作社的农产品销售在一产产出的比重来反映农民专业合作社的发展情况和带动能力。

③从事农业劳动力比率。从事农业劳动力比率＝一产劳动力就业人数÷就业劳动力人数×100%。该指标反映社会总劳动力中从事第一产业的劳动力比重。此指标是一个负向指标，比率越低表明农村劳动力中从事第一产业的人数较少，即从事第二、三产业的人数较多，反映出农村劳动力中更多从事的是高产值产业。并且该指标间接的反映了农村在第一产业中机械化水平程度，该指标越低，反映出农村第一产业所需劳动力人数较少，机械化水平更高。

④财产性收入及分红占农民所得总额比重。财产性收入及分红占农民所得总额比重＝（财产性收入＋农户分配）÷农民所得总额×100%。其中财产性收入是指家庭财产出租和金融资产增值收入；分红（即农户分配），是指集体经济组织应付股利（利润）中向农户分配的数额。该指标可以反映农村居民的收入结构。该指标值越高说明农村的经济发展水平越高。

（3）农村经济潜力指数。

①农村人均集体净资产。农村人均集体净资产＝农村所有者权益÷分配人口。其中农村所有者权益是指资本公积、盈余公积、利润分配和未分配利润合计。该指标是指平均每个农村人口获得集体净资产的份额，体现人均农村财富状况。该指标值越高说明农村的财富越多。

②财政农林水事务支出总额。财政农林水事务支出，指农林水事务支出即地方财政一般预算支出中的农业支出项目。指政府农林水事务支出，包括农业支出、林业支出、水利支出、扶贫支出、农业综合开发支出等。农林水务支出是政府增加农业投入、支持农业发展的有效手段，用于反映政府通过财政支农的力度，该指标越高，越有利于农村经济的发展。

③青壮劳动力占总劳动力比重。青壮劳动力占总劳动力比重＝青壮劳动力人数÷劳动力总数×100%。根据联合国世界卫生组织对年龄的划分标准，44岁以下为青年，45岁至59岁为中年人。即青壮年劳动力比率为青壮年人口占农村总人口的比重，反映北京农村劳动力人

口方面的发展潜力。

④农村居民低收入人口减少速度。当前国家重视低收入群体，为体现城市功能的社会稳定方面，拟采用低收入农村居民减速指标。由于在数据统计工作中，低收入标准是随北京市整体发展情况每三年进行相应变更，并且自2009年以来低收入标准存在差异，因此造成人口的统计口径不同。该指标采用本年低收入人口较上年变化数占上年低收入人口数的比重计算得出。

3.咨询专家，确定权重。为保证指标权重的科学性和客观性，采用了德尔菲法测定各项指标的权重。德尔菲法，又称专家规定程序调查法。该方法主要是由调查者拟定调查表，按照既定程序，以函件的方式分别向专家组成员进行征询；而专家组成员又以匿名的方式（函件）提交意见。经过征询和反馈，专家组成员的意见逐步趋于集中，最后获得具有很高准确率的集体判断结果。据此方法，我们从属地、岗位性质、职称等因素考虑，选择了包括来自8名学术界农村研究专家、7名农村业务专家以及8名基层业务专家在内的23名专家（其比例为学术界农村研究专家∶农村业务专家∶农村基层业务专家=8∶7∶8）进行问卷调查。

综合23名专家意见，整体上认为该指标体系是科学合理的，具体的专家评分情况如表4-3所示。

表4-3 专家评分汇总表

指标名称	统计专家									基层业务专家									农经管理专家				
专家	专家1	专家2	专家3	专家4	专家5	专家6	专家7	专家8	专家9	专家10	专家11	专家12	专家13	专家14	专家15	专家16	专家17	专家18	专家19	专家20	专家21	专家22	专家23
农村经济产出指数	50	40	50	40	50	35	30	40	70	40	50	40	40	40	45	40	40	50	50	40	35	50	40
农村经济结构指数	25	25	25	30	40	35	50	30	15	35	30	30	40	30	30	30	30	30	30	40	35	30	30
农村经济潜力指数	25	35	25	30	10	30	20	30	15	25	20	30	20	30	25	30	30	20	20	20	30	20	30
农村居民人均所得	40	25	30	30	60	35	40	35	70	40	50	30	50	30	30	50	30	50	40	30	40	50	30
农村劳动力就业率	15	30	16	20	20	25	10	25	15	20	15	30	30	30	25	20	30	15	15	20	30	25	30
休闲农业及乡村旅游收入	15	30	24	20	15	20	30	20	5	20	15	20	20	10	25	20	20	30	30	20	10	10	20
土地产出率	30	15	30	30	5	20	20	20	10	20	20	20	10	30	20	30	20	15	15	30	20	15	20
第三产业收入占总收入比重	30	25	35	35	60	40	40	30	30	30	30	40	40	20	25	30	20	50	50	30	35	25	30
统一组织销售农产品总值占一产产出比重	20	25	20	20	10	20	10	20	20	25	30	20	20	10	25	20	20	20	20	25	25	15	25
从事农业劳动力比率	20	25	15	20	-5	20	10	30	15	15	20	20	50	50	20	20	30	10	10	25	15	20	25
财产性收入及分红占农民所得总额比重	30	25	30	25	35	20	20	20	10	30	20	20	20	20	20	30	30	20	20	20	25	40	20
农村人均集体净资产	40	20	30	20	30	35	40	30	30	35	40	20	30	20	30	30	30	45	30	30	25	50	20
财政农林水事务支出占财政总支出比率	40	20	25	15	25	30	40	20	30	30	40	20	20	10	20	30	20	30	30	20	25	20	30
青壮劳动力占总劳动力比重	10	30	25	40	30	20	10	30	20	20	10	20	20	20	20	20	30	10	25	25	25	20	20
农村居民低收入人口减少速度	10	30	20	25	15	15	10	30	20	15	10	30	20	20	30	20	20	15	15	25	25	10	30

（左侧一级指标分组：农村经济产出指数、农村经济结构指数、农村经济潜力指数）

各指标权重的计算过程如下：首先计算每个一级指标的权重，即计算23位专家对"农村经济产出指数""农村经济结构指数"和"农村经济潜力指数"所给出相应分数的算数平均值。其中Z1为农村经济产出指数的权重，Z2为农村经济结构指数的权重，Z3为农村经济潜力指数的权重。三个一级指标的权重如表4-4所示。

表4-4　一级指标权重得分表

指标名称	权重
农村经济产出指数Z1	43.70
农村经济结构指数Z2	31.52
农村经济潜力指数Z3	24.78

其次计算二级指标的权重，需要将计算出的每一个二级指标相应的专家分数的算术平均值Bi（i=1，2，…，12），乘以相应一级指标所占比重Zi/100（i=1，2，3）。其中二级指标权重用Wi表示，i=1，2，…，12。二级指标的权重计算结果如表4-5所示。

表4-5　农村经济运行指标体系二级指标权重计算表

指标分类	指标名称	一级指标权重Zi	算术平均值Bi	二级指标权重（Bi*Zi/100）
农村经济产出指数Z1	农村居民人均所得W1	43.70	38.48	16.81
	农村劳动力就业率W2		22.43	9.80
	休闲农业及乡村旅游收入W3		18.87	8.25
	土地产出率W4		20.22	8.83
农村经济结构指数Z2	第三产业收入占总收入比重W5	31.52	33.04	10.42
	统一组织销售农产品总值占一产产出比重W6		20.22	6.37
	从事农业劳动力比重W7		20.22	6.37
	财产性收入及分红占农民所得总额比重W8		26.52	8.36
农村经济潜力指数Z3	农村人均集体净资产W9	24.78	31.30	7.76
	财政农林水事务支出占总财政支出比率W10		26.52	6.57
	青壮劳动力占总劳动力比重W11		21.96	5.44
	农村居民低收入人口减少速度W12		20.22	5.01

4.北京农村经济运行情况评价模型。首先根据三个一级指标体系确定的各权重，可以得出北京农村经济产出指数、结构指数、潜力指数的计算公式，如下列关系式所示。

产出指数 f1=$\sum\limits_{i=5}^{8} w_i \times x_i$，（i=1，2，3，4） （4-1-1）

结构指数 f2=$\sum\limits_{i=5}^{8} w_i \times x_i$，（i=5，6，7，8） （4-1-2）

潜力指数 f3=$\sum\limits_{i=5}^{8} w_i \times x_i$，（i=9，10，11，12） （4-1-3）

其中，f1、f2、f3分别为农村经济产出指数、结构指数及潜力指数。

其次，根据前面确定的12个衡量北京农村经济运行水平的指标，以及计算得出的权重，综合可以得到北京农村经济运行评价模型。计算公式如下：

$$F=\sum\limits_{i=1}^{12} w_i \times x_i，（i=1，2，...，12） \qquad （4-2）$$

其中，F为北京农村经济运行评价指数，x为所选取的12个指标值经数据处理后的结果，w是指标对应的权重。

五、北京农村经济运行情况实证分析

根据上述北京农村经济运行评价指标体系的构建，本章对2009—2013年北京农村经济运行情况进行指标体系的实证分析，并对2013年北京各区农村经济运行情况进行对比分析。

（一）原始数据。北京市农村经济运行情况评价指标体系中，所需数据大部分来源于北京农村三资监管平台（以下简称"平台"），而对于北京市农村三资监管平台中没有涉及的指标，如财政农林水事务支出，来源于《北京市区域统计年鉴》中的数据（具体数据出处见附表1）。

对于"土地产出率"这项指标的数据，由于统计不准确的原因导致"集体所有农用地面积"每年都有较大变化，从而导致数据结果与现实情况完全不符。由于村数较多，进行逐年对比更改数据不容易实现，经过课题组成员以及专家的讨论后，将此项指标的"集体所有农用地面积"调整为2009—2013年"集体所有农用地平均面积"，从而对指标数据进行校正。

对于"统一组织销售农产品总值占一产产出比重"这项指标数据，由于农村集体经济合作社在分区统计销售额上具有一定的欠缺，使得一些数据无法统计，使得该项指标在进行2013年北京各区农村经济运行情况模型实证分析中出现较大偏差。经过课题组成员以及专家的讨论后，将此项指标中"统一组织销售农产品总值"按照2013年各区农村集体经济合作社数量占北京市农村合作社总数的比重来进行分配，从而对指标数据进行校正。

（二）数据处理。

1.通货膨胀处理。在综合评价指标体系中，我们是对数据进行纵向对比，即利用不同年份的相关指标数据对北京市农村经济发展水平进行综合评价。通货膨胀即在信用货币制度下，流通中的货币数量超过经济实际需要而引起的货币贬值和物价水平全面而持续的上涨。以农村居民人均所得为例，需要考虑通货膨胀的影响，即由于物价的上涨使得农民的实际收入相比前一年并没有名义上增长的那么多，这也就是为什么收入看似增长了很多，可是农民生活水平并没有提高很多的原因。通货膨胀率通过价格指数的增长率来计算，价格指数包括居民消费价格指数（CPI）、生产者价格指数（PPI）、GNP折算价格指数等，本课题采用每年发布的北京居民的CPI（消费价格指数）对原始数据进行通货膨胀处理。

处理公式为：
$$x_{it}' = \frac{x_{it}}{CPI_t} \qquad\qquad (5-1)$$

其中t表示的是年份，x_{it}表示第t年第i个指标未经过通货膨胀处理的原始数据，x_{it}'表示第t年第i个指标经过处理后，该年与前一年相比消除通货膨胀影响后的数值。

2.无量纲化处理。在考虑通货膨胀影响之后，还需要对指标进行无量纲化处理。对数据进行标准化处理是因为反映北京农村经济发展水平的各项指标的单位各不相同，为了解决各指标不同量纲无法进行直接汇总的问题，一般应先将不同量纲的统计指标的实际值转化成无量纲的相对评价值，使之具有可比性，以便进行综合分析。比如"农村居民人均所得"与"土地产出率"这两个指标的单位分别是"元/人"和"元/亩"，则需要通过数学方法将这两个不同单位的指标转换为单位相同的指标，以便于之后的计算。无量纲化处理方法包括功效系数法、标准化处理法、相对化处理法等，本文在对数据进行无量纲化处理时，选择了相对化处理方法，相对化处理方法主要思路是先对评价指标确定一个标准值，然后计算各指标值与标准值之比。

在进行无量纲化处理时还要考虑"正指标"和"逆指标"的问题。所谓"正指标"是指实际值越大表现就越好的指标，如农村居民人均所得、农村人均集体净资产、土地产出率、第三产业收入占总收入比重等。我们所建立的指标体系中大多数指标都属于正指标，但也包含实际值越小越好的指标，如从事农业劳动力比重，这就是"逆指标"。"正指标"和"逆指标"在进行无量纲化处理时，要分别按以下方法处理：

正指标：
$$x_{it}^* = \frac{x_{it}}{x_{it_0}} \qquad\qquad (5-2)$$

逆指标：
$$x_{it}^* = \frac{x_{it_0}}{x_{it}} \qquad\qquad (5-3)$$

其中x_{it}^*第i个指标第t年无量纲化处理后的数据，x_{it_0}为第i个指标第t年份初始值（经过通货膨胀处理的数据为x_{it}'），x_{it_0}为第i个指标的参照值（本课题中2009—2013年数据以2009年各指标数据为参照值，2013年各区县数据以大兴区数据为参照值）。其中，$i=1，2，...，12$。

（三）北京农村经济运行情况评价模型应用。

1. 2009—2013年北京农村经济运行情况在指标体系中的应用。在进行模型应用前，首先要对原始数据进行处理。2009-2013年北京农村经济发展各项指标原始数据及出处参见附表1-1、1-2、1-3。原始数据汇总表经公式（5-1）进行通货膨胀处理如表5-1所示，经过公式（5-2）、（5-3）进行无量纲化处理后数据如表5-2所示。

表5-1　2009—2013年北京农村经济运行情况数据汇总简单表

指标分类	评价指标	单位	2009	2010	2011	2012	2013
农村经济产出指数	农村居民人均所得	元/人	10953.57	11944.05	13100.50	14381.90	15735.64
	农村劳动力就业率	%	93.63	93.59	93.59	93.64	93.71
	休闲农业及乡村旅游收入	万元	213314.00	251406.00	303961.20	359359.40	375552.70
	土地产出率	元/亩	1896.48	1935.03	2073.72	2222.46	2291.26
农村经济结构指数	第三产业收入占总收入比重	%	47.59	47.61	50.73	49.74	50.75
	统一组织销售农产品总值占一产产出比重	%	13.76	17.64	18.66	28.89	39.56
	从事农业劳动力比率（负向指标）	%	29.38	28.52	27.75	27.16	26.66
	财产性收入及分红占农民所得总额比重	%	5.72	6.00	6.17	7.55	7.68
农村经济潜力指数	农村人均集体净资产	元/人	37585.74	43269.83	49353.79	50007.94	55433.75
	财政农林水事务支出总额	万元	1420063	1586398	1873372	2226932	2976191
	青壮劳动力占总劳动力比重	%	66.48	63.98	67.19	59.97	62.41
	农村居民低收入人口减少速度	%	12.88	15.89	18.04	35.29	26.38

表5-2　2009—2013年北京农村经济运行情况数据处理后汇总表

评价指标Xi		2009	2010	2011	2012	2013
农村经济产出指数	农村居民人均所得X1	1	1.0649	1.1326	1.2710	1.3907
	农村劳动力就业率X2	1	0.9996	0.9996	1.0002	1.0009
	休闲农业及乡村旅游收入X3	1	1.1509	1.3494	1.6308	1.7043
	土地产出率X4	1	0.9964	1.0355	1.1344	1.1696
农村经济结构指数	第三产业收入占总收入比重X5	1	1.0004	1.0660	1.0452	1.0664
	统一组织销售农产品总值占一产产出比重X6	1	1.2822	1.3561	2.0997	2.8752
	从事农业劳动力比率（负向指标）X7	1	1.0301	1.0586	1.0816	1.1021
	财产性收入及分红占农民所得总额比重X8	1	1.0474	1.0769	1.3183	1.3416
农村经济潜力指数	农村人均集体净资产X9	1	1.1242	1.2435	1.2880	1.4277
	财政农林水事务支出总额X10	1	1.0909	1.2493	1.5181	2.0289
	青壮劳动力占总劳动力比重X11	1	0.9623	1.0106	0.9021	0.9388
	农村居民低收入人口减少速度X12	1	1.2334	1.4003	2.7398	2.0480

注：数据处理包括通货膨胀处理、逆指标正向化处理、标准化处理。

将处理后的数据带入北京农村经济运行情况评价指标体系公式（4-2）中，2009—2013年北京市农村经济运行情况计算结果如表5-3所示。

表5-3　2009—2013年北京农村经济运行情况各指标得分

年份评价指标		2009	2010	2011	2012	2013
农村经济产出指数	农村居民人均所得	16.81	17.90	19.04	21.37	23.38
	农村劳动力就业率	9.80	9.80	9.80	9.80	9.81
	休闲农业及乡村旅游收入	8.25	9.49	11.13	13.45	14.05
	土地产出率	8.83	8.80	9.15	10.02	10.33
农村经济结构指数	第三产业收入占总收入比重	10.42	10.42	11.10	10.89	11.11
	统一组织销售农产品总值占一产产出比重	6.37	8.17	8.64	13.38	18.32
	从事农业劳动力比率（负向指标）	6.37	6.56	6.75	6.89	7.02
	财产性收入及分红占农民所得总额比重	8.36	8.76	9.00	11.02	11.22
农村经济潜力指数	农村人均集体净资产	7.76	8.72	9.65	9.99	11.08
	财政农林水事务支出总额	6.57	7.17	8.21	9.98	13.34
	青壮劳动力占总劳动力比重	5.44	5.24	5.50	4.91	5.11
	农村居民低收入人口减少速度	5.01	6.18	7.02	13.73	10.26
北京农村经济运行情况评价指数（F）		100.00	107.22	114.98	135.43	145.03

2009—2013年北京农村经济运行情况评价指数如图5-1所示，结果显示，2009年以来北京市农村经济运行情况一直呈现上升的趋势。根据各统计公报，该指标体系结果符合近年北京农村经济运行的实际情况，反映出该指标体系的建立可以体现出近年来北京农村经济运行的情况，是比较合理的。

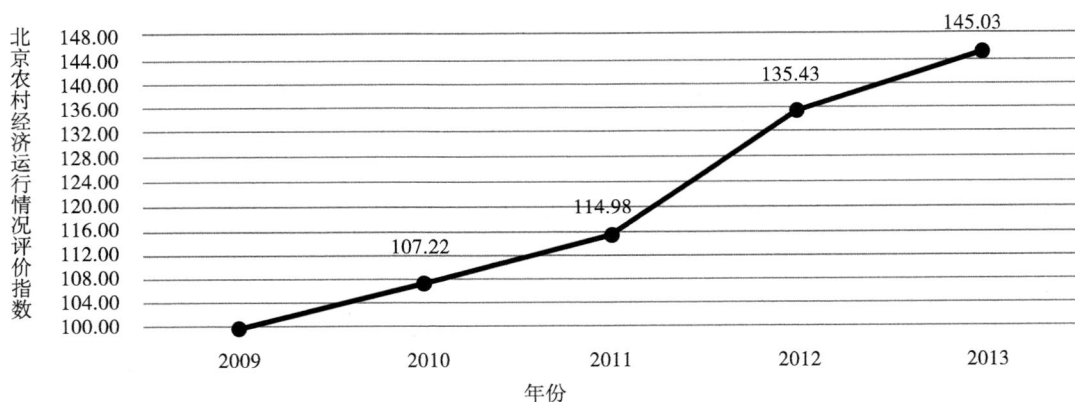

图5-1　2009—2013年北京市农村经济运行情况指数

2. 2009—2013年经济产出指数、经济结构指数、经济潜力指数在指标体系中的应用。在对北京市农村经济发展状况进行了初步分析后，为了更加准确地了解近五年来经济产出、经济结构、经济发展潜力各部分情况，分别对这三部分数据带入模型。所需数据依然采用表5-1中数据，经过数据处理后的各项数值如表5-2所示。将其带入式4-1所示的经济产出指数、经济结构指数、经济潜力指数计算公式中，可以分别得出如表5-4、表5-5、表5-6所示的产出指数、结构指数以及潜力指数。

表5-4　2009—2013年北京农村经济产出指数

指标年份	农村居民人均所得 X1	农村劳动力就业率 X2	休闲农业及乡村旅游收入 X3	土地产出率 X4	农村经济产出指数 f1
2009	38.48	22.43	18.87	20.22	100.00
2010	40.97	22.43	21.72	20.14	105.26
2011	43.58	22.43	25.46	20.93	112.40
2012	48.91	22.44	30.77	22.94	125.05
2013	53.51	22.46	32.16	23.65	131.77

表5-5　2009—2013年北京农村经济结构指数

指标年份	第三产业收入占总收入比重 X5	统一组织销售农产品总值占一产产出比重 X6	从事农业劳动力比率（负向指标）X7	财产性收入及分红占农民所得总额比重 X8	农村经济结构指数 f2
2009	33.04	20.22	20.22	26.52	100.00
2010	33.06	25.92	20.83	27.78	107.59
2011	35.22	27.42	21.40	28.56	112.61
2012	34.54	42.45	21.87	34.96	133.82
2013	35.24	58.13	22.28	35.58	151.23

表5-6　2009—2013年北京农村经济潜力指数

指标年份	农村人均集体净资产 X9	财政农林水事务支出总额 X10	青壮劳动力占总劳动力比重 X11	农村居民低收入人口减少速度 X12	农村经济潜力指数 f3
2009	31.30	26.52	21.96	20.22	100.00
2010	35.19	28.93	21.13	24.94	110.19
2011	38.93	33.13	22.19	28.31	122.56
2012	40.32	40.26	19.81	55.39	155.78
2013	44.69	53.81	20.61	41.40	160.52

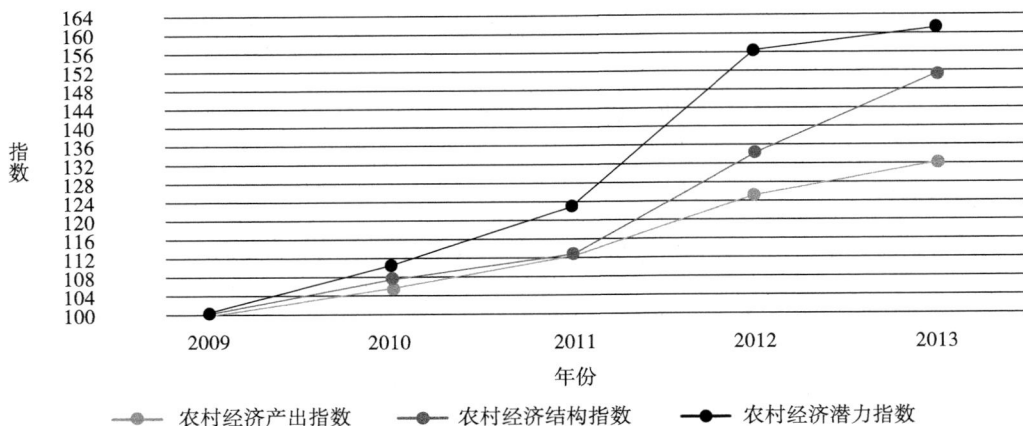

图5-2　2009—2013年北京市农村经济产出指数、经济结构指数及经济潜力指数

　　2009—2013年北京农村经济产出指数、经济结构指数、经济潜力指数如图5-2所示，从图中各指数变化趋势来看，经济结构和经济潜力在近三年的得分最高，这与近年来北京市委、市政府以及各区县政府在加强农村经济发展的同时注重可持续发展的政策相吻合。

　　3. 2013年北京各区农村经济运行情况在指标体系中的应用。对模型进行实证分析不仅要对北京市近年来经济社会发展水平整体进行验证分析，还要对各区县的发展情况进行横向验证分析。对北京各区县进行原始数据的收集过程中，由于石景山区的数据缺失过多，故所选取的样本为去掉石景山区后，包括朝阳区、丰台区、海淀区、门头沟区、房山区、通州区、顺义区、平谷区、怀柔区、密云县、延庆县、昌平区、大兴区等13个区县。大兴区作为城市发展新区，地属平原地带，再加上北京市新建机场的规划与建设，具有较强的比较意义。因此我们以大兴区为参照，将其他区县的农村经济运行情况的各项指标与大兴区的进行对比，如前所述，对原始数据进行公式（5-1）通货膨胀处理及公式（5-2）、公式（5-3）无量纲化处理。结果如表5-7所示。把处理后的数据带入指标体系进行验证，结果如表5-8所示。原始数据见附表2-1。

表5-7 2013年北京农村各区县经济运行情况数据处理后汇总表

指标 Xi / 区县	农村经济产出指数				农村经济结构指数				农村经济潜力指数			
	农村居民人均所得 X1	农村劳动力就业率 X2	休闲农业及乡村旅游收入 X3	土地产出率 X4	第三产业收入占总收入比重 X5	统一组织销售农产品总值占一产产出比重 X6	从事农业劳动力比率（负向指标）X7	财产性收入及分红占农民所得总额比重 X8	农村人均集体净资产 X9	财政农林水事务支出总额 X10	青壮劳动力占总劳动力比重 X11	农村居民低收入人口减少速度 X12
大兴区	1	1	1	1	1	1	1	1	1	1	1	1
海淀区	1.1386	0.9900	0.3458	0.2412	2.2666	0.0000	0.3457	1.5035	6.7478	0.5101	0.6505	2.5920
丰台区	1.0903	0.9554	0.1073	0.6581	2.5348	0.0000	0.2738	0.7144	5.5562	0.4913	0.7661	1.2161
怀柔区	0.9610	0.9745	1.4442	0.2119	1.7569	0.0000	0.7662	0.9200	0.4711	0.5963	0.8221	0.5967
朝阳区	1.4301	0.9295	1.9851	0.5848	2.3486	0.0000	0.1990	2.2557	3.9914	1.2952	0.5250	2.6499
通州区	0.9886	0.9457	1.0086	0.5959	0.8942	0.0950	0.6586	1.3855	1.1897	1.1777	0.8491	0.1802
顺义区	0.8362	0.9882	0.6546	1.0290	1.1419	0.2791	0.5363	1.9814	1.3256	1.1408	0.7313	0.8482
昌平区	0.8369	0.9613	2.6703	0.0970	1.6757	0.1168	0.5227	3.6452	1.1467	0.7684	0.7336	0.9124
延庆县	0.8295	1.0108	1.3393	0.0964	1.6756	0.3397	0.6958	0.8637	0.4873	0.9225	0.9289	1.0295
门头沟区	0.7146	0.9511	0.5378	0.0360	2.0414	0.7855	0.2607	1.9344	1.2598	0.4455	0.8211	1.3767
平谷区	0.8090	0.9885	2.4788	0.3674	1.9324	0.0000	1.1812	0.3893	0.3010	0.5879	0.9152	0.2704
密云县	0.7964	0.9966	2.8559	0.2745	1.0590	0.4476	1.0241	0.1393	0.2257	0.8305	0.8226	0.5314
房山区	0.6084	0.9106	1.2183	0.2058	1.8816	0.1519	0.6931	0.6042	0.8123	1.1298	1.1427	0.5105

注：数据处理包括通货膨胀处理、逆指标正向化处理、标准化处理。

表5-8 2013年北京农村各区县经济运行情况各指标得分表

指标(Xi*Wi) / 区县	农村经济产出指数				农村经济结构指数					农村经济潜力指数		
	农村居民人均所得	农村劳动力就业率	休闲农业及乡村旅游收入	土地产出率	第三产业收入占总收入比重	统一组织销售农产品总值占一产产出比重	从事农业劳动力比率（负指标）	财产性收入及分红占农民所得总额比重	农村人均集体净资产	财政农林水事务支出总额	青壮劳动力占总劳动力比重	农村居民低收入人口减少速度
大兴区	16.81	9.80	8.25	8.83	10.42	6.37	6.37	8.36	7.76	6.57	5.44	5.01
海淀区	19.14	9.70	2.85	2.13	23.61	0.00	2.20	12.57	52.35	3.35	3.54	12.99
丰台区	18.33	9.37	0.88	5.81	26.40	0.00	1.75	5.97	43.11	3.23	4.17	6.09
怀柔区	16.16	9.55	11.91	1.87	18.30	0.00	4.88	7.69	3.65	3.92	4.47	2.99
朝阳区	24.04	9.11	16.37	5.17	24.46	0.00	1.27	18.86	30.97	8.51	2.86	13.28
通州区	16.62	9.27	8.32	5.26	9.31	0.61	4.20	11.58	9.23	7.74	4.62	0.90
顺义区	14.06	9.69	5.40	9.09	11.89	1.78	3.42	16.56	10.28	7.50	3.98	4.25
昌平区	14.07	9.42	22.02	0.86	17.45	0.74	3.33	30.47	8.90	5.05	3.99	4.57
延庆县	13.95	9.91	11.04	0.85	17.45	2.16	4.43	7.22	3.78	6.06	5.05	5.16
门头沟区	12.02	9.32	4.43	0.32	21.26	5.01	1.66	16.17	9.77	2.93	4.47	6.90
平谷区	13.60	9.69	20.44	3.25	20.13	0.00	7.53	3.25	2.34	3.86	4.98	1.35
密云县	13.39	9.77	23.55	2.42	11.03	2.85	6.53	1.16	1.75	5.46	4.48	2.66
房山区	10.23	8.93	10.04	1.82	19.60	0.97	4.42	5.05	6.30	7.43	6.22	2.56

北京农村各区县经济运行情况评价指数及排名如表5-9所示。在各区县农村经济运行情况综合评价中，排名依次为：朝阳区、海淀区、丰台区、昌平区、大兴区、顺义区、门头沟区、平谷区、通州区、延庆县、怀柔区、密云县、房山区。

表5-9 2013年北京农村各区县经济运行情况评价指数及排名

区县	综合得分（F）	排名
朝阳区	154.89	1
海淀区	144.44	2
丰台区	125.11	3
昌平区	120.88	4
大兴区	100.00	5
顺义区	97.90	6
门头沟区	94.26	7
平谷区	90.42	8
通州区	87.67	9
延庆县	87.08	10
怀柔区	85.40	11
密云县	85.05	12
房山区	83.56	13

由表5-9可知，经济社会发展指数排名位于前三名的朝阳区、海淀区及丰台区尽管在集体经济组织上发展略有不足，但在地理位置上属于近郊区，由于区域地理优势，作为城市功能拓展区，是国家高新技术产业基地，其经济发展受城区的影响，发展水平与其他区县相比较高；随着休闲农业及乡村旅游业态的发展，属于生态涵养区的门头沟区、平谷区等具有较强的发展潜力；而作为城市发展新区的房山区和通州区由于分配人口较多，农村居民人均所得与农村居民人均净资产较低，导致在2013年中运行情况和预期相比较差。模型分析结果与实际各区域经济社会发展情况相符合，表明该模型能够客观评价北京市各区农村经济的发展水平。

六、北京农村经济运行情况预测分析

（一）预测理论与方法。移动平均数是对时间序列数值分段计算其算术平均值，从而得到新的时间序列数据。因此，移动平均法可以理解为是一种改良的适合短期预测的算术平均法。移动平均法是一种常用的预测方法，简单且使用价值强。其基本原理是对时间序列按照移动周期的长度逐期移动平均，进而实现修匀时间序列的周期变动和不规则变动的目的，刻画出现象变动趋势，依据时间序列表现出的长期趋势进行预测。移动平均法包括一次移动平均法和二次移动平均法。本文主要运用二次移动平均法，所以对二次移动平均法的原理进行阐述。

采用线性二次移动平均法对模型指标进行预测分析。线性二次移动平均法是在二次移动平均的基础上先建立线性预测模型，然后用模型预测。二次移动平均数是在一次移动平均数的基础上计算获得的。计算公式为：

$$S_t^{(2)} = \frac{S_t^{(1)} + S_{t-1}^{(1)} + L + S_{t-N+1}^{(1)}}{N} \qquad (6-1)$$

其中：$S_t^{(1)}$ 为第 t 周期的一次移动平均数；$S_t^{(2)}$ 为第 t 周期的二次移动平均数；N 为计算移动平均数选定的数据个数。

当序列具有趋势时，一次平均数序列总是落后于实际数据序列，出现滞后偏差。二次移动平均数序列也与一次平均数序列形成了滞后偏差。二次移动平均正是利用这种滞后偏差的演变规律建立线性预测模型：

$$G_{t+T} = X_t + Y_t^* T \qquad (6-2)$$

其中：t 为目前的周期序列号；T 为由目前周期 t 到预测周期的周期间隔个数，即预测超前周期数；G_{t+T} 为第 $t+T$ 周期的预测值；X_t 为线性模型的截距；Y_t 为线性模型的斜率，即单位周期的变化量。X_t、Y_t 的计算公式为：

$$X_t = 2S_t^{(1)} - S_t^{(2)} \qquad (6-3)$$

$$Y_t = \frac{2}{N-1}(S_t^{(1)} - S_t^{(2)}) \qquad (6-4)$$

（二）数据选取与处理。 为研究北京市农村经济运行情况的发展趋势，本章选取北京市 2009—2015 年指标相关数据，选择相应的预测方法和预测模型。在进行预测时，需要将北京市 2009—2015 年模型指标数据按照时间序列方向预算，并通过指标体系计算北京农村经济运行水平综合得分。

由于指标体系中"土地产出率"指标需通过"集体所有的农用地总面积"进行计算得出，因 2014—2015 年"集体所有的农用地总面积"数据缺失，所以本章通过 2009—2013 年"集体所有的农用地总面积"的平均值进行代替，计算得出 2014—2015 年"土地产出率"。

由于指标体系中 2014—2015 年"财产性收入及分红"数据缺失，导致指标体系中"财产性收入及分红占农民所得总额比重"无法取得。因为 2009—2013 年"财产性收入及分红占农民所得总额比重"具有较为明显的线性趋势，所以运用趋势线法将 2014—2015 年"财产性收入及分红占农民所得总额比重"进行计算，得出结果分别为 8.26%、8.81%。

（三）北京市农村经济运行情况预测分析。 在进行预测分析前，首先要对原始数据进行处理。2009—2015 年北京农村经济社会各项指标原始数据及出处参见附表 1-1、1-2、1-3，2009—2015 年北京农村经济运行情况数据汇总表如表 6-1 所示，经公式（5-1）进行通货膨胀处理后数据如表 6-2 所示。

表6-1　2009—2015年北京农村经济运行情况数据汇总表

指标分类	评价指标	单位	2009	2010	2011	2012	2013	2014	2015
农村经济产出指数	农村居民人均所得	元/人	10953.57	11944.05	13100.50	14381.90	15735.64	17141.25	18653.26
	农村劳动力就业率	%	93.63	93.59	93.59	93.64	93.71	93.72	93.83
	休闲农业及乡村旅游收入	万元	213314.00	251406.00	303961.20	359359.40	375552.70	361697.70	391689.00
	土地产出率	元/亩	1896.48	1935.03	2073.72	2222.46	2291.26	2328.13	2365.24
农村经济结构指数	第三产业收入占总收入比重	%	47.59	47.61	50.73	49.74	50.75	51.14	52.48
	统一组织销售农产品总值占一产产出比重	%	13.76	17.64	18.66	28.89	39.56	36.43	28.15
	从事农业劳动力比率	%	29.38	28.52	27.75	27.16	26.66	25.68	25.28
	财产性收入及分红占农民所得总额比重	%	5.72	6.00	6.17	7.55	7.68	8.26	8.81
农村经济潜力指数	农村人均集体净资产	元/人	37585.74	43269.83	49353.79	50007.94	55433.75	61038.14	66818.76
	财政农林水事务支出	万元	1420063.00	1586398.00	1873372.00	2226932.00	2976191.00	3436680.00	4247815.00
	青壮劳动力占总劳动力比重	%	66.48	63.98	67.19	59.97	62.41	53.62	50.19
	农村居民低收入人口减少速度	%	12.88	15.89	18.04	35.29	26.38	23.49	33.27

表6-2 2009—2015年北京农村经济运行情况数据处理后汇总表

指标年份	农村居民人均所得（元/人）	农村劳动力就业率	休闲农业及乡村旅游收入（万元）	土地产出率（元/亩）	第三产业收入占总收入比重	统一组织销售农产品总值占一产产出比重	从事农业劳动力比率	财产性收入及分红占农民所得总额比重	农村人均集体净资产（元/人）	财政农林水事务支出（万元）	青壮劳动力占总劳动力比重	农村居民低收入人口减少速度
2009	10953.57	93.63%	213314.00	1896.48	47.59%	13.76%	29.38%	5.72%	37585.74	1420063.00	66.48%	12.88%
2010	11664.11	93.59%	245513.67	1889.68	47.61%	17.64%	28.52%	6.00%	42255.69	1549216.80	63.98%	15.89%
2011	12405.78	93.59%	287842.05	1963.75	50.73%	18.66%	27.75%	6.17%	46736.55	1774026.52	67.19%	18.04%
2012	13922.45	93.64%	347879.38	2151.46	49.74%	28.89%	27.16%	7.55%	48410.39	2155790.90	59.97%	35.29%
2013	15232.95	93.71%	363555.37	2218.06	50.75%	39.56%	26.66%	7.68%	53662.87	2881114.23	62.41%	26.38%
2014	16871.31	93.72%	356001.67	2291.46	51.14%	36.43%	25.68%	8.26%	60076.91	3382559.06	53.62%	23.49%
2015	18323.43	93.83%	384763.26	2323.41	52.48%	28.15%	25.28%	8.81%	65637.29	4172706.29	50.19%	33.27%

注：数据处理包括通货膨胀处理、逆指标正向化处理、标准化处理。

表6-3 2016年北京农村经济运行情况线性二次移动平均计算表

指标	农村居民人均所得（元/人）	农村劳动力就业率	休闲农业及乡村旅游收入（万元）	土地产出率（元/亩）	第三产业收入占总收入比重	统一组织销售农产品总值占一产产出比重	从事农业劳动力比率	财产性收入及分红占农民所得总额比重	农村人均集体净资产（元/人）	财政农林水事务支出（万元）	青壮劳动力占总劳动力比重	农村居民低收入人口减少速度
$S_t^{(1)}$	17597.37	93.77%	370382.47	2307.44	51.81%	32.29%	25.48%	8.53%	62857.10	3777632.67	51.90%	28.38%
$S_t^{(2)}$	16809.23	93.75%	368106.77	2277.65	51.46%	34.71%	25.87%	8.25%	59792.36	3478793.19	55.41%	27.71%
X_t	18385.51	93.80%	372658.17	2337.23	52.16%	29.86%	25.08%	8.82%	65921.84	4076472.15	48.40%	29.05%
Y_t	788.14	0.02%	2275.70	29.79	0.35%	-2.43%	-0.39%	0.28%	3064.74	298839.48	-3.50%	0.67%
2016预测值	19173.65	93.82%	374933.86	2367.02	52.52%	27.44%	24.69%	9.10%	68986.58	4375311.63	44.90%	29.71%

表6-4 北京农村经济运行情况预测汇总表

指标分类	评价指标	2009	2010	2011	2012	2013	2014	2015	2016
农村经济产出指数	农村居民人均所得	1	1.0649	1.1326	1.2710	1.3907	1.5403	1.6728	1.7504
	农村劳动力就业率	1	0.9996	0.9996	1.0002	1.0009	1.0010	1.0022	1.0020
	休闲农业及乡村旅游收入	1	1.1509	1.3494	1.6308	1.7043	1.6689	1.8037	1.7577
	土地产出率	1	0.9964	1.0355	1.1344	1.1696	1.2083	1.2251	1.2481
农村经济结构指数	第三产业收入占总收入比重	1	1.0004	1.0660	1.0452	1.0664	1.0747	1.1026	1.1035
	统一组织销售农产品总值占一产产出比重	1	1.2822	1.3561	2.0997	2.8752	2.6475	2.0454	1.9939
	从事农业劳动力比率（负向指标）	1	1.0301	1.0586	1.0816	1.1021	1.1443	1.1623	1.1900
	财产性收入及分红占农民所得总额比重	1	1.0474	1.0769	1.3183	1.3416	1.4431	1.5386	1.5903
农村经济潜力指数	农村人均集体净资产	1	1.1242	1.2435	1.2880	1.4277	1.5984	1.7463	1.8354
	财政农林水事务支出	1	1.0909	1.2493	1.5181	2.0289	2.3820	2.9384	3.0811
	青壮劳动力占总劳动力比重	1	0.9623	1.0106	0.9021	0.9388	0.8065	0.7549	0.6753
	农村居民低收入人口减少速度	1	1.2334	1.4003	2.7398	2.0480	1.8236	2.5829	2.3068
北京市农村经济运行情况评价指数（F）		100	107.22	114.98	135.43	145.03	149.15	158.35	159.57

通过将表6-2中各个指标数据以N=2计算第一次移动平均值得到结果；以N=3代入公式（6-1）得到第二次移动平均值计算得到结果；将各个指标的计算结果分别代入公式（6-3）、（6-4）计算得到预测模型的截距和斜率。上述结果及根据预测模型得出2016年各个指标体系中的预测结果如表6-3"2016年北京农村经济运行情况线性二次移动平均计算表"所示。

根据2016年预测结果与表6-2中2009—2015年北京农村经济运行情况处理后数据，通过公式（5-2）、（5-3）进行无量纲处理，并将处理后结果代入公式（4-2）计算得出2009—2016年北京农村经济运行情况评价指数F，数据汇总表如表6-4所示。

根据2009—2015年北京农村经济运行情况进行时间序列预测分析可以看出，北京市农村经济将得到持续的发展，但由于全国经济增长速度减缓的影响，以及指标体系中"统一组织销售农产品总值占一产产出比重"显著下降的影响，导致北京农村经济的发展速度有所减慢。

七、结论与展望

通过本课题研究，得到以下结论与成果。

（一）2009—2013年农村经济持续发展，其中2012年农村经济发展最为突出。在构建了北京农村经济运行情况评价指标体系之后，我们运用具体数据对指标体系进行了实际的应用。如表5-3所示2009—2013年北京农村经济运行情况评价指数分别为100、107、114、135、145，结果表明2009—2013年北京农村经济社会得到持续发展。从指数变化趋势来看，2012年经济运行情况有较大发展，其中主要影响因素是农村居民低收入减少速度的加快，从2011年的18.04%提高至35.29%。如表5-4、表5-5、表5-6所示，2009—2013年北京农村经济产出指数为100、105、112、125、131；结构指数为100、107、112、133、151；潜力指数为100、110、122、155、160。农村经济产出指数提高的主要因素是农村居民人均所得的提升，该指标的提升直接表明了农民收入水平的提高，同时也最直接地反映出农村经济的发展。农村经济结构指数稍快于经济产出指数，主要因素是统一组织销售农产品总值占一产产出比重的迅速提高，该指标反映出农民集体经济组织在为实现一产产出中体现的作用，它所占的较高比例表现出农民收入的来源更加多元化以及集体经济组织的发展更加成熟。农村经济潜力指数增长最快的原因来自于农村居民人均净资产、财政农林水事务支出总额及农村居民低收入人口减少速度的共同影响，反映出农村经营管理水平有所提升，政府通过政策手段加强财政职能对农村的支持力度这一举措是有效的。

（二）各区农村经济发展各有特色，经济发展排名情况基本符合功能区划分特点。应用2013年北京市各区农村经济发展数据代入评价指标体系进行分析，结果显示，2013年北京各区农村经济运行情况从高到低依次为：朝阳区、海淀区、丰台区、昌平区、大兴区、顺义区、门头沟区、平谷区、通州区、延庆县、怀柔区、密云县、房山区。由结果可知，北京各区县经济发展水平存在差异，经济运行指数排名位于前三名的朝阳区、海淀区及丰台区在地理位置上属于近郊区，由于区域地理优势，作为城市功能拓展区，是国家高新技术产业基地，其经济社会发展受城区的影响，发展水平比其他区县较高。而其他地区相对距离城区较远，地理位置属于平原及山区，受城区辐射影响较小，与近郊区发展水平略有差距。由于"统一组织销售农产品总值"在分区统计上有所不足，数据的缺失和不完整导致得分较低的通州区和房山区受到一定程度的影响。因为通州区和房山区人口较多，尽管属于城市发展新区，地理位置相对适中，但人均水平较低，使得排名受到影响。随着休闲农业及乡村旅游业的发展和农村居民收入的增加，门头沟区、平谷区等生态涵养发展区在指标体系中的排名并没有居于靠后的位置。故各区县可以根据各自的特点，灵活地选取发展策略，提升发展水平。

（三）农村经济向上发展态势没有改变，但难度加大，要引起重视。通过二次移动平均对2009—2015年北京市农村经济运行情况进行预测分析，2009—2015年北京市农村经济运行情况指数为：100、107、114、135、145、149、158，2016年预测值为159。根据2009—2015年北京农村经济运行情况进行时间序列分析可以看出，北京市农村经济将得到持续发展，但由于指标体系中"统一组织销售农产品总值占一产产出比重"的明显下滑，和"青壮劳动力比重"的下降导致北京农村经济的发展速度有所减慢。通过上述结论也可以看出，北京农村集体经济组织的运行情况欠佳，需要引起重视；在不考虑外地进京务农人员的情况下，"青壮劳动力比重"下降也会给北京农村经济发展潜力带来负面影响。但随着二胎政策及"十三五"规划提出的实施脱贫工作责任制、培养新型职业农民、坚守耕地红线等促进农村经济发展建议的颁布，2016年后北京农村经济运行增长速度预测值应会比实际值偏低。

北京市农村"三资"监管平台聚集了大量宝贵的数据资料，为本课题提供了有力的数据支持。同时，本课题对于提升"三资"监管平台应用水平提供了新的模式。但也应注意到，在构建指标体系的过程中，有些指标可能能够更好地反映北京农村经济运行情况，但由于该指标并没有纳入北京农经数据系统中，所以在无数据可用的情况下，选择删除了该项指标，或是用其他指标代替。在今后农经统计工作过程中，可以参考本课题中指标体系的构建方式，纳入更加有效的指标来丰富北京农经数据的体系和维度，为今后开展农经统计工作指明了更好的方向。同时也应意识到，利用平台中的数据还可以进行层次更深、针对性更强的数据分析，进而提高平台数据的应用水平。

（四）构建的评价指标体系科学、合理，能应用于对北京农村经济运行情况的评价。本课题在总结国内外有关农村经济运行情况文献的基础上，分析了北京农村经济运行的历史及现状，提取了12个能够评价北京农村经济运行情况的指标，并通过德尔菲法确定了各项指标的权重，从而构建了一个科学的北京农村经济运行情况的评价指标体系。本课题不仅定性地描述了北京农村经济运行评价体系，而且进一步具体地描述了北京农村经济的产出能力、结构优化程度和发展潜力。这其中涉及农村经济产出、结构和潜力三大方面，共12个指标，这些指标不仅从农民收入和就业角度描述了农村经济的运行，还分别考虑了农村的产业结构、农村集体经济组织的运行能力、北京市农村特色经营情况、北京市对农村经济的扶持能力和农村发展潜力，能够科学、全面、具体地评价北京农村经济的运行情况。

（五）建立的预测模型具体、可靠，为北京农村经济发展政策制定，提供决策服务。在构建北京农村经济运行情况评价模型的基础上，运用时间序列分析法构建出北京农村经济运行情况预测模型。应用经济模型对北京农村经济运行情况进行预测是本课题的创新之处，但受限于2009年之前年份的多个指标数据不完整，考虑模型应用的准确性，本课题仅预测了2016年的北京农村经济运行情况。

采用二次移动平均法分别对12个指标进行预测，可以得出每个指标的预测值；将该预测值代入到北京农村经济评价指数的计算公式中，即可得出北京农村经济运行评价指数。

参考文献

［1］张敦福.扩散理论与中国区域发展研究［J］.山东师大学报，2001，5：100-102.

［2］于战平.论社会主义新农村建设模式［J］.世界农业，2006，10：4-8.

［3］张利痒.可借鉴的八种新农村发展模式［N］.今日信息报，2006-4-28.

［4］王晖.山东省农业旅游发展与社会主义新农村建设一体化模式研究［D］.济南：山东师范大学，2009.

［5］马鸿雁.陕西省农业循环经济发展模式研究［D］.西安：西安理工大学，2010.

［6］朱鸿举.北京农村经济的主要特点及问题［J］.吉林农业，2014，17：12-13.

［7］张义丰，秦伟山，祝采朋，等.北京山区农业与农村经济可持续发展的路径与对策［J］.关注中国，2012，1：40-47.

［8］黄薇，李维平，冯芸莹，等.北京区域经济状况分析［J］.数理统计与管理.2003，4（22）：1-5.

［9］邵斌，吴晓辉.基于因子分析的北京地区经济差异分析［J］.广西教育学院学报.2011，1：36-40.

［10］赵水根.对区域经济发展指标体系问题的若干评价［J］.区域经济.2009，5：37-40.

［11］单哲.山东省新农村建设关键问题及推进机制研究［D］.青岛：中国海洋大学，2011.

［12］Liu Y. H，Wang X P. 2005. Technological Progress and Chinese Agricultural Growth in the1990s. China Economic Review, 16: 419-440.

［13］孔凡文，许世卫.中国城镇化发展速度与质量问题研究［M］.沈阳：东北大学出版社，2006.

［14］张卫民.北京城市可持续发展综合评价研究［D］.北京：北京工业大学，2002.

［15］中国人民银行上海总部课题组.上海市经济运行先行指标体系研究［J］.金融试点，2005，23：24-26.

［16］柳金红.我国经济技术开发区经济运行效率研究［D］.大连：大连理工大学，2013.

［17］贝金兰，历开鑫，施凯东，等.沿海城市经济运行质量评价指标体系初探［J］.经济科苑，2015，35：297

［18］李答民.区域经济发展评价指标体系与评价方法［J］.西安财经学院学报，2008，21（5）：28-32.

［19］潘星.区域发展评价指标体系优化研究［D］.武汉：武汉科技大学，2013.

［20］易芷娟.北京沟域经济发展评价指标体系研究［D］.湖北：长江大学，2013.

［21］蔡国梁，廖为鲲，涂文涛.北京区域经济发展评价指标体系的建立［J］.统计与决策，2005，10：43-44.

［22］蒋和平，张成龙，刘学瑜.北京都市型现代农业发展水平的评价研究［J］.农业现代研究，2015，36（3）：327-332.

［23］果雅静，高尚宾，吴华杰，等.都市型现代农业综合发展水平评价方法研究［J］.中国生态农业学报，2008，16（2）：495-501.

［24］关海玲，陈建成，李卫芳.我国都市农业评价指标体系的实证研究——基于因子分析［J］.2011，30（4）：42-45.

附录

附表1-1　2009—2013年北京农村经济运行情况指标体系原始数据汇总表

指标分类	指标名称	单位	项目 / 年份	2009	2010	2011	2012	2013	2014	2015	数据来源
农村经济产出指数	农村居民人均所得	元/人	农民所得总额（万元）	3516414.1	3802932.8	4162995.6	4565774.4	4971957.4	5391056.2	5817820	管理平台-主要经济指标
			分配人口（人）	3210290	3183955	3177738	3174668	3159679	3145078	3118930	
			比例	10953.57	11664.11	12405.78	13922.45	15232.95	17141.25	18653.26	
	农村劳动力就业率	%	就业劳动力人数	1756297	1749019	1749363	1744621	1736966	1732347	1715319	管理平台-主要经济指标
			劳动力总数	1875841	1868809	1869104	1863045	1853492	1848433	1828113	
			比例	93.63	93.59	93.59	93.64	93.71	93.72	93.83	《北京统计年鉴》
	休闲农业及乡村旅游收入	万元	农业观光园收入（万元）	152419	177934	303961.2	359359.4	273594	249154.7	263138.9	
			民俗旅游收入（万元）	60895	73472	86822.2	90548.4	101958.8	112543.0	128550.1	管理平台-主要经济指标
			小计	213314	251406	303961.2	359359.4	375552.7	361697.7	391689	
	土地产出率	元/亩	第一产业收入小计（万元）	2261341.2	2307309	2472677.7	2650034.2	2732071.9	2776034.6	2820284.8	管理平台-农村经济收益分配表（村级组织）
			集体所有农用地面积（亩）	11393432.6	11407715.9	11364855.6	12385789.7	13067721.7	11923903.1	11923903.1	
			比例	1896.48	1935.03	2073.72	2222.46	2291.26	2328.13	2365.24	

附表 1-2 2009—2013 年北京农村经济运行情况指标体系原始数据汇总表

指标分类	指标名称	单位	年份项目	2009	2010	2011	2012	2013	2014	2015	数据来源
	第三产业收入比重占收入人比重	%	第三产业收入人小计	18698630.3	20582175.4	22816041.6	24276658	26241347.6	28270804.9	29945440.7	管理平台-主要经济指标
			农村经济总收入（万元）	39289938.3	43228296	44974071.1	48806931.8	51706540	55276706.4	57066039.6	
			比例	47.59	47.61	50.73	49.74	50.75	51.14	52.48	
	统一组织销售农产品总值占一产产出比重	%	农民专业合作社总收入（万元）	311170.64	407092.74	461409.53	765669.29	1080920.1	1011313.26	793781.44	专业合作社总收入统计表
			第一产业收入小计（万元）	2261341.2	2307309	2472677.7	2650034.2	2732071.9	2776034.6	2820284.8	管理平台-主要经济指标
			比例	13.76	17.64	18.66	28.89	39.56	36.43	28.15	
农村经济结构指数	从事农业劳动力比率（负向指标）	%	一产劳动力就业人数	516017	498868	485505	473909	463049	444809	433586	管理平台-主要经济指标
			就业劳动力人数	1756297	1749019	1749363	1744621	1736966	1732347	1715319	
			比例	29.38	28.52	27.75	27.16	26.66	25.68	25.28	
	财产性收入及分红占农民所得总额比重	%	财产性收入及分红小计（万元）	2013310.7	228029.5	256662.6	344595.3	381883.4	445396.8	512437.4	管理平台-农民收入构成情况汇总表
			农民所得总额（万元）	3516414.1	3802932.8	4162995.6	4565774.4	4971957.4	5391056.2	5817820	
			比例	5.72	6.00	6.17	7.55	7.68	8.26	8.81	

附表1-3　2009—2013年北京农村经济运行情况指标体系原始数据汇总表

指标分类	指标名称	单位	项目	2009	2010	2011	2012	2013	2014	2015	数据来源
	农村人均集体净资产	元/人	所有者权益总额（万元）	12066111.4	13776919.4	15683342.2	15875859.3	17515285.4	19196972.2	20840302.6	管理平台-主要经济指标
			分配人口（人）	3210290	3183955	3177738	3174668	3159679	3145078	3118930	
			比例	37585.74	43269.83	49353.79	50007.94	55433.75	61038.14	66818.76	
	财政农林水事务支出总额	万元	财政农林水事务支出总额	1420063	1586398	1873372	2226932	2976191	4247815	3436680	北京统计年鉴
	青壮劳动力占总劳动力比重	%	青壮劳动力人数	1247063	1195595	1175350	1117285	1084093	991052	917510	
			劳动力总数	1875841	1868809	1749363	1863045	1736966	1848433	1828113	
			比例	66.48	63.98	67.19	59.97	62.41	53.62	50.19	
农村经济潜力指数	农村居民低收入人口减少速度	%	低收入户数 2008年 562547	2009年 490089	2010年 412229	2011年 337878	2012年 218641	2013年 160967	2014年 123158	2015年 82185	管理平台-家庭详细资料
			减少速度	12.88	15.89	18.04	35.29	26.38	23.49	33.27	

附表2-1　2013年北京农村各区县经济运行情况原始数据汇总表

指标 区县	农村经济产出指数				农村经济结构指数				农村经济潜力指数			
	农村居民人均所得（元/人）	农村劳动力就业率（%）	休闲农业及乡村旅游收入（万元）	土地产出率（元/亩）	第三产业收入占总收入比重（%）	统一组织销售农产品总值占一产产出比重（%）	从事农业劳动力比率（负向指标）（%）	财产性收入及分红占农民所得总额比重（%）	农村人均集体净资产（元/人）	财政农林水事务支出额（万元）	青壮劳动力占总劳动力比重（%）	农村居民低收入人口减少速度（%）
朝阳区	25224.5	90.12	42248.5	5245.54	68.77	0	7.60	13.32	150418.8	259691	37.93	100
海淀区	20082.5	95.99	7360.5	334.98	66.37	0	13.20	8.88	254295.1	102278	47.00	97.81
丰台区	19231	92.63	2283.4	1922.29	74.22	0	10.45	4.22	209388.6	98499	55.35	45.89
怀柔区	16951.5	94.48	30736.8	286.88	51.45	0	29.25	5.43	17752.6	119565	59.39	22.52
大兴区	17638.6	96.96	21282.6	1639.90	29.28	90.91	38.17	5.90	37685.7	200499	72.25	37.74
通州区	17437.6	91.69	21465.7	4749.46	26.19	8.64	25.14	8.18	44833	236135	61.35	6.80
顺义区	14750	95.81	13930.6	8201.52	33.44	25.38	20.47	11.70	49956.7	228734	52.83	32.01
昌平区	14761.1	93.21	56830.3	772.96	49.07	10.62	19.95	21.52	43215.8	154062	53.00	34.43
延庆县	14630.7	98.00	28503.2	7970.14	49.06	30.88	26.56	5.10	18366.1	184957	67.11	38.85
门头沟区	12604.8	92.21	11445.9	2928.29	59.78	71.41	9.95	11.42	47476.4	89332	59.33	51.95
平谷区	14268.9	95.84	52756.3	1688.63	56.58	0	45.09	2.30	11344	117878	66.12	10.20
密云县	14047.7	96.63	60781.1	2187.44	31.01	40.70	39.09	0.82	8505.7	166515	59.43	20.05
房山区	10731.8	88.28	25927.8	768.69	55.10	13.81	26.46	3.57	30611	226529	82.55	19.26

项目负责人：曹四发

课题组长：李理

责任单位：农经统计处

项目起止时间：2016.05—2016.12

课题组成员名单

姓名	职务/职称	工作单位
曹四发	副主任/高级经济师	北京市农经办
李理	处长/高级经济师	北京市农经办统计处
张军	正处级调研员	北京市农经办统计处
郗蕙	副处长	北京市农经办统计处
王伟男	主任科员/工程师	北京市农经办统计处
张宇	主任科员	北京市农经办统计处
阎建苹	主任科员/硕士研究生	北京市农经办统计处
孙琳临	主任科员/硕士研究生	北京市农经办统计处
刘鑫	副主任科员/硕士研究生	北京市农经办统计处
于少杰	硕士研究生	北京信息科技大学
张建平	硕士研究生	北京信息科技大学

浙江省农业农村信息服务专题调研报告

为学习借鉴浙江省在农业农村信息化推进、开展信息服务方面的主要做法和成功经验，为北京市开展信息服务、建设"美丽智慧乡村"提供可借鉴的实践路径，2016年6月23-24日，北京市农经办（农研中心）党组成员、北京市城乡经济信息中心主任刘军萍带队赴浙江省湖州市安吉县和平湖市调研村级"三务公开"和信息"进村入户"工程建设情况。调研组由北京市城乡经济信息中心、北京市农经办（农研中心）资产管理处、农财中心、北京歌华有线电视网络股份有限公司、延庆区经管站以及延庆区张山营镇经管中心一行14人组成。现将调研情况报告如下。

一、调研的主要内容

（一）安吉县美丽乡村信息服务平台建设。 浙江省湖州市安吉县辖11个乡镇、4个街道，188个村。全县共有人口46万人，其中农业人口39万人。2015年，安吉县农村居民人均可支配收入达23610元。

"美丽乡村信息服务平台"始建于2011年，是依托安吉县广播电视台已经建成的7500公里的广播电视数字网络搭建的，由县、村两级平台组成，将便民服务直接延伸至农户家中，实现了办事不出村到办事不出户的转变。平台主要包括"村村通"数据光网、"村村响"音频广播、"村村看"视频监控和"村村用"信息平台。"村村通"即数字电视，平均每个村庄需要投资20万—30万元给每个农户都装上了数字电视。"村村响"即农村广播，镇村干部可以通过广播最快捷迅速地传达政令、及时发布新闻和各种信息、与农民进行零距离交流和沟通。"村村看"即可以从电视上看到村里各个重要道路岔口的实时画面，有利于治安防范。"村村用"不仅可以看直播电视，还可以看自己村里的专属频道，主要包括财务、政务、党务三块主要内容，此外还有村监委、代办事项、文化礼堂、村规民约、公示等。财务信息主要是村干部每个月上传的原始凭证和发票，让群众在家里就能监督村里的所有开支情况。

（二）安吉县"中国美丽乡村"建设。 2008年，安吉县按照中央建设社会主义新农村的总要求，开展了"中国美丽乡村"建设，计划用十年的时间，把全部行政村建成"村村优美、家家创业、处处和谐、人人幸福"的美丽乡村，实现三个融合，即新农村建设与生态文明的融合、城乡统筹与打造"美丽安吉"的路径融合、解决"三农"问题与实现产业转型升级的融合。天荒坪镇余村是习总书记发表"两山"理论的首讲地，经过七年的探索和实践，取得了明显成效，成为全国美丽乡村建设的样板地，主要体现在生态环境之美、产业特色之美、城乡统筹之美、社会和谐之美和模式标准之美五个方面。

（三）浙江农民信箱和万村联网工程建设。"浙江农民信箱"是根据"数字浙江"建设的总体规划和"以用促建"的原则，通过研究开发方便、实用和可管理的系统应用软件，利用互联网技术，借助现有的农技服务体系和运营商的网络设备，以低成本构建的农民网上交互的信息化平台。农民能够借助电脑和手机短信进行网上交流，快速、便捷、免费获得各种技术信息、市场信息、农产品买卖信息和系统提供的其他服务。重点建立了农机、粮油、畜牧、产业团队等6个专业平台和28个农产品供求专场，构筑起信息真实、诚信可靠、方便实用的网上农民社会。浙江农民信箱较好地解决了长期以来存在的信息不对称、供求双方难以对接等问题，同时由于它是实名制可管理的信箱，不同于任何互联网上的电子信箱系统，每一个用户在系统中发出的经济信息和其他信息，都有记录、可追溯，因此也有效解决了网上信息不真实、诚信危机等问题。

浙江省万村联网工程，是"百万农民信箱工程"的重要组成部分，按照"平台上移、服务下延、以用促建"的原则，为有需求的单位或个人自助建站服务。在功能设置上，分为新农村、经济主体（农业企业、合作社、农业园区、生产基地、种养大户、家庭农场）、农家乐三大块，并提供多套网站制作模板。该系统的建设，解决了新农村信息化落地难、信息发布滞后等问题；便于农业企业树立网上形象，拓宽农产品销售渠道；帮助农家乐提高经营品位，探索经营模式的创新。

（四）平湖市"信息进村入户"工程建设。平湖地处浙江省东北部杭嘉湖平原腹地，北接上海市，南濒杭州湾，素有"金平湖"之称，是江南有名的"鱼米之乡""中国西瓜之乡"，是国家级商品粮、商品油生产基地。全市陆地面积537平方公里，海域面积1086平方公里，海岸线长27公里。下辖6镇3街道，户籍人口48.96万人，其中农业人口25.32万人。

平湖市是浙江省内最早开展农业信息化建设的地区之一，2014年被农业部列为第一批信息进村入户工作试点县。平湖市委、市政府高度重视此项工作，明确"六有"建设标准，目前已经建立130个信息服务站，其中在村便民服务中心建设标准型信息服务站87个，在镇街道农技水利服务中心、农业公共服务中心、电信经营网点建设简易型信息服务站18个，在农业龙头企业、家庭农场、农业示范园区、农民专业合作社、休闲观光农业园区设立专业型信息服务站25个。

标准型信息服务站主要整合农民信箱村级联络点、万村联网新农村网站、农村党员远程教育点、村便民服务中心、村邮站等各类站点功能，开展四大类服务：一是公益服务。利用农民信箱平台，积极发展农民信箱注册用户，为村民发送农业政策、农技知识、市场行情、就业培训、村务公开、气象预警等信息，为农业生产经营主体发布买卖信息，提供"每日一助"服务。利用万村联网新农村网站，开设农经农事、新农村建设、生活资讯、信息公告、劳务需求等具有本村特色的栏目，让村民及时了解本村信息动态。村民在信息站可免费拨打12316为农服务热线，还可使用12316农业远程智能诊断系统，及时向农技专家咨询互动，解决生产难题。二是便民服务。利用触摸式电脑、村务公开栏、村邮站等开展人力社保、农合银行、文化体育、司法援助、新居民服务、困难救助、工商登记、水电气、通信、金融、票务、惠农补贴查询、法律咨询等各项业务的办理服务工作。三是电子商务。利用农民信箱平台发布农产品买卖信息、供求信息，组织各类农业经营主体参与农民信箱网上农博会；提供农村物流代办等服务。四是培训体验服务。协助镇农技水利服务中心开展农业新技术、新品种、新产品、动植物疫病防疫、农产品质监等各类培训；组织农民进行计算机操作技术和农民信箱操作应用培训，提高村民的电脑操作使用技能。

专业型信息服务站主要依托新型农业经营主体建立，利用经营主体的优势，开展跨村、跨区域的服务，如农产品买卖信息、供求信息、生产技术等服务；另外，各经营主体根据不同行业、专业，围绕生产经营活动开展针对性的专业服务，如机械插秧、机械收割、统防统治、农产品加工、物流等服务。

二、主要做法和经验

（一）将国家要求与地方特色相结合。通过信息进村入户试点工作的开展，建立了以市农民信箱联络支站为核心，镇（街道）农民信箱联络站为纽带，村农民信箱联络点为节点，纵向覆盖镇（街道）、村、农业基地、农业企业，横向连接涉农部门的农业信息化服务体系，架起了以"中心牵头、三级联动、覆盖全市"的农业信息化服务网络，为农业信息服务提供了强有力的保障。

平湖市将国家政策和地方特色相结合，在12316的基础上，整合为农信息服务资源，以信息化平台为手段，通过农民信箱短信发送平台，为广大农户提供农业政策、技术、信息推送及生产生活服务介绍。与电信公司合作开发的12316农业智能诊断系统，让农民能够更加方便实时准确地获取农业信息资源。

（二）将满足基层需求与创新服务渠道相结合。信息进村入户工作整合了万村联网新农村网站、农民信箱服务点、农村党员远程教育点、村便民服务中心、村邮站的功能及各类农业经营主体的优势开展各类信息服务，真正实现了普通农户不出村，新型农业经营主体不出门就能享受到高效、快捷的信息服务，解决了信息服务"最后一公里"问题。

一是运用省农业厅与省电信开发的移动智能终端应用软件农民信箱"农技通"，通过"农技解答""农技知识""产业动态""农技专家通讯录"四大特色功能模块和全国"农技宝"公用模块相结合，农技人员通过使用移动终端和农户互动沟通，实现信息精准服务。

二是与浙江华数广电网络股份有限公司等新媒体合作，设置农民信箱与进村入户有线数字电视信息化栏目（窗口），借助其渠道，将农业政务、农技服务信息、农产品商务、信息进村入户等内容通过电视送入农户家中。开展了"村村通""村村看""村村用"美丽乡村服务中心项目，拓展农村有线电视服务内容，服务于基层党组织和村民。

（三）将横向互联与市场化服务相结合。在农业农村信息化进程中，安吉县注重横向互联，如与各大医院合作，通过有线电视展示专家医生出诊信息，方便基层群众及时查询。平安家园模块则与政法委合作，打造阳光司法、警务广场、曝光台等栏目。

平湖市以政府为主导，通过加大投入，加强农村信息网络基础建设，提升农村信息化水平，在此基础上，以政府向社会购买服务的方式，整合各方服务资源进入平台，为"三农"提供全方位、标准化信息服务。

（四）将规范信息员队伍与服务体系建设相结合。按照一个村级信息站配备一名信息员的原则，各类信息服务站都配备了一名熟悉计算机操作，有责任心、沟通能力强、服务态度好的信息员。同时，为了加强信息员队伍建设，通过对信息员开展信息化应用技术培训、农民信箱、万村联网等平台操作技能和信息进村入户业务知识培训，切实提高信息员队伍的整体素质，服务能力和服务水平进一步提升，服务队伍更加规范。

同时，健全基层信息服务体系。一是明确镇街道农业公共服务中心信息服务职能。拓展和完善镇街道农业公共服务中心的信息服务功能，即在履行好农技推广、动植物疫病防控、农产品质量监管"三位一体"基本服务职能的基础上，提供农业政策、市场、科技、土地流转等信息服务。指导村级站建设，对村级信息员开展以农民信箱、万村联网为主的信息平台应用和培训，提高农民信箱、万村联网应用率。二是加强镇街道农技咨询信息服务。规范镇街道农技信息服务体系，明确信息服务内容和岗位职责，为镇街道农技员配备移动手机，接入12316省级云呼叫平台，为农户和村信息站提供农技咨询服务。三是建立信息服务体验区。与市电信局合作，在镇街道电信营业网点设置移动智能终端软件农民信箱"农技通"、12316智能诊断系统等农业信息化新产品、新服务的体验区。

三、启示与建议

（一）注重政企合作，拓展信息服务新渠道。通过实地调研，充分感受到了贴近农民的信息服务，要采用新载体，拓宽服务内容。北京农村集体"三资"监管平台建设起步早、数据全，但还未解决农民足不出户就可查询党务村务财务公开的信息。浙江省湖州市安吉县的做法，给我们提供了很好的实现路径，"村村通""村村看""村村用""村村响"在北京许多镇村都是有一定基础的，市农经办与北京歌华有线公司合作，既拓展了信息服务新渠道，也解决了信息服务"最后一公里"问题。能为村民提供最直接便利的信息化服务，在加强农村社会管理、化解社会矛盾、提高村民素质等方面也将取得良好的成效。

（二）注重整合资源，拓宽信息服务新内容。浙江省平湖市利用信息进村入户工作，整合了省内多项信息服务系统，利用各类信息，开展综合服务。北京市也是信息资源众多、科技资源雄厚，但在开展公共信息服务方面，还是缺乏资源整合、缺少新载体，各自为政、分散服务的现象依然较为严重。此次调研给予我们全新的思路，利用北京歌华有线在教育、文化、便民服务等资源方面的优势，搭建为农服务综合平台，将村级"三务公开"与开展信息服务相结合，丰富服务内容，提升服务水平，实现更高效、更全面、更便捷的服务。

（三）注重队伍建设，完善信息服务体系。浙江省平湖市通过信息进村入户试点工作的开展，完善了市、镇、村三级农业信息服务体系建设，建立了三级协同的信息服务站点和专职信息员队伍。北京在今后的工作中，也应该学习借鉴，做到人员有保证、工作有机制、考核有标准、服务有成效。

（四）注重宣传培训，提升信息服务水平。在推进村级"三务公开"和北京智慧乡村建设过程中，要注重信息员队伍的定期培训，注重利用一网两微（互联网、微博、微信）进行宣传，提高信息服务的知晓度，使农民享受到高效便捷的信息服务。

执笔人：白　晨　王增飞

"互联网＋农业" 调研报告

当前，"互联网＋" 在国民经济发展中已经成为一个重要的动力因素。对于传统"三农"问题，"互联网＋农业"一方面通过市场化运行，实现农村经济与城市经济的无缝对接；另一方面，通过市场化运行的外溢作用，承担部分社会公共服务，这使得在城镇化、农村空心化发展的背景下，广大农村能够获得更加开放的社会服务。因此，"互联网＋"为当前"三农"提供了更为广阔的发展空间。

当前有三个问题：一是"互联网＋"概念与传统"三农"问题的联系，二是"互联网＋农业"面临的问题，三是"互联网＋农业"的现实作用。带着这些问题，2016年3月起，本课题组研究人员对北京、上海、浙江、安徽开展了调研，共完成了16个调研实例。本报告为本次调研的一些发现和思考。

一、"互联网＋"促进农业的新发展

"互联网＋"促进了农业电子商务、休闲农业转型、信息技术应用等许多新的发展。

（一）农业电商逐渐兴起

以北京为例。2015年，北京市农业电子商务发展较快。从平台端看，淘宝、天猫、京东等是农业电商的大型支撑平台，而中粮我买网、沱沱工社、本来生活等垂直电商经营水平不断提高。与此同时，北京市场也涌现了每日优鲜、爱鲜蜂、许鲜等农产品电商新锐，新发地、美菜网等B2B电商也获得大力发展。

从生产端看，初步统计显示，2015年北京郊区县农产品电商销售额超过7.5亿元，有一定规模电商销售的农业生产经营主体超过43家。截至2015年10月底，经过对北京近200家农场及合作社的销售情况汇总[①]，80%以上的农场已经通过不同的渠道"触网"。一批以生产和经营北京本地特色农产品的本土化农业电商企业迅速发展，如北菜园、鑫桃源、栗山翁、利民恒华、灵芝秀等。以京郊安全种养小农场为主的社区支持农业电商模式日益成熟，密农人家、三三老栗树等本地特色农产品微电商发展十分迅速。

从消费端看，农业电商也发展良好。艾媒咨询数据显示，2014年我国生鲜电商市场规模达245亿元，2015年突破400亿元。根据《2015中国生鲜电商大数据分析报告》显示，2015

---

① 本课题组对北京近200家农场及合作社开展问卷调查、访谈调查。以下简称农场访谈。

年1至10月，人均线上生鲜消费达到339.7元，远超其他品类消费；消费者对生鲜电商的整体满意度较高，正面比例达到84%。在消费者访谈中发现，有了几年网购农产品经历的消费者，对农产品电商黏性很高。

（二）休闲农业开始转型。 随着我国新农村建设和城乡一体化融合发展，休闲农业和乡村旅游市场迅速增长。根据中国经济网公开数据，2015年全国休闲农业和乡村旅游接待游客超过22亿人次，营业额超过4400亿元，从业人员790万人，其中农民从业人员630万人，带动550万户农民受益。随着休闲农业的发展，产业规模日渐扩大、发展方式不断转变、发展内涵不断提升。与此同时，一批互联网企业进军乡村旅游市场，着力打造乡村旅游和休闲农业网络平台，如"去农庄""村村乐""乡途网"等，争夺O2O市场，以"线上＋线下＋融合"的角度重塑乡村旅游和休闲农业新生态。

（三）信息技术不断布局。 大数据、云计算、物联网和遥感等新兴技术在农业领域的探索应用已经有很长一段时间了，而随着相关技术手段的成熟和应用场景的丰富，技术应用的广度和深度已经得到极大的提升。

在农业物联网上，农业部先后在北京、黑龙江、内蒙古等8省（自治区、直辖市）开展国家农业物联网应用示范工程和区域试验工程，在设施农业、禽畜水产养殖、大田作物种植、农产品质量安全追溯等方面广泛应用农业物联网技术，总结出200多项成熟的规模应用模式，在节水、节肥、节劳动力等方面效果明显。如黑龙江的七星农场，借助云数据，建立了水稻智能育秧、水稻智能化水灌溉、农机自动化导航等六大系统，实现了大田作物全生育期动态监测预警和生产调度，为农业信息化探路。上海市电子标识股份有限公司，通过将电子标识注入猪体内，实现畜禽"生产—防疫—检疫—屠宰—流通—消费"等一环扣一环的实时信息化监管与服务。

二、"互联网＋"面临农业的新问题

（一）经济效益尚不支持"互联网＋农业"的内在发展。

我国仍然是农户分散经营主导的传统农业，生产管理方式还无法承载高额的成本投入，加之农户分散经营生产模式与高度智能化互联网融合难度较大，阻碍了"互联网＋农业"的应用与发展。

在大田作物领域，国内的粮食平均价格比国际市场平均价格高30%以上，粮食生产成本已经非常高了。"互联网＋"三大技术支撑，即物联网、大数据和云计算，并不能带来确定性增产增效。"互联网＋农业"，特别是粮食类大田作物，在短期内并不能显著地降本增效，经济上的投入产出是否合理是面临的重要问题。

在高效农业领域，面临的问题是规模化、标准化发展与传统农户分散经营的矛盾。我国2亿多农户，耕种着20亿亩耕地，户均耕种面积比较小。农业互联网技术设备购买成本高，以园艺作物为例，在大棚种植中，电子阀和滴灌管多数从以色列进口，应用投资较大，维护成本较高，从而导致回报期较长，投入和产出之间不平衡。上海国兴农公司建生态草莓种植大棚，1亩费用是100万元，100亩费用是200万元，存在明显的规模效应。

（二）监管体系建设尚未紧跟"互联网+农业"的新形势。"互联网+农业"发展处于初期阶段，其中涉及的监管问题较为复杂，除了"互联网+"本身的技术问题之外，在农业与食品行业中，质量安全是全社会重视的问题。"互联网+农业"的发展，使得流通业态发生了很大变化，传统的法律法规尚未对新型业态进行有效监管，相关机构责任不明确，使得"互联网+农业"发展初期农产品质量安全风险极大地暴露出来。互联网的评价机制对标准化的工业品交易有着显著的监督作用，对农产品与食品的交易监督虽然存在，但是信息不对称、单笔损害相对较小的特征也使得互联网评价机制的监督作用不能发挥有效作用，特别是在食品安全方面，消费者很难进行充分有效的辨识。基于此，在"互联网+农业"中的政府监管价值就显现出来，如何通过源头的质量安全监管来保障"互联网+农业"发展中的农产品和食品安全也成了需要解决的重要课题。

"互联网+农业"中"追溯码"在食品行业中已呈现出泛滥的态势。贴有追溯码的农产品和食品越来越多，但追溯码"遮头盖面""鱼目混珠"，让消费者难以辨识，溯源信息不全面、更新不及时、生产信息缺失是常见的问题。

（三）"互联网+农业"的服务体系建设还不充分。"互联网+农业"促进精细分工农业服务的作用将日趋显现。从农业全产业链角度，农业服务主要是提供信息技术、农技服务、农机服务、政策咨询等。互联网的融入，促进了农业服务的发展，也是提档升级农业服务的有效途径。

目前，农业服务的网络化、信息化水平并不高，农产品生产、销售和运输领域的农业服务都与互联网的结合不够紧密，互联网的信息集成、远程控制、数据处理分析、云计算、物联网等技术在农业服务领域应用得还不够普遍。基于互联网技术的自动化、智能化、标准化和集约化，大田作物、水产养殖、禽畜养殖、设施园艺、农产品流通的精细农业之路还很长。进一步面向农户个性化服务仍然短缺，尽管部分城市开通的"农民一点通"、12316"三农"服务热线在一定程度上发挥了作用，但相对落后的地区并没有能力构建，而相对发达地区的实际需求又高于目前的信息供给水平，形成了一定的分化。

三、"互联网+三农"调研思考

（一）"互联网+"尚未对当前"三农"问题产生颠覆性作用。从调研看，当前"互联网+"还不能解决所有的农业问题。举例来说，一是农业产业化问题无法依靠互联网去解决。种植、畜牧、水产，从整个农业生产系统来看，无论是生产力，还是生产关系，其基础构架主要还是依靠现代农业，而不仅仅是互联网。二是农村的要素有机构成不够优化。例如，西藏自治区120万平方公里、300多万人口，人口集聚程度相对较低；上海市是6300多平方公里，2400多万人口。从互联网经济发展的角度，需要一定的人口集聚，从而降低成本，提高效率。京东、顺丰这些大的企业在农村优先发展无人机的配送技术，也是考虑成本，这也涉及要素密度，这一问题的解决也不能单纯依靠互联网。

（二）互联网正在加速"三农"形态的重构，城乡要素的双向流通日益显现。

1.传统农产品流通形态在变化。现在很多乡村除了网络电商刷墙的广告特别醒目之外，渠道下沉带来的实体店铺发展非常迅速。

2.在"互联网＋农业"的发展过程当中，农民是很大的受益者。临安市有个淘宝村叫白牛村，主要做坚果的网络销售。整个村庄1000多人，500多户，网上年销售额超过5000万元的有十几家。网店销售也带动了当地就业，特别是充分利用了农闲时间进行包装加工。白牛村电商发展带动当地周边几个乡镇上千人就业，在农闲的时候，短期就近就业是农民增收的一个重要渠道。

3.农村面貌也有了很大的改善。北京周边乡村旅游是个典型案例。很多市民周末会举行小型家庭聚会，他们在网上阅读目的地相关资料及评价，通过网络进行预订和支付。随着"互联网＋"的深入发展，很多过去偏僻的地方也逐步广为人知，乡村旅游业态也在快速换挡升级。

4.城乡要素双向流动日益显现。中国农产品的流通，包括很多物流是资源单向流动。很多时候在运输过程中，放空是常态。随着"互联网＋"的深入，资源双向流动的情况正在逐渐出现。

（三）"互联网＋农业"对政府监管提出新要求。

1.农业生产资料监管。对于农业生产和农资供应，"互联网＋农业"的发展离不开政府监管。农资市场，因为涉及公众利益，事关粮食安全，在市场淘汰机制不能发挥作用的背景下，需要政府履行监管责任，支持"良币"，限制"劣币"，优化环境，保障公平。

在"互联网＋"的背景下，情况发生了许多变化。比如，移动互联网正在快速改变原有的市场条件和监管基础。政府在新的"互联网＋"条件下，可以改变原来不得已的特许经营制，放松市场准入，最大限度地减少束缚，释放更大的发展动力；同时，可以将市场主体包括用户吸收到新的监管体系中，改变原来"一对多"的监管为"多对多"的监管，提升监管效果。

农业生产和农资流通环节中的互联网发展，可以考虑建立企业资信平台体系。建设政府牵头、市场化运作的第三方互联网基础数据平台，建立红黑名单制度。

2.农产品与食品质量安全监管。传统农产品流通是通过批发零售渠道来实现分销，在一些大的关键节点，特别是产地或销地批发市场，比如山东寿光、北京新发地都有质量安全检测的环节；而在超市、农贸市场也会有快速检测设备，加上食药监部门的检查机制，可以起到基础的保障作用。"互联网＋农业"之后，很多农产品从田间地头对接消费者，而食品安全的源头监管尚未建立，食品安全风险实际上是加大了。无论是淘宝评价机制，还是B2C的平台机制，包括我买网、京东，目前都不能建立起针对农户的有效食品质量安全监管机制，这涉及系统性追溯体系和监管构架。

可以考虑引入第三方的市场监管和检测机构，用市场化的方式进行检测，跟"互联网＋"对传统行业的改造一样，引入第三方检测机构，农户可以任意选择相关的检测机构，合格之后打上检测机构的认证标识，出了问题检测机构要承担责任。政府承担监管的托底责任和对第三方检测机构的监管。通过市场化方式运作，食品安全的监管效率会提高很多。食品安全目标是不断发展完善的，现阶段可着眼于设计一种低成本、宽覆盖、能获得普遍认可的监管体系。

课题组负责人：刘军萍

课题组责任人：张春林　范　宏

课题组成员：陈丹梅　卢月静　冯学静　杨　阳　贾启山　胡冰川　唐姝琴

执笔人：胡冰川　陈丹梅

第六篇

农民增收与乡村治理

京津冀协同促进农民增收方式研究

第一节　绪　论

　　早在2004年，国务院就把京津冀区域作为"十一五"期间中央政府区域规划试点提到日程上，该发展区域地跨北京、天津两个直辖市和河北省的石家庄、保定、唐山、秦皇岛、廊坊、沧州、张家口、承德8个地级市，即"8+2"发展模式。自"十一五"以来，京津冀协同发展一直很受全社会的重视，2014年2月习近平总书记强调，京津冀协同发展是实现京津冀优势互补、促进环渤海经济区发展、带动北方腹地发展的需要，是重大国家发展战略。

一、引言

　　（一）研究背景。"三农"问题历来是党中央关注的焦点问题，其中农民问题是解决"三农"问题的核心，实现农民增收是关键。习近平总书记指出"小康不小康，关键看老乡"，实现农民增收是解决"三农"问题的有效途径。农民增收的问题直接关系到农民生活改善、农村市场开拓、农业生产水平提高等重大问题，不仅是农村经济发展中的紧迫问题，也是坚持以人为本的科学发展观，贯彻落实扩大内需的方针，促进国民经济持续健康快速发展的关键性问题。

　　1.国内文献综述。

　　（1）中央关于"三农"问题的文件。"三农"问题始终是中国革命、建设、改革和发展中的重大问题，中国共产党在90多年的发展实践中，立足于我国是一个农业大国的基本国情，始终高度重视"三农"问题，把解决好"三农"问题作为全党工作的重中之重。在改革开放初期，中央连续出台了五个一号文件强调"三农"问题，通过农村改革，特别是家庭联产承包责任制的实行，推动了三农问题的有效解决。党的十六大以来，中央连续下发了14个指导"三农"工作的一号文件，出台了一系列强农惠农富农政策，取得了粮食生产"十二连增"，开创了农业农村发展的黄金期。2017年中央一号文件题为《中共中央 国务院关于深入推进农业供给侧结构性改革加快培育农业农村发展新动能的若干意见》，仍然聚焦"三农"，从优化产品产业结构，着力推进农业提质增效、推行绿色生产方式，增强农业可持续发展能力、壮大新产业新业态，拓展农业产业链价值链等方面发出一系列惠农"红包"。

（2）方桂堂（2014）以北京昌平农村地区的农民增收问题为例通过实例数据分析得出：从农民内部收入来源构成上看，昌平农村地区农民工资性收入比重最大，是农民收入增长的主要支撑点，财产性收入呈增长趋势，转移性收入快速提高，但经营性收入发展缓慢。下一步要探索促进农民增收的可行性路径，如加大转移就业、推进产业发展、深化农村集体产权制度改革、加大财政投入力度等。

（3）孙芳（2015）基于京津冀协同发展作为国家重要发展战略的背景，分析了京津冀区域三地三大产业中农业的比较优势。首先，利用统计数据，计算了京津冀各产业的区位商与农业产业内部农林牧渔业的区位商；其次，应用农产品产值、产量或规模比较分析了京津冀三地的农产品生产优势。研究显示：在三大产业中，河北省农业占优势地位，北京市的第三产业有比较优势，天津市的第二产业较有优势。在农业产业中，河北省农牧业专业化程度较高。河北省的农产品自给所余可以供给京津两大城市居民消费。所得启示为：在农业产业发展中，京津冀区域应当构建生产资料市场、农产品市场一体化的市场运行体系，建立京津冀农业社会服务一体化体制，构建农业生产、农产品流通、农业产品加工、农产品销售、生产服务和消费的经营体系。有利于实现京津冀农业协同发展的目标。

（4）柴亚岚，王宝林（2017）通过研究全面建成小康社会与农民增收关系，分析了河北省农民收入增长缓慢的主要原因，为河北省农民增收提供对策，以切实减轻农民负担，增加农民收入，确保全面建成小康社会的战略目标的完成。

2. 国外文献综述。国外学者认为，"农民"（农业工人）是一个职业概念，是指从事农业生产的劳动者。国外专家学者研究农民增收问题时，所要考虑的因素比较简单，主要从劳动力（农民工人）、土地和市场三个方面展开研究。把农民增收问题看作如何发展农业（技术）使农业增值和农民增收的问题。已有的研究成果都是围绕从劳动力、土地和市场这三个因素单方面的角度。

（1）从土地角度研究。美国西雅图农村发展研究所对我国农业调查研究后指出"我国现行的更加充分有保障的土地承包经营权确实有利于增加农民收入"[①]。但也提出"小农经济"是只能维持农民的基本生计的农业，并对土地分散经营进行了严厉的批判。亚当·斯密的经济自由论中认为"每一个人，在他不违反正义的法律，都应完全自由，在自己的方法下追求自己的利益。而以其勤劳和资本加入对任何其他人或其他阶级的竞争，相反，把经济活动的自由等同于随心所欲；把经济关系中人们表现出来的自利动机等同于人性的自私等等这些恰恰都是我所反对的"[②]，对"小农经济"进行了批判；李嘉图的收入分配理论中工资论认为"农业中需要耕种更多肥沃的土地，劳动才能获得更多的价值"；马克思指出"在机器大工业的历史运动中，封闭

---

① 陈意心. 美国学者对中国近代农业经济的研究［J］. 中国经济史研究，2001（1）.

② 亚当·斯密. 国民财富的性质和原因的研究（下卷）［M］. 北京：商务出版社，1972. 311.

落后的小农经济将被社会化大生产所吞没"①，"排斥协作，排斥同一生产过程内部的分工，排斥社会对自然的统治和支配，亦即排斥'劳动的社会形式'"②；"它既排斥生产资料的积聚，也排斥社会生产力的自由发展，使扩大再生产几乎不可能"③对"小农经济"的落后性以其非科学化、非协作化、非积累化和脆弱性进行了批判。由此可见，农业小块土地的生产必然导致小农经济的脆弱性，要实现农业增值与农民增收，就要由土地的分散经营向规模化经营转变。

（2）从劳动力角度研究。以人力资本理论为主要支撑，认为现代化的本质就是人的现代化。舒尔茨在《经济增长与农业》中指出"要实现农业现代化，农民必须能够得到现代的投入——机械、杀虫剂、化肥和其他东西……从这些新式农业投入中能够获得的收益是很大的。"④在《论人力资本投资》中舒尔茨进一步指出"农业产量得以迅速增加和农业劳动生产率提高的重要因素已经不是土地、人口数量或资本存量的增加，而是人的知识、能力和技术水平的提高。"⑤弗农·拉坦在《农业发展的国际分析》中指出，缺乏资本和劳动力充裕的国家，只能走密集使用劳动的技术进步路线⑥，因此，实现农民增收的重要策略便是对农业劳动者进行科学的人力资源开发，对农民进行教育和培训等。美国学者 Ramon Myers 在《中国农民经济》中指出："发展农业教育与科研以培训农业人才和提高生产效率，建设基础性设施以便农民进入市场，建立新型的农业金融机构使较贫苦的农民也能获得生产进步所需的资本等。"⑦

（3）从市场角度研究。在市场经济追逐利益的条件下，由于农业自身弱质性，使得追逐利益的资本很少流入农业，对此，应加大政府支持农业的力度。世界各国对农民收入的支持政策各异，国外农业支持主要包括收入支付、市场价格支持、一般服务支持以及其他一些具体的做法。对市场价格支持有保护价收购和差价补贴两种类型。另外，美国盖尔·约翰逊指出"农业要面向市场生产，开拓农产品市场，进行要素市场的调整。"此外，国外学者将土地、劳动力和市场三个方面结合起来进行研究的比较文献资料比较少。

以上这些国外研究成果在影响因素及研究方法的选择方面对实现京津冀地区农民增收问题研究具有一定的借鉴意义。由于京津冀地区所处的特殊地理位置不同，要求我们要具体问题具体分析，不能将上述观点结论直接套用于京津冀地区的农业生产中。

综上所述，国内外对农民增收问题研究取得了显著的成果。回顾近年来关于京津冀地区农民增收问题的研究成果，可以看出，京津冀地区农民增收问题研究的视域较广、方法多样，

① 资本论（第1卷）[M].北京：人民出版社，1975：875.

② 资本论（第3卷）[M].北京：人民出版社，1975：910.

③ 资本论（第1卷）[M].北京：人民出版社，1975：830.

④ 舒尔茨.经济增长与农业[M].北京：北京经济学院出版社，1992：39.

⑤ 西奥多·W·舒尔茨.论人力资本投资[M].北京：北京经济学院出版社，1990.

⑥ 速水佑次郎，弗农·拉坦.农业发展的国际分析[M].北京：中国社会科学出版社，2000：310.

⑦ Andew Batson. 美国农村研究所：土地流转市场会增加中国农民收入[N].古雷译. http：//www.sina.com.cn .2009-9-22.

成果丰富。国内学者大都立足京、津、冀各自地区的现实和现状，以本地区农村收入基本现状为背景，研究各种制约农民增收的因素，对农民增收的研究侧重于个体，而对京津冀整体地区农民协同增收问题的研究则偏少。同时，国内外学者对农民增收问题研究主要针对普遍问题，其中的不足和缺陷也是不能忽视的。如主要是侧重于土地、劳动力、市场三个方面，缺乏从区域专业分工协作等展开研究，研究范围不够全面，对京津冀地区农民协同增收方式问题研究不够深入。

（二）研究意义。

1.推进京津冀共赢发展的需要。目前，北京、天津、河北人口加起来有1亿多，土地面积有21.6万平方公里，京津冀地缘相接、人缘相亲，地域一体、文化一脉，历史渊源深厚、交往半径相宜，完全能够相互融合、协同发展。习近平总书记指出："推进京津冀协同发展，要立足各自比较优势、立足现代产业分工要求、立足区域优势互补原则、立足合作共赢理念，以京津冀城市群建设为载体、以优化区域分工和产业布局为重点、以资源要素空间统筹规划利用为主线、以构建长效体制机制为抓手，从广度和深度上加快发展。推进京津双城联动发展，要加快破解双城联动发展存在的体制机制障碍，按照优势互补、互利共赢、区域一体原则，以区域基础设施一体化和大气污染联防联控作为优先领域，以产业结构优化升级和实现创新驱动发展作为合作重点，把合作发展的功夫主要下在联动上，努力实现优势互补、良性互动、共赢发展。"

2.实现京津冀协同发展的需要。2013年5月，习近平总书记在天津调研时提出，要谱写新时期社会主义现代化的京津"双城记"。2013年8月，习近平总书记在北戴河主持研究河北发展问题时，又提出要推动京津冀协同发展。此后，习近平总书记多次就京津冀协同发展作出重要指示，强调解决好北京发展问题，必须纳入京津冀和环渤海经济区的战略空间加以考量，以打通发展的大动脉，更有力地彰显北京优势，更广泛地激活北京要素资源，同时天津、河北要实现更好发展也需要连同北京发展一起来考虑。2014年2月，习近平总书记指出："强调实现京津冀协同发展，是面向未来打造新的首都经济圈、推进区域发展体制机制创新的需要，是探索完善城市群布局和形态、为优化开发区域发展提供示范和样板的需要，是探索生态文明建设有效路径、促进人口经济资源环境相协调的需要，是实现京津冀优势互补、促进环渤海经济区发展、带动北方腹地发展的需要，是一个重大国家战略，要坚持优势互补、互利共赢、扎实推进，加快走出一条科学持续的协同发展路子来。"[①]

3.实现京津冀区域城乡一体化发展的需要。党的十八大提出：解决好农业农村农民问题是全党工作的重中之重，城乡发展一体化是解决"三农"问题的根本途径。要加大统筹城乡发展力度，增强农村发展活力，逐步缩小城乡差距，促进城乡共同繁荣。促进京津冀区域城乡要素平等交换和公共资源均衡配置，形成以工促农、以城带乡、工农互惠、城乡一体的新型工农、城乡关系。而京津冀区域城乡一体化是实现京津冀一体化的根本途径和重要抓手。

---

① 习近平在听取京津冀协同发展专题汇报时强调，优势互补互利共赢扎实推进，努力实现京津冀一体化发展 [EB/OL]．中国网络电视台，2014，02，27日，http：//tv.people.com.cn/n/2014/0227/c141029-24486234.html，2014-02-27.

第二节 京津冀农民收入现状比较分析

一、北京农民收入现状分析

改革开放以来，北京郊区农民的收入一直处于持续增长状态，农村居民名义人均纯收入由1978年的224.8元增加到2015年的20569元，增长91.5倍，年递增率为12.98%。有必要分析北京郊区农民收入及其实际增长率、城乡居民的收入差距等动态变动过程以及北京郊区农民收入增长不同于其他地区的特点，定量分析影响北京农民增收的主要因素，为进一步深入研究京津冀农民增收打下基础。

（一）北京郊区农民人均纯收入增长较快，增长率呈阶段性波动增长。 北京市农民家庭平均每人年纯收入持续增长，由2010年的13262元提高到2015年的20569元，增长55.1%，年均增长9.18%（表1-1）。改革开放以来，北京市农民纯收入增长阶段性特征比较明显，大致经历了"快速增长—减慢增长—较快稳步增长—稳步增长"的四个阶段。

第一阶段（1978—1985年），北京农民人均纯收入增幅较大，名义纯收入从1978年的224.8元增加到1985年的775.1元，扣除物价上涨因素，年平均增长率在32%以上。其原因是这段时期是我国以农村为改革中心的时期，一方面是以建立农业家庭生产责任制为主要内容的产权改革，另一方面是农村产品市场化改革，即农副产品价格大幅度提高和放松管制。这两项改革极大地刺激了农户从事农业生产的积极性，与此相应的必然是农民收入的大幅度增长（表1-1）。

第二阶段（1985—1992年）：减慢增长阶段。1985年之后农民收入增长速度明显减慢，1985—1992年间，农村居民人均纯收入年实际平均增长率仅为3.32%。主要是由于家庭生产经营责任制对农业生产所产生的激励效应逐渐减弱和农业土地的边际收益递减所致，国家对农副产品收购价格相对稳定，使这一时期农民人均收入增长相对较慢。

第三阶段（1993—2007年）：较快稳步增长阶段。1992年邓小平南方谈话之后，北京市加大了改革开放力度，农民收入增长速度开始加快，从1992年的1568.8元增加到2000年的4687元，年实际增长率平均为8.08%，主要是因为城镇经济的高速增长，特别是城镇工业的快速发展吸引越来越多的农村劳动力流入城镇寻求就业机会，即由第一产业流出，进入第二、三产业，这不仅减轻了农村富余劳动力的压力，也增加了农村人均收入水平，再加上1994年政府又一次较大幅度地提高农副产品收购价格，刺激了农业生产的增长和农户收入的增加，因此这期间农民收入又进入较快的增长阶段。但农村产业结构调整、农业产业化经营等都处在起步阶段，乡镇企业面临二次创业，增长率不是很大。新千年之后，国家加大了对"三农"工作的重视力度，连续出台了六个中央一号文件，加大了对农业和农村的财政补贴，取消了农业税，北京农民人均纯收入增长较快，从2001年的5274.3元增加到2007年的9559元，年实际增长率都在8%以上。

第四阶段（2007—2015年）：稳步增长阶段。从2007年的9559元增加到2015年的20569元，年增长率在10.5%以上。年实际增长率都在7%—8.5%（除2008年的6.5%，2009

年的13.4%外）（表1-1）。

表1-1 1978—2015年北京市农民人均可支配收入、逐年增长量和增长速度

年份	人均可支配收入（元）	逐年增长量（元）	实际增长（%）
1978	224.8	—	—
1979	250.0	25.2	10.9
1980	308.1	58.1	22.1
1981	361.4	53.3	17.1
1982	430.2	68.8	17.3
1983	519.5	89.3	20.9
1984	664.2	144.7	25.7
1985	775.1	110.9	14.5
1986	823.1	48	3.7
1987	916.4	93.3	6.5
1988	1062.6	146.2	3.1
1989	1230.7	168.1	2.2
1990	1297.1	66.4	2.1
1991	1422.3	125.2	1.7
1992	1568.8	146.5	2.0
1993	1854.8	286	5.1
1994	2422.1	567.3	9.1
1995	3208.5	786.4	6.3
1996	3562.7	354.2	4.8
1997	3762.4	199.7	5.1
1998	4028.9	266.5	6.7
1999	4316.4	287.5	7.2
2000	4687.0	370.6	7.3
2001	5274.3	587.3	8.7
2002	5880.1	605.8	12.3
2003	6496.3	616.2	11.5
2004	7172.1	675.8	9.2
2005	7860.0	687.9	8.1

（续表）

年份	人均可支配收入（元）	逐年增长量（元）	实际增长（%）
2006	8620.0	760	8.7
2007	9559.0	939	8.2
2008	10747.0	1188	6.5
2009	11986.0	1239	13.4
2010	13262.0	1276	8.1
2011	14736.0	1474	7.6
2012	16476.0	1740	8.2
2013	18337.0	1861	7.7
2014	20226.0	1889	8.6
2015	20569.0	343	7.1

资料来源：北京市统计局1979—2016年。

（二）北京郊区农民收入的来源结构及其贡献率变动情况。

1.京郊农民收入来源结构。

（1）工资性收入占比超过75%。自1978年以来，北京郊区农民工资性收入在人均纯收入中所占份额一直都在50%以上，1978年到1990年整体所占份额呈略微下降趋势，1990年到1997年总体呈上升趋势，1997年达到最高68.75%，其后呈略微下降趋势，2008年回落到60.38%，此后不断波动地攀升，至2014年总体波动幅度不大，但是2015年突然提高，达到高峰75.31%，相比2014年提高了10.68个百分点（表1-2）。

（2）家庭经营性收入呈先上升后下降趋势。在1978—1990年之间家庭经营性收入呈上升趋势，之后总体呈下降趋势，2007年所占比例为22.87%，2010年下降至14%，此前一直排第二，2011—2014年排第四位，2015年回升至第三位（表1-2，图1-1）。

（3）转移性收入逐步超过家庭经营纯收入。近年来，北京市农民转移性收入不断加大，在人均纯收入中所占比例上升幅度较大。2011—2014年，转移性收入逐步超过家庭经营纯收入，家庭经营性收入由第二位退居第四位，转移性收入增至第二位，财产性收入排第三位；2015年家庭经营性收入由第四位升至第三位，主要是由于第三产业收入增长很快，相比2014年增加了783元，增长了4.42倍。研究表明，在家庭经营性收入中，目前最主要的是从第三产业所得到的收入，其次是从第一产业中所得到的收入，从第二产业所得到的收入几乎可以不计，2015年仅为80元/人，占家庭经营纯收入的4.08%，占总收入的3.89‰。主要原因是近年来随着都市农业、观光农业、采摘农业和农家乐的快速发展，人们对旅游休闲有更多的需求，北京市农民自己经营的农庄观光农业发展较快，同时随着农业产业链的拉长，农村运输业等发展也较快，从而第三产业占更多的比重。

（4）财产性收入所占比例逐步提高。与我国其他地区相比，北京市农民财产性收入所占比例较大，并且近年来有增加的趋势，2014年所占比例最高达12.12%。主要原因是随着收入的增加，农民房租和集体经济分红有所增加，另外京郊特别是近郊区农民土地的租金、股金、补偿费等收入也比较多（表1-2，图1-1）。

2.京郊农民收入来源构成比重变化情况。近年来，在农民收入结构变化的同时，各个收入来源对收入增长的贡献也发生了变化。

（1）工资性收入波动最大，贡献率在大多数年份也是最高的。2010年达到60.38%，2014年、2015年分别达到64.63%和75.31%，在四种来源中仍是最高的。

（2）家庭经营性收入波动也比较大，从长期来看，对农民人均纯收入的贡献排在转移性收入之后，位列第三或第四，2010年最高，为14.0%，2014年最低，为4.29%，2015年快速回升，达到9.52%，但个别年份出现负贡献率，如1991年为-29.07%，1997年为-11.82%，2006年为-0.94%，2011年为-26.6%，2012年为-3.3%，2013年为-36.8%，主要原因是这些年份农业自然灾害严重、生产资料价格上涨、农产品价格下跌（如玉米价格下跌）等原因造成的。

（3）转移性收入持续增加，贡献率上升至第二位，逐步成为拉动农民增收的主要因素之一。

（4）财产性收入波动相对较大，在波动中增长。2011—2014年贡献率超过家庭经营性收入的1.52、2.42、6.49、7.84个百分点，排在农民收入的第三位。从长期趋势来看，其对农民人均纯收入的贡献逐步增加，成为仅次于工资性收入和转移性收入的第三位因素，是拉动农民增收的主要因素。近年来国家出台了一系列的政策，财产性收入已逐渐成为拉动北京郊区农民收入增长的一种新的力量，2014年的贡献率最高达到12.12%（表1-2，图1-1）。

表1-2　2010—2015年北京市农民收入结构分析表

项目		2010	2011	2012	2013	2014	2015
纯收入	绝对值（元）	13262	14736	16476	18337	20226	20569
	年增长（%）	—	11.11	11.81	11.30	10.30	1.70
1.生产性收入	绝对值（元）	9864	10942	12161	12868	13939	17450
	占比（%）	74.38	74.25	73.81	70.18	68.92	84.84
	年增长（%）	—	10.93	11.14	5.81	8.32	25.19
（1）工资性收入	绝对值（元）	8007	9579	10843	12055	13072	15491
	占比（%）	60.38	65.00	65.81	65.74	64.63	75.31
	年增长（%）	—	7.65	1.25	-0.11	-1.69	16.52
（2）家庭经营纯收入	绝对值（元）	1857	1363	1318	833	867	1959
	占比（%）	14.00	9.25	8.00	4.54	4.29	9.52
	年增长（%）	—	-26.60	-3.30	-36.80	4.08	125.95

（续表）

项　目		2010	2011	2012	2013	2014	2015
①第一产业收入	绝对值（元）	934	727	731	268	258	546
	占比（%）	7.04	4.93	4.44	1.46	1.28	2.65
	年增长（%）	—	−22.16	0.55	−63.34	−3.73	111.63
②第二产业收入	绝对值（元）	120	−34	−40	39	59	80
	占比（%）	0.90	−0.23	−0.24	0.21	0.29	0.39
	年增长（%）	—	−128.33	17.65	−197.50	51.28	35.59
③第三产业收入	绝对值（元）	803	670	627	526	550	1333
	占比（%）	6.05	4.55	3.81	2.87	2.72	6.48
	年增长（%）	—	−16.56	−6.42	−16.11	4.56	142.36
2.非生产性收入	绝对值（元）	3398	3794	4315	5469	6287	3119
	占比（%）	25.62	25.75	26.19	29.82	31.08	15.16
	年增长（%）	—	11.65	13.73	26.74	14.96	−50.39
（1）转移性收入	绝对值（元）	1808	2257	2598	3446	3835	3477
	占比（%）	13.63	15.32	15.77	18.79	18.96	16.90
	年增长（%）	—	24.83	15.11	32.64	11.29	−9.34
（2）财产性收入	绝对值（元）	1590	1587	1717	2023	2452	1204
	占比（%）	11.99	10.77	10.42	11.03	12.12	5.85
	年增长（%）	—	−0.19	8.19	17.82	21.21	−50.90

资料来源：北京市统计局2011—2016年。

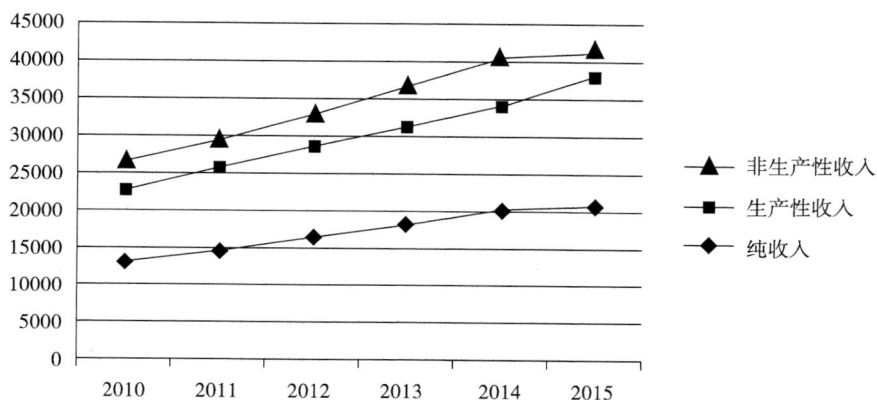

图1-1　2010—2015年北京市农民收入趋势图

（三）北京市城乡居民收支差距仍然较大。2014年末北京市常住人口2151.6万人，与2013年相比增加了36.8万人，增长了1.74%。其中常住外来人口818.7万人，占常住人口的比重为38.05%，常住外来人口增量减少12.9万人。全年实现地区生产总值21330.8亿元，比上年增长7.73%。其中，第一产业生产总值159.0亿元，负增长–0.37%；第二产业生产总值4544.8亿元，增长5.88%；第三产业生产总值16627.0亿元，增长8.33%。按常住人口计算，全市人均地区生产总值达到99995元，按年平均汇率折合16278美元。三次产业结构由上年的0.8∶22.7∶76.5变为0.8∶22.3∶76.9。全年城镇居民人均可支配收入达到40321元，比上年增长10.6%；扣除价格因素后，实际增长7.1%。农村居民人均纯收入达到18337元，比上年增长11.3%；扣除价格因素后，实际增长7.7%；城乡居民收入比为2.20。

2015年，北京市人均GDP达到17000美元，进入了中上发达国家发展水平的行列；同年，北京城镇化率达到86.4%，已进入高城市化水平的行列。但是，北京市城乡居民收入差距十几年来基本保持在两倍以上，城乡居民收入差距缩小的趋势并不明显。从收入差距来看，1997年北京城乡居民收入比首次突破2，为2.08，绝对值差额为4087元，近20年未能根本扭转。2007年北京市城乡居民收入比达到2.3，绝对值为12430元；2014年北京市城乡居民收入比虽缩小至2.17，但绝对值扩大到23684元；2015年北京市城乡居民收入比又扩大至2.57，绝对值进一步扩大到32290元。从消费性支出差距来看，1993年，城乡居民人均消费支出首次突破2倍，为2.25，绝对值差额为1631元；2005年北京市城乡居民人均消费支出比达到最大为2.5，绝对值为7314元；2014年北京市城乡居民人均消费支出比略缩小至1.93，但绝对额扩大到13480元；2015年北京市城乡居民人均消费支出比又快速扩大至2.32，绝对额进一步扩大至20831元。在统筹城乡发展和城乡一体化进程中，城乡居民收支差距缩小不明显，绝对额反而扩大了，这说明影响城乡居民收入差距的深层次体制和经济因素还没有得到根本的改变（表1–3）。

表1–3　1978—2015年北京市城乡居民人均收支比较

年 份	人均收入（元）			人均消费支出（元）		
	城镇居民人均可支配收入	农村居民人均纯收入	城乡居民收入比（农民＝1）	城镇居民人均消费性支出	农村居民人均消费性支出	城乡居民支出比（农民＝1）
1978	365	225	1.62	360	185	1.95
1979	415	250	1.66	409	205	2.00
1980	501	308	1.63	490	257	1.91
1981	514	361	1.42	511	307	1.66
1982	561	430	1.30	535	345	1.55
1983	590	519	1.14	574	384	1.49
1984	694	664	1.05	667	435	1.53
1985	908	775	1.17	923	510	1.81

（续表）

年 份	人均收入（元）			人均消费支出（元）		
	城镇居民人均 可支配收入	农村居民人 均纯收入	城乡居民收入 比（农民＝1）	城镇居民人均 消费性支出	农村居民人均 消费性支出	城乡居民支出 比（农民＝1）
1987	1182	916	1.29	1148	705	1.63
1988	1437	1063	1.35	1456	883	1.65
1989	1597	1231	1.30	1520	976	1.56
1990	1787	1297	1.38	1646	981	1.68
1991	2040	1422	1.43	1860	1100	1.69
1992	2364	1569	1.51	2135	1179	1.81
1993	3296	1855	1.78	2940	1309	2.25
1994	4731	2422	1.95	4134	1676	2.47
1995	5868	3208	1.83	5020	2433	2.06
1997	7813	3762	2.08	6532	2795	2.34
1998	8472	4029	2.10	6971	2945	2.37
1999	9183	4316	2.13	7499	3132	2.39
2000	10350	4687	2.21	8494	3441	2.47
2001	11578	5274	2.20	8923	3871	2.31
2002	12464	5880	2.12	10286	4206	2.45
2003	13883	6496	2.14	11124	4655	2.39
2004	15638	7172	2.18	12200	4886	2.50
2005	17653	7860	2.25	13244	5515	2.40
2006	19978	8620	2.32	14825	6061	2.45
2007	21989	9559	2.30	15330	6828	2.25
2008	24725	10747	2.30	16460	7656	2.15
2009	26738	11986	2.23	17893	9141	1.96
2010	29073	13262	2.19	19934	10109	1.97
2011	32903	14736	2.23	21984	11078	1.98
2012	36469	16476	2.21	24046	11879	2.02
2013	40321	18337	2.20	26275	13553	1.94
2014	43910	20226	2.17	28009	14529	1.93
2015	52859	20569	2.57	36642	15811	2.32

资料来源：北京市统计局1979—2016年统计年鉴。

（四）北京郊区农民收入在全国处于领先地位。为了准确把握北京郊区农民收入来源结构及经济增长点的特征，可将北京市、全国平均水平及东中西部（东中西分别选取代表省份上海、河南、四川）有关指标相比较。可以看出，北京郊区农民人均纯收入水平仅低于上海，远高于全国平均水平和河南、四川等地区。从城乡收入差距比来看，北京上海接近，基本上是 2.17-2.57，全国平均水平是 3.3-3.7，河南和四川基本上是 2.9-3.2，由此可以看出，在工业化、城市化进程比较快的地区，城乡居民收入差距相对较小，这与钱纳里等人的结论是一致的。这也说明，要进一步缩小城乡居民收入差距，就需要大力发展工业化和城市化，转移剩余农业劳动力。

从收入的来源结构看，近几年北京和上海的农村居民纯收入中均是工资性收入占第一位，所占比重分别是60%—75%，转移性收入所占比重为第二位，家庭经营性收入所占比重为第三位，分别为 9.52% 和 7.43%。财产性收入和转移性收入所占比重绝对数逐步增大，特别是与全国水平和中部、西部地区相比，这两项收入的绝对数值和所占比重均比较大，主要原因是这两个地区农民的房屋、土地等资产可以出租、流转，同时社会保障工作相对比较完善，贫困人口相对可以得到较多的转移性收入。全国平均水平、河南省、四川省的收入结构中，居第一位的均是家庭经营收入，在 50% 以上，工资性收入居第二位，而财产性收入和转移性收入所占比例很小，均在 10% 以下。由此可以看出，在二、三产业比较发达的地区，如能大力促进农业劳动力向其他产业转移，便可大幅度地提高农民收入水平。

二、天津农民收入现状分析

（一）收入水平逐年提高。近几年来，天津市农民增收工作取得了较为显著的成就，2012年农民纯收入达到14025.5元，是全国平均水平7916.6元的近2倍，2015年度天津市农村常住居民人均可支配收入18482元，是全国平均水平10772元的1.72倍。以2012年的统计数据排序，天津农民人均纯收入位列全国第四位，排在北京、上海、浙江之后。20年来天津农民人均纯收入一直呈增长态势，特别是2009年突破了万元大关，但从2011年开始，增速有所下降。另外，虽然天津农民纯收入和支出持续增加，但和天津城镇居民收入和支出之间相比还有很大的差距，2015年度城镇居民人均可支配收入、人均消费性支出分别为34101元和26230元，分别是天津市农民人均收入和支出（18482元和14739元）的1.85倍和1.78倍。对比天津市2012年城镇居民人均可支配收入29626.4元，是农村居民14025.5元的2.11倍[①]来说，城乡居民间人均可支配收入相对差距在缩小，绝对额由15238.5元略微扩大到15600.9元，仅扩大2.38%。

（二）收入结构逐步优化。以2011—2012年的天津市统计调查数据来看，工资性收入已成为天津市农民收入的主要来源，2012年工资性收入所占份额为58.4%，而且呈增长趋势。不同于其他劳务输出大省，天津农民的工资性收入主要来源于本地区，只有1.5%左右的工资收入来自市外；家庭经营收入仍是农民收入的重要来源，所占份额为30.4%，其中以第一产业

---

① 中共天津市委党校研究生部课题组，天津市农民增收问题研究［J］. 求知，2014，8.

收入为主；转移性和财产性纯收入所占比重一直较小，维持在10%左右。农民收入结构所呈现出的变化提升空间，是找出影响农民收入的关键因素，是制定农民增收政策的突破口。

（三）天津市农民人均收入的主要特点。

1.人均收入位于全国前列，但增速有所减慢。近几年，天津市农民纯收入位于全国第四位，总的说来还是比较高的。但近几年来增速有所减慢，表现在：一是同过去比。改革开放初期，农民人均纯收入的年增长按可比口径计算在14%—20%之间，而1997年以来平均只有10%左右。二是同全面建成小康社会的要求比。到2020年全面建成小康社会，人均GDP要达到3000美元，同这个要求相比，实际发展速度依然是较低的。三是同GDP的增速相比。天津2010年到2012年间，GDP的增速分别为17.4%、16.4%、13.8%，农民人均纯收入的增速分别为10.5%、13.8%、14.1%，GDP的总体增长速度高于农民人均纯收入的增长速度。

2.城乡差距依然存在。改革开放以来的39年中，天津市城乡居民收入差距扩大的年份有30年，缩小的年份只有9年，并集中在1978年至1983年和1995年至1997年这两个阶段。主要原因是，前一个阶段是劳动生产率和农产品价格均大幅度提高，后一个阶段则主要是农产品价格提高。城乡收入比例在改革开放之初的1978年为2.56：1，1983年缩小到1.82：1，然后不断扩大，到1994年达到了一个新高2.86：1，然后降低到2.47：1。从1998年开始逐年显著扩大，2012年扩大到3.10：1。近几年来，尽管诸多因素都很有利，农民增收速度有所提高，但是城乡差距依然不小。

3.农民间收入水平差距较大。以天津市西青区2012年收入为例，从街镇之间农民收入的比较看，农民人均可支配收入最高与最低的街镇相差5747元，差距主要在于第二、三产业经营收入和财产性收入，从人均可支配收入由高到低的20%五等分组看，其中高收入组人均可支配收入为36672元，低收入组为7640元，两者相差29032元，高收入组人均可支配收入是低收入组4.8倍，收入差距很大。但近三年，高低收入家庭收入差距已经连续缩小，由2000年的5.8：1缩至4.8：1。

4.非农经济作用逐步凸显。到2012年5月底，天津市31个示范工业园区入驻企业6395家，从业人员16.2万人，完成工业总产值633.27亿元，实现销售收入632.66亿元，实现利润59.18亿元，完成出口交货值127.38亿元。天津市都市型现代农业发展格局已初步形成，带动了农业增效、农民增收。与传统农业相比，农业产业园区土地产出率、劳动生产率分别平均提高3倍以上。目前，天津市已建成21个现代农业示范园区，60个现代畜牧养殖园区和41个优势水产品养殖示范园区。累计建成设施农业60万亩，年产值达60亿元以上，直接带动40多万名农民致富。2013年底农民专业合作社达到4650家，90%以上的农户进入产业化体系。

三、河北农民收入现状分析

河北省农民收入现状表现出一些明显的阶段性特征。河北省是一个农业大省，农村人口比重大，农民生活水平距离全面建成小康社会还有较大差距，突出表现为农民收入水平低和农村贫困人口多，农民增收依然面临许多难题。所以，解决农民增收问题，是河北省推进全面建成小康社会必须解决的重大课题。

（一）农民收入总量增加但增速缓慢。近些年来，河北省总体上保持了经济高速增长的基本态势，但无论是与全国农民的平均收入水平相比，还是与相同经济发展水平的其他省市对照，河北省农民收入水平仍旧明显偏低。2006年进行社会主义新农村建设以来，农村农民收入总量开始逐渐提高。2012年河北农民人均纯收入为8081.00元，2014年首次突破万元大关，这主要是自2006年起国家各项惠农政策的实施，全面取缔农业税，稳步提升"三农"补贴，政府加大支农力度等，大幅提升了农业产值及农民收入。同时，河北省的乡镇企业蓬勃发展，很大程度上带动了农民的工资性收入。此外，随着金融体制改革不断深化、金融试点工程逐步走进农村，使得农民收入渠道增多，党的十八届三中全会后启动的农村土地改革，使农民的财产性收入有了保障等，这些扎实的举措很大程度上促进了农民收入的提高。但近三年来，农村经济和农业发展更多地受到市场的影响，农民收入增长放缓，普遍出现了增收难的现象，还有一些农村较为贫困。因此，河北省农民的增收问题不容乐观。

（二）城乡间收入差距仍在扩大。河北省农民收入虽取得了较快增长，但农民与城镇居民的收入却逐渐拉大。实际上，2011年和2014年农民收入分别赶超了城镇居民人均可支配收入的增长速度7.03%和11%，尽管如此，城乡居民年人均收入在总量上的差额却由2012年的12462.04元增至2014年的14020元。同时，河北省城镇居民可支配收入与农民年人均纯收入比也由2.42∶1扩大到2.86∶1。不论是绝对量的增长还是比率的变化，都显示了河北省城乡收入差距仍然在不断扩大，这是因为农业生产的比较效益较低，使得农民的家庭经营性收入增长缓慢，但农业作为基础性产业必须得到保障，这是农民收入增长困难的主要难题，也是城乡工农差距的主要问题。

（三）农民收入结构趋向多元化。随着社会主义市场经济的发展和国家对"三农问题"的逐步解决，农民收入渠道拓宽，使其收入结构也趋向多元化。河北省农民家庭经营性纯收入所占比重下降，工资性收入比重处于上升趋势，并逐渐成为农民收入的主要来源。这主要是由于河北省乡镇企业为农民提供本地非农就业机会增多了，加之之前农村青壮年劳力多外出务工取得的工资性收入对家庭收入的补充。总体来看，河北省农民收入增长的来源发生了质的变化，收入来源结构趋向多样化和非农业化，但还没有形成稳定的新的收入增长点。

四、京津冀农业协同发展区域比较优势分析

（一）京津冀农业协同发展的理论和依据。依据区域均衡发展理论，一个区域经济增长取决于该地区的资本、劳动力和技术3个要素的投入状况，生产要素在市场中为实现其最高边际报酬率而自由流动。依据区域非均衡发展理论，京津冀的农业发展遵循生产要素先流向具有经济发展优势或边际收益最高的京津中心地区，使区域经济差异不断扩大，之后就会产生扩散效应，并通过扩散效应促使各生产要素从发达的京津区域向外围不发达区域河北省流动，又促使区域发展差异得到缩小。斯密绝对比较优势理论与李嘉图相对比较优势理论都论述了比较优势会产生区域分工，因而形成区域产业的专业化。对于京津冀区域来说，京津两市具有资本、人才与技术的优势，河北省具有环抱京津的区位优势，通过这

些优势的互补可以实现区域经济均衡协同增长，实现协同发展的目的。克鲁格曼等经济学家认为在一定的区域内，应当形成有效的、合理的区域功能分工体系，即形成区域内统一的商品市场、要素市场和服务市场的经济一体化。因此，在京津冀协同发展过程中，应建立农业产前、产中和产后区域生产要素市场、农产品市场一体化体系。[①]

但由于受到京津冀各自行政区划的长期制约，京津冀三地的各类市场体系、功能结构和要素流动优势互补作用远远没有发挥。这给京津冀区域协同发展的农业经营体系创新提出了新的课题。目前对于京津冀协同发展的研究，大多主要集中于京津冀经济协同发展的必要性[②]、京津冀一体化人才区域分布[③]、旅游业发展趋势[④]、交通一体化发展[⑤]。关于京津冀农业协同发展方面的研究也主要表现为生态建设层面[⑥]、都市圈城乡复合型农业[⑦]等方面。也有分析京津冀区域部分地区农业发展的，如北京市农业功能区划[⑧]、京津冀一体化中河北省经济发展战略[⑨]等。王俊凤[⑩]提出京津冀区域农业协调发展的必然性。

上述学者们的观点具有积极的参考价值。但是已有研究成果对京津冀三地协同促进农民增收的研究较少。本项目应用京津冀各产业统计数据，通过区位商的计算、产值与产量的比较量化分析京津冀三地的产业专业化程度与农业产业优势，便于为京津冀农业协同发展中产业布局、产业体系构建、农产品市场一体化、社会服务一体化体系构建，进而协同促进农民增收提供参考。

（二）京津冀三地区域产业优势比较。京津冀三地无论从历史上军事、政治、文化，还是现在生产、交通与生活消费都体现了不可分割的一体性。其地缘相通，文化习惯相近，呈现资源、产业和区位联系紧密、各具优势的区域特征，某产业是否占优势一般用专业化程度来衡量。

1.区域产业专业化程度与区位商简介。通常情况下分析区域产业专业化程度大多应用区位商来比较分析，所以要比较京津冀区域内三地的产业优势也有必要计算各个产业的区位商。在区域经济学中，区位商作为判断一个产业是否构成地区专业化部门的指标应用较为广泛。

---

① 孙芳，刘明河，刘立波．京津冀农业协同发展区域比较优势分析［J］．中国农业资源与区划，2015，2：63—70.

② 王健，王军，杨向辉．构建京津冀地区经济发展与生态保护利益协调体系［J］．中国软科学增刊，2013，上：123.

③ 孔德忠，师蕊．京津冀一体化对河北人才区域分布的影响［J］．社会科学论坛 2011，4：234—238.

④ 孟祥林．以旅游拨动河北经济：京津冀一体化理念下的发展对策分析［J］．天津商业大学学报，2009，29：3—9.

⑤ 张耀华，田磊．基于京津冀一体化的天津干线公路网容量配置研究［J］．天津建设科技，2011，3：61—62.

⑥ 王军，李逸波，何玲．基于生态补偿机制的京津冀农业合作模式探讨［J］．河北经贸大学学报，2010，31：74—78.

⑦ 刘玉，刘彦随，陈玉福，等．京津冀都市圈城乡复合型农业发展战略［J］．中国农业资源与区划，2010，31：1—6.

⑧ 刘军萍，荣文笑，卢宏升．北京农业功能区划研究［J］．中国农业资源与区划，2006，27：49—54.

⑨ 田学斌，闫真．差别化优势与对接发展——关于河北与京津合作的基本问题探讨．河北省社会主义学院学报，2006，27：49—54.

⑩ 王俊凤，崔永福，路剑．关于京津冀区域农业协调发展的探讨［J］．农业科技管理，2008，27：24—27.

通过各种产业区位商的大小来判断其专业化程度与区域内的产业分工。因此，用该方法判断北京市、天津市和河北省在京津冀区域中的各种产业的地位与作用。依据哈盖特提出的区位商的计算方法为：区位商是地区特定部门的产值在地区工业总产值中所占的比重与全国该部门产值在全国工业总产值中所占比重之间的比（表2-1）。

该方法应用于京津冀区域三大产业区位商的计算为：某地某产业在京津冀区域内的区位商＝（某地该产值÷某地全部产业总产值）÷（京津冀该产业产值÷京津冀全部产业总产值）。

某地（北京市、天津市、河北省）某产业（第一、二、三产业）在京津冀区域内的区位商大于1，可以认为该产业（第一、二、三产业）是某地区（北京市、天津市、河北省）的专业化部门，区位商越大，专业化水平越高，可以进一步说明该产业在区域内具有明显的比较优势。如果区位商等于或小于1。则认为该产业是自给性部门或处于劣势地位。

2.京津冀区域农业产业专业化优势。应用区位商的计算方法，利用统计数据分别计算京津冀区域第一产业、第二产业和第三产业的区位商，并加以比较。下面主要分析京津冀三地域农业产业区位商比较。

表2-2显示，通过应用统计数据计算得2012年北京市、天津市与河北省三地区的农业区位商值分别为：北京市0.207，天津市0.271，河北省1.88。河北省的农业区位商大于1，农业专业化程度较高，而北京、天津的农业区位商不仅小于1，而且与河北省相比相差很大，说明京津两市的农业专业化程度都非常低，京津两城市的农业对外依赖性很强。

通过表2-1显示的2008年京津冀三地区的农业区位商比较可知，河北省的农业区位商不但高于北京市和天津市，而且2008年河北省的农业区位商为1.81小于2012年的1.88，而北京市与天津市的2008年农业区位商分别为0.223和0.330，分别大于2012年的农业区位商0.207和0.271。通过2008年与2012年3地的农业区位商比较表明河北省的农业区位商呈上升趋势，北京市和天津市的农业区位商不但远远小于河北省，而且呈下降的趋势，充分说明了河北省在京津冀区域中农业产业的相对优势地位（表2-1）。

表2-1　2008年京津冀三地区农业产值与农业区位商分析表

地 区	农业产值（亿元）	全部产业产值（亿元）	农业占比（％）	农业区位商
北京市	303.9	11115.00	2.7	0.223
天津市	268.1	6719.01	4.0	0.330
河北省	3505.2	16011.97	21.9	1.81
京津冀区域	4077.2	33845.98	12.1	—

资料来源：《中国统计年鉴》（2009）。

表2-2　2012年京津冀三地区的农业产值与农业区位商分析表

地　区	农业产值（亿元）	全部产业产值（亿元）	农业占比（%）	农业区位商
北京市	395.7	17 879.40	2.2	0.207
天津市	375.6	12 893.88	2.9	0.271
河北省	5 340.1	26 575.01	20.1	1.88
京津冀区域	6 111.4	57 348.29	10.7	—

资料来源：《中国统计年鉴》（2013）。

（三）区域农业产业与产品优势。 与京津两市相比较，河北省农业产业与农产品优势比较突出，不仅是全国重要的粮、棉、油、蔬、果、畜、禽、鱼等生产基地，而且也是保障满足京津两市主要农产品需求的供给产地。

1.农林牧渔产业优势比较。河北省是我国农业大省之一。2012年全国农业总产值排前五名的省份分别为山东7945.8亿元、河南6679.0亿元、江苏5808.8亿元、四川5433.1亿元、河北5340.1亿元，河北省排名第五位。同时，表2-1计算的河北省在京津冀三地区中农业区位商也说明河北省的农业专业化水平很高。表2-3显示京津冀三地在农业总产值中农林牧渔业的区位商表明，河北省农牧业的区位商较高，说明农牧业专业化程度较大；北京市的林业产业的区位商较大，其林业在京津冀三地中专业化程度较高；天津市的渔业产业的区位商较大，其专业化程度较高。所以，京津两市人民的基本生活消费必然依靠河北省的农牧业生产提供农牧产品。

表2-3　2012年京津冀农业总产值中农林牧渔产值占比与区位商　　　　单位：亿元/%

项目	北京市	占比（%）	区位商	天津市	占比（%）	区位商	河北省	占比（%）	区位商	区域	占比（%）
总产值	395.7	—	—	375.6	—	—	5340.1	—	—	6111.4	—
农业	166.3	42.0	0.742	196.0	52.2	0.921	3095.3	58.0	1.024	3457.6	56.6
林业	54.8	13.9	5.346	2.8	0.8	0.308	77.9	1.5	0.561	160.7	2.6
牧业	154.2	39.0	1.188	105.0	28.0	0.852	1747.7	32.7	0.998	2006.9	32.8
渔业	13.0	3.3	0.801	61.7	16.4	4007	177.7	3.3	0.812	252.4	4.1

资料来源：《中国统计年鉴》（2013年）。

2. 京津冀农产品优势。河北省既是农业大省，也是全国重要的产粮区之一。随着京津冀人口数量不断增加和人民生活水平的不断提高，对农产品数量与质量的要求也在提高。河北省拥有良好的农业基础和农业区位优势，2012年全国粮食总产前8名分别为：黑龙江5761.5万吨、河南5638.6万吨、山东4511.5万吨、江苏3372.5万吨、吉林3343.0万吨、四川3315.5万吨、安徽3289.1万吨、河北3246万吨，河北省在全国粮食总产量中排名第8位（表2-4）。

表2-4 2012年河北省农业产业中粮食与水果产量占比

项目	区域	北京市	占比（%）	人均（吨/人）	天津市	占比（%）	人均（吨/人）	河北省	占比（%）	人均（吨/人）
人口（万人）	10770	2069	19.2	—	1 413	13.1	—	7 288	67.7	
粮食产量（万吨）	3 522.2	113.8	3.2	0.055	161.8	4.6	0.115	3 246.6	92.2	0.466
水果产量（万吨）	1 986.7	113.6	5.7	0.055	58.2	2.9	0.041	1 814.9	91.4	0.249

资料来源：《中国统计年鉴》（2013年）。

表2-4显示，2012年在京津冀三地的粮食总产量中，河北省占比为92.2%，从总量看，河北省粮食近乎占京津冀三地粮食的全部。从各地人均占有粮食产量分析看，河北省人均占有粮食产量446公斤/人，北京市人均占有粮食产量55公斤/人，天津市人均占有粮食产量115公斤/人。表2-5显示，按照2012年全国人均消费粮食164.27公斤/人的标准计算，河北省人均拥有的粮食远远超过其消费数量，有很强的外供能力；北京市的粮食产量不足消费需求的1/3，远远不能自给；天津市粮食产量不能完全满足天津居民的基本生活消费，因此河北省的粮食生产对保障京津冀区域粮食供应发挥着重要的作用。

表2-5 2012年全国人均消费食品状况　　　　　　　　　　单位：kg/人

	粮食	蔬菜	食油	水果
人　均	164.27	84.72	7.83	22.81

资料来源：《中国统计年鉴》（2013年）。

从表2-4可以看出，河北省人均水果产量为249公斤，2012年全国人均消费水果22.18公斤（见表2-5），河北省的人均水果生产量远远大于消费量，有很大的剩余和很强的外供能力，所以河北省的水果产品生产能够为京津两市水果消费需求提供很大的保障。目前，河北省已形成果品特色产业与合理的区域布局，有的果品已经成为著名品牌。全省已建成八大果品经济带、七大外向型果品基地，如保定市建成了红枣、桃、苹果、核桃、扁杏、磨盘柿、鸭梨等果品产业基地，张家口市怀琢盆地葡萄产业形成特色与基地。河北省还注册果品商标180多个，创出"天华"牌鸭梨、"富岗"牌苹果等国家和省级名牌果品86个，已建成66万公顷无公害果品生产基地。这些产品的生产与基地建设形成了产业优势。

河北省也是我国蔬菜种植销售的大省。2012年全国蔬菜种植面积占前7位的省份为：山东省180.60万公顷，河南省173.03万公顷，江苏省132.34万公顷，四川省125.39万公顷，湖南省123.92万公顷，广东省122.92万公顷，河北省120.30万公顷。河北省在全国蔬菜生产规模排名中为第7位。河北省目前形成的环京津蔬菜基地有北部张家口和承德地区的错季蔬菜生产，冀东以乐亭、昌黎等地区为主的设施瓜菜基地，以永清、青县等地为主的精特菜基地，以及中部地区的日光温室为主的设施蔬菜生产、南部地区中小大棚蔬菜生产基地等。河北省环京津地区蔬菜生产为满足京津两大城市的蔬菜消费需求提供了保障。

（四）京津冀区域农业协同发展条件。 上述分析说明，与京津两市相比，河北省农业产业优势突出，但是京津冀区域的社会经济条件差异较大，区域内生产要素与农产品市场发展很不均衡，要实现京津冀农业协同发展，促进农民增收，实现优势互补，需要整合资源，构建良性协作机制。

1. 京津冀农业协同发展优势条件。京津冀三地各有自己的发展优势。罗其友等[1]认为在市场经济条件下，一个地区的优势产品、优势产业不是自封的，而是众多市场主体长期选择、竞争活动的结果。河北省与京津两市是在长期的经济活动过程中形成各自的优势资源与产业。

（1）京津冀区位与市场优势。在京津冀三地中，河北省环抱北京和天津两市，与多省市相连接，具有独特的地理区位优势。境内具有纵横交错的公路铁路网络，可以架通全国各地与北京、天津的交通运输渠道，具有交通与运输成本较低的优势条件。而北京市和天津市则有着资金、技术和人才等要素优势。以及需求较大和广阔的农产品市场优势，所以，河北省又成为首都北京和直辖市天津生产要素向外扩散的广阔市场。

河北省地理位置优越，能够更有效地发挥区域农业自然资源比较优势。交通区位对农产品产业规模的形成和布局起重要保障作用，加上京津地区人口众多，经济发展水平高，对于农畜产品需求量大，而农畜产品的自给率又非常低，大多数产品需要外部供给，河北省作为农业大省可以供给京津地区大量的农畜产品，满足较高的市场需求量，京津两市为河北省农畜产品提供了广阔的市场。

（2）京津冀农业资源比较优势。京津冀区域内的农业资源有一定的相对比较优势条件。河北省与京津两市相比，耕地资源、劳动力资源较为丰富。2009年初我国公布，全国耕地面积总量为12171.59万公顷，京津冀的总耕地面积与所占比例分别为北京23.17万公顷，占0.13%；天津44.11万公顷，占0.36%；河北省631.73万公顷，占5.19%。河北省的耕地面积在全国排名占第5位。2012年全国农村居民家庭经营耕地规模为0.156公顷/人，北京为0.033公顷/人，天津为0.105公顷/人，河北省为0.126公顷/人。京津冀的人均耕地资源量与全国平均水平相比较少。但河北省与京津两市比，人均耕地量相对较多，而且河北省整体地势平坦、资源丰富，平均气温自南向北、自东向西逐渐降低，地形地貌类型多样，具有优越的自然禀赋条件，适合于生产各种农产品与发展养殖业，有一定资源优势。

表2-6　2012年全国与京津冀人均畜产品产量对比分析表　　　　单位：kg/人

产品	全国	北京市	天津市	河北省
猪牛羊肉	47.4	13.4	24.5	47.2
牛奶	27.7	31.8	49.0	64.8

资料来源：《中国统计年鉴》（2013年）。

2012年，京津冀三地区可利用草地面积分别为33.63万公顷，13.54万公顷，408.53万公顷。

---

[1] 罗其友，李建平，陶陶，等．区域比较优势理论在农业布局中的应用［J］．中国农业资源与区划，2002，23：24—27.

其中，河北省可利用草地资源最为丰富，为其草地畜牧业发展提供了物质条件。同时，京津冀三地区相比，河北省的畜产品产量较高，统计数据显示：在畜产品中无论是肉类产品、还是奶类产品，河北省人均占有量均远远超过北京市与天津市[①]（表2-6）。

从农业劳动力资源来看，河北省2010年农林牧渔业就业的劳动力为1452.17万人，北京市和天津市农业就业人口分别为61.4万人、68.99万人。从三地区的第一产业劳动力资源来看，河北省的劳动力资源丰富，占一定的优势。

2. 京津冀农业协同发展的制约因素。京津冀三地区对于某些资源既存在着竞争性利用，又表现出一定相互依存性。

（1）竞争性利用资源的制约。京津冀三地区水资源非常缺乏，供需矛盾极为突出。表2-7显示，2012年全国的水资源总量为29526.9亿立方米，人均水资源量为2186.1平方米/人。而京津冀区域水资源量仅占全国的1.04%，人均水资源为285.9平方米/人，低于国际警戒线1000平方米/人。京津冀区域人口占全国的近7%，但拥有的水资源总量仅占全国的1%（表2-7）。

表2-7　2012年全国与京津冀水资源总量与人均水资源量

	全国	北京市	天津市	河北省	京津冀区域
水资源总量（亿m³）	29 526.9	39.5	32.9	235.5	307.9
人均水资源量（m³/人）	2 186.1	193.2	238.0	324.2	285.9

资料来源：《中国统计年鉴》（2013年）。

京津冀区域的水资源不但表现为总量短缺，而且存在区域内水资源的竞争、互斥和争夺利用，如上述分析农业产业专业化程度时，表现出北京市的林业从产值上看占有一定的发展优势，但是发展林业需要消耗大量水资源，河北省成为北京市的水源区——供水成为负担之一。由此可见，在北京市发展林业产业的同时，可能会与京津冀区域的其他地区形成资源利用竞争，因而削弱了京津冀协同发展的整体功能。

（2）科技经济条件不均衡的制约。京津冀三地的经济社会条件差异较大，京津两市经济、科技和人才等较占优势，农产品与生产要素市场较为发达。相比之下，河北省在这些方面则相对落后。北京市教育产业发达，科研投入与产出、科技创新、科技成果与科技应用都居全国首位，北京市有89所高等院校和几百所科研院所，无论是人才培养、科研水平和成果数量，还是科技投入和产出能力、技术辐射和扩散能力、科技产业化均居全国领先地位。天津市科技、人才也较有优势，有较强的科研开发和转化能力。天津市有高等院校55所，科研人才、科研水平与科研成果位居全国前列。河北省虽然有113所高等院校，在总量上多于京津两市，但是河北省的人口超过京津两市的总和，是北京市的3倍多，是天津市的5倍多，从人口比例来看，与京津两市相比高等院校教育机构缺乏，科研投入与产出较少。河北省人力资源教育程度较高和科技力量较强的仅有石家庄市、秦皇岛市和廊坊市。

---

① 孙芳，刘明河，刘立波. 京津冀农业协同发展区域比较优势分析［J］. 中国农业资源与区划，2015，2：63-70.

京津冀区域内京津两市的经济实力相差不大，而河北省的经济实力与京津两市相差则较大。2012年，全国城镇居民人均可支配收入24564.7元，农村居民人均纯收入为7916.6元；北京市城镇居民人均可支配收入36468.75元，农村居民人均纯收入为16475.74元；天津市城镇居民人均可支配收入29626.41万元，农村居民人均纯收入为14025.54万元；河北省城镇居民人均可支配收入20543.44万元，农村居民人均纯收入为8081.39元。河北省城镇居民人均可支配收入没有全国平均水平高，是北京市与天津市的约2/3，农村居民人均纯收入水平虽然比全国平均水平略高，但是也仅相当于北京市的49.05%（约1/2），天津市的57.62%。

北京市经济实力最强，但未能发挥中心城市的经济辐射作用，北京市、天津市与河北省的八市之间在金融、贸易、技术、产业等方面转移流动性不大。河北省幅员面积较大，经济发展相对落后，需要京津两地的经济辐射来带动。但是北京和天津两大都市却吸附了区域内的资源、资金、人才，实力雄厚。例如，2015年，北京市社会科学院、社会科学文献出版社联合发布了《北京社会治理发展报告（2015—2016）》。报告中指出，京津冀三地间人口流动频繁，在京河北籍人口总量大、占比高且呈持续上升趋势。自2010年至2014年四年间，北京市户籍人口机械增长总量为455132人。其中，由河北省净迁入80032人，占四年来北京市户籍人口机械增长率的17.58%，四年间增长比率持续增加。在北京市户籍人口自然增长率基本稳定的情况下，北京市户籍人口年均增长率中近五分之一来自河北省，河北省长期以来都是北京市常住人口增长的重要来源地。此外，河北籍流动人口占北京市流动人口的五分之一且呈逐年上升趋势。截至2014年初，河北籍在京流动人口数为181.97万人，占北京市流动人口总数的22.69%[①]。但是，北京和天津对京津冀区域经济整体发展的促进作用却还远远不够，没能发挥区域内资源要素优化配置的枢纽作用。区域内中心城市整合资源和辐射带动区域经济一体化的作用远未发挥。

（五）结论

通过应用区位商、生产规模、产量、产值等理论比较分析，表明京津冀区域中河北省的农业产业比较优势显著，专业化程度较高。在农业产业中，河北省农牧业产业处于优势地位；北京市林业具有比较优势；天津市的渔业占优势。在农产品生产方面，河北省粮食、水果的人均占有量远远超过北京市与天津市，并且河北省农产品人均产量远远高于人均消费量，同时，河北省环京津蔬菜基地能够满足京津居民蔬菜的消费需求。这些充分说明，河北省是京津冀地区的重要农副产品主产区，其农产品供给京津两大城市人口消费具有优势条件。

河北省在京津冀三地区的区位、耕地资源、劳动力资源方面具有相对比较优势，能够满足京津冀农业协同发展的需求。河北省可利用草地面积超过北京市与天津市几十倍，畜牧业产值、人均占有畜产品数量比较多，河北省畜牧业产业具有相对比较优势。但是，在水资源方面，京津冀三地既存在总量的短缺，又存在竞争性利用矛盾，这需要限制或调整资源的利用结构。在科技、人才与经济方面，京津两市发展较快，具有很大的优势，但是带动与辐射河北省经济发展的作用远未发挥。

---

① 北京流动人口中河北籍占五分之一 京津冀三地间人口流动频繁［N］.北京晚报，2016-06-05.

第三节　京津冀农民收入差距原因分析

一、北京市农民收入影响因素

农民收入的形成是一个比较复杂的过程，经过生产、分配、交换等多个环节。农民收入也包括多项内容，既有农业经营性收入，也有非农业经营性收入、工资性收入、财产性收入、转移性收入。因此，促进农民增收是一个系统工程，涉及多种复杂因素，既涉及农业内部方面，也涉及非农业方面，既涉及宏观政策方面，也涉及农户和企业等微观方面的因素，既包含生产环节方面的因素，也涉及交换、分配等环节方面的因素。要分析所有因素对农民收入的影响是不现实的，在不同的区域都有其自身特点。

1985年以来，北京郊区影响农民收入的相关因素主要有：农村劳动力受教育年限、城镇人口比重、农业生产和农业事业费、农村人均固定投资、机械化程度等指标基本上随时间呈上升趋势；农业GDP比重在20世纪80年代末和90年代前期有所上升，1995年之后开始逐年下降，2002年之后均在2%以下；农业税和耕地占用税在2004年以前呈逐年上升趋势，2004年以后随着农业税的取消逐年下降。而工农产品价格比变化的规律性不强。

课题组对北京郊区改革开放以来农民收入总体情况及其特征进行统计分析，从长期趋势来看，北京农民收入增长的4项主要来源是劳动报酬收入、转移性收入、财产性收入和家庭经营收入。劳动报酬收入、转移性收入的贡献波动较大，长期来看贡献率也很大，其中工资性收入的贡献率最大，是农民收入的主要经济增长点；财产性收入贡献波动较大，同时贡献率也逐步小幅度增加，而家庭经营收入已经不是主要的增收来源。

近几年北京市农民的转移性收入、财产性收入贡献率有所加大，成为郊区特别是近郊区拉动农民增收的一种新的力量。影响北京郊区农民增收的主要因素有：农业GDP比重、一产从业人员比重，这两个变量与农民人均纯收入呈负相关，并且都达到极显著水平，这是由于北京市二、三产业发展速度很快，一产的占比和增速都明显下降。可见，产业结构和农民就业结构是影响农民收入的最重要的因素。城镇人口比重与农民人均纯收入呈显著正相关，说明在北京市进行产业结构调整、大力发展第二、第三产业、促进农业剩余劳动力的转移、加快城镇化的发展，有利于农民增收。农村人均固定投资、农业生产和农业事业费，这两个变量与农民人均纯收入呈极显著正相关，说明增加农村投资、增加对农村的财政支持力度对农民增收作用效果明显。农村劳动力受教育年限、单位耕地面积劳均农机总动力与农民纯收入呈极显著水平相关，后者也是反映农村机械化水平和科技水平的一项指标，说明在北京农村科技方面的投入推广也是影响农民增收的主要因素。总之，北京郊区农村劳动力的就业状况和结构、农村投资融资状况、土地流转、农村科技水平等是影响北京郊区农民收入的主要方面。其中，土地是一种重要的生产要素，土地投入（包含农用地和建设用地）及经营规模对经济增长和农民增收的作用也是显而易见的。

二、天津市农民收入影响因素

（一）**农民科学文化素质依然较低**。财政部课题组（2006）对农村义务教育普及率与农村居民收入之间的实证分析表明，农村义务教育普及率与农村居民收入之间存在显著正相关，提高一个百分点的农村义务教育普及率，可带来6.5%的当期收入增长和8.4%的延迟收入增长。加强农村居民的教育程度对于农民增收具有重要意义。天津农民整体素质目前还不能适应新形势下市场经济发展的客观要求，突出表现在以下三方面：一是文化素质较低。从天津市2012年统计数据来看，每百个农村劳动力中，小学及小学以下文化程度的占16%左右，初中文化程度的占58%左右，高中文化程度的占13%左右，不识字的比重很小，但近几年有增长的势头，高学历所占比重也很小，具有中专、大专以上学历的只有5%左右。二是经济发展思想僵化，心理承受能力较差。在产业结构调整上，经营思路狭窄，不敢主动出击，存在等、靠、要的思想和过分依赖政府心理，比较保守，瞻前顾后，怕担市场风险，不敢大胆地调整产品结构，不具备适应市场经济的应变能力。三是绝大多数农民对市场发展把握不准，忽视市场的作用。从调研情况看，多数农民不了解市场行情，对市场需要什么，既不去研究，也不会去搞深入细致的调查，捕捉不到有价值的市场信息，在组织农业生产时，不是先看市场后抓生产，而是今年的生产看去年的市场需求情况，对市场判断滞后不准。对市场把握不准，造成的结果是"去年什么赚钱，今年就种什么，种出什么就赔钱"，所有的农民都采取这种博弈策略，必然造成过度竞争，卖不到好的市场价格，亏本成为必然。

（二）**农村产业结构依然扭曲**。张晓珍，陈涛（2010）以天津市数据为基础，经过granger因果关系分析，检验证明农村产业结构变化是农民收入增长变化的granger原因，即农村产业结构的合理调整促进了农民收入的增长，农村产业结构调整水平每提高1个百分点，农民收入会提高3.11个百分点[①]。目前天津市农业产业化经营发展还跟不上形势发展要求。主要体现在：一是农业特色主导产业总量规模较小，覆盖农户面少，农业产业化经营率不高，农业龙头企业规模小，辐射带动力弱，农村经济组织化程度低，集体经济组织的实力不强。大部分龙头企业与农户之间还没有真正形成利益共享、风险共担的经济利益共同体，还是单纯的市场买卖关系，产业化经营链条短，初级原料生产比重大，大部分农产品基本上是从农田到市场，农产品深加工严重不足，附加值不高。二是产业结构调整还只是停留在规模扩张阶段，缺乏内在质量的提高，都市现代农业发展滞后。以蔬菜为例，近两年来有的地区蔬菜种植特别是设施蔬菜面积连年快速增长，为农民增收发挥了重要作用。但种植结构雷同，品种特色不明显，科技含量不高，贮藏、保鲜、深加工及包装、运输等严重滞后，将有可能出现新一轮的农产品结构过剩，应引起高度重视。

（三）**政府支持力度依然不足**。通过加大政府对农业的投入力度，既能构建起解决农民养老医疗后顾之忧的社会保障体系，又能降低农民农业生产成本，从节流上提高农民收入水平。目前天津市在农业科技与信息服务方面还比较滞后，不能及时给农民提供各种市场

---

① 中共天津市委党校研究生部课题组. 天津市农民增收问题研究［J］. 求知，2014，8：33—35.

信息、科技信息和致富信息，使农民无所适从，组织生产难，农业科技进步缓慢，进入市场和适应市场更难。二是技术服务跟不上。原因是部门管理制度不完善，部门间条块分割，科技人员的激励约束机制不健全，使科技人员缺乏事业心和责任感，主动上门服务意识差，其结果是科技人员不愿意下乡和不下乡，技术与生产严重脱节，导致农民增收难。三是信贷部门缺乏有效的资金扶持措施，一家一户贷款困难，信贷部门担心农户还款能力不足。调查发现，多数农民都有强烈的增收意识，并且有的还有一些可行的增收项目，但缺乏启动资金支持，难以迅速和规模化开展。

（四）**农民家庭负担繁重**。近几年，天津市农民的收入大幅提高，但农民家庭负担在不断加重。据调查和农户反应，现在农民都寄希望于自己的子女能够接受高等教育，以此脱离面朝黄土背朝天的生活，可一个子女上大学需要的投资要占到农民家庭开支的三分之二左右。此外，对家庭长辈的赡养也需要一笔不小的开支。截至2012年，天津农村养老服务机构119个，只有2580人入住，绝大多数农村养老还是以家庭为主。另外，天津劳动力总数在逐年下降，平均每个劳动力负担人口逐渐增加。

三、河北省农民收入影响因素

改革开放以后，河北省农民收入曾出现过快速增长阶段，其中政府的农村经济体制改革（承包制）是最主要的推动力，之后农民收入增长步伐逐渐放缓，特别是2005年以来，低增长态势更为突出，与城镇居民收入差距不断扩大。河北省是农业大省，农民收入问题直接关系到农村经济的发展和农民生活水平的提高，更是农村社会稳定的主要影响因素，也影响着京津冀地区的协调发展。千方百计促进农民增收已经成为现阶段农村工作的重中之重，要从根本上解决农民收入过低问题，必须查找出影响河北省农民收入水平提高的主要因素。下面从影响河北省农民收入的内部因素和外部因素两方面入手，以期找出影响农民收入的主要制约因素。

（一）**制约河北省农民收入提高的内部因素分析**。

1.粮食生产和耕地资源制约农民的快速增收。我国是传统的农业生产大国，但同时也是人均耕地资源极度稀缺的国家。根据全国土地利用现状的调查资料，我国人口13.4亿人（大陆），人均耕地不足1.2亩，且主要分布在平原地区，分布极其不均，1/3的省份人均耕地不足1亩[①]。河北省地处华北平原，2008年末，实有耕地面积为9475.95万亩，占全国耕地面积的5.19%，仅次于内蒙古、黑龙江、山东和河南，耕地拥有量全国排名第五，农民人均耕地约2.4亩。河北省农民收入构成中家庭经营性纯收入所占比重在不断下降，但仍是农民收入构成的最主要部分。河北主要粮食生产以小麦、玉米为主，作为河北省的主要农产品，其产量和价格波动对河北省农民收入有很大影响，而2014以来小麦、玉米的价格持续下降，对农民收入的影响较大。

河北省是粮食生产大省，粮食生产不仅关系到农民吃饭和工业用粮问题，更是关系到京津冀区域的经济发展和社会稳定。针对河北省大部分地区农民增收难的具体情况，应从京津冀区域协调发展的高度加大对河北农业的政策支持，扶持粮食生产和稳定粮食市场价格，以

---

① 赵克华.河北省农民收入增长水平研究［D］.保定：河北大学，2011.

宏观调控为重要手段，努力提高粮食生产安全保障能力，进一步推动粮食生产现代化、产业化经营，加快推进粮食加工企业发展。随着国家对农业生产特别是粮食生产宏观调控力度的加强，取消农业税、对种粮进行直接补贴、农资补贴等各项优惠政策的实施，粮食主产区农业得到的实惠越来越多，很大程度上调动了农民种粮的积极性，粮食增产对河北省农民收入提高的拉动作用将会逐步凸显。

2.农民文化素质水平整体偏低制约农民的快速增收。索罗（Robert. M. Solow）的新古典经济学经济增长模型认为，经济增长主要由三个因素影响：资本、劳动力和技术进步。其中，技术进步是外生变量，其与经济自身的增长密切相关。随后兴起的内生经济增长理论则把技术进步纳入到经济增长的理论模型中，认为技术进步是保证经济持续增长的决定因素。内生经济理论认为，长期经济增长的影响因素是内生的，在劳动投入过程中，包含着因教育、培训、在职学习等形成的人力资本，在物质资本积累过程中包含着因研究与开发、发明、创新等活动而形成的技术进步，从而把技术进步内生化[1]。就农民收入而言，劳动力素质在经济增长中所起的作用越来越大。张丽分析1985—2004年河北省农民人均收入和平均受教育年限的时序资料发现，农民收入水平和平均受教育年限呈高度正相关关系，相关系数为0.9676[2]。

河北省农民文化素质虽然在不断提高，但是整体文化素质水平仍然偏低，由表3-1可以看到，农村劳动力中80%左右文化程度在初中水平以下。1990年89.02%的农村劳动力文化程度在初中以下，到2008年这一比例下降至79.37%；而高中文化程度农村劳动力所占比重呈上升趋势，由1990年的10.31%增长至2008年的16.64%，增长6.33个百分点；其中，中专文化程度比重较低，这表明农业职业教育缺乏，造成农业技术型人才的缺失，农业产业化、现代化发展受人力资本的约束；大专及以上文化程度所占比重一直较低，1990年具有大专及以上文化的仅为0.07%，近20年来，虽然有所增长，但比例仍然过低，2008年比例最高为1.61%。文化素质的提升不是一朝一夕的事，需要长期的持续培养，因此，河北省农民中高素质、高水平人才将在很长一段时间十分缺乏。

表 3-1　河北省农村家庭劳动力文化程度状况　　　　　　单位：%

	1990 年	1995 年	2000 年	2005 年	2008 年
初中文化程度以下	89.02	87.55	85.67	81.74	79.37
高中文化程度	10.31	11.52	12.3	15.01	16.64
中专文化程度	0.60	0.74	1.54	2.13	2.38
大专及以上文化程度	0.07	0.19	0.49	1.12	1.61
合　计	100.00	100.00	100.00	100.00	100.00

数据来源：《河北农村统计年鉴1996—2009》。

---

[1]　内生增长理论［EB/OL］http：//baike.so.com/doc/6476870-6690571.html.

[2]　张丽.河北省农民收入变动的实证分析与趋势研究［D］.保定：河北农业大学，2006.

　　一个区域农民文教支出比重是农民文化素质提高的重要因素。河北省农民文教支出比重一直落后于全国平均支出水平。2000年全国平均文教支出占收入比重在14.2%左右，而同期河北省文教支出比重则不足10%，相差4.2个百分点，2005年，河北省文教支出比重降低至6%，而全国平均支出水平为14%，相差扩大至8个百分点，随后2006—2009年间，差距有所减小，基本维持在2%左右，但河北省文教支出并未呈现出明显增长趋势，在一段时期内仍将落后于全国平均水平。河北省文教支出水平低，从一定程度上反映了农民教育观念落后。必须加快转变农民不注重教育的状况，大力普及义务教育，积极发展职业教育。发展现代化农业，使农民掌握科学种植的知识技能，提高农民农业科技水平，拓宽农民就业、创业渠道，方能促进河北省农民加快增收。

　　3.农村剩余劳动力多和农业产业结构不合理制约农民快速增收。农村大量剩余劳动力的存在使得我国农业生产率低下，造成第一产业、第二产业和第三产业的比较劳动生产率差距较大。河北省是人口大省，又是农业大省，其农业产业结构和就业结构明显不合理。1985年以前，农业生产总产值一直高于非农产业产值，之后非农产业值超过农业产值，而且二者差异呈日趋扩大之势。

　　通过表3-3和有关资料可以看出，在河北省GDP产业构成中，第一产业产值比重逐年下降，由2000年的16.3%降低至2009年的12.8%，2016年进一步下降至10.97%，即下降至约占十分之一，2009年二、三产业比重达到87.2%，提高至2016年的89.03%。第一产业对经济增长的拉动作用日趋减弱，而第一产业就业比重相对则高得多，2000年第一产业就业比重高于50%，而产出只占GDP比重的16.3%，产业结构与产出比重相差33.77%，比例严重不协调。第一产业就业比重由2000年的50.07%缓慢下降到2009年的39.0%，下降了11.07个百分点，下降幅度为22.11%；而第一产业比重由2000年的16.3%下降到2016年的10.97%，下降了5.33个百分点，下降幅度为32.7%。这体现了河北省工业化进程中，第一产业所占比重下降，二、三产业比重稳步上升的趋势。同时，第一产业就业人数不断减少，二、三产业就业人数上升，这是与我国城市化进程是相一致的。工业化和城市化进程的不协调，导致了第一产业就业比重和产业比重之间比例关系的失调，农业从业人员不能随着农业比重的减少而减少，很大程度上制约着农业生产率的提高，阻碍农民收入不能紧随经济增长而增加。

表 3-2　2016年河北省国民经济核算主要数据

名　称	2016年绝对值（亿元）	2016年占比（%）	相比2015年增长（%）
地区生产总值	31827.9	100.00	6.8
第一产业	3492.8	10.97	3.5
第二产业	15058.5	47.31	4.9
第三产业	13276.5	41.71	9.9
批发零售住宿餐饮业	3040.2	9.55	8.1
交通运输仓储邮政业	2403.0	7.55	4.8
其他服务业	7833.3	24.61	12.4

　　资料来源：河北省统计局2016年。

表 3-3　河北省产业就业比重和产业结构比重　　　　　　　　　　单位：%

年份	2000		2005		2008		2009	
	就业	产业	就业	产业	就业	产业	就业	产业
第一产业	50.07	16.3	43.84	14.9	39.8	12.6	39.0	12.8
第二产业	26.13	49.9	29.24	51.8	31.4	54.2	31.73	52.0
第三产业	23.80	33.8	26.92	33.3	28.8	33.2	29.27	35.2

数据来源：《河北经济统计年鉴2010》。

　　从河北省农业产业结构来看，农业产业结构较为单一，林业、牧业、渔业不发达，农业结构十分不合理。农林牧渔各业比例严重不协调，表3-3显示，农业产业比重占全省第一产业比重在50%左右，2000年比重为50.07%，2005年下降到43.84%，2009年又下降到39.0%，可见农业生产在河北省第一产业长期占据主要地位；牧业是仅次于农业占第二大比重的产业，约占40%左右，2005年比重最大为43.2%，2009年比重最低为37.1%，长期以来变动不是很大，是河北省农民收入的主要来源之一；林业、渔业相较于农业和牧业比重要小得多，各自所占比重分别在1.6%、3.0%左右浮动，变化不是很大；其中农林牧渔服务业是近些年来最新划分出来，随着第一产业现代化发展，对第一产业服务业的需求也逐渐加大，2005年该服务业产值比重为3.8%，2009年末上升至5.1%。

　　（二）制约河北省农民收入的外部因素分析。

　　1.河北省农民收入提高的政策制度制约。第一，农业政策扶持力度依然不够，农民负担依然重。户籍制度一直是我国城市化进程的主要制约因素，目前尚存在制度制约惯性。目前，河北省农民收入两大主要来源是农业收入和工资性收入，其中工资性收入主要是劳务输出所得，而劳务输出很不稳定，且仍然受户籍制度等外部经济环境限制，如农民工进程要办理暂住证方能长期居住，不能享受城镇医疗保障，农民工子女在城市上学不能得到政策支持等等，这些政策性因素导致农民工资性收入波动较大。

　　长期的政策倾斜导致农村经济发展相对落后，主要体现在三个方面：一是公共基础设施投入不足，建设相对落后。农村基础设施最主要的投资需求是修路，道路不畅严重阻碍农村经济的发展，给农村经济发展和要素流动带来很大阻碍。二是各项农田水利设施建设投入不足，传统农业抗灾能力弱。特别是水利设施建设落后，致使部分村镇存在吃水用水困难、用水不卫生等问题，绝大部分村镇农业用水现在仍采用露天水渠灌溉，保持传统的漫灌，电量消耗大，水源利用率低，农业防洪抗旱能力弱。三是教育、医疗等基本公共服务水平仍然偏低，导致农民有限的收入很大一部分用于这些方面的支出，必然减少生产投入，从而影响收入水平的提高。

　　第二，土地经营制度不完善，农民土地使用权不完整。我国农民拥有土地的使用权和收益权，但并不拥有所有权，农民使用土地进行农业生产，不经政府批准不能擅自挪为他用。土地是农民拥有的主要生产资料，是农民赖以生存的基本条件，但土地拥有权和交易权的分离，很大程度上限制了农民通过土地进行融资或进行其他经济活动，土地的资源性、稀缺性价值得不到体现。土地交易权的缺失很大程度上限制了农村土地的流转，农业产业化、规模化经营难以实施，极大挫伤了农民农业投资的积极性。同时，由于农村土地保障性法律制度的缺失，造成农民土地容易受到非法侵害。为此，应尽早实施农村集体经营性建设用地出让、租赁、入股等，实行与国有土地同等入市、同权同价。

第三，农业金融体制发展相对落后，农业发展缺乏资本的有力支持。资本是经济持续增长的主要动力之一，技术进步、劳动力素质提高都离不开资本的支持。与城市相比，农村是经济投资的边缘地区，除政府政策拨款外，各资金款项很难到达农村地区，造成农业发展和新农村建设资金严重缺乏。不投入，产出何以提高。

2.河北省农民收入提高的市场制约。

第一，农业经营规模小，农资价格上涨过快。农业是河北省农民收入的主要来源，在农民收入构成中农业收入约占45%，同时农业吸纳了近50%的农村劳动力，农业效益的高低很大程度上决定着农民的收入水平。但目前农民人均耕地少，即使获得丰收，收入也十分有限，况且农业生产资料价格连年上涨，农业收益更是雪上加霜，农民通过农业增收前景黯淡。

第二，农民是分散性的弱势群体，整体市场议价能力低。调研显示，河北省农业主要以分散的小规模农户经营为主，集体规模化经营的很少。在支持政策不够的前提下，农民很难通过农业内部资源整合进行大规模的农业基础设施建设和产业化经营，致使农业生产率不高，产业效益低下。农业生产条件极大地受到自然条件的限制，小规模经营抗风险能力弱，特别是农民家庭型小规模农业经营模式在市场上议价能力不足，只能被动接受市场价格。农业生产具有周期性长的特性，投入以后在相当长的时期内不能改变农业运行状况，这在很大程度上导致某一期的农产品价格决定下一期的投入和产出。农民总是根据现期的价格开展下一期农业的生产，在市场自发调节不利的情况下，很容易造成农业生产的盲目性。每一户农民都是单独的经营主体，在市场上互相竞争，单户农民对市场价格的影响微乎其微，农村合作社和其他农业组织机构的缺乏，致使农民在市场上处于劣势地位，极容易出现农民丰收反而收入下降的反常局面。

第三，信息获得渠道狭隘，农业技术进步缓慢。河北省部分农村地处广大山区，通信设施也相对落后，电视、广播仍然是农民获取信息的主要途径，就是这仅有的信息渠道也由于设施落后，如广播频道数少、有线电视不能进村等，造成信息通信发展程度远远落后于平原地区。邮政、速递等必要服务的缺失，使得农村与外界交流十分不便。信息获取渠道过少，造成农村地区农业信息化进程缓慢，科技支农等农业推广得不到贯彻实施，造成农业生产与农业科技进步脱节，农产品销路打不开。农业技术进步落后、科技含量低，已成为制约河北省农业发展和农民生活水平提高的重要因素。

第四，乡镇企业不发达，农民就业不充分。发展举步维艰，缺乏规模经济效益。

2000年河北省乡镇企业突破100万个，吸纳劳动力849.6万人，平均每个企业就业人数为8.4人。2008年企业数目达到135万个，比1997年增长了53.8万个，涨幅达66.3%，吸纳劳动力1179.9万人。河北省乡镇企业发展迅速，极大推动了农村市场经济的繁荣，对农民增收起到了重要的拉动作用。但从表3-4可以看出，自2000年到2008年间，乡镇企业个数和乡镇企业从业人数连年增长，但平均每企业从业人员从未超过9人，说明河北省乡镇企业只是单纯数量的增加，而不是规模的扩大和效益的提高，企业规模一直很小，没有规模经济效益。

表 3-4　2000—2008 年河北省乡镇企业及从业人员变化情况

年份	乡镇企业个数（万个）	乡镇企业从业人数（万人）	平均每企业从业人员数（人）
2000	101.3	849.6	8.4
2001	103.3	868.7	8.4
2002	105.4	886.2	8.4
2003	107.5	903.9	8.4
2004	118.1	914.5	7.7
2005	124.7	1006.5	8.1
2006	129.3	1092.4	8.4
2007	132.5	1140.8	8.6
2008	135.0	1179.9	8.7

数据来源：河北农村统计年鉴1998—2009年。

另外，相对于农民收入水平，中小企业所需投资较大，乡镇中小企业多为农民集资入股，由此导致中小企业产权不明确，产生经济纠纷时问题难以得到解决。中小企业一般为劳动密集型企业，随着我国工资水平的不断提高，廉价劳动力带来的成本优势逐步缩小，中小企业发展面临困境。地理环境带来中小企业地域上分布不平衡，城市周边乡镇中小企业较多，边远山区几乎没有。市场进入门槛低，监督管理不到位等一系列因素导致我国中小企业普遍存在存活年限短、规模小、效益差的问题，使得乡镇企业发展举步维艰，对提高农民工资性收入的带动作用正在减弱。

第四节　京津冀农民收入协同增收方式与途径的对策与建议

京津冀三地区社会交往、经济活动联系极为紧密，具有很大的依存与互补关系。只要充分利用与发挥京津冀三地的优势条件，克服不利因素，通过打破行政区划格局，整合优势资源，构建协同发展机制，就可以达到京津冀农业协同发展的目的。在京津冀协同发展过程中，一方面要充分利用和发挥河北省农业资源、农业产业与农产品优势，为京津两大城市提供人民生活消费所必需的农畜产品；另一方面要充分发挥北京市和天津市科技、人才与经济发展的优势条件，实现京津两市为河北省提供农业产前、产中和产后的社会服务，形成生产资料和农产品市场一体化体系；并构建农业生产、流通、加工、销售、服务和消费区域新型农业产业经营一体化体系，发挥产业优势互补，提高农业效率、发展农村经济，促进三地区农民共同增收和共同富裕以及区域城乡发展一体化。

一、增加北京市农民收入的对策与建议

通过深化北京农村集体经济改革，壮大集体经济实力，确保持续增加农民财产性收入和工资性收入。发展集体经济的自生能力，增强北京农村地区经济发展的自主性增长动力，是提高农民收入和缩小城乡差距，实现城乡一体化的根本要求。让农民成为拥有集体资产的市民，并使集体资产成为财产性收入的有效途径，其前提条件是集体经济能够带来收益。因此，做大做强集体经济成为撬动城乡一体化持续发展的重要支点和主要动力。当农民摆脱单纯的农业生产及其收入方式的束缚，大力兴办各类集体经济，转移农村剩余劳动力，从事或农业、或工业、或商业、或服务业等多种生产劳动及其经营活动，改变农民的劳动和生产生活方式，分享市场化改革和城镇化发展的成果时，就能够确保农民收入得到提高，福利得以增进，从而促进城乡发展一体化。没有北京农业现代化就没有整个北京的现代化，而稳步实施现代都市农业发展战略，发展农民专业合作社则是推进现代农业发展、增加农民收入和提高农民在市场中的竞争力的重要经济组织。因此，有必要把发展规范农民专业合作社摆在解决"三农"问题、促进农业增效和农民增收的重要位置来抓。

（一）稳步实施都市现代农业发展战略，加快北京农业产业升级。实现北京农业现代化是在城乡发展一体化的新形势下，促进工业化、信息化、城镇化与农业现代化同步发展，在更高层次上推进都市型现代农业发展再上新台阶的重要举措。实现农业现代化是切实加强农业基础地位，增强农村经济发展基础活力和增加农民收入的必然要求。一是深化农村产权制度改革。推进"共同共有"向"按份共有"的转变，切实界定理清农村（集体）产权，发挥产权的激励功能、约束功能、资源配置的功能，综合运用产权约束中的经营权、收益权和转让权等破除封闭滞后的产权，推进产权社会化，保护农民权益和集体利益，维护社会稳定。二是创新农业生产经营体制机制。结合北京农业发展的实际情况，逐步构建集约化、专业化、社会化相结合的新型农业经营体系。三是发展农业多元化服务主体。坚持农村经营主体多元化、运行市场化、生产专业化、服务现代化的发展方向，加快构建与都市现代农业发展相适应的新型农业社会化服务体系，同时，加快培育农村各类经营性服务组织，特别是发挥农民合作社组织和农民专业组织在农业生产经营性服务组织的主力军作用，不断创新服务方式。四是培育现代新型职业农民。培育现代职业农民是发展现代农业的前提。要根据北京农村人口快速老龄化、青壮年农业劳动力紧缺的趋势，把培育新型现代农民提上发展现代农业的重要日程，优化和支持现有农业技术学校，出台相关支持政策措施和优惠政策，吸引青壮年农业劳动力和外来农技人员从事现代农业生产，加强对农业从业者的职业技能培训，打造一批确实能够担当起发展农业现代化重任的现代职业农民。五是推进农村生态文明建设。围绕现代农业生产生态等多功能属性，努力建设最美乡村，深入发展乡村旅游和休闲观光农业，进一步加强农村生态文明建设。

（二）确保合作社农民经济主体地位，健全管理规章制度体系。在北京市农村新型合

作社经济组织发展过程中，必须强化农民作为这一经济组织的主体地位。无论采用何种农村合作社经济组织模式，都要严格遵循自愿原则，保证农民的自愿性。通过相关规章制度、机制和体系建设，做到以下几个方面：一是确保农民自有资产的所有权和自由支配权；二是确保农民独立经营自主权；三是确保农民土地经营权二次分配权及自由支配权；四是确保农民的专业化程度和收入水平提高；五是确保建立健全科学的现代管理体系，其中包括明确农村新型合作社经济组织章程及相应的选举流程和制度，通过组织社员代表大会，明确组织的具体目标、活动内容、权利和义务等；六是确保规范民主管理制度，通过"一人一票"制的执行，避免"一言堂"等少数领导集权的现象。再有就是建立健全内部管理制度、工作流程及监管机制，并严格执行。通过以上措施，从根本上调动农民兴办新型农村合作社经济组织的信心和积极性。

（三）加大产业支持指导力度，促进农村合作社平稳快速发展。一是加大对农村合作社的扶持力度，特别是对其产业的支持力度。加大对农村合作社产业的支持力度就需要将"一产接二产，连三产"的经营理念引入农民专业合作社发展当中，这为北京加快建设现代高效生态都市农业指明了方向。所谓农业"接二产，连三产"，就是要让一产农业与二产加工业和三产服务业实现对接贯通，形成完整的产业价值链条，拓展农业服务功能，提高农产品附加值，实现农业增效、农民增收。"接二产连三产"的推进，为北京实现农业生产的组织化、产业化、专业化，做精、做优、做强现代都市农业，促进农民增收，具有十分重要的现实意义。把农民专业合作社发展为集农产品生产、加工、科研、采摘、观光、会务、餐饮于一身的现代化农产品服务中心。利用北京现有现代都市农业优势，把区域各种优势产业如瓜果蔬园、万亩生态林与农家景点串珠成线，形成一年四季有看点、有特色的农业观光、休闲产业。在此基础上要实施"展览会造势""展览会讲故事"策略，用文化创意和内涵延伸农业产业链，吸引并留住更多市民，力争通过特色农业和观光农业的发展带动现代服务业的突破，实现以一产优化促进三产繁荣目标。

二是各区县乡政府要把引导合作社发展作为"三农"工作的重要内容。政府扶持主要体现在两方面：①政策扶持。积极引导农民加入合作经济组织，为其提供公共政策咨询、市场供求信息、价格信息、科技信息等服务；加大各种政策倾斜程度，必要时提供财政资助或无息贷款，对其经营活动和收入实行税收减免优惠政策；制定适当的奖励政策，对运作规范、绩效优良、发展潜力巨大的合作经济组织，适当给予表彰奖励，积极做好引导、管理和服务工作，努力营造一个有利于农村专业合作经济组织发展的良好社会氛围。②资金扶持。政府应综合运用行政、法律、经济手段，协调各级各部门加大对合作组织的资金扶持力度，不断增加财政资金扶持规模，积极拓宽扶持途径。加大专项扶持资金和额度，拓宽项目扶持途径，加强信用贷款支持，出台税收、土地租赁等优惠政策。应扩大项目扶持试点范围，帮助农村新型合作经济组织进一步增强为成员服务的功能。优化金融信贷等服务，组建农民专业合作社融资担保机构，开展农民专业合作社的信用等级评定，完善金融信贷支持体系。各级政府安排的涉农贴息贷款项目，对符合条件的农民专业合作社予以优先支持。设立优秀人才和大学生创办农民专业合作社专项基金，千方百计支持高校毕业生到合作社创业。

三是各级政府要加强指导服务，力促合作社做强。针对农业生产经济效益偏低，从事农业人员年龄偏大，专业农民合作社发展规模偏小，农产品的营销网络体系不够健全，缺乏订单农业，应对市场能力较弱的情况，政府相关部门和各村村委会要围绕农民专业合作社发展目标，进一步加强指导服务。处理好发展与规范的关系，切实抓好规范和提升工作。要进一步明确合作社规范发展的目标，形成优胜劣汰机制，注重培育和树立典型，以点带面促提升，使农民专业合作社真正成为现代农业经营组织。要重点加强农产品营销体系建设，建立农民个人、专业营销队伍等多层次、多元化农产品销售渠道，进一步发挥各区县乡镇农产品销售公司的作用，采取"下乡＋进城"双管齐下方式，帮助农民销售。要加强典型示范，以点带面，把好"入口关"，积极探索研究农民专业合作社的有效形式，推动农业专业合作社健康快速发展。

四是各区县政府根据各自产业特色建立农民专业合作联社，不断发展壮大农民专业合作组织，充分发挥农民专业合作社的作用。合作社仓库、办公场所等配套设施建设有突破，指导服务要扎实，扶持政策要落实到位，使农民专业合作社的生产经营优势充分显现，为农业和农村经济发展注入新活力。

（四）发展金融互动合作机制，推动合作社快速发展促进农民增收。 2009年，中国银监会和农业部联合印发《关于做好农民专业合作社金融服务工作的意见》（以下简称《意见》），要求各地农村合作金融机构要积极构建与农民专业合作社的互动合作机制，进一步加强和改进对农民专业合作社的金融服务，支持农民专业合作社加快发展，促进现代农业建设、农村经济发展和农民稳定增收。加强和改进对农民专业合作社的金融服务，进一步推动转变农业发展方式，提高农业生产组织化程度，延长农业产业链条，优化农业产业结构，挖掘农业内部增收潜力，促进农村改革发展和社会主义新农村建设。同时，也有利于围绕农业产业链贯通金融支农链条，探索金融支持农业农村经济发展的新的着力点，进一步拓宽农村合作金融机构的业务范围，提高整体盈利水平和可持续发展能力。《意见》从五个方面加大对农民专业合作社的金融支持。一是把农民专业合作社全部纳入农村信用评定范围；二是加大信贷支持力度；三是创新金融产品；四是改进服务方式；五是鼓励有条件的农民专业合作社发展信用合作。这为北京市各类农民专业合作社积极利用好扶持政策加快自身发展，创造了条件。另外，为了更好地适应目前农村经济体制改革的发展趋势，农村合作金融机构应因地制宜地创新经营模式，促进合作社快速发展。针对农业产业化和规模化生产的趋势，可以采取一些创新的合作形式，如合作社＋农户，信用社＋合作社＋农户，龙头企业＋合作社＋农户等多种经营形式，发展适宜的产品，扩大业务规模，巩固市场地位。在降低金融机构经营风险的同时还可以更大范围地满足农民的融资需求，促进农业产业化发展。

（五）推进跨区域联合社发展，加大政策资金扶持力度。 借鉴美国跨区域合作经济组织的成功经验，北京要推进跨村域或乡镇行政区域的农村合作组织的建立，推进联合社发展。各级政府要进一步整合政策资源，及早出台相关扶持配套政策，为"产业发展有特色、生产经营有规模、农民参与得实惠、规范运作有保证"的各类农民专业合作社等提供快速发展的机会。要对新型专业农民、农民专业合作社人员优先免费培训，对龙头企业优先给予项目扶持、信贷支持、财政补助，对农业知名品牌企业优先给予产品认证，对直接从事农业社会化服务人员给予一定政策补贴。积极推进农村担保方式创新，探索建立政府支持、企业和银行多方参与的农村信贷担保机制。及时帮助合作社协调解决具体困难，促进合作社健康发展，使之成为农民增收致富的孵化器。为减轻农民的负担，创新对农民合作社发展的帮助方式，比如向农民发放农资商品提货券，专业农民可凭券到指定的农资商店提取化肥、农药、农膜等农资商品。

（六）加大教育培训力度，提高农民素质与经营能力。随着北京农民专业合作社的发展，需要大量懂市场经营、懂管理技术并且有很好合作意识的高素质人才。因此，区县政府要做好长远人才培训规划，加大教育培训投入，设立教育培训专项资金，提供经费保障，建立健全教育培训机制，提高农民专业合作社人才基本技能和综合素质。重点培训组织带头人，定期不定期对入社农户培训。政府要长远做好农业人才储备工作，一是培养一批懂农业发展规律、懂农村知识的农业人才；二是培养一批懂市场、能营销、善管理的管理人才；三是培养一批农业技术过硬的技术人才。同时加强对入社农民的培训，首先必须让农民了解在市场经济环境下农业合作社可以起到的作用，调动其参与农民专业合作社的积极性。然后对参与的农民进行合作经济组织的专题培训，让其了解合作组织的作用、意义、典型经验以及有关政策。通过让他们学习经营管理方面的基础知识和有关技能，以案例为载体进行关于合作组织法律、规定的宣传和学习，以求让他们能够懂得如何用法律来保护和维护合作组织和自身的权利及利益。同时也要做好他们的自学能力和推广意识的培养工作。

二、增加天津市农民收入的对策与建议

（一）精准扶持农业，提高支农资金使用效率。

1.提高支农资金使用的效率和精准性。财政支农投入虽逐年加大，但涉农资金多头下达增加了惠农政策的行政成本，降低了财政支农资金的使用效率。应改革支农资金的管理体制和机制，确立专门分管的部门。另外，还需加大财政资金对农业补贴的精准性，一是继续落实直接补贴，确保粮食生产安全，可按实际粮食播种面积或产量对生产者实行补贴，提高补贴精准性、指向性。二是对化肥、农药、种子等生产资料价格上涨进行补贴，降低农产品生产成本。三是对于自愿委托村级组织流转并形成粮食规模经营的农户，政府要给予适当补贴，以利于农业的规模化经营。

2.完善农民社会保障机制。按照城乡统筹发展要求，不断提高农民群众的社会保障水平，加快形成广覆盖、保基本、多层次、可持续的基本社会保险体系。建立健全新型农村合作医疗统筹补偿机制。坚持以大病统筹为主，兼顾受益面的原则，探索科学合理的新型农村合作医疗补偿机制，减轻农民群众的医疗费用负担、明确农村合作医疗在社区事务受理中心的工作分工，理顺上下对接的业务关系，安排专人专职分管农村合作医疗事务。加强尊老爱老优良传统的宣传，营造敬老氛围，建立健全法律法规和政策为老龄事业发展提供良好的法制和政策环境；对于五保户和低保户，在提高补贴标准的同时，应规范对象的认定，可采取本人诚实申报为主，结合随机调查和民主评议，确保其科学性。

3.规范土地流转激励机制。在坚持长期稳定家庭承包经营体制的基础上，按照"依法、自愿、有偿、有序"的原则，鼓励农户进行农村土地承包经营权流转，加快推进土地向规模经营集中，促进农业劳动力向非农行业转移。规范农用土地流转行为，流转合同必须规范，形式必须公开，定价必须合理。流转农用地补偿价格实行"两个挂钩"，就是指导价格既要与农作物收购平均价格水平相挂钩，又要与农业补贴水平相挂钩。公益性项目流转农用地的补偿价格要随着稻谷收购平均价格水平和农业补贴水平进行调整。

（二）加强培训农民，提高农民科学文化素质。

1.确定和完善实施农民培训的组织机构。成立专门农民培训主管部门，改变龙多不治水的局面，参与农民培训管理的部门过多会导致农民培训工作"人人可以管，事事无人管"的混乱局面。2008年，天津成立了以有关市领导以及市相关部门负责人为成员的市农民素质提高工程领导小组及其办公室，明确了十个专项培训工程的责任单位并分别成立了领导小组及其办公室，各区县、各乡镇也分别组建了领导小组及办公室。这种多头管理不利于农民培训工作。需要整合力量，确定一个农民培训的主管部门，建立常设的组织机构，加强对农民培训工作的统一领导，编制规划，制订政策，保证经费，落实人员。还要建立监督机制，保证落实，从组织结构上为农民培训提供强有力的领导支持和组织保证。

2.加大政府支持资金的投入。据世界银行"中国农业政策实验室"的一项研究显示，在政府农村公共投资中，对教育每增加1元投资能使农业GDP增加3.71元。2012年，天津全市生产总值12885.18亿元，教育支出仅378.7亿元，占全市生产总值的2.9%。即使与1998年时的巴西、马来西亚、泰国等发展中国家的4.63%、4.49%、4.27%的财政投入相比，也很低很滞后，本就不多的教育支出能分摊给农民教育培训的就更是微乎其微，这是造成我国农村人力资源能力不足的一个重要原因。要迅速改变这种落后状况，政府必须超常加大对农村人力资本的投资力度。根据中国科学院一项有关人力资源能力建设的研究成果：对体能型人力资源的投资如果是1，那么对技能型人力资源的投资就是3，对智能型人力资源的投资就是9。也就是说，体能型的农村人力资源实现一次转型，政府需要投入相当于原来3倍的经费。

3.提供扶持性制度保障。建立农村劳动力登记管理制度，主要有三方面的工作。一是由乡镇政府承担起对农村人力资源的统计和管理工作，定期将农村劳动力统计情况向主管部门汇总，尤其是初、高中辍学或毕业后未接受职业教育或培训、未掌握专业技能的农业人员基本情况，掌握农民培训需求的第一手基础资料，把好农民培训的"入口"关。二是加大对这些需要培训的农民的专项职业培训，培训合格的发给相应的资格证书。三是强化农民培训的督导检查制度，缺乏监督的行为容易偏离正轨，一些培训项目因为缺乏有效的督导检查，以至于敷衍了事，毫无培训效果可言。

（三）集约规模经营，大力调整优化产业结构。 为促进农民收入的增长，应当重视对农村产业结构的调整：一是适当转变生产经营方式，实现养殖产业规模生产，鼓励农民共同投资建设规模化种养基地，成立集约化经营专业合作社。二是优化产业结构，提高蔬菜、畜牧业比重，适当减少粮食的比重。畜牧业是农业中产业关联度高，效益高的优势产业。因此，若要加快农业发展速度，就必须大力发展畜牧业，以促进农业结构调整和产业升级。

（四）做强第二产业，大力促进发展现代乡镇企业。发展现代乡镇企业对于容纳农村剩余劳动力，提高农村人口素质，改变农村的落后状况，实现农村向城镇转变、增加农民收入、缩小城乡差距提供了最强劲的动力，是农业现代化的重要影响因素。但随着经济的发展与转型，乡镇企业也遇到了很多困难，应给予高度关注。一是在重视乡镇企业在新农村建设中的重要地位和作用的基础上，要切实加强对乡镇企业发展的政策支持，政府应尽快出台专门性的促进乡镇企业发展的指导性文件和相关的支持政策。二是调整乡镇企业结构，发展劳动密集型产业和第三产业，尽可能积极吸收、消化农村大量的剩余劳动力。三是改善乡镇企业劳动力素质结构，提高乡镇企业整体素质。建立乡镇企业劳动力就业培训基地，专门负责农村劳动力的专业技术培训，增强乡镇企业技术进步和市场竞争力，从而为乡镇企业更好吸纳农村劳动力创造条件。

三、增加河北省农民收入的对策与建议

加快提高河北省的农民收入是建设河北省新农村的一项重大内容，也是全面建成小康社会必须解决的问题。针对河北省农民收入的实际状况，可围绕调整农业产业结构、统筹城乡发展、加大政策支持、提高农民科技素质等，促进农民收入持续增加。

（一）调整农业产业结构，促进产业结构优化升级。随着京津冀三地协同发展战略的推进和城乡市场一体化进程的加快，农业产业的发展更多地受到区域市场的影响，而且城乡居民生活水平和消费水平大幅提升，使人们对农产品种类多样化和高品质的要求大幅提高。对京津冀地区来说，京津两市的产业主要在第二、三产业，第一产业所占比例很小。而河北省第一产业仍占相当大的比重，并可以为京津两市提供种类丰富、品质优良的农畜产品。为此河北省必须依据市场变化对农业产业结构合理调整，对农民加以合理引导，促进农业产业结构的优化升级，为增加农民收入提供良好的市场环境和社会环境。

首先，根据区域的自然优势，发展具有地方特色和比较优势的特色农业。根据不同地区的优势和市场需求，当地的特殊气候、地形等自然环境因素，生产与加工相应的农产品，使农业生产结构布局更加合理。例如，河北省可大力发展畜牧业，扩大覆盖面，实施支持政策，提升畜牧业的规模和水平，提高畜牧业对农业产业结构调整与发展的带动能力。此外，加大对农业内部结构调整，主要对种植业结构进行调整，提高经济作物、饲料作物的比例。当然，单从农业生产环节来提高农民收入极为有限，而农产品的深加工，提高农产品的附加值是实现农民收入增长的主要途径。同时，最主要的就是要培育出一大批特色农业的龙头企业，创建特色的农产品品牌，既可加快农业现代化进程，又能有效增加农民收入。

（二）统筹京津冀协同发展，实现京津冀一体化发展。党的十八大提出，"加大统筹城乡发展力度，加快完善城乡发展一体化体制机制，着力在城乡规划、基础设施、公共服务等方面推进一体化，促进城乡要素平等交换和公共资源均衡配置，形成以工促农、以城带乡、工农互惠、城乡一体的新型工农、城乡关系。"河北省是人口大省，农村人口众多，必须加快农村的城镇化进程，吸纳农村剩余劳动力。

首先要加大建设与完善农村道路交通等基础设施，交通网络是推进城乡一体化的重要载

体，因此要加强道路建设，确保村与村的连接，乡与城的连接，形成城乡协调发展的便捷交通网。其次，农村剩余的大量劳动力在向城镇转移的过程中，城乡分割的户籍管理制度成为严重的制约因素。要逐步打破城乡分割的管理制度并建立起统一的社会保障和就业制度，这是解决农村大量富余劳动力向城镇转移的根本途径。政府要特别关注并及时维护失地的农民和农民工的合法权益，使城乡经济发展与人口得以均衡与协调。再次，要充分发挥大中城市及城市化进程较快地区对周边农村的辐射和带动作用，改善农村在城镇化过程中形成的小型经济中心经济实力弱小，与外界联系不紧密的状况，努力提高小城镇经济竞争力和居民生活水平，逐步形成小城镇人口聚集、市场逐步扩大的良性互动机制，从而为农民收入增加创造有利的发展空间[①]。

（三）继续加大政策支持，进一步减轻农民负担。 良好的政策环境可以增加对农民增收的推动力。党和国家的农业方针政策是农村建设的指向标，对农民增收具有至关重要的作用。同时，各级地方政府也应制定和实施科学、合理并符合本地实际情况的落实保障措施，建立农民增收的长效机制，为农民增收提供强有力的政策支持和保障机制。

中长期来看，河北省仍将是农业大省，为确保农民农业经营性收入实现持续稳定增长，必须进一步提高农业政策对农业生产的增收效果。相对于全社会经济增长速度和经济发展水平来说，政府财政对"三农"的投入明显不足。而且，随着"三农"问题的深入推进，农业对于资金的需求还要增加，要进一步提高农业补贴政策的指向发一和精准性，重点补主产区、适度规模经营、农民收入、绿色生态。深入推进农业"三项补贴"制度改革，完善粮食生产区利益补偿机制，稳定粮食大县奖励政策，盘活粮食风险基金。完善农机购置补贴政策，加大对粮棉油糖和饲料生产全程机械化所需机具的补贴力度。健全林业补贴政策，扩大湿地生态效益补偿实施范围。

（四）促进人才回流农村，提高农民科技文化素质。 人才是第一资源，是生产活动过程中最积极、最活跃、最富有创造性的因素。目前来看，人才资源的匮乏是制约河北农村农业发展和农产品企业发展的"阿喀琉斯之踵"，这主要是由于长期的城乡差距使得"三农"建设的人才大量流失，而农村中受过一定教育的青壮年也都选择外出打工，宁愿蜗居城市，不愿再回农村。所以，要促进农业发展、农民增收和发展农产品加工企业，必须积极促进人才回流农村，提高农民科技文化素质。

游子在外，最放心不下的就是家乡和亲人。河北省可以利用优秀人才的乡情、友情和亲情等，建立起"老乡会""校友会"等民间组织，包笼外流人才，鼓励外流人才回到家乡创业发展。加强宣传工作，表现家乡的发展，实施对回流人才创业的优惠政策，表达家乡吸引人才的诚心，从而发挥优秀成熟人才"以一带十"的作用。同时，要通过政府加大对农村教育投入力度，完善并发展农村基础教育，培育出现代社会所需要的有文化、懂技术、会经营、善管理的新农民。一方面加大政府对农村教育投入力度，尤其是对于贫困家庭，应适当减少教育支出甚至减免教育支出，来减缓家庭的经济压力；另一方面，加强对农村劳动力的农业

① 赵克华.河北省农民收入增长水平研究［D］.河北：河北大学，2011.

科技培训，深入实施"新型农民科技培训工程"，培养一批农民技术骨干，能够运用农业科技解决农业发展问题，提高农业生产效益。

（五）坚持分类施策，推进精准扶贫。2013年11月，习近平总书记到湖南湘西考察时首次作出了"实事求是、因地制宜、分类指导、精准扶贫"的重要指示。2015年10月16日，习近平总书记在2015减贫与发展高层论坛上再次强调，中国扶贫攻坚工作实施精准扶贫方略，注重六个精准，坚持分类施策，因人因地施策，因贫困原因施策，因贫困类型施策。

根据精准扶贫的基本要求，河北省决定向"精准扶贫"发力。按照省委部署，从2016年起，连续用5年时间，在省市县三级选拔机关企事业单位优秀干部，驻村帮扶。河北省有关部门、市县积极开展精准脱贫驻村干部选派工作，经过层层遴选把关，共选派驻村干部22112人，全省建档立卡的7366个贫困村实现了第一书记和工作组全覆盖①。

同时河北省还探索完善了精准扶贫新模式，主要有特色农业扶贫、文化扶贫、旅游扶贫、移民搬迁扶贫、家庭手工业扶贫、新能源扶贫、就业扶贫、科教扶贫、基础设施扶贫、社会扶贫等10项扶贫新模式。并且争取全省到2020年基本消除绝对贫困现象，农村人均可支配收入达到全省平均水平的70%以上（即1万元以上）。坚持推进精准扶贫，根据不同贫困区域环境、不同贫困农户状况，对扶贫对象实施精确识别、精确帮扶、精确管理的治贫方式，是打赢脱贫攻坚战，在整体上增强河北省农民收入的又一有效途径。

总之，发展农业生产，增加农民收入，改善农村环境，事关社会主义新农村建设和全面建成小康社会全局。河北省要如期实现全面建成小康社会的目标，就必须高度重视农村农民增收工作，把农民增收作为全面建成小康社会的关键问题，采取有效举措，切实抓好。

四、京津冀协同促进农民收入增加对策

（一）把河北省打造为京津冀三地的重要农副产品主产区。京津冀区域河北省的农业产业比较优势显著，专业化程度较高；北京市第三产业专业化程度高；天津市第二产业占优势。在农业产业中，河北省的农牧业产业处于优势地位；北京市林业具有比较优势；天津市的渔业占优势。在农产品生产方面，河北省的粮食、水果的人均占有量远远超过北京市与天津市，并且河北省农产品人均产量远远高于人均消费量，同时，河北省环京津蔬菜基地能够满足京津居民蔬菜的消费需求。这些充分说明，河北省是京津冀三地的重要农副产品主产区，其农产品供给京津两大城市人口消费具有优势条件。

发挥河北省相对比较优势，满足京津冀农业协同发展的需求。河北省在区位、耕地资源、劳动力资源方面具有相对比较优势，能够满足京津冀农业协同发展的需求。河北省的可利用草地面积超过北京市与天津市几十倍，结合畜牧业产值、人均占有畜产品数量比较多，河北省畜牧业产业具有相对比较优势。但是，在水资源方面，京津冀三地既存在总量的短缺，又存在竞争性利用矛盾，这需要限制或调整资源的利用结构。在科技、人才与经济方面，京津

---

① 河北2万多名驻村干部奔赴贫困村开展精准脱贫（图）[EB/OL].http://he. people.com.cn/n2/2016/ 0224/c200202-27800921.html.

两市发展较快，需要发挥带动与辐射河北省经济发展的作用。

（二）打破行政体制壁垒，加快京津冀三地产业发展的优势互补。京津冀协同发展是建立在三地各自功能与产业互补的基础之上的。加强三地间的沟通交流，摒弃行政障碍，立足京津冀三地的区位优势、资源优势、产业优势，深入研究京津冀三地应如何进行产业分工，明确各地区的产业定位，促进京津冀三地的产业合理布局，实现京津冀三地产业错位发展，避免城市间的重复建设，充分发挥市场合理配置资源的决定性作用，促进资源的有效整合，基于各自的比较优势，构建起京津冀三地的产业分工合作体系，这是京津冀农民增收的基础。

北京市的优势在于它是我国的政治、科技、文化和国际交往中心，主要发展高新技术产业和现代服务业，并且努力向高端服务业迈进，处于高级工业化阶段，因此其农业产业产值占比不断下降，从业人员理应不断向二、三产业转移。天津市具有很好的制造业基础，目前主要发展现代制造业，并且拥有港口优势，目前航空航天产业在不断发展壮大。河北省相对京津地区，自然资源丰富，主要发展基础产业，处于产业链的低端，特别是农业基础比较雄厚，可以进一步发展现代农业，在这种产业定位的基础上，京津冀各地应扬长避短，找准三地间的利益契合点、互补契合点和发展契合点，进一步细化京津冀三地间的产业分工，加快三地间的产业合作，其中农业合作极具潜力，发挥各自比较优势，最大限度释放三地间产业协同红利，实现京津冀三地产业共同发展的良好局面，为三地农民增收打下良好基础。

（三）积极构建京津冀区域产业联动机制，构建京津冀农业协同发展机制。地方政府要积极参与区域间的分工与合作，建立一系列的合作性规章制度和互动性体制机制非常重要，以保障区域经济协同发展。积极借鉴长三角地区已经形成的包括省际间举行的磋商机制、常务副省（市）长定期主持召开座谈会机制、市级间举办的协调会机制以及部门与行业间的协调机制的四级层次分明的区域联动机制[①]。行政区划壁垒阻碍了区域经济协同发展进程，也阻碍了京津冀三地的农业协同发展，是导致京津冀三地产业联动机制不完善的直接原因，国家对地方官员的政绩考核机制造成政府对本地区的经济过度干预，和各自为政、分割市场的局面，虽然京津冀三地之间陆陆续续地签订了很多的双边框架合作协议，但是在项目合作方面没有进行实质性的动作，通常是竞争大于合作，在构建京津冀区域产业联动机制过程中，北京在起关键的龙头和辐射作用方面还可以做得更好。京津冀三地政府应主动积极地破除"一亩三分地"的思想束缚，积极地参与到京津冀三地产业联动协调机制的构建和完善中来，扫清行政区划的羁绊，加快形成层次分明、权责明确、高效互动的利益协商机制。京津冀三地应以中央政府顶层设计为导向，积极构建和完善区域合作利益协调体制机制，根据区域整体规划，积极探索纵向和横向相结合的协调机制。地方政府可以定期举行联席会议，共同协商，形成区域间平等对话，促进区域协同发展，形成横向的联动机制，这才有利于未来三地农民共同增收的实现。

（四）加快京津冀地区产业转移协作，打造各自产业比较优势。加快京津冀地区产业转移协作，坚持以政府为引导，以市场为基础，以企业为主体的原则，充分调动三方的积极

---

① 薄文广，周立群.长三角区域一体化的经验借鉴及对京津冀协同发展的启示［J］.城市，2014（5）：9-10.

性，充分发挥各自比较优势，产业错位发展，建设多层次和全方位的产业转移对接平台，这样北京天津市的农民可以向第二、三产业转移，而河北省的农民在加强第一产业发展的基础上，积极推进剩余劳力由第一产业向第二产业转移，增加农民的工资性收入。在对接层面上，要注重项目、企业、园区、县区、城镇布局等五个层面上联动。另外要注重规划、交通体系、生态环境等产业对接配套环境的完善，保障产业对接的顺利实现。例如，由于北京和天津市区的居住生活费较高，因此北京和天津市的养老产业可以转移到周边河北省环境好的农村地区。可以采取老年人退休以后到河北养老的方式，为此，河北应针对这种需求，大力发展老年养老产业。

京津冀三地应积极推进产业间的分工合作，发挥各自一产二产和三产的优势。今后一个时期，北京市优势产业将向价值链高端攀升。电子信息、生物医药、汽车和轨道交通、新材料等优势产业依靠北京市雄厚的科研实力实现向价值链高端升级，而相对低端的价值链部分则向外围地区扩散。以电子信息产业为例，北京市今后应该重点发展高端制造和研发设计。北京市都市型工业、电子信息产业、汽车及轨道交通等行业将出现一次大规模的转移扩散，其中，电子信息产业转出规模最大，而都市型工业最有可能向环北京地区周边扩散，这样可以吸收河北省的农民向第二产业转移。这些产业向外扩散将重点采取产业内分工形式。北京市外溢优势产业机会为：通信设备制造、电子计算机制造、汽车零配件、电机制造零配件。同时，北京重点发展的新兴产业如生物制药、航空航天、先进装备制造也有可能溢出。河北省产业结构的主要特征是仍然处于工业化中期的阶段。有承接都市工业和战略性新兴产业的基础。河北服务业中交通运输、批发零售占重要地位，受益于京津溢出效应明显。服务业以交通运输、仓储和邮政为主。批发和零售业占第三产业的比重较大。有承接物流产业转移的基础。

现代物流业是河北第一重要服务业，交通运输、仓储和邮政对时空距离较敏感，对接京津物流，这些转移的产业可以吸收大量的河北农民就业，增加农民的收入。河北应积极地引进国际知名零售商和京津大型流通企业，主动增加农民就业机会。河北省具有环京津的区位优势，旅游业带来一定的增长。应积极建设中国北方金融后台服务基地，加强与天津滨海新区金融界的联系。与此同时，天津与河北应该对首都转移出来的非核心功能的产业要有选择地承接。

（五）基于自身比较优势构建京津冀产业价值链。京津冀三地内部存在着政府间的过度竞争、市场要素流动受到阻碍等问题，为了更好地协调三方整体利益，最大限度地发挥各地区的比较优势，三地应积极、主动地形成合理的产业链，最终构建一个区域间产业有序分工合作的健康发展的都市经济圈。长期受行政区划各自为政的消极影响，没有形成统一的区域整体规划，京津冀三地难以构成产业链合理分布和上下游联动机制，如果京津冀三地各自打造自己的产业链，不利于资源的有效配置，这就会造成三地大量的资源浪费，并导致"三地共输"的不利局面。构建产业链是带动区域经济联动发展的重要动力，京津冀三地应根据自身比较优势确定各自在区域链中的具体定位，北京应侧重发展知识密集型产业，天津则应利用其天然的港口优势着力发展物流业和制造业，河北省从资源禀赋出发，应主要发展加工制造业，并充分利用京津两地的扩散效应，承接两地的产业转移，优化自己的产业结构。比如：在钢铁产业领域，河北和北京地区在资源、资金、技术、人才等要素方面合理分工合作，实现了互利共赢的局面。目前，三地可构建的产业链条主要包括：汽车制造产业链、电子信息产业链、装备制造产业链、石油及化工产业链等。三地要加快构建产业合作对接的平台，破除体制、机制约束的障碍，积极引导和支持跨区域行业及企业间的全方位的协作共赢，提升产业链附加值，推进京津冀三地产业集群化发展，这对农民转移到二、三产业就业有积极促进作用，通过农民产业升级增收效果将极为明显。

（六）加快完善京津冀地区协同发展的协调机制。2014年2月，习近平总书记就推进京津冀协同发展提出7点要求，这些要求对促进京津冀农民收入协同增收具有重要指导意义。一是"要着力加强顶层设计，明确三地功能定位、产业分工"，这对京津冀的产业一体化具有重要的指导意义。二是"要着力加大对协同发展的推动，自觉打破自家'一亩三分地'的思维定式，抱成团朝着顶层设计的目标一起做，充分发挥环渤海地区经济合作发展协调机制的作用"。三是"要着力加快推进产业对接协作，理顺三地产业发展链条，形成区域间产业合理分布和上下游联动机制，对接产业规划，不搞同构性、同质化发展。"四是要"着力调整优化城市布局和空间结构，促进城市分工协作，提高城市群一体化水平，提高其综合承载能力和内涵发展水平。"五是要着力扩大环境容量生态空间，加强生态环境保护合作，在已经启动大气污染防治协作机制的基础上，完善防护林建设、水资源保护、水环境治理、清洁能源使用等领域合作机制。六是要着力构建现代化交通网络系统，把交通一体化作为先行领域，加快构建快速、便捷、高效、安全、大容量、低成本的互联互通综合交通网络。七是要着力加快推进市场一体化进程，下决心破除限制资本、技术、产权、人才、劳动力等生产要素自由流动和优化配置的各种体制机制障碍，推动各种要素按照市场规律在区域内自由流动和优化配置。

京津冀三地分别隶属于不同的行政区域，三地各自制定政策和制度时并不是以京津冀地区整体利益最大化为目标，而是以自身利益最大化为出发点，考虑各自利益优于整体利益，形成了各自为政的被动局面。要使京津冀单个地区自觉主动地暂时牺牲自身利益，促进整个区域的良性、高效率持续发展，在京津冀三地达成产业分工合作共识是非常困难的，因此，有必要加快建立和完善区域协同发展的协调机制。这需要从中央层面上规划、构建利益协调机制，并且能够有效率监督执行所达成的合作意向，充分发挥三地产业协同效应的有力保障。在构建协调机制的进程中，首先，要理清产业协同发展的思路以及产业政策，明确产业协同发展的目标、区域政府公共服务的目标和整个区域民众增收的目标，特别是农民困难户的扶贫增收目标，遵循平等互利的利益协调原则，搭建京津冀三地利益协调对话的平台，让区域内各参与主体通过多种渠道来表达利益诉求，尤其要让相对弱势、落后的河北地区优先表达他们的合作意向，给予他们一定的政策倾斜和经济补偿，使得京津冀三地都有平等的合作机会。其次，京津冀利益协调机制要根据三地的资源禀赋、比较优势以及区域的整体利益，在平等协商的基础上调整各地区的产业政策，在发挥政府主导作用的同时，也要尊重市场配置资源的规律。最后，还要加强监督产业协调发展规划的落实情况，统筹协调好整体与局部的关系，充分利用好有限的资源，提高区域整体实力，保持京津冀三地利益协调机制的长期有效性。

（七）加快京津冀区域大市场环境建设进程。加快推进京津冀三地产业协同发展，促进农民增收，需要确保区域内各种生产要素的优化配置，由报酬率低的地区流向报酬率高的地区，切实破除地方保护主义，完善地区现代市场体系建设，充分发挥市场机制的作用，营造京津冀三地统一的大市场经济社会环境。

京津冀三地的各级相关部门首先要解放思想，提高培育现代市场经济的意识，加快转变政府职能，积极发挥引导、协调作用，更多地运用市场的手段调节市场，尽快建立与完善市场运行规则，积极创造公平竞争的市场环境，消除各种壁垒，形成对本地企业和外地企业同等对待的公平竞争格局。京津冀三地之间产业发展差距大，各利益主体间缺乏完善的利益协调机制，推进现代市场体系建设，要从目前的实际情况出发，消除条块分割的市场壁垒，逐步加强北京对周边地区辐射带动功能，提高市场发育水平，紧密加强与周边省份的区域联系，比如：河北省在京津周边地区建立日渐成熟的大型贸易集市、一级批发市场和农产品生产基地等，促进京津冀三地间的交流合作和产业有效整合重组，逐步清除生产要素及商品流通的体制障碍，确保各种生产要素在本地区的自由流动，创新经济利益协调机制，协调配合、合作发展，共同构建区域统一市场体系。促进京津冀三地产业协同发展需要构建统一完善的区域性金融市场，实现资本的有效运转，推进产业一体化进程。其中重要的是构建统一、开放的资本市场，拓宽区域内的融资渠道，促进京津冀三地产业的平衡发展，由中央政府设立专门的金融发展协调机构，研究制定金融区域合作发展规划，协调和推动京津冀地区金融市场一体化，从而有助于都市圈现代市场体系的构建，这对提高三地农民增收大有益处。

课题组组长：张英洪　刘　伟

课题组成员：刘　凯　王竹玲　许　军　颜　烨　李冬梅　考　红　陈晓红

王　飞　任晋锋　杨志栋　魏　威　张　萌　赵伟伟　王娟娟

罗占东　王冉冉　周洁妮　曾杰瑜　丁海芳　张语奂　徐丽娜

执笔人：刘　伟

北京市农村政经分离与社区发展研究报告

一、研究背景

改革开放以来，农村基层公共组织主要是三类：村党组织（包括村党支部、村党总支）、村自治组织（包括村委会和转为社区之后的居委会）和村集体经济组织（一般称为村经济合作社、村经济合作联社、村农工商公司，也包括这几类经济组织改制后的股份制公司）。其中村集体经济组织被村党组织和村自治组织代管，处于长期有名无实的状态，这种状况也被称为"政经合一"。

在农村经济社会发展过程中，特别是2000年以来，村党组织、村自治组织与村集体经济组织的政经合一的情况引发了诸多矛盾和问题，主要集中在三个方面：第一、在经济发达地区和大中城市附近的农村集体经济组织常常依靠出租土地、厂房和自办企业等方式获得大量的收入，由于参与利益分配的集体成员资格不清晰，这些利益的分配常常引发矛盾。第二、由于村党组织、村自治组织和村集体经济组织的负责人常常是同一批人，村干部的权力就过度集中又缺乏有效监督。这容易导致村干部涉及贪污腐败、铺张浪费、滥用职权等问题。第三、村民的户籍不仅是集体经济收益权的资格，还是享受农村公共服务的成员资格。为保留集体经济收益权，村民排斥外来人口落户，也不愿将户口迁出。这对城镇化和公共服务城乡统筹进程造成了很大的阻碍。

为解决政经合一的弊端，2010年前后，一些经济发达地区的基层政府，如佛山市南海区和温州市等，都进行了"政经分离"改革。2010年12月，南海制定实施《关于深化农村体制综合改革的若干意见》，明确规定村党组织和村自治组织领导成员不能与村集体经济组织成员交叉任职，并将村集体经济组织领导成员任期年限从3年调整为5年，且集体经济组织独立选举自己的负责人。政经分离后，南海区的村两委成员仍是村集体经济组织理事会成员，有监督及建议的义务，但没有决策权。到2012年，南海区经联社和经济社完成独立选举的分别占总数的97.31%和98.91%，南海区基本完成农村政经分离改革。与南海区类似，2011年，温州市人民政府出台第81号文件，明确要求终止村委会代理行使村集体经济组织的财产所有权的职责。温州市首先在各村成立资产清查小组专门负责集体资产的清查，清查完毕原来由村委会管理的账户移交到村集体经济组织，由村集体经济组织管理。另外，温州市的村集体经济组织明确界定了成员身份，被确立为集体经济组织成员的人员，不论在以后的工作、生活过程中户口怎样变动，都不会影响他们在集体经济组织中享有的集体经济产权。

本文的研究对象是北京市的农村政经分离。通过对北京市农村政经分离历史进程的把握，结合个案调研、类型划分和比较、制度和历史分析等方法，首先对北京市农村政经分离的现状和类型进行总结和深入的分析，在此基础上，对北京市农村政经分离的过程和影响因素进行深入分析，并结合地方政府在政经分离中的作用给出了政策建议。

2016年2月到4月，课题组对我国政经分离的现状进行了文献梳理，并结合北京市农村基层组织之间关系的现状，初步对北京市农村进行了类型划分。2016年5月，课题组在北京市选择了不同类型的农村开展实地调研。通过收集查阅有关文献资料、与村级组织全体成员座谈、对村级组织主要负责人进行个案访谈，获取了丰富的基础资料，在此基础上形成研究报告。

二、变革中的村级组织体系——北京市农村"政经分离"的现状与类型

与农村的经济社会改革相伴随，村级组织体系正处在持续演变中，其突出特点，可以集中概括为"政经分离"。虽然，基层政府对于村级政经分离的态度、举措不尽相同，但是，农村经济社会发展进程本身，具有促进村级组织体系逐步走向分离的内在动力。因此，村级组织的政经分离，客观上是一种必然趋势。这个过程对基层政府的治理能力提出了要求和挑战。

课题组在实地个案调研和文献研究的基础上，形成了对北京市农村政经分离的基本印象和初步判断。以政经分离作为分析视角，当前北京市的农村村级组织，主要存在四种类型，分别称为三合一模式、一带二模式、纽带式政经分离和独立式政经分离。村级组织体系演变还在进行中，但演变方向是清晰的。深化农村改革，政府需要在这方面有所作为。

（一）"三合一"模式。"三合一"模式是指：村级三种组织，即村党组织、村自治组织、村集体经济组织的领导成员高度重合、决策权高度统一的运行模式。此种类型的典型表现形式是，由同一个人担任村党组织、村自治组织和村经济组织的负责人，即支部书记、村委会主任和村经济联合社社长由同一个人担任，也被称为"一肩挑"。

以房山区青龙湖镇晓幼营村为例，其村党支部书记、村委会主任、村集体经济组织是同一个人，晓幼营村的各项工作都由同一个人领导。晓幼营村作为北京的远郊村，能够利用的资源不多，但其现任村书记长期在基层工作，也有自己经商的经验，能够较好地整合各方面的力量。在他的统筹下，晓幼营村整理了原有工矿企业用地，并申请了上级政府的补贴，最终完成了晓幼营村农村社区化，为村民提供了统一的新住宅。晓幼营农村社区采用民居建设和产业建设同步，在水、电、路、气、暖、通信、供排水、污水处理、绿化美化等基础设施同步建设的基础上，还建设了幼儿园、社区医院、邮政储蓄所、农贸超市等公益服务设施。目前，晓幼营村的村书记工作有成效，村民也满意农村社区建设，但现任村书记年纪较大，几年后就会退休或者不再担任本村领导职务。今后新任的晓幼营村的村书记能力如何、是否尽心为村民工作、如何有效的监督，都是没有解决的问题。

三合一模式是现在大部分农村基层公共组织的运行模式。在经济不发达地区，三合一模式有一定优势。如果有能力强的人成为领导，则可以在各方面资源相对不足的情况下，集中

力量发展本村经济，提高村民生活水平，改善公共设施。

但是，三合一模式的权力集中，难以避免政经合一存在的制度性难题。对于经济发达地区，村集体经济组织掌握大量资产，而权力高度集中，集体资产的分配方式不够透明，经济决策也不够民主，容易引发基层干部的贪腐和干群矛盾。

（二）"一带二"模式。"一带二"模式是指：村自治组织和村集体经济组织的领导成员并不交叉任职，但村自治组织和村集体经济组织的领导成员都是村党组织成员，村党组织统一领导村自治组织和村集体经济组织。在这种模式中，虽然村委会和经联社相对独立运行，但是，这两个组织负责人都是党支部成员，支部书记可以通过党组织的运行来直接指挥村委会和经联社。

在课题组调查的北京市农村，一带二模式中村党组织的书记，常常担任村集体经济组织的负责人，但不在村自治组织中任职。在一带二模式中，村自治组织和村集体经济组织已经实现了分离，但村党组织还在直接指挥。现在看来，一带二模式似乎是走向三者分离的过渡形态。但是，这种过渡将经历怎样的过程，这个过程多长，现在还不清楚。

丰台区南苑乡石榴庄村属于一带二模式。2001年初到2002年底，石榴庄村的集体经济组织改制为股份合作制公司，村委会在城镇化过程中转变为社区。石榴庄村的党总支的工作方式是"分工不分家"，不同的党总支成员分别负责股份合作制公司和社区的具体工作，但每周二联合开党总支扩大会，整体协调工作。石榴庄村党总支分工是：党总支书记兼任股份合作制公司董事长；党总支副书记，兼任股份合作制公司党务监察部部长；原村委会主任，担任股份合作制公司人力资源部部长；某党总支成员，担任社区书记。石榴庄村集体经济组织改制为股份合作制企业金石公司后，金石公司拥有占地2.75公顷，地上建筑11.02万平方米的产业建筑。这些产业建筑主要被用于大型超市、休闲娱乐、餐饮购物、写字楼和酒店等。目前，金石公司主要收入来自于商业地产租赁。

在集体经济获得较大发展的同时，石榴庄村也随着城镇化改为社区。社区居民的总数增加，社区需要提供的公共服务种类也增加。社区的办公经费远不能满足实际工作需要，且社区工资较低难以留住工作人员。为解决这个问题，金石公司对社区的人员有工资方面的补贴，在办公经费和办公场地上也有很多支持。不仅如此，金石公司还出资聘请了社区工作中需要的其他人员，以满足社区编制不足带来的工作人员瓶颈。社区管理人员和日常费用等的大部分开支由金石公司承担。除此之外，金石公司对社区老人还有过生日、节日等的补贴，社区居民可以成本价使用金石公司场地办婚礼、酒宴等。

现在，一带二模式面临一些问题。社区党组织和金石公司党组织同属于一个党总支，金石公司对社区工作和对社区居民生活的补贴都没有区分受益人是否属于公司股东，这实质上是把公司股东的一部分收益拿来用于社区全体居民。当金石公司的股东都是原石榴庄村民，且在社区居民中占绝大多数时，由公司出钱资助社区建设遇到的争议比较少。但是，随着社区里非公司股东的居民越来越多，金石公司承担的社区建设资金越来越多，股东承担公共服务成本，而外来居民实质上是免费享受补贴，金石公司的股东们就开始不满意，他们不愿继续承担这些费用。

（三）**纽带式分离**。纽带式政经分离模式是指，村自治组织和村集体经济组织的领导成员并不交叉任职，且村自治组织和村集体经济组织分别有自己的基层党组织；村自治组织和村集体经济组织在不同的基层党组织领导下独立运行，但是，三个组织之间，还有一根相对强有力的纽带，村集体经济组织在人员、资金、场地等方面支撑村自治组织具体工作的运行。

在政经分离过程中，村党组织常常会随之分离为两个基层党组织：其中一部分党组织成员负责集体经济组织的经营，成立经济组织的党组织；另外一部分则转为村或社区工作的负责人，成为村或社区的党组织。在基层党组织随着政经分离而发生组织形态的分离之后，村或社区的自治组织在人员和资金等方面确有困难，一些集体经济组织会在资金、人员、场地等方面对村委会或社区的工作进行支持。这种分离的特点是，农村基层公共组织在组织形态上已经实现了完全的政经分离，但在具体工作上还存在密切合作关系的模式。

北京市丰台区南苑乡槐房村为例，其集体经济组织已经改制为股份合作制公司并开始集团化运行，村委会也在城镇化过程中变成了社区。目前槐房村的主要负责人员及分工是：党总支书记，兼任股份合作制公司董事长；党总支第一书记，北京市某机关在槐房村的挂职干部；党总支副书记，转为社区书记；股份合作制公司总经理，由公司根据需要从外部招聘。

在组织分离的过程中，槐房村党组织也一分为二，分别参与股份合作制公司或社区的工作。槐房村集体经济组织已经改制为股份合作制公司——盛世公司，盛世公司开始集团化运行，设立了子公司宏南公司，并进入地产、物业、文化、体育等多个产业。2015年，盛世公司实现收入8870万元，上缴国家税金477万元。在2016年建立社区之后，原村党总支副书记主持社区党组织工作，社区党组织和股份合作制公司党组织独立工作，不再联合开会，实现了完全的政经分离。但政经分离之后，槐房社区的工作缺乏足够资金和人员。为解决这个问题，槐房村专门到石榴庄村金石公司进行了调研，学习了金石公司对社区进行支持的经验。槐房村盛世公司也对槐房社区在办公经费和办公场地上有支持，除此之外，盛世公司对社区老人也有过生日、节日、体检等方面的补贴。

纽带式政经分离与一带二模式面临类似的问题，即随着槐房社区的居民多元化，社区内盛世公司的股东们会不再愿意由公司承担社区公共服务的成本。政经分离之后的自治组织，无论是村委会还是居委会，都需要地方政府公共财政的投入，实现公共服务的城乡统筹。

（四）**独立式分离**。独立式分离是指，自治组织和集体经济组织的领导成员并不交叉任职，社区和公司分别有自己的党组织；村委会和经济组织各自独立运行，两者之间不发生直接的经济联系，通常情况下，经济组织不对社区公共服务体系建设提供资金支持。

北京市朝阳区十八里店乡十里河村属于这种类型。在政经分离之后，十里河村经济组织已经转制为完全由个人持股的股份有限责任公司——十里河集团，没有保留集体股份，十里河集团是民营的股份有限公司。十里河村两委与十里河集团联系不多。十里河村的政经分离给集体经济组织带来了活力。目前，十里河集团注册资金5477万元，拥有商街总营业面积近100万平方米，年流通额逾100亿元。但目前十里河的公共设施水平停留在了原来的村居时代。由于缺乏规划和资金投入，十里河地区，无论是北部的商业街区，还是南部的村民居住区，主要的道路和设施还是原来村落居住时候的设施，违章建筑也很多。在上下班时间段，人流车流非常密集，在商业街出入口、幼儿园等重点地段，车辆拥堵严重。基础设施水平显然与经济发展不匹配。

独立式政经分离对改制之后的集体经济组织有好处，集体经济组织完全成为企业，根据市场原则发展壮大。改制之后，集体经济组织不再承担村级公共服务的各项成本，可以聘请更合适的人才而非照顾本村人就业，可以建立现代企业治理制度更加有效地进行决策。

独立式政经分离也给村自治组织带来了挑战。完成独立式政经分离之后，村自治组织不能继续从集体经济组织获得必要的资金和人力物力支持，在发达地区的农村，通常有大量的外来人口居住，需要提供的公共服务的种类和数量也更多，需要更多的基层工作人员，也需要更多的基础设施建设，这些都需要大量的资金。如果地方政府不能给予独立式政经分离后的村自治组织提供资金、人员编制等方面的支持，没有了集体经济组织提供的经济来源，这类村自治组织无力提供足够的公共服务。

（五）讨论：村级组织改革的政策选择。通过对北京市四种模式的政经分离的个案调查和类型比较，并结合南海区和温州市政经分离的历程，课题组初步形成如下判断和认识：

1.经济发达的村出现政经分离是大势所趋。政经分离的核心动力是化解经济发展中出现的多种矛盾。南海区和温州市都是经济高度发达的地区，而北京市政经分离较为彻底的村都邻近城市中心，这些经济发达地区的村都在经济快速发展中遇到了很多问题，因此具有很强的动力进行政经分离，以便化解这些冲突。

经济发展给发达地区农村带来了机遇，通过物业出租、兴办企业、征地拆迁获得的巨额收入使得这些村富裕起来，但内部的分配规则不清晰常常引起大量村民矛盾，这些矛盾主要集中在，原村民由于参军、外嫁、就业、上学等原因将户口调出后，这些人是否有资格继续享受集体经济组织收益权的问题。在政经合一的农村，集体经济组织收益权与本村的户籍挂钩，迁出户口之后，村民的经济收益权也得不到有效保障，为了争取自身权利，已经迁出的村民常常以上访、纠缠村干部、制造群体性事件等方式来表达权利诉求。除了村民内部矛盾，政经合一的体制中，村干部与村民之间也存在大量矛盾。由于村干部管理大量集体资产，但缺乏有效的监督，容易引发贪腐，村民在本村通过常规途径常常无法维护自己的权益时，会采用上访和群体性事件的方式给地方政府甚至中央政府施加压力。

为了化解在经济发展中出现的矛盾，地方政府和村党组织、村自治组织常常进行两方面的改革，其一是把集体经济组织收益权与本村的户籍脱钩，从而允许历史上因为参军、就业、外嫁等原因离开本村的村民继续享受分红和其他权益，其二是将村集体经济组织和村党组织、村自治组织进行分离，让村集体经济组织成为独立运行的企业，避免村干部集权带来的贪腐问题。这两方面改革的实质都是指向政经分离，即在组织层面将村集体经济组织与村党组织、村自治组织分离，在村民层面将集体经济收益权固化为股份，并与本村户籍脱钩。地方政府和农村基层组织推进政经分离改革未必是主动和情愿的，但为了化解大量的村民内部、村干部与村民之间的矛盾，其采用的政策不得不向着政经分离的方向调整，在这个意义上，农村基层组织出现政经分离是大势所趋，越是经济发达地区的农村，这类矛盾越是突出，政经分离的要求就越强烈。

2.地方政府主动推进政经分离更加有利。在经济发达地区，地方政府主动推进政经分离有多方面的好处。首先，无论地方政府是否主动进行政经分离，农村基层组织政经合一带来的大量矛盾都需要政经分离改革来化解，因此主动推进政经分离，能够帮助地方政府更早也更好地化解基层矛盾，大大减少上访和群体性事件。其次，发达地区农村集体经济组织拥有的土地、物业等具有更高的市场价值，也更容易利用区位优势进行投资和经营。但是，集体经济组织面临资金、人才、体制等方面的束缚，不能和其他企业一样在市场上募集资金，也不能自由聘请管理层和招聘人才，还被迫承担着本村公共服务的支出。政经分离改革可以让集体经济组织成为独立的企业，可以通过市场手段募集资金，招聘更优秀的员工和管理层，建立完善的公司治理结构和监督机制，这些都有助于集体经济组织发展壮大，有助于地方经济发展。

三、北京市村级组织分化的动力机制

"政经分离"是近年来一些基层政府比较明确的改革目标。历史地看，农村改革带来的村级组织分化由来已久。不论地方政府是否有意识地把政经分离作为改革目标，"政经分离"本身都是这个历史过程的伴生物。推动这一进程的动力有很多种。

从北京市来看，这种动力主要来源于三个方面，即集体经济组织改制、城市化和村民内部冲突。改制使村集体经济组织获得了独立法人地位，赋予了个人股完整所有权，并使个人股与户籍脱钩，这些改革都为村级组织分化创造了条件。城市化改变了村集体经济组织的产业结构和规模、村民的就业方式和村自治组织公共服务供给方式。在集体经济组织改制过程中，一些村集体经济组织成员内部会出现冲突，这些内部博弈影响了最终的改制方案，推动了村民的经济权利与户籍、就业方式分离。

（一）集体经济组织改制为村级组织分化创造了条件。北京市的农村政经分离起源于集体经济组织改制。改制主要内容是将村集体经济组织（一般称为村经济合作社或村农工商公司）改制为股份合作制或股份制公司。在改制过程中，根据工龄等标准把一部分股份的收益权量化到村民个人，以股份作为村民获得集体经济组织分红的标准。

丰台区东罗园村，是北京市最早实行股份合作制改革的村庄之一。1993年7月，丰台区、南苑乡和东罗园村派出代表到广州市天河区考察股份合作制改革的经验。同年10月，东罗园村通过了社区股份合作制章程。1994年1月，丰台区工商行政管理局向东罗园农工商联合公司颁发了企业营业执照。东罗园村集体经济组织改制的基本特点：一是改革方向是股份合作制企业，正式名称为东罗园农工商联合公司；二是公司股东仅限于现有农村集体经济组织成员；三是改制后集体股为主；四是个人股按照劳动工龄进行量化；五是个人股只有收益权，没有所有权，不可以继承转让；六是在职干部设置了干部贡献股。

在东罗园村开始改制之后，丰台区和北京市其他区县的集体经济组织改制也陆续展开。在改制不断推开的过程中，一些在东罗园村没有遇到的问题凸显出来，主要有：一是个人股份没有所有权，不能转让和继承，容易带来纠纷；二是集体股所占比例过大，而集体股的代表权和收益分配方式都存在很多不确定；三是设立干部贡献股容易引起普通群众的不满；四是原有集体经济组织成员转为居民户籍后没有股份，带来不同成员之间的冲突。为解决这些改制中的问题，丰台区果园村、万泉寺村、菜户营村、东管头村、成寿寺村、石榴庄村等进行了更加深入的集体经济组织改制，积累了新的经验。其中，石榴庄村集体经济组织改制方案最为成熟。

2002年，丰台区石榴庄村进行了股份合作制改革，石榴庄农工商联合公司改制为北京市金石庄源投资管理有限公司（以下简称"金石公司"）。石榴庄村集体经济改制的基本内容和特点：一是个人股股东占85%股份，根据股东工龄全部量化到股东；集体股占15%，属于股东共有股份，这使金石公司成为由个人股东控股的企业；二是个人股股东拥有所有权，股份可以继承和转让，且转为居民户籍的成员也可拥有股份，这使得个人股与户籍脱钩，村民政治身份与经济权利出现分离；三是没有设立干部贡献股。

从历史进程中看，北京市农村集体经济组织改制的本意并非政经分离，但实行股份合作制改革，客观上为村级组织分化创造了条件。股份合作制改革以前，村集体经济组织长期被村党组织（村党支部或党总支）和村自治组织（村委会或改社区后的居委会）代管，股份制改革后，集体经济组织获得了独立的法人地位，得以从其他村级组织代管的状态中分离出来。村集体经济组织改制，也使村民的权益得到了明确并量化为个人股份，赋予了个人股，包括继承、转让和收益在内的完整所有权，并使得个人股可以在脱离农村户籍后保留。这就为村民的经济权利与户籍的分离创造了条件。

（二）城市化推动村级组织分化。进入21世纪，北京郊区的城市化进程开始加速。在城市化过程中，土地和资产大幅增值，工商业地产迅速发展，村集体经济组织有能力也有动力从其他村级组织中脱离出来；城市化提供了交通基础设施和收入更高的就业机会，使村民可以更便利的实现非农就业，能够将工作、生活方式与其拥有的农村集体财产权利分离；城市化使地方政府愿意对农村进行土地整理以获得建设用地，同时也对农村进行社区化改造和提供公共服务，地方政府的改造有助于村自治组织转为城市社区，使村自治组织与村集体经济组织互相分离。

从北京市来看，城市化推动"政经分离"主要表现为三个不同的模式：一是旧村改造模式，指地方政府对村集体经济组织和村自治组织的整体性改造，并使之互相分离；二是产业升级模式，指村集体经济组织的职能从农业转为商业，发展壮大并脱离了村自治组织的分离方式；三是征地拆迁模式，指征地拆迁使得村集体经济组织的资产规模萎缩而失去重要性，村自治组织则转为居委会而实现村级组织分化的方式。

1.旧村改造模式。在城市化进程中，北京市一些近郊村在政府支持下进行了整体性改造，内容包括：腾退了集体土地，全部土地变为国有，村集体和村民个人获得安置性住宅和商业地产；村民户籍转为居民户籍，逐步撤销村委会并建立居委会。在旧村改造过程中，原有的村集体经济组织通常会与村自治组织完全分离。

以丰台区槐房村为例，2011年9月，槐房村开始旧村改造，2012年6月基本完成土地腾退，之后槐房村村民3000余户先后回迁到益嘉园、德鑫家园、御槐园等小区。在土地腾退过程中，原有村民95%已经转为城镇户籍，2016年7月槐房社区成立。在旧村改造过程中，槐房村的村集体经济组织改制为盛世公司，盛世公司不参与槐房社区工作，盛世公司与槐房社区的负责人也由不同的人担任。槐房村在旧村改造之后，实现了村级组织"政经分离"。

旧村改造之后，村集体经济组织从村自治组织独立出来，减轻了提供本村公共服务的负担，也获得了更多发展机会；同时，村自治组织转为社区后，地方政府承担了公共服务职能，但是，在通常情况下，村集体经济组织也给予社区组织一定的经济支持，如支付部分社区工作人员工资补贴、社区活动免费使用场地设施等。旧村改造模式背景下的村级组织分化，既有较好的经济表现，也有较好的公共服务。

2.产业升级模式。北京市一些交通便利、临近城市中心的村抓住城市化加速的机遇，在集体土地上开发工业或商业地产。这些村的集体经济组织一般改制为公司，在发展中完全脱离了农业生产经营，转为经营工商业地产。其中，一部分村集体经济组织在改制和壮大后，逐渐与村自治组织实现"政经分离"。

朝阳区十里河村，位于北京市东南三环，地理位置优越，村集体经济组织在改革开放之后发展较快。1999年，十里河村成立北京创新世纪家居装饰市场服务管理集团有限公司（以下简称为"世纪公司"）。2007年，世纪公司改制为以投资人为股东的民营企业。2008年，世纪公司正式更名为北京十里河投资管理集团有限公司（简称"十里河集团"），十里河村经济合作社在世纪公司的股份完全退出，十里河集团成为完全由原来的社员个人持股的有限责任公司。至此，十里河集团和十里河村委会已经实现了完全的分离。

在村级组织分化过程中，集体经济组织会带动本村的产业升级，并提供大量的机会；但由于经济发展会带来人口大量集聚，村集体经济组织独立后，通常不为本村公共服务提供足够的资金和人力支持，村自治组织根本无法提供足够的公共服务，而地方政府也不会对村自治组织有更多的投入。产业升级模式带来的村级组织分化过程中，村集体经济组织通常有较好的经济表现，但是，村自治组织提供的公共服务则明显不足。

3.征地拆迁模式。在城市扩张过程中，一些近郊村被大规模的征地，集体土地不断减少，而征地之后的村民绝大多数转为居民户籍，同时村委会也转为社区并建立居委会，原来的村集体经济组织被取消或者因为规模很小而不再重要，从而实现村级组织的互相分离。

以海淀区肖家河社区为例，肖家河有过两次比较大的征地拆迁，第一次是在2000年前后，中国农业大学征地，被征地的村民转为居民；2010年之后，北京大学又一次大规模征地。经历过多次征地和拆迁之后，原来的肖家河村集体经济组织留下的土地和集体资产很少，目前只负责少量的房屋出租。肖家河的户籍人口中绝大多数已经转为城镇户口，肖家河村也转为肖家河社区。肖家河社区与原村集体经济组织不再有关系，实现了"政经分离"。

从经济后果来看，征地拆迁模式与产业升级模式相反。征地拆迁使得村集体经济组织的资产规模大大减少，以至于不再重要；而村自治组织则转为社区，继续承担基层公共服务。村集体经济组织在失去重要性之后，与新建的社区实现完全分离。在征地拆迁模式中，由于地方政府承担社区的公共服务投入，社区比之前的村自治组织能够更有效服务辖区居民。

（三）村民内部利益冲突推动村级组织分化。在北京市农村集体经济组织改制过程中，一些村集体经济组织成员内部出现利益冲突，这些冲突推动了村民的经济权利与户籍、就业方式分离，推动了村民获得个人股的完整所有权，从而推动了村级组织分化。

2002年，朝阳区十里河村进行了农村集体经济产权制度改革，直接目标是实现集体资产的保值增值。当时，并没有考虑历史上已转居的原集体经济组织成员的权益，结果引发了内部矛盾。这些矛盾没有被村里重视，引发了转居村民的大规模上访，最终导致十里河村的第一次股份制改革失败。矛盾激化之后，朝阳区政府总结了经验教训，在改制中重视了对已经转居的原集体经济组织成员权益的保障。到2007年，十里河村最终完成了集体经济组织改制，最终的改制方案中，原集体经济组织成员的权益得到了考虑，村民个人无论是否保留本村户口都具有村集体经济的股份。

十里河村集体经济组织改制的过程中，村集体成员内部的矛盾与冲突影响了集体经济组织改制的具体方案，甚至决定了集体经济组织改制是否能顺利完成。村民内部的冲突使得十里河村集体经济组织的股份所有权突破了户籍的限制，村民个人及其股份都可以与村自治组织进行分离，这有力地推动了村级组织的分化。

（四）讨论：地方政府如何处理"政经分离"。 从北京市农村改革的历程来看，村级组织分化是一个长期的历史过程，其驱动力包括集体经济组织改制、城市化和村民内部的冲突，这些因素共同推动了村级组织分化，并导致了一些村的"政经分离"。在村级组织分化的过程中，北京市形成了较为成熟的经验来更好地引导改革和化解矛盾。这些经验包括：

1. 保持改革敏感性，重视并及时回应基层出现的问题。20世纪90年代，农村集体经济组织开始改制，北京市领导高度重视，从区县、到乡镇、到村，不同层级都设立了股份合作制改革领导小组，由专门的领导和机构来实际推进。

2. 坚持多样化试点，由点到面稳步推进。在农村集体经济组织改制过程中，丰台区针对改制中出现的一些问题和矛盾，鼓励和支持不同情况的村进行新的尝试，不断总结经验，最终形成了比较成熟的做法。随后，丰台区的成熟经验再向全市推广。这种由点到面、逐步深化的改革方式可以降低改革风险、更快地积累经验，也有助于观察改革在不同情况下的适用性并及时完善改革措施。

3. 重视总结基层创新，及时出台相关政策。北京市和丰台区政府在集体经济组织改制的每个阶段都出台了相关的政策文件，保证了改制的顺利推进。地方政府在改革中及时出台政策文件进行支持，可以赋予改革合法性，保障了改革成果的可持续性，也为改革经验的推广提供了便利。

4. 通过培训、讲座、考察等方式交流经验和凝聚共识。在集体经济组织改制过程中，北京市相关部门对各区县工作人员开展了股份合作制方面的培训，各区县、乡镇和村也分别邀请先进单位进行经验介绍。不仅如此，一些乡镇和村还赴外地进行考察和学习。这些交流学习开阔了相关人员的眼界，吸取了其他地区和单位改革的经验、教训，也凝聚了对改革目标、改革方法的共识。

课题组负责人：赵树凯

课题组成员：赵树凯　吕绍清　朱贤强　米　健

课题协调人：张英洪

报告执笔人：赵树凯　米　健

北京市低收入村产业扶贫调查研究

一、引言

（一）问题提出。北京市委市政府高度重视促进低收入农户增收工作。尽管北京市低保标准早已高于国家扶贫标准，没有国家扶贫任务，但是按照中央2011年印发的《中国农村扶贫开发纲要（2011—2020年）》（中发〔2011〕10号）精神，以及2011年中央扶贫开发工作会议提出的"东部有条件地区要提高扶贫开发水平，探索减少相对贫困、实现共同富裕的有效途径"的要求，北京市委市政府在2012年制定了《关于推进农村经济薄弱地区发展及低收入农户增收工作的意见》（京发〔2012〕15号），2014年出台了《北京市农村经济薄弱地区发展规划（2014—2020）》（京农函〔2014〕2号）（以下简称"规划"），2016年出台了《关于进一步推进低收入农户增收及低收入村发展的意见》（京发〔2016〕11号）。近年来，市、区县两级将促进低收入农户增收作为"三农"工作的重点内容，不断加大投入力度，全面开展帮扶工作，取得了明显成效。2012—2015年，本市20%相对低收入农户人均纯收入从7019元增加到8494元，年均增长7.0%，但部分农民收入较低的情况还没有彻底改变。2015年北京市低收入农户人均可支配收入仅为8494元，与全市农民人均可支配收入、城镇居民可支配收入的差距分别为12075元、44365元，显著高出全国差距5874元、18391元，而且差距呈扩大趋势。这显然与北京建设世界城市、率先实现城乡一体化的战略目标相违背。

缓解低收入农户贫困，促进薄弱地区经济发展，缩小农民内部差距、区域差距、城乡差距，是以人为本，科学发展的基本要求，也是建设和谐社会和社会主义新农村的重要组成部分。如何才能有效地缓解低收入农户贫困，促进经济薄弱地区发展，实现精准扶贫和精准脱贫？根据国际、国内反贫困经验，发展产业是促进贫困农户增收的基础和源泉。根据发展经济学理论，产业是区域经济发展的支撑，也是解决就业的载体，只有产业发展壮大了，才能形成低收入农户增收的长效机制，真正增强低收入农户造血功能，确保其持续而稳定地增收。习近平总书记指出，"发展产业是实现脱贫的根本之策。要因地制宜，把培育产业作为推动脱贫攻坚的根本出路。"因此，本课题重点研究北京市低收入村产业帮扶问题，一是梳理归纳总结北京市近年来产业帮扶的典型模式，以期对北京市低收入村产业帮扶提供有效途径和抓手；二是调查分析北京市低收入村产业发展情况，以期提高产业帮扶的针对性和有效性；三是提出不同类型低收入村产业帮扶模式和促进产业帮扶发展的保障措施。

（二）北京市农村经济薄弱地区。《关于推进农村经济薄弱地区发展及低收入农户增收工作的意见》提出，将2011年人均纯收入低于7750元的农户确定为低收入农户，将低收入农户数量超过农户总数60%的行政村确定为低收入村。全市各有关区县据此确定了低收入农户23.33万户（占农业户籍总数的21.1%）、58.03万人（占农业户籍人口的21.6%）；低收入村645个，其中水库移民接收村176个。在此基础上，市有关部门依据《意见》精神，按照低收入农户、低收入村集中连片的原则，将低收入村比重超过30%的33个乡镇确定为经济薄弱乡镇。为便于规划的编制和实施，又将位置相邻、特点相似、经济发展相对薄弱的5个"天窗镇"及2个少数民族乡纳入规划范围（见附表1）。"天窗镇"及少数民族乡不属于经济薄弱乡镇，但在规划过程中统筹考虑。本课题将33个经济薄弱乡镇、5个"天窗镇"和2个少数民族乡所涉及的范围纳入北京市农村经济薄弱地区进行研究。

北京市农村经济薄弱地区涉及7个区县、40个乡镇、852个行政村，总面积6646.1平方公里，总人口61.79万人，其中农业户籍人口19.24万户、43.78万人。规划区共有低收入村430个，低收入农户10.01万户、25万人（见表1-1）。北京市农村经济薄弱地区是北京市改善农村民生的重点区域，也是全面建成小康社会任务最艰巨的地区。

表1-1　北京市农村经济薄弱地区低收入村（低收入农户）基本情况

项目	数量	占规划区行政村（农户）比重	占全市低收入村（低收入农户）比重
低收入村	430个	50.47%	66.67%
低收入农户	10.01万户	52.03%	43.29%
低收入农户 人口	25.00万人	57.10%	43.02%

二、北京市农村经济薄弱地区的基本现状

（一）自然现状。北京市农村经济薄弱地区主要位于燕山和太行山山脉。海拔高度在34—2250米之间，其中深山区面积占57.84%，浅山区占33.55%，平原区占8.61%（见表2-1），土地质量不高。属暖温带半湿润季风型大陆性气候，年平均温度11.8℃，山区多年平均降水量566毫米左右，60%的降雨集中在7月和8月。规划区地质地形条件复杂，自然资源和人文古迹丰富，林木绿化率为65%，是北京市重要的水源涵养地和绿色生态屏障。地质灾害时有发生，位于地质灾害重度易发区的低收入村56个，中度易发区的低收入村173个，属于重点防治区的低收入村123个。

表2-1　北京市农村经济薄弱地区行政村地形分布

地形	面积比例（%）	行政村个数
平原区	8.61	73
浅山区	33.55	286
深山区	57.84	493
合计	100	852

（二）经济社会现状。北京市农村经济薄弱地区低收入农户户主初中及以下文化程度的占92.5%。18.3%的农民患有不同程度的疾病。缺乏主导产业，农民组织化程度低，家庭经营性收入低。就近就业机会少，农村劳动力就业率只有78%。有外出务工的农户占70.3%，就业成本高；超过54%的外出务工者以散工形式就业，工资性收入低。农村资源开发利用受到诸多限制，农民财产性收入较低。农村集体经济薄弱。

（三）基础设施现状。北京市农村经济薄弱地区基本普及了村庄基础设施，但由于农户居住分散，人口密度小，公共基础设施建设和维护成本较高。存在断头路、错头路等交通瓶颈，部分街坊路需要硬化。仍有少部分农户住房为土坯房。部分地区供水管网老化，存在季节性吃水困难。部分地方用电负荷标准不能满足农民生产生活需要。很多村庄的垃圾、污水处理设施需要加强。农田水利设施需要进一步完善。田间路建设的工作量很大。

（四）低收入村现状分析。总体来看，北京市低收入村不但低收入户和人口集中，而且低保户、五保户、残疾人、老年人、丧失劳动力者也显著高于全市农村平均水平。此外，北京市低收入村劳动力就业率低，本村就业多，务农的也比较多。

1.低收入村人口现状。北京市645个低收入村共有237700户、526369人。其中，低收入户12.2万户，农业人口376820人；长期居住在村的农户133907户，308198人；农业户籍低保户7695户，13023人，村均15户、25人；农业户籍五保户1064户，1143人，村均3户、4人；农业户籍残疾人30502人，涉及26623户，村均50户、57人；60岁以上的农业户籍老人78563人，涉及55845户，村均105户、146人；因病丧失劳动力能力的农业户籍劳动力10310人，涉及8442户，村均18户、22人，上述指标显著高于全市平均水平。由此可见，北京市低收入村具有两大显著特点，一是低收入户和人口集中，二是低保户、五保户、老年人、残疾人、丧失劳动能力者多。

表2-2　北京市低收入村人口结构

类别	全市总数		全市农业户籍总数		农业户籍中长期在村居住	
	户数	人数	户数	人数	户数	人数
全市总体	237700	526369	162464	376820	133907	308198
其中：低保户	9097	2168	7695	13023	6149	10561
五保户	1263	1368	1064	1143	820	1188
残疾人	32962	37566	26623	30502	20757	23261
老年人	70028	70100	55845	10310	40652	57343
丧失劳动能力	10452	12762	8442	78563	6531	8457

2.低收入村就业现状。调查数据显示，农业户籍劳动力有234986人，村均396人；其中，已经就业的有198285人，村均就业340人，就业率为84.38%，显著低于全市农村劳动力就业率。由此可见，低收入村劳动力就业率还有一定提升空间。本村就业93799人，占

比48.03%，显著高于全市农村平均水平；从事农林牧渔业的有60663人，占比30.59%，显著高于全市农村平均水平；公益岗位就业人数为15792人，占比16.84%；从事休闲农业与乡村旅游业的有2778人，占比2.96%。由此可见，北京市低收入村劳动力不仅本村就业多，务农的也比较多。北京市通过扶持当地产业发展带动当地农民就地就近就业效果还是非常明显的，此外，北京市通过开发公益岗位促进低收入农户就业增收的政策非常有效。外村就业101502人，占比51.19%，其中，从事建筑装修的有18998，占比18.71%；从事酒店餐饮业的有19293，占比19.01%；从事散工的有19106，占比18.82%。这表明，低收入村劳动力依然以外出务工为主，而且外出务工所从事的职业主要是劳动强度大、技术含量低、不稳定、薪水低的岗位。

表2-3 北京市低收入村劳动力就业情况

本村就业		村外就业	
从事职业	就业人数（人）	从事职业	就业人数（人）
农林牧渔产业	60663	建筑、装修业	18998
休闲农业乡村旅游业	2778	酒店、餐饮等服务业	19293
公益性岗位就业	15792	制造、加工业	11557
农产品加工业	690	出租、大货等交通运输业	12614
制造业	2053	销售业	6531
手工业	985	散工	19106
其他	10432	其他	17846
合计	93393	合计	105945

由此可见，北京市低收入村劳动力将近一半在本村就业，而且大部分从事农林牧渔业。调研中还发现，农民愿意在本村就业，而且大部分低收入村具有良好的生态环境和自然资源，有发展特色产业的基础和优势，广大干部群众也有发展特色产业的意愿。因此，扶持低收入村产业发展有必要、有基础、有意愿，而且具有重要的现实意义，这不但有助于培育和壮大优势产业，增强低收入村造血功能，形成区域经济发展的内生动力，而且有助于农村劳动力就地就近就业，提高就业率，切实促进低收入农户就业增收。所以，有必要分析低收入村产业发展现状及制约因素，提出促进低收入村产业发展的针对性措施，实现低收入村产业跨越式发展。

三、低收入村产业发展分析

产业是区域经济发展的支撑，也是解决就业的载体，只有产业发展壮大了，才能形成低收入农户增收的长效机制，真正增强低收入农户造血功能，确保其持续而稳定地增收。北京市委市政府非常重视低收入村产业发展，不仅出台了相关政策，还不断加强财政支持力度。

2013年安排新农村奖励资金4200万元，2014年从预留资金中安排4980万元，2015年从预留资金中安排9000万元，部分区县也安排了专项帮扶资金，而且不断加大专项帮扶资金投入，用于支持低收入村产业发展。2015年，北京市农委依托低收入村良好的生态环境和自然资源优势，按照"有一定产业基础、近期可实施、能带动大多数农户增收"的原则，对66个低收入村特色产业发展项目给予重点支持，涉及农户20815户、低收入农户12531户。其中，特色种植项目26个，2440万元；果园建设项目23个，2095万元；休闲农业项目31个，2680万元。通过项目的实施，北京市低收入村特色产业发展迅速，对于促进低收入村发展和农户增收作用显著。为进一步摸清底数，分类指导、精准帮扶，明晰"十三五"期间推进低收入村发展、带动低收入农户增收路径，确保到2020年实现全面小康，2015年重点围绕产业发展对本市低收入村开展了全面调查。共发放调查问卷645份，收回643份。

（一）低收入村产业发展现状。

1.**林果业。**林果业是农业产业结构的重要组成部分，也是实现生态效益和经济效益并重的产业。调查数据显示，有301个村选择林果业作为主导产业，占比46.8%。其中272个村将其作为第一主导产业，占比42.3%，29个村作为第二主导产业，占比4.5%。林果业兼具生态和经济功能，是农村经济薄弱地区支柱产业，目前已经具备一定的发展规模。2014年，林果业种植面积为274377.3亩，主要有板栗、核桃、桃、仁用杏、苹果等品种。

2.**种植业。**调查数据显示，有345个村主导产业是传统大田作物，其中222个村将其作为第一主导产业，占比34.5%；123个村作为第二主导产业，占比19.2%。102个村主导产业选择为经济作物，其中，23个村是第一主导产业，占比3.6%，79个村是第二主导产业，占比12.3%。种植业已经形成了一定的规模，大田作物的种植面积达到31.2万亩，主要品种为玉米和小麦。经济作物的种植面积4.8万亩，蔬菜种植面积2.4万亩。

3.**养殖业。**调查数据显示，有88个村主导产业是养殖业，其中，14个村是第一主导产业，占比2.2%，74个村是第二主导产业，占比11.5%。以养殖业为主导产业的低收入村以养猪、蛋鸡、羊居多。统计数据显示，有56个村将养猪作为主导产业，占农村经济薄弱地区总行政村的比例为8.7%。有46个村主导产业是养殖蛋鸡，占比7.2%；其中40个村是将其作为第二主导产业，仅有6个村将其作为第一主导产业。有41个村将养羊作为主导产业，占比6.4%。

4.**休闲农业与乡村旅游。**调查数据显示，有39个村主导产业是休闲农业与乡村旅游业，其中11个村将其作为第一主导产业，占比1.7%，28个村作为第二主导产业，占比4.4%。休闲农业与乡村旅游的主要类型是田园农业和观光旅游，分别占比34.8%和31.5%。休闲农业与乡村旅游业主要经营模式是农户经营，占比51.1%；其次是乡村组织（村集体、合作社）经营，占比27.5%。低收入村中农家乐农户2014年户均纯收入11.9万元，最高年收入达到80万元/户。

5.**其他产业。**调查数据显示，有55个村主导产业是其他产业，包括手工艺品加工业和制造业等，其中18个村将其作为第一主导产业，占比2.8%，37个村作为第二主导产业，占比5.8%。

（二）低收入村产业发展构想。低收入村中有产业发展意愿的484个，占比75.3%；乡镇评估有产业发展潜力的村606个，占比94.2%。以下从林果业、种植业、养殖业、休闲农业与乡村旅游业、农产品加工业、制造业、产业发展无潜力村等方面分别展开分析。

1.林果业。低收入村未来计划发展林果业的村有245个，占低收入村总数的38.3%，这些村现有主导产业以林果业和大田作物为主。在乡镇评估具有林果业发展潜力的359个村庄中，有122个村庄自身有发展林果业的意愿，这些村现有主导产业均为林果业。

（1）现有主导产业为林果业未来计划继续发展的村庄及其资源。以林果业为主导产业的301个村庄中，未来计划继续发展林果业的村共计174个，占总数的57.8%。其中，超过70%的村计划种植板栗、核桃、大桃、仁用杏、苹果。这些村庄耕地与经济林地资源丰富，本村劳动力富足，大多数村庄对未来发展有一定规划；同时，村庄计划依托林果业的发展，带动村庄林下经济、果品加工、休闲旅游等产业多方位发展。

（2）计划产业转型发展林果业的村庄及其资源。未来计划通过产业转型发展林果业的村庄共有85个。其中50个村目前以大田作物种植为主，这些村具备很好的土地资源，经济林、荒地面积大，劳动力资源丰富，村庄有林果业发展计划，具有较好的林果业发展潜力；但是这些村庄目前均缺乏资金支持，可以依据实际情况扶持部分村庄发展林果业。

（3）乡镇评估有林果业发展资源的村。乡镇评估具有林果业发展潜力的村359个，这些村庄现有主导产业以林果业和大田作物为主，普遍拥有丰富的耕地与林地资源，本村劳动力较为富足，有较好的发展林果业的基础。对于乡镇评估有潜力、村庄自身有计划、有基础的122个村，可以优先予以扶持。

（4）小结。林果业是近半数低收入村的支柱产业，产业发展历史悠久，目前已经在多村形成了较好的产业发展基础。推进林果业产业化发展，不仅能够有效促进农民增收，也可以带来良好的生态环境效益，符合北京市区域农业发展战略要求。对于有基础、有资源、有意愿的低收入村，可以通过政策扶持，推进产品改良与产业升级，推动林果业与种植业、农产品加工业、休闲旅游业多方位融合发展。对于其他有林果业发展意愿的村，可依据实际情况，酌情发展。

2.种植业。

（1）大田作物。未来有大田作物产业发展意愿的低收入村120个，占低收入村总数的18.7%，传统大田作物产业发展意愿不强；乡镇评估有发展潜力的村共计208个，两者重合的有33个村。这些村庄普遍资源状况较好，但是种植业发展意愿不高，不少村庄更愿意发展休闲农业与乡村旅游业和林果业，农产品加工与养殖业也有部分意愿。对于未来仍愿意继续发展大田作物的村庄，可加大财政补贴力度予以支持；对于林果业等其他产业发展村有发展大田作物意愿的可进行产业发展指导。

（2）经济作物。未来有发展经济作物产业意愿的低收入村144个，占低收入村总数的22.4%；村庄现有第一主导产业以林果业和种植业为主。蔬菜、杂粮、中草药等特色种植业发展基础较好的村庄，未来继续发展经济作物种植的意愿较强，且希望与休闲旅游业、农产品加工业协同发展。乡镇评估有经济作物发展潜力的村共计196个，两者有34个重合的村。对于经济作物种植产业发展基础较好、林下经济资源丰富的村庄，可大力扶持节水型经济作物产业发展；对于目前种植大田作物希望转至经济作物种植的村庄，应予以政策指导，发展特色种植业；同时注重经济作物种植与本村或周边村庄的休闲旅游业的协同发展，促进农民增收。

3.养殖业。未来计划发展养殖业的低收入村有81个，这些村庄均在六环之外，村庄现有主导产业以林果业、种植业和养殖业为主；乡镇评估有发展潜力的村87个，两者有9个村重合。以养殖业为主导产业的88个村中（第一、第二主导产业合计），有28个村计划继续发展养殖业，其他村庄均面临产业转型。依据北京市养殖业发展管理条例，在以上有发展意愿的村中，对于六环以外、有产业发展基础的村庄可予以政策支持，对于其他产业转型发展的村庄，不建议支持养殖业的发展。

4.休闲农业与乡村旅游。未来计划发展休闲农业与乡村旅游业的低收入村共有294个，占低收入村总数的45.7%；乡镇评估有发展潜力的村265个，占比41.2%；两者重合的村143个，重合村中超过60%的村庄有比较详细的休闲旅游未来发展规划。可见，休闲农业与乡村旅游业市场需求与发展潜力巨大，现有发展规模远远不能满足需求。

现有以休闲农业与乡村旅游业为主导产业的39个村中，愿意继续发展休闲农业与乡村旅游业的有27个，占比69.2%。这些村庄有一定的产业发展基础，在今后的发展中可加大支持力度，提升服务品质，使其做大做强，发挥支柱产业的带动作用，促进其他产业融合发展。

近60%的林果业发展村未来有发展休闲旅游业的意愿，部分大田作物种植村、养殖业发展村及其他无主导产业村也有发展休闲旅游业的意愿。对于有较好的区位优势或旅游资源优势、特色种养、特色林果业发展的村庄，可以加大其休闲旅游基础设施建设，大力推进村庄休闲农业与乡村旅游业的发展；对于有资源、但是没有主导产业的村庄，可多方扶持，逐步将休闲农业与乡村旅游业培植成为其支柱产业。

5.农产品加工业。低收入村中未来有发展农产品加工业计划的村78个，乡镇评估有发展潜力的村59个，两者重合度不高，仅有3个村，说明在农产品加工业的发展中主观控制因素较多。未来计划发展农产品加工的低收入村现有主导产业以林果业和大田作物种植为主，村庄希望通过农产品加工业和休闲旅游业等新兴产业的发展，带动村内传统农业增效增收。

6.制造业。未来有制造业发展意愿的低收入村共计15个，乡镇评估有制造业发展潜力的村共计24个，两者没有重合度。以制造业为主导产业发展村中，没有计划继续发展制造业的村，村庄面临产业发展转型。未来有发展制造业意愿的村现有主导产业以林果业和大田作物种植为主，其中8个村填写了简要的发展计划，以依托休闲旅游业的手工艺品制作为主，有一家为提琴制造。制造业的发展需因实际情况而定，酌情予以发展。如平谷区东高村镇南埝头村依托中国乐谷资源优势，形成了提琴制造产业，有效带动了村庄经济发展。部分乡村旅游业发展较好的村庄，可以扶持传统手工艺品制造业，与休闲旅游结合发展，促进农民多方位增收。

（三）小结。

1.在本市低收入村中，75%以上的村庄有未来产业发展计划，也具备一定的产业发展基础与资源优势，经乡镇评估超过94%的低收入村具有产业发展的潜力与资源。

2.以林果业、种植业、农产品加工业为主导产业的村庄产品融合发展意愿强烈，希望通过休闲旅游业发展带动相关产业的发展；以农产品加工业为主导产业的村庄面临产业升级改造；以种植业、养殖业、制造业为主导产业的村庄正面临产业转型与产业结构调整；制造业现有基础薄弱，产业发展意愿不强。

3.自身评价无产业发展潜力的低收入村中，46%的村有发展意愿且有一定发展基础与资源，可适当引导其产业发展；无发展意愿与基础的村需通过生态搬迁等政策帮扶脱贫。

四、北京市低收入村产业扶贫模式选择

产业化扶贫是一种建立在产业发展和扶植基础上的扶贫开发政策方法，相比于一般的产业化发展，产业化扶贫更加强调对贫困人群的目标瞄准性和特惠性，更加强调贫困家庭从产业发展中受益。在方式上，产业化扶贫是一种典型的能力建设扶贫模式，通过提高贫困人口自我发展和自我积累能力，实现持续稳定增收，脱贫致富，是由"输血"救济到"造血"自救的根本性转变。产业精准扶贫的目标是解决贫困农户独立发展产业能力弱的问题，让贫困户能进入由新型经营主体主导的产业链体系中，提高产业扶贫的效率和资源使用的效率，促进贫困地区产业的升级。从这个概念上来看，产业扶贫的主体是企业和农村经营主体，客体是建档立卡贫困人口，核心在于构建两者之间的利益联结机制，这也是今后推进产业扶贫实现精准脱贫的关键。

（一）北京市产业扶贫模式的实践研究。

产业扶贫需要解决贫困地区财富的创造和分配问题，需要探索出一条能够解决中国贫困问题、符合贫困地区新常态发展，适合全球化的有竞争力的商业模式，让贫困人口成为财富的创造者，并通过财富的创造获得利益。根据各地的实践，结合相关专家研究，将产业扶贫的模式分为四类：直接带动模式、就业创收模式、资产收益模式、混合带动模式[①]。

1.直接带动模式。

（1）内涵与外延。直接带动模式是指在政府的组织和引导下，依托新型农业经营主体，对有产业发展愿望和产业发展能力的扶贫对象，直接参与区域特色产业开发的一种模式。适用范围：这种模式适用于一些技术性一般、短平快的项目，可通过直补、以奖代补、贴息或物化补贴等方式进行。该模式采用的主要组织方式是"公司+合作社+贫困户"。由于服务和交易成本问题，企业直接与贫困户合作成本过高，让贫困户与有能力的农户混合组成专业合作社后再与公司对接的组织模式更有效。在这种模式中，公司主要与合作社打交道，提供产前、产中和产后的全方位技术支持与服务，降低合作社运行的成本和风险；合作社按公司的要求负责组织会员进行产品生产，降低公司的生产成本。在利益分配中，公司主要从产后的加工和销售环节盈利，在生产环节对合作社和贫困户让利，从而形成双赢的利益格局。多家农业龙头企业通过直接带动模式参与产业扶贫已有较长时间，他们在贫困地区投入资金技术设备人才等各项要素，建设种植养殖加工基地，带动当地农民致富，形成了链条式发展模式。

① 汪三贵.创新机制提高产业扶贫效率［N］.农民日报，2016-11-03.

（2）具体做法。

①选择特色产业。贫困地区主导产业选择既要遵循产业选择的一般性原则，同时又要充分考虑资源、环境对区域和产业发展的约束作用，特别是要以人口要素、自然资源和生态环境的可持续性为先导，在区域资源环境承载力范围内，尽可能多地将可持续发展指标引入区域经济发展和调整的程序。与此同时，贫困地区由于受财力、人力和物力等多方面资源的限制，往往市场经济发展不够完善，主导产业的发展和大企业大项目的选择不能仅依赖市场的积极作用，同时更要发挥地方政府的主动性。

②培育新型经营主体。产业扶贫的主体是新型经营主体，对于培育新型经营主体的做法常见三种，一是出台一些优惠政策招商引资，吸引龙头企业在贫困地区生产经营，并吸纳贫困人口劳动务工；二是培育贫困地区的农民合作组织，以农民合作组织为基础，对接企业，一同进入加工产品销售、市场等；三是引导能人大户、致富带头人等返乡创业，带动贫困农民发展生产，提升组织化程度。

③建立利益联结机制。直接带动型的模式常见的利益联结机制是合同制，即各利益主体按照合同条款形成其权利并承担相应义务的一种利益联结方式。合同方式往往还涉及其他方面的利益关系，常见的有以下三种：一是优惠服务。龙头企业无偿或者低尝提供生产资料、技术、信息等服务项目，为贫困户提供垫付资金、统一贷款、提供担保、赊销等资金扶持。贫困户通过这些扶持降低了农业生产的成本与相应的风险。二是利润返还。龙头企业拿出一部分加工、流通环节利润以多种方式返还给贫困户，或者用于农产品基地建设。调动了贫困户参与产业化建设的积极性与主人翁意识，同时增加资金收益。三是风险补偿。龙头企业利用自有资金、政府提供的财政资金建立风险基金，若贫困户在种植或养殖环节发生洪涝、台风、疾病等天灾而受到重大损失发生亏损时，公司从基金中提取补贴，保证贫困户不亏损。增强了贫困户对风险的应对能力。

（3）典型案例分析。

案例1：合作社带动产业发展。

合作社带动模式因为带动主体的差异可以细分为单一合作社带动和合作联社带动两种。在单一合作社带动方式中，不同合作社对于产、供、销各环节的介入程度略有不同。如北京恒益金吉利蔬菜产销合作社能够提供产、供、销综合服务。在生产环节中，由合作社统一采购供应有机肥、蔬菜种苗等生产资料，统一引进新品种，统一建设蔬菜标准化基地200亩，定期举办培训技术讲课，推广新品种、新技术。在供应环节，根据市场需求，开发新产品，延伸产业链。合作社出资投股建设了冷库、蔬菜加工厂、标准化蔬菜大棚10座，休闲观光接待用床等设施。在销售环节统一销售产品，由合作社通过合同等形式与企业建立稳定的销售关系。在合作社的综合服务下，社员种蔬菜亩均收益比同类生产的非社员增加20%以上。

农民专业合作社联合社，是指由3个以上农民专业合作社为主体，自愿联合成立的经济联合组织。与单一专业合作社相比，合作社联合社进一步提高了合作社的组织化程度，增强了进入市场和参与竞争的能力。如北京栗联兴业板栗专业合作社，这是为解决板栗销售问题而自发成立的板栗专业合作社联合社。该合作联社的成立，在板栗种植技术、市场供求信息、开拓市场、打造品牌、组织销售、教育培训等方面发挥了重要作用。通过同时主动了解、分析、掌握板栗收购价格，在板栗销售期间每天向基层专业合作社公布板栗市场价格，改变了过去因单打独斗，分散经营，竞争力不强的不利局面。各基层板栗专业合作社及时掌握市场动态，有效地保障了板栗的供销顺畅，实现了栗农与板栗加工企业（商户）的有效衔接。农民的利益得到了有效保护，收入得以增加。

案例2：产业融合带动产业发展。

在产业扶贫体系中，产业融合最典型的有两种模式，一是延伸产业链条，即依托龙头企业、农民合作社等经济组织，围绕农产品的种养和向产业链的上下游延伸，其中以特色加工业最为普遍，通过整合资源，推动建立加工及流通业涉及的加工基地、冷链物流、产地批发市场等。如平谷区大华山镇挂甲峪村，全村146户，460人，辖区以山区为主，通过一、二、三产业融合，建设成为"北京最美丽的乡村"、全国最具魅力乡村。2015年，村经济总收入3500万元，村民人均纯收入3.5万元。具体措施包括以"资产变股权、农民当股东、土地科学种、交易靠市场，收益要分红"的山村可持续发展道路推动村庄土地集约化生产。引进果酒及果汁饮料加工生产设备，开发生产了大桃、山楂、苹果、柿子、杏等果酒、果汁饮料等深加工产品。利用本村自然和产业资源，建设旅游景点、服务设施。五瀑、十潭、两湖山水美景、一产有机果品、二产深加工产品等成为挂甲峪村独具特色的旅游资源。2015年，全村民俗旅游接待5万人次，旅游收入1500万元。

二是拓展农业的多种功能，使农业与旅游、教育、文化、健康养老等产业深度融合，其中又以乡村旅游最为普遍。房山区黄山店村距北京市区50公里，全村地域面积20.2平方公里，有565户、1600人。黄山店村在矿山关闭后，没有主导产业，村民失去主要收入来源，是北京市一个有代表性的低收入村。在政策支持和自身努力下，依托丰富的景观资源，发展以乡村旅游业为主的替代产业。村集体整合资金、资源、资产，成立旅游公司，发展乡村旅游。并将村集体资产量化到村民个人，每年享受股份分红。村集体开发的坡峰岭景区，连续四年举办了红叶节，年接待游客15万人，门票收入达到200多万元，带动了村庄的餐饮服务业发展和农副产品的销售，促进了村民就业增收，全村的劳动力基本都在旅游产业当中从事工作，劳动力就业率基本达到100%。

案例3：互联网带动产业发展。

"互联网+"在农业领域得到较快的发展，最主要的方式是构建互联网平台，推动农业电子商务。目前，北京市的运作模式有三种：一是政府引导、企业主导开展农产品电子商务经营模式。如"一品密云"作为全国首家政府主导农民自主经营的手机移动电子商务平台，由密云区农民专业合作社服务中心联手北京世通和信传媒科技有限公司搭建而成。该平台主要提供合作社信息更新、日常维护、接收订单、查看信息、预订、评价等服务，实现了民俗旅游展示预订、农产精品展示销售、民俗旅游资源地址导航、农产品本地商品展示销售等功能。截至2015年6月，"一品密云"累计用户1.7万余人，日活跃用户平均500余人，峰值达1000余人，直接成交量700余单，直接成交金额100余万元，考虑间接交易所带来的影响，累计经济效益达400余万元。

　　二是建立电商平台，开展农产品电商营销推广。怀柔区宝山镇[①]，大学生村官通过自创的"宝山寻宝"服务平台，针对低收入家庭精心打造了"爱心五谷"优质农产品品牌，受到了不少市民喜爱。在宝山寻宝合作农户中，75%以上为低收入户。优质农副产品经过团队深度加工、特色包装，提升了产品价值。在销售中，贴有宝山寻宝爱心签的农产品高于其他同类产品定价，在宣传页、产品详情中介绍"爱心五谷"背后的故事，引导客户在购买同类产品时选择"爱心五谷"，在享用优质食材时奉献爱心。截至目前，该团队已帮助镇级低收入户销售油鸡125只、油鸡蛋300余公斤、杂粮类175余公斤、苹果2000余公斤，累计收入6万余元，为16户低收入户带来直接收入3万余元。下一步，"宝山寻宝"还将针对低收入户实际设置更多爱心系列产品，帮助低收入家庭增收。

　　三是依托电商平台、新媒体，自营农产品电子商务。如密云区以无偿提供办公设备、加工设备，提供技术培训，帮助扩大宣传等方式，成功培育了密农人家等网店。其中"密农人家"利用互联网推广和销售密云优质农产品，通过淘宝、微店、顺丰优选等成功第三方网络销售平台建立独立电商平台，配合微博、微信、论坛和其他社交新媒体进行产品的宣传推广，并利用后台数据分析客户需求，实现个性化商品定制。以北京市场为核心，辐射天津、河北、上海、浙江、杭州等地市场。目前拥有会员1.3万人，80%集中在北京和天津市区，典型客户代表为具有较高消费能力的都市白领，连续3年位居淘宝网生鲜蔬菜类目北京市场第一名。

　　2.就业创收模式。

　　（1）外延与内涵。就业创收模式是指大型企业到贫困地区投资建厂、实施产业项目、设立公益岗位等方式，为贫困农民创造就业机会，帮助他们脱贫致富的一种模式。该模式的特点是，适用范围：该模式适用于劳动密集型的农业产业，这些产业的生产和流通环节有大量非技术性、低强度的工作机会，特别适用于扶持劳动能力有限，只能从事轻体力劳动的弱能贫困户，这些群体在建档立卡贫困户中的比例较高，主要包括劳动人口年龄超过60岁以上和主要劳动力健康状况不佳的建档立卡贫困户。

　　（2）具体做法。

　　①就地吸收劳动力。一般由企业或者合作社在贫困地区实施产业项目，投资建厂、建立生产基地，通过吸纳贫困农户就业，实现农民向产业工人转变。部分地方政府专门设立了就业扶贫车间，当地政府统一组织贫困家庭劳动力进车间务工，为贫困群众在家门口就业创造条件。采取一些优惠的税收、低息贷款等措施鼓励当地的企业吸纳贫困家庭劳动力就业。

　　②提供技能培训。贫困人口的劳动技能较差，人力资本水平低。扶贫部门开展"雨露计划"，对参加转移就业技能培训的扶贫对象按规定给予培训补助，人社等其他部门也有类似的农民工培训项目。通过有针对性的培训，提高贫困人口的劳动技能。

　　③组织劳务输出。在本地没有足够劳动力吸纳能力的情况下，通常需要采取劳务输出的方式组织农村剩余劳动力向发达地区转移。在行业选择上依托当地已有的行业务工优势，以

① 杜玮.北京怀柔区以精准扶贫为着力点同走致富路［EB/OL］.北京怀柔文明网，2016-11-07. http://gx.wenming.cn/tszs/201611/t20161107_3870185.htm.

结对的方式进行劳务输出，如湖北团风县的劳动力外出务工大多从事建筑业，该县则进一步加强了建筑劳务输出和劳务基地建设的工作力度，培训当地建筑劳务管理人员，鼓励成立建筑企业，以组团的形式推进劳务输出。

（3）典型案例。

案例1：产业发展带动就业

2014年初，北京市启动了平原地区规模化苗圃建设，由于土地流转补助是直接给予发展规模化苗圃企业，此政策的出台，吸引了一大批社会企业参与。有43家企业积极参与规模化苗圃建设，计划建设规模化苗圃总面积达4.2万余亩，涉及大兴、通州、顺义、延庆、平谷、密云6个区县。该项工作促进农民就业增收效果明显，据统计，4.2万余亩规模化苗圃建设，每年带动7500人就业。通州区西集镇曹刘村村委主任胡宝海讲，土地流转前，大伙儿一年种植玉米、小麦，每亩收入仅700—800元，可现在除了每年稳定获得每亩1000—1500元的租金收益外，还可就近到家门口的苗圃工作，每月工资3000元，生活质量大幅提高。

案例2：村企结对带动就业

怀柔区人力社保局集多方政策资源，使低收入农民就业有平台、上岗有技能，出重拳实招打好低收入农户增收攻坚战。2016年1月以来，人力社保局联合农委、园林绿化局、水务局及各镇乡等34家单位，召开了低收入户劳动力就业座谈会，建立起沟通联络机制和协调机制，明确了低收入户增收绿色通道。针对山区低收入农户年龄偏大、文化程度偏低、无技能等实际问题，制定了不同培训方案，对企业招收人员开展职业技能培训，对就地就业人员开展了适应性培训，多角度帮助农户就业，提升创业能力。特别是对于区内农户中离校未就业的高校毕业生提供就业支持。

2016年怀柔区喇叭沟门满族乡15个村都有帮扶企业。北京奥康达体育用品有限公司、大星发商贸有限公司、红螺食品有限公司、太平洋制罐等企业都根据自身特点和乡域环境，加大宣传引导力度，转变村民"等帮扶"的传统思想，变为主动想脱贫、愿意尝试新产业的态度，改变了过去一锤子买卖的形式，通过协助村民再就业、帮助村子发展优势产业、提供人才支持等，促进农民不断增收。此外，顺鑫集团等农业龙头企业与低收入村帮扶对接，优先收购低收入农户农产品、招用低收入农户劳动力。企业招用农村劳动力比例不低于80%。

3.资产收益模式。

（1）外延与内涵。资产收益模式是指在扶贫产业项目中，将自然资源、公共资产（资金）的农户权益资本化或股权化，相关经营主体利用这类资产产生经济收益后，贫困村与贫困农户按照股份或特定比例获得收益。

具体形式：一是贫困村、贫困户将农村土地、森林、荒山、荒地、水面、滩涂等集体资产及个人土地承包经营权、林权进行流转，直接取得租金等资产收益。二是将农村土地、森林、荒山、荒地、水面、滩涂等集体资产以及个人土地承包经营权、林权资产量化入股到龙头企业、农民合作社、种养大户等经营主体获取分红等资产收益。三是在不改变资金性质的前提下，将财政扶贫资金或其他涉农资金投入设施农业、养殖、光伏、水电、乡村旅游等项目形成的资产，或投入到有能力、有扶贫意愿、带动能力强、增收效果好的龙头企业、农民合作社、种养大户等经营主体，折股量化给贫困户，贫困户按股分红。四是贫困村、贫困户将资金或土地经营权、宅基地使用权等投入到营利性的城乡供水、供热、燃气、污水垃圾处理、公园配套服务、公共交通、停车设施等市政基础设施或营利性的教育、医疗、养老、体育健身、文化设施建设，再利用这些资产以租赁、经营收费或入股分红等方式获取收益。

适用范围：这种模式不依赖农户的独立经营能力，对失能和弱能贫困人口具有针对性和有效性，通过赋予贫困户产权或股权，有利于贫困农户积累资产并利用这些资产持续受益，从而持久脱贫。各地正在积极推行资产收益模式，对农村土地、森林、草地、荒山、风物名胜、古树名木等资源进行确权评估认定，整合农村扶贫资金、财政资金、社会资金，引导农民将土地承包经营权和资产、资金、技术等入股。

（2）具体做法。

①选择实施主体和经营项目。政府部门负责选择开展资产收益扶贫试点实施主体和经营项目。实施主体要选择具有一定经济基础、有意愿进行资产合作的农村集体经济组织；有意向参与创新资产收益扶贫，管理民主、制度完善、产权清晰、运作规范、创收能力强的农民合作社、企业或党组织健全的以农民社员为主体的基层供销合作社。试点项目要选择符合当地实际、经济效益好的产业项目。

②明晰资产权属和扶贫资产。政府指导农村集体经济组织成立集体产权制度改革工作小组，对本集体所有的资源性资产、经营性资产和公益性资产等进行清产核资，明确权属关系，分类登记造册，妥善处理债权债务。使用财政扶持资金形成的资产，要按规定及时办理资产向实施主体移交手续；实施主体要登记资产台账，准确界定适合量化的资产，界定结果要经有关部门（由县级人民政府确定）审核。

③科学界定量化对象和制订量化方案。农村集体经济组织要按照有关法规和政策的规定，合理界定集体经济组织成员。将拟量化的资产量化给本集体经济组织成员，并向"建档立卡"贫困户倾斜。财政专项扶贫资金必须在实施主体中量化给享受资产收益的贫困户；财政涉农资金应当分别量化给享受资产收益的贫困户、实施主体、农村集体经济组织及其成员。实施主体要制订股权量化方案。

④合理配置股权和颁发证书。农村集体产权制度改革中股权设置要以个人股为主，是否设置集体扶贫股以及集体扶贫股占总股本的比例由农村集体经济组织通过成员会议讨论决定。实施主体使用财政扶贫资金形成的股权要确定扶贫股，并按一定标准分配给贫困户。贫困户持有的扶贫股可以参加收益分配，但无所有权，不得转让或出售；凡实现脱贫的农户可继续拥有3年巩固持股期，期满后不再持有扶贫股；实施主体在巩固期后要及时履行收回扶贫股手续，并转授给新的符合持有扶贫股的贫困户，实行滚动使用，最终实现贫困户整体脱贫。全部贫困户稳定脱贫后，扶贫股转为集体股，实行全体村民同股同权。股权量化后，实施主体要向持股成员（贫困户以户为单位）颁发县级统一格式的股权证、扶贫股权证。

⑤完善收益分配机制和加强档案管理。实施主体要改革收益分配制度，建立新型收益分配机制，严格按成员持有股权比例进行收益分配。要建立健全收益保底机制，明确扶贫股保底分红标准，保障贫困户在项目持续期内拥有稳定的收益。实施主体要做好股权档案等文件

资料的收集整理和归档工作，确保档案资料齐全完整。

（3）典型案例分析。

案例1：盘活闲置农宅，增加农民财产性收入。

田仙峪村位于北京市怀柔区渤海镇东北部，村域面积9.5平方公里，属于怀柔浅山区。田仙峪村坐落于箭扣长城脚下，东侧3000米是慕田峪长城景区；怀沙河从村中流过，龙潭泉和珍珠泉水为该村水产养殖业提供了天然优势，田仙峪村是北京最早、规模最大的虹鳟鱼养殖基地。田仙峪村有山场4400亩，主要种植板栗、核桃等果品，种植面积3400亩。村内现有农户297户，680余人，其中，乡村旅游专业户31户，虹鳟鱼养殖专业户19户。该村有农宅240处，因外出务工等形成长期整院落闲置农宅35处，平均每套闲置院落在200平方米左右。

2014年6月，北京市新型城镇化体制改革专项小组将田仙峪村确定为"盘活农村闲置房屋发展乡村休闲养老社区试点"，各级政府协力推进落实试点工作。在政策方面，集成了市发改委、市农委、市民政局的相关政策，为村庄煤改电、农宅节能保温改造、医疗卫生、基础设施提升、养老设施运营等提供资金支持。2014年8月，田仙峪村成立"田仙峪休闲养老农宅专业合作社"，35处闲置农宅所有人与农宅专业合作社签订房屋租赁合同，将闲置农宅的使用权流转到农宅专业合作社，租期20年；田仙峪村将村集体的房屋、土地的承包权和使用权等进行股份制改造，成立"田仙峪村社区股份合作社"；此外，在政府部门的牵头下，引进国奥（北京）文化产业投资有限公司，引入资本和固定资产。股权为农宅专业合作社+村集体占10%，公司占90%，并由国奥公司负责养老社区的建设和运营。经营方向主要是发展休闲养老服务业，重点面向城市55至75岁之间的中高端收入的健康老人。农民将来的收入主要包括房屋租金和经营收益分红。

从相关主体的角度来看，田仙峪村盘活利用闲置宅基地及地上物的主导主体是政府部门，在此过程中村集体协助组织实施；企业主体则带来了资金，并主要负责建设和运营。从优势资源的角度来看，田仙峪村近慕田峪长城景区，有山有水、环境优美，并有坚果种植、虹鳟鱼养殖等特色产业。从依托产业的角度来看，田仙峪村主要是依托养老产业和旅游业。从组织形式的角度来看，田仙峪村是"社区股份合作社＋农宅专业合作社＋企业"的组织形式，通过股份制改造、出租房屋和土地实现资源集中，由企业负责建设和运营。从农民权益的角度来看，农民获得租金＋经营收益分红。闲置农宅入社后可以获得1万元押金，待公司改造后，即按照每间房屋5000元/年，租期20年，一次性给付租金。已改造的3个样板房的总租金分别为40万到60万不等。农宅专业合作社和村集体与公司按照经营收益1：9分成，经营收益分红的10%给农宅专业合作社社员，另外90%用于村集体公益服务经费和分配给全体村民。

案例启发：第一，政府的主导作用主要体现在政策集成、资金支持、引进企业，负责村庄的基础设施；第二，旅游资源和村庄环境是利用闲置宅基地和地上物、促进村庄发展的基础；第三，通过股份制改造、租赁成立合作社，是集中资源的主要形式；第四，在实际的建设运营方面，依靠相关行业企业。

4.混合带动模式。

（1）内涵与外延。混合带动模式是指将农户参与生产或就业创收模式与资产收益模式结合起来实现贫困户脱贫致富的一种模式。整体来看是一种扶贫效果最好的产业扶贫模式。该模式既有稳定的资产性收益，也有利于提高贫困人口的自我发展能力，不容易形成坐享其成的依赖性，其难点在于机制设计相对复杂。不过地方实践中有成功的经验，如六盘水市推进"农村资源变资产、资金变股金、农民变股东"资产收益模式的同时，将其与农民专业合作社、农村供销社和农村信用合作社融合发展，把人力资本整合到产业平台上，实现村集体、农户和经营主体"联产联业"。

（2）具体做法。

①培育新型经营主体。混合带动模式是其他几种模式的综合体，对于培育新型经营主体的做法基本一致，只是在对象的选择上要求更高。首先这些新型经营主体需要具有一定经济基础，有能力进行资产合作，其次管理制度完善、产权必须清晰、发展前景较好。

②建立利益联结机制。利益联结机制除了合同制之外，还有合作制和股份制。合作方式是指贫困户及其他普通农户在自愿的原则下，通过组建合作社，互助社等合作组织联合起来参与市场竞争的利益联结方式。在实际运作中，合作社往往承担着以下两个任务：一是为合作社成员提供统一服务。包括统一生产资料购买，统一技术培训与应用，统一储存与运输，统一加工与销售。二是承担中介责任，对接龙头企业、专业市场，通过谈判签订产销合同，并在内部监督贫困户及其他普通农户完成合同规定的产品数量、质量及规格要求。股份合作方式是指将资本联合与劳动联合结合起来，农户或贫困户既参加劳动，又以资金、土地、技术、劳动等生产资料入股，实行按劳分配和按股分红相结合的利益联结方式。这种方式主要出现在"公司＋农户"的产业化组织中，通过这种方式企业与贫困户真正结合成互利互惠、兴衰与共的经济主体。

（3）典型案例分析。

案例：北京"山里寒舍"乡村酒店。

"山里寒舍"乡村酒店位于密云县北庄镇干峪沟村。该村深处山谷、生态环境好、风貌古朴、人迹罕至。全村在册户籍41户、71人，平均年龄超过60岁，常住人口不足20人。项目由北庄旅游发展有限公司投资、政府协调、村民参与，依托干峪沟村旅游专业合作社组织农房流转入股，在不改变房屋权属的前提下，由企业对闲置民房进行统一设计改造、统一管理和统一营销，建成集居住、休闲、会议、餐饮、农耕体验于一体的会员制高端乡村旅游民宿项目。合作社根据每家的房源土地数量按年支付给农民租金。根据测算，全村43户宅院出租了33处，平均每个宅院年租金6000元，5年一递增；出租了120亩耕地，每亩租金1000元，5年一递增。作为旅游项目的副产品，果树等农产品的农场经营权也承包给合作社，农民也相应从中获益。合作社还将拿出经营收益为入社村民分红。农民的收入主要包括房屋租金和企业务工收入以及社员分红。

该项目于2013年1月份启动，分二期改造。一期已经完成民俗院10处，中餐厅1处，实现全村Wi-Fi覆盖和24小时摄像监控。二期改造20处民俗院和西餐厅。2014年进入全面运行阶段，预计接待游客2万人次，实现旅游综合收入2000万元，合作社社员年均增收2万元，在企业就业的社员，年均收入可以超过5万元。

例如，高云顺家有一个院子、6亩地、一片果树林。院子年租金5000元、土地6000元、果树2000元；他在"山里寒舍"工作，月薪不低于4000元，还管五险一金，如果经营业绩好，另有提成。妻子在"山里寒舍"的农场上班，每个月也有3000多元的收入，这样一来，高云顺一家年收入就超过了10万元。

案例启示：北京"山里寒舍"是近年来依托资源优势、大胆创新探索、带动农民增收的成功案例。时间虽短，但效果显著，其成功经验为北京市探索盘活闲置农房、发展农房资产合作社、拓展增收渠道、促进低收入农民持续增收带来有益启示。

启示一：独特环境资源是推动闲置农房合作发展的重要依托。北京"山里寒舍"选择干峪沟村作为项目发展地，主要考虑该村深处山谷、空气清新、生态环境好、风貌古朴，对北京高端消费群体具有较强的吸引力，优质的生态环境有力推动了闲置农房"变废为宝"。同时乡村的生态风貌越来越成为城里人的向往所在，城里人体验农村生活、异地养老逐渐成为近年来的一种时尚。拥有景区等生态环境优越的乡村为盘活闲置农房，发展农房合作提供了先天的优势。

启示二：选准试点村庄是闲置农房合作发展容易成功的重要方法。北京"山里寒舍"项目启动之初，选定干峪沟村这个区域小，人口少，闲置房多的村庄入手，90%以上的农民有流转农房的意愿，有效地减轻了工作难度，由村委会发起，村民以房屋、果树和土地自愿入社，干峪沟民俗旅游专业合作社很快组建成功。

启示三：解决谁来运作是事关闲置农房合作发展未来的重要选择。如何经营好农民的闲置资产事关农民的切身利益，找到一个能胜任合作社做不了、做不好的运作方至关重要。北京"山里寒舍"项目发展中，合作社主要负责房屋流转、果树流转入股等服务，装修、经营、管理由当地具有丰富营销影响力的北庄镇旅游开发有限公司负责，每年企业向社员预付全年租金，保障农民利益。市场化运作，较好地解决了闲置农房合作的发展问题。

2015年11月12日，田虎在《京华日报》发表文章，介绍了传统村落开发利用发展乡村旅游的模式，他指出，目前，在村集体土地和农民宅基地土地性质不变的前提下，北京市传统村落开发利用可归结为四种模式：

一是政府主导模式。由政府统一规划、设计、筹集建设，并由政府设立专门机构引入社会资本，采取政企合作的模式开发建设，门头沟爨底下村的升级改造及开发利用就呈现了政府主导特色。2009年，斋堂镇成立了爨柏景区管理中心，并由政府担保从银行贷款与社会资本成立爨柏景区投资运营公司，共同开发经营与管理。

该模式规划整体性强，注重传统村落开发的综合效益，开发风险较低，保护和发展可控制。配套设施齐全，管理、旅游活动质量可控，有利于打造旅游品牌，对于具有重要价值的传统村落及其旅游开发的初期能够发挥特殊作用。

二是"企业＋合作社＋农户"开发模式。该模式以村庄为单位，在农民自愿基础上按照"企业＋合作社＋农户"的运行模式，通过转让、租赁、入股、合作经营等方式，将农民闲置的房屋资产整合利用，由村集体经济组织牵头成立农宅专业合作社，村民按照闲置房屋间数、面积、新旧程度以及院落面积大小等情况入股，重点发展休闲旅游、度假养老、娱乐营地、教育基地等产业，以盘活经营现有的农村闲置房屋，促进农民当地就业，并赋予农民更多的财产权和收益权。合作社实行统一经营管理、统一结算、统一分配客源，在利益分配上采取逐年递增形式为入社的闲置农宅合作社农户分配红利和租金，密云干峪沟村的开发利用就属于这种模式。

该模式既解决了传统村落旅游开发资金短缺的问题，又解决了村民参与旅游开发不足的矛盾。

三是引入公司经营模式。该模式由村集体经济组织将农民闲置房屋整体打包进行招商引资，委托具有一定实力的企业统一经营管理，农民可选择一次性收取租金或每年收取固定收益，以及参与企业入股分红等几种形式。同时，农民还可在该企业就地就近就业，在获得财产性收入的同时，还可获得工资性收入，从而提高其综合收入，延庆岔道古城的开发利用属于这种模式。

该模式能够引入外部先进的运营开发理念，资金来源更为广泛，更加容易树立品牌。

四是村集体自行开发经营模式。该模式是由村集体成立专业合作社，通过积极争取项目、村民集资、政策扶持等途径改造农宅，依托村内自然资源自己设计、自己建设、自己经营、自己受益、自己养护。密云吉家营村、延庆柳沟等都是自行开发的典范。该模式实行垂直管理和社区控制，旅游开发经营与村民的利益直接相关，极大调动了社区居民参与的积极性。

（二）产业模式选择分析。

1.基本思路与要求。如前所述，每一种模式都有其特点、优点、缺陷及适用范围。就北京市而言，虽然各个区县经济薄弱地区在总体特征上有相似之处，但各地区间又有很大的差异。因此，现有产业模式中，每一种模式在表明其优点的同时，都显露出明显的缺陷或不足，都不能完全适应经济薄弱地区的具体情况和需要。

适应经济薄弱地区特点的产业扶贫模式，至少满足三点基本要求：一是这种模式应充分考虑北京市经济薄弱地区的实际情况，有利于发挥政府、各种中介组织以及广大低收入农户在扶贫开发中的功能作用，充分调动各方面的积极性；二是这种模式应满足北京市经济薄弱地区不同区县乡镇开展扶贫开发工作的需要，具有较强指导意义和可操作性；三是这种模式应有利于充分调动扶贫对象——低收入农户的主动性和积极性，并形成一种内在的激励机制，使其变"要我脱贫"为"我要脱贫"。

2.选择分析。

（1）对于有产业基础、有资源、有劳动力、有意愿的低收入村，可以采取直接带动扶贫模式，依托生态资源丰富，水土光温湿等条件各异、地质地貌景观资源奇特的特点，扶持北京市农村经济薄弱地区、低收入村发展主导产业。推进产品改良与产业升级，推动林果业与种植业、农产品加工业、休闲旅游业多方位融合发展。

（2）对于缺乏产业基础、无资源、有劳动力的低收入村，可以采用就业创业带动扶贫模式。统筹各类培训资源，以就业为导向，加大对低收入农户劳动力培训力度，并增强培训的针对性和有效性，确保低收入农户劳动力至少掌握一门致富技能。通过转移就业求职登记和失业登记，将有求职意愿的低收入农户劳动力纳入全市公共就业服务体系。鼓励各类企业和农业经营主体吸纳当地低收入农户劳动力就业。加大对农村新就业形态的支持。加大对低收入农户中纯农业家庭劳动力转移就业的帮扶力度。结合社会管理服务需求，大力开发公益性就业岗位，扩大托底安置就业困难人员规模。落实用人单位招用低收入农户的就业困难人员岗位补贴和社会保险补贴政策。各区可根据实际对跨区就业的低收入农户劳动力给予交通补助。扶持巧娘工作室发展，加强助残扶贫基地建设，吸纳低收入农户妇女和残疾人就业。

（3）对于有基础、有资源、缺乏劳动力的低收入村，采取资产收益扶贫模式。在不改变用途的情况下，财政资金投入设施农业、水利、乡村旅游等项目形成的资产及财政支持的经营性物业，具备条件的可折股量化给低收入村和低收入农户，尤其是丧失劳动能力的低收入农户，资产可由村集体、合作社或其他经营主体统一经营。要强化监督管理，明确资产运营方对财政资金形成资产的保值增值责任，建立健全收益分配机制，确保资产收益及时回馈低收入农户。探索低收入村闲置农宅盘活试点。鼓励各区探索其他资产收益扶持项目。

（4）对于自然环境恶劣、交通不变、资源匮乏的低收入村，采取搬迁模式帮扶发展。在搬迁之时，可与城镇建设紧密结合起来，对于搬迁村的产业进行重新布局设计，发展农产品加工、休闲农业、乡村旅游、农村服务业等劳动密集型产业，创造更多就业岗位，重塑村民的收入来源结构。如怀柔区喇叭沟门和长哨营这两个少数民族乡，2015年，实施整建制搬迁25个行政村，其中少数民族村18个。两个少数民族乡深入挖掘北京市"北极乡"及少数民族乡的生态文化优势，注重沿线景观与满族文化的品牌融合，在搬迁重建中积极融入满族文化元素，把民居建设和旅游产业紧密结合起来，使生态民俗旅游业成为搬迁村的主导产业。同时还发展林下经济、特色订单农业、观光采摘园等产业，实现了搬迁群体收入结构的多元化。

五、促进低收入村产业发展措施建议

（一）**编制产业发展规划**。调研发现，大部分村庄有产业发展意愿，也有明确的依托资源和发展目标，但是缺乏具体的规划方案，产业发展尚处于自发、盲目、无序状态。产业发展规划是低收入村产业发展的行动指南，有助于低收入村培育和壮大优势产业。因此，新一轮低收入村标准确定后，以区县为单位，按照一村一策、精准帮扶的精神，专项资金支持低收入村编制村发展规划，明确产业发展方向，打造一村一品，形成各自的优势特色主导产业，增强自身发展能力，促进农户增收。

（二）**建立低收入村产业发展专项帮扶资金**。本市70%的低收入村集中在山区或半山区，尽管拥有优良的生态环境、丰富的景观资源、各异的水土光照条件，但是地处偏远，基础设施落后，集体经济薄弱，人力资本匮乏（乡村精英流失严重），发展资金不足，仅仅依靠低收入村自身的发展能力，难以将资源特色和优势产业结合起来，形成和壮大优势产业。调查数据显示，64.1%村认为产业发展的制约因素是缺乏资金，居于首位。如，平谷区大华山镇苏子峪村出产特色的苏子峪蜜枣，多年来形成了一定的市场知名度，但是只有几百亩蜜枣，村里一直想开垦荒山扩大蜜枣种植规模，却苦于缺乏资金。实践证明，政府支持对于低收入村发展产业作用举足轻重，2015年全市用于低收入村产业发展的项目资金达9000多万元，有力地支持了低收入村产业发展。例如，房山区黄山店村是一个有代表性的产业转型低收入村，在强有力的政策支持和自身努力下，成功打造出了坡峰岭景区，该景区年接待游客15万人，门票收入达到200多万元，带动了村庄的餐饮服务业发展和农副产品的销售，促进了村民就业增收。又如，延庆县珍珠泉乡下花楼村是一个典型的山区低收入村，在政府支持下，村民依托区域自然资源特点，引进了东北榛子种植，发展特色主导产业，目前全村已种植榛子500亩，（亩）年产榛子500公斤，实现经济收入4万元，有效地促进了低收入农户增收。因此，要设立产业发展专项帮扶资金，用于增强低收入村"造血"功能，形成长期受益的产业，带动大部分农户增收。该资金支持项目所形成的资产归村集体或大多数农户所有，形成普遍受益的机制。产业帮扶资金主要用于支持符合《关于推进农村经济薄弱地区发展及低收入农户增收工作的意见》（京发〔2012〕15号）、《关于调结构转方式发展高效节水农业的意见》（京发〔2014〕16号）、《北京市农村经济薄弱地区规划（2014—2020年）》（京农函〔2014〕2号）等文件精神的产业。此外，针对无产业发展资源、无须搬迁的低收入村，利用少部分产业发展专项帮扶资金探索异地物业，帮助低收入村取得长期稳定收益。

（三）加强产业基础设施建设。调查数据显示，61.3%的村认为产业发展的主要制约因素是基础设施，而且有46.0%的村认为要实现产业发展计划则需要政府支持基础设施建设。因此，产业发展专项帮扶资金应重点支持产业基础设施建设和产业配套设施建设。缺水是山区普遍现象，水已经成为制约低收入村产业发展的关键因素。因此，产业发展帮扶资金应重点支持节水农业设施和小型农田水利设施建设。根据调研，以林果业为第一主导产业的272个低收入村中，150个村的果园水利设施需要改造，每个村需要修复和铺设新管线约50千米，合计7500千米。此外，将果园与主要连接路和浅山联络线相连的尚未硬化的道路全部硬化，方便果园日常生产管理、采摘和水果运出。据调研估算，需要硬化道路1000千米。

以种植业为第一主导产业的245个村中，重点支持100个低收入村加强节水灌溉设施建设，每个村需要修复和铺设新管线约50千米，合计5000千米。根据调研，部分低收入村田间路设施简陋，农产品运输、游客游览观光受到制约，为缓解产业发展的瓶颈因素，重点支持200个村修建田间路（路宽1.5米），每个村修建10千米，合计2000千米；重点支持100个村修建景观路（路宽1.5米），每个村修建5千米，合计长度500千米。在环境条件好、视野开阔、有发展潜力的景区建设观景平台、休闲亭廊和休息设施，重点支持20个村。

在适宜地区发展设施农业，重点支持20个村修建设施大棚和日光温室，每个村支持10个大棚1个日光温室，合计200个大棚、10个日光温室。

依托丰富的自然风光、农业景观、农业资源、农耕文化为载体，大力发展以观光、采摘、美食、体验、科普等内容的休闲农业园区。产业发展帮扶资金重点支持建设100个左右集生产、示范、科普、观光采摘于一体的休闲农业园区。

充分利用民俗村、民俗户这一重要的旅游资源，加强民俗村、民俗户建设，改善基础设施，提高服务水平，形成地方特色，带动民俗旅游业发展。产业发展帮扶资金重点支持建设50个民俗村，扶持200家民俗户发展。

（四）提升产业水平。

1.加强技术培训。调研表明，以种植业为主导产业的村将近一半将调整产业结构，而发展新产业需要新技术，加之务农劳动力年龄大、文化水平不高，要想实现低收入村产业结构调整，必须加大产业技术培训力度。此外，产业发展需要一批职业农民和农民企业家，农民的生产技能和经营管理水平不仅关系着自身增收致富，也关系着当地产业发展。调查数据显示，20.1%的村认为产业发展的制约因素是缺乏经营管理人才，而且处于第三位影响因素的首位，有24.4%的村需要培训方面的支持。因此，要尽快制订低收入农户培训规划，大力开展分主题、分层次的实用技能培训。发挥农业科研院所、技术推广服务机构、经济合作组织和农业产业化龙头企业作用，通过科技入户、集中培训、现场指导、技术服务、田间学校、农村远程教育等方式，开展农业生产技能培训。以提高科技素质、职业技能、经营能力为核心，大力开展农村实用人才培训。加快培养村干部、农民专业合作社负责人、到村任职大学生等农村发展带头人。产业发展帮扶资金重点支持村干部、大学生村官培训9000人次，特色农业技术培训20万人次，休闲农业与乡村旅游从业人员培训2.5万人次，95%以上的民俗户接受相关专业培训。

2.大力推广技术。调查数据显示，23.8%的低收入村认为产业发展的主要制约因素是产业技术落后，尤其是林果业更为突出。因此，产业发展帮扶资金重点支持推广果树矮砧密植栽培、独干树形、简化修剪、绿色控害等关键技术，通过品种换优等工程，对现有老旧果园（10万亩）逐步升级改造。11.7%的低收入村认为产业发展的主要制约因素是品种老化。因此，重点支持100个引进新品种。在土壤改良、配方施肥等方面给予支持，重点支持100个村。支持低收入村利用现有林地资源和林荫空间，适度推广林菌、林禽、林畜、林草、林药、林花、林下混养等生产技术，开展林下种植、林下养殖、林下采集等立体复合生产经营，重点支持50个村。依托特色农产品资源，适当发展特色农产品加工，进一步延伸产业链条，提高农产品附加值。重点发展板栗、磨盘柿、蜜枣等传统特色干鲜果品加工，豆类、薯类、谷物等杂粮加工，菊花、玫瑰等花卉初级、精深加工，本地黄芩、板蓝根等道地药材加工等，重点支持10个乡镇。推进农业生产经营领域信息化应用。通过信息化手段降低生产成本，提高生产效益，提升农产品附加值，保障农产品质量，打造农产品知名品牌，增加农民收入。促进农产品电子商务应用，减少流通环节及营销成本，重点支持20个村发展农产品电子商务。鼓励和支持承包土地的经营权、林地使用权通过公开市场，向集体经济组织、专业大户、家庭农场（林场）、农民合作社、农业企业等经营主体流转，发展多种形式的适度规模经营，重点支持100个村。

（五）组织化与品牌建设。产业发展壮大需要产业组织的支撑和带动。因此，产业发展帮扶资金重点支持形成优势主导产业的村建立专业合作社和区域性联合社，新成立的专业合作社给予5万元奖励；重点支持带动能力强的示范社，支持50家区县级及以上示范合作社，支持合作社修建冷库、厂房、购置设备等，促进其延长产业链，提升农产品附加值。

在农产品市场国际化、高端化、品牌化快速发展的新形势下，强化合作社品牌建设，对促进农业转变经营方式、增收方式，提升合作社经济实力和市场竞争力具有重要意义。实践证明，实施品牌化经营策略，是发展壮大农民专业合作社的重要途径。产业发展帮扶资金重点支持：（1）合作社自办加工企业创建品牌；（2）区域性合作社联合社创建品牌；（3）产业性联合社创建品牌；（4）销售型合作社联合社共创品牌；（5）产业体系联盟创建品牌；（6）"专业合作社+品牌+龙头企业"创建品牌。区县政府要积极为低收入村拓宽农产品销售渠道，积极推动农产品市场流通体系建设，解决农产品销售问题。

加强宣传推介。建设基于网络的地理信息系统，全面系统地展示规划区休闲农业与乡村旅游资源，搭建生产与消费之间的桥梁。通过微信、微博、手机APP等新技术、新媒体，策划组织实施多种营销活动。利用互联网、广播电视、报纸杂志等媒体，通过宣传片、专题报道等多种形式，进行持续统一的品牌形象传播。

（六）加强金融服务。调查数据显示，2.5%的村认为实现产业发展计划需要贷款担保和贴息方面的支持。因此，要完善帮扶贴息贷款政策，充分发挥定向费用补贴、增量奖励等政策作用，引导更多信贷资金和社会资金扶持低收入村产业发展与低收入农户劳动力就业创业。大力推进青年创业小额贷款和妇女小额担保贷款在经济薄弱乡镇开展，切实解决低收入村劳动力发展经济融资难题。推动金融机构网点向薄弱乡镇延伸，规范发展村镇银行、小额贷款公司和农村资金互助组织，缓解低收入村融资难题。改善经济薄弱乡镇支付环境，加快信用户、信用村、信用乡镇建设。市级农业担保公司逐步扩大在经济薄弱乡镇的小额涉农担保业务。进一步扩大农业保险覆盖面和保费补贴范围。贷款贴息重点支持低收入村有组织地开展闲置农民住房盘活利用试点，发展符合乡村功能定位的产业。小额担保贷款主要用于扶持农民专业合作社、种养大户，农业产业化龙头企业扶持农户发展的设施农业、生态旅游农业等具有一定规模的现代农业项目，以及政府允许发展、鼓励发展的其他产业。贷款贴息和担保费用补贴重点支持在本村从事农业生产（包括种植业、养殖业）、商业、餐饮（包括农家乐）和修理等个体经营项目的农民（包括农民专业合作社、种养大户、农业企业）。

（七）加强基层组织建设。村干部是村庄发展的领头人，实践证明，村书记的领导才能直接关系着村庄的发展和前途。调查数据显示，村书记平均年龄为51岁，47.1%的村干部高中及以下学历，还有一部分小学文化水平，任职年限平均为9年。由此可见，低收入村主要领导干部存在年龄大、文化水平不高、任职年限长的特点。此外，26.5%的村两委带领农民致富的能力一般，17.9%的村两委合作意识一般，还有2.5%的村不稳定。因此，配强村级领导班子是低收入村发展的第一要务。因此，政府部门要鼓励和选派优秀年轻干部、退伍军人、高校毕业生到低收入村工作。提高村干部基本待遇和保障水平，确保干部"工作有合理待遇、退岗有一定保障"。加大对低收入村选派"第一书记"力度，为低收入村提供智力、资金、技术、信息等方面的支持。在低收入村普遍建立驻村帮扶工作队，协助低收入村摸清底数、理清发展思路、协调帮扶资源，扎实开展工作。

附表

附表1　规划区涉及乡镇及低收入村

乡镇类型	区县名称	片区	乡镇数量	乡镇名称	低收入村数量
经济薄弱乡镇	门头沟区	太行山	3	斋堂镇	23
				雁翅镇	11
				清水镇	15
	房山区		10	佛子庄乡	16
				大安山乡	7
				霞云岭乡	13
				南窖乡	6
				韩村河镇	23
				周口店镇	19
				蒲洼乡	5
				十渡镇	11
				琉璃河镇	20
				河北镇	5
	昌平区		1	流村镇	16
	平谷区	燕山	3	熊尔寨乡	7
				大华山镇	16
				黄松峪乡	5
	怀柔区		3	九渡河镇	9
				宝山镇	12
				琉璃庙镇	8
	密云县		5	大城子镇	13
				太师屯镇	20
				不老屯镇	15
				北庄镇	6
				新城子镇	6
乡镇类型	区县名称	片区	乡镇数量	乡镇名称	低收入村数量

乡镇类型	区县名称	片区	乡镇数量	乡镇名称	低收入村数量
经济薄弱乡镇	延庆县	燕山	8	刘斌堡乡	16
				香营乡	18
				旧县镇	14
				大庄科乡	15
				康庄镇	15
				张山营镇	14
				永宁镇	7
				珍珠泉乡	5
小计			33		411
乡镇类型	区县名称	片区	乡镇数量	乡镇名称	低收入村数量
少数民族乡	怀柔区	燕山	2	长哨营满族乡	7
				喇叭沟门满族乡	4
小计			2		11
天窗乡镇	房山区	太行山	1	史家营乡	0
	平谷区	燕山	1	镇罗营镇	2
	怀柔区	燕山	1	汤河口镇	3
	密云县	燕山	1	冯家峪镇	3
	延庆县	燕山	1	千家店镇	0
小计			5	8	
总计			40		430

课题负责人：张秋锦　曹四发

课题组组长：杜力军

课题组成员：吴新生　纪绍军　陈雯卿

执笔人：纪绍军

北京市收入较低村抽样调查报告

党的十八大以来，习近平总书记多次发表重要讲话强调，"小康不小康，关键看老乡""要把脱贫攻坚作为'十三五'时期的头等大事来抓"。北京市委、市政府高度重视推进农村经济薄弱地区发展和低收入农户增收工作。促进低收入农户增收是北京市贯彻落实共享发展理念、缩小城乡收入差距、全面实现小康社会的重中之重，也是难中之难。

按照中央及北京市的要求，因地制宜地依贫困类型、原因对症下药，消除贫困是当前的重点工作之一。因此，深入调研低收入村的增收渠道是做好精准帮扶工作的重要基础。基于此，北京市农经办（农研中心）于2016年4月下旬至5月，联合北京华泰君安风险咨询公司，依托区、乡镇、村经管队伍，在全市开展了469个收入较低村的摸底调查。

调查组依据北京市农经办（农研中心）"三资"监管平台数据进行调查村抽样，按照"家庭人均可支配收入低于11160元，且本村低收入农户数量超过涉农家庭户总数的50%"的标准，初步筛选出了504个村，并结合各区、乡镇实际情况，最终确定了10个区86个乡镇的469个抽样调查村。北京市农经办（农研中心）与北京华泰君安风险咨询公司联合设计了调研问卷、方案，10个区经管部门配合开展了各村问卷调查。同时，对10个区14个乡镇28个村进行了深入走访和座谈。现将收入较低村抽样调查的情况报告如下。

一、北京市收入较低村现状及分析

（一）469个收入较低村基本情况。

1.收入较低村超60岁人口超过三成。本次抽样调查的469个收入较低村涉及总户数15.9万户，人口37.4万人。其中，低收入农户数8.0万户，占总户数15.9万户的比例为50.3%；低收入人口19.4万人，占总人口37.4万人的51.9%。

在抽样调查的19.4万低收入人口中，年龄在18岁以下的约为2.3万人，占12%；年龄在19—40岁的约为4.7万人，占24%；年龄在41—59岁的约为6.3万人，占33%；年龄在60岁以上的近6万人，占31%。

表1　北京市抽样调查469个收入较低村主要基础数据汇总表

抽样调查村数（个）	总户数（户）	总人数（人）	低收入户数（户）	低收入人数（人）	低收入户占比（%）	低收入户人均可支配收入（元）	农民人均所得（元）
469	159147	374320	79813	193582	50	8958.30	13093.47

注：上表中的农民人均所得为469个收入较低村的全村收入平均水平（包含低收入户和非低收入户）。数据来源：2016年北京市收入较低村联合抽样调查。

2.低收入村五成以上处于远郊和山区。在469个收入较低村中55%以上地处山区，近30%在平原，15%在浅山区或半山区。具体来看，山区村261个，占调查村数的55.7%；浅山区或半山区村68个，占调查村数的14.5%；平原村140个，占调查村数的29.9%。在469个收入较低村中，近四成村的公交车每日通行5趟以下，多数分布在房山区、密云区和平谷区。

在调查村中，含泥石流危险区157个村，占调查村数的33.5%，全部在山区村或浅山区内，多数集中在房山区、密云区。有搬迁计划的村15个，其中，密云区4个、怀柔区2个、房山区2个、昌平区2个和门头沟区5个。有撤并计划的村1个，为怀柔区汤河口镇大栅子村，其他468个村均未填报撤并计划，但不排除各乡镇目前或未来有撤并规划。

3.低收入农户的收入选项近三成来自于政府补贴。469个收入较低村收入来源选项中，村民主要收入来源选项占比位居前4项的为：政府补贴，占26%；粮食种植一产收入，占18%；外出务工等劳务输出的工资收入，占16%；果品种植收入，占16%。

（二）469个收入较低村的资源情况。

1.土地资源情况。土地资源主要指调查村现有的可利用土地资源，包括耕地、果园地、种养殖水面、可利用建设用地，以及设施农业五类。

表2　抽样调查469个收入较低村现有土地资源及人均占有量

土地性质	数量（亩）	占比（%）	人均占有量（亩）	户均占有量（亩）
耕地	364548.4	43	0.97	2.29
果园地	332797.4	39	0.89	2.09
种养殖水面	80665.18	10	0.22	0.51
可利用建设用地	67304.59	8	0.18	0.42
总计	845315.6	100	2.26	5.31

数据来源：2016年北京市收入较低村联合抽样调查。

本次抽样调查范围内的37.4万总人口人均占有耕地仅0.97亩，户均占有耕地约为2.29亩。四项土地资源总数的人均占有量为2.26亩，户均占有量为5.31亩。

2.可流转资产情况。在469个收入较低村中，有200个村有可流转的资产，占42.6%。可流转的资产分为5大类：农用地及未利用地共34.9万亩；林木所有权13.9万亩、林木使用权10.5万亩、林地使用权18.3万亩；实物资产包括房地产、机械设备、机动车、其他运输工具4

类；涉农股权1个村875股；涉农知识产权1项。

3.有特色旅游资源的村超过四成。在469个调查村中，有特色旅游资源的村190个，占40.5%。其中，有旅游景观资源的村69个，占36%；有遗址资源的村51个，占27%。

4.农副产品资源情况。在469个调查村中，103个村有干鲜果品资源（如樱桃、黑枸杞、东北大榛子、大桃等），17个村有蔬菜种植资源（如有机蔬菜、蘑菇等），124个村有禽畜养殖资源（如蜜蜂、杜泊绵羊、柴鸡、奶牛等），28个村有特色种植资源（如药材、食用百合、玫瑰花等）。

（三）469个收入较低村自身发展设想。

1.计划发展项目。469个收入较低村计划发展的种植业项目涉及250个村的258个项目；养殖业项目涉及130个村的134个项目；旅游及相关产业项目涉及166个村的172个项目；整合资源的项目涉及78个村的78个项目；利用闲置资产涉及52个村的52个项目；农产品销售项目涉及116个村的126个项目；泥石流搬迁或整村改造13个村、增加土地租金1个村、基础设施改造3个村、闲置建设用地出租2个村。

2.低收入户增收方式设想。从低收入村低收入农户增收的途径来看，90%左右的村选择了转移就业和增加村内公益性岗位；超过50%的低收入村选择了增加农产品销售收入；33%的村选择了通过资产出租或转让的财产经营增加收入；25%的村选择了发展村集体经济，通过村集体入股分红增加低收入农户收入（表3）。

表3 未来可使低收入户收入增加的方式

未来可使低收入户收入增加的方式	村数（个）
外出务工	427
增加本村内的公益性岗位	407
增加产品销售收入	251
其他收入	194
资产出租或转让的租金收入	157
村集体入股分红	117

数据来源：2016年北京市收入较低村联合抽样调查。

3.集体未来增收项目。在469个村中，村集体有未来增收项目的村共336个。

（四）469个收入较低村与293个低收入农户占比超过50%的村的比较分析。

在抽样调查的469个收入较低村中，低收入农户占比超过50%的村有293个。为了更加契合全市低收入村确定的标准，本报告在对469个村情况进行分析的基础上，也将293个村的情况与之进行对比分析。

293个收入较低村的总户数共8.3万户，总人口21万人；低收入农户共5.3万户，低收入农户的人口为13.4万人，占比达到63.8%。

低收入人口年龄结构：293个收入较低村低收入人口年龄结构与抽样调查469个收入较

低村情况相似，各年龄段的占比情况并未发生太大的变化。低收入年龄段占比最大的仍然是41—59岁，占比第二的是60岁以上的低收入人口，老龄化问题依然较严重。

低收入农户人均可支配收入：293个收入较低村的低收入户人均可支配收入为8476.66元，比469个村的人均可支配收入低了482元。

农民人均所得：293个收入较低村的农民人均所得为11786.05元，比469个收入较低村的农民人均所得平均值低1307.4元，低了10%。

主要收入来源：从抽样调查469个收入较低村与293个收入较低村主要收入来源比较看，469个收入较低村中主要收入来源选项占比居前三位的是：政府补贴、粮食种植以及劳务输出，而293个收入较低村的主要收入来源选项占比排名前三位的是政府补贴、劳务输出以及粮食种植。

主要土地资源：469个收入较低村的主要土地资源中耕地面积最大，其次是果园地，第三是种植、养殖水面面积，最后为可利用建设用地。而293个收入较低村的主要土地资源中果园地面积最大，其次是耕地面积，第三为可利用建设用地，最后为种植、养殖水面。

二、北京市低收入村产生的主要原因

调研发现，北京市低收入村产生的原因主要有五个。

（一）缺乏区位优势、资源匮乏。 北京市的山区尤其是深山区村，由于地理位置偏僻、交通条件欠发达、少数地区可利用资源匮乏等一系列原因，导致此类区域自身发展速度较慢、发展渠道狭窄。

1.地理位置偏僻。山区分布的数量多：本次抽样调查的469个收入较低村中，山区村共261个。主要分布在房山区和密云区。通州区、大兴区、顺义区在本次抽样调查中不涉及山区村。

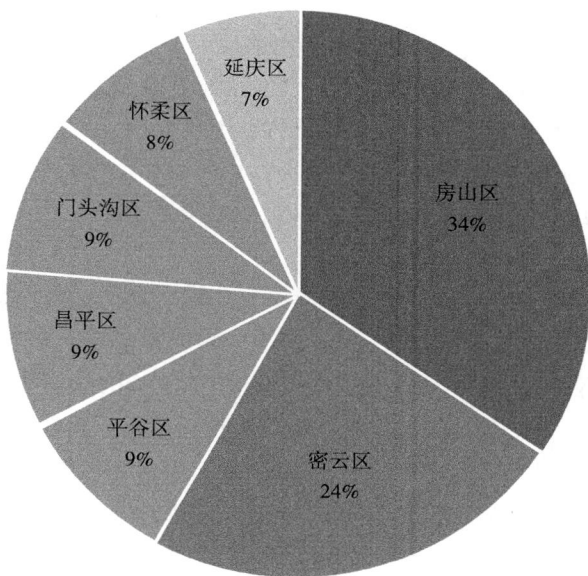

图1 抽样调查261个山区村分布

数据来源：2016年北京市收入较低村联合抽样调查

山区村地理位置偏僻：469个收入较低村，各村与所属区政府所在地距离50公里以上的村共106个，其中有98个村为山区村，另外8个为浅山区村。

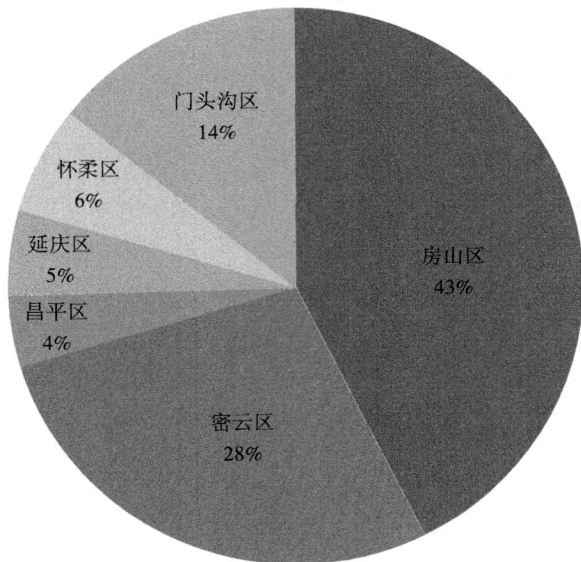

图2　抽样调查98个地理位置偏僻山区村分布
数据来源：2016年北京市收入较低村联合抽样调查

山区村中地理位置偏僻的村较多，且均分布在生态涵养区内，主要分布在房山区和密云区。

2.可利用资源匮乏。部分收入较低村资源匮乏，缺乏可利用的土地资源及旅游资源。当地资源匮乏限制村集体经济发展，低收入农户缺乏增收发展渠道。

缺乏耕地资源：469个收入较低村的37.43万总人口人均占有耕地约0.97亩，15.9万总户数户均占有耕地约为2.29亩。耕地资源匮乏，人均耕地偏少是收入较低村形成的原因之一。

水资源匮乏：469个收入较低村有47.5%的村土地灌溉面积不足30%，灌溉条件较差。水资源匮乏也是导致收入较低村形成的原因之一。

（二）产品销售渠道单一。传统农业产品的销售渠道陈旧，与直接对接高端市场的农产品相比缺乏市场竞争力，销售价格偏低，农户收入水平很难提高。

1.低收入户主要收入仍来自传统农业。在收入选项中，469个收入较低村除政府"补贴收入"之外，"粮食种植"和"果品种植"收入选项排位居前，由此可见农民收入来源仍以传统农业收入为主。

2.传统农业销售模式效益低。部分低收入村出产优质特色农产品，但未与北京高端市场对接，多数农产品仍向低端市场销售，销售渠道陈旧，大部分农产品都是通过商贩收购或由农户个体零散售卖等。此类传统销售方式不仅效益较低，农产品还可能遭受外地同类型产品的冲击，面临滞销的风险，导致价格低廉或销售囤积，使农户利益受损。

（三）**缺乏人力资源**。低收入村普遍面临人口老龄化问题。由于村集体经济薄弱，无主导产业，村民依靠传统种植养殖业作为收入主要来源。村内的劳动力多数以中老年人为主，青壮年村民多数选择外出务工，人力资源稀缺，导致村集体经济发展薄弱，目前急需有能力、会管理的人才。

1.低收入村人口老龄化严重。国际上通常认为，一个国家或地区60岁以上人口占总人口的10%，意味着该国家或地区的人口处于老龄化社会。

本次抽样调查的数据显示：低收入人口年龄在41—59岁人口占比最高，达到33%，其次为年龄在60岁以上的低收入人口，占比达到31%。低收入人群主要由中年人及老年人构成，面临人口老龄化问题。

2.低收入村人才资源匮乏。人才资源匮乏也是制约低收入村集体经济发展的因素之一。由于目前常住村内的中老年村民受教育程度不高、思维理念固化等因素限制，导致村中仍以传统农业经营方式为主，而且大部分村民缺乏全局意识和长远利益的考虑。

中青年劳动力出村谋求发展机会，致使低收入村缺乏懂现代化农业技术和经营管理的人才。有些村有较丰富的自然资源和旅游资源，但缺少能够整合资源、提供发展设想的相关人才，导致现有可利用资源闲置浪费。

（四）**集体经济薄弱**。低收入村形成的共同特点是集体经济薄弱，大部分低收入村缺乏集体资源、集体产业，导致集体经济组织不能发挥带动低收入农户增收的作用，农户无法从集体经济收入中得到分红收益。深入座谈的28个村中只有门头沟区妙峰山镇的大沟村、平谷区山东庄镇的北寺村、通州区永乐店镇的新西庄村、昌平区流村镇的老峪沟村、昌平区流村镇的马刨泉村、房山区石楼镇二站村，以及房山区韩村河镇龙门口村有较少的或曾经有集体经济收入。

村集体经济薄弱致使多数收入较低村集体经济原始积累少，资金来源渠道单一，收入主要依靠财政补贴，村集体经济收入微乎其微。村集体经济的薄弱，弱化了村集体经济的组织功能。

（五）**受生态涵养区保护政策影响**。目前北京市共有5个生态涵养区，包括平谷区、怀柔区、密云区、延庆区、门头沟区。除此之外，房山区、昌平区的部分地区也受生态涵养区相关政策管控。

1.受生态涵养区产业政策影响。近年来，受首都非核心功能疏解、生态保护的影响，低产高耗能产业政策性退出，房山区的建材行业、煤矿产业，平谷区的采矿业，以及门头沟区的采煤业等相继叫停。

位于生态涵养区内的村民，处于本村旧产业体系已被淘汰、新的生态产业体系尚未建立完善的空窗期，从而导致整村经济收入相比其他地区出现落差，村民收入水平偏低。

2.受生态涵养区水源保护政策影响。市政府对水库区域保护制定了相应管理政策，密云、怀柔水库周边的村落经济发展也受相关影响，当地村民自身发展空间有限，间接导致本村劳动力外流，经济发展渠道狭窄。

三、增收方式分析及扶持资金使用建议

（一）收入较低村发展增收方式分析。

1.发展集体经济模式。村集体经济薄弱已成为低收入村的共同特点，各村虽集体经济薄弱的原因不同，但集体经济组织不能发挥带动低收入农户增收的作用，是形成低收入的主要原因之一。大部分低收入村缺乏集体资源、集体产业，虽然目前部分低收入村有各类农业专业合作社，但难以覆盖村内所有的农户及低收入户。在发展集体经济中，培育适合市场经济新型的经营主体，建立符合市场经济要求的农村集体经济运营新机制非常必要，探索赋予农民更多财产权利，明晰产权归属，激活农村各类生产要素，应是解决收入较低村增收方式的重点。

从调查情况来看，区、乡镇及村相关的干部都有发展集体经济的迫切愿望。发展集体经济既符合中央及北京市相关政策精神，也符合贫困村的实际发展的需求。因此，乡村集体经济组织是低收入村可持续发展、带动低收入农户持续增收的最适合的主体，也是实现财政帮扶资金造血功能的核心主体。

2.政策导向支持。政策导向是农村要素市场化受影响的方面之一。虽然我国历年出台了一系列农业相关政策，对农村的经济发展起到了巨大的推进作用，但有些政策对应当前农村市场化发展，还有待调整或补充。

完善农村市场机制。农村要素市场化受到较强制度和政策约束，农户拥有的房屋、土地等资源目前不能进入市场，农村资本市场发育不成熟，社会资本进入农村存在一定的风险。完善农村土地管理以及农村宅基地等制度，发挥政府在低收入农户增收工作中的主导作用，推动农村资本市场的发展是目前政策应关注的重点。

明确集体经济组织的主体功能。由于村集体经济组织长久以来缺乏市场运行的合法市场主体地位，如要发展集体经济组织，势必要解决集体经济组织的法律主体地位。

政策实施短期与长期相结合。对于因政策原因导致形成的低收入村，在旧的产业关闭而新的产业尚未形成的空窗期，要有针对性地给予一定时间的短期政策支持，使短期政策和长期政策相结合，促进低收入村经济的发展。各项惠民政策、项目和工程，要最大限度地向低收入村和低收入农户倾斜。

创新农村金融服务。积极开辟新的农村金融服务模式和资金渠道，确保财政资金投入与低收入农户增收相适应。充分挖掘财力、物力、人力潜能，提升"造血"功能，如对符合条件的低收入村项目和低收入农户创业提供小额贷款及政府贴息等。

整合扶持资金。建立健全帮扶工作多规划衔接、多部门协调的长效机制，整合目标相近、方向类同的扶持资金，提高资金使用效益。

3.拓宽产品销售渠道。转变传统销售渠道，促进农产品市场化对低收入户增收具有重要意义。

搭建公平贸易平台。低收入村农产品统一标识，以产业扶持促进低收入村自身发展，以集体经济成长带动低收入农户增收。运用"互联网+"和大数据等信息化手段，搭建生产管理、产品追溯、产销对接、终端配送和政府扶贫的"消费帮扶"平台。通过这个平台，实现农产

品销售渠道建设，达到精准帮扶的目的。

建立市级农产品网络销售平台。推广产销直对的农产品网络销售平台，缩短农产品流通链条，打造北京市名优特农产品的专供渠道，增加低收入村农户在农产品流通价值链中的收益。

提升农产品实体销售平台。推动大型国有企业采购模式转变，学习借鉴麦德龙股份公司生鲜农产品采购模式，从源头上培训生产者，使其所生产的农产品达到安全标准后，实行订单采购。

加强农产品加工和仓储能力。扶持现有大型农业企业，建立农产品加工生产线及仓储设备，促进农产品的订单生产。

提高基层主管部门的重视程度。将帮助低收入村拓宽农产品销售渠道纳入政绩考核内容。

4.资源整合，培育新兴产业。目前低收入村中大部分土地已经流转，这为农村发展规模经营、加快农业现代化进程提供了有利条件。

进一步充分利用整合低收入村的优势资源，做优做强新型农业产业，推动低收入村经济快速发展，带动广大农民依托新型农业产业致富。农业产业发展需利用整合优势资源，走上现代化、标准化、生态化的发展之路。目前低收入村仍有许多闲置资源有待整合利用，如土地资源整合、闲置农宅集约利用、涉农股权整合等。

5.加强企业与低收入村联系。广泛动员社会力量，合力推进帮扶工作。健全国有企业定点帮扶机制，鼓励有条件的市属国有企业定点帮扶，包括经营方向及资金支持。鼓励支持民营企业、社会组织、志愿者及其他个人参与帮扶。通过政府购买服务等方式，鼓励各类社会组织开展到村到户的精准帮扶。

鼓励有条件的国有企业与低收入村的集体经济组织合作，充分发挥企业的带动作用，进一步强化集体经济与低收入农户的利益联结机制。通过企业与低收入村的对接，将低收入群体带入经济发展模式内，以村集体统一管理、分红的方式带来低收入户的增收。

同时，针对国有企业建立帮扶考核评价机制，建立督查、通报和资金管理及第三方监管制度，将低收入村增收工作落实情况作为党政一把手绩效考核的内容之一。

另外，适当给予帮扶企业在税收、政策等方面的倾斜，制定激励措施。对于参与收入较低村帮扶的企业优先安排扶持项目，优先安排贴息贷款，优先享受产业扶持政策等，根据扶持力度及帮扶效果进行表彰奖励。

6.增加工资性收入。通过集体经济的发展，增加农村产业就业的机会，为低收入农户劳动力提供就业岗位，鼓励支持低收入农户自主创业。加大对低收入农户劳动力培训力度，并增强培训的针对性和有效性，确保低收入农户劳动力至少掌握一门劳动技能。鼓励各类企业和农业经营主体吸纳当地低收入农户劳动力就业。适当增加绿色生态建设和公共管理等公益性就业岗位，并优先录用低收入农户劳动力。

（二）对低收入村帮扶的政策建议。2016年4月，《国务院办公厅关于支持贫困县开展统筹整合使用财政涉农资金试点的意见》（国办发〔2016〕22号）中提出：要将扶持资金的使用和脱贫绩效紧密挂钩，实施严格监管，以确保资金使用精准到位。根据国家及北京市相关政策规定，结合此次涉及10个区86个乡镇469个收入较低村实地调研情况，对北京市扶持低收入村的财政政策提出以下建议。

1. 设立专项"造血"帮扶资金。传统的输血式帮扶模式可以解决低收入农户当期的困难，但不能培育低收入村可持续增收能力。为解决低收入村长期的发展问题，培育可持续增收能力，政府每年安排一定的专项资金，进行"造血"性帮扶，使低收入村集体经济得以发展，从而提高低收入农户的增收能力，最终达到告别低收入这一核心目标。

2. 财政帮扶资金的使用原则。

（1）发展集体经济的原则。乡村集体经济是社会主义公有制在农村地区的主要实现形式。目前，北京市农村集体产权制度改革取得了阶段性成果，至2014年底，全市97%的村完成集体经济产权制度改革，为带动村集体成员共同致富提供了制度保障。北京市乡村集体产权制度改革后，确立了产权清晰、责权明确的新型集体经济组织，包括低收入户在内的集体成员，确定了村集体经济组织成员收益分配机制。众多乡村集体经济发展较好的实践表明，村集体经济强则村民富。

此次帮扶资金的使用应以项目运营为主要方式，以村集体经济为依托，使村集体经济组织成为低收入村"造血"功能的经营主体。

（2）可持续发展原则。扶持资金的使用要坚持可持续发展的原则，要以供给侧结构性改革为引领，坚持绿色、低碳、循环、可持续发展的原则；要依托本村资源优势，选择发展符合本地区产业功能定位，特别是具有较显著的新技术、新产业、新业态特征的项目。

注重集体经济可持续发展，运营项目要注重短期效益和长期规划的关系，不能形成一次性工程，明确短期经营目标和最终经营结果，使扶持资金的使用真正落到实处，达到预期效果。

（3）公平普惠原则。帮扶资金的使用应以村集体经济组织为依托，惠及低收入村村民，特别是低收入户，不能催化个体进一步扩大贫富差距。

明确扶持资金运行机制和收益分配机制，促进集体资产分红，发挥集体经济产权制度的普惠优势，巩固农村集体经济产权改革成果。

扶持资金项目进行立项、实施，管理要实行政务公开、民主决策、民主监督。

3. 制订切实可行的方案。在依据以上扶持资金使用原则的前提下，低收入村是项目方案制订的主体。在制订项目方案时，要确保项目方案在定位、目标、运行、资金预算等方面都具有可操作性并符合实际。

（1）符合当地发展规划、符合北京市产业发展政策。当前，首都经济发展面临新形势，在京津冀协同发展战略和疏解非首都功能的大背景下，各村在新选项目上，必须符合本地发展规划和北京市产业发展定位，优先考虑发展生态绿色、空间节约的经营项目。

（2）利用当地优势资源。项目选择要注重与当地的优势资源相结合，充分挖掘和整合低收入村内耕地资源、集体经营性建设用地、闲置农村住房、乡村旅游资源、生态环境资源等优势资源，充分利用好现有山区特色资源，发展沟域经济、乡村休闲观光旅游，拓宽农产品销售渠道等，推动一、二、三产业融合发展，实现农民土地财产权利及收益。

（3）明确实施过程及效果。在项目方案中，明确项目实施后带动本村经济发展的预期目标及项目收益的分配方案；明确项目实施当年、项目实施过程中及项目结束的最终结果，明确项目实施每个阶段预计产生的经济效益及如何惠及村民特别是低收入户。

项目实施方须在项目执行年度出具阶段性汇报方案，包括项目进程、资金使用及实施效果等内容。

（4）项目资金预算要符合实际。项目内容需真实、可行，资金预算要客观、合理，资金使用需与项目实际进程相匹配，项目造价符合相应的政府采购标准规范，相关部门需在充分抽样调查的基础上论证项目的可行性研究报告。

（5）引入社会资源。以合作发展的方式，引入社会资本。推动以培育本村集体经济发展为基础的村级合作经济模式，探索用股份合作的方式引入国有企业和社会资本，提升本村经济的内生发展动力。引入社会智力资本，依托首都丰富的科技资源优势，加强与科研院所、高校的合作，实现科学致富。

4.项目申报及评审。帮扶资金的使用采用项目申报方式。申报程序：一是由低收入村自行申报项目。二是由乡镇、区逐级审核。三是由市财政及相关主管部门，组织第三方专业机构或相关专家进行评审。评审通过的项目方能获得相关资金。

5.加强项目资金的监管。

（1）明确监管的主体责任。明确各级扶贫相关部门监管主体责任，创新资金管理机制，明确职能分工，确保扶持资金安全、规范、有效使用，并将以上管理纳入绩效考评范围。

（2）建立健全管理制度。各级扶贫部门要指导各村集体经济组织建立健全管理制度，完善资金监督评价体系，明确资产运营方对扶贫资金形成资产的保值增值责任，强化资金使用的绩效管理，提升项目管理水平，使项目收益及时回馈低收入户，确保扶持资金的合理使用。

（3）定期检查与抽查相结合。北京市财政局、北京市农委等相关部门根据项目的运行情况不定期对大型项目、有代表性的项目以及群众反映比较强烈的项目随时进行抽查，发现问题及时解决。

年度末通过政府购买第三方服务的方式，对项目实施的进度进行监控、对实施结果进行评估，并对项目运营过程中出现的问题提供咨询服务；对使用专项帮扶资金的项目进行跟踪审计。通过以上方式，为政府决策提供依据，以保障项目方案的落地并达到预期目标，确保项目资金精准落实，提高资金使用的规范性和效率。

对于未达到预期目标的项目需及时整改并提供整改方案，如整改后仍未达到预期计划的将暂停后续支持资金，直至项目整改完毕，项目阶段执行结果与今后项目预算安排直接挂钩，使财政资金的使用与脱贫成效紧密结合。

课题组组长：郭光磊

课题组成员：张秋锦　张英洪　张文华　路世谊　戚景然　高海风
李　理　王丽红　阎建苹　李欣阳　常晓雪　张　宇
执笔人：常晓雪　李欣阳　王丽红

北京市农村集体经济审计体制机制创新研究

第一部分　审计体制机制创新的重要性

一、现有农村审计体制机制不健全，审计工作亟须创新

（一）2015年审计年查出的问题表明了农村审计工作的重要性。在"村级组织正常运转专项补助资金管理使用情况"审计中，发现个别村在专项资金的使用和管理方面不规范，存在大额现金结算、支出票据不规范、不能做到一事一审批、库存现金过大、购置固定资产列入费用等现象。

在"农村集体经济组织征地补偿费管理使用情况"审计中，1394个被审计单位中，有505家单位未按规定设置专门的征地补偿费账册或账页；部分单位会计核算不规范，涉及金额20.39亿元；部分单位资金使用未严格履行相关程序，涉及金额26.29亿元；少数单位资金使用不合规，存在资金到位后被挪用、发放干部报酬、超标准发放人员生活性补助等问题，涉及金额941.95万元；少数单位存在征地补偿协议不规范、征地补偿费未及时到位、征地补偿费收益低等问题。

在"会计委托代理机构资金监管情况"审计中，165个村未以村为单位单独开设银行账户，93个村未实行银行预留印鉴分级管理，36.5%的村开设了网银功能，但未设置必要的控制环节；个别乡镇没有合理设置财务人员岗位，会计、出纳一人兼；部分委托代理机构审核把关不严，导致大额现金支付、白条抵库、不合规票据入账等问题屡禁不止，财务公开不及时、会计凭证不规范、报账不及时、程序不规范等问题没有及时进行指导纠正；少数被审计单位资金监管制度不健全，特别是大多数单位职务消费定额管理制度尚未建立，对已经建立的备用金、招投标管理、财务开支审批等制度执行不严格。

在"村干部任期和离任经济责任"审计中，财务管理不规范，存在白条抵库、坐收坐支现金、不合规票据入账、库存现金余额过大、超结算起点的大额现金支出、违规列支费用或费用列支依据不充分、债权债务清理不及时、非生产性开支较大、未履行招投标程序等问题；经济合同管理不规范，在合同签订、备案和兑现环节存在不规范现象；固定资产管

理不规范，未定期进行固定资产盘点清查，损毁、报废或遗失的固定资产长期挂账，不计提折旧，在建工程结转不及时；民主程序履行不到位，重大事项未履行"三重一大"审批程序。

（二）"小官巨贪"的问题表明现有农村审计体制机制还不健全。 海淀区西北旺镇皇后店村会计陈万寿，利用管理本村征地补偿款的便利，在8年时间里将总计1.12亿补偿款私自借给商人李化玉用于投资搞项目。但李化玉的投资经营最终失败，无法偿还这笔巨款。

2009年6月，朝阳区孙河乡原党委书记纪海义在未经招投标、也未经集体研究的情况下，纪海义拍板将孙河乡康营家园三期82万平方米的建设工程承包给了葛某所在的公司。几年间葛某所在公司在孙河乡承包工程总金额超过30亿元，这都离不开纪海义的操纵，从2007年到2011年，葛某向纪海义行贿数千万元。

顺义区李桥镇原党委书记李丙春从2005年到2010年累计挪用公款达1.78亿元，自己获利近千万元。

（三）农村审计体制机制亟须创新。 从2015年审计年发现了这么多问题来看，审计不是可有可无的，只靠会计委托代理及乡镇一级会计和审批控制是远远不够的，必须启动审计这道控制手段，揭露会计和财务管理中存在的问题，进一步保障农村集体经济"三资"的安全和完整，保证农村集体经济健康有序的发展。然而，在进行了审计后，却还发生了"小官巨贪"的案件，这一方面反映出农村集体财务风险急剧上升，另一方面也反映出北京市农村集体经济审计体制和机制存在缺陷，审计质量有待提高。因此，现阶段进行农村审计体制机制创新是十分重要的。

二、各级政府对审计工作的重视要求农村审计进行改革创新

（一）中央重视反腐工作为完善农村审计工作创造了前所未有的契机。 党的十八大以来，以习近平同志为核心的党中央更加重视反腐倡廉建设，在认识上将反腐败斗争提高到事关"亡党亡国"的高度，强调要继续坚持中国特色反腐倡廉道路，坚持标本兼治、综合治理、惩防并举、注重预防方针，全面推进惩治和预防腐败体系建设。习近平总书记发表一系列重要讲话强调，要以猛药去疴、重典治乱的决心，以刮骨疗毒、壮士断腕的勇气，将党风廉政建设和反腐败斗争进行下去。同时，要加强对权力运行的制约和监督，把权力关进制度的笼子里，形成不敢腐的惩戒机制、不能腐的防范机制、不易腐的保障机制。要坚持"老虎""苍蝇"一起打，既坚决查处领导干部违纪违法案件，又切实解决发生在群众身边的不正之风和腐败问题。

目前，巡视宝剑已经指向基层，也包括农村基层。放眼全国各地，瞄准群众身边的腐败问题，已成为各级纪委工作的重点。在广西壮族自治区，自2015年9月查处侵害群众利益的不正之风和腐败问题专项工作启动以来，不断取得进展。截至2016年2月底，全区共初核侵害群众利益的不正之风和腐败问题7649件，立案4178件，给予党纪政纪处分2495人，诫勉谈话、组织处理874人，移送司法机关282人。在贵州省，围绕脱贫攻坚硬仗，对农危改补助资金管理使用中的不正之风和腐败问题进行了集中查处整治。目前该省纪检监察机关共立案

1190件，党纪政纪处分1095人，移送司法机关60人，涉案金额2560.84万元。在四川省，纪委宣布今年将重拳整治十大侵害群众利益的不正之风和腐败问题。据统计，2015年该省各级纪检监察机关共查处土地征收、拆迁安置、扶贫低保等领域的案件13106件，处分13651人。在陕西省，2015年查处侵害群众利益的不正之风和腐败问题3711件，党纪政纪处分4082人，移交司法213人，2320名村党支部书记、村委会主任受到查处。其中，该省乡镇纪委查处问题3060起，比上年增加151.2%。一批"苍蝇""蛀虫"受到严肃惩处，赢得了基层群众和社会各界的广泛认同。

全国"两会"期间，中纪委释放了2016年反腐的三大信号：1.反腐没有暂停键，要持续形成压倒性态势；2.对各部门各地区实行全覆盖，巡视工作要"杀个回马枪"，对巡视整改落实的情况"回头看"；3.重点解决群众身边反腐问题，避免"上面九级风，下面纹丝不动"。

（二）各级政府相关文件的要求成为审计体制机制改革动力和压力。农业部、民政部、财政部、审计署在2003年颁布的《关于推动农村集体财务管理和监督经常化规范化制度化的意见》中指出，农业和农村经济发展进入新阶段后，农村集体财务管理面临一些新情况和新问题，合乡并村过程中平调集体资产、乱批乱占集体土地、不良债务蔓延、集体企业改制中股权混乱等现象时有发生，农民群众反应强烈。为切实解决这些新问题，理顺农村集体资产产权关系，维护农村集体经济组织及其成员的利益，发挥农村集体经济在全面建设小康社会中的作用，必须加强对农村集体财务的管理和监督，推动农村集体财务管理和监督向经常化、规范化、制度化发展。

在切实加强对农村集体财务的审计监督方面，文件规定，要建立并完善农村集体财务审计监督制度。这是农业行政主管部门的重要职责，各级农村经营管理部门要采取得力措施，组织好对农村集体财务的审计监督工作。当前要结合财务公开工作，对集体土地征用、集体企业改制等突出问题，组织专项审计，并将审计结果及时向群众公布；结合农村税费改革试点工作，组织村范围内的"一事一议"筹资筹劳审计；结合村干部换届，组织对村干部的任期和离任审计。审计内容主要包括集体资产的管理使用、财务收支、生产经营和建设项目的发包管理、集体的债权债务等，以及群众要求审计的其他事项。

农村经营管理部门在审计中查出被侵占的集体资产和资金，要责成责任人将侵占的集体资产和资金如数退还给集体；涉及国家工作人员及村干部违法乱纪的，要提出处理意见，移交纪检监察部门处理；对于情节严重、构成犯罪的，移交司法机关依法追究当事人的刑事责任。同时，财政、审计、民政等部门要按照职责分工支持、指导对农村集体财务的监督、审计工作。

农业部2009年发布的《关于中央和国家机关贯彻落实2009年反腐倡廉工作任务的分工意见》中指出，要加强农村集体资金、资产、资源的管理和审计工作，主要措施包括：1.建立健全农村集体资金、资产、资源管理制度。具体包括：财务收入管理，财务开支审批，财务预决算，资金管理岗位责任，财务公开，资产清查，资产台账，资产评估，资产承包、租赁、出让，资产经营，资源登记簿，公开协商和招标投标，资源承包、租赁合同管理，集体建设用地收益专项管理等十四项管理制度。2.指导各地推进集体资金、资产、资源相关制度的落实，加大检查督促力度。3.强化农村集体资金、资产、资源管理的审计监督。对集体经济组织财务预算和决算、资金的使用和收益分配进行定期审计，对农民群众反映强烈的集体资金、资产、资源问题进行重点审计，对集体资产和资源的运营进行专项审计。

北京市农村工作委员会2002年颁布的《北京市关于进一步加强农村集体经济审计工作的意见》中对加强本市农村集体经济审计工作提出如下意见：1.要强化农村集体资产和村级财务审计工作；2.要依法切实搞好农民负担专项审计工作；3.要积极开展农村干部任期经济责任审计工作；4.要加强对农村集体经济审计工作的领导。

中共北京市委、北京市人民政府2003年颁布的《北京市关于进一步深化乡村集体经济体制改革加强集体资产管理的通知》中提出，要加强基础制度建设，推进乡村集体资产管理规范化，具体包括：1.健全乡村集体资产的财务管理、会计核算和实物登记制度；2.建立乡村集体资产的评估制度；3.完善乡村集体经济组织的民主理财制度；4.建立乡村集体经济组织干部经济责任审计制度。

中共中央办公厅、国务院办公厅2004年《关于健全和完善村务公开和民主管理制度的意见》（中办发〔2004〕17号）中提出要加强对农村集体财务的审计监督。县、乡两级农村集体资产和财务管理指导部门，要切实组织好对农村集体财务的审计监督工作。审计内容主要包括：集体资产的管理使用、财务预决算、财务收支、生产经营和建设项目的发包管理、集体的债权债务、上级划拨或接受社会捐赠的资金、物资使用等情况，以及群众要求审计的其他事项。村干部任期届满或离任时必须审计。在审计中查出侵占集体资产和资金、多吃多占、铺张浪费的，要责令其如数退赔；涉及国家工作人员及村干部违法违纪，需要给予党纪政纪处分的，移交纪检监察机关处理；构成犯罪的，移交司法机关依法追究当事人的法律责任。农村集体经济组织、村民小组、农（畜）产品行业协会和农民专业合作组织所有的资产，也要实行财务公开，加强管理与监督。

农业部经管司2009年发布的《农业部关于进一步加强农村集体资金资产资源管理指导的意见》（农经发〔2009〕4号）中提出，各级农村经营管理部门要强化审计监督。对集体经济组织财务预算和决算、资金的使用和收益分配进行定期审计，对农民群众反映强烈的集体资金、资产、资源问题进行重点审计，对集体资产和资源的运营进行专项审计。要建立健全责任追究制度，对审计查出侵占集体资金和资产问题的，应当责成责任人将侵占的集体资金和资产如数退还集体经济组织；构成违纪的，移交纪检监察部门处理；构成犯罪的，依法移送司法机关追究刑事责任。

国务院2014年发布的《国务院关于加强审计工作的意见》（国发〔2014〕48号）中强调了审计工作的重要性，文件指出：审计具有促进国家重大决策部署落实的保障作用，可以推动政策措施贯彻落实，促进公共资金高效安全使用，维护国家经济安全，促进改善民生和生态文明建设，推动深化改革；审计具有监督作用，可以促进依法行政、依法办事，推进廉政建设，推动履职尽责。

审计署2015年《关于进一步加大审计力度促进稳增长等政策措施落实的意见》（审政研发〔2015〕58号）中提出，当前我国经济发展的基本面没有改变，经济运行总体缓中趋稳、稳中向好，但稳中有难，稳增长任务还很艰巨。应当进一步加大审计力度，更加有效地推动稳增长等政策措施落实。

中共中央办公厅、国务院办公厅2015年发布的《关于完善审计制度若干重大问题的框架意见》中同样强调了审计的重要性，提出要充分发挥审计监督作用，通过审计全覆盖发现国家重大决策部署执行中存在的突出问题和重大违纪违法问题线索，维护财经法纪，促进廉政建设；反映经济运行中的突出矛盾和风险隐患，维护国家经济安全；总结经济运行中好的做法和经验，注重从体制机制层面分析原因和提出建议，促进深化改革和体制机制创新。同时文件也提出要从以下几个方面来完善审计制度：实行审计全覆盖；强化上级审计机关对下级审计机关的领导；探索省以下地方审计机关人财物管理改革；推进审计职业化建设；加强审计队伍思想和作风建设；建立健全履行法定审计职责保障机制；完善审计结果运用机制；加强对审计机关的监督。

三、北京市农村审计体系自身存在的问题急需体制机制上的创新

目前，农村集体审计工作体系存在一些问题，这些问题互相关联和互相影响，对农村审计工作及其效果产生了巨大的负面影响，造成了极大的障碍，具体表现为：

第一，审计人员力量问题。目前农村审计的中坚力量是乡镇经管站，而乡镇经管站人员少、收入低、文化水平和专业素质相对较低，与审计工作人员高专业性的要求有较大的差距，审计质量和审计工作规范性无法保证，同时也无法很好控制中介审计的质量问题。

第二，审计机构独立性问题。农村集体经济审计由经管站主管并实施，会计工作则由经管站指导和控制，因此两者的独立性不能得到很好保障。更有甚者，有的乡镇因为经管站人员缺少，或经管站人员与会计委托代理机构人员有交叉和重叠，出现会计人员互审的现象，也就是同一会计代理机构的甲会计人员审计乙会计人员的工作。严重影响了审计效果和质量。除此之外，还存在其他审计独立性问题。

第三，审计成果的运用问题。每年审计结束后，都会揭示出不少内部控制和会计核算中的问题，但总有一些问题是年年审，年年改，但年年都在审计报告问题栏中出现，说明后期整改力度存在问题。还有一些地方，把审计报告作为审计的终点站。

上面只是诸多问题中的一部分。从以上这些问题来看，我们必须在审计体制机制上下功夫，通过制度创新寻找解决问题的出路。

第二部分 审计体制创新研究

一、北京市农村集体经济审计体制现状

（一）审计领导体制。

1.各区、乡镇建立各部门协调联动审计机制。北京市各区、乡镇在同级党委、政府领导下，建立纪检、监察、财政、审计等部门参与的领导和工作机制，明确经管站长负总责，主管副站长亲自抓，各区普遍成立农村审计工作领导小组，将农村审计工作列入区党委政府重要职责，建立了协调联动工作机制，农村审计体制机制进一步理顺。门头沟、朝阳、密云、延庆、怀柔等区成立了以区主管领导为组长的审计工作领导小组。怀柔区设立了财政、审计、纪检等部门参与的区镇两级领导小组。平谷区建立了由纪检、公安、检察院、法院和司法局组成的案件联席会议制度。延庆区建立了由纪委（监察局）、财政、审计、农经站为成员单位的政府资金监管联席会议制度。门头沟将部分审计工作纳入区委纪检监察审计监督工作体系。密云区建立了监督、审计联动工作机制。顺义区成立镇级领导机构，明确提出镇党委书记为第一负责人。

这种由纪检、监察、财政、审计、经管站等部门协调联动的审计机制极大地便利了农村集体经济审计工作的开展，同时也加强了审计工作的力度。

2.各区、乡镇审计工作的主管领导。在区级层面，主管审计工作的领导大多为经管站主管副站长（84.62%），还有少数为农资委主任。而在乡镇层面，最多是由副镇（乡）长主管审计工作，占75.14%，其次是经管站站长，占11.05%，还有少部分是纪检委书记或镇（乡）长，分别占6.63%和4.97%，还有个别乡镇主管审计工作的领导是该乡镇人大的副主席。（图1、图2）

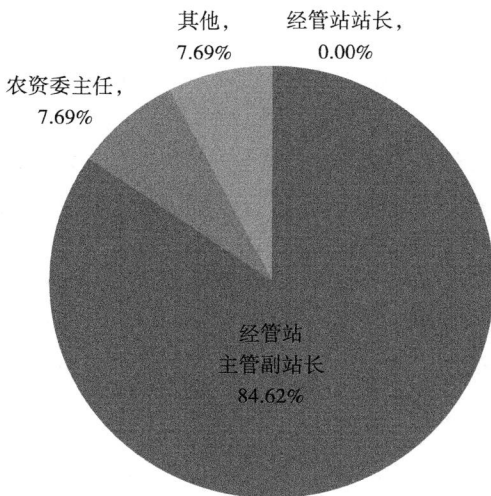

图 1　区级层面审计工作的主管领导

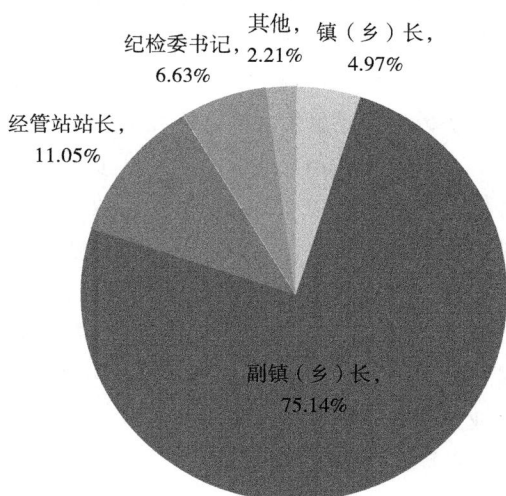

图 2　乡镇层面审计工作的主管领导

（二）审计组织机构。

1.审计组织机构构成。目前，与北京市农村集体经济相关的审计工作全部由本市农经系统负责，从市、区、乡镇三个层级来看，依次为：市农经办、区经管站、乡镇经管站或乡镇审计科。

（1）北京市层面的审计组织机构。北京市农村集体经济审计机构归北京市农经办领导。北京市农经办（北京市农研中心）设有办公室、农村集体资产管理指导处（农村清产核资办公室）、农村土地承包合同管理处、农民专业合作社指导服务处、农民负担监督管理处（社会处）、农村经济统计处、资源与区划处、金融处、经济体制处、城乡发展处、史志处、调研综合处、人事处（离退休干部处）、计财处、机关党委（工会）15个处室，其中农村集体资产管理指导处同时负责全市农村的会计工作与审计工作，但负责会计工作与负责审计工作的人员是分离的。

（2）区层面的审计组织机构。北京市各区经管站中审计组织领导机构的设置主要有三种模式。

①审计科与财务科合一。采用此种模式的区级经管站最少，占比15.38%，只有昌平区和朝阳区为此种模式。昌平区经管站的"三资科"，同时负责农村财务管理、资产管理和审计三项工作。朝阳区经管站财务审计科，同时负责农村财务管理和审计工作。内部人员虽有分工，但实际上日常工作一般由科室的人员共同开展。

②审计科与财务科分离，主管领导为同一人。采用此种模式的区级经管站占比38.46%，有大兴区、门头沟区、平谷区、密云区和延庆区。

③审计科与财务科分离，主管领导分离。采用此种模式的区级经管站最多，占比46.15%，有海淀区、房山区、丰台区、顺义区、怀柔区和石景山区。

（2）乡镇层面的审计组织机构。在乡镇层面，审计组织机构的设置主要有三种模式。

①审计工作由经管站主管，且负责审计工作的人员同时还负责财务资产管理工作。采用这种模式的乡镇最多，占总数的58.92%。例如昌平区南邵镇、昌平区沙河镇、房山区琉璃河镇、朝阳区黑庄户乡、朝阳区太阳宫乡。在这种模式下，乡镇经管站的人员在内部虽有分工，但大多数工作还是由大家合作完成。

②审计工作由经管站主管，但负责审计工作的人员不再参与财务资产管理工作。采用这种模式的乡镇占总数的36.76%。例如海淀区海淀镇。在这种模式下，乡镇经管站会专设一人员主管审计工作，该人员不再承担其他与财务资产管理相关的工作。

③审计工作由与经管站平级的独立审计科主管。采用这种模式的乡镇最少，仅占总数的4.32%。例如房山区长阳镇、海淀区温泉镇。这两个镇均单独设置了一个与经管站平级的审计科，负责全镇的审计工作，不仅仅包括与农村集体经济相关的审计工作，还负责对镇里的企事业单位进行审计。

2.审计组织机构的职能。

（1）市农经办与审计相关的主要职能。市农经办资产管理处作为全市农村集体经济审计的主管部门，主要是在宏观层面指导、安排全市的农村审计工作，通常不负责审计工作的具体执行。其职能主要有以下几项：

①统筹、安排全市的农村审计工作；

②指导各区、乡镇审计工作的开展；

③检查各区、乡镇审计工作的完成情况；

④汇总全市的审计结果，上报农业部；

⑤组织审计人员的培训工作；

⑥开展农村审计相关的研究；

⑦制定全市层面农村审计相关的政策规定。

（2）区经管站与审计相关的主要职能。不同区经管站的审计职能定位有所不同，主要有两种模式。一是主要负责本区内审计工作的统筹安排，而不直接参与审计工作的具体实施，目前大部分区经管站都是此种模式。二是区经管站直接负责审计工作的具体实施，如海淀区在2014年由区经管站审计科委托事务所对全区各村进行审计，事务所直接由区经管站聘请，审计报告直接递交给区经管站；还有延庆区2015年也是由区聘请事务所对辖区内各村进行审计，每周由会计师事务所联系人向区农经站汇报工作进展情况，特殊情况做到随时沟通汇报，同时区农经站不定期地去乡镇检查工作开展情况。除了参与审计工作的具体实施外，区经管站还有如下几项职能：

①根据市里的要求，统筹、安排全区的农村审计工作；

②指导各乡镇审计工作的开展；

③检查各乡镇审计工作的完成情况；

④汇总全区的审计结果，上报市农经办；

⑤组织审计人员的培训工作；

⑥开展农村审计相关的研究；

⑦制定区级层面农村审计相关的制度规范。

需要指出的是，根据调研结果反映，一般情况下，区经管站还是应该将审计工作具体实施的职权下放给乡镇经管站，主要有两点原因：一是区经管站负责审计工作的人员数量有限，如需亲自负责全区各村的审计工作，工作量太大，且区经管站的人员没有乡镇经管站的人员了解村里的实际情况；二是这样会导致乡镇经管站的人员因无须具体负责审计工作的开展而不重视审计工作。区经管站应把精力放在抽查审计和群众反映强烈问题的审计上。

（3）乡镇经管站与审计相关的主要职能。乡镇经管站作为具体执行审计工作的主力军，其职能主要有如下几项：

①根据区里的要求，具体开展全镇（乡）的农村审计工作；

②如需委托社会中介审计的，要负责事务所的选聘及与事务所的沟通协调；

③汇总全镇（乡）的审计结果，上报区经管站；

④检查各村的问题整改情况；

⑤制定乡镇层面农村审计相关的制度规范。

（三）审计执行机构。目前北京市各乡镇的审计执行机构主要有四种模式。

1. 全部由乡镇经管站自己审计。采用这种模式的乡镇最多，占总数的49.16%。例如昌平区南邵镇、房山区琉璃河镇。在这种模式下，往往由于乡镇经管站人手不够，接受经管站领导的委托代理记账中心的记账员也会参与审计工作。如昌平区南邵镇经管站下设会计服务所，会计服务所的记账员一个人负责两个村的记账工作，审计时是由会计服务所的人员进行交互审计。而房山区琉璃河镇三资监管办公室负责各村的会计记账工作，它是一个与经管站平级的单位，但实际上接受经管站的领导；经管站下设经管科，经管科的人员与三资监管办公室的人员共同开展审计工作。

这种模式的优点是审计工作的开展较为灵活，且无需额外的审计经费。但缺点是审计的独立性差，尤其是委托代理记账中心的记账员互审的情况下，容易出现相互包庇的现象，且审计人员的专业性不强，这就会导致审计的质量较低，不能真正实现审计的目的。

2. 固定的审计任务聘请会计师事务所审计，突发的审计任务由乡镇经管站自己审。采用这种模式的乡镇居第二位，占总数的37.43%。例如昌平区沙河镇、海淀区海淀镇。这两个镇都是由乡镇经管站聘请一个事务所对全镇范围内的村进行审计，乡镇经管站负责审计工作的人员协助事务所的工作；对于一些突发性的审计工作，则由经管站的人员自己进行审计。

这种模式的优点主要有三点：一是审计的独立性较强；二是事务所的审计人员的专业素质高，更能发现问题；三是突发的审计任务乡镇经管站自己审可节约时间和经费，并且保证任务能按时完成。这种模式的缺点主要有两点：一是需要一笔额外的审计经费，增加了财政负担；二是有些事务所可能存在不认真对待审计工作的情况，而通常由于乡镇经管站的审计人员专业性不够强导致很难对其实施有效的质量控制。

3. 由独立的审计科进行审计。采用这种模式的乡镇最少，占总数的2.79%。例如房山区长阳镇。该镇经管站下设三资监管中心负责各村的记账工作，审计科作为与经管站平级的一个独立部门负责对各村的集体经济进行审计，在具体的审计过程中，三资监管中心的人员会配合审计科的工作。

这种模式的优点是审计科的人员专业素质较强，审计质量较高且不会产生额外的经费。而缺点则是由于缺少编制，这种模式很难在全市推行。

4. 固定的审计任务聘请会计师事务所审计，突发的审计任务由独立的审计科自己审。采用这种模式的乡镇占总数的5.03%。例如海淀区温泉镇。该镇设有一独立审计科，对于区安排的每年固定的审计项目聘请事务所进行审计，审计科人员协助事务所的工作；对于一些突发性的审计工作，则由审计科的人员自己进行审计。

这种模式的优点是无论是事务所的审计人员还是审计科的人员，专业素质都较强，且审计科的人员能较好地对事务所实施质量控制。缺点则是经费问题较难推行。

（四）审计质量控制。

1. 审计质量的事前控制。

（1）妥善安排审计工作，使审计工作有序开展。每年年初，市农经办会下达全市性审计工作任务，各区经管站结合市农经办要求，制定本年度审计工作重点，各乡镇根据区的要求制定本乡镇的审计计划。如果聘请了事务所，乡镇经管站会将审计的重点、要求告知事务所，事务所再根据这些要求制定自己开展审计工作时具体的审计计划，把握重要的风险点。

（2）规范对事务所的选聘以控制审计质量。目前，越来越多的乡镇采取了聘请事务所的方式开展审计工作。作为审计执行机构，事务所本身服务质量的好坏决定了审计质量的高低。因此，对于事务所的选聘，各区、乡镇经管站应该严格把关，然而目前各区、乡镇在对事务所的选聘方面的规范程度差距较大。

①各区对于选聘事务所的要求不同。根据问卷统计结果，只有15.09%的乡镇经管站是从区经管站指定范围中来挑选事务所的，也就是说这些乡镇所在的区经管站对其选聘事务所进行了一定的质量控制。而大部分的区经管站则没有相关的要求。

海淀区作为较早开始聘请事务所进行审计的区，对于事务所的选聘要求较为严格。海淀区经管站规定各乡镇只能在该区规定的"政府投资建设项目中标中介机构名单"和"小型工程项目中标中介机构名单"范围内选择合适的事务所，并且在确定事务所后，区经管站审计科科长还要与各乡镇聘请的事务所进行沟通，明确审计重点与审计要求。延庆区则是经区财政局、审计局推荐，所委托的会计事务所自北京市市级行政事业单位2015—2016年度会计、审计及资产评估定点服务政府采购项目中选取，由区农经站直接与会计师事务所签约。而其他区经管站，如昌平区、房山区、怀柔区等，则对于事务所的选聘不作要求，完全由乡镇经管站自行聘请。

②各乡镇选聘事务所的方式有所不同。虽然有些乡镇所在的区经管站没有规定事务所的选聘范围，但他们为了保证其选择事务所的质量，自己也会参考一些其他部门的相关规定，28.30%的乡镇经管站是从审计局推荐的单位名录中挑选事务所，13.21%的乡镇经管站则是采用财政局推荐的单位名录，但也有43.40%的乡镇经管站会自由选择事务所。

此外，各乡镇经管站选择事务所的方式也有所不同，29%的乡镇需要经过招投标的方式选取口碑较好、经常参与乡镇村级审计的审计机构，如通州区宋庄镇、海淀区海淀镇等。而大部分（71%）乡镇则主要是通过咨询其他乡镇选取口碑好、业务能力强的社会审计机构。

（3）对审计人员培训以保证审计质量。

①农村财务审计人员培训。市农经办、各区经管站对于经管系统人员的培训十分重视。2015年，在"集体经济审计年"工作动员会上，市农经办对全市480名经管干部进行了审计专题培训，2015年6月上旬又举办两期农村审计人员培训班，培训430余人。为解决基层财务审计培训师资和教材缺乏问题，市农经办广泛吸收专家学者和业务骨干，组建了由41人组成的北京市农村财务审计培训讲师团，组织有关专家编写了农村财务会计培训教材。各区也根据2016年审计重点及实际情况，积极开展审计人员上岗和后续教育培训，全年共发放集体经济审计员证近600本。通州组织各类业务培训5批次180余人。延庆选拔乡镇业务尖子组成农经讲师团，全年安排了9个班次专题业务培训，并将培训内容全部印制成手册，便于学员随时学习和掌握。门头沟对镇经管站站长和审计人员进行征地补偿费审计培训。部分区将培训对象由基层财务人员、审计人员，拓展到民主理财人员和村干部，从源头上促进财务管理规范化，如密云区对100余名审计和托管中心人员进行培训。

②事务所人员培训。根据我们的调研结果，目前对于事务所的培训较为简单，主要是由区或乡镇经管站的人员将各项审计所涉及到的文件资料交由事务所自行学习。也有部分较为负责的经管站会亲自对事务所的人员进行培训，如延庆县农经站在事务所入驻前就村级财务管理制度、审计方案、审计内容、审计要求，以及审计中需要注意的相关问题等方面对相关审计人员进行培训。

（4）审计费用支付环节的质量控制。海淀区温泉镇在与事务所签订的合同中约定：签约时先支付40%的审计费用，待委托审计项目完成后，经经管站验收合格，再支付其余60%的费用。

2.审计质量的事中控制。目前事中控制只存在于聘请事务所审计的情况下。

（1）区、乡镇经管站人员随同审计。47.33%的乡镇经管站负责审计工作的人员或审计科人员会在事务所的审计过程中全程陪同，一方面是进行接洽和协调，另一方面是监督事务所的工作。有的乡镇如顺义区聘请北京数圣会计师事务所有限公司对全区村级会计委托代理机构资金监管情况进行审计，为确保审计工作质量，抽取单位两名业务骨干随同审计。

（2）事务所人员定期向经管站汇报工作进展情况。44.27%的乡镇表示会要求事务所人员定期向经管站汇报工作进展情况。如延庆区则是由县级、乡镇级分别设置固定的联系人，每周由会计师事务所联系人向县农经站汇报工作进展情况，特殊情况做到随时沟通汇报，同时县农经站不定期地去乡镇检查工作开展情况。

3.审计质量的事后控制。事后控制主要涉及对于审计执行机构的审计工作进行复核。无论是区经管站检查乡镇经管站的审计执行情况还是乡镇经管站检查事务所的审计执行情况，目前都存在较大的缺陷。

（1）大部分区经管站不会对乡镇经管站的审计工作进行复核。根据调研的结果，目前对于乡镇审计工作的复核，各区基本都没有开展相应的工作。区经管站的职责主要是制定审计计划、组织实施审计工作以及进行培训。大部分区经管站在收到乡镇经管站上报的结果后并不会检查乡镇经管站工作的质量。

（2）小部分区经管站会对乡镇经管站的审计结果进行抽查。也有小部分区经管站采取了一定的质量控制措施，如密云区在开展村集体经济组织资金年度审计时，在各镇经管站审计完毕后，区经管站每季度会选择4—5个镇，每镇抽查一个村，对其上一年度的村集体经济组织资金使用情况进行年度审计。

（3）乡镇经管站未对事务所审计实施有效的事后控制。对于乡镇经管站对事务所的审计工作复核，大多数经管站是欠缺的。根据问卷统计的结果，仅有10.69%的乡镇经管站会抽查事务所的工作底稿。主要原因是乡镇经管站认为事务所是专业的审计中介机构，其审计质量必定高于经管站人员审计的质量，因此，对于事务所的审计结果完全信任，无需采取任何质量控制措施，经管站的作用仅限于帮助事务所联络各个村。

（五）审计经费。

1.乡镇审计经费数量。乡镇如果聘请事务所进行审计会涉及审计经费的问题。根据问卷统计结果，各乡镇每年的审计经费从1.9万元至320万元不等，平均每村的审计费用从1725元至10万元不等。

调研结果显示，海淀区海淀镇2015年聘请事务所的审计经费共65万元，审计每村两年的账目平均为2.5万元；海淀区温泉镇2015年聘请事务所的审计经费共46万元，审计每村两年的账目平均为4.2万元；昌平区沙河镇2015年聘请事务所的审计经费共50万元，审计了全镇22个村2年8个月的账目，各村的审计费用计算依据主要是各村资产总额的大小。朝阳区黑庄户乡审计22个单位两年的账目共66万元，平均每个单位每年的账目为1万元。延庆县永宁镇、八达岭镇、康庄镇、张山营镇、千家店镇、大庄科乡6个乡镇162个行政村的村级财务审计费用共113.4万元，平均每村每年3500元。平谷区大兴庄镇、马坊镇、王辛庄镇，熊耳寨乡四个镇乡聘请社会审计机构审了47个村，情况复杂的村，村级资产总额在1000万元以下的按审计金额2.5%收费，一般的村每村审计费7000—8000元。

2.**乡镇审计经费来源。**乡镇审计经费的来源共有以下三种模式。

（1）完全由区承担。采用这种模式的乡镇最少，只占5.26%。根据各区2015年的审计工作总结，门头沟区选取社会审计机构是通过财政公开竞价方式，经费来源是区财政全额拨款；延庆区2015年聘用社会中介进行审计的工作经费全部来源于县财政转移支付资金。

（2）完全由乡镇承担。采用这种模式的乡镇最多，占83.16%。昌平区、房山区、通州区、丰台区、怀柔区、密云区、大兴区、平谷区和顺义区，若乡镇经管站聘请事务所进行审计，所需要的审计经费全额由乡镇经管站负担，区里不会进行相应的补贴。

（3）由区和乡镇共同承担。采用这种模式的乡镇占11.58%。如海淀区经管站为支持各乡镇经管站聘请事务所进行审计，根据各乡镇经济实力情况的不同，对各个乡镇进行不同力度的补贴。以海淀区海淀镇为例，2015年聘请事务所的审计经费共65万元，其中48万元为区里的补贴款。朝阳区的东坝、三间房、孙河镇，其审计经费也是由区和乡镇共同承担。

（六）审计结果的上报和运用。

1.审计结果上报。

（1）事务所将审计报告交由乡镇经管站（独立审计科）或乡镇政府。根据问卷统计的结果，在聘请了事务所的乡镇中，54.05%的乡镇其事务所会将审计报告提交给乡镇经管站或独立审计科，41.44%则是直接提交给乡镇政府。而根据实地调研结果，事务所在完成审计工作后，会对各村出具一个审计报告的初稿交由乡镇经管站或独立审计科，双方会对报告的内容进行沟通修改，形成最终的审计报告。部分乡镇经管站还会要求事务所将各村的审计报告汇总出具一个全镇（乡）的审计报告。

（2）乡镇经管站或独立审计科将全镇（乡）汇总报告递交同级人民政府。乡镇经管站或独立审计科将事务所出具的或者自己汇总的全镇（乡）审计报告递交给同级人民政府，即由各相关部门组成的联动审计工作领导小组。该汇总报告主要描述在审计过程中发现的主要问题。乡镇领导在领导干部班子会上对这些问题进行讨论，提出解决措施，重大的问题移交给纪检委进行处理。

（3）乡镇经管站或独立审计科将全镇（乡）汇总报告上报上级主管单位。乡镇经管站或独立审计科将经过乡镇主管领导（包括农资委的领导、镇长、镇党委书记、镇纪委书记和镇人大代表等）审核后的全镇（乡）审计报告进行修改完善并形成最终的审计报告上报至区经管站。区经管站汇总各乡镇的审计报告，形成区的审计报告，一方面递交同级人民政府，另一方面上报市农经办。

2.审计结果运用。

（1）大部分区、乡镇都在不同程度上对审计结果进行了运用。根据问卷统计结果，大部分区、乡镇都在不同程度上对审计结果进行了运用。在区级层面，84.62%的区会根据审计发现的问题完善经管站内部的管理，69.23%的区根据审计发现的问题完善现有的制度或制定新的规范，53.85%的区将审计发现的问题整理成案例对有关人员进行培训，30.77%的区对审计情况好的乡镇予以表彰，对审计情况差的乡镇进行通报批评。

在乡镇层面，最广泛的结果运用方式是要求被审计单位进行整改和指导被审计单位完善财务管理制度，分别有91.85%和90.22%的乡镇经管站表示在审计结束后会进行这两项工作。其次是根据审计发现的问题完善经管站内部的管理（75.54%），根据审计发现的问题完善现有的制度或制定新的规范（66.85%），将审计发现的问题整理成案例对有关人员进行培训（55.98%），对审计情况好的村予以表彰，对审计情况差的村进行通报批评（36.41%）和移交有关部门对违规违纪人员进行惩处（23.91%）。

（2）典型乡镇审计结果运用介绍。

①海淀区海淀镇积极落实问题整改。海淀区海淀镇十分重视审计后的问题整改，他们将历年审计发现的问题整理汇总成一个审计问题库，针对不同类型的问题进行分类处理。审计发现的问题大致可分为三类：一是历史遗留问题，即"年年审，年年有，改不透"的问题；二是一般性问题，即一些在业务技术上处理不当的问题；三是有风险的问题，即如果不及时改正，将会存在资产损失或经营失败等风险较大的问题。针对不同类型的问题，整改的力度也有所不同。对于历史遗留问题，如长期挂账的应收账款和应付账款，由于其受到一些特殊因素的限制，改正起来确实有困难而又没有风险的，在以后的审计中就可以不再列为问题。而对于业务上处理不当等的一般问题，主要是督促各村进行整改，各村需要制定详细的整改方案。而针对有风险的问题，则主要是交由主管领导讨论，必要的时候移交给纪检部门。并且，乡镇经管站还会将审计问题库中的问题在各村之间进行分享，让各村进行交流学习。

②昌平区沙河镇将审计出的普遍问题对各村相关人员进行培训，同时将审计结果与村出纳的考核评价挂钩。昌平区沙河镇经管站要求其聘请的事务所在完成审计后给各村的党支部书记讲解各村存在的问题。并且对于较为普遍的审计问题，乡镇经管站会统一组织对各村的出纳进行培训。海淀区海淀镇会在各村整改过程中对其进行现场跟踪指导培训。如果各村对于某项内容确实不明确的，可以自行提出，乡镇经管站的人员会对其进行专题培训。

此外，经管站还将审计结果与各村出纳的考核评价挂钩。若审计发现该村存在坐支、挪用、白条抵库、库存现金超额、公款私存、隐匿资金，已入账原始凭证签章不全等问题，将会影响村出纳的考核绩效。

③房山区长阳镇将审计结果运用到完善经管站内部管理。房山区长阳镇审计科将审计出来的问题分类，对于三资监管中心的技术问题会与其进行沟通，促进其对于各村的财务管理

进行完善和规范；对于经管站内部的管理问题审计科会上报给乡镇政府主管领导，由其通知相关部门进行完善。

（3）仍有少数乡镇对审计结果的运用不够重视。在实地调研中，少数乡镇经管站人员表示，一旦将审计报告上报给了上级就算完成了该项审计工作，而上级基本只是针对重大问题进行处理，其他较轻的问题一般只是知道即可。这就导致每年审计都会发现问题，但审计完了依旧不能改正这些问题，这违背了审计工作的初衷。

（七）审计队伍建设。

1.审计队伍现状特征。

（1）审计人员性别与年龄结构。在区级层面共13名审计人员中，男性占53.85%，女性占46.15%，男性略多于女性；在乡镇层面，男性占37.50%，女性占61.96%，以女性居多。从年龄结构看，区级审计人员在各年龄段的分布较为平均，其中30—40岁的最多，为30.77%；而乡镇审计人员则在40—50岁最多，为40.76%，其次是30—40岁，32.07%，可见在乡镇层面，开展审计工作的主力军主要集中在30—50岁，年龄结构较为合理。（表1，图3，图4）

表1　样本审计人员年龄结构

年龄结构（岁）	30及以下	30—40	40—50	50—60
区级	23.08%	30.77%	23.08%	23.08%
乡镇级	17.93%	32.07%	40.76%	8.70%

注：每组年龄包含上限，不包含下限。

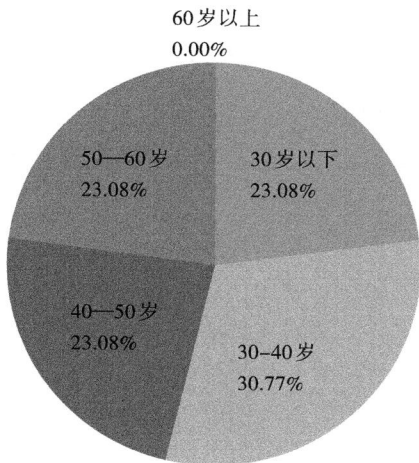

图3　区级审计人员年龄结构　　　图4　乡镇级审计人员年龄结构

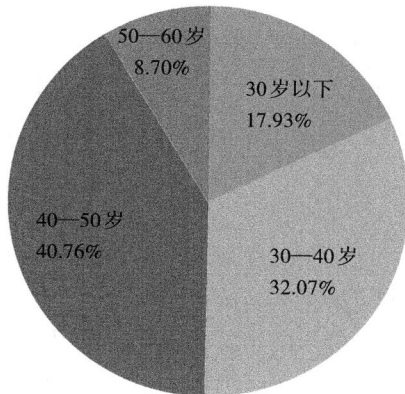

（2）审计人员学历及专业水平。在区级层面，绝大多数审计人员的学历为大学本科，占92.31%，剩下的7.69%为大学专科；在乡镇层面，学历构成则较为多样，但仍以大学本科为主，

占73.37%，其次是大学专科，占19.02%，高中及以下和硕士，分别占3.80%和3.26%。可见在区级层面，较少有高学历的审计人员。（表2，图5，图6）

表2　样本审计人员学历结构

学历结构	高中及以下	大专	本科	硕士
区级	0.00%	7.69%	92.31%	0.00%
乡镇级	3.80%	19.02%	73.37%	3.26%

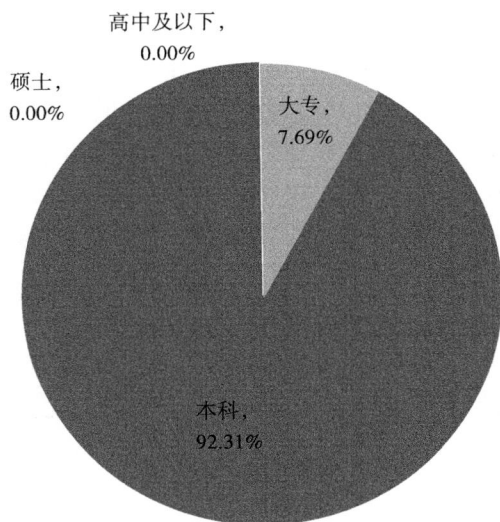

图5　区级审计人员学历结构

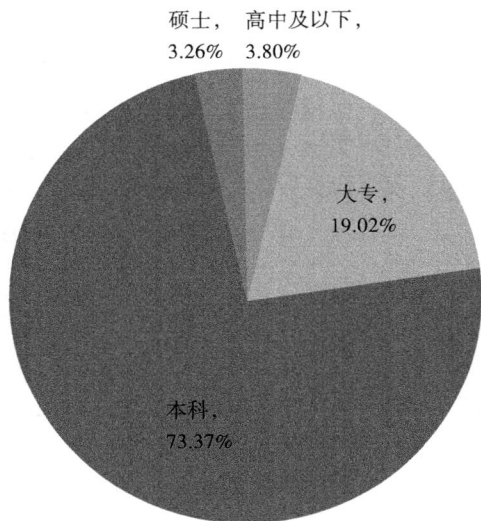

图6　乡镇级审计人员学历结构

　　而就审计人员原所学专业是否为会计、审计相关专业而言，在区级，是的比例为46.15%，略低于不是的比例，53.85%；在乡镇级，情况较为类似，是的比例为46.20%，不是的比例为52.72%。可见，有一半以上的审计人员都并非会计、审计专业出身。

　　2.审计人员待遇。

　　（1）工资水平。从区级情况来看，工资水平主要集中在4001—6000元，占76.92%，其次为8001—10000元，占15.38%，再次为6001—8000元，占7.69%；而在乡镇级，工资水平也主要集中在4001—6000元，占51.63%，其次为2001—4000元，占29.35%，再次为6001—8000元，占12.50%，也有少部分人工资水平在2000元以下。（表3，图7，图8）

表3　样本审计人员目前工资水平

工资（元）	2000以下	2001—4000	4001—6000	6001—8000	8001—10000
区级	0.00%	0.00%	76.92%	7.69%	15.38%
乡镇级	5.43%	29.35%	51.63%	12.50%	0.54%

　　根据调查结果，区级审计人员的工资水平还是不错的，但在对工资满意度的调查中，对

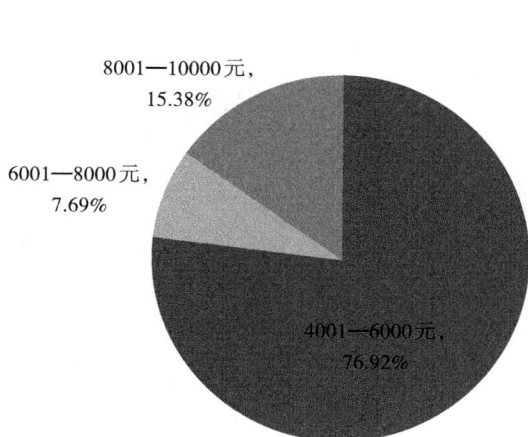

图7　区级审计人员工资水平

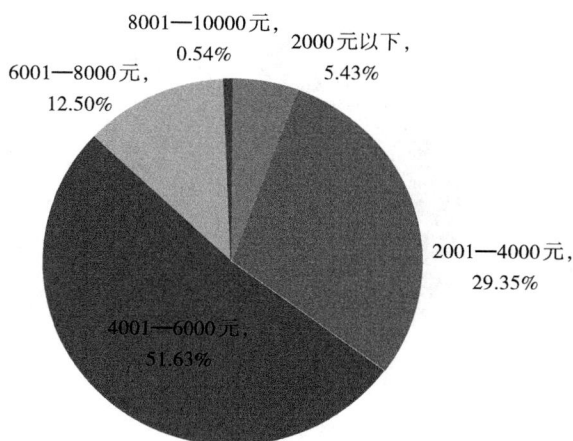

图8　乡镇级审计人员工资水平

自己目前的工资待遇满意的只占50%，而不满意者认为自己的工资水平应该在6001—10000元之间。

在乡镇层面，从现状来看，有一部分审计人员的工资较低。且在意向调查中也体现了这一点，有62.94%的人都表示对自己目前的工资水平不满意。绝大多数（91.80%）人希望自己的工资水平能在4000元以上，而在现实情况下，只有64.67%的人达到了这一标准。（表3，表4）

表4　样本审计人员期望工资水平

工资（元）	2000以下	2001—4000	4001—6000	6001—8000	8001—10000	10000以上
区级	0.00%	0.00%	0.00%	50%	50%	0.00%
乡镇级	2.46%	5.74%	32.79%	38.52%	16.39%	4.10%

（2）编制情况。在区级，审计人员的编制为事业编参公的比例最高，占76.92%，其他为公务员编制，占23.08%；而在乡镇级，编制情况则为公务员编制（25.54%），事业编参公（14.13%），事业编制（32.61%），合同工（25.00%），有1/4的审计人员是较为不稳定的合同工。（表5，图9，图10）

表5　样本审计人员编制情况

编制	公务员编制	事业编参公	事业编制	合同工
区级层面	23.08%	76.92%	0.00%	0.00%
乡镇层面	25.54%	14.13%	32.61%	25.00%

由此可见，区级审计人员待遇尚可，但乡镇级审计人员的待遇较低，而作为具体开展审计工作的主力军，乡镇审计人员的待遇如果得不到保证，很可能会影响工作积极性。

448

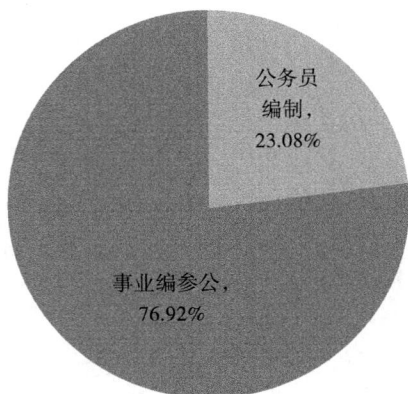

图9　区级审计人员编制情况

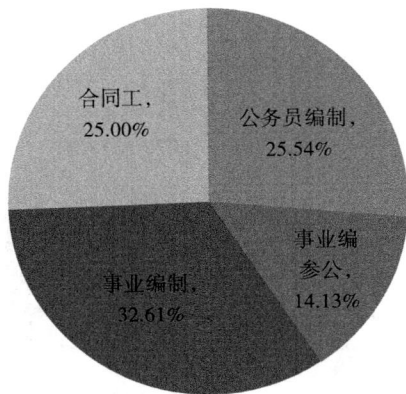

图10　乡镇级审计人员编制情况

二、北京市农村集体经济审计体制中存在的问题和需探讨的问题

（一）存在的问题。

1.农村集体经济审计的法律和制度规范不完善。

（1）农村集体经济审计缺乏较高层次的法律依据。审计制度的建立和审计业务的开展必须要有法律依据，法律法规的层次越高，审计的权威性就越强，审计发挥的作用就越大，但目前全国人大和国务院没有对农村集体经济审计进行专门的立法。而《中华人民共和国审计法》中并没有规定有关农村集体经济审计方面的内容。目前在国家层面的部门规章只有农业部办公厅颁布《农村集体经济组织审计规定》（农办经〔2008〕1号）。在缺乏国家级法律法规的情况下，只有市级和各区、乡镇颁布的一些政策性文件。北京市通过地方人大立法制定了《北京市农村集体经济审计条例》，是目前我们可依据的最高级别的地方性法规，而各区、乡镇自己制定的相关政策性文件虽然能够对本辖区内的农村审计工作起到一定的规范作用，但其缺乏一定的法律效应。法律层次低和缺乏法律依据的问题，使得农村集体经济审计难以推动和发展，而且由于缺乏法律依据，农村集体经济审计部门在向司法机关移送审计出来的违法问题时，会被司法机关认定为不具有法律效力而不予认可，给审计工作留下了极大的风险隐患。

（2）农村集体经济组织审计在制度化和规范化方面还很欠缺。审计具有很强的政策性和专业性，它在实践中必须有一套严格的制度和规范来作保证，否则将影响到审计质量，也会带来审计风险。在我国，国家审计、内部审计和社会审计都已制定了全国统一的审计准则，用来指导和规范审计工作的开展。但在农村审计实务中，还普遍缺乏必要的制度与规范，如对村级集体经济组织的审计制度、处理处罚制度、审计程序规范、工作底稿规范、审计报告和文书规范、审计档案规范等。没有相应的制度和规范，审计行为就会显得很随意，不仅影响审计的质量和效率，也会影响审计的形象。尤其在当前农村集体经济组织财务管理尚不健全，审计人员素质普遍偏低的情况下，没有审计制度和规范或不严格按照审计制度和规范来审计，可能会导致审计人员的责任加重的情况。

2.审计总体流程不畅。审计的总体流程包括审计任务的下达，审计工作的执行及审计结果的上报等方面。在审计任务的下达中，由于经管站负责的农村集体经济审计工作，除了农经系统内部安排的审计工作外，还会有受财政局的委托对其下拨的农村专项经费进行财政资金专项审计以及受纪检部门委托进行财经法规的专案审计等。对于不同类型的审计任务，从审计工作的下达到审计结果的上报，应该有一个完整顺畅的总体流程。然而，在调研中我们发现，目前北京市农村集体经济审计的总体流程是不顺畅的，无论是审计工作的下达还是审计结果的上报都没有明确的规定，这导致审计工作的开展和审计结果的上报均受到一定限制，最终影响审计工作的效果。

（1）审计工作要求下达不明确。在审计工作要求下达阶段存在的最大问题，是部分区的财政局、审计局等委托者对于经管站开展审计工作的要求不明确，导致经管站审计受限。

经管站接受财政局、审计局等部门的委托对于财政下拨给农村的专项经费进行审计，然而，财政部门在下拨经费时并未告知经管站经费的性质及具体用途，导致经管站无法对该笔专项经费是否合规使用进行审计，这给经管站的审计工作带来了较大的阻碍。并且，若经管站聘请事务所进行审计，对于这类财政下拨的但经管站不知道具体用途的经费，事务所只能以审计范围受限为由而不对该笔经费发表审计意见。久而久之，这些专项经费的审计只能流于形式，无法真正开展审计工作。

（2）审计结果上报对象有误。目前，越来越多的乡镇都开始聘请事务所对其辖区内的农村集体经济进行审计，并且大部分是以乡镇政府的名义与其签订合同（77.06%），还有少部分乡镇是以乡镇一级的农工商总公司（7.34%）的名义或村级集体经济组织的名义与其签订合同，只有10.09%的乡镇是由经管站直接与事务所签订合同。作为独立的第三方，事务所应该将其审计报告直接汇报给与其签订合同的委托方，但根据问卷统计结果，54.05%的乡镇其聘请的事务所直接将审计报告提交给乡镇经管站。这主要是由于无论与事务所签订合同的主体是谁，主要负责与事务所进行对接的还是乡镇经管站，为了工作的便利，事务所往往会将报告直接提交给乡镇经管站。

3.缺乏审计独立性。从审计的定义我们知道，审计的独立性是审计监督最本质的特征，是审计得以存在和发展的前提，它包括两个方面，一是审计机构和审计人员必须是独立的，它"依照法律规定独立行使审计监督权，不受其他行政机关，社会团体和个人的干涉"，以保证审计的客观公正；另一方面是指审计工作业务上是独立的，它不能与其他任何形式的管理活动有联系，也要与其他类型的经济监督相区分。

（1）经管站既负责管理会计工作又负责审计，导致审计独立性不足。在经管站自己审计模式下，独立性问题比较突出。对经管站而言，首先，按照农业部对乡镇经管站的职能划分，经管站要负责乡村农、林、牧、副、渔、工、商、建、运、服等各行业集体经济的管理工作和财务会计的指导工作，要管理农村承包合同、代管折股资金、村办企业立项、统筹提留款等事项，有的乡镇经管站甚至与乡镇农工商总公司是"两块牌子，一套人马"，自己实施经营管理。在这种情况下，让经管站行使审计职责，既充当管理者经营者又充当监督人，是违背审计独立性原则的，其审计结论也可能违反客观性和公正性原则，不可能真正发挥审计监督作用。然而，目前这种情况是不可避免的。因此，这就要求至少经管站内部负责管理会计工作的人员与管理审计的人员应该是相分离的。但无论是市、区还是乡镇都存在着经管站内部同一个科室或者同一个人既负责会计工作又负责审计工作的情况。

①市级：会计与审计主管部门合一，人员分离。市农经办农村集体资产管理指导处既主管会计工作又主管审计工作，虽然其主管人员是分离的，但依旧很难确保审计的独立性。主管会计与审计的组织领导机构合一虽然有利于相关工作的开展与协调，但审计出来的农村集体经济存在的问题可能是由于对其会计工作管理不足导致的，因而可能会存在"内部消化"、隐瞒上报的问题。

②区级：会计与审计主管科室分离的区审计工作更出色。目前，昌平区经管站的会计与审计工作的主管科室是合一的，海淀区、房山区的财务科与审计科是分离的。而就调研结果来看，海淀区审计科在探索引入社会中介审计的新型审计模式方面走在了北京市的最前列，从事务所的选聘到与事务所的沟通与培训，区审计科都做了细致的安排。近年来，海淀区的社会中介审计模式取得了不错的成效。与此同时，审计科还根据市农经办关于农村集体经济审计的精神，结合本区的实际情况，积极探索完善审计工作制度，拟出台《海淀区农村集体经济审计工作意见》。房山区经管站审计科也积极探索完善审计的相关制度，起草了房山区《关于进一步加强农村集体经济审计工作的意见》，拟以政府文件的形式印发，同时还起草了《农村集体经济审计操作规范》，对农村审计工作的程序、审计方法、专项审计工作进行了详细介绍，为乡镇农村集体经济审计人员开展审计工作及社会审计机构开展审计提供了参考。与海淀区、房山区经管站审计科相比较，昌平区经管站三资科虽然能够较好地完成市里安排的审计工作，但存在着审计工作缺乏主动性、区级层面审计制度缺失等问题。一方面由于三资科既负责会计工作，又负责审计工作，工作较为繁杂，缺乏完善审计工作的时间与精力；另一方面，审计出来的问题大多都与会计工作管理欠缺有关，因此在会计与审计工作归同一个部门管理的情况下，该部门就缺乏加强审计工作力度的动力和积极性。

③乡镇级：少数乡镇为增强审计独立性设置了与经管站平级的审计科。在乡镇级，大部分地区还是由经管站既负责会计工作又负责审计工作，这实际上类似于企业中管理层与监督层合一，其监督的效力必定大打折扣。但也有少数乡镇为增强审计独立性设置了与经管站平级的审计科。通过调研我们了解到，原来成立独立审计科模式的乡镇较多，但自从政府机构改革后，缩减了人员编制，导致部分编制不够的乡镇撤销了审计科。实际上，成立独立审计科负责农村集体经济审计的模式是独立性最强的。房山区长阳镇是此模式的典型代表，审计科殷科长是原来镇审计局下调的专业人才，将本镇的农村集体经济审计工作开展得有条不紊，且审计科直接归镇纪委书记领导，与经管站是平级关系，因此审计科审计出来的问题可以直接上报至镇级主要领导，免去了在经管站"内部消化"的过程。

（2）不同记账机构与审计执行机构的组合模式下审计独立性有所不同。目前各乡镇共存在七种记账机构与审计执行机构的组合模式，分别为：乡镇委托代理记账中心记账＋乡镇经管站审计、乡镇委托代理记账中心记账＋独立审计科审计、乡镇委托代理记账中心记账＋事务所审计、记账公司记账＋乡镇经管站审计、记账公司记账＋事务所审计、村自己记账＋乡镇经管站审计及村自己记账＋事务所审计。

其中审计执行机构最缺乏独立性的是乡镇委托代理记账中心记账＋乡镇经管站审计，然而根据问卷统计结果，这种模式占比高达60%，也就是说目前大部分的乡镇其审计执行机构都属于最缺乏独立性的情况。由于乡镇委托代理记账中心直接受乡镇经管站的领导，而乡镇经管站中负责审计工作的人员人数十分有限，因此，很多时候经管站的审计工作需要由该乡镇委托代理记账中心的记账员协助完成，这种情况占了所有由经管站自己执行审计的乡镇数量的71.68%。这就导致出现了"自己审自己"的情况，虽然在实际工作开展中是采用了乡镇委托代理记账中心人员互审的形式，但这种审计仅仅局限于检查记账的正确性，并不能审计出深层次的问题，导致审计流于形式。如昌平区南邵镇就是典型的这种情况，而平谷区农经站在2015年的审计工作总结中也指出本区内除东高村镇是经管审计科与托管办分设外，其他各镇乡都是经管科长兼托管办主任，所以由经管科审等同于自己审自己。

审计执行机构缺乏独立性所导致的最大的问题就是缺乏审计积极性并且审计流于形式，即使审计出现了问题也不愿意上报，这就导致审计工作并不能发挥其实际的作用，存在很大的隐患。

4.区、乡镇主要领导对审计工作的重视程度不足。区、乡镇主要领导对审计工作的重视是十分重要的，没有领导的重视，负责审计工作的人员就很难有积极性去探索完善审计工作，即使有意向对审计工作进行改革和创新，也不能获得领导的支持。例如在我们调研中发现有的乡镇为增强审计的独立性与专业性聘请了事务所进行审计，然而直到现在去年的审计费用还由于没有获得批准而没有支付，这就反映出乡镇主要领导对审计工作的重视程度远远不够。

5.经管站审计人员对会计控制与审计控制的概念产生混淆。通过调研我们发现，目前很多乡镇普遍存在一个误区，他们认为现在各村基本都实现了委托代理记账，甚至实现了村账双托管，并且各乡镇的三资管理越来越严格，制定的会计制度越来越健全，这就使得各村的账务基本不会存在问题。然而，制度的制定与制度的执行并不能画上等号。虽然有了制度，但实际执行中还是不可避免地会存在漏洞。这也是为何许多经管站在聘请了事务所审计之后反映，事务所审计发现的问题远比经管站自己审发现的问题多。

制度的制定是会计控制，并不能等同于审计控制，审计控制作为对制度执行情况的检查，是不能被制度本身所取代的。因此，经管站的人员还是应该加强对财务风险的认识，加强对审计工作的重视。

6.缺乏质量控制措施。

（1）事前控制不完善。

①事务所的选聘要求不严格。目前，大多数区经管站对于各乡镇选聘事务所是不参与的，

即使有少部分区规定了可供选择的事务所名单，但依旧无法保证事务所的质量。在调研中，有部分区反映聘请的事务所审计质量不高，几乎年年都更换事务所。但是，这种在审计结束后发现事务所的审计质量存在问题然后更换下一年事务所的行为已经不能弥补当年审计质量的缺陷。尤其是目前聘请事务所审计已经成为农村集体经济审计的趋势的情况下，事务所的质量至关重要。针对这一问题，通州区经管站在《关于聘用社会审计机构参与农村审计情况报告》中建议："将具备良好信用和实力，并对农村经济审计有较为丰富经验的外审机构纳入一个后备库，以供各乡镇在聘用外审机构时选取。"

②缺少对事务所的培训。实际上，目前大部分区对事务所的培训是缺失的，这也会导致一定的问题。由于事务所的审计人员长期接触的业务基本是行政、事业或企业单位的财务，很多事务所受委托审计村级财务属首次尝试，审计人员对村级财务情况了解的较少，不能较好地结合村级的实际情况去写审计报告，审计效果就会稍打折扣。因此，对事务所进行培训是十分必要的。

（2）区经管站较少对审计执行机构实施相应的事中控制措施。区经管站没有实施相应的事中控制措施，无论是事务所审计还是乡镇经管站审计，区经管站均未在其实施审计的过程中对其工作进行观察检查。审计执行机构在进行现场审计时会采取一系列的审计方法，实施一定的审计程序，这是审计工作的主体阶段，同时也是最为核心的。如果没有对审计执行机构的现场审计进行观察检查等监督活动，可能会使得部分工作态度不认真的审计执行机构遗漏一些审计程序或未充分利用审计方法，致使审计质量下降。

（3）各级经管站均欠缺事后控制措施。

①乡镇经管站没有对事务所的工作底稿进行抽查。目前乡镇经管站只要求事务所提交审计报告，而对于相关的工作底稿经管站是不进行检查的，这使得乡镇经管站无法了解事务所是否已经按照要求和规定执行了相应的审计程序，从而无法保证事务所的工作是否能最大限度地发现问题。并且，这种事后监督机制的缺失容易导致事务所存在侥幸心理，不认真对待审计工作。

②审计结果层层上报，信息逐层减少，很多问题被隐瞒。事务所将各村的审计报告汇报给乡镇经管站，乡镇经管站再将全镇（乡）的汇总报告上报给区经管站，区经管站再将全区（县）的汇总报告上报给市农经办，每个汇总报告中都不可避免地会删除一些信息，这就导致越是上级部门掌握的实际信息越少。如果没有相应的控制措施，就会导致很多问题被隐瞒，上级部门对实际情况的了解存在偏差。

7. 审计结果运用还存在一些欠缺。

（1）审计发现的问题不能得到较好的解决。审计发现的一些存在风险的事项一直都无法解决，例如昌平区马池口镇将全镇范围内村里的公章和资金都统一收归到镇里，由镇里统一设立账户，这实际上是将各村的控制权变成了全镇的统一控制权，全镇的资金数量更加庞大，因此实际上存在很大的风险。这个问题虽然被审计发现了，但到目前为止依旧没有解决。审计的目的是为了发现问题然后解决问题，审计只是一种手段，而关键是发现的问题要得到解决。

（2）审计结果未与绩效考核挂钩。审计结果反映了各村干部、村报账员（村出纳）及委托记账中心的会计人员的工作情况，应该与其绩效考核挂钩。然而目前大部分乡镇并未制定与审计结果相关的奖惩制度，这导致审计的激励约束作用没有发挥出来。

8.审计责任不清。责任承担是每个与审计项目有关的人员最关心的，尤其是海淀区西北旺镇皇后店村的问题被查出，导致西北旺镇经管站的站长被撤职这件事发生后，大家最害怕的就是责任承担的问题。而目前责任划分不清的情况会导致真正出现问题的时候发生责任的推诿，真正应该承担责任的人并未得到应有的惩罚，而有的被惩罚的人实际上并不是主要责任人。

（1）审计发现的问题由谁承担责任。审计发现了问题到底是由该村的党支部书记承担还是由该村的出纳承担亦或是委托记账中心的人员来承担？村民理财小组是否需要承担责任呢？目前尚未有一个十分明确的规定。

（2）审计执行机构审计后未发现却实际存在的问题由谁承担责任。经管站自己审计如果实际存在问题却没有审计出来，需要承担责任吗？需要承担哪些责任呢？经管站聘请事务所审，出现了这种情况，双方各自又需要承担哪些责任呢？

在调研中我们发现，很多乡镇经管站聘请事务所审计的一个重要原因就是不愿意承担责任，想把责任转嫁给事务所，然而事务所却表示自己出具的审计报告实际上类似于管理建议书，而非像对上市公司的审计报告一样对企业是否在所有重大方面按照企业会计准则的规定编制发表意见，因此不需要承担审计责任。这种矛盾就是审计执行机构的责任划分不明确所导致的。

9.经管站队伍问题。

（1）乡镇经管站编制较为混乱，待遇较低。目前，在乡镇经管站，许多真正在做事的人没有正式编制，而有的编制又被其他人占用，编制十分混乱。并且根据我们的调研，目前海淀区海淀镇经管站的王站长和温泉镇的金站长都还是工人编制，大大挫伤了其工作积极性。同时，乡镇经管站的人员工资待遇也偏低。并且经管站的知名度也较低，这就导致无法吸引优秀的专业人才，部分年轻人在工作上手后就另谋高就了，人员的流动性很大，这就使得经管站队伍缺乏稳定性。

（2）负责审计工作的人员专业性不强。根据问卷统计的结果，目前区级经管站负责审计工作的人员有53.85%都不是会计、审计专业出身的，而在乡镇层面，这一比例为52.72%。然而，审计工作的特性决定了审计人员必须具备丰富的审计、会计、法律等专业知识，如果负责审计工作的人员不是专业出身，而自身也没有系统学习过相关知识，那么，就很难很好地胜任工作，真正查出问题。这也是目前越来越多乡镇经管站开始聘请事务所进行审计的原因。但是，若经管站人员自身的专业素质不够，那么在聘请事务所进行审计的情况下，也不可能对事务所进行较好的质量控制。因此，负责审计工作的人员专业性不强导致的结果是十分严重的。

实际上，负责审计工作的人员应该是在会计、审计方面很专业，同时还应了解合同制度、三资管理制度等相关的政策法规的综合型人才。

（3）缺乏激励制度。目前，对于经管站人员缺乏一定的激励制度，主动思考、加强工作完全靠每个人自身的觉悟。而有些能力强、工作踏实、认真负责的人员在出色地完成了本职工作的时候，被认为是理所当然的，而若在某些事情的处理上出现了差池，却会受到惩罚。这种奖惩措施不对称，缺乏激励制度的情况一方面会打消所有员工的工作积极性，另一方面会挫伤认真负责的员工的感情，对于经管站的队伍建设是十分不利的。

（二）需探讨的问题。

1.农村集体经济审计的性质。

（1）农村集体经济审计的定位。

①农村集体经济审计应该是外部审计。在2001年1月国际内部审计师协会（IIA）发布的新版的《国际内部审计专业实务框架》中，内部审计全新定义为：内部审计是一种独立、客观的确认和咨询活动，旨在增加价值和改善组织的运营。它通过应用系统的、规范的方法，评价并改善风险管理、控制及治理过程的效果，帮助组织实现其目标。而在2003年6月，中国内部审计协会发布《内部审计准则》，做出定义："内部审计是指组织内部的一种独立客观的监督和评价活动，它通过审查和评价经营活动及内部控制的适当性、合法性和有效性来促进组织目标的实现。"

可见，内部审计是由各部门、各单位内部设置的审计机构，在部门或单位负责人的领导下对本部门、本单位的财政收支及各项经济活动的真实性、合法性和效益性所实施的审计；而农村集体经济审计所审计的部门和单位不是经管站及其所属下属单位和部门，而是有关审计机构在同级农业行政主管部门主要负责人领导下开展工作，而不是在被审计者主要负责人领导下开展工作，审计人员也不是被审计单位的组成人员。因此，农村集体经济审计应该是外部审计。

②农村集体经济审计兼顾了社会审计和国家审计的性质。目前，我国农村集体经济审计应该归属于社会审计还是国家审计尚未有明确的界定，原因主要是由于当前我国农村治理结构没理顺，村委会和村集体经济组织是"两块牌子，一套人马"，这就导致我国农村集体经济的会计体系是混乱的。村委会的性质类似于政府机构，其主要目标是妥善管理本村的公共事务和公益事业，维护农村社会和谐稳定。村集体经济组织的性质类似于现代企业，是以营利为目的的。若村委会与村集体经济组织的账务是分开的，那么对村委会的审计则主要是一个收支合规性审计，应该划归为政府审计，由审计局管，而审计局可以委托经管站进行审计。对村集体经济组织的审计应该类似于企业的报表审计，应该划归为社会审计，即由注册会计师进行审计，主要是对其财务报表的真实性、公允性发表意见。由于目前北京市大部分农村地区村委会与村集体经济组织的账务还是合一的，这就导致了农村集体经济审计兼顾了社会审计和国家审计的性质。

（2）农村集体经济审计的目标。《注册会计师审计准则》第十八条规定："审计的目的是提高财务报表预期使用者对财务报表的信赖程度。这一目的可以通过注册会计师对财务报表是否在所有重大方面按照适用的财务报告编制基础编制发表审计意见得以实现。就大多数通用目的财务报告编制基础而言，注册会计师针对财务报表是否在所有重大方面按照财务报告编制基础编制并实现公允反映发表审计意见。"而《国家审计准则》第六条规定"审计机关的主要工作目标是通过监督被审计单位财政收支、财务收支以及有关经济活动的真实性、合法性、效益性，维护国家经济安全，推进民主法治，促进廉政建设，保障国家经济和社会健康发展。真实性是指反映财政收支、财务收支以及有关经济活动的信息与实际情况相符合的程度。合法性是指财政收支、财务收支以及有关经济活动遵守法律、法规或者规章的情况。效益性是指财政收支、财务收支以及有关经济活动实现的经济效益、社会效益和环境效益。"

既然农村集体经济审计既有社会审计的特点又有国家审计的特点，那么其目标也应该兼顾这两类审计的目标。因此，农村集体经济审计的目标应该有如下两个：

一是通过监督被审计单位的财务收支及有关经济活动的真实性、合法性、效益性进行审查，并评价其经济责任，对审查结果做出公正结论，以达到严肃财经纪律、改善农村财务管理、提高经营管理水平、维护集体经济组织利益和农民合法权益的目的。

二是针对财务报表是否在所有重大方面按照财务报告编制基础编制并实现公允反映发表审计意见。

2.各类审计项目的审计组织机构界定。

（1）审计项目分类。根据调研结果，目前北京市各区开展的农村集体经济审计主要包括新型集体经济组织年度审计、村级组织正常运转专项补助资金审计、征地补偿费管理使用情况审计、会计委托代理机构资金监管情况审计、农村干部任期经济责任审计、货币资金专项审计、村级预决算管理专项审计、信访问题审计、财务收支审计、收益分配审计、基建项目审计以及三公经费和专项资金审计。根据各审计项目的性质，我们可以将上述审计项目分为五大类：一是新型集体经济组织审计，包括年度审计和专项审计，其中专项审计又包括征地补偿费管理使用情况审计、货币资金专项审计、村级预决算管理专项审计、财务收支审计和收益分配审计；二是政府下拨的专项资金审计，包括村级组织正常运转专项补助资金审计、基建项目审计及三公经费和专项资金审计；三是农村干部任期经济责任审计；四是财经法纪审计即信访问题审计；五是会计委托代理机构资金监管情况审计。

（2）各类审计项目的审计组织机构及其审计依据。

①新型集体经济组织审计。

a.由所有者聘请第三方审计机构监督管理者的审计监督手段尚未实现。从理论层面而言，村集体经济组织目前大多存在着所有权与经营权相互分离的现象。由于所有者——村民股东不直接参与生产经营活动，无法对管理者——村集体经济组织董事长在经营过程中的行为进行实时监督，因此所有者和管理者之间存在着信息不对称的现象。为了消除这一现象可能给所有者带来的损失，独立于所有者和管理者的第三方审计机构应运而生。由委托代理理论可知，希望能够通过开展审计业务来监管管理者行为的主体应当是所有者，即村民股东，但从实际情况来看，目前这种审计监督手段并未能实现。

这主要是由于村民股东的特殊性。村集体经济组织中的村民股东具有人数多、人均股份少、文化水平普遍偏低的特点，力量相对薄弱的村民股东对于保障自身知情权、参与权等合法权益的渠道了解也并不全面。在当前阶段，村民股东是否能够在委托事务所对新型村集体经济组织进行监管这一方式上达成一致意见，是否能够挑选具有独立性和专业能力的事务所，是否能够看懂审计报告，是否能够针对审计中所发现的问题进行相应的处理等方面，都是需要考虑的因素。

b.政府对村集体经济组织进行审计监督的必要性及合理性。从必要性而言，虽然新型村集体经济组织内部已形成股东大会、董事会及监事会的治理结构，但由于组织现仍处于初创和过渡阶段，公司治理结构只是初步搭建起来，并未能真正发挥监管效力，因此新型村集体经济组织不能完全等同于已经有较长发展历程的现代企业。其现在还不具备独立参与市场经济的实力，仍需要在政府的领导、帮扶和保护下发展，因此也要受到政府的监督和管理。

从合理性而言，村集体经济组织接受政府相关部门的审计监督有相关法律法规的规定。农业部《农村集体经济组织审计规定》（农业部〔2007〕令第6号）第三条中明确指出："县级以上地方人民政府农村经营管理部门负责指导农村集体经济组织的审计工作，乡级农村经营管理部门负责农村集体经济组织的审计工作。"《北京市农村集体经济审计条例》第三条规定："市和区、县人民政府农村工作主管部门是本行政区域内农村集体经济审计工作的主管机关，日常工作由同级农村合作经济管理部门负责。"且第十五条又规定："根据法律、法规的规定或者必要时，农村合作经济管理部门可以对合作社及其所属企业事业单位进行审计。"

综上，从实际出发，由于村民股东的特殊性，不能委托第三方审计机构对村集体经济组织的管理者进行审计监督，因此，依据法律法规的规定，新型集体经济组织审计应由各级农村经营管理部门负责，即各级经管站。

②政府下拨的专项资金审计。毋庸置疑，政府下拨的专项资金，无论是村级组织正常运转专项补助资金，还是公共投资基础建设项目审计或三公经费审计，都应该归属于国家审计。政府作为资金的所有者和项目的投资者，有权利对资金的使用情况进行审计。故政府下拨的专项资金审计的审计组织机构应该为国家审计机关。

③农村干部任期经济责任审计。根据权力制衡理论，领导干部掌握了权力就必须接受监督，这是避免出现绝对权力和权力滥用的唯一方式，而村干部作为村集体经济组织的领导，对其进行经济责任审计就是一种权力监督的方式。

根据委托代理理论，中国共产党是我国的执政党，党和人民群众的利益是一致的，党和政府始终要求领导干部承担起应承担的各项责任也包括经济责任，并通过各项规章制度要求领导干部将自己的管理行为进行记录和计量，定期报告。这其中也包括领导干部要对其所承担经济责任履行情况的报告。社会公众所需要的监督，党和政府对领导干部的要求，都需要一个独立的有资质的机构进行监督和检查，这些检查内容繁杂，由于社会公众人数众多，大多数人并不具备相应的专业技能，没有足够的时间和精力，就必须有一个代表社会公众利益的独立机构来实施检查，而这样的机构又必须符合人民群众的利益。在我国现阶段，有能力进行经济责任监督的只有各级国家审计机关。具体到村干部经济责任审计中，委托人主要指村民，受托人村委会和村党支部的领导干部，进行监督检查的第三者是独立于委托人和受托人的国家审计机关。

因此，实际上农村干部任期经济责任审计应该属于国家审计的范畴，其审计组织机构应该为国家审计机关。

④财经法纪审计。财经法纪审计是对国家政府机关和企事业单位严重违反财经法纪的行为所进行的专案审计。财经法纪审计的重点是审查和揭露各种舞弊、侵占各种社会主义资财的事项。财经法纪审计既可以单列一类，又可以认为是财务收支审计中的特殊一类。因为进行财经法纪审计要涉及财务问题，而进行财务审计又必然要涉及法纪问题。一般是在财务审计中，对案情比较重大的违反法纪的事件专门立案审查。而对于农村的财经法纪审计，主要是在地方纪委接到农民群众的上访举报后进行的专案审计，也应该属于国家审计的范畴。

⑤会计委托代理机构资金监管情况审计。会计委托代理机构资金监管情况的审计对象是会计委托代理机构而非村集体经济组织。就会计委托代理机构而言，其是在市、区农业主管部门的指导下，依托乡镇经管站，在乡镇内部设立会计委托代理服务机构，负责所辖行政村的委托代理记账，接受乡镇人民政府和区农业行政主管部门的业务指导和监督。监督手段之一就是对会计委托代理机构资金监管情况进行审计。因此，这实际上是一种内部审计。由于会计委托代理机构监管的资金是村集体经济组织的资金，因此，这项内部审计的工作通常由乡镇经管站负责。

（3）经管站对各类审计项目的审计依据。综上，从理论层面而言，直接由经管站负责的审计项目有新型集体经济组织审计和会计委托代理机构资金监管情况审计；而对于政府下拨的专项资金审计、农村干部任期经济责任审计及财经法纪审计，都属于国家审计，如果由经管站作为审计组织机构，应该是政府相关部门委托其开展审计。

三、完善北京市农村集体经济审计体制的对策建议

（一）理顺审计整体流程。在审计任务下达阶段，不同类型的审计任务应该由不同的领导部门下达，一般审计任务是由上级经管站下达，专项审计任务则是由审计局或财政局委托乡镇经管站或审计科实施，专案审计是由纪检委委托乡镇经管站或审计科实施。在审计执行阶段，乡镇经管站或审计科可以自己执行审计工作也可以聘请事务所执行。在审计结果上报阶段，出于实际操作可行性与工作便利性的考虑，事务所可以将出具的审计报告交由乡镇经管站，乡镇经管站再将全镇（乡）的汇总审计结果上报给乡镇政府领导班子，但是为避免乡镇经管站对实际审计结果有所隐瞒，在上报汇总报告的同时，应附上所有事务所出具的审计报告原件。除此之外，乡镇经管站还须将汇总报告上报给对其审计工作下达或委托的上级领导部门。并且整个审计过程应该有一个专门的审计监督小组进行监督，这个小组可以设在市级，也可以设在区一级。具体流程图参见图11。

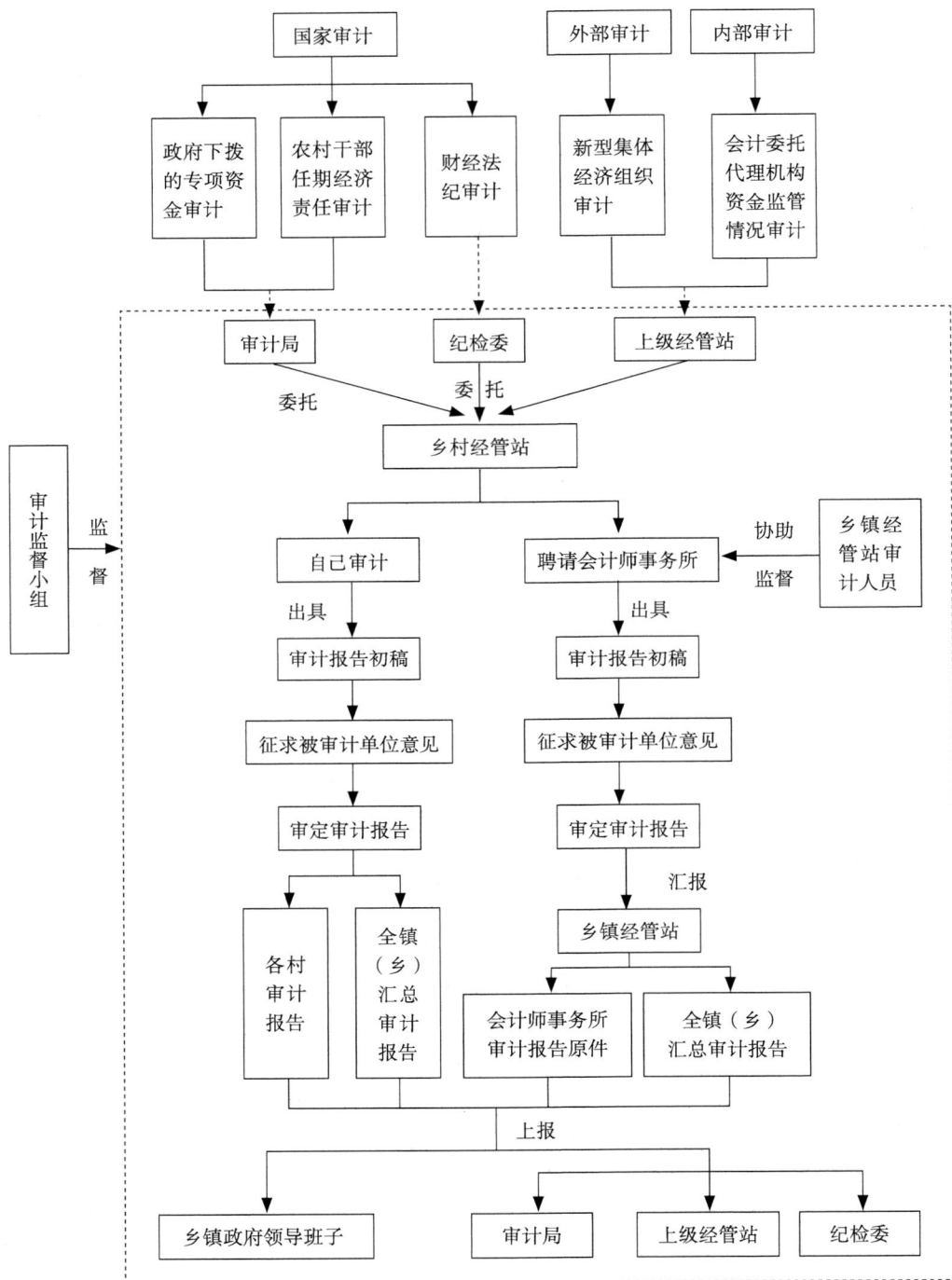

图11 审计整体流程图

（二）完善审计相关制度建设。

1.需对《北京市农村集体经济审计条例》进行修订。

（1）增加对以各级经管站为审计主体的外部审计的规定。

根据农业部办公厅颁布的《农村集体经济组织审计规定》第三条中的规定"县级以上地方人民政府农村经营管理部门负责指导农村集体经济组织的审计工作，乡级农村经营管理部门负责农村集体经济组织的审计工作"，明确了各级经管站的审计职能，这是符合农村审计实际情况的。

而目前《北京市农村集体经济审计条例》（以下简称《条例》）中主要是对农村集体经济组织设立审计机构实施内部审计进行了规范，而缺少对以各级经管站为审计主体的外部审计的规定，这是与当前的实际情况不相适应的。从目前全市的情况来看，由于农村集体经济组织还未能达到许多大型企业的发展程度，其治理结构、机构设置均未十分完善，且其自主审计监督的意识也较为欠缺。因此，其内部审计机构很难发挥应有的作用。并且，内部审计只是集体经济组织内部监督管理的一个手段，内审机构只对集体经济组织的治理层负责，经管站无权要求其报告审计结果。

因此，当前最有效的审计监督手段是以经管站为审计主体的外部审计。为了进一步加强经管站审计对于监督农村集体经济的作用，须在《条例》中明确各级经管站的职权和任务，以及其具体应该如何开展审计工作。

（2）赋予乡镇经管站审计的职权。《条例》第三条规定："市和区、县人民政府农村工作主管部门是本行政区域内农村集体经济审计工作的主管机关，日常工作由同级农村合作经济管理部门负责。"其中并未赋予乡镇经管站执行审计工作的职权。而实际上，乡镇经管站作为处于一线的农村集体经济管理机构，是审计工作的具体实施者。没有相关的规章条例对其职能予以界定，其工作的开展会存在一定的障碍。因此，在《条例》中应该明确乡镇经管站审计的职权，使其工作的开展有法可依，有章可循。

2.各区、乡镇可结合本地区的实际情况制定相应的制度规范。目前，一些较为重视审计工作的区、乡镇已经制定了一些适用于本地区的制度规范，如房山区起草了《关于进一步加强农村集体经济审计工作的意见》《农村集体经济审计操作规范》《房山区"在线审计"系统维护和使用管理规定（试用）》；朝阳区研究制定了《朝阳区乡级集体经济组织审计工作方案》《朝阳区乡级集体经济组织审计操作程序》《朝阳区乡级集体经济组织评价标准及内容》；大兴区起草完成了《大兴区关于加强村级组织负责人经济责任审计的实施意见》；海淀区制定了《海淀区农村集体经济审计工作意见》；顺义区出台了《顺义区农村集体经济审计实施细则》《农村集体经济审计监督制度》《顺义区村级公益事业专项补助资金暂行管理办法》《顺义区村级公益事业专项补助资金管理使用实施细则》《关于顺义区农村经济在线审计推广项目的实施方案》《顺义区开展村级公益事业建设一事一议财政奖补试点工作实施方案》，这些都是很有益的尝试。各区、乡镇制定的地方性规范是指导农村实际审计工作开展的直接依据，是十分重要的。各区、乡镇可更多地结合本地区的实际情况制定全面的审计项目操作和审计工作管理方面的规范，使得审计工作的开展更加规范、更加顺畅。

（三）提高对审计重要性的认识。

1.各区、乡镇审计工作的主管领导应该为正职领导。各区、乡镇是具体负责审计工作的主力军，为便于审计部门与其他各部门的协调配合，应由正职领导作为审计工作的主管领导。在区级层面，经管站审计科应由区经管站的站长主管。乡镇的审计工作也应直接由乡镇长、乡镇纪委书记等领导主管。市级层面由于主要负责对审计工作进行业务指导，因此可以不由单位正职直接主管审计工作。

2.加强各区、乡镇主要领导对审计工作的重视。虽然目前北京市各区、乡镇在同级党委、政府领导下，建立了纪检、监察、财政、审计等部门参与的协调联动工作机制，但对审计工作的重视不应仅仅停留在工作机制的制定上，而应该落实到实处。具体而言，就是各区、乡镇政府要从机构设置、人员配置、经费支持、制度制定以及审计方式创新等各个方面大力推进审计工作。有条件的乡镇可以设立独立的审计科；对于聘请事务所执行审计，区、乡镇的财政应给予大力支持；各区、乡镇应积极探索出台适应于本地区实际情况的制度规范等等。这些行为才是真正体现了对审计工作的重视。

3.区分会计控制与审计控制的概念，不能因会计控制的完善而忽视审计控制。会计控制作为内部控制的一个方面，是指会计部门通过财务法规、财务制度、财务定额、财务计划目标等对日常财务活动、现金流转进行指导、组织督促和约束，确保财务计划或目标得以实现。目前经管站实行的村账托管、支出审批、凭证管理、票据管理等制度均属于会计控制的范畴。而审计控制又分为对内部控制的审计和对财务报表的审计，其中对内部控制的审计是评价内部控制的设计是否完善且现有的内部控制制度是否得到有效的执行，是对内部控制的再控制。因此，一定不能因为会计控制已经十分完善了而忽视审计控制这道对会计控制的再控制。

4.加强审计经费的配给。毋庸置疑，聘请事务所进行审计无论是从审计独立性而言还是审计专业性而言都更优于经管站自己审计，然而，聘请事务所审计所面临最大的问题就是审计经费。根据问卷统计结果，区级审计人员中53.85%认为审计经费应该全部由乡镇负担，30.77%认为应由区和乡镇共同负担，15.38%认为应全部由区负担；乡镇审计人员中52.54%认为应全部由区负担，39.55%认为应由区和乡镇共同负担，7.91%认为审计经费应该全部由乡镇负担。结合实地调研结果，原则上应采用区和乡镇共同负担的模式，各区视辖区内各乡镇经济水平的不同，在不同程度上对其审计经费给予补助。经济发达的乡镇审计经费可以完全由乡镇负担，经济条件较差的乡镇，又确有聘请事务所进行审计的需求，区里可以全额负担其审计经费。

（四）加强审计队伍建设。

1.提高审计队伍专业素质。

（1）选聘专业人才，充实审计队伍。无论是市级、区还是乡镇的农经部门在招聘管理审计工作的人员时，应多考虑其专业素质，最好是会计、审计等相关专业毕业的，接受过系统的专业学习。这样，一方面在审计工作的开展时能够抓住重点，另一方面能够对事务所进行有效的监督。

（2）加强对审计人员的培训。针对目前很多经管站审计人员不是专业出身的情况，为了提高审计队伍素质，无论是市、区还是乡镇经管站的人员都需要进行培训。并且，根据问卷统计结果，94.39%的审计人员都表示自己还需要接受更多的培训。而就培训的内容而言，根据需要程度高低依次为：实际审计工作中发现的典型问题（89.73%），会计、审计方面最新政策法规解读（81.08%），会计、审计基础知识（71.89%）及各级经管站制订的审计工作指南（55.68%）。

2.提高审计队伍稳定性。为了提高审计队伍的稳定性，首先应该规范编制，在经管站内有实际工作的人员应确保其有正式的编制；其次，应该适当提高审计人员的待遇；最后，应当制定激励机制，对于工作踏实认真，善于思考问题，能拿出一定工作成果的人员应当给予一定的奖励。

（五）改革审计机构设置以加强审计独立性。

1.在市级层面设立一个独立的主管审计的机构。市农经办应单独设置一个审计处，审计处独立负责与农村集体经济审计相关的工作。为便于审计处与其他各部门的协调配合，主管审计处的领导应该为市农经办的主任。该审计机构主要有如下几个职能：

（1）制定及完善北京市农村集体经济审计的相关制度和条例；

（2）派出审计质量控制小组抽查审计工作底稿、审计报告，观察、检查审计执行情况；

（3）检查各区、乡镇对于市里安排的审计工作的落实情况；

（4）检查各区、乡镇对于审计结果的运用情况；

（5）对于区、乡镇普遍存在的长期无法解决的问题或值得探讨的问题进行研究，制定解决措施。自己解决有困难的，可以组织专家学者进行研究讨论；

（6）根据需要，针对有重大漏洞的、风险较高的项目组织全市性重点审计；

（7）组织各区、乡镇经管站人员进行培训。

2.区经管站应该有独立的审计科。在区级层面，经管站应该设置独立的审计科，由区经管站站长主管。审计科的职责主要有：

（1）按照市里安排的审计任务组织开展审计工作；

（2）根据本区的需要组织开展审计工作；

（3）制定及完善本区农村集体经济审计的相关制度规范；

（4）检查各乡镇审计工作的落实情况；

（5）检查各乡镇对于审计结果的运用情况；

（6）组织各乡镇经管站人员进行培训；

（7）在事务所审计过程中进行现场观察、检查；

（8）抽查事务所出具的各村审计报告。

3.乡镇经管站应该有独立的审计人员。

在乡镇层面，成立独立的审计科无疑是审计独立性最理想的一种情况，有专职的人员组织安排审计工作，在聘请事务所审计时可以监督事务所的工作，遇到临时的突发性审计工作也可以自己执行。独立的审计科可以只设科长一个正式编制，其他协助科长工作的员工可以是临时编制，这样就解决了设置审计科将面临编制不足的问题。但是部分没有条件设置独立审计科的乡镇还是可以由乡镇经管站负责审计，但经管站中应该有独立的审计人员，确保审计工作能够落实到人。

该审计人员的职责有：

（1）按照市、区安排的审计任务组织开展审计工作；

（2）根据本乡镇的需要组织开展审计工作；

（3）制定及完善本乡镇农村集体经济审计的相关制度规范；

（4）常规审计中指导、协调事务所的工作；

（5）自己执行突发性审计工作；

（6）日常执行在线审计（包含村集体经济组织及其下属公司）；

（7）对事务所实施事前、事中、事后质量控制；

（8）检查各村的整改情况。

4.推广采用乡镇经管站（或审计科）+事务所审计的模式。在意向调查中，72.43%的乡镇经管站人员都认为应采用乡镇经管站（或审计科）+事务所审计的模式，且这一模式确实能弥补目前乡镇经管站人员审计专业性方面的不足，因此建议在全市推广该模式，每年由市、区级规定的常规审计项目聘请事务所进行审计，一些临时性的突发项目可由乡镇经管站或审计科自己实施审计。但是，在事务所审计的过程中，经管站审计人员要起到协调、配合、监督等作用，切不能一味信赖事务所的审计质量而不过问审计执行的情况。

（六）加强对审计的质量控制。

1.加强审计事前控制。

（1）提高审计人员的素质以增强审计质量。

①对各级经管站审计人员进行培训。虽然目前无论是市级还是区级都会定期组织对经管站人员的培训，但是培训是否真正取得了成效还存在一定的疑问。对经管站人员的培训一定要注意以下两点：一是将审计出来的问题汇总作为案例编成培训教材，提示审计人员这些是未来也可能出现的风险点；二是在培训结束后要对参加培训的人员进行考试，考试结果向其单位通报。

②对事务所的人员进行培训。市里或者区应该统一组织受聘的事务所进行培训，毕竟大多数事务所的工作人员对于农村的财务情况了解得还是较少，且村集体经济组织会计制度与企业会计制度也存在一定差别，接受一定的专业培训还是很有必要的。市农经办与区经管站可以采用由内部专业人员讲授的方式，也可以采用聘请高校的专家举行讲座的方式。对于事务所人员的培训也需进行考试，考试不合格的事务所取消其承接审计业务的资格。

（2）规范事务所的选聘与更换以控制审计质量。在意向调查中，77.09%的乡镇经管站都表示希望市里或区里确定一个可供选择的事务所的名单，而由于各区、乡镇的情况差异较大，由市里统一确定名单可能不太符合各区的要求，因此最好由各区经管站在考评各事务所资质的基础上，制定一个本区可供选择的事务所的名单，各乡镇经管站可在该名单范围内自主选择合适的事务所，对于资产体量较大、审计费用较高的乡镇应采取招投标的方式选聘事务所。

出于对审计独立性的要求，参照证监会《关于证券期货审计业务签字注册会计师定期轮换的规定》"签字注册会计师连续为某一相关机构提供审计服务，不得超过五年。"各乡镇应定期更换会计师事务所或者审计项目组，以此来防范长期由同一批审计人员审计相同的村而形成较密切的关系，进而影响审计的独立性的情况。这也是对审计质量进行控制的一种手段。

2.区经管站在审计实施过程中进行突击检查以加强审计事中控制。无论是事务所实施审计还是乡镇经管站实施审计，区经管站负责审计工作的人员都应该在审计实施的过程中，随机选择且不事先通知审计执行机构，在现场对其工作进行观察、检查。

3.加强审计事后控制。

（1）相关部门抽查审计底稿。中国注册会计师协会关于《会计师事务所执业质量检查制度》的文件中第九条规定："注册会计师协会每年应组织开展事务所的执业质量检查。证券所及其分所每三年内应当至少接受一次执业质量检查，其他事务所每五年内应当至少接受一次执业质量检查。"第十八条规定"注册会计师协会应当建立相对稳定的兼职检查人员队伍；有条件的地方可以建立专职检查人员队伍，并对检查人员进行必要的培训。"

对审计底稿的抽查是一项很重要的事后控制措施，而由谁来执行这项工作是我们需要探讨的。第一种方案是由区经管站审计科的人员进行抽查。这种方案是目前最容易实施的，但审计科人员专业性不足会导致抽查不能发现问题。第二种方案是在市级层面成立一支专门监督审计执行机构的队伍进行抽查。这种方案的优点是队伍中的人员专业性有保证，但缺点是人员编制很难解决，想要真正组建一支队伍所需时间较长。第三种方案是聘请事务所的人员来抽查。这种方案的优点是抽查人员的专业性毋庸置疑且聘请事务所人员的方案很容易实现，但缺点是经费问题以及事务所人员之间可能存在互相包庇的现象。

（2）上级经管站抽查审计报告。为避免审计结果层层汇总上报导致信息逐层减少的情况，市级和区经管站都应该对存放在乡镇经管站的第一手审计报告进行抽查，看看是否存在较为重大但没有向上级汇报的问题存在。

（七）加强对审计结果的运用。

1.审计结果分类。对于审计出来的结果应该先分清是属于什么性质的问题，如是涉及会计记账的问题，还是由于制度不完善导致处理不规范的问题，还是涉及舞弊存在风险的重大问题等，对于不同的问题，应有不同的处理方法。

2.全方位、多角度运用审计结果。如图12所示，对于不同的审计结果，我们需要进行全方位、多角度的运用。首先，对审计结果应制定一定的奖惩措施。审计出来做得特别规范的

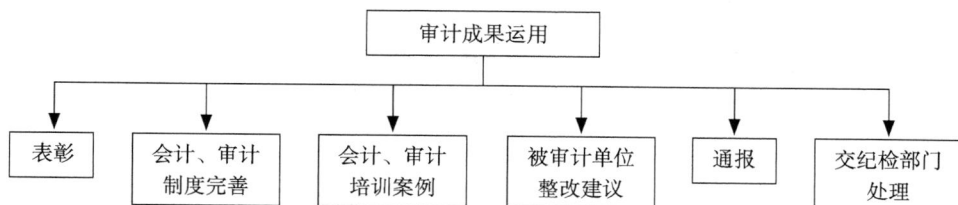

图12　审计成果运用示意图

村应给予表彰，而存在较大问题的村则应通报批评。其次，对于审计出来的问题，如果是由于制度不完善导致处理不规范的问题应该用于经管站内部管理以及会计、审计等制度的完善；对于被审计单位账务存在的一些问题应该向其提出整改建议，对于涉及舞弊存在风险的重大问题，应交由纪检部门处理。而所有在审计过程中发现的有价值的问题都应当集中起来，作为案例用于培训经管站及事务所的人员。

3.审计结果公开。目前，北京市农村集体经济审计结果是不向广大农民群众公开的，而国家审计、社会审计的审计结果均是需要向利益相关者公开的。

根据《中华人民共和国国家审计准则》第一百五十七条规定："审计机关依法实行公告制度。审计机关的审计结果、审计调查结果依法向社会公布。"而第一百五十八条具体规定："审计机关公布的审计和审计调查结果主要包括下列信息：（1）被审计（调查）单位基本情况；（2）审计（调查）评价意见；（3）审计（调查）发现的主要问题；（4）处理处罚决定及审计（调查）建议；（5）被审计（调查）单位的整改情况。"而根据《公司法》第一百六十四条规定："公司应当在每一会计年度终了时编制财务会计报告，并依法经会计师事务所审计。"第一百六十五条规定："有限责任公司应当依照公司章程规定的期限将财务会计报告送交各股东。股份有限公司的财务会计报告应当在召开股东大会年会的二十日前置备于本公司，供股东查阅；公开发行股票的股份有限公司必须公告其财务会计报告。"需要说明的是公司的财务会计报告中是包含会计师事务所出具的审计报告的，因此，审计结果是需要向股东甚至公众公布的。并且，《中国注册会计师审计准则第1501号——对财务报表形成审计意见和出具审计报告》的最新修订意见中指出，审计报告中除了要说明管理层对财务报表的责任、注册会计师的责任、审计意见外，还需列出关键的审计事项。而农业部办公厅《农村集体经济组织审计规定》第十四条规定："农村集体经济组织审计机构审定审计报告，作出审计结论和决定，通知被审计单位和有关单位执行，并向农民群众公布。"但并未规定应公布的具体内容。

因此，无论是参考哪个准则或文件的规定，审计结果都应该公开，但是出于对公开后可能会带来的影响社会稳定的情况，具体需要公开哪些内容，公开到什么程度还需要进行进一步的探讨。

第三部分　审计机制创新研究

一、北京市农村集体经济审计机制现状

（一）审计工作制度现状。

1.北京市农村集体经济审计工作制度建设概况。在审计工作制度方面，北京市最主要的就是1997年1月16日北京市第十届人民代表大会常务委员会第三十五次会议通过并于2010年12月23日北京市十三届人大常委会第22次会议修订的《北京市农村集体经济审计条例》，各

个区的审计工作方案都是基于该条例制定的。《北京市农村集体经济审计条例》中主要对农村审计的审计机构、审计机构的任务和职权、审计程序、审计过程中审计人员与被审计单位的法律责任等方面进行了规定。为贯彻落实《北京市农村集体经济审计条例》，市农经办制定出多项配套制度，农经审计工作制度体系逐步建立完善。

2.各区农村集体经济审计工作制度建设概况。为保障审计年各项工作顺利开展，各区相继出台、修订了一系列制度、办法和政策意见，农村审计工作制度体系不断建立健全，为保障审计工作质量奠定了坚实的基础。石景山修订了《集体经济系统内部审计工作实施办法》和《集体经济系统负责人任期经济责任审计实施办法》。海淀区对《农村集体经济审计工作意见》进行了修订完善，制定了系列规范性文件，建立了审计情况分析和审计结果报告制度，完善了案件线索移送制度，建立和完善审计跟踪回访制度，积极稳妥地推行审计结果公告制度。房山区制定了《关于进一步加强农村集体经济审计工作的意见》和《农村集体经济审计操作规范》，同时根据有关法规、制度规定，结合农村实际，积极推行农村集体经济审计工作情况报告、审计意见反馈、落实结果回查、案件线索移送四项制度。大兴区制定了《大兴区关于加强村级组织负责人经济责任审计的实施意见》。

为了保障审计结果得到有效的运用，各区采取了多项举措，如海淀区下发了《关于进一步加强审计整改工作的通知》，明确了责任主体、整改重点和整改落实要求；丰台区制订了审计项目回访制度；通州区和朝阳区建立了整改事项工作台账和整改进度定期汇报制度；房山区建立了审计整改工作联席会议机制、审计整改跟踪检查机制、审计整改督察机制、审计整改报告机制等四项机制。

（二）审计内容与审计频率。

1.审计内容。

农村集体经济审计的内容主要是对各项内部控制制度的检查，例如财务管理制度的建设情况、专项资金管理情况、民主监督情况等；审计的重点是财务收支的合法合规性；具体审计项目集中于各项专项审计，例如征地补偿费管理使用情况审计、村级组织正常运转专项补助资金管理使用情况审计等。下面进行具体介绍。

（1）北京市农村集体经济审计内容现状。

《北京市农村集体经济审计条例》中规定了合作社审计的内容，主要有以下几个方面：财务管理等内部控制制度；财务收支计划执行情况；财务会计报表、凭证、账簿的完整性、真实性和合法性；集体资产、负债、损益；建设项目的预算、决算及投资效益；承包费、租金、土地征用补偿费、公积金、公益金及其他收入的收支情况；村提留、乡统筹费，义务工、积累工、以资代劳资金的提取使用和管理情况以及其他农民负担；决算及收益分配；其他需要审计的事项。

各乡镇根据《北京市农村集体经济审计条例》的规定，结合自身实际，对本乡镇农村集体经济审计内容进行规范。我们选取了海淀区温泉镇、昌平区沙河镇和朝阳区太阳宫乡这几个示例乡镇作为代表，其审计内容如表6所示。

从表6可以看出，目前北京市农村审计的内容主要是对集体经济组织的内部控制制度的检查以及各项财务收支合法合规性的检查。

表6　北京市示例乡镇农村集体经济审计内容汇总表

	海淀区温泉镇	昌平区沙河镇	朝阳区太阳宫乡
农村集体经济审计内容	财务管理制度的建立及执行情况； 财务预算执行情况； 财务会计报表、凭证、账簿的完整性、真实性和合法性； 资产、负债、损益、分配情况； 承包金、租金、土地征用费等资金费用的收入、管理、使用情况； 上级扶持资金、物资的管理使用情况； 工程建设项目的财务情况； 农村集体经济组织及其所属单位负责人的任期经济责任； 其他需要审计的重要事项。	集体收支情况； 集体资产变动情况； 合同协议； 债权债务管理； 基础设施建设情况； 专项资金管理； 民主理财； 财务公开。	财务管理等内部控制制度； 财务收支计划执行情况； 财务会计报表、凭证、账簿的完整性、真实性和合法性； 集体资产、负债、损益； 建设项目的预算及投资收益； 承包费、租金、土地征用补偿费、公积金、公益金及其他收入的收支情况； 年终决算及收益分配情况； 其他需要审计的事项。

（2）北京市农村集体经济审计工作重点。根据集体经济发展新形势和新特点，2015年北京市重点安排了新型集体经济组织经营效益、村级组织正常运转资金管理使用情况、征地补偿费管理使用情况、会计委托代理机构资金监管情况和村干部任期和离任经济责任五项全市性审计工作，为完成好"集体经济审计年"各项审计工作，市农经办分别下发了《关于对2014年新型集体经济组织进行年度审计的通知》（京农经〔2014〕68号）、《关于对2014年村级组织正常运转专项补助资金管理使用情况进行年度审计的通知》（京农经〔2014〕69号）、《市农经办关于开展2014年度农村集体经济组织征地补偿费管理使用情况审计的通知》（京农经〔2015〕9号）、《市农经办关于开展会计委托代理机构资金监管情况审计的通知》（京农经〔2015〕32号），对四项审计的审计对象和范围、审计工作重点等进行了明确界定，如表7所示。

表7　北京市各项审计对象和审计工作重点汇总表

	新型集体经济组织年度审计	村级组织正常运转资金管理使用情况审计	征地补偿费管理使用情况审计	会计委托代理机构资金监管情况审计
审计对象及范围	乡镇级新型集体经济组织为必审单位，村级新型集体经济组织抽查审计。	审计对象为全部行政村。 审计范围为： 市、区（县）财政拨付的用于村级固定干部补贴、办公经费和五保户供养资金； 全面免征农业税及其附加以后，市（区）财政按照2003年农业税附加实际征收数额给予的补助资金； 市区（县）财政拨付的村级公益事业专项补助资金。	2014年涉及征地补偿事项的农村集体经济组织和2014年年初征地补偿费有结余的农村集体经济组织。	接受村级集体经济组织委托从事"账款双托管"的会计委托代理机构。

（续表）

	新型集体经济组织年度审计	村级组织正常运转资金管理使用情况审计	征地补偿费管理使用情况审计	会计委托代理机构资金监管情况审计
审计重点	2014年新型集体经济组织的经营状况；2014年新型集体经济组织的集体资产增减变动情况；2014年新型集体经济组织的其他情况；有无违纪违规问题。	公益事业补助资金调增50%后，各区是否结合本地区情况，分类、分档制定具体保障标准，落实到村；专项补助资金是否及时、足额拨付到村，有无区、乡镇截留和挪用；专项补助资金的使用是否合理，是否专款专用；专项补助资金财务管理是否规范正确；专项补助资金是否坚持村务公开制度；村级填报的2014年村级组织正常运转专项补助资金使用情况表是否正确，有无错报。	资金到位情况；专户存储情况；专账管理情况；资金使用情况；程序履行情况；审计过程中发现的其他问题。	银行账户和印鉴管理情况；资金核算情况；资金监管制度建立与执行情况；大额资金使用报批程序履行情况。

从表7可以看出，北京市农村集体经济审计项目侧重于对集体经济的财务收支的合法合规性的检查，而不是对财务报表公允性发表意见。

（3）北京市各区农村集体经济组织审计项目概况。各区在安排好五项全市性审计工作的前提下，结合各自实际，积极开展专项审计。如大兴区将常规审计与专项审计相结合，提出四必审，即离任必审、经济责任三年必审、拆迁村必审、大额支出必审。海淀区制定了三年审计工作计划，提出"横向到边，纵向到底"的三年全覆盖目标。朝阳区和丰台区聘用社会中介机构对乡级集体经济组织及占有、使用集体资产的乡级企事业单位进行审计。房山区前移审计关口，积极开展土地发包过程和民主议事过程跟踪审计。密云区开展年度资金审计。门头沟区进行农村集体"三资"监管情况抽查。2015年全市各级经管系统大约对9163个单位进行了审计，审计金额近2683.11亿元。本研究对北京市184个乡镇进行问卷调查，得出被调研乡镇2013—2015年的审计项目覆盖率如表8所示。

表8　北京市被调研乡镇2013—2015年审计项目覆盖率汇总表

	审计项目								
	村级组织正常运转专项补助资金年度审计	村级干部任期和离任经济责任审计	财务收支审计	新型集体经济组织审计	征地补偿费管理使用情况审计	货币资金专项审计	收益分配审计	会计委托代理机构资金监管情况审计	信访问题审计
大兴	100%	92%	85%	92%	85%	62%	46%	23%	62%
通州	100%	100%	100%	100%	100%	50%	50%	100%	100%
房山	100%	100%	87%	100%	83%	74%	57%	57%	48%
门头沟	89%	89%	78%	89%	44%	44%	44%	56%	33%
朝阳	89%	100%	89%	26%	74%	42%	63%	37%	11%

（续表）

	审计项目								
	村级组织正常运转专项补助资金年度审计	村级干部任期和离任经济责任审计	财务收支审计	新型集体经济组织审计	征地补偿费管理使用情况审计	货币资金专项审计	收益分配审计	会计委托代理机构资金监管情况审计	信访问题审计
平谷	94%	88%	100%	100%	71%	76%	76%	35%	47%
丰台	100%	100%	100%	67%	100%	0%	0%	0%	0%
海淀	88%	88%	100%	63%	100%	50%	38%	13%	25%
密云	100%	100%	100%	100%	100%	100%	0%	100%	100%
怀柔	100%	100%	100%	100%	86%	86%	86%	50%	43%
昌平	100%	100%	90%	95%	100%	100%	71%	43%	38%
顺义	95%	95%	84%	74%	84%	42%	58%	53%	47%
延庆	100%	100%	87%	100%	60%	53%	47%	47%	53%
合计	97%	97%	91%	85%	83%	66%	53%	48%	46%

由表8可以看出，2013—2015年，北京市被调研乡镇中，实施频率最高的审计项目为村级组织正常运转专项补助资金年度审计和村级干部任期和离任经济责任审计，其次是财务收支审计，这三项审计在个别区达到了100%的覆盖率。实施频率较高的审计项目为新型集体经济组织审计和征地补偿费管理使用情况审计。

2.审计频率。在审计频率方面，各个区的情况有所不同。总体来说，各区的审计频率主要有以下三种情况：

（1）一年一审，一审审一年。这是北京市各区使用最为广泛的一种审计频率。问卷汇总的结果显示，各区开展村级组织正常运转专项补助年度资金审计、新型集体经济组织年度审计、会计委托代理机构资金监管情况审计、财务收支审计和货币资金专项审计的乡镇中，审计频率为"一年一审，一审审一年"的乡镇比例分别达到了90.23%、88.82%、76.47%、74.68%和62.07%。

在实地调研的地区中，这种审计频率也是最为常见的。例如，为了规范农村的财务工作，海淀区温泉镇从2015年开始，各项审计都是一年一审，一审审一年。温泉镇农资办副主任称，他们计划用3—5年的时间将农村财务规范化，这几年审计工作都会全面覆盖，未来可能会根据农村财务的规范程度相应地降低审计频率，变成两年一审或三年一审。昌平区南邵镇实行乡镇会计委托代理服务中心的人员交叉互审的审计模式，常规的审计每年一审，一审审一年。村干部离任经济责任审计则是根据离任情况随时进行审计。昌平区沙河镇从2015年开始采用政府购买服务的方式聘请第三方中介机构进行审计，也是每年审一次，一审审一年。

（2）三年一审，一审审三年。征地补偿费管理使用情况审计和村级干部任期和离任经济责任审计运用该审计频率较多，问卷汇总的结果显示，开展这两项审计项目的乡镇中，审计频率为"三年一审，一审审三年"的乡镇比例占到12.41%和34.76%。

实地调研的乡镇中，朝阳区黑庄户乡规定所有的乡级单位和村级单位，三年审一次，一审审三年。海淀区农经办要求全区各乡镇达到"三年一覆盖"的审计目标，每次审计都应覆盖到上次审计的年份，不能出现真空年份。根据区里"三年一覆盖"的总体要求，各个乡镇规定了适合本地区的审计频率。其中，海淀镇要求三级单位每年抽三分之一进行审计，并保证三年全部覆盖，即三级单位的审计频率为三年一审，一审审三年。审计人员发现重要事项可以追溯到以前年度或延伸到相关单位。

（3）审计频率不定。信访问题的审计频率通常不确定，问卷汇总的结果显示，各区开展信访问题审计的乡镇中，61.11%的乡镇表示该项审计是根据信访的具体问题开展审计，审计频率不定。同样，开展村级干部任期和离任经济责任审计的乡镇中，有10.37%的乡镇表示离任的随时审计，没有固定的审计频率。

实地调研的乡镇中，房山区琉璃河镇采用经管站审计的模式，房山区长阳镇采用的是独立的审计科审计的模式。这两种审计模式下，具体的审计频率不定，各项审计工作主要以区经管站安排为主，审计的灵活性和机动性较强。

除了以上三种常用的审计频率以外，各乡镇也会根据自身情况运用适当的审计频率开展审计工作。例如，朝阳区太阳宫乡村级单位和乡级单位的业务量较小，审计人员对本乡镇内所有的乡级单位和村级单位，每月开展一次全面的在线审计，逐笔检查本月发生的业务；同时每季度开展一次实地审计，每年年底出一次审计报告。由此可见，朝阳区太阳宫乡的村集体经济组织审计频率是很高的，对集体资产、资金、资源的管理监督工作比较完善。

（三）审计程序。

1.北京市农村集体经济审计程序的现状。本部分所论述的审计程序是狭义上的，即审计人员为了获取审计证据所采取的审计方法与审计内容的结合。总体来说，审计人员可以通过了解被审计单位的内部控制及其执行情况、检查内部控制的有效性和实质性审查来获取审计证据，得出审计结论。其中，了解被审计单位的内部控制和实质性审查属于审计过程中的必要程序。

（1）了解被审计单位的内部控制。《中华人民共和国国家审计准则》第四章第五十七条规定：审计组应当调查了解被审计单位及其相关情况，评估被审计单位存在重要问题的可能性，确定审计应对措施，编制审计实施方案。

在我们调研过的区级单位中，有的区是书面规定了审计人员了解被审计单位及其环境的程序或者审计过程中应当关注的重点内容，有的区虽然没有书面规定，但经管站的工作人员在与事务所接洽的过程中会与事务所的工作人员沟通各集体经济组织审计的重点。

①有书面规定。昌平区农村干部经济责任审计培训的内容中，规定审计的重点包括下列内容：财务收支活动的合法性，经营成果的真实性、效益性，包括村集体资产的完整及净资产增减情况，债权债务的真实性、合法性；任期目标完成情况，包括集体经济收入、集体经济净收入、人均年分红收入及主要经济发展指标的完成情况；评价在任期间的经济责任，相

关经济事项的真实性、合法性。

②没有书面规定但实际有程序。在我们调研过的乡镇中，大多数乡镇没有书面规定审计人员应当评估重大错报风险、确定重要性水平，但实际操作中审计人员其实是执行过这些程序的。朝阳区黑庄户乡经管站站长表示，每次组织事务所进行审计之前，都会与事务所沟通各个单位的情况和需要重点关注的方面，这其实是在把握审计的重要性水平。

（2）检查内部控制的有效性。检查内部控制的有效性也称控制测试。村集体经济组织审计中，由于审计时间有限、审计经费不足、审计人员专业素质有待提高等各方面的局限性，审计人员一般不进行控制测试，而是直接实施实质性审查。

（3）实质性审查。实质性审查包括对各类交易和事项、账户余额、报表列报的细节测试以及实质性分析程序。村集体经济组织审计过程中，审计人员一般都会执行实质性审查程序。

2.北京市农村集体经济具体审计程序的现状。

（1）监盘。通过实地调研，我们了解到在北京市农村集体经济审计中，现金、固定资产、库存物资一般都会进行盘点，固定资产通常进行抽盘。但房山区长阳镇和琉璃河镇的审计人员都表示，农村的库存物资基本上都已经清理了，低值易耗品计入费用账户，所以库存物资基本上不需要盘点。房山区琉璃河镇经管科的人员表示，存货和固定资产都会定期抽查，固定资产每个月会抽查一个村，一年覆盖整个乡镇的所有村级组织。

（2）函证。

①银行存款。农村集体经济审计过程中，审计人员很少对银行存款进行函证，通常是将银行存款余额调节表和银行对账单进行核对。

②债权债务。农村集体经济审计中，债权债务函证的较少。在我们调研过的区中，朝阳区黑庄户乡表示函证是由村会计负责的，村会计每年都会对村里的应收应付款进行函证，但长期挂账的应收应付款一般收不到询证函。朝阳区太阳宫乡则表示由于业务量很小，正常的应收款不会进行函证，长期挂账的异常的应收款才会进行函证。

海淀区合作事务所的金经理表示，农村集体经济审计不同于报表审计，应收款的审计侧重于应收款应不应该发生，而不在于它的余额是否准确，因此应收款很少函证。房山区长阳镇审计科科长表示，2010年底对全镇各村的应收款都进行过一次函证，每年年底有财产清查，因此审计时不再对应收款进行函证。房山区琉璃河镇经管科的人员表示，村里的应收款很多是以前年度遗留下来的，债务人无从查找，无法进行函证。

（四）审计方式与方法。

1.审计方式。目前北京市农村集体经济的审计方式有：实地审计、在线审计和报送审计。

（1）实地审计。实地审计是指审计机构委派审计人员到被审计单位所在地现场进行的审计，这是北京市农村审计中使用最广泛的一种方式。在我们调研过的区中，海淀区、昌平区、房山区都以实地审计作为农村审计的主要方式。

（2）在线审计。为提高农经审计工作效率，北京市于2008年开始，组织开发了《农村经济在线审计系统》应用软件，2009年在昌平试点，2010年在8个区推广应用。昌平区南邵镇采用手工审计和在线审计相结合的方式，审计人员表示，村级单位的账务系统已经联网，审计人员可以直接在线查看其账表和凭证；乡级单位的账务系统尚未联网，审计人员不能直接查看，需要被审计单位导出方可查看。朝阳区太阳宫乡经管站的审计人员也采用在线审计的方式，审计人员表示，每天都会通过在线的平台检查各单位新发生的业务，每个月开展一次全乡的在线审计工作，若发现账务处理的问题会及时与被审计单位进行沟通。实践证明，通过推广在线审计工作，规范了审计业务程序，提高了审计工作效率，促进了农村党风廉政建设，增强了政府快速解决信访事件的反应能力，加强了三资管理和民主建设。

（3）报送审计。报送审计是指审计机构按照审计法规的规定，对被审计单位按期报送来的凭证、账簿和财务报表及有关资料进行的审计。报送审计在目前北京市农村集体经济审计中的使用频率较低，海淀区合作事务所的金经理表示，2013年海淀区山后的几个乡镇都是报送审计的，在凭证少的情况下会使用报送审计方式，凭证多的情况下一般使用实地审计的方式。昌平区沙河镇表示农村干部任期经济责任审计大多数实行就地审计，个别的可能送达审计。朝阳区太阳宫乡表示年底审计工作量较大，也会将事务所的工作人员集中起来开展报送审计。

2.审计方法。本研究对北京市的184个乡镇发放了调研问卷，其中，各乡镇对于不同审计方法的使用比例如表9所示。由表9可以看出，顺查法、盘点法和专项调查法在目前北京市村集体经济组织审计中运用比较普遍，使用比例均达到了60%以上；其次是详查法、抽查法、核对法、观察法和调节法，使用比例达到了50%以上。

表9　北京市各乡镇村集体经济组织审计方法使用情况表

审计方法					
审查账面资料的方法	使用比例	证实客观事物的方法	使用比例	审计调查的方法	使用比例
顺查法	67.21%	观察法	51.37%	专项调查法	67.76%
逆查法	44.26%	盘点法	68.31%	专案调查法	46.45%
详查法	55.19%	调节法	50.82%		
抽查法	55.74%	鉴定法	43.72%		
审阅法	39.89%				
核对法	54.64%				
调查询问法	44.26%				
比较法	36.07%				
验算法	43.17%				
分析法	43.17%				

（五）审计工作底稿。

1.审计工作底稿概况。审计工作底稿一般分为三大类，一类是审计人员在审计过程中编制的审计工作底稿；一类是被审计单位提供的文件资料；还有一类是第三方提供的证明材料。

北京市农经办在《关于开展2014年度农村集体经济组织征地补偿费管理使用情况审计的通知》中规定了征地补偿费审计的审计工作底稿。在我们调研的区和乡镇中，房山区制定的《农村集体经济审计规范》中具体规定了审计工作底稿的格式和内容；海淀区温泉镇农资委和昌平区沙河镇都对审计工作底稿的内容做出了规定。此外，社会中介审计模式下，事务所也会对审计工作底稿的内容提出要求。

2.北京市农村集体经济审计工作底稿现状。北京市农经办出台的审计通知中会附上一些审计工作底稿的模板，例如2015年下发的《关于开展2014年度村集体经济组织征地补偿费管理使用情况审计的通知》，要求审计人员在审计过程中填报2014年征地补偿费收支情况审计表和征地补偿费审计问题情况表。

2014年征地补偿费收支情况审计表主要是填写被审计单位2014年征地补偿费的期初余额、当年收入明细、当年支出明细和当年期末余额。当年收入明细包括土地补偿费，安置补助费，青苗补助费，其他土地附着物补偿费等。当年支出明细包括发放人员安置补偿费，发放青苗补助费，发放其他土地附着物补偿费，生产建设支出，对外投资支出，委托贷款、信托经营等资金利用，发放成员生活性补助，公益事业支出，缴纳社会保险和医疗保险，管理费用，偿还债务，对外出借和其他支出。

征地补偿费审计问题情况表主要是填列北京市村集体经济组织征地补偿费审计过程中发现的问题，包括资金到位、专户存储、专账管理、资金使用和程序履行五个方面。资金到位方面包括被审计单位是否有侵占、截留、挪用、拖欠和其他未到位金额；专户存储方面包括被审计单位是否在银行开设征地补偿费专户、是否有应纳入而未纳入专户存储的金额、使用时是否有未通过专户进行转账支付的金额；专账管理方面包括被审计单位是否设置专门的账册、留归集体所有的土地补偿费是否有未纳入资本公积科目统一核算的金额、地上附着物属于村集体经济组织固定资产的部分，是否通过固定资产清理科目进行核算，固定资产清理净损益是否有未记入营业外收入科目核算的金额、青苗补偿费属于村集体经济组织的，是否记入主营业务收入科目核算，属于个人的是否有未记入其他应付款科目核算的金额、由集体安置就业的，人员安置费是否列入资本公积科目核算，自谋职业的是否有未记入其他应付款科目核算的金额；资金使用方面包括是否有私设小金库、公款私存、资金到账后被侵占、资金到账后被挪用、损失浪费、发放干部报酬、建造办公楼、购置公务用车、公务招待费、购买移动电话、超标准发放人员生活补助及其他违规违纪金额；程序履行方面包括是否有使用前未编制资金使用方案、未按照资金使用方案使用、使用时未履行民主程序、使用后未进行及时公开以及使用时未履行审批程序的金额。

3.各区农村集体经济审计工作底稿现状。

（1）审计人员编制的审计工作底稿。审计人员编制的审计工作底稿主要包括三部分内容：一是会计资料和有形资产的检查表；二是审计人员的调查询问记录；三是审计中发现的问题汇总表。

①会计资料和有形资产的检查表。我们对北京市183个乡镇的调研问卷汇总显示，在农村集体经济审计中，79.23%的乡镇会编制会计凭证检查记录表，78.14%的乡镇会编制会计科目

检查表，77.05%的乡镇会编制有形资产盘点表。

房山区制定的《农村集体经济审计操作规范》中规定审计人员在审计过程中应当编制会计资料审计工作记录，即专门用于审计查账的工作记录，包括会计凭证的日期、编号、会计科目、摘要、金额及发现的问题和处理建议等内容。

昌平区沙河镇对农村干部任期经济责任审计的培训中提出，审计人员需要编制审计程序表，在实施审计过程中，审计人员应按照审计程序表反映内容，主要编制和复核审计工作底稿，一般要编制的审计工作底稿包括：货币资金收支审定表；固定资产与累计折旧审定表；收入审定表等等。

延庆区永宁镇委托北京华益和会计师事务所开展村级财务审计。事务所在开展审计工作的过程中，会编制存货盘点明细表、固定资产盘点明细表、债权债务账龄分析表等。

②调查询问记录。调查询问记录是审计人员以口头询问方式取得的证据。房山区制定的《农村集体经济审计操作规范》中规定审计人员在审计过程中应当编制调查询问记录；海淀区温泉镇农村集体资产监督管理委员会关于《温泉镇农村集体资产监督管理审计办法》的通知第十四条中规定：审计人员应当对与审计事项有关的会议和谈话内容做出记录，或者根据审计工作需要，要求有关单位提供会议记录资料。

③审计中发现的问题汇总表。审计中发现的问题汇总表是审计人员对取得的证明材料经过分析、整理后按照一定格式编写的笔录，内容包括对审计中发现的问题所做判断和评价，对违纪问题依法提出的处理意见等。问题汇总表既是审计报告的基础，也是控制审计工作质量的依据，还可供被审单位以外的第三方审查。

（2）被审计单位提供的文件资料。审计人员在进行审计工作时可根据需要向被审计单位获取相关证明资料。例如海淀区温泉镇农村集体资产监督管理委员会关于《温泉镇农村集体资产监督管理审计办法》的通知第十四条中规定：审计人员应当搜集、取得能够证明审计事项的有关资料、文件和实物等。

（3）第三方提供的证明材料。审计人员在审计过程中可根据需要从第三方取得证明材料，例如询证函回函、资产评估报告等。针对北京市14个区的183个乡镇的调研问卷汇总显示，在农村集体经济审计中，32.24%的乡镇会保留询证函回函作为审计工作底稿的一部分。

（六）审计报告。由于农村审计不同于常规的注册会计师财务报表审计，因此审计人员出具的审计报告也不同于注册会计师财务报表审计报告。事实上，农村审计报告的格式和内容类似政府审计报告。实地调研的过程中，我们发现农村审计报告一般包括被审计单位的基本情况、审计情况、存在的问题及审计建议等，有些区的审计报告中还包括审计范围、审计依据等内容。

1.被审计单位基本情况。该部分内容主要是对被审计单位的情况进行简要的介绍，例如被审计单位的人口及所辖土地情况，管理模式及岗位设置情况，村民代表会议组织制度建立情况，独立核算单位数目及账套设置情况等等。

2.被审计单位审计情况。针对被审计单位的审计情况，在我们调研过的地区中，不同地区的审计报告模板有所不同。

　　海淀区要求被审计单位的审计情况包括被审计单位的银行账户开立情况，资产、负债和所有者权益情况，年度账面收入、支出、收益分配情况，财务管理制度的建立及执行情况，财务预决算制度的建立及执行情况，内部控制制度建立及执行情况，民主监督制度执行情况，专项资金、征占地补偿款管理使用情况，经济合同签订及管理情况以及上年村级审计发现问题整改落实情况等。

　　昌平区沙河镇农村干部任期经济责任审计报告中的审计情况包括收支情况，资产情况，财经法纪执行情况，集体资产管理情况，债权债务管理情况，农村集体租赁合同情况，土地补偿费收入、使用情况，基础设施建设情况，专项资金管理，干部报酬情况，民主理财情况，财务公开情况以及相关文件制度贯彻情况。

　　朝阳区太阳宫乡审计报告中的审计情况包括资产负债表情况和利润表情况。资产负债表情况包括现金、银行存款、其他应收款、长期股权投资、固定资产及累计折旧、在建工程、预收账款、应付工资、应交税金、其他应付款、实收资本、资本公积、利润分配等账户的余额和明细情况；利润表情况包括收入情况、费用情况和利润情况。

　　3.审计中发现的问题。该部分主要是审计人员依据现有的各项法律法规和规章制度，列举在审计过程中发现的被审计单位的内部控制和账务处理方面存在的问题，例如对银行账户的管理不规范、会计科目使用不准确等。

　　4.审计意见和建议。该部分是审计报告的最后一部分内容，主要是审计人员针对审计过程中发现的问题对被审计单位的内部控制和账务处理提出意见建议。

　　我们调研过的地区中，海淀区的审计报告模板是最为全面和规范的，基本符合《中华人民共和国国家审计准则》中的规定，其他区的审计报告模板相对简略。

　　（七）审计档案管理。目前的农村审计有经管站审计、会计委托代理服务中心审计、事务所审计几种模式。其中，事务所审计模式下，审计工作底稿是由事务所进行归档，归档办法参照《中国注册会计师审计准则第1131号——审计工作底稿》的规定；经管站和会计委托代理服务中心审计的模式下，审计档案由经管站或会计委托代理服务中心进行归档，归档办法一般由乡镇自行规定。此外，审计人员均表示，被审计单位是不能随便查看审计档案的，必须经上级领导的审批通过后方可查看。

　　1.事务所审计模式。《中国注册会计师审计准则第1131号——审计工作底稿》具体规定了审计工作底稿的归档期限和保存时间，如表10所示。

表10　注册会计师审计准则关于审计工作底稿归档办法的规定

审计工作底稿的归档办法	
归档期限	保存时间
审计报告日后六十天内或审计业务中止后的六十天内。	自审计报告日起或审计业务中止日起，至少十年

　　2.经管站审计模式。在我们调研过的地区中，有些地区制定了自己的审计档案管理办法，有些地区虽然没有制定专门的审计档案管理办法，但也依照审计署和国家档案局发布的《审

计机关审计档案管理规定》进行审计档案的管理工作。其中，房山区和朝阳区太阳宫乡都书面规定了审计档案的管理办法，我们以这两个地区为例进行说明。

（1）房山区。房山区制定的《农村集体经济审计操作规范》中规定，审计工作终结时，审计人员应将所有的审计文件、资料，包括审计原稿、工作底稿及有关资料整理归档，建立审计档案，并妥善保管。审计档案的内容包括：审计通知书和审计计划；审计记录，工作底稿和审计证据；反映被审计单位业务情况的书面文件；审计报告及附件；上级机关、领导对审计事项或审计报告的批复和意见；审计意见书及执行情况报告；被审计单位对审计意见和结论的不同意见的申诉和申请复审的材料；其他相关资料。

农村集体经济审计档案归档办法如表11所示。

表11　房山区农村集体经济审计档案归档办法

	结论性文件材料	证明性文件材料	立项性文件材料
文件内容	（1）审计意见书 （2）审计报告 （3）被审人员对审计报告的意见 （4）移送处理书及回执	（1）汇总审计工作底稿 （2）审计取证材料清单 （3）分项目审计工作底稿 （4）原始审计工作底稿 （5）审计证据	（1）审计委托书 （2）审计方案 （3）审计通知书 （4）其他立项文件
排列顺序	采用逆审计程序并结合文件重要程度进行排列。 正件在前，附件在后；重要文件在前，次要文件在后；汇总性文件在前，原始性文件在后。	采用按与审计报告所列问题和审计评价意见相对应的顺序进行排列。 根据不同审计内容，参照使用规范格式，如有不适用的可自行设计。	按文件材料形成的时间顺序，并结合文件材料的重要程度进行排列。 正件在前，附件在后；重要文件在前，次要文件在后；汇总性文件在前，原始性文件在后
其他规定	审计文件资料要按审计案件设立卷宗或按被审计单位设立卷宗，按年份、类别、编号归档。审计档案要有专人专柜保管，注意安全。		

（2）朝阳区。朝阳区太阳宫乡经管站的工作人员表示，审计结束之后，会将审计报告和审计工作底稿一同归档，由档案室保管，具体保管期限如表12所示。

表12　朝阳区太阳宫乡经管站档案保管期限

序号	归档范围	保管期限	备注
（一）	科室工作计划、总结		
1	年度经济工作计划、总结	30年	
2	科室大事记、工作信息	10年	
（二）	经济工作		
1	对基层单位主要领导离任审计材料	30年	
2	年度经济分析报告、统计报表	永久	

（续表）

序号	归档范围	保管期限	备注
3	乡与各单位签订的经济责任书	3年	科室存
4	财务收支、经营成果审计材料（对乡属企业单位的审计报告）	永久	
5	乡集体经济合同联预审材料	30年	
（三）	乡集体资产监督管理委员会材料		
1	对乡集体资产资源监查审批材料	30年	
2	对重大经济事项的审批材料	30年	

3.会计委托代理服务中心审计模式。昌平区南邵镇采用会计委托代理服务中心审计的模式。审计人员表示，审计档案包括审计报告和审计工作底稿，审计结束之后将其一同归档，由审计人员负责档案的保管工作。但是乡镇没有专门的审计档案管理办法，审计人员不清楚审计档案的保管期限。

二、北京市农村集体经济审计机制存在的问题

（一）审计内容和审计频率。

1.审计内容存在的问题。

（1）审计内容方面存在的问题。农村审计的内容主要是内部控制制度的检查，例如财务管理制度的检查、专项资金管理的检查、财务收支的检查等，缺少对财务报表的全面检查。

（2）审计工作重点方面存在的问题。财务审计的总体目标是真实性、合法性和有效性，具体审计目标包括存在或发生、完整性、估价与截止、准确性、分类和披露、权利和义务。目前的农村审计主要侧重于合法合规性的检查，不注重对财务报表的真实性和公允性进行全面的审查。

（3）审计项目方面存在的问题。农村审计的内容集中于专项审计，例如村级组织正常运转专项补助资金管理使用情况审计、征地补偿费管理使用情况审计等。农村集体经济审计对报表审计不够重视，虽然审计人员在审计过程中会审查报表项目，但并没有覆盖所有会计科目，因此农村集体经济审计中，报表审计是不全面的。

《中华人民共和国公司法》第一百六十四条规定：公司应当在每一会计年度终了时编制财务会计报告，并依法经会计师事务所审计。

《中国注册会计师审计准则第1101号——财务报表审计的目标和一般原则》中第四条规定，财务报表审计的目标是注册会计师通过执行审计工作，对财务报表的下列方面发表审计意见：

①财务报表是否按照适用的会计准则和相关会计制度的规定编制；

②财务报表是否在所有重大方面公允反映被审计单位的财务状况、经营成果和现金流量。

目前北京市的很多乡镇都完成了产权制度改革，应当遵守《中华人民共和国公司法》的规定，按照市场的方式运作。然而在目前的农村审计工作中，由于审计经费、审计人员素质等方面的不足，财务报表审计未能覆盖所有会计科目，因此财务报表的真实性和公允性是无法保证的。

2.审计频率方面存在的问题。目前北京市各乡镇的农村集体经济审计频率参差不齐，差距较大。有些乡镇审计频率很高，例如朝阳区太阳宫乡要求经管站的审计人员每月一审，事务所的审计人员一季度一审，年底统一出报告；也有的乡镇审计频率较低，例如朝阳区黑庄户乡是三年一审，一审审三年。审计频率较低的话，会影响审计监督的效果，可能无法及时发现集体经济组织账务处理中的问题。

（二）审计程序。

1.审计程序存在的问题。

（1）审计程序的书面规定需要完善。在我们调研过的区中，只有房山区制定了一套《农村集体经济审计操作规范》，具体规定了审计工作应当执行的审计程序。由于农村审计人员的专业素质有限，需要一套完整的审计工作指南来指导他们的审计工作。

（2）具体审计程序不规范。

①函证程序不规范。《中国注册会计师审计准则第1312号——函证》中规定，注册会计师应当对银行存款、借款（包括零余额账户和在本期内注销的账户）及与金融机构往来的其他重要信息实施函证。注册会计师应当对应收账款实施函证，除非有充分证据表明应收账款对财务报表不重要，或函证很可能无效。如果不对应收账款函证，注册会计师应当在工作底稿中说明理由。如果认为函证很可能无效，注册会计师应当实施替代审计程序，获取充分、适当的审计证据。

参照该项准则，农村财务报表审计中也应当对应收应付款和银行存款实施函证程序。然而农村集体经济审计中，委托方更加关注财务收支的合法合规性，对于应收应付款和银行存款也是如此，委托方关注的是该笔应收款、应付款或银行存款是否应该发生，而不太关注它的余额是否准确。因此在实质性审计中，审计人员很少对应收应付款和银行存款执行函证程序，也没有实施相应的替代程序。

②缺少后续审计。由于农村审计更偏向专项审计，审计的目标主要是检查财务收支状况的合法合规性，缺少后续的审计。例如，专项资金的审计中，审计人员只是检查该项资金有没有按照政策的规定支出、是否将专项资金用于生产建设、是否建成了固定资产，但是固定资产建设完成后没有进行后续审计；对外投资的审计中，审计人员只是检查资金是否已经投出，但由于缺少函证，审计人员无法获知被投资方是否真正收到了投资，这笔投资的收益情况也无从确定。

2.审计过程值得探讨的问题。

（1）无法获取充足的审计证据。事务所的审计人员表示，在检查农村集体的房屋时，由于很多房屋无法获取产权证，审计人员只能检查被审计单位提供的账面资料，无法进行账实核对。由于无法获取充足的审计证据，所以审计人员在某些问题上是无法给出审计意见的。

（2）无法查出账外的资产情况。对于农村财务中存在的私设小金库、刻意隐瞒资产和收入的情况，审计人员是很难查出来的。

（3）农村集体经济中存在长期挂账资产。实地调研的过程中审计人员表示，农村集体经济中存在长期挂账的未及时核销的应收款和固定资产。由于农村干部在任时需要保证集体资产的经营效益，因此每一届干部都不愿意主动去核销资产，导致农村集体经济账面存在一些应核销未核销的长期挂账资产。

（三）审计工作底稿。

1.审计工作底稿不全面。《中华人民共和国国家审计准则》第一百零三条规定：审计记录包括调查了解记录、审计工作底稿和重要管理事项记录。《中国注册会计师审计准则第1131号——审计工作底稿》中规定，审计工作底稿，是指注册会计师对制定的审计计划、实施的审计程序、获取的相关审计证据，以及得出的审计结论做出的记录。审计工作底稿通常包括总体审计策略、具体审计计划、分析表、问题备忘录、重大事项概要、询证回函、管理层声明书、核对表、有关重大事项的往来信件（包括电子邮件），以及对被审计单位文件记录的摘要或复印件等。

参照这两项准则，目前北京市农村集体经济审计中，有个别乡镇的审计工作底稿不够完善，无法反映出审计人员执行过程的审计程序。例如昌平区南邵镇的审计人员表示，审计过程中留下来的底稿主要是一些收入对比的表格，说明审计工作底稿是缺失的。

2.在线审计的工作底稿不规范。在我们调研过的区中，昌平区和朝阳区使用在线审计比较频繁，但审计人员主要是在线查看被审计单位的会计业务，将审计过程中发现的问题记录下来。审计工作底稿是不规范的，不能反映出审计人员执行过程的审计程序。

（四）审计报告。

1.审计报告的格式没有统一标准。目前北京市没有对各区的农村集体经济审计报告格式进行统一规定，因此各区的审计报告格式各不相同。相比较国家审计准则，海淀区的审计报告格式是最为规范的，包括审计年度各项审计内容的具体情况和上一年审计问题整改情况；其他乡镇的审计报告一般只包括审计年度的审计情况，没有上一年的审计建议采纳情况。因此市里需要对农村集体经济审计报告的格式订立统一标准。

2.审计报告的内容需要完善。个别乡镇的审计报告内容比较简略，不能完整地反映出被审计单位的财务收支情况。例如，太阳宫乡的集体经济审计报告中只是列示出各个账户的本年账面余额和明细账户余额，没有完整反映出账实核对的情况，也没有准确反映各个账户本年余额相比去年发生的变化及变化的原因，所以目前农村集体经济的审计报告内容是不完善的。

（五）审计档案管理。

1.事务所审计模式。事务所审计模式下，审计档案管理的办法遵从《中国注册会计师审计准则第1131号——审计工作底稿》的规定。按照其规定的审计工作底稿的归档期限、保存时间和变动办法执行，但没有具体规定审计档案的保管和销毁办法。

2.经管站和会计委托代理服务中心审计模式。经管站审计和会计委托代理服务中心审计的模式下，只有个别乡镇规定了审计档案的保存时间和归档办法，对于审计档案的归档时间、查看权限、保管和销毁都没有详细规定，审计档案管理办法需要完善。

三、完善北京市农村集体经济审计机制的对策建议

（一）健全完善审计工作制度。由于目前农村集体经济审计的性质没有明确的界定，实地调研的过程中，各区和各乡镇经管站的工作人员都表示，农村审计在性质上既像国家审计又像社会审计，所以它其实是两种审计类型的结合体。因此，根据《中华人民共和国国家审计准则》和《中国注册会计师审计准则》，建议市里完善农村集体经济审计机制方面的制度，包括审计内容、审计频率、审计程序、审计方式、审计工作底稿、审计报告、审计档案管理等几个方面。

1.审计内容。

（1）审计项目分类。前文已述，目前北京市各区开展的农村集体经济审计项目可分为五类：一是新型集体经济组织审计，包括年度审计和专项审计，其中专项审计又包括征地补偿费管理使用情况审计、货币资金专项审计、村级预决算管理专项审计、财务收支审计和收益分配审计；二是政府下拨的专项资金审计，包括村级组织正常运转专项补助资金审计、基建项目审计及三公经费和专项资金审计；三是农村干部任期经济责任审计；四是财经法纪审计即信访问题审计；五是会计委托代理机构资金监管情况审计。为了表述方便，根据审计参考准则的不同，本部分将这些审计项目分为两大类，即财务报表审计和专项审计。其中，财务报表审计即新型集体经济组织年度审计，它属于社会审计的范畴，应当按照《中国注册会计师审计准则》的规定开展审计；而专项审计更偏向于政府审计，应当按照《中华人民共和国国家审计准则》和相关文件的规定开展审计。

（2）审计内容相关建议。

①完善财务报表审计。目前的农村审计中，报表审计未能覆盖所有报表项目，而报表审计对于反映村集体经济组织的财务状况、经营成果和现金流量，为股东和管理者提供参考具有十分重要的作用，因此对村集体经济组织进行全面的报表审计是很有必要的。但是报表审计的工作量较大，对审计人员的专业素质要求较高，所需的审计经费也是一笔不小的数字。因此，我们建议有条件的地区尽量开展覆盖所有报表项目的财务报表审计，进一步强化农村集体资产的监督管理，保障农村集体资产所有者和经营者的合法权益，实现集体资产保值增值、集体经济持续发展、农民权益充分保障。

②完善后续审计工作。财务审计的目标是真实性、合法性和有效性，目前的农村审计侧重合法性的检查。未来的审计工作中，审计人员应当完善农村审计的后续审计工作，除了对财务收支情况的合法合规性进行审计之外，还应当审查财务收支的真实性、效益性和资产收入的完整性。

2.审计频率。

（1）常规审计一年一审。为了更好地发挥审计的监督功能，各区应做到常规的财务审计一年一审，每年审计结束之后应当出具审计报告。

（2）专项审计保证三年全覆盖。对于专项审计，例如农村干部经济责任审计、征地补偿费管理使用情况审计等，各区应当保证至少三年内覆盖本区内所有单位。

3.审计程序。

（1）专项审计的审计程序。专项审计偏向政府审计，应该按照《中华人民共和国国家审计准则》中规定的审计程序进行审计，如表13所示。

表13　北京市农村集体经济专项审计程序表

了解被审计单位及其内部控制（必要程序）	1.审计组应当调查了解被审计单位及其相关情况，评估被审计单位存在重要问题的可能性，确定审计应对措施，编制审计实施方案。 2.审计人员可以采取下列方法调查了解被审计单位及其相关情况： （1）书面或者口头询问被审计单位内部和外部相关人员； （2）检查有关文件、报告、内部管理手册、信息系统的技术文档和操作手册； （3）观察有关业务活动及其场所、设施和有关内部控制的执行情况； （4）追踪有关业务的处理过程（穿行测试）； （5）分析相关数据。 3.审计人员根据审计目标和被审计单位的实际情况，运用职业判断确定调查了解的范围和程度。 4.审计人员应当结合适用的标准，分析调查了解被审计单位及其相关情况，判断被审计单位可能存在的问题。 5.审计人员应当运用职业判断，根据可能存在问题的性质、数额及其发生的具体环境，判断其重要性。 6.审计人员实施审计时，应当根据重要性判断的结果，重点关注被审计单位可能存在的重要问题。 7.需要对财务报表发表审计意见的，审计人员可以参照中国注册会计师执业准则的有关规定确定和运用重要性。 8.审计组应当评估被审计单位存在重要问题的可能性，以确定审计事项和审计应对措施。
检查内部控制的有效性（非必要程序）	1.审计人员认为存在下列情形之一的，应当测试相关内部控制的有效性： （1）某项内部控制设计合理且预期运行有效，能够防止重要问题的发生； （2）仅实施实质性审查不足以为发现重要问题提供适当、充分的审计证据。 2.审计人员应当以风险评估为基础，选择拟测试的控制，确定测试所需收集的证据。 3.审计人员应当对企业内部控制自我评价工作进行评估，判断是否利用企业内部审计人员、内部控制评价人员和其他相关人员的工作以及可利用的程度，相应减少可能本应由审计人员执行的工作。 4.审计人员应当按照自上而下的方法实施审计工作。自上而下的方法是注册会计师识别风险、选择拟测试控制的基本思路。审计人员在实施审计工作时，可以将企业层面控制和业务层面控制的测试结合进行。 5.审计人员测试企业层面控制，应当把握重要性原则，至少应当关注： （1）与内部环境相关的控制； （2）针对董事会、经理层凌驾于控制之上的风险而设计的控制； （3）企业的风险评估过程； （4）对内部信息传递和财务报告流程的控制； （5）对控制有效性的内部监督和自我评价。 6.审计人员测试业务层面控制，应当把握重要性原则，结合企业实际、企业内部控制各项应用指引的要求和企业层面控制的测试情况，重点对企业生产经营活动中的重要业务与事项的控制进行测试。 7.审计人员在测试企业层面控制和业务层面控制时，应当评价内部控制是否足以应对舞弊风险。 8.审计人员应当测试内部控制设计与运行的有效性。 如果某项控制由拥有必要授权和专业胜任能力的人员按照规定的程序与要求执行，能够实现控制目标，表明该项控制的设计是有效的。 如果某项控制正在按照设计运行，执行人员拥有必要授权和专业胜任能力，能够实现控制目标，表明该项控制的运行是有效的。 9.审计人员在测试控制设计与运行的有效性时，应当综合运用询问适当人员、观察经营活动、检查相关文件、穿行测试和重新执行等方法。

（续表）

实质性审查（必要程序）	1. 审计人员决定不依赖某项内部控制的，可以对审计事项直接进行实质性审查。被审计单位规模较小、业务比较简单的，审计人员可以对审计事项直接进行实质性审查。 2. 审计人员根据实际情况，可以在审计事项中选取全部项目或者部分特定项目进行审查，也可以进行审计抽样，以获取审计证据。 3. 存在下列情形之一的，审计人员可以对审计事项中的全部项目进行审查： （1）审计事项由少量大额项目构成的； （2）审计事项可能存在重要问题，而选取其中部分项目进行审查无法提供适当、充分的审计证据的； （3）对审计事项中的全部项目进行审查符合成本效益原则的。 4. 审计人员可以在审计事项中选取下列特定项目进行审查： （1）大额或者重要项目； （2）数量或者金额符合设定标准的项目； （3）其他特定项目。 5. 在审计事项包含的项目数量较多，需要对审计事项某一方面的总体特征作出结论时，审计人员可以进行审计抽样。 6. 审计人员进行审计抽样时，可以参照中国注册会计师执业准则的有关规定。 7. 审计人员可以采取下列方法向有关单位和个人获取审计证据： （1）检查，是指对纸质、电子或者其他介质形式存在的文件、资料进行审查，或者对有形资产进行审查； （2）观察，是指察看相关人员正在从事的活动或者执行的程序； （3）询问，是指以书面或者口头方式向有关人员了解关于审计事项的信息； （4）外部调查，是指向与审计事项有关的第三方进行调查； （5）重新计算，是指以手工方式或者使用信息技术对有关数据计算的正确性进行核对； （6）重新操作，是指对有关业务程序或者控制活动独立进行重新操作验证； （7）分析，是指研究财务数据之间、财务数据与非财务数据之间可能存在的合理关系，对相关信息作出评价，并关注异常波动和差异。

（2）财务报表审计的审计程序。财务报表审计应当按照《中国注册会计师审计准则》中规定的程序开展审计，审计人员可以通过了解被审计单位及其环境并评估重大错报风险、评价内部控制的有效性和实质性程序来获取审计证据，得出审计结论，如表14所示。

表14　财务报表审计程序

了解被审计单位及其环境并评估重大错报风险（必要程序）	1. 审计人员应当实施下列风险评估程序以了解被审计单位及其环境： （1）询问被审计单位管理层和内部其他相关人员； （2）分析程序； （3）观察和检查。 2. 审计人员通常实施下列风险评估程序，以获取有关控制设计和执行的审计证据： （1）询问被审计单位的人员； （2）观察特定控制的运用； （3）检查文件和报告； （4）追踪交易在财务报告信息系统中的处理过程（穿行测试）。 3. 审计人员应当识别和评估财务报表层次以及各类交易、账户余额、列报认定层次的重大错报风险。

（续表）

评价内部控制的有效性（非必要程序）	1.当存在下列情形之一时，控制测试是必要的： （1）在评估重大错报风险时，预期内部控制的运行是有效的，审计人员应当对内部控制进行测试以支持评估结果； （2）仅实施实质性程序不足以提供认定层次充分、适当的审计证据。 2.审计人员应当以风险评估为基础，选择拟测试的控制，确定测试所需收集的证据。 3.审计人员应当对企业内部控制自我评价工作进行评估，判断是否利用企业内部审计人员、内部控制评价人员和其他相关人员的工作以及可利用的程度，相应减少可能本应由审计人员执行的工作。 4.审计人员应当按照自上而下的方法实施审计工作。审计人员在实施审计工作时，可以将企业层面控制和业务层面控制的测试结合进行。 5.审计人员测试业务层面控制，应当把握重要性原则，结合企业实际、企业内部控制各项应用指引的要求和企业层面控制的测试情况，重点对企业生产经营活动中的重要业务与事项的控制进行测试。 6.审计人员在测试企业层面控制和业务层面控制时，应当评价内部控制是否足以应对舞弊风险。 7.审计人员应当测试内部控制设计与运行的有效性。如果某项控制由拥有必要授权和专业胜任能力的人员按照规定的程序与要求执行，能够实现控制目标，表明该项控制的设计是有效的。如果某项控制正在按照设计运行，执行人员拥有必要授权和专业胜任能力，能够实现控制目标，表明该项控制的运行是有效的。 8.审计人员在测试控制设计与运行的有效性时，应当综合运用询问适当人员、观察经营活动、检查相关文件、穿行测试和重新执行等方法。
实质性程序（必要程序）	审计人员可以采用下列程序获取审计证据： （1）检查记录或文件。 （2）检查有形资产。 （3）观察。 （4）询问。 （5）函证。 （6）重新计算。 （7）重新执行。 （8）分析程序。

4.审计方式。

（1）实地审计、报送审计、在线审计相结合。审计人员应当根据被审计单位的具体情况，运用多种审计方式开展农村集体经济审计工作。一般来说，能就地审计的情况下尽量就地审计；若审计工作任务重，也可以采用报送审计的方式。在线审计作为一种辅助手段，可以进一步加强对农村集体资产的管理监督。

（2）规范在线审计方式。

①审计频率。为了加强审计监督的力度和效果，审计人员应当每天在线查看被审计单位上一天的业务，发现问题及时沟通；每月应当开展一次在线审计工作，记录发现的问题和整改情况；每年应当总结本年的在线审计情况，并出具审计报告。

②审计范围。业务量小的乡镇可以开展全面审计，逐笔检查被审计单位的业务；业务量大的乡镇可以开展抽样审计，抽查部分业务。

③审计人员。各乡镇应当指定一个专门的审计人员负责在线审计工作，这样便于审计工

作的开展和整改问题的落实。

④审计工作底稿。在线审计也应当同实地审计一样，做好审计工作记录，编制审计工作底稿，反映审计人员执行过程的审计程序。

5.审计工作底稿。

（1）专项审计的审计工作底稿。《中华人民共和国国家审计准则》中规定：审计人员应当真实、完整地记录实施审计的过程、得出的结论和与审计项目有关的重要管理事项，即审计记录。审计记录包括调查了解记录、审计工作底稿和重要管理事项记录。

①调查了解记录。审计组在编制审计实施方案前，应当对调查了解被审计单位及其相关情况作出记录。调查了解记录的内容主要包括：对被审计单位及其相关情况的调查了解情况；对被审计单位存在重要问题可能性的评估情况；确定的审计事项及其审计应对措施。

②审计工作底稿。审计工作底稿主要记录审计人员依据审计实施方案执行审计措施的活动。审计人员对审计实施方案确定的每一审计事项，均应当编制审计工作底稿。一个审计事项可以根据需要编制多份审计工作底稿。

审计工作底稿的内容主要包括：审计项目名称；审计事项名称；审计过程和结论；审计人员姓名及审计工作底稿编制日期并签名；审核人员姓名、审核意见及审核日期并签名；索引号及页码；附件数量。

审计工作底稿记录的审计过程和结论主要包括：实施审计的主要步骤和方法；取得的审计证据的名称和来源；审计认定的事实摘要；得出的审计结论及其相关标准。

③重要管理事项记录。重要管理事项记录应当记载与审计项目相关并对审计结论有重要影响的下列管理事项：可能损害审计独立性的情形及采取的措施；所聘请外部人员的相关情况；被审计单位承诺情况；征求被审计对象或者相关单位及人员意见的情况、被审计对象或者相关单位及人员反馈的意见及审计组的采纳情况；审计组对审计发现的重大问题和审计报告讨论的过程及结论；审计机关业务部门对审计报告、审计决定书等审计项目材料的复核情况和意见；审理机构对审计项目的审理情况和意见；审计机关对审计报告的审定过程和结论；审计人员未能遵守本准则规定的约束性条款及其原因；因外部因素使审计任务无法完成的原因及影响；其他重要管理事项。

重要管理事项记录可以使用被审计单位承诺书、审计机关内部审批文稿、会议记录、会议纪要、审理意见书或者其他书面形式。

（2）财务报表审计的审计工作底稿。《中国注册会计师审计准则第1131号——审计工作底稿》中规定，审计工作底稿通常包括总体审计策略、具体审计计划、分析表、问题备忘录、重大事项概要、询证函回函、管理层声明书、核对表、有关重大事项的往来信件（包括电子邮件），以及对被审计单位文件记录的摘要或复印件等。

6.审计报告。

（1）专项审计报告。

①专项审计报告的基本要素：标题；文号（审计组的审计报告不含此项）；被审计单位名称；审计项目名称；内容；审计机关名称（审计组名称及审计组组长签名）；签发日期（审计

组向审计机关提交报告的日期）。

经济责任审计报告还包括被审计人员姓名及所担任职务。

②专项审计报告的内容：审计依据，即实施审计所依据的法律法规规定；实施审计的基本情况，一般包括审计范围、内容、方式和实施的起止时间；被审计单位基本情况；审计评价意见，即根据不同的审计目标，以适当、充分的审计证据为基础发表的评价意见；以往审计决定执行情况和审计建议采纳情况；审计发现的被审计单位违反国家规定的财政收支、财务收支行为和其他重要问题的事实、定性、处理处罚意见以及依据的法律法规和标准；审计发现的移送处理事项的事实和移送处理意见，但是涉嫌犯罪等不宜让被审计单位知悉的事项除外；针对审计发现的问题，根据需要提出的改进建议。

审计期间被审计单位对审计发现的问题已经整改的，审计报告还应当包括有关整改情况。

（2）财务报表审计报告。

财务报表审计本应按照《中国注册会计师审计准则》中规定的审计程序开展审计工作，并出具财务报表审计报告。但实际中北京市农村集体经济审计由于经费不足，很多乡镇目前达不到这个标准，通常是依据国家审计准则出具政府审计报告。下面将这两种报告模式的基本要素和优缺点列出，如表15所示，以供比较。

表15　政府审计报告和财务报表审计报告的比较

	政府审计报告	财务报表审计报告
基本要素	a.标题； b.文号； c.被审计单位名称； d.审计项目名称； e.内容；具体包括审计依据，实施审计的基本情况，被审计单位基本情况，审计评价意见，以往审计决定执行情况和审计建议采纳情况，审计发现的问题的事实、定性、处理处罚意见以及依据的法律法规和标准，审计发现的移送处理事项的事实和移送处理意见，针对审计发现的问题，根据需要提出的改进建议。 f.审计机关名称； g.签发日期。	a.标题； b.收件人； c.审计意见；具体有四种类型，即无保留意见、保留意见、否定意见和无法给出意见。 d.形成审计意见的基础； e.管理层对财务报表的责任； f.注册会计师对财务报表审计的责任； g.按照相关要求，履行其他报告责任； h.注册会计师的签名和盖章； i.会计师事务所的名称、地址和盖章； j.报告日期。
优点	1.适应农村集体经济审计现状； 2.所需的审计费用少； 3.反映的审计情况较为翔实。	1.对财务报表的真实公允性发表审计意见，可以提高财务报表的可信赖度； 2.方便公开。
缺点	1.无法对财务报表的真实性和公允性发表审计意见； 2.审计报告中反映的情况较为敏感，不易公开。	1.不太适应农村集体经济审计现状； 2.所需的审计费用较多。

根据目前北京市农村集体经济审计的现状，建议还是按照政府审计的要求出具审计报告，但报表审计可以对财务报表的真实性和公允性发表审计意见，提高财务报表的可信赖度。虽

然目前的条件难以实现，但未来随着集体经济组织经济水平的不断提高，报表审计会逐渐成为一种新的趋势。

此外，我们查阅了北京市会计师事务所收费标准，如表16、表17所示。

表16　北京市会计师事务所计时收费标准

职称	计费价格	文件依据
主任会计师、副主任会计师	每人每小时300元	京价（收）字〔1996〕第260号
部门经理、高级专家	每人每小时250元	
项目经理	每人每小时220元	
注册会计师	每人每小时200元	
会计师	每人每小时100元	

表17　北京市会计师事务所计件收费标准

档次收费标准项目		现有资产总额					文件依据
		1000万元以下（含1000万元）	1000万—1亿元（含1亿元）	1亿元—10亿元（含10亿元）	10亿—50亿元（含50亿元）	50亿元以上	
鉴证项目	1.年度审计	千分之二点五	万分之一点五	万分之一	万分之零点二	万分之零点一	京价（收）字〔1996〕第260号京价（收）字〔2001〕335号
	2.中期审计，离任审计，解散清算审计	千分之二	万分之一	万分之零点八	万分之零点一	万分之零点零八	
	3.验证资本	千分之二	万分之一	万分之零点八	万分之零点一	万分之零点零八	
服务项目	资产评估	按国家发改委、国家国有资产管理局有关规定执行					

注：1.鉴证项目收费标准为最低收费标准，会计师事务所可以根据实际情况上浮15%；上市公司的鉴证项目收费标准可上浮50%。2.验证资本比例收费以企业注册资本为基数。50万元以下的验证资本，收费由会计师事务所酌定，但不得少于5000元。税务审计服务，执行现行中期审计的收费标准。

7.审计档案管理。由于注册会计师审计准则中对于审计档案管理的规定不够全面，因此本部分建议不再区分专项审计和财务报表审计。根据中华人民共和国审计署、国家档案局第10号令《审计机关审计档案管理规定》，结合北京市农村集体经济审计的实际情况，对集体经济审计档案管理提出如下建议：

（1）审计档案的内容。审计档案包括四大类：立项类材料；证明类材料；结论类材料；备查类材料，下面分别进行介绍。

①立项类材料，包括审计业务委托书、审计通知书、审前调查记录、审计工作方案等。

②证明类材料，包括审计承诺书、审计工作底稿及相应的审计证据等。

③结论类材料，包括审计报告、审计报告征求意见稿、被审计对象的反馈意见、审计决定书等。

④备查类材料，包括审计项目回访单、被审计对象整改反馈意见或其他不属于前三类材料的资料等。

（2）审计档案的存档时间。审计档案根据项目的重要性可分为永久性档案和当期性档案，当期性档案分30年期和10年期。

①永久性档案，是指审计项目特别重大，需要永久保管的审计档案。

②保管30年的档案，是指审计项目比较重大，需要保管30年的档案。

③保管10年的档案，是指审计项目一般重大，需要保管10年的档案。

（3）审计档案的归档期限。审计档案的归档期限为审计结束日后三个月内，若审计人员未能完成审计业务，审计档案的归档期限为审计业务中止后的三个月内。

（4）审计档案的排列。

①立项类材料：按形成的时间顺序、结合其重要程度予以排列。

②证明类材料：按与项目审计方案所列审计事项对应的顺序、结合其重要程度予以排列。

③结论类材料：按逆审计程序、结合其重要程度予以排列。

④备查类材料：按形成的时间顺序、结合其重要程度予以排列。

（5）审计档案的保管。

①审计机关应当设置档案管理部门或者配备专职（兼职）档案人员，负责本单位的审计档案工作。

②档案管理部门或档案人员应当对接收的纸质和电子审计档案进行必要的检查，并妥善保管在防火防潮防灰的环境中。

（6）审计档案的查阅。

①审计机关应当建立健全审计档案借阅制度。借阅审计档案，仅限定在审计机关内部。

②审计机关以外的单位有特殊情况需要查阅、复制审计档案或者要求出具审计档案证明的，须经审计档案所属审计机关分管领导审批，重大审计事项的档案须经审计机关主要领导审批。

（7）审计档案的销毁。

①审计机关应当成立鉴定小组，在审计机关主要负责人的主持下定期对已超过保管期限的审计档案进行鉴定，准确判断审计档案的存毁。

②审计机关应当对经确认无保存价值的审计档案进行登记造册，经分管负责人批准后进行销毁。销毁审计档案，应当指定两人负责监销。

审计工作制度部分的建议可用图13进行直观地表示。

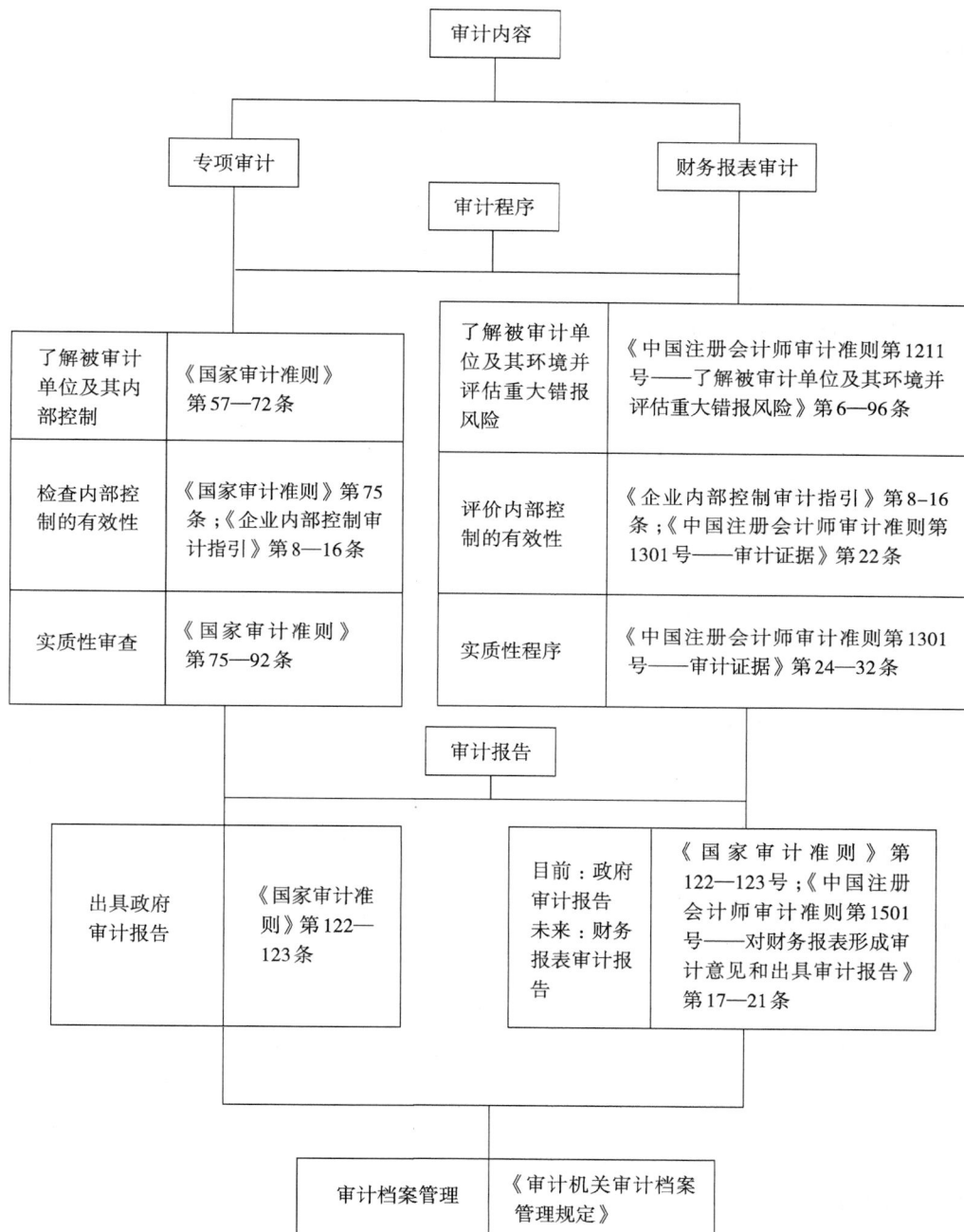

图13　审计工作流程图

（二）加强审计执行力度。

1.出台审计工作指南。为了进一步加强对农村集体资产的监督和管理，促进集体资产保值增值，我们建议市里统一制定并出台《农村集体经济审计工作指南》，规范农村集体经济的审计内容、审计频率、审计程序、审计方式和方法、审计工作底稿、审计报告、审计档案管理以及各项审计的具体操作流程，为农村集体经济审计提供合理参考。

2.运用指南指导工作。

（1）事务所审计模式。事务所审计遵照的是《中国注册会计师审计准则》和事务所自身的规定，但由于农村集体经济审计有其特殊性，注册会计师审计准则不能完全适用。因此事务所审计模式下，审计人员应当在执行注册会计师审计准则的基础上参照《农村集体经济审计工作指南》，指导实际的审计工作。

（2）经管站和会计委托代理服务中心审计模式。经管站和会计委托代理服务中心审计模式下，审计人员应当按照《农村集体经济审计工作指南》中的规定开展审计工作，规范审计程序。

3.提高审计人员素质水平。

（1）对审计人员进行培训。北京市农经办应当定期组织集体经济审计人员的培训工作，运用《农村集体经济审计工作指南》对审计人员进行培训，提高审计人员的专业素质。同时，完善农村集体经济审计人员的职业道德规范，从法律和道德两个层面对审计人员进行约束。

（2）吸收审计专业人才。各区和各乡镇经管站应当采取多种途径，提高农村集体经济审计人员的工资和待遇水平，营造良好的工作环境，广泛吸收社会上的优秀审计专业人才，提升农村集体经济审计队伍的整体素质水平。

4.开展长期挂账资产专项检查工作。由于农村集体经济中存在一些长期挂账的应收款和固定资产，建议市里统一下达文件，组织开展一次长期挂账资产的专项检查工作，对于长期挂账的应收款和固定资产进行函证、审查，并按照规定的程序核销。

（三）提高审计执行的监督力度。

1.检查审计工作执行情况。审计工作的执行也需要检查和监督，审计机关应当建立审计项目分级复核的制度。

（1）审计项目组组长。审计项目组组长应该对审计业务的总体质量负责。审计项目组组长应当对项目组成员的工作进行监督，并对审计工作底稿进行复核，确保已经获取充分、适当的审计证据，得出合理的审计结论。

（2）审计机关审理部门。审计机关审理部门应当对审计项目组出具的审计报告进行审查和复核，检查是否有问题并提出审理意见。

（3）审计机关上级领导。审计机关上级领导应当对审计机关审理部门审查过的审计报告进行最终的复核，主要把握审计过程中发现的重大问题和重要事项。

2.完善审计工作考核体系。各区和各乡镇应当完善审计工作的考核机制，每年组织一次审计项目的评选活动，从上一年的审计项目中选出几个优秀审计项目，给相关的审计人员以适当的奖励。同时对于审计执行过程中存在问题的审计项目组，应给予一定的惩罚措施。

3.健全审计工作问责机制。各区应当建立健全审计工作问责机制，当审计执行过程中出现问题时，须合理确定审计人员应当承担的责任。根据审计项目分级复核制度，审计项目组组长、审计机关审理部门和审计机关上级领导应该承担不同的责任。审计项目组组长主要是对出具的审计报告负责，审计机关审理部门主要对发表的审理意见承担责任，审计机关上级领导对审计项目的实施结果承担最终责任。

第四部分 北京市农村集体经济组织审计制度设计

一、审计机构和审计人员

（一）审计组织机构及审计人员。

1.审计组织机构。区级以上人民政府农村经营管理部门负责指导农村集体经济组织的审计工作，乡镇一级农村经营管理部门负责农村集体经济组织的审计工作。

农村集体经济审计工作接受国家审计机关的指导和监督。

2.审计人员。区级农村经营管理部门应下设审计科，审计科人员应与财务科人员相分离，独立负责本辖区内农村集体经济组织审计的指导工作。

乡镇一级农村经营管理部门内应设有专职审计人员，独立负责本辖区内农村集体经济组织的审计工作。

各级审计人员应当参与培训，经过考核，发给审计证，凭证开展审计工作。

（二）审计执行机构及审计人员。

1.审计执行机构。乡镇一级农村经营管理部门可自己执行审计工作，也可委托会计师事务所执行审计工作。

委托会计师事务所执行审计的，应从各区规定的名单中挑选事务所，并以乡镇政府的名义与其签订委托合同。审计经费应纳入乡镇本年度的财政支出预算。对于经济条件较差的乡镇，区财政可以对审计经费进行适当补贴。

2.审计人员。若执行审计工作的人员为会计师事务所的人员，则应参加关于农村集体经济审计的培训。

二、审计范围和任务

农村集体经济组织审计机构对下列事项进行审计监督：新型集体经济组织审计、村级组织正常运转专项补助资金审计、征地补偿费管理使用情况审计、会计委托代理机构资金监管情况审计、农村干部任期和离任经济责任审计以及当地人民政府、国家审计机关和上级业务主管部门等委托的其他审计事项。

（一）新型集体经济组织审计。新型集体经济组织审计应当重点审查下列内容：

1.新型集体经济组织的经营状况；

2.新型集体经济组织的集体资产增减变动情况；

3.新型集体经济组织的其他情况；

4.有无违纪违规问题。

（二）村级组织正常运转专项补助资金审计。村级组织正常运转专项补助资金审计应重点审查下列内容：

1.公益事业补助资金调增50％后，各区是否结合本地区情况，分类、分档制定具体保障标准，落实到村；

2.专项补助资金是否及时、足额拨付到村，有无区、乡镇截留和挪用；

3.专项补助资金的使用是否合理，是否专款专用；

4.专项补助资金财务管理是否规范正确；

5.专项补助资金是否坚持村务公开制度；

6.村级填报的村级组织正常运转专项补助资金使用情况表是否正确，有无错报。

（三）征地补偿费管理使用情况审计。征地补偿费管理使用情况审计应重点审查下列内容：

1.资金到位情况；

2.专户存储情况；

3.专账管理情况；

4.资金使用情况；

5.程序履行情况；

6.审计过程中发现的其他问题。

（四）会计委托代理机构资金监管情况审计。会计委托代理机构资金监管情况审计应重点审查下列内容：

1.银行账户和印鉴管理情况；

2.资金核算情况；

3.资金监管制度建立与执行情况；

4.大额资金使用报批程序履行情况。

（五）农村干部任期和离任经济责任审计。农村干部任期和离任经济责任审计的内容主要包括：

1.经济指标及财务收支计划完成情况。主要包括：任期内农民人均纯收入等经济指标是否增长；村级财务收支计划是否按时完成；农村基础设施建设任务是否完成；村级集体资产是否增值和债务是否减少等。

2.财经法纪执行情况。主要包括：村级财务、资产和民主理财等内部控制制度是否健全，各项收支是否及时、足额入账，有无侵占、挪用、私分集体资金等问题；有无滥用职权侵占、挪用、平调集体资产和长期占用集体资金的问题；是否存在超标准领取个人报酬或在集体报销个人费用等问题。

3.农民群众关注的热点问题。

（1）集体资产出租及处置。村集体资产的出租程序是否合法，租金的确定是否合理，收取是否及时，有无无偿或低价使用集体资产情况；村集体企业改制和"撤村建居"过程中集体资产的处置情况，有无非法转让、转卖和侵吞集体资产等行为。

（2）债权债务管理。村级组织举债是否履行民主决策程序，按规定审批程序办理；有无擅自为企业贷款提供担保、抵押，导致新增债务等情况。

（3）土地发包。集体土地的发包、村级基建工程建设和确权分利方案是否履行了民主决策程序，签订的合同或协议是否规范，兑现是否及时。

（4）专项资金管理。上级划拨或接受社会捐赠的资金和物资、土地补偿费的管理、使用是否符合有关规定。

（5）重大投资及投资效益。村级重大投资是否履行了民主决策程序，程序是否合法；投资效益如何，是否存在因投资决策失误或管理不善导致投资损失等情况。

（6）财务公开。财务公开是否全面、真实、及时、规范；村内"一事一议"筹资筹劳的程序是否规范，资金收取是否超标准、超范围以及资金的使用情况等。

此外，各乡镇（街道）要求审计群众反映强烈的其他问题也是审计的内容。

三、审计职权

（一）市农村经营管理部门审计职权。

1.对完善北京市农村集体经济审计的相关制度和条例提出建议。

2.派出审计质量控制小组抽查审计工作底稿、审计报告，观察、检查审计执行情况。

3.检查各区、乡镇对于市里安排的审计工作的落实情况。

4.检查各区、乡镇对于审计结果的运用情况。

5.对于区、乡镇普遍存在的长期无法解决的问题或值得探讨的问题进行研究，制定解决措施。自己解决有困难的，可以组织专家学者进行研究讨论。

6.根据需要，针对有重大漏洞的、风险较高的项目组织全市性重点审计。

7.组织各区、乡镇经管站人员进行培训。

（二）区农村经营管理部门审计职权。

1.按照市里安排的审计任务组织开展审计工作。

2.根据本区的需要组织开展审计工作。

3.制定及完善本区农村集体经济审计的相关制度规范。

4.检查各乡镇审计工作的落实情况。

5.检查各乡镇对于审计结果的运用情况。

6.组织各乡镇经管站人员进行培训。

7.在事务所审计过程中进行现场观察、检查。

8.抽查事务所出具的各村的审计报告。

（三）乡镇农村经营管理部门审计职权。

1.按照市、区安排的审计任务组织开展审计工作。

2.根据本乡镇的需要组织开展审计工作。

3.制定及完善本乡镇农村集体经济审计的相关制度规范。

4.常规审计中指导、协调事务所的工作。

5.自己执行突发性审计工作。

6.日常执行在线审计（包含村集体经济组织及其下属公司）。

7.对事务所实施事前、事中、事后质量控制。

8.检查各村的整改情况。

（四）审计执行机构在审计过程中的职权。

1.要求被审计单位提供财务收支计划、预算执行情况、决算、财务报告、经济合同以及其他与财务收支有关的资料。

2.检查被审计单位的会计报表、凭证、账簿以及其他与财务收支有关的资料。

3.就审计事项的有关问题向有关单位和人员进行调查，被调查的单位和人员应当如实提供有关资料及证明材料。

4.对正在进行的损害农村集体经济组织利益、违反财经法纪的行为，须及时向相关部门报告。

5.对通过转移、隐匿、篡改、毁弃会计报表、凭证、账簿等有关资料而阻挠、破坏审计工作的被审计单位，有权采取封存有关账册、资产等临时措施予以制止。

四、审计程序

（一）制定审计计划。

1.农村集体经济组织审计机构根据同级人民政府和上级业务主管部门的要求，结合本地实际，确定审计工作的重点，编制审计项目计划和工作方案，报其主管领导批准后执行。

2.对于国家审计机关委托的政府专项资金审计项目应明确其资金来源、用途、使用规范及审计要求。

3.对于委托会计师事务所执行审计的，应及时选聘合适的会计师事务所并与其签订合同，明确其审计内容、审计范围、审计要求及双方的责任与义务等内容。对于初次接受农村集体经济组织审计委托的会计师事务所，还应对其进行相应的培训。

3.农村集体经济组织审计机构确定审计事项后，应当通知被审计单位。委托会计师事务所执行审计的，须协助会计师事务所的审计人员与被审计单位进行接洽。

（二）审计工作的实施。

1.须实施的审计程序。对于专项审计，审计人员应当通过了解被审计单位及其内部控制、检查内部控制的有效性和实质性审查等程序，审查被审计单位的会计报表、凭证、账簿，查阅有关文件资料，检查现金、实物，向有关单位和个人进行调查并取得证明材料。

对于财务报表审计，审计人员应当通过了解被审计单位及其环境并评估重大错报风险、评价内部控制的有效性（即控制测试）和实质性程序等，审查被审计单位的会计报表、凭证、账簿，查阅有关文件资料，检查现金、实物，向有关单位和个人进行调查并取得证明材料。

证明人提供的书面证明材料应当由提供者签名或盖章。

2.农村集体经济组织审计人员，在审计过程中，应当主动听取农民群众和民主理财组织的意见。

（三）审计结果的上报与运用。

1.农村集体经济组织审计人员对审计事项进行审计后，向委派其进行审计的农村集体经济组织审计机构提出审计报告。重大审计事项的审计报告，应当分别报送同级人民政府、上级农村集体经济组织审计机构和有关主管部门。

2.审计报告在报送之前，应当征求被审计单位的意见。被审计单位应当在收到审计报告之日起十日内提出书面意见。

3.农村集体经济组织审计机构审定审计报告，作出审计结论和决定，通知被审计单位和有关单位执行。

4.被审计单位对农村集体经济组织审计机构作出的审计结论和决定如有异议，可在收到审计结论和决定之日起十五日内，向上一级农村集体经济组织审计机构申请复审。上一级农村集体经济组织审计机构应当在收到复审申请之日起30日内，作出复审结论和决定。特殊情况下，作出复审结论和决定的期限，可适当延长。

复审期间，不停止原审计结论和决定的执行。

5.农村集体经济组织审计机构应当检查审计结论和决定的执行情况。

6.农村集体经济组织审计机构对办理的审计事项必须建立审计档案，加强档案管理。

7.农村集体经济组织审计发现的由于制度不完善导致处理不规范的问题，应该用于农村经营管理部门内部管理以及会计、审计等制度的完善。

五、奖惩措施及法律责任

（一）被审计单位的奖惩措施及法律责任。

1.对遵守和维护财经法纪成绩显著的单位和个人，提出通报表扬和奖励。

2.违反规定，拒绝、拖延提供与审计事项有关资料的，或者拒绝、阻挠审计工作的，由审计机构责令限期改正；逾期不改的，由审计机构建议其上级主管部门或者有关部门对直接责任人员给予处分。

3.违反规定，转移、隐匿、篡改、毁弃会计报表、凭证、账簿及有关资料的，由审计机构建议其上级主管部门或者有关部门对直接责任人员给予处分；构成犯罪的，依法追究刑事责任。

4.转移、隐匿违法取得的资产的，由审计机构建议其上级主管部门或者有关部门责令退还财产或者赔偿损失，并对直接责任人员给予处分；构成犯罪的，依法追究刑事责任。

5.侵占、侵吞集体资产或者因失职、渎职造成集体资产损失的，由审计机构建议其上级主管部门或者有关部门责令退还财产或者赔偿损失，并对直接责任人员给予处分；构成犯罪的，依法追究刑事责任。

6.违反财务会计管理规定的，由审计机构责令改正；情节严重的，由审计机构建议其上级主管部门或者有关部门对直接责任人员给予处分。

7.打击报复审计人员，构成犯罪的，依法追究刑事责任；不构成犯罪的，给予行政处分。

8.对经济处理决定不服的单位和个人，可向作出处理决定机构的上一级机构提出申诉。

（二）审计机构的法律责任及奖惩措施。

1.对于工作认真，审计效果好的审计机构及审计人员，提出通报表扬和奖励

2.有下列行为之一的农村集体经济组织审计人员，可由农村集体经济组织审计机构给予处分，或向同级人民政府和有关部门提出给予行政处分的建议；情节严重，构成犯罪的，提请司法机关依法追究刑事责任：

（1）利用职权，谋取私利的；

（2）弄虚作假，徇私舞弊的；

（3）玩忽职守，给被审计单位和个人造成损失的；

（4）泄露秘密的。

3.对经济处理决定不服的单位和个人，可向作出处理决定机构的上一级机构提出申诉。

课题负责人：吴志强

课题组组长：胡登州　李　平

课题组成员：石　慧　陈金玲　何秀荣　张希玲　王素义　俞　勤　兰佳玥

宋辉斐　曹媛媛　楚嘉希　李笑雨　陈晓阳　李清清　王雅静

执笔人：胡登州　李　平　石　慧　陈金玲　兰佳玥　宋辉斐

北京市农村财务管理运行模式创新研究

　　长期以来，村级财务管理始终是农民群众关心的热点，也是极易导致干群关系紧张的焦点，一度成为"三农"工作的重点和难点。同时，从国家治理角度来说，村级财务管理作为乡村治理的核心内容，也是实现国家治理水平和治理能力现代化的微观基础，成为建设社会主义新农村的一项基础性工作。

一、绪论

　　（一）研究背景和意义。近几年，村级职务犯罪凸显，村级财务管理行为的不规范，导致农村社会的不稳定，民心的不安定，所以在现在社会大背景下，既要打老虎，也要拍苍蝇，谨防发生在群众身边"小官巨贪"现象的产生。因此，不断加强农村财务管理方式和模式研究、规范村级财务行为、促进农村财务监督管理更加规范、实现农村财务管理程序公开透明，不仅有利于完善农村财务管理制度，改善农村财务管理状况，提高农村财务管理水平，而且有利于党群、干群关系的和谐、农村社会稳定、农民财产权利的维护以及基层党风廉政建设。

　　（二）对农村财务管理模式的研究现状。我国对农村财务管理的一系列改革是从1993年开始的[1]，在我国农村财务管理改革和发展的现实过程中，戴国荣、李百超、孟庆玉、邓小兰、杜国峰等[2-6]都对农村财务管理里的运行模式进行了研究。概括起来主要有六种村级财务管理模式。一是村账村管模式。在家庭联产承包责任制实行的初期，"村账村管"模式在我国农村财务管理实践中最早出现。在此种模式下，村民委员会代表全体村民，聘请财务人员、自设财务部门、独立开设账簿和账户对村集体经济组织的财务进行管理。村级财务人员业务上需要接受乡镇财政所（或农经站）的监督与指导，但其最终是对村委会负责，而村委会则对村集体经济的所有者即全体村民负责。二是村账乡审模式。伴随着改革开放的深入，农村经济及社会各项事业的发展，村账村管这一基本模式已经无法满足农村财务管理的现实需要，实践中逐渐探索引入了其他财务管理模式，包括村账乡审、村账乡管、村账双代管、村会计委派制、村级会计委托代理制等。村账乡审是在村账村管的基础上，强化乡镇对村里账务的监督权，即在村集体资产所有权、资金管理使用权、独立核算权、债权债务处置权和经营自主权不变的基础上，将审查权分离至乡镇，由乡镇建立相应的配套管理制度，对所辖各村的票据、账务处理等进行审查。三是村账乡管模式。该模式是在村账乡审的基础上进一步深化了乡镇对村级账务的管理职能，即在遵循村集体对本村资产享有权利不变的原则下，乡镇主导在经管站建立村级账务管理中心，配备专职会计对所辖村的财务账目实行统一代理核算、记录，并定期公布各村的财务收支情况，但并不代管资金；各村设有专门的报账人员，定期到经管站对本村日常收支进行报账。四是村账双代管模式。类似于我国行政组织的财务管理方式，即在保证村集体资金所有权、资金独立核算权、资金管理权、债权债务归属等都不变的基础上，经管站受乡镇政府委托统一负责所辖各村集体经济组织的账务处理和资金管理，村里平时只留取少量备用金，所有经济业务必须经乡镇审批并及时入账[7]。五是村会计委派制。该模式于 1989 年起源于湖北省老河口市，于 1999 年前后在河南、广东、陕西、江苏等省份广泛推行。虽然各地实行村会计委派制的具体做法与措施有所不同，但大都基于以下模式：乡镇有关部门遵循公平、公正、公开的原则，统一面向社会选拔招聘村会计人员，并成立农村会计委派中心对村会计人员进行集中统一培训，且签订聘任合同明确双方的权责利，然后依照异村、就近、避亲、联合的原则委派到辖区内各村组从事村级财务管理工作[8]。村会计的任免、人事管理、考核、奖惩都归属于乡镇的农村会计委派中心。六是村级会计委托代理制。指在保证村级资产所有权、使用权、决策权、监督权不变的前提下，村民主动愿意由乡镇会计委托代理服务机构（包括社会中介服务组织）负责代理本村集体经济组织的账务管理工作。这一模式与其他模式最大的差别在于村级会计委托代理制是基于村民们自己决定是否实行会计代理，也就是说，在委托代理之前必须召开村民代表大会或村民会议，由民主投票决定是否与乡镇委托的会计代理服务中心或社会中介组织签订委托代理协议、决定是否由会计委托代理机构代理完成村集体账目清理、账务记录等[9]。

（三）研究方法。为完成本报告，市农财中心在收集整理北京市农村财务管理基本素材的基础上，先后组织课题组对延庆、密云、房山等区进行了实地调研。同时，为有效借鉴外埠成功经验和做法，课题组牵头组织了北京市 14 个涉农区的农村财务管理人员赴江苏省进行了专题考察调研，丰富了课题研究内容，引发了对存在的共性问题的思考，通过比较研究分析，提出了下一步做好北京市农财管理工作的整体思路和对策建议。

二、北京市农财管理的基本情况

北京市有 14 个涉农区，195 个乡镇集体经济组织、3983 个村集体经济组织及下属集体企业。截至 2015 年底，北京市农村共有账内集体资产总额 5589.8 亿元，其中，乡镇级集体资产 2259.8 亿元，占全市农村集体资产总额的 40.4%；村级集体资产 3330 亿元，占全市农村集体资产总额的 59.6%。分配人口 311.9 万人，人均拥有资产 17.9 万元。农村集体净资产总额 2084 亿元，人均净资产 6.7 万元，其中，乡镇级集体净资产 559.5 亿元，占全市农村集体净资产的 26.9%；村级集体净资产 1524.5 亿元，占全市农村集体净资产的 73.1%。从各区资产分布情况来看，地区分布不均衡现象明显，朝阳、海淀、丰台的集体资产都在千亿元以上，三区集体资产总额达 3295.4 亿元，占全市农村集体资产总额的 58.3%；而平谷、怀柔、密云、延庆、石景山的集体资产都不足百亿，地区发展不平衡，各区之间差距较大。此外，郊区农村集体经济还有大量没有货币量化的资源性资产。

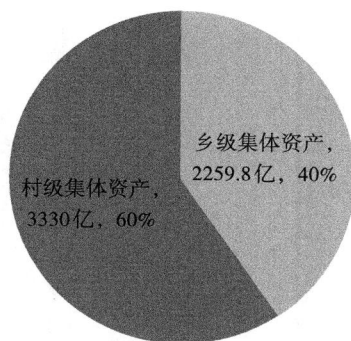

图1 北京市村级集体资产和乡级集体资产分布情况

  截至2015年底,全市已有142个乡镇、2988个村完成了农村财务规范化建设任务,完成比例分别达到73%和75%。

  北京市的农村财务管理模式经历了村账自管、村账镇管和第三方会计委托代理三个阶段。这三个阶段财务管理模式的产生都是自然选择的结果和适应社会发展的需要所形成的。从1999年开始在部分区进行村账托管试点,这么多年逐步规范和完善,通过村账托管,有针对性地解决了农村财务人员记账水平低、会计职能单一等问题,有效提高了村级财务核算的专业水平,规范了农村集体财务管理,为发挥会计监督职能起到了重要作用,有效支撑了基层党风廉政建设取得新进展。从2004年延庆区在延庆镇率先试点实行会计委托代理模式,通过政府购买服务,引进第三方会计公司,签订会计委托代理合同,开展村级会计委托代理业务。随后密云区、朝阳区、顺义区等三个区均有部分乡镇实行了会计委托代理模式,这种模式有效地规范了农村财务行为,减轻了村镇干部管理农村财务的工作量,并且在村财镇管中有效实现了管办分离,镇里负责村账审核管理,会计公司负责办理具体业务,有效避免了镇里既当运动员又当裁判员,这在当时看来,也是农村财务管理模式的一大创新探索。

  根据各区汇总的数据,目前,北京市财务管理模式采用"村账镇管"的村有3376个,占全市总村数的84.76%;采用第三方会计委托代理方式记账的村有520个,占13.06%;采用"村账自管"的村有87个,占2.18%。其中昌平区、通州区全部实行"村账镇管",石景山区12个村全部实行"村账自管",延庆区376个村全部实行第三方会计委托代理,还有密云区68个村、顺义42个村、朝阳34个村也实行了第三方会计委托代理制。

  从北京市农村财务管理的总体情况来看,全市实行村级会计委托代理(包括村账镇管和第三方会计委托代理)的村3896个,占总村数的97.82%,通过实行委托代理,村级民主管理和财务公开水平明显提高,全市村级普遍实行了财务公开,其中按月和按季公开的村有3028个,占全市总村数的76.4%。

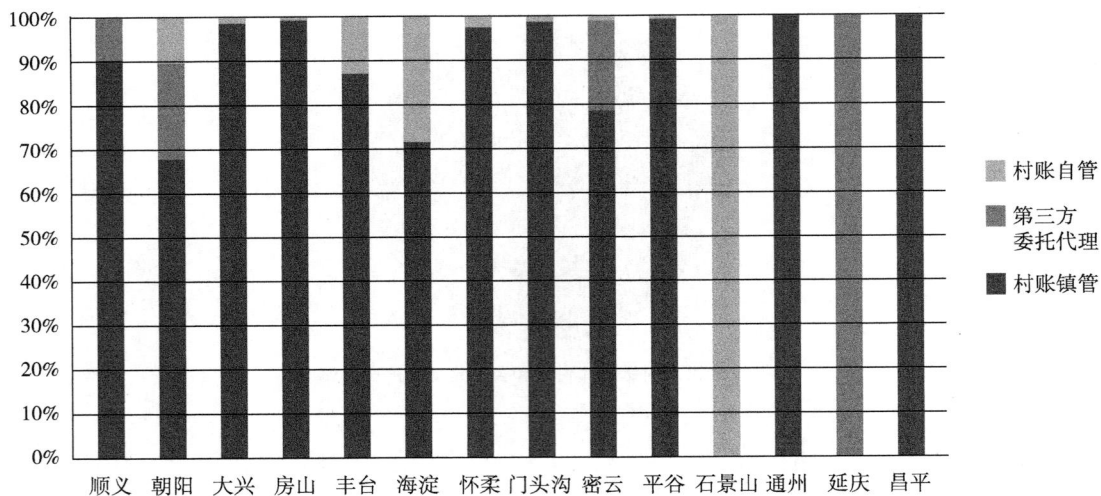

图2　14个涉农区农村财务管理模式分布情况

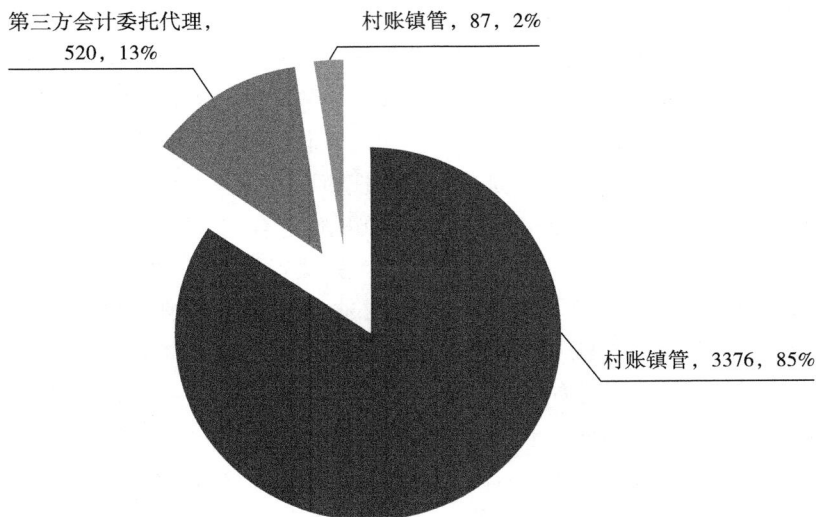

图3　北京市农村财务管理模式的总体情况

三、北京市农村财务管理中存在的问题

经过多年的实践，村账镇管和第三方会计委托代理制都有一些问题浮现。根据调研情况和各区农村财务管理人员的反映，北京市农村财务管理方面存在的问题，表现在以下几个方面。

（一）村级会计人员方面。

1.村级会计人员年龄结构偏大。从北京市村级会计从业人员年龄结构情况来看，55岁及以上的人员占35%，50—54岁之间的人员占22%，40—49岁的人员占28%，39岁以下人员占15%。可见北京市会计人员年龄偏大，年轻会计不多，并且出现断层。

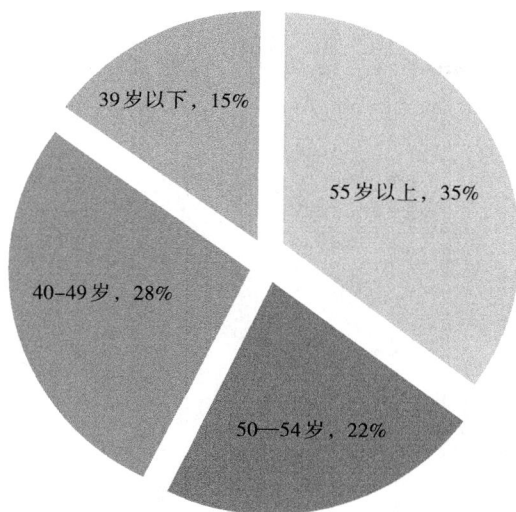

图4　北京市村级会计人员年龄结构

从14个涉农区有关会计的数据分析可知，远郊区和城乡结合部会计的年龄结构不同，城乡结合部地区会计年龄相对年轻，远郊区平均年龄更大。以怀柔和丰台为例：

截至2016年9月底，怀柔共有村级会计人员291名。从年龄结构来看存在偏高的现象，平均年龄51岁，55（含）岁以上的有108名，占37.1%；50（含）岁至54岁的有76名，占26.1%；40（含）岁至49岁的有72名，占24.8%；39岁以下的有35名，占12%。最大年龄71岁，最小年龄30岁。

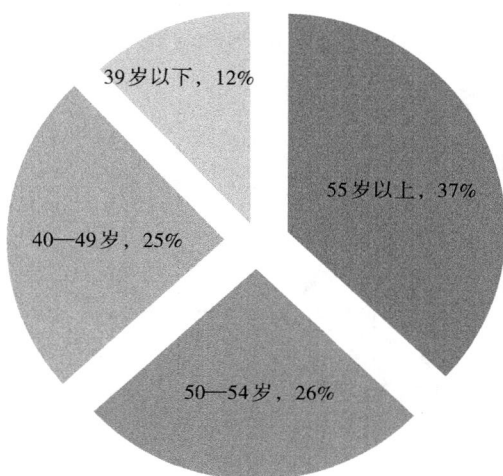

图5　怀柔区村级会计年龄结构

丰台区共有村级会计人员506名。55（含）岁以上的有47名，占9.29%；50（含）岁至54岁的有121名，占23.91%；40（含）岁至49岁的有229名，占45.26%；39岁以下的有109名，占21.54%。最大年龄61岁，最小年龄25岁。

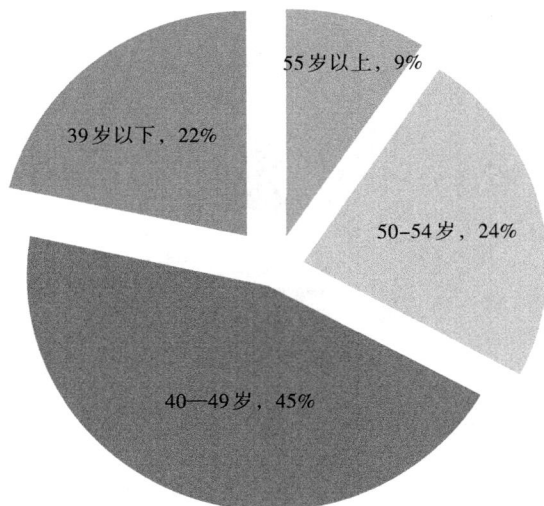

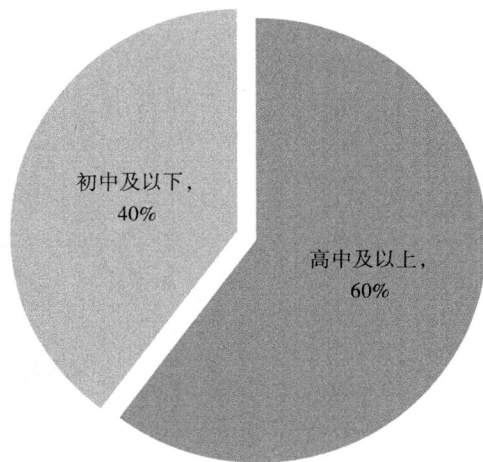

图6　丰台区村级会计人员年龄结构

2.会计人员素质普遍不高。北京市村级会计人员有会计从业资格证的占全市村级会计人员的37.64%，无会计从业资格证的占62.36%；高中及以上学历的村级会计人员占全市村级会计人员的59.72%，初中及以下人员占40.28%。从数据来看，村级会计人员具有会计从业资格证的不到一半，初中及以下学历达到40%。所以说，村级会计人员专业基础较差，专业胜任能力不强。学历层次普遍较低，专业素质不高。从而导致学习钻研新知识、接受新事物的积极性不高，能力不强。专业理论基础不足，系统财会知识比较欠缺，职业素养不高，其文化素质、理论水平和业务能力很难适应村级财务管理新形势新要求。

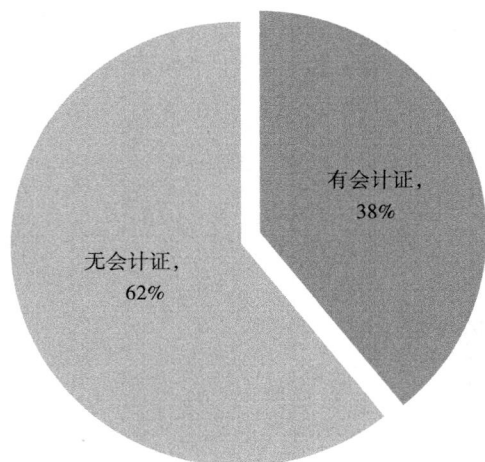

图7　村级会计人员有无会计证情况　　　　图8　村级会计人员学历结构

3.村级会计人员流动性较大。村委会三年换届一次，是会计可能换掉的一个因素；有会计证，年轻的人员，因待遇低，而出现外流。只有年龄较大，业务素质不够强的人员才能稳定下来。从而造成村级财务人员年龄大，业务水平低。

（二）财务公开方面。财务公开落实不到位。近年来，各级经管部门尽管一直在强调财务公开的重要性，也取得了一定成效，但是还存在一些问题。

1.财务公开不及时，存在走过场现象。一些地方不是按照要求一个月或是一季度公开一次，重大事项也没有随时公开，而是上级检查时才公开；财务公开时长不足，有时公开栏前照张相，就撕了，很多村民看不到。

2.财务公开的表格太专业，有些村把"科目余额表"贴到公开栏，由于缺乏相应专业知识，大部分村民很难看明白，致使群众看农村财务公开内容尤如"雾里看花"，看不懂、看不清。

3.公开形式老旧，不能够与时俱进。一般采用公开栏、电子屏的方式进行公开，没有能够利用信息化手段或者在村域更大范围内进行公开，保障村民的知情权、参与权和管理权不够。

（三）民主监督难以落实。

1.村民对民主监督和管理意识不强、集体观念淡薄，对集体的事不过问、不关心、不了解，持"事不关己，高高挂起"的态度，村民对村级财务的监督和管理也成了一句空话。

2.村务监督委员会未能认真履行监督职能。有些村务监督委员会成员素质不高，对自身职责不清，很难胜任本职工作。很多村务监督委员会成员是村干部推选的，也是为村干部服务的，民主监督作用并没有得到有效发挥，监委会对村财务的事后监督多数流于形式。

3.有些村级领导干部对村务管理认识不到位，缺乏财务知识，法律意识淡薄，不愿或者不去监管。部分村干部存有"钱不入腰包就行"的法盲心理和"上有政策，下有对策"的应付心理，对现金管理不到位，贪图方便，随收随用，还有少数村干部上任的目的就是为了谋私利，根本谈不上审核把关，还想方设法躲避监管，为不规范支出制造漏洞，给违法违纪等舞弊行为提供条件。

（四）村级财务管理规范化程度不够高。

1.票据管理不规范。因为村级集体经济组织的地位尚缺乏有效的法律支撑，市场主体地位不明确，导致在实际工作中票据使用混乱。存在假发票、发票不正规、发票内容不明确、单价不确切，票据入账手续不完备等现象。

2.会计核算不规范。主要为会计科目使用不正确、入账记账不及时、伪造会计凭证和其他会计资料。

3.资金管理不规范。存在私设小金库、白条抵库、坐收坐支、审批手续不全、挪用、侵占公款、大额资金支出未经过民主程序、大额现金支出等现象。

4.工程建设管理不规范。未经过招投标程序、工程建设合同不规范、施工方没有资质、质量不合格、报价虚高、项目成本不透明、私下收受好处费、虚增工程开支、以同一建设项目重复申报财政补助资金等。

5.费用支出管理不规范。招待费过高、超标准配车、公车私用、公费旅游、公款送礼等。

6.经济合同签订不规范。签订合同的期限太长，有的长达30年、50年，价位低，且无递增机制。

7.征地补偿费管理不规范。存在未建立征地补偿款专储账户、未实行专账管理或专门账页管理、未按规定用途使用征地补偿费、资金到位后被挪用、审批手续不健全、资金使用不民主、不公开、乡级统一收取征地补偿费，未及时拨付到村、征地补偿协议不规范等。

（五）会计委托代理制度不完善

村账托管工作是一个不断完善、不断提升的过程，目前仍存在一些需要解决的问题，特别是会计委托代理公司的会计存在"为记账而记账"的现象。一是记账人员更换频繁，不能保证记账工作的连续性。二是代理记账公司一个会计同时管3—4个村的账务，一般又不是本村人员，导致记账人员不能全面掌握一个村的账务情况，不能为集体经济组织提供有效的管理建议。三是随着农村城市化进程的加快，记账人员工作经验欠缺，不能高效的应对农村财务的所有问题。四是会计委托代理的第三方队伍相对薄弱，人员有限，无法对村级财务收支进行实质性审查，存在会计、出纳一人兼和财务章、人名章一人保管的现象。五是一些乡镇存在越俎代庖现象，把对农村财务的监督职能变成了管理职能，从而改变了"四不变"（即所有权、使用权、审批权、收益权）的性质，使得村集体经济组织使用资金极为不便等等。

四、创新北京市农村财务管理模式的对策和建议

目前，北京市主要采取"村账镇管"模式加强对村级财务进行管理。通过实行委托代理，虽然在一定程度上约束了小微权力的滥用，但是，因为该制度设计与《村民委员会组织法》等基本法律相抵触，显然属于权宜之计的过渡性安排。因此，我们到南京市高淳区进行考察学习，高淳区曾因农村财务管理长期受三个方面因素制约，政府尝试把村级财务管理权力下放，开启了"村账自管"模式。一是农经部门监督缺位、队伍老化、流失严重；二是村会计队伍的业务能力明显下降；三是没有处理好代理记账与村集体"四权"（村集体经济组织的资产所有权、使用权、审批权、收益权）的关系。实行村账自管后，镇农经办将主要精力由"代办"转移到"督办"上来，负责日常业务指导和监督，同样避免了集运动员与裁判员于一身，权责不清的现象；村会计作为会计主体，履行会计人员应有的职责和权限，参与村级集体资产管理的全过程，确保了村级财务的合法性和独立性，提高了村级集体资产的监管效能。高淳区将农村财务管理权限下沉复位，重新实行"村账自管"，对北京市下一步探索建立"有管有放"的村级财务管理模式，具有很强的借鉴意义。

为了积极回应北京市村级农村财务分层管理的现实需求，结合高淳区将农村财务管理权限下沉复位，重新实行"村账自管"的成功实践，对北京市下一步探索建立"有管有放"农村财务管理模式提出如下对策和建议：

（一）着力营造基层信任文化氛围，提高对村干部履职能力信任度。众所周知，村干部是带领村民致富的领头雁，属于引领村域经济社会发展的中坚力量。现在普遍存在着对村干部不信任尤其是对其理财能力的不信任。现实政策导向也是监督约束大于信任激励，或者只有监督，没有信任。直接导致村干部对发展集体经济、实现资产保值增值动力严重不足。

虽然过去在农村财务管理实践中，确实存在着一些村干部滥用手中权力，侵害村民或者集体经济组织利益的行为，对此，短期内不得不采取"村账镇管"手段予以规范。但是，随着市场经济的发展和法治进程的推进，"村财镇管"因为于法无据，不断受到社会多方质疑和诟病。党的十八届六中全会通过的《党内监督条例》提出："信任不能够代替监督"。言下之意，要求对干部信任在前，监督在后，应当把信任激励同严格监督结合起来，实现两者相互作用。信任是激励的推动力，监督是约束的控制力。只有对村干部履职能力信任了，让其明白有权必有责、有责要担当、用权受监督、失责必追究的道理，建立起激励和约束机制，才能够激发起村干部干事创业的动力和热情。同时，对村干部进行有效约束也是实现农村财务管理规范化建设的法治路径。

（二）**不断夯实依法行政基础，正确处理好"村民自治"和"政府监管"二者之间的平衡关系。**《村民委员会组织法》第4条规定："乡、民族乡、镇的人民政府对村委会的工作给予指导、支持和帮助，但是不得干预依法属于村民自治范围内的事项。"可见，乡镇人民政府与村委会的关系本应该是指导、支持和帮助的关系，不宜包办或替代管理村民委员会管理的内部经济事务，千村百乡一律实行"村财乡管"并非最佳选择。《中共中央办公厅、国务院办公厅关于健全和完善村务公开和民主管理制度的意见》（中办发〔2004〕17号）要求"加强对农村集体财务的审计监督。县、乡（镇）两级村集体资产和财务管理指导部门，要切实组织好对农村集体财务的审计监督工作。"其核心内容用四个字概括就是"村财乡审"，而不是直接管理。"村财乡管"和"村财乡审"尽管只有一字之差，却有本质的区别。贯彻17号文件，应该逐步转变"村财乡管"，代之以"村财乡审"。首先，应该以国家法律法规为依据，建章立制，对乡镇政府和村委会的职责权限做出规定，划清乡镇政府与村民自治组织的职权范围，明确对无正当理由拒不完成乡镇政府布置的国家任务和非法干涉村内部事务应承担的法律后果。其次，改变"村财乡管"剥夺村民自治财产权的状况，将集体财产的管理权还归村民；最后，让村民结合依法管理和监督自己的各项经济活动，逐步转变"村财乡管"，代之以实行"村财乡审"。正确处理好"政府监管"与"村民自治"二者之间的关系，尊重村民自治，"还权于民"，切实保障村民的知情权、决策权、参与权、监督权，让村民及其代表村委会真正行使当家作主的权利，这不仅是发展农村基层组织执政能力建设，巩固党在农村的执政地位、执政基础的必然趋势，而且是落实乡村依法治理精神，健全和完善村务公开和民主管理制度的正确举措。

（三）**切实推进村级"政经分离"，探索建立"有管有放"的农村财务管理模式。**实践证明，长期以来实行的农村基层"政经合一"的管理体制已不适应市场化、城镇化发展要求，要解决市场化和城镇化进程中的"三农"问题，就要从农村基层治理机制的改革入手，实行农村基层自治组织和经济组织的"政经分离"。"政经分离"的具体模式宜采用"党政合一、政经分离"的办法。一方面发挥基层党组织的核心作用，推动基层党组织和自治组织的交叉任职，实现"党政合一"。另一方面发挥经济组织的市场主体作用，分类推进"政经分离"。对已"村改居"的"城中村"地区，进一步推动包括治安、环卫、市政等领域的公共服务向"村改居"社区延伸，一视同仁推动城乡公共服务均等化；对其他位于城区或城镇规划区内、产业与人口结构已高度城市化的行政村，撤销行政村建制，建立城市社区管理体制，在组织架构上实行彻底的"政经分离"；对尚不具备"村改居"条件的行政村，在推进村级"经济账"与"行政账"分账核算的基础上，积极发展农民股份合作赋予农民对集体资产股份权能改革试点，推进"政经分离"。对于实行"政经分离"的农村社区，如果集体经济组织作为市场主体，具备了完善的法人治理结构、健全的财务制度、严谨的内部审计制度等前提条件，可以将符合标准的行政村由原来的"村账镇管"恢复为"村账自管"，严格村级财务管理权限下放的标准和条件，以此探索建立北京市"有管有放"的农村财务管理模式。

（四）**不断做实农村财务审计机构和人员编制，加大财务审计监督力度**。加强对村级财务的审计监督是法律赋予各级经管部门的法定职责，实行"村财乡审"代替"村财乡管"才是法律的本义。因此，结合北京市实际，在逐步探索建立"有管有放"的农村财务管理模式的过程中，相应地应该将乡镇会计委托代理中心更名为集体资产审计中心，或将乡镇会计委托代理中心改造为独立的中介组织。在市场经济条件下，不断放松政府对村集体经济活动的监管，不仅是法律制度的要求，也是未来农村发展的趋势。放松并不意味着不要监管，而是把监管重心放在审计上。市级部门应该强化对全市集体资产审计监督的指导服务，加强农村集体经济审计队伍建设，明确工作职责，配备专职人员，确保工作质量和经费，以强化审计监督倒逼机制，助推农村财务管理制度化规范化。不断创新审计方法，积极开展部门联合审计、乡镇交叉互审，引入社会中介审计，破解审计力量不足的瓶颈。扩大审计覆盖面，加强定期对村级财务常规审计，抓好干部经济责任、土地补偿费、集体"三资"管理等村级重大事项专项审计。健全农村财务审计制度和责任追究制度，强化农村干部问责机制，建立审计回访制度，及时督促整改，保证审计结果落实到位。实现"小官巨腐"问题的预防和治理，切实维护农民利益。

（五）**逐步恢复村会计岗位职能设置，切实发挥村会计"内当家"的参谋作用**。村会计本应是村财务主管，由于实行"村账镇管"后，变成了村杂物管家，多数扮演着出纳或报账员的角色。北京市应结合农村集体产权制度改革，为集体财务村账自管创造条件，实现村委会与村（社区）经济组织分账管理，在有条件的村（社区）经济组织中，通过财政补助，独立配备财会人员，实行村账自主管理，恢复会计设置，强化会计职能；而在那些村集体经济不活跃，村民素质能力差，现阶段暂时难以实现村账自管的地方，应本着因地制宜的原则，切实提高乡镇代理会计服务能力和水平，待条件成熟时逐步过渡回归。目前，实行"村账镇管"，代理会计重记账轻管理现象比较普遍，基本上以书面凭证记账，往往只注重账账相符而忽略账实相符，只注重资金监管而忽略资产资源监管，极易导致集体资产资源被随意侵占和处理，村级组织财务会计管理、理财职能难以充分发挥。平时乡镇代理会计一人要管好几个村的账务，并不真正了解被代理村的村情，很难参与各村经济事务管理，对所管村集体经济发展规划更是力不从心，难以顾忌，仅仅成了纯粹的"记账机器"，不能充分发挥村会计"内当家"的参谋作用。村会计是村级财务运行的支柱，应该推行会计持证上岗，不断加强对会计的培训教育，强化会计职能，切实发挥会计在村集体经济发展中的重要作用。

（六）**严格责任制度，采取多种形式助推农村财务管理公开透明**。《村民委员会组织法》

第三十条规定："村民委员会实行村务公开制度，接受村民的监督。一般事项至少每季度公布一次；集体财务往来较多的，财务收支情况应当每月公布一次；涉及村民利益的重大事项应当随时公布。"阳光是最好的防腐剂，通过依法强制公开，规范财务管理行为，进行民主理财。建立部门工作协调机制，把财务公开不规范的村纳入年终党风廉政考核内容，严格责任追究。除传统的墙上贴、橱窗展，现场看外，鼓励创建财务公开系统，可以通过文字、照片、视频等形式全程记录村级重大事项和上级组织布置的重要工作。通过登录该系统，区级、镇级和村民都可以查看和掌握该村财务公开情况。随着"互联网+"运用得越来越广泛，北京市应该学习江苏经验，开发"e阳光"、手机APP、手机微信公众号，村务公开实行手机推送。很多村民都会使用微信，通过微信对村级的村务进行公开，充分利用信息化手段，所开创的村务公开和农民群众互动的新模式经济、便捷、高效、实用，农民最关心的各种补贴、应交费用以及村级四务、工作动态、惠农政策、农村产权交易信息等都可以通过手机微信公众号直接查询，大大增强了村务公开的深广度。江苏这种便捷、速效、节俭、全面的财务公开形式值得我们学习。

做好农村财务管理工作，是确保农村集体资产保值增值的关键，也是农村"三资"管理工作的核心和要义。村级财务管理模式，从"村账托管"又回到"村账自管"，是农村财务管理中矛盾对立统一更高阶段的表现。课题组认为，逐步实行"村账自管"不仅符合市场经济发展的时代要求，而且体现与时俱进的法制精神。本着农村财务管理实事求是的原则，虽然，短时间不能够做到一步到位，全部放开，但是，随着农村集体经济组织市场主体地位的确定，政府逐步放开对乡村集体经济的管制是未来农村财务管理应该把握的发展趋势和改革方向。

课题负责人：吴志强（北京市农村经济研究中心副主任）
课题组组长：周庆林（北京市农村财务管理事务中心主任）
课题组成员：陈新美　王宇峰　张　琰　邵明远
执笔人：周庆林　陈新美

中国村民自治发源地合寨村考察报告

为进一步学习村民自治的基本经验，探讨和完善乡村治理机制，2016年5月，北京市农经办（农研中心）党组成员、纪检组长戚书平，副巡视员熊文武等一行5人赴广西宜州市合寨村考察该村村民自治的成功实践。现将有关情况报告如下。

一、合寨村基本情况

合寨村位于广西宜州市屏南乡西南部，地处大石山区，海拔221米，距屏南乡政府12公里，与柳江县土博镇、忻城县欧洞乡相邻，是三县（市）的交界处。全村12个自然屯，1050户，4636人，其中壮族占95%。全村总面积33.4平方公里，耕地面积3578亩（其中，水田1664亩，旱地1914亩），林地面积3860亩，主要作物有甘蔗、桑树、水稻、玉米等。2015年该村农民人均纯收入8300余元。

1980年初，合寨村村民冲破体制束缚，率先实行村民自治，开创了中国基层民主的先河。30多年来，合寨村在村民自治的道路上不断探索创新，其成果得到了国家及广西壮族自治区的认可，先后荣获广西壮族自治区、河池市"文明村"和"村民自治模范村"，自治区"村务公开民主管理示范单位"，司法部、民政部授予的"全国民主法治示范村"等荣誉称号。

二、合寨村村民自治发展历程

（一）村民自治产生的背景。20世纪80年代初，全国兴起了以分田到户为重要标志的农村经济体制改革。随着联产承包责任制的推行，农民有了更多的自主权，积极性被充分调动起来，农业生产得到快速发展，但是人民公社"三级所有，队为基础"的农村基层管理体制已不再适应新形势发展的需要，农村公共事务和群众生产生活的管理一度出现涣散状态。从合寨村的情况来看，出现了"六多一少"的现象，即赌博的多、盗窃的多、乱砍滥伐的多、唱痞山歌的多、放浪荡牛马的多、搞封建迷信的多，管事的人少。村里的灌溉小渠无人组织修理，集体的林木被乱砍滥伐，赌博风盛行，更为严峻的是村里的治安，一些犯罪分子利用合寨村的地理位置，频繁在两地三县（市）交界处作案，偷盗牛马，大家都人心惶惶，为了防盗，村民甚至把牛拉到屋子里和人一同居住。这些问题，严重影响了群众正常的生产生活。

（二）村民自治产生的过程。果作屯是合寨村的一个自然屯，在分田到户后也遇到同样的问题，由于大队不再管理生产，6个生产队队长突然间失去了主心骨，说话也没了分量。每况愈下的社会治安和社会风气，让担任一个生产队队长的共产党员韦焕能看在眼里，急在心里，他决心要改变这种状况。于是，他和其他5位生产队长一起商议，要想办法把大家组织团结起来，生产队长们达成了共识，要建立新的组织，产生新的村干部来管理村中事务。韦焕能提出，新的组织不是生产队，干部不能太多，一正两副，一个会计，一个出纳，5个人就可以了，谁当谁不当，由选举决定，村民说了算。1980年2月5日，全屯85户，一户派出一个代表，聚集在屯中的大樟树下召开选举果作屯新领导的大会，周围围满了村民，会议由当时生产大队队长蒙光捷主持。他说："同意大家的意见，不记名投票，也不设候选人，得票多的当选！"随后，发给每位代表一张纸条，规定每张纸条上最多可写6人，多写作废，差额1名，得票多的前5名当选。经过投票计票，蒙光捷当场宣布选举结果，韦焕能得满票。选举后，产生的5位村干部要安排分工，但新组织还没有正式的名称，大家经过讨论后一致认为，参照城里的居委会，机构名称叫村委会比较贴切。最后按选举票数确定了分工，韦焕能当选为村委会主任，韦定陆、韦友全为副主任，韦鹏舞为出纳，覃立轩为会计。中国历史上第一个村民委员会从此诞生了。1980年7月14日，还是在那棵大樟树下，韦焕能与85位村民代表召开会议，讨论并通过了事先起草好的《村规民约》和《封山公约》。

（三）村民自治的效果及其影响。受果作屯的影响，1980年6月，原合寨大队的12个自然屯先后建立了自己的管理机构，制定了村规民约。如今提到的村民自治第一村，均以现在合寨村作为统一的称谓，从严格意义上说，第一个村委会产生于果作屯。在村委员会的组织和管理下，村民实现了自我管理、自我教育和自我服务，治安联防、修路、通电、植树造林等公共事务有序地开展起来，村里的偷牛盗马、乱砍林木等现象得以杜绝，邻里关系变得和谐，社会风气明显改善，群众的生活水平显著提高。群众还编唱山歌自发歌颂村民自治："村规民约就是好，村上无赌又无盗，公共事业有人管，各种纠纷变得少，白天生产搞四化，晚上睡得安然觉。"

合寨村以村民自治为基础建立的村民委员会，适应了以家庭经营为基础的新的经营形式，得到了各级党委、政府的大力支持。1980年上半年，合寨大队所在三岔公社（现屏南乡）党委确定以后上报文件都称"村民委员会"，群众发明的村民委员会这一名称，得到了党和政府的正式冠名。1981年至1982年期间，宜山县（今宜州市）12个公社2288个自然村中，有598个建立起了村民委员会。河池地委、广西自治区党委先后多次到宜山县调研，肯定了村民委员会的积极作用，并鼓励其他地区根据实际情况参照执行。这期间，全国人大和民政部高度重视合寨村农民的创造，组成了联合调研组到宜山县调研。随后，1982年修改、颁布的新宪法中明确规定了村民委员会的性质、地位和作用，确立了村民委员会是基层群众性自治组织的法律地位，这为我国实行村民自治提供了宪法依据。1983年，中共中央、国务院下发《关于实行政社分开建立乡政府的通知》，明确要求在农村建立由村民选举产生的村民委员会，并对村民委员会的设立、职能、产生方式等作出了初步规定。此后，全国普遍开始了撤销生产大队、建立村民委员会的工作。村民委员会这一崭新的农村组织形式，从此由合寨、由宜山走向了广西、走向了全国。

三、合寨村村民自治的主要做法

（一）民主选举。

1.候选人的确定。1980年至今，合寨村村委会经历了11次换届，每次换届选举候选人的确定，都是经过严格程序和慎重挑选的。主要有以下几种方式：一是由村党支部、队干及威望高的老前辈共同组成"班子"，经反复酝酿提名，进而确定出正式的候选人；二是由村民小组推荐，基层党组织与团组织等联名或单独推荐，村民自荐等方式提名，再由村民代表、村委会成员及村党支部成员共同讨论，并经无记名投票方式确定出正式候选人；三是通过"海选"的方式让选民写下自己支持的村委会各个职务候选人姓名，然后经全体选民对众多的初步候选人投票，并按得票多少确定出预选候选人，最后再由村民代表大会以无记名投票方式确定出正式候选人。整个提名过程完全依据村民的意愿进行。

2.坚持差额选举。差额选举有利于选民意愿的表达，合寨村对差额选举有过三种不同的尝试。一是"总额差额"，即在村委应选人数总额的基础上多出1—2名候选人。二是"分类差额"，即按照村委的不同职务各自应选人数与候选人数的一定比例，来确定正式候选人名额，保证每个职务均有差额。三是"海选差额"，即以分类差额为基础，但不再统一限定各类职务应选人数与候选人数之间的比例，而是根据投票结果产生若干名预选候选人。

3.平等竞争。正式候选人确立后，召开全体村民会议或村民代表会议进行竞选，正式候选人发表演讲，阐述自己的"治村方略"，这是合寨村历届村委会选举从不缺失的重要环节。通过这样的平等竞争，可以帮助选民们更加全面了解候选人，从而把票投给自己满意的人。

4.保障选举人的选举权。投票是民主选举的核心内容，也是村民们行使自己民主权利的集中表现。合寨村历来非常重视保障选举人的选举权。近年来，合寨村适应新的形势，创新投票方式，利用农村党员干部现代远程教育网络，在全国率先实行电话和QQ视频投票，切实保障外出务工人员的选举权。

（二）民主决策。

1.村民代表。村委会主要根据各自然屯的人口和户数情况分配村民代表的名额，各屯村民通过直接选举的方式产生，每届任期和村委会都是三年。村民代表与村党支部、村委会及各村民小组负责人一起共同构成了合寨村的最高决策机构。

2.村民代表议事制度。村民代表会议被村民们亲切地称为"小人大"，每季度召开一次，会议由村委会主持。村民代表、村党支部成员、村委会成员、村民小组长及驻村的乡人大代表参加。议事内容为涉及村民利益的重要事项。会上，代表们充分表达各自然屯的意见和要求，经大家反复讨论，逐步形成共识，最后以少数服从多数的原则形成决议，并初步作出决策。然后，村民代表把决策带回各自村屯听取群众的意见，并将意见反馈回村委会。如有必要，村民代表大会连续召开多次，直到决策能够被大多数村民所接受。

3."四提四议，两公开一监督"工作机制。2009年，合寨村在广西、河池地区率先探索推行村级重大事项"四提四议，两公开一监督"工作机制，简称"4421"工作法。四提：党员提案、群众提案、村民代表提案、村民理事会提案；四议：党支部会提议、两委会面议、党员大会审议、村民会议或村民代表会议决议；两公开：决议公开和实施结果公开；一监督：村监督委员会监督。"4421"工作法是新形势下，党内民主和人民民主衔接互动的有益探索，有利于提升民主决策和管理水平，促进农村和谐稳定发展。

（三）民主管理。

1.村规民约。"村规民约"视作是合寨村的"小宪法"，其中的条款都是由全体村民针对农村的实际问题逐条讨论制定出来的，其内容涉及群众生产生活方方面面。30多年来，最初的十几条规定已演化成为包括社会治安、村风民俗、邻里关系、婚姻家庭等四大部分的30多项条款。在合寨村，村规民约不仅是一种秩序，而且已内化为村民们的义务和责任。

2.村民自治章程。除村规民约外，村务管理的重要依据就是村民自治章程。章程于2003年7月经村民会议讨论通过，其中涉及的事项很多，也包含了村规民约中的主要条款，但较为粗略，因此不能代替村规民约。自治章程和村规民约相辅相成，共同构成了合寨村村务管理的重要规章。

3.党群理事会。2014年，合寨村进一步创新民主管理方式，在屯一级组织建立由党员和群众代表组成的党群理事会联合议事机构，为农村党员发挥作用提供了新的有效平台，党员和群众代表组织带领群众发展生产、兴办公益事业、兴建基础设施，进一步发挥了党员的先锋模范作用，拓宽了民主管理的渠道，激活了基层活力，有效推动了全村经济、政治、文化、社会以及党的建设。

（四）民主监督。 合寨村的三项措施保障了民主监督制度的具体落实。

1.村务公开。合寨村的村务公开从第一届村委会诞生就开始了，延续至今已形成规范的制度。从村务公开的内容看，已由过去的"一公开"（账目公开）发展为"八公开"。从村务公开的形式看，由过去通过召开村民会议进行情况公布，变成了"公开会""公开栏""明白墙"三管齐下。从公开的程序来看，所有需要公开的内容，都要先经村务公开监督小组审核，并报村民代表大会审议通过后才能正式公开，时间为每季度公开一次。

2."一会两组"监督制度。从1980年起，合寨村就成立了村民民主理财小组，每季度对村里财务进行审核清理。1998年后，村里结合推进民主政治建设，成立了由12人组成的村级事务监事会和7人组成的集体经济审计小组。2010年，由村级事务监事会提升成立了村务监督委员会，由此形成了"一会两组"监督机制。"一会两组"成员是由村民会议或村民代表会议选举产生的，村主要干部和财务人员不得兼任"一会两组"成员，"一会两组"对村民关注的敏感事务进行监督，被村民形象地称为"小纪委"。

3.民主评议村干部制度。民主评议的主体一般是村民代表，其主要做法是：村委会干部公开述职，与会的村代表从德、能、勤、绩等四个角度对其工作进行评价。为更加真实、准确地反映对村干部的满意程度，从1999年开始，增加了对村干部进行无记名等级测评的内容。

四、几点启示

（一）村民自治要坚持从实际出发和着眼于解决实际问题。 中国第一个村民委员会合寨村村民委员会的诞生是以问题为导向的，它为的是解决与群众生产生活密切相关的实际问题，因此才得到了群众的大力支持和拥护。30多年过去了，中国农村的经济社会环境发生了巨大变化，但是以解决群众实际问题为导向的乡村治理思路不能变。例如，在城镇化快速发展的进程中，农村劳动力向城市转移加快，北京乃至全国的农村都出现了两个普遍存在的问题：一是如何养老？二是谁来种地？要以这两个问题为突破口，进一步完善体制机制。一方面，要在现有村级各类组织之外，建立互助型的养老服务组织，通过养老互助，弥补其他养老方式的不足，解决农村的养老问题；另一方面，通过建立土地股份合作社的方式进行土地流转，统一经营，用土地股份合作的办法解决"谁来种地"的问题。

（二）村民自治要与基层党建创新有机结合。党的十八届三中全会通过的《中共中央关于全面深化改革若干重大问题的决定》指出，"要创新基层党建工作，健全党的基层组织体系，充分发挥基层党组织的战斗堡垒作用"。合寨村始终坚持党的领导与村民自治有机结合，以基层党建创新、丰富和深化村民自治的内容，以村民自治强大活力进一步促进基层党建创新。合寨村在坚持党的领导和村民自治上的做法给了我们很好的启示。一是要始终坚持农村基层党组织领导核心地位不动摇，不断夯实党在农村基层执政的组织基础。二是要与时俱进，不断创新完善农村基层党组织设置和活动方式。比如，近年来，合寨村适应新形势的变化，创新党建方式，在每个自然屯设立党群理事会，进一步深化了村民自治。三是要进一步加强农村基层服务型党组织建设，坚持把群众的利益放在首位，多为群众办实事，贴近群众、团结群众，赢得群众的信任和支持。

（三）村民自治要坚持农民主体地位和最大限度调动群众参与的积极性、主动性。从合寨村村民自治的诞生和发展历程可以看出，群众的积极参与贯穿了民主选举、民主决策、民主管理和民主监督的始终，这也是村民自治能够取得成功的关键所在。美国学者佩特曼认为，对政治的参与特别是在与人们日常生活密切相关领域的参与，能够强化人们的政治责任感，培养人们对公共问题的关注，有助于形成积极的、对政治事务更为敏锐的意识，营造出一种民主的氛围，为民主政治提供充分的条件。由此可见，作为政府或者村务管理人员，在乡村治理中应该将群众的参与放在重要的位置。一方面，要不断提高农民的科学文化素质，增强他们对乡村治理参与的认识；另一方面，要不断完善相关制度，保障群众参与的权利。

（四）村民自治要建立健全制度体系并且保障有效落实。没有规矩，不成方圆。合寨村对制度建设和制度执行极为重视，也正是有了健全的制度体系才保障了合寨村民主选举、民主决策、民主管理和民主监督的有效开展。这一点对拥有庞大集体资产的北京农村来说尤为重要。习近平总书记指出，要加强对权力运行的制约和监督，把权力关进制度的笼子里。如何通过制度建设来实现乡村的治理？一是要制定符合本村实际的村规民约，让群众广泛深入地参与，培育村民的规则意识。二是要建立一系列民主决策制度，保障村民民主选举的权利，规范和约束村干部权力，防止重大事项一个人或少数人说了算。三是要建立健全监督体系，保证权力在阳光下运行。

（五）村民自治要与发展农村经济、改善群众生活相结合。发展农村经济，增加农民收入，改善群众生活，是落实"共享"发展理念的客观要求。如何将村民自治与发展农村经济有机结合起来？通过这次考察，我们也得到了一些启示。一是要大力发展合作经济。我国的农村土地制度奠定了农村合作经济的基础，"小农户，大市场"的矛盾也决定了我国农村必须走合作共赢的经济发展道路。党和政府各级组织、村集体要创造农户与农业企业、农民专业合作组织等新型经营主体合作融合的条件和氛围，大力发展农村合作经济。二是要加强农民合作组织的建设和发展，强化农民经济利益共同体，增强农民参与农民合作组织治理的主动性和积极性，从而拓展和深化乡村治理的内涵。三是要注意培育农村集体经济组织，提高集体经济在市场经济条件下的有效竞争力和创造性，通过有效区分和相互协调好经济组织、自治组织和领导机构的相互关系，逐渐建立农村政治治理、经济治理、社会治理等相互统一、相互促进、协调配合的乡村现代治理体系。

考察组组长：戚书平

考察组成员：熊文武　张英洪　李　明　万敏波

执笔人：万敏波